Wandtke/Bullinger/von Welser
Fallsammlung zum Urheber- und Medienrecht

D1717445

Fallsammlung zum Urheber- und Medienrecht

Für Studium, Fachanwaltsausbildung und Praxis

Herausgegeben von

Prof. Dr. Artur-Axel Wandtke, Humboldt-Universität zu Berlin
Prof. Dr. Winfried Bullinger, Rechtsanwalt in Berlin, Honorarprofessor an der
Brandenburgischen Technischen Universität Cottbus
Dr. Marcus von Welser, LL.M., Rechtsanwalt in München, Fachanwalt für
gewerblichen Rechtsschutz, Lehrbeauftragter an der Humboldt-Universität zu Berlin

Bearbeitet von den Herausgebern sowie von

Dr. Ilja Czernik, Rechtsanwalt in Berlin
Peter Endres, Rechtsanwalt in München
Michael Fricke, Rechtsanwalt in Hamburg
Dr. Eike Wilhelm Grunert, Rechtsanwalt in München
Dr. Malte Grützmacher, LL.M., Rechtsanwalt, Fachanwalt für
IT-Recht in Hamburg, Lehrbeauftragter an der Brandenburgischen
Technischen Universität Cottbus
Dr. Ulrich Hildebrandt, Rechtsanwalt in Berlin, Lehrbeauftragter an der
Heinrich-Heine-Universität Düsseldorf
Dr. Ole Jani, Rechtsanwalt in Berlin
Dr. Martin Kefferpütz, Rechtsanwalt in Hamburg
Stefan Lüft, Rechtsanwalt in München

3., neu bearbeitete und erweiterte Auflage

Verlag C.H. Beck München 2010

Umschlagabbildung:
„Cave" (2006) von Winfried Bullinger

Verlag C. H. Beck im Internet:
beck.de

ISBN 978 3 406 59035 1

© 2010 Verlag C. H. Beck oHG
Wilhelmstraße 9, 80801 München
Satz: Fotosatz Buck, Zweikirchenerstr. 7, 84036 Kumhausen
Druck: Nomos Verlagsgesellschaft, In den Lissen 12, 76547 Sinzheim

Gedruckt auf säurefreiem, alterungsbeständigem Papier
(hergestellt aus chlorfrei gebleichtem Zellstoff)

Vorwort zur 3. Auflage

Das Urheberrecht hat seit dem Erscheinen der zweiten Auflage mehrere Novellen erlebt. Im Jahr 2007 wurde das „Zweite Gesetz zur Regelung des Urheberrechts in der Informationsgesellschaft" verabschiedet, im Jahr 2008 trat das „Gesetz zur Verbesserung der Durchsetzung von Rechten des geistigen Eigentums" in Kraft, das die europäische Enforcement-Richtlinie umgesetzt hat.

Nicht nur die Aktivität des Gesetzgebers, sondern auch die technische Entwicklung, hat das Urheberrecht ins Zentrum einer breiten gesellschaftspolitischen Debatte gerückt. Kaum ein anderer Rechtsbereich ist derart unterschiedlichen Forderungen ausgesetzt wie das Urheberrecht, was sich nicht zuletzt an den vielfältigen Stellungnahmen von Verbänden und anderen Interessengruppen während der Gesetzgebungsverfahren ablesen lässt. Gegenläufig zu den Interessen der Urheber und Leistungsschutzberechtigten – wie etwa Filmproduzenten – sind die Interessen der Allgemeinheit und der Wissenschaft, welche die Werke unkompliziert und für möglichst wenig Geld nutzen wollen. Fragen der Verantwortlichkeit und der Haftung stellen sich nicht nur bei Foren und Webblogs, sondern bei einer Vielzahl von Internetdiensten wie „YouTube" oder „Wikipedia", die zuweilen unter dem Schlagwort Web 2.0 zusammengefasst werden und die dadurch gekennzeichnet sind, dass Internetnutzer ohne inhaltliche Kontrolle des Seitenbetreibers Inhalte hochladen können. Die Diskussion um das Einscannen von Büchern durch den Suchmaschinenbetreiber „Google" macht deutlich, wie schwierig die gegenläufigen Interessen zu vereinbaren sind. Auch die wirtschaftliche Bedeutung des Urheberrechts steigt, wie sich nicht zuletzt an dem vielbeachteten Verfahren der Europäische Kommission gegen „Microsoft" zeigt. Wegen der Weigerung, der Konkurrenz urheberrechtlich geschützte Schnittstelleninformationen offen zu legen, hatte die Kommission dort ein Bußgeld im dreistelligen Millionenbereich verhängt. Dem gestiegenen Bedürfnis der Praxis nach Juristen mit urheberrechtlichem Know-how tragen die Universitäten verstärkt durch Einrichtung entsprechender Lehrstühle und Studienprogramme Rechnung.

Die Änderung der Fachanwaltsordnung im Jahr 2006 ermöglicht es nun den Rechtsanwaltskammern, die Bezeichnung „Fachanwalt für Urheber- und Medienrecht" zu verleihen. Dies haben wir zum Anlass genommen, die Fallsammlung thematisch breiter auszurichten und um einen ausführlichen medienrechtlichen Teil zu ergänzen. Bei der Gestaltung haben wir uns an § 14j der Fachanwaltsordnung (FAO) orientiert, der die nachzuweisende Kenntnisse im Urheber- und Medienrecht festlegt. Ein Schwerpunkt der Fallsammlung bleibt dabei das Urheber- und Urhebervertragsrecht, welches in § 14j Nr. 1 und 2 FAO hervorgehoben wird. Geblieben ist die Abgrenzung zu den gewerblichen Schutzrechten und zum Kartellrecht. Weitere, neue Kapitel widmen sich nun dem Recht der öffentlichen Wort- und Bildberichterstattung, dem Rundfunkrecht einschließlich der damit zusammen hängenden Fragen der Rundfunkfinanzierung und den Sportübertragungsrechten, dem Telemedienrecht sowie den verfahrensrechtlichen Besonderheiten des Medienrechts. Wir freuen uns sehr, dass sich Herr Rechtsanwalt Dr. Marcus von Welser, der unter anderem als Lehrbeauftragter an der Humboldt-Universität zu Berlin tätig ist, bereit erklärt hat, unserem Herausgeberteam beizutreten.

Vorwort zur 3. Auflage

Die Fallsammlung soll nicht nur Studenten und Referendare bei der Examensvorbereitung, sondern auch Rechtsanwälte im Rahmen der Ausbildung zum Fachanwalt für Urheber- und Medienrecht begleiten. Umfang und Schwierigkeitsgrad der Fälle sind unterschiedlich. Sie dienen einerseits der Vermittlung der rechtlichen Grundlagen und der Systematik, wie sie in der universitären Ausbildung im Vordergrund steht, andererseits werden die Anforderungen verdeutlicht, denen der Praktiker bei seiner täglichen Fallbearbeitung begegnet. In der dritten Auflage wurden Gesetzgebung, Rechtsprechung und Literatur bis Juni 2009 berücksichtigt.

Herrn Rechtsanwalt Dr. Ilja Czernik danken wir für die redaktionelle Betreuung der Fallsammlung.

Berlin und München im August 2009
Die Herausgeber

Inhaltsverzeichnis

Inhaltsverzeichnis

Inhaltsverzeichnis

Inhaltsverzeichnis

Bearbeiterverzeichnis

Bullinger	Fall 1, 3, 6, 14, 16, 17, 23, 31
Czernik	Fall 35, 36, 37, 38, 39, 40
Endres	Fall 22
Fricke	Fall 34
Grunert	Fall 5
Grützmacher	Fall 4, 12, 20
Hildebrandt	Fall 30
Jani	Fall 7, 15, 18
Kefferpütz	Fall 8, 9
Lüft	Fall 19
Wandtke	Fall 13, 28, 37, 38, 39
v. Welser	Fall 2, 10, 11, 21, 24, 25, 26, 27, 29, 32, 33, 41, 42, 43, 44, 45, 46, 47

Abkürzungsverzeichnis

Abkürzungsverzeichnis

BIEM .... Bureau International gérant les Droits de l'Enrégistrement et de la Reproduction Méchanique
BKartA .... Bundeskartellamt
BlPMZ .... Blatt für Patent-, Muster- und Zeichenwesen
BMJ .... Bundesministerium der Justiz
BNotO .... Bundesnotarordnung
BOS(chG) .... Bühnenoberschiedsgericht
BPatG .... Bundespatentgericht
BR-Drucks .... Bundesrats-Drucksache
BRRG .... Beamtenrechtsrahmengesetz
BSHG .... Bundessozialhilfegesetz
BT-Drucks ...... Bundestags-Drucksache
BuB .... Buch und Bibliothek
BVerfG .... Bundesverfassungsgericht
BVerfGE .... Entscheidungen des Bundesverfassungsgerichts
BVerwG .... Bundesverwaltungsgericht

CGMS .... Copy Generation Management System
CIS .... Common Information System
CISAC .... Confédération Internationale des Sociétés d'Auteurs et Composi-teurs
CMMV .... Clearingstelle Multimedia (www.cmmv.de)
CORE .... Internet Council of Registrars (www.corenic.org)
CPRM/CPPM .... Content Protection for Recordable and Prerecorded Media
CR .... Computer und Recht
CRi .... Computer und Recht International
CSS .... Control Scrambling System
c't .... Magazin für Computertechnik

DAT .... Digital Audio Tape
DB .... Der Betrieb
DEFA .... Deutsche Film AG (www.defa-stiftung.de)
DENIC .... Domain Verwaltungs- und Betriebsgesellschaft eG (www.denic.de)
ders .... derselbe
dies .... dieselbe(n)
DIN-Mitt .... Mitteilungen des Deutschen Instituts für Normung e.V.
Diss .... Dissertation
DMCA .... Digital Millennium Copyright Act (US-Bundesgesetz)
DOI .... Digital Object Identifier
Dok .... Dokument
DPMA .... Deutsches Patent- und Markenamt
DRM .... Digital Rights Management
DTCP .... Digital Transmission Content Protection
DtZ .... Deutsch-Deutsche Rechts-Zeitschrift
DVB .... Digital Video Broadcasting
DVBl .... Deutsches Verwaltungsblatt

DVD . . . . Digital Versatile Disc
DZWiR . . . . Deutsche Zeitschrift für Wirtschaftsrecht

E . . . . Entwurf
EB . . . . Ergänzungsband (des Praxiskommentars Urheberrecht)
ECMS . . . . Electronic Copyright Management System
EG . . . . Europäische Gemeinschaft
EGBGB . . . . Einführungsgesetz zum Bürgerlichen Gesetzbuch
EGV . . . . Vertrag zur Gründung der Europäischen Gemeinschaft
Einf. . . . . Einführung
Einl. . . . . Einleitung
EIPR . . . . European Intellectual Property Review
EPA . . . . Europäisches Patentamt
EuFSA . . . . Europäisches Fernsehschutzabkommen
EuG . . . . Europäisches Gericht erster Instanz
EuGH . . . . Europäischer Gerichtshof
EuGV(V)O . . . . . . Verordnung (EG) Nr. 44/2001 des Rates über die gerichtliche
                       Zuständigkeit und die Anerkennung und Vollstreckung von
                       Entscheidungen in Zivil- und Handelssachen
EuGVÜ . . . . Europäisches Gerichtsstands- und Vollstreckungsübereinkommen
EuZW . . . . Europäische Zeitschrift für Wirtschaftsrecht
EVertr. . . . . Einigungsvertrag
EWG . . . . Europäische Wirtschaftsgemeinschaft, jetzt EG
EWR . . . . Europäischer Wirtschaftsraum
EWS . . . . Europäisches Wirtschafts- und Steuerrecht

f., ff. . . . . folgende
FIDE . . . . Féderation Internationale pour le droit Européen
FinG . . . . Finanzgericht
Fn. . . . . Fußnote
FS . . . . Festschrift
FSK . . . . Freiwillige Selbstkontrolle der deutschen Filmwirtschaft
FuR . . . . Film und Recht

GA . . . . Goltdammer's Archiv für Strafrecht
GATT . . . . General Agreement on Tariffs and Trade
GBl. . . . . Gesetzblatt (der DDR)
GebrMG . . . . Gebrauchsmustergesetz
GEMA . . . . Gesellschaft für musikalische Aufführungs- und mechanische
                       Vervielfältigungsrechte (www.gema.de)
GeschmMG . . . . . . Geschmacksmustergesetz
GG . . . . Grundgesetz
gif . . . . Graphic Interchange Format (Format für Bilddateien)
GMBl. . . . . Gemeinsames Ministerialblatt
GPRS . . . . General Packet Radio Service
GRUR . . . . Gewerblicher Rechtsschutz und Urheberrecht
GRUR Int. . . . . . . Gewerblicher Rechtsschutz und Urheberrecht International

Abkürzungsverzeichnis

GRUR-RR . . . . . . Gewerblicher Rechtsschutz und Urheberrecht Rechtsprechungs-Report
GTA . . . . Genfer Tonträgerabkommen
GÜFA . . . . Gesellschaft zur Übernahme und Wahrnehmung von Filmaufführungsrechten (www.guefa.de)
GVBl . . . . Gesetz- und Verordnungsblatt
GVL . . . . Gesellschaft zur Verwertung von Leistungsschutzrechten (www.gvl.de)
GWB . . . . Gesetz gegen Wettbewerbsbeschränkungen
GWFF . . . . Gesellschaft zur Wahrnehmung von Film- und Fernsehrechten (www.gwff.de)

Halbs. . . . . Halbsatz
HauptB. . . . . Hauptband (des Praxiskommentars Urheberrecht)
Hdb. . . . . Handbuch
HDCP . . . . High-bandwidth Digital Content Protection
Hg. . . . . Herausgeber
h. L. . . . . herrschende Lehre
h. M. . . . . herrschende Meinung

ICANN . . . . Internet Corporation for Assigned Names and Numbers (www.icann.org)
i. d. F. . . . . in der Fassung
i. d. R. . . . . in der Regel
IFPI . . . . International Federation of the Phonographic Industry (www.ifpi.org)
IIC . . . . International Review of Industrial Property and Competition Law (bis 2003: International Review of Industrial Property and Copyright Law)
insb. . . . . insbesondere
IPR. . . . . Internationales Privatrecht
IPRax. . . . . Praxis des Internationalen Privat- und Verfahrensrechts
ISO. . . . . International Standards Organization
ITRB . . . . Der IT-Rechtsberater
ITU . . . . International Telecommunication Union
IuKDG. . . . . Informations- und Kommunikationsdienste-Gesetz
IuR. . . . . Informatik und Recht
i. V. m. . . . . in Verbindung mit

jpg . . . . Dateinamenerweiterung von Bilddateien im Format JPEG, benannt nach der *Joint Photographic Experts Group* der ITU und der ISO
Jura. . . . . Juristische Ausbildung
JurPC . . . . Internet-Zeitschrift für Rechtsinformatik
JW . . . . Juristische Wochenschrift
JZ . . . . Juristenzeitung

Kap.	Kapitel
KG	Kammergericht; Kommanditgesellschaft
krit.	kritisch
KUG.	Gesetz betreffend das Urheberrecht an Werken der bildenden Künste und der Photographie
KUR	Kunstrecht und Urheberrecht
K&R	Kommunikation und Recht
LAG	Landesarbeitsgericht
LAN	Local Area Network
LG	Landgericht; *(in Österreich:)* Landesgericht
lit.	littera (Buchstabe)
LM	Lindenmaier/Möhring, Nachschlagewerk des Bundesgerichtshofes
LUG.	Gesetz betreffend das Urheberrecht an Werken der Literatur und der Tonkunst
LZ	Leipziger Zeitschrift für Deutsches Recht
MA	Der Markenartikel
MarkenG	Markengesetz
MDR	Monatsschrift für Deutsches Recht
MDStV	Mediendienste-Staatsvertrag
Mitt.	Mitteilungen (der deutschen Patentanwälte)
MMA	Madrider Markenrechtsabkommen
MMR.	Multimedia und Recht, Zeitschrift für Informations-, Telekommunikations- und Medienrecht
mpeg	Komprimierungsstandard für digitale Bewegtbilder und Toninformationen, benannt nach der *Moving Pictures Experts Group* der ISO
mp3	Dateinamenerweiterung für bestimmte mpeg-Tondateien
m. w. N.	mit weiteren Nachweisen
Nachw.	Nachweise
n. F.	neue Fassung
NJ.	Neue Justiz
NJW.	Neue Juristische Wochenschrift
NJW-RR.	NJW-Rechtsprechungs-Report Zivilrecht
NJW-CoR	NJW-Computerreport
NJWE-WettbR . . .	NJW-Entscheidungsdienst Wettbewerbsrecht (jetzt GRUR-RR)
NV	Normalvertrag
ÖBGBl.	Österreichisches Bundesgesetzblatt
ÖBl.	Österreichische Blätter für gewerblichen Rechtsschutz und Urheberrecht
ÖSGRUM	Österreichische Schriftenreihe zum Gewerblichen Rechtsschutz, Urheber- und Medienrecht
öUrhG	öst. UrhG
OGH	Oberster Gerichtshof (Wien)

Abkürzungsverzeichnis

str.	strittig
stRspr.	ständige Rechtsprechung
s. u.	siehe unter/unten
TCPA	Trusted Computing Platform Alliance
TDG	Gesetz über die Nutzung von Telediensten (Teledienstegesetz)
TKG	Telekommunikationsdienstegesetz
TKMR	Telekommunikations- & Medienrecht
TRIPS	WTO-Übereinkommen über handelsbezogene Aspekte der Rechte des geistigen Eigentums
TV	Tarifvertrag
TVG	Tarifvertragsgesetz
u. a.	unter anderem
UFITA	Archiv für Urheber-, Film-, Funk- und Theaterrecht
UMTS	Universal Mobile Telecommunications System
URG	Urheberrechtsgesetz (der DDR)
UrhG	Urheberrechtsgesetz
UrhGÄndG	Gesetz zur Änderung des Urheberrechtsgesetzes
UWG	Gesetz gegen den unlauteren Wettbewerb
VerlG	Gesetz über das Verlagsrecht
VFF	Verwertungsgesellschaft der Film- und Fernsehproduzenten (www.vffvg.de)
VG	Verwertungsgesellschaft; Verwaltungsgericht
VG Bild-Kunst	Verwertungsgesellschaft Bild-Kunst (www.bildkunst.de)
VGF	Verwertungsgesellschaft für Nutzungsrechte an Filmwerken
vgl.	vergleiche
VG Media	Gesellschaft zur Verwertung der Urheber- und Leistungsschutzrechte von Medienunternehmen mbH
VG Musikedition . .	Verwertungsgesellschaft zur Wahrnehmung von Nutzungsrechten an Editionen (Ausgaben) von Musikwerken (www.vg-musikedition.de)
VG Satellit	Gesellschaft zur Verwertung der Leistungsschutzrechte von Sendeunternehmen
VG WORT	Verwertungsgesellschaft der Wortautoren (www.vgwort.de)
VO	Verordnung
VS.	Verband deutscher Schriftsteller
WahrnG	Gesetz über die Wahrnehmung von Urheberrechten und verwandten Schutzrechten
WAN	Wide Area Network
WCT	WIPO Copyright Treaty
WIPO	World Intellectual Property Organization (www.wipo.org)
WM	Wertpapier-Mitteilungen
WPPT	WIPO Performances and Phonograms Treaty
WRP	Wettbewerb in Recht und Praxis
WTO	World Trade Organization (www.wto.org)

Abkürzungsverzeichnis

WUA . . . . Welturheberrechtsabkommen
WuW . . . . Wirtschaft und Wettbewerb

z. B. . . . . zum Beispiel
ZBT . . . . Zentralstelle Bibliothekstantieme
ZDF . . . . Zweites Deutsches Fernsehen
ZEuP . . . . Zeitschrift für Europäisches Privatrecht
ZFS . . . . Zentralstelle Fotokopieren an Schulen
ZHR . . . . Zeitschrift für das gesamte Handelsrecht und Wirtschaftsrecht
ZIP . . . . Zeitschrift für Wirtschaftsrecht
ZKDSG . . . . Zugangskontrolldiensteschutzgesetz
ZPO . . . . Zivilprozessordnung
ZPÜ . . . . Zentralstelle für private Überspielungsrechte
ZS . . . . Zivilsenat
ZSR NF . . . . Zeitschrift für Schweizerisches Recht – Neue Folge
ZUM . . . . Zeitschrift für Urheber- und Medienrecht
ZUM-RD . . . . Rechtsprechungsdienst der ZUM
zust. . . . . zustimmend
ZVV . . . . Zentralstelle Videovermietung
ZZP . . . . Zeitschrift für Zivilprozess

Literaturverzeichnis

(Auswahl)

Ahrens/Bornkamm/Starck/v. Ungern-Sternberg, Festschrift Erdmann, 2002
zitiert: *Bearbeiter* FS Erdmann 1

Bartenbach/Volz, Arbeitnehmererfindergesetz, Kommentar, 4. Auflage, 2002
zitiert: *Bartenbach/Volz* § 1 ArbNErfG Rn. 1

Beater, Medienrecht, 2007
zitiert *Beater* Rn. 1

Beier, Urhebervertragsrecht, Festgabe für Gerhard Schricker zum 60. Geburtstag, 1995
zitiert: *Bearbeiter* FS Schricker 1

Bulling/Langöhrig/Hellwig, Gemeinschaftsgeschmacksmuster, 2. Auflage, 2006
zitiert: *Bulling/Langöhrig/Hellwig* § 1 GGVO Rn. 1

Bullinger, Kunstwerkfälschung und Urheberpersönlichkeitsrecht, 1997
zitiert: *Bullinger* 1

Busse, Patentgesetz, Kommentar, 6. Auflage, 2003
zitiert: *Busse* § 1 PatG Rn. 1

Damm/Rehbock Widerruf, Unterlassung und Schadensersatz in den Medien, 3. Auflage, 2008
zitiert *Damm/Rehbock* Widerruf, Unterlassung und Schadensersatz in den Medien, 3. Auflage, 2008 Rn. 1

Dreyer/Kotthoff/Meckel, Urheberrecht, Kommentar, 2. Auflage 2008
zitiert: Dreyer/Kotthoff/Meckel/*Bearbeiter* § 1 UrhG Rn. 1

Dreier/Schulze, Urheberrechtsgesetz, Kommentar, 3. Auflage, 2008
zitiert: Dreier/Schulze/*Bearbeiter* § 1 UrhG Rn. 1

Eichmann/v. Falckenstein, Geschmacksmustergesetz, Kommentar, 3. Auflage, 2005
zitiert: Eichmann/v. Falckenstein/*Bearbeiter* § 1 GeschmG Rn. 1

Eichmann/Kur, Designrecht (Handbuch), 2009
zitiert: Eichmann/Kur/*Bearbeiter* Designrecht

Eisenführ/Schennen, Gemeinschaftsmarkenverordnung, Kommentar, 2. Auflage 2007
zitiert: Eisenführ/Schennen/*Bearbeiter* Art. 1 GMVO Rn. 1

Emmerich, Kartellrecht, 11. Auflage, 2008
zitiert: *Emmerich* 1

Erbs/Kohlhaas, Strafrechtliche Nebengesetze, Kommentar, 2004
zitiert: Erbs/Kohlhaas/*Bearbeiter* § 1 UrhG Rn. 1

Literaturverzeichnis

Erman, Bürgerliches Gesetzbuch (BGB), Handkommentar, 12. Auflage, 2008
zitiert: Erman/*Bearbeiter* § 1 BGB Rn. 1

Fawcett/Torremans, Intellectual Property and Private International Law, 1998
zitiert: *Fawcett/Torremans* 1

Fechner, Geistiges Eigentum und Verfassung, 1999
zitiert: *Fechner* 1

Fezer Wettbewerbsrecht, Kommentar, 2. Auflage, 2009.
zitiert: Fezer/*Bearbeiter* § 1 UWG Rn. 1

Fink/Cole/Keber, Europäisches und Internationales Medienrecht (Leitfaden), 2008
zitiert: *Fink/Cole/Keber*, Europäisches und Internationales Medienrecht Rn. 1

Forkel/Kraft, Festschrift Hubmann, 1985
zitiert: *Bearbeiter* FS Hubmann 1

Fromm/Nordemann, Urheberrecht, Kommentar, 10. Auflage, 2009
zitiert: Fromm/Nordemann/*Bearbeiter* § 1 UrhG Rn. 1

v. Gamm, Urheberrechtsgesetz, Kommentar, 1968
zitiert: *v. Gamm* § 1 UrhG Rn. 1

Gersdorf, Grundzüge des Rundfunkrechts, 2003
zitiert: *Gersdorf* Grundzüge des Rundfunkrechts Rn. 1

Götting, Persönlichkeitsrechte als Vermögensrechte, 1995
zitiert: *Götting,* Persönlichkeitsrechte als Vermögensrechte, 1995, S. 1

Götting/Schertz/Seitz, Handbuch des Persönlichkeitsrechts, 2008
zitiert: Götting/Schertz/Seitz/*Bearbeiter* 1. Kap. Rn. 1

Grunert, Werkschutz contra Inszenierungskunst – Der urheberrechtliche Gestaltungsspielraum der Bühnenregie, 2002
zitiert: *Grunert* 1

Hahn/Vesting, Rundfunkrecht, Kommentar, 2. Auflage, 2008
zitiert: Hahn/Vesting/*Bearbeiter* § 1 RStV Rn. 1

Harte-Bavendamm/Henning-Bodewig, UWG, Gesetz gegen den unlauteren Wettbewerb, Kommentar, 2. Auflage 2009
zitiert: Harte/Henning/*Bearbeiter* § 1 UWG Rn. 1

v. Hartlieb, Schwarz Handbuch des Film-, Fernseh- und Videorechts, 4. Auflage, 2004
zitiert: v. Hartlieb/*Bearbeiter* 1. Kap. Rn. 1

Hasselblatt, Münchner Anwaltshandbuch – Gewerblicher Rechtsschutz, 3. Auflage, 2009
zitiert Hasselblatt/*Bearbeiter* MAH Gewerblicher Rechtsschutz § 1 Rn. 1

Hefermehl/Köhler/Bornkamm, Wettbewerbsrecht, Kommentar, 27. Auflage, 2009
zitiert: Hefermehl/Köhler/Bornkamm/*Bearbeiter* § 1 UWG Rn. 1

Heinrich, Die Strafbarkeit der unbefugten Vervielfältigung und Verbreitung von
Standardsoftware, 1993
zitiert: *Heinrich* 1

Hildebrandt, Die Strafvorschriften des Urheberrechts, 2001
zitiert: *Hildebrandt* 1

Immenga/Mestmäcker, Wettbewerbsrecht, Band 1/1: EG, Kommentar, 4. Auflage 2007
zitiert: Immenga/Mestmäcker/*Bearbeiter* Art. 1 EGV Rn. 1

Immenga/Mestmäcker, Wettbewerbsrecht Band 2: GWB Kommentar zum Kartellgesetz,
4. Auflage, 2007
zitiert: *Immenga/Mestmäcker* § 1 GWB Rn. 1

Ingerl/Rohnke, Markengesetz, Kommentar, 2. Auflage, 2003
zitiert: *Ingerl/Rohnke* § 1 MarkenG Rn. 1

Jani, Der Buy-Out-Vertrag im Urheberrecht, 2003
zitiert: *Jani* 1

Jescheck/Ruß/Willms, Strafgesetzbuch, Leipziger Kommentar, 11. Auflage, 5. Band,
2003
zitiert: LK/*Bearbeiter* § 1 StGB Rn. 1

Kilian/Heussen, Computerrechtshandbuch, 21. Ergänzungslieferung, 10. Auflage, 2003
zitiert: Kilian/Heussen/*Bearbeiter* Computerrechtshandbuch, Ziff. 1 Rn. 1

Piper/Ohly, UWG, Gesetz gegen den unlauteren Wettbewerb, Kommentar, 5. Auflage,
2009
zitiert: Piper/Ohly/*Bearbeiter* § 1 UWG Rn. 1

Küper/Welp, Festschrift für Walter Stree und Johannes Wessels zum 70. Geburtstag,
1993
zitiert: *Bearbeiter* FS Stree und Wessels 1

Lackner/Kühl, Strafgesetzbuch mit Erläuterungen, 26. Auflage, 2007
zitiert: Lackner/Kühl/*Bearbeiter* § 1 StGB Rn. 1

Langen/Bunte, Kommentar zum deutschen und europäischen Kartellrecht, 10. Auflage,
2005
zitiert: Langen/Bunte/*Bearbeiter* Art. 1 EG Rn. 1

Lehmann, Rechtsschutz und Verwertung von Computerprogrammen, 2. Auflage, 1993
zitiert: *Bearbeiter* in: Lehmann Kap. I Rn. 1

von Lewinski, International Copyright Law and Policy, Oxford 2008
zitiert: *von Lewinski* International Copyright Law and Policy, Oxford 2008, Rn. 1.1

Lochmann, Die Einräumung von Fernsehübertragungsrechten an Sportveranstaltungen,
2005
zitiert: *Lochmann,* Die Einräumung von Fernsehübertragungsrechten an Sportveranstaltungen, 2005, S. 1

Löffler/Ricker, Handbuch des Presserechts, 5. Auflage, 2005
zitiert: *Löffler/Ricker* 1. Kap. Rn. 1.

Loewenheim/Koch, Praxis des Online-Rechts, 2. Auflage, 2001
zitiert: Loewenheim/Koch/*Bearbeiter* 1

Literaturverzeichnis

Loewenheim, Handbuch des Urheberrechts, 2003
zitiert: Loewenheim/*Bearbeiter* Handbuch § 1 Rn. 1

Möhring/Nicolini, Urheberrechtsgesetz, Kommentar, 2. Auflage, 2000
zitiert: Möhring/Nicolini/*Bearbeiter* § 1 UrhG Rn. 1

Nordemann, Das neue Urhebervertragsrecht, 2002
zitiert: *Nordemann* 1

Palandt, BGB, Kommentar, 68. Auflage, 2009
zitiert: Palandt/*Bearbeiter* § 1 BGB Rn. 1

Paschke/Berlit/Meyer, Hamburger Kommentar – Gesamtes Medienrecht, 2008
zitiert: Paschke/Berlit/Meyer/*Bearbeiter* 1. Abschnitt Rn. 1

Pres, Gestaltungsformen urheberrechtlicher Softwarelizenzverträge, 1994
zitiert: *Pres* 1

Prinz/Peters, Medienrecht – Die zivilrechtlichen Ansprüche, 1999
zitiert: *Prinz/Peters* Rn. 1

Rehbinder, Urheberrecht, 15. Auflage, 2008
zitiert: *Rehbinder* Rn. 1

Rogge, Elektronische Pressespiegel in urheber- und wettbewerbsrechtlicher Beurteilung, 2001
zitiert: *Rogge* 1

Schack, Urheber- und Urhebervertragsrecht, 4. Auflage, 2007
zitiert: *Schack* Rn. 1

Schneider, Handbuch des EDV-Rechts, 3. Auflage, 2003
zitiert: *Schneider* 1

Schricker, Urheberrecht auf dem Weg zur Informationsgesellschaft, 1997
zitiert: *Schricker* Informationsgesellschaft, S. 1

Schricker, Urheberrecht, Kommentar, 3. Auflage, 2006
zitiert: Schricker/*Bearbeiter* § 1 UrhG Rn. 1

Schricker, Verlagsrecht, Kommentar 3. Auflage, 2001
zitiert: *Schricker* § 1 VerlG Rn. 1

Schröter/Jakob/Mederer, Kommentar zum Europäischen Wettbewerbsrecht, 2003
zitiert: Schröter/Jakob/Mederer/*Bearbeiter* Art. 1 EG Rn. 1

Schönke/Schröder, Strafgesetzbuch, Kommentar, 27. Auflage, 2006
zitiert: Schönke/Schröder/*Bearbeiter* § 1 StGB Rn. 1

Schwarze, EU-Kommentar, 2. Auflage, 2008
zitiert: Schwarze/*Bearbeiter* Art. 1 EG Rn. 1

Soehring, Presserecht, 3. Auflage, 2000
zitiert: *Soehring* Rn. 1

Literaturverzeichnis

Seitz/Schmidt/Schoener, Der Gegendarstellungsanspruch, 3. Auflage, 1998
zitiert *Seitz/Schmidt/Schoener* Der Gegendarstellungsanspruch, 3. Auflage, S. 1

Ströbele/Hacker, Markengesetz, Kommentar, 8. Auflage, 2006
zitiert: *Ströbele/Hacker* § 1 MarkenG Rn. 1

Teplitzky, Wettbewerbsrechtliche Ansprüche und Verfahren, 9. Auflage, 2007
zitiert: *Teplitzky* 1

Tritton, Intellectual Property in Europe, 2. Auflage, 2002
zitiert: *Tritton* 1

Tröndle/Fischer, Strafgesetzbuch und Nebengesetze, Kommentar, 56. Auflage, 2009
zitiert: *Tröndle/Fischer* § 1 StGB Rn. 1

Ulmer, Urheber- und Verlagsrecht, 3. Auflage, 1980
zitiert: *Ulmer* Urheber- und Verlagsrecht, 1

Wand, Technische Schutzmaßnahmen und Urheberrecht, 2001
zitiert: *Wand* 1

Wandtke, Medienrecht (Praxishandbuch), 2008
zitiert: *Bearbeiter (Beitrag)* S. 1 in Wandtke Praxishandbuch Medienrecht (2008)
zitiert: Wandtke/*Bearbeiter* 1. Teil, 1. Kap. Rn. 1

Wandtke/Bullinger, Praxiskommentar zum Urheberrecht, 3. Auflage 2009
zitiert: Wandtke/Bullinger/*Bearbeiter* § 1 UrhG Rn. 1

Weller/Kemle/Lynen, Kulturgüterschutz – Künstlerschutz, Baden-Baden 2009
zitiert: *Bearbeiter (Beitrag)* in Weller/Kemle/Lynen (Hrsg.), Kulturgüterschutz – Künstlerschutz, Baden-Baden 2009, S. 1

v. Welser, Die Wahrnehmung urheberpersönlichkeitsrechtlicher Befugnisse durch Dritte, 2000, S. 1
zitiert: *v. Welser* Die Wahrnehmung urheberpersönlichkeitsrechtlicher Befugnisse durch Dritte, 2000, S. 1

v. Welser/González, Marken- und Produktpiraterie: Strategien und Lösungsansätze zu ihrer Bekämpfung, 2007
zitiert: *v. Welser/González*, Marken- und Produktpiraterie: Strategien und Lösungsansätze zu ihrer Bekämpfung, 2007, S. 1

Wenzel, Das Recht der Wort- und Bildberichterstattung – Handbuch des Äußerungsrechts, 5. Auflage 2003
zitiert Wenzel/*Bearbeiter* Kap. 1 Rn. 1

Wiedemann, Handbuch des Kartellrechts, 2. Auflage 2008
zitiert: *Bearbeiter* in: Wiedemann § 1 Rn. 1

Zollner/Fitzner, Festschrift für Wilhelm Nordemann, 1999
zitiert: *Bearbeiter* FS Nordemann 1

I. Teil. Werkbegriff

Fall 1: Lubas Raumfahrt

Werkbegriff/Umgestaltung

Sachverhalt

G hat den Zeichentrickfilm „Lubas Raumfahrt" hergestellt. Den Protagonisten des Films, die Zeichentrickfigur Luba, hat G selbst geschaffen. In dem Zeichentrickfilm fliegt der Held Luba mit einer aus Schrottteilen gebauten Rakete in den Weltraum und begegnet einem sprechenden Meteoriten. Der Film des G „Lubas Raumfahrt" wird ein großer Erfolg. Die Zeichentrickfigur Luba erlangt bei den Kindern große Beliebtheit. G vertreibt deshalb die Luba-Figur auch als Spielfigur aus Kunststoff (vgl. Abbildung A1).

Der Spielzeughersteller H stellt daraufhin die Puppenfigur Baluba her (vgl. Abbildung A2) und vertreibt diese im Spielzeugeinzelhandel. In seiner Werbung für die Baluba-Puppe versucht H, an den Erfolg des Films „Lubas Raumfahrt" anzuknüpfen, indem er die Baluba-Puppe als Sohn Lubas vorstellt.

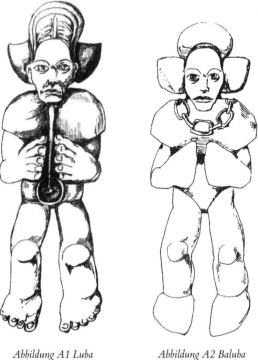

Abbildung A1 Luba   *Abbildung A2 Baluba*

G hält die Baluba-Puppe für ein rechtswidriges Plagiat seiner Luba-Figur und möchte gegen H rechtliche Schritte einleiten. Er bittet zu beurteilen, ob die Figur Baluba Urheberrechte verletzt.

Außerdem möchte er folgende Rechtsfrage geklärt wissen:

In seinem Film „Lubas Raumfahrt" verwandte G Satellitenfotografien, die Erde und Mond zeigen und von dem Satelliten Youruba IV der T-AG stammen. Die T-AG, eine große Aktiengesellschaft, hatte dem D die Nutzung der Fotografien für seinen Zeichentrickfilm gestattet. Nach der Fertigstellung verlangt die T-AG von G jedoch, dass dieser die T-AG als „Urheber" der Fotos im Filmvorspann nennen müsse. G möchte von Ihnen wissen, ob er zur Namensnennung der T-AG verpflichtet ist.

Lösung

I. Anspruch des G gegen H auf Unterlassung der Verwertung der Baluba-Puppe aus § 97 Abs. 1 UrhG

G könnte gegen H ein Anspruch auf Unterlassung der Verwertung der Baluba-Puppe aus §§ 97 Abs. 1, 23 UrhG zustehen. Voraussetzung dafür ist, dass die Luba-Figur, die G geschaffen hat, urheberrechtlich geschützt ist und die Baluba-Puppe ein rechtswidriges Plagiat (unfreie Bearbeitung i. S. d. § 23 UrhG) der Luba-Figur darstellt.

1. Schutzgegenstand

a) Schutzfähigkeit der Luba-Figur aus §§ 1, 2 Abs. 1 Nr. 4 UrhG.

aa) Die urheberrechtliche Werkqualität gemäß §§ 1, 2 UrhG ist Voraussetzung für den urheberrechtlichen Schutz. Die Werkqualität ist die Tür zu Befugnissen aus dem Urheberrechtsgesetz.

bb) Die Zeichentrickfigur Luba könnte als Werk der bildenden Kunst nach § 2 Abs. 1 Nr. 4 UrhG geschützt sein.

Zu den Werken der bildenden Kunst zählen nicht nur Werke, die mit den klassischen Medien wie Bildhauerei, Malerei, Zeichnung oder Druckgrafik geschaffen werden und zur sog. „Fine-Art" gehören.[1] Der Kunstbegriff in § 2 Abs. 1 Nr. 4 UrhG erfasst auch Werke der sogenannten *populären Kunst,* wobei die Arbeiten mit einem beliebigen Medium geschaffen sein können. Als Werke der bildenden Kunst können daher auch *Trivialfiguren* und Comicfiguren geschützt sein.[2] Auf den künstlerischen Wert kommt es nicht an; entscheidend ist, dass sie die notwendige Schöpfungshöhe nach § 2 Abs. 2 UrhG besitzen.[3] Dabei stehen Zeichentrickfiguren, die mittels Zeichenprogramms am Computer entworfen werden, solchen gleich, die am traditionellen Zeichenbrett entstanden sind.[4]

cc) Das für die Schutzfähigkeit eines Werkes entscheidende gesetzliche Merkmal findet sich in § 2 Abs. 2 UrhG. Nach § 2 Abs. 2 UrhG sind nur solche Werke geschützt, die eine *persönliche geistige Schöpfung* darstellen. Eine persönliche geistige Schöpfung ist nur gegeben,

---

[1] Fromm/Nordemann/*A. Nordemann* § 2 UrhG Rn. 137 f.

[2] Vgl. BGH GRUR 1958, 500, 501 – Mecki Igel I; BGH GRUR 1960, 251, 252 – Mecki Igel II; OLG Frankfurt GRUR 1984, 520 – Schlümpfe; BGH GRUR 1994, 206 – Alcoholix; BGH GRUR 2004, 855 – Hundefigur.

[3] *Schack* Rn. 196; Wandtke/Bullinger/*Bullinger* § 2 UrhG Rn. 92; Schricker/*Loewenheim* § 2 UrhG Rn. 147.

[4] Vgl. Fromm/Nordemann/*A. Nordemann* § 2 UrhG Rn. 161.

wenn das Werk durch eine individuelle gestalterische Leistung seines Schöpfers geprägt ist.[5] Ein Werk, das lediglich bereits vorhandene Gestaltungen wiederholt, stellt keine persönliche Schöpfung dar.[6] Allerdings kann eine persönliche Schöpfung schon darin zu sehen sein, dass vorbekannte Formen neu kombiniert und zusammengefügt werden.[7]

dd) Teilweise wird aus dem Erfordernis einer persönlichen geistigen Schöpfung abgeleitet, dass ein Werk eine bestimmte Gestaltungshöhe erreichen muss. Soweit unter *Gestaltungshöhe* verstanden wird, dass ein Werk über die alltäglichen, durchschnittlichen Werke seiner Gattung hinausragen muss,[8] ist dies verfehlt.[9] Das Urheberrecht schützt *nicht nur die Spitzenwerke* der jeweiligen Werkkategorie, sondern auch schlichtere, in ihrer Individualität bescheidenere Werke. Ein zu hohes Schutzniveau ist mit dem Urheberrechtsgesetz – insbesondere vor dem Hintergrund der Entwicklung in der Europäischen Union – nicht vereinbar.

Andererseits kann das Merkmal „Gestaltungshöhe" auch in der Weise verstanden werden, dass vom Urheberrechtsschutz völlig banale Erzeugnisse des Alltags ausgegrenzt werden sollen.[10] So verstanden ist das Merkmal „Gestaltungshöhe" jedenfalls unschädlich.

Das Merkmal ist jedoch entbehrlich, weil die individuelle, persönliche Gestaltung *stets eine gewisse Gestaltungshöhe* mit sich bringt. Wird der notwendige Grad an Individualität erreicht, ist auch die Gestaltungshöhe gegeben.[11]

ee) Im Bereich der Zeichentrickfiguren greifen die Schöpfer der Figuren häufig auf das vorhandene Formenrepertoire zurück und geben ihrer Figur nur durch wenige bestimmte Merkmale ihre Individualität. Dennoch ist auch bei diesen eher mittelmäßigen Zeichentrickfiguren die urheberrechtliche Schutzfähigkeit anzunehmen.[12]

ff) Die Figur Luba zeichnet sich auf den ersten Blick durch ihren imposanten Kopfschmuck aus, der aus einem bogenförmigen Element besteht, das an ein romanisches Tor erinnert und an dessen Rändern je eine kleine Wächterfigur sitzt. Trotz ihrer massiven Körperformen und den übergroßen Extremitäten weist die Figur eine hohe Eleganz und Leichtigkeit auf. Die Proportionen – die sich nicht an der Natur orientieren – sind in ihren Verhältnissen – obgleich maniriert – genau durchfühlt.

Die urheberrechtliche Schutzfähigkeit der Luba-Figur ist daher zu bejahen.

b) Baluba als Bearbeitung oder andere Umgestaltung der Luba-Figur gemäß § 23 UrhG
Fraglich ist, ob die Baluba-Puppe des Spielzeugherstellers H eine *Bearbeitung oder andere Umgestaltung* der Luba-Figur i. S. d. § 23 UrhG darstellt.

Unter den Bearbeitungsbegriff des § 23 UrhG fallen solche Veränderungen eines Werkes, die die notwendige Schöpfungshöhe und damit selbst Werkqualität im Sinne des Ur-

---

[5] Möhring/Nicolini/*Ahlberg* § 2 UrhG Rn. 44; Schricker/*Loewenheim* § 2 UrhG Rn. 11 ff.
[6] BGHZ 44, 288, 292 – Apfel-Madonna.
[7] Fromm/Nordemann/*A. Nordeman/*§ 2 UrhG Rn. 27 f.; LG Erfurt ZUM-RD 1997, 23 ff. – Bauernkriegspanorama.
[8] So der BGH GRUR 1991, 449, 451 – Betriebssystem.
[9] Ebenso: Fromm/Nordemann/*A. Nordemann* § 2 UrhG Rn. 33 f.; Wandtke/Bullinger/*Bullinger* § 2 UrhG Rn. 23 f.
[10] BGH GRUR 1983, 377, 378 – Brombeer-Muster; BGHZ 27, 351, 356 – Candida; Möhring/Nicolini/*Ahlberg* § 2 UrhG Rn. 77.
[11] Vgl. Wandtke/Bullinger/*Bullinger* § 2 UrhG Rn. 23.
[12] OLG Hamburg GRUR 1990, 127, 128 – Super Mario; OLG Hamburg GRUR 1983, 436 – Puckman.

heberrechts erreichen.[13] Andere Umgestaltungen i. S. d. § 23 UrhG sind alle übrigen Veränderungen eines Werkes, die keine Werkqualität besitzen.[14]

aa) Die Bestimmung in § 23 UrhG trägt der Erkenntnis Rechnung, dass das Werk eines Urhebers auch dann das seine bleibt, wenn es durch einen anderen verändert wird. Der Urheberrechtsschutz geht beispielsweise nicht einfach dadurch verloren, dass eine andere Person die Farben der Figur austauscht oder einzelne Teile einer Figur umzeichnet. Der Schöpfer bleibt dennoch der Herr seines Werkes.

bb) § 23 UrhG lässt mit den genannten Einschränkungen allerdings zu, dass das Werk geändert wird (Besonderheiten gelten bei Werkoriginalen, bei denen das Entstellungsverbot in § 14 UrhG schon bei der bloßen Änderung betroffen sein kann).[15] Lediglich die Verwertung und Veröffentlichung ist an die Zustimmung des Urhebers gebunden. Damit wird dem einzelnen die Möglichkeit zugestanden, sich mit vorhandenen, auch geschützten Werken, zu beschäftigen.[16] Jeder darf, mit welcher Absicht auch immer, Werke umgestalten oder bearbeiten, solange er dies in seiner Privatsphäre betreibt und Verwertungshandlungen unterlässt.[17] Dies schafft den notwendigen Freiraum für einen lebendigen Umgang auch mit urheberrechtlich geschützten Vorlagen.[18] Andererseits wird der Urheber des ersten Werkes ausreichend geschützt, weil eine Verwertung der Werke an seine Zustimmung gebunden bleibt.

cc) Im Zusammenhang mit der Bestimmung in § 23 UrhG ist stets die Bestimmung in § 24 UrhG zu beachten und von dieser abzugrenzen. Wird ein Werk derartig verändert, dass das ursprüngliche Werk quasi *nur noch als Anregung* gedient hat, so ist der Urheber der Neuschöpfung in der Verwertung gemäß § 24 UrhG frei.[19] Entscheidend ist deshalb zu beurteilen, ob die Baluba-Puppe eine abhängige Nachschöpfung gemäß § 23 UrhG oder aber eine freie Benutzung i. S. d. § 24 UrhG darstellt.

dd) Ob eine unfreie Bearbeitung gemäß § 23 UrhG vorliegt, ist durch einen Vergleich beider Figuren zu ermitteln. Dabei ist insbesondere auf die sogenannte Verblassungstheorie und mit ihr entwickelte Kriterien abzustellen.

Eine unfreie Benutzung nach § 23 UrhG liegt vor, wenn der Vergleich ergibt, dass das zugrundeliegende Werk trotz der Umformung und Veränderung *in seinem Wesenskern und seinen Grundzügen erhalten geblieben* ist. Eine freie Benutzung i. S. d. § 24 UrhG ist dagegen anzunehmen, wenn die Umformung zu einer völlig *selbständigen Neuschöpfung* geführt hat.[20] Dabei müssen die Züge des benutzten Originalwerkes durch die Individualität des

---

[13] Fromm/Nordemann/*A. Nordemann* §§ 23/24 UrhG Rn. 8; Wandtke/Bullinger/*Bullinger* § 23 UrhG Rn. 3.

[14] Diese Auffassung entspricht der wohl h. M. (vgl. BGH GRUR 1981, 520, 521; LG Köln GRUR 1973, 88 – Kinder in Not), obgleich nach der Begründung zum UrhG eine andere Unterscheidung gemeint war: Gemäß der Begründung zum UrhG fallen unter den Begriff „Bearbeitung" Werkänderungen, die dem Werk „dienen" (z. B. Übersetzung, Vertonung), vgl. AmtlBegr. UFITA 45 (1965) 224. Alle übrigen Veränderungen (z. B. Plagiate) sollen unter den Begriff „andere Umgestaltung" fallen. Zum Streitstand: Fromm/Nordemann/*A. Nordemann* §§ 23/24 UrhG Rn. 8 ff.

[15] Wandtke/Bullinger/*Bullinger* § 14 UrhG Rn. 19, § 23 UrhG Rn. 23; *Bullinger* 88 ff.

[16] Wandtke/Bullinger/*Bullinger* § 23 UrhG Rn. 9.

[17] LG Erfurt ZUM-RD 1997, 23 – Bauernkriegspanorama; Fromm/Nordemann/*A. Nordemann* §§ 23/24 UrhG Rn. 15.

[18] Wandtke/Bullinger/*Bullinger* § 23 UrhG Rn. 9.

[19] Fromm/Nordemann/*A. Nordemann* §§ 23/24 UrhG Rn. 27, 44.

[20] BGH GRUR 2004, 855, 857 – Hundefigur; *Wandtke/Bullinger* JA 1997, 647, 649 f.

neuen Werkes verblassen.[21] Dies geschieht in der Regel dadurch, dass die dem geschützten älteren Werk entlehnten Züge in dem neuen Werk zurücktreten.

ee) Bereits bei einer flüchtigen Betrachtung fällt auf, dass H den für die Luba-Figur typischen Kopfschmuck sowie die Grundproportionen der Figur übernommen hat. Auch die Baluba-Puppe zeichnet sich durch übergroße Extremitäten aus. Die Baluba-Puppe ist in ihrer Haltung der Luba-Figur sehr ähnlich. Ihre Formen sind lediglich einfacher und weniger differenziert. Die einzig wesentlichen Unterschiede sind die kindlicheren Gesichtszüge sowie die Haltung der Arme. Im Gegensatz zur Luba-Figur berühren sich die Fingerspitzen der Baluba-Puppe.

Eine Gesamtbetrachtung der Puppe ergibt, dass die „Abstammung" der Baluba-Puppe von der Luba-Figur des G in der Tat sofort sichtbar wird. Die Baluba-Puppe bildet eine abhängige Nachschöpfung i. S. v. § 23 UrhG. Eine freie Benutzung gemäß § 24 UrhG liegt nicht vor.

2. Eingriffshandlung

Die Verwertung der Baluba-Puppe könnte zudem die Rechte des G aus §§ 15 Abs. 1 Nr. 1, Nr. 2, 16, 17 UrhG verletzen.[22]

Dann müsste es sich bei der Herstellung der Baluba-Puppe um eine Vervielfältigung i. S. d. § 16 UrhG handeln.

Der Begriff der Vervielfältigung ist weit auszulegen. Erforderlich ist stets eine *körperliche Fixierung*. Dabei genügt es, wenn *einzelne Werkteile* vervielfältigt werden, sofern diese selbst Werkqualität erreichen. Hier wurden für die Baluba-Puppe wichtige Einzelelemente der Luba-Figur übernommen. Dies stellt eine Vervielfältigungshandlung dar.

Allerdings geht § 23 UrhG der allgemeinen Regelung des § 16 UrhG vor. Gemäß § 23 S. 2 UrhG bedarf die Bearbeitung nur in den in der Vorschrift genannten Fällen (Veröffentlichung und Verwertung) der Einwilligung des Urhebers. Darüber hinaus ist die Bearbeitung ohne Einwilligung des Urhebers zulässig. Daher ist die bloße Vervielfältigungshandlung im Rahmen einer Bearbeitung zulässig. § 23 UrhG ist insofern *Sondervorschrift*.[23]

Mit dem Verkauf der hergestellten Baluba-Puppe ist eine Verbreitung i. S. d. § 17 Abs. 1 UrhG gegeben, da § 17 UrhG sowohl das Anbieten des Werkes in der Öffentlichkeit als auch das In-Verkehr-Bringen umfasst. H hat die Baluba-Puppe sowohl der Öffentlichkeit angeboten als auch in den Verkehr gebracht. Er hat damit ein Vervielfältigungsstück verbreitet i. S. d. § 17 Abs. 1 UrhG.

Die Verwertung der Baluba-Puppe durch den Verkauf der Figuren greift in das Vervielfältigungs- und Verbreitungsrecht des G an seiner Luba-Figur ein. Auch die Vervielfältigung und Verbreitung eines Werkes in abgewandelter Form fällt unter die Bestimmungen.

---

[21] Vgl. BGH GRUR 2003, 956, 958 – Gies-Adler; BGH GRUR 1971, 588, 589 – Disney-Parodie; BGH GRUR 1981, 352, 353 – Staatsexamensarbeit; BGHZ 122, 53, 60 – Alcolix; BGH GRUR 1980, 853, 854 – Architektenwechsel; BGHZ 141, 267, 280 – Laras Tochter; Schricker/*Loewenheim* § 24 UrhG Rn. 10.

[22] Wegen des Sachverhaltshinweises sind keine Anspruchsgrundlagen aus dem UWG oder MarkenG zu prüfen. Zum ergänzenden Leistungsschutz aus dem Wettbewerbsrecht siehe den Fall „Kinderspiel".

[23] Wandtke/Bullinger/*Heerma* § 16 UrhG Rn. 6; Schricker/*Loewenheim* § 16 UrhG Rn. 8; Dreier/Schulze/*Schulze* § 16 UrhG Rn. 10.

3. Widerrechtlichkeit

Das Handeln des H wäre nur dann gerechtfertigt, wenn ihm vom Urheber eine Lizenz eingeräumt worden wäre oder eine Schrankenbestimmung der §§ 44a ff. UrhG eingreifen würde. Da dies aber nicht der Fall ist, liegt eine rechtswidrige Handlung des H vor.

4. Ergebnis

G kann dem H gemäß §§ 97 Abs. 1, 23, 15 Abs. 1 Nr. 2, 17 UrhG verbieten, die Baluba-Puppe ohne seine Einwilligung zu verwerten.

II. Anspruch der T-AG gegen G auf Namensnennung aus § 13 UrhG

Fraglich ist, ob der T-AG ein Recht zusteht, im Filmvorspann zu „Lubas Raumfahrt" genannt zu werden.

Eine Namensnennung der T-AG wurde vertraglich zwischen der T-AG und G laut Sachverhalt nicht vereinbart. Einen Anspruch auf Namensnennung könnte die T-AG deshalb nur auf die urheberrechtliche Bestimmung in § 13 UrhG stützen.

1. Die urheberpersönlichkeitsrechtliche Bestimmung des § 13 UrhG gibt dem Urheber ein *vorbehaltloses Recht auf Anerkennung seiner Urheberschaft* an dem von ihm geschaffenen Werk.[24] Nach § 13 UrhG kann der Urheber verlangen, dass er als Urheber seines Werkes benannt wird. Bei einem (Zeichentrick-) Film kann der Urheber eines in dem Film enthaltenen Werkes verlangen, dass er im Vorspann genannt wird.

Fraglich ist, ob auch der T-AG als Betreiberin des Satelliten Youroba IV ein Namensnennungsrecht zusteht.

2. Der Wortlaut der Bestimmung in § 13 UrhG sieht ein Namensnennungsrecht *nur für den Urheber* selbst, also die *natürliche Person,* die die schöpferische Leistung erbracht hat, vor.[25] Dieses Recht steht hingegen nicht dem Inhaber eines einfachen oder auch ausschließlichen Nutzungsrechts zu. § 13 UrhG ist daher nicht anwendbar auf den Auftraggeber des Werkes oder den Produzenten eines Films.[26] Die Vorschrift ist wegen ihrer persönlichkeitsrechtlichen Natur auch *nicht analogiefähig.* Das Urheberpersönlichkeitsrecht in § 13 UrhG steht nur dem Urheber zu.

3. Eine *juristische Person* kann nur Inhaber der Nutzungsrechte an einem Foto sein, niemals dessen Urheber. Urheber oder Lichtbildner i. S. d. §§ 2, 72 UrhG können nur natürliche Personen sein. Die T-AG kann damit als juristische Person nicht Urheber oder Lichtbildner sein, auch wenn ihr die Nutzungsrechte an den Satellitenfotos zustehen. Das Schöpferprinzip, das dem Urheberrechtsgesetz zugrunde liegt, wird nicht dadurch durchbrochen, dass die T-AG den Satelliten gebaut, in den Weltraum geschickt und dieser als unbemannter Raumkörper die Aufnahmen weitgehend selbständig erzeugt hat. Urheber oder Lichtbildner bleiben die Menschen, im vorliegenden Fall die Mitarbeiter der T-AG, die den Satelliten Youroba IV erstellt haben.[27]

---

[24] Wandtke/Bullinger/*Bullinger* § 13 UrhG Rn. 1.
[25] Fromm/Nordemann/*Dustmann* § 13 UrhG Rn. 5 ff.; OLG Frankfurt NJW 1991, 1839.
[26] Wandtke/Bullinger/*Bullinger* § 13 UrhG Rn. 3; Dreier/Schulze/*Schulze* § 13 UrhG Rn. 11.
[27] LG Berlin GRUR 1990, 270 – Satellitenfoto.

4. Ergebnis

Der T-AG steht als juristischer Person kein Anspruch gemäß § 13 UrhG auf Nennung ihres Namens zu, wenn ihre Satellitenfotos in dem Zeichentrickfilm „Lubas Raumfahrt" verwendet werden.

Fall 2: Online-Lexikon

Datenbankenwerk/Datenbank

Sachverhalt

Die A-GmbH verlegt juristische Publikationen und gibt ein englisch-deutsches Rechtslexikon heraus. Das Lexikon enthält über 30.000 Fachbegriffe mit Übersetzungen und Erläuterungen. Die A-GmbH betreibt eine Website im Internet, unter der das Rechtslexikon auch online abrufbar ist. Eine benutzerfreundliche Suchfunktion ermöglicht es, Fachbegriffe einzugeben und neben deren Übersetzung teilweise kurze Erläuterungen zur Funktionsweise der entsprechenden Rechtsinstitute im anglo-amerikanischen Recht zu erhalten. Für die Erstellung des Online-Angebotes hat die A-GmbH erhebliche Investitionen getätigt. Neben den Kosten für die Programmierung der Website hat die A-GmbH die Kosten für einen eigenen Server aufgewandt, auf dem das Lexikon zum Abruf bereitgehalten wird. Auf der Startseite (Homepage) des Internetauftritts der A-GmbH befindet sich Werbung für deren Verlagsprogramm. B betreibt eine Website im Internet, die eine Plattform für juristische Informationen und Nachrichten umfasst. Von der Website des B aus kann der Nutzer ohne Eingabe der Internetadresse der A-GmbH deren Lexikon abrufen. Um dies zu erreichen hat B auf seiner Seite eine Verknüpfung mit der Website der A-GmbH erstellt. Wird ein mit dem Wort „Lexikon" kenntlich gemachtes Feld auf der Website des B durch Anklicken mit der linken Maustaste aktiviert, so erscheint der Inhalt der Website der A-GmbH in einem Fenster (Frame) auf der Website des B. Innerhalb des Fensters können sämtliche Funktionen genutzt werden, die in der Website der A-GmbH vorgesehen sind, wobei allerdings die Adress-, Menü- und Symbolleisten nicht angezeigt werden. Stattdessen erscheint im Adressfeld der Navigationsleiste die Internet-Adresse des B. Internetnutzer können daher nicht erkennen, dass es sich bei dem über die Website des B abrufbaren Lexikon um einen fremden – nicht von B stammenden – Inhalt handelt.

Die A-GmbH verlangt von B Unterlassung. Es soll bei der Bearbeitung davon ausgegangen werden, dass die A-GmbH Inhaberin der erforderlichen ausschließlichen urheberrechtlichen Nutzungsrechte ist. Wettbewerbsrechtliche Ansprüche sind nicht zu prüfen.

Lösung

I. Anspruch der A-GmbH gegen B aus §§ 97 Abs. 1, 4 Abs. 2, 16 Abs. 1 UrhG

1. Schutzgegenstand

a) Werkarten. Der Inhalt der *Website* der A-GmbH ist in mehrfacher Hinsicht geschützt. Zum einen ist davon auszugehen, dass die einzelnen Texte urheberrechtlichen Schutz als

Sprachwerke nach § 2 Abs. 1 Nr. 1, Abs. 2 UrhG genießen. Zum anderen handelt es sich bei dem von der A-GmbH online zur Verfügung gestellten Lexikon in seiner Gesamtheit um ein *Datenbankwerk* nach § 4 Abs. 2 UrhG. § 4 Abs. 2 UrhG definiert Datenbankwerke als *Sammelwerke*, deren Elemente systematisch oder methodisch angeordnet und einzeln mit Hilfe elektronischer Mittel oder auf andere Weise zugänglich sind. § 4 Abs. 1 UrhG definiert Sammelwerke als Sammlungen von Werken, Daten oder anderen unabhängigen Elementen, die aufgrund der Auswahl oder Anordnung der Elemente eine persönliche geistige Schöpfung sind. Sie sind unabhängig von an den einzelnen Elementen gegebenenfalls bestehenden Schutzrechten selbständig geschützt. Für den Schutz als Datenbankwerk reicht das Vorliegen einer eigenen geistigen Schöpfung aus.[28] § 4 Abs. 2 UrhG schützt nur die Struktur, nicht den Inhalt der Datenbank.[29] Die in dem Lexikon enthaltenen Begriffe und Erläuterungen stellen eine Sammlung unabhängiger und methodisch geordneter Elemente dar. Über die Suchfunktion sind die Elemente einzeln zugänglich. Das Lexikon erfüllt somit die Voraussetzungen des § 4 Abs. 2 UrhG. Ein zusätzlicher Schutz als *Computerprogramm* nach § 69a UrhG ist zwar nicht generell ausgeschlossen.[30] Ist die Website der A-GmbH in der einfachen Seitenbeschreibungssprache HTML programmiert, so scheidet ein Schutz aber regelmäßig aus, da diese *Programmiersprache* lediglich als Hilfsmittel zur Kommunikation einer vorgegebenen Bildschirmgestaltung dient.[31]

b) Betroffene Rechte. Als betroffenes Recht kommt zunächst das Vervielfältigungsrecht aus § 16 UrhG in Betracht. Das Vervielfältigungsrecht ist das Recht, Vervielfältigungsstücke des Werkes herzustellen, gleichviel ob vorübergehend oder dauerhaft, in welchem Verfahren und in welcher Zahl. Internetseiten können in mehrere Teilflächen (Frames) aufgeteilt werden.[32] In den Teilflächen können nicht nur eigene Inhalte des Inhabers der Website, sondern auch solche Inhalte dargestellt werden, auf die mit einem Link verwiesen wird (Frame-Link). Bei diesem Frame-Linking bleibt die Navigationsleiste der Ausgangs-Website, auf der sich ein Link befindet, regelmäßig auch dann sichtbar, wenn in einem Frame andere Seiten aufgerufen werden. Frame-Links können sowohl als Deep-Links als auch als Surface-Links ausgestaltet sein. Ein Deep-Link ermöglicht den unmittelbaren Zugriff auf Dateien, deren Internetadresse der Nutzer nicht kennt. Anders als bei einfachen Surface- und Deep-Links wird der Internetnutzer beim Frame-Linking nicht vollständig auf eine fremde Seite weitergeleitet.[33] Das Setzen eines Links ist noch keine urheberrechtlich relevante Vervielfältigung.[34] Ein Link verknüpft lediglich die den Link enthaltende Datei mit der Datei, auf die durch den Link verwiesen wird. Bei Aktivierung des Frame-Links wird die geframte Seite direkt auf den Rechner des Internetnutzers geladen, ohne dass sie zunächst auf dem Rechner des Framesetzenden vervielfältigt wird.[35] Erst beim Laden des Lexikons in den Arbeitsspeicher des Nutzers liegt eine urheberrechtlich relevante Vervielfältigung nach § 16 UrhG vor.

---

[28] BGH GRUR 2007, 685, 687 Tz. 21 – Gedichtliste I.
[29] OLG München MMR 2003, 593, 594 – Chart-Listen; *Haberstumpf* GRUR 2003, 14, 22; Loewenheim/*Loewenheim* Handbuch § 9 Rn. 248.
[30] Vgl. OLG Hamburg MMR 2001, 533 – Frame-Linking.
[31] Vgl. OLG Düsseldorf MMR 1999, 729, 730 – Frames; *Schack* MMR 2001, 9, 13.
[32] *Schack* MMR 2001, 9, 16.
[33] Vgl. LG München I MMR 2003, 197f. – Framing III.
[34] BGH GRUR 2003, 958, 961, MMR 2003, 719 – Paperboy; Dreier/Schulze/*Schulze* § 16 UrhG Rn. 14.
[35] Vgl. *Schack* MMR 2001, 9, 13; *Plaß* WRP 2000, 599, 601; *Garotte* EIPR 2002, 184, 185.

2. Aktivlegitimation

Die A-GmbH ist als Inhaberin eines ausschließlichen Nutzungsrechts nach § 31 Abs. 3 UrhG aktivlegitimiert.

3. Eingriffshandlung

Die Eingriffshandlung liegt in dem Setzen des Frame-Links, der dazu führt, dass auf den Rechnern der Internetnutzer Vervielfältigungen der Daten vorgenommen werden. Sind die Vervielfältigungen für die Endnutzer durch die Schrankenregelungen der §§ 44a ff. UrhG erlaubt, so wird man einen unzulässigen Eingriff des B jedenfalls dann nicht bejahen können, wenn man das Setzen des Frame-Links als reine Teilnahmehandlung wertet.

a) Privatkopie nach § 53 Abs. 1 UrhG. Am Eingriffscharakter der von den Nutzern vorgenommenen Vervielfältigung würde es fehlen, wenn diese als Privatkopie nach § 53 Abs. 1 UrhG erlaubt wäre.[36] § 53 Abs. 1 UrhG erlaubt einzelne Vervielfältigungen eines Werkes durch eine natürliche Person zum privaten Gebrauch auf beliebigen Trägern, sofern sie weder unmittelbar noch mittelbar Erwerbszwecken dienen und soweit nicht zur Vervielfältigung eine offensichtlich rechtswidrige Vorlage verwendet wird. § 53 Abs. 5 UrhG nimmt Datenbankwerke, deren Elemente einzeln mit Hilfe elektronischer Mittel zugänglich sind, ausdrücklich vom Anwendungsbereich des § 53 Abs. 1 UrhG aus.

b) Vorübergehende Vervielfältigung nach § 44a UrhG. § 44a UrhG erlaubt vorübergehende Vervielfältigungshandlungen, die flüchtig oder begleitend sind und einen integralen und wesentlichen Teil eines technischen Verfahrens darstellen und deren alleiniger Zweck es ist, entweder eine Übertragung in einem Netz zwischen Dritten durch einen Vermittler oder eine rechtmäßige Nutzung eines Werkes zu ermöglichen, und die keine eigenständige wirtschaftliche Bedeutung haben. Diese Voraussetzungen müssen kumulativ erfüllt sein.[37] Durch diese Vorschrift werden die bei der Internetnutzung anfallenden *technisch bedingten Vervielfältigungen* wie das Speichern in einem *Zwischenspeicher (Cache)* privilegiert.[38] Die Vorschrift erfasst keine Frame-Links.[39] Denn anders als das Caching, welches die Aufrufbarkeit von Internetseiten beschleunigt, hat ein Frame nicht den alleinigen Zweck, die Übertragung von Daten durch einen Vermittler (§ 44a Nr. 1 UrhG) zu ermöglichen. Ein Frame ermöglicht auch nicht die rechtmäßige Nutzung (§ 44a Nr. 2 UrhG). Dieses Tatbestandsmerkmal privilegiert nur solche Vervielfältigungen, die vom Rechtsinhaber zugelassen oder gesetzlich erlaubt sind.[40] Zwischen den Parteien besteht kein lizenzvertragliches Verhältnis aufgrund dessen B das Setzen eines Frame-Links gestattet wird. Auch eine gesetzliche Erlaubnis liegt nicht vor.[41] Ob § 44a UrhG überhaupt auf Datenbanken anwendbar ist, kann hier offen bleiben, da jedenfalls das Setzen eines Frame-Links nicht privilegiert wird.[42]

---

[36] Vgl. LG München I MMR 2003, 197, 198 – Framing III.

[37] EuGH Urteil vom 16. Juli 2009, C-5/08, Rn. 55 – Infopaq.

[38] Dreier/Schulze/*Dreier* § 44a UrhG Rn. 4; Dreyer/Kotthoff/Meckel/*Dreyer* § 44a UrhG Rn. 7; Wandtke/Bullinger/*v. Welser* § 44a UrhG Rn. 2 ff.; Loewenheim/*Götting* Handbuch § 31 Rn. 168; *Lauber/Schwipps* GRUR 2004, 293, 295.

[39] Wandtke/Bullinger/*v. Welser* § 44a UrhG Rn. 28; anders im Hinblick auf Art. 5 Abs. 1 der Europäischen Multimedia-Richtlinie, der durch § 44a UrhG umgesetzt wurde: Österreichischer OGH GRUR Int. 2003, 863, 865 – METEO-DATA.

[40] Dreier/Schulze/*Dreier* § 44a UrhG Rn. 8.

[41] Vgl. hierzu KG GRUR-RR 2004, 228, 231; Walter/*Walter* Kap. IV Info-Richtlinie Rn. 18; *Lauber/Schwipps* GRUR 2004, 293, 295 f.

[42] Vgl. Wandtke/Bullinger/*v. Welser* § 44a UrhG Rn. 26.

c) **Vervielfältigung nach § 55a UrhG.** § 55a UrhG enthält eine besondere Schranken-regelung für Datenbankwerke und soll sicherstellen, dass der berechtigte Nutzer einer Da-tenbank auch entsprechende Handlungen vornehmen darf.[43] Die Vorschrift ist hier nicht einschlägig.

4. Widerrechtlichkeit

Grundsätzlich wird man davon ausgehen können, dass derjenige, der eine Website im Internet bereithält, damit einverstanden ist, dass diese aufgerufen und damit im Rech-ner des Nutzers vervielfältigt wird. Allein die Reichweite eines solchen Einverständnisses ist zweifelhaft. Eine ausdrückliche Einwilligung zur Vervielfältigung liegt beispielsweise dann vor, wenn auf einer Website eine Druckversion bereitgestellt wird. Nach Auffassung des BGH muss ein Berechtigter, der Texte oder Bilder im Internet ohne Einschränkungen frei zugänglich macht, damit rechnen, dass diese Inhalte heruntergeladen oder ausgedruckt werden. Daher soll dann unter Umständen eine konkludente Einwilligung in Vervielfäl-tigungen anzunehmen sein.[44] Zunächst ist hier festzuhalten, dass keine ausdrückliche Zu-stimmung der A-GmbH vorliegt, die dem B das Setzen eines Frame-Links erlaubt. Die Frage ob derjenige, der eine Website anbietet, damit konkludent einwilligt, dass auf diese Website mit Frame-Links verwiesen wird, ist bislang nicht abschließend geklärt. Wer eine Website im Internet ohne *technische Schutzmaßnahmen* zum Abruf bereithält, ermöglicht jedem, der die Internetadresse kennt, den Abruf des Angebotes. Im Hinblick auf einfache Deep-Links hat der BGH geurteilt, dass hierdurch der Abruf lediglich erleichtert werde, aber kein urheberrechtlicher *Störungszustand* geschaffen werde und ließ deshalb offen, ob schon mit der Zugänglichmachung eines Werkes im Internet ein stillschweigendes Ein-verständnis mit entsprechenden Vervielfältigungen verbunden sei.[45] Der Anbieter einer Website kann durch eine entsprechende Programmierung ohne Schwierigkeiten verhin-dern, dass auf seine Seite durch einen Frame-Link verwiesen wird.[46] Aus dem bloßen Feh-len einer solchen Sperre wird man ein generelles Einverständnis des Anbieters indes noch nicht ableiten dürfen.[47] Vielmehr müssen zusätzliche Anhaltspunkte vorhanden sein, um auf ein solches Einverständnis zu schließen. Die A-GmbH hat ein Interesse daran, dass die von ihr entwickelte Datenbank vom Nutzer auch als ihre eigene Leistung erkannt wird. Ein Einverständnis kann demnach nicht unterstellt werden.

5. Passivlegitimation

Durch das Setzen des Frames hat B die Voraussetzung dafür geschaffen, dass die In-ternetnutzer die beanstandete Vervielfältigung vornehmen können. Nach § 97 Abs. 1 UrhG haften grundsätzlich *Täter* und *Teilnehmer* der Urheberrechtsverletzung. Der Un-terlassungsanspruch richtet sich darüber hinaus gegen *Störer*.[48] Nach Auffassung des OLG

---

[43] *Haberstumpf* GRUR 2003, 14, 23 ff.

[44] BGH GRUR 2008, 245, 247 Tz. 27 – Drucker und Plotter; zustimmend v. Ungern-Sternberg GRUR 2008, 247, 248.

[45] BGH GRUR 2003, 958, 961 – Paperboy.

[46] Zu Deep-Links *Hoeren* GRUR 2004, 1, 5 f.

[47] OLG Hamburg MMR 2001, 533 – Frame-Linking; LG Hamburg MMR 2000, 761, 762 f. – Frame-Linking; Wandtke/Bullinger/*Thum* § 87b UrhG Rn. 43; *Schack* MMR 2001, 9, 17; dagegen LG München I MMR 2003, 197, 198 – Framing III.

[48] Dreier/Schulze/*Dreier* § 97 UrhG Rn. 33; *Haedicke* GRUR 1999, 397 ff.; v. *Welser* Ansprü-che im Bereich des geistigen Eigentums, in: Wandtke (Hrsg.) Praxishandbuch Medienrecht, 2008, S. 194 ff.

Hamburg soll der Framesetzende als *(mittelbarer) Störer* haften.[49] Voraussetzung für eine *Störerhaftung* ist zunächst, dass ein Dritter urheberrechtliche Nutzungsrechte verletzt.[50] Im Urheberrecht ist die Existenzberechtigung dieser Rechtsfigur eher zweifelhaft, weil ohnehin jeder, der einen adäquat-kausalen Beitrag zur Urheberrechtsverletzung leistet, grundsätzlich als Täter oder Teilnehmer auf Unterlassung haftet.[51] Allenfalls bei Handlungen, die nur mittelbar zum Verletzungserfolg führen, sollte eine Einschränkung der Haftung erwogen werden.[52] Das Setzen von Links wird in der Literatur überwiegend als Anstiftung oder Beihilfehandlung gewertet.[53] In Betracht kommt auch eine Haftung als *mittelbarer Täter*.[54] Für eine Haftung des B als mittelbarer Täter spricht hier, dass er seine Website gestaltet hat und dabei das Lexikon in seinen Internetauftritt einbezogen hat. Ein Hintermann kann – in der Regel – nicht mittelbarer Täter sein, wenn der unmittelbar Handelnde volldeliktisch, insbesondere irrtumsfrei und uneingeschränkt schuldfähig handelt und das Tatgeschehen beherrscht.[55] Den Internetnutzern wird regelmäßig gar nicht bewusst sein, dass sich innerhalb des Frames Daten eines anderen Anbieters befinden.[56]

6. Wiederholungsgefahr

Die Wiederholungsgefahr wird durch die bereits erfolgte Rechtsverletzung indiziert.

7. Ergebnis

Die A-GmbH hat einen Unterlassungsanspruch gegen B aus §§ 97 Abs. 1, 4 Abs. 2, 16 Abs. 1 UrhG.

II. Anspruch der A-GmbH gegen B aus §§ 97 Abs. 1, 4 Abs. 2, 19a UrhG

Betroffen ist daneben das in § 19a UrhG kodifizierte *Recht der öffentlichen Zugänglichmachung*. Das Recht der öffentlichen Zugänglichmachung ist gemäß § 19a UrhG das Recht, das Werk drahtgebunden oder drahtlos der Öffentlichkeit in einer Weise zugänglich zu machen, dass es Mitgliedern der Öffentlichkeit von Orten und zu Zeiten ihrer Wahl zugänglich ist. Schon vor Einführung des § 19a UrhG bestand in Rechtsprechung und Literatur Einigkeit, dass dem Urheber ein Recht der öffentlichen Zugänglichmachung zusteht.[57] Im Hinblick auf Deep-Links hat der BGH ausgeführt, dass durch das Setzen eines solchen Links lediglich der Zugang zu einem ohnehin schon zugänglichem Werk erleichtert werde und damit einen Eingriff in das Recht der öffentlichen Zugänglichmachung verneint.[58] Bei einem Frame-Link ist indes eine andere Bewertung gerechtfertigt, da der Nutzer nicht vollständig auf die andere Seite verwiesen wird. Vielmehr macht sich der Framesetzende

---

[49] OLG Hamburg MMR 2001, 533, 534 – Frame-Linking.

[50] Vgl. BGH GRUR 2003, 958, 961 – Paperboy; BGH GRUR 1999, 418, 419 – Möbelklassiker; Möhring/Nicolini/*Lütje* § 97 UrhG Rn. 31.

[51] Eingehend zur Störerhaftung: Fall 46: Fotos im Netz.

[52] Vgl. BGH WRP 2004, 1287 ff. – Internet-Versteigerung; *Haedicke* GRUR 1999, 397, 402.

[53] *Plaß* WRP 2000, 599, 602; *Sosnitza* CR 2001, 693, 698; *Ott* WRP 2004, 52, 54.

[54] So im Hinblick auf Inline-Links *Schack* MMR 2001, 9, 14; im Hinblick auf Frame-Links *Niemann* CR 2003, 528, 529.

[55] OLG Hamburg WRP 2008, 1569, 1588 – Kinderstühle.

[56] Vgl. LG Hamburg MMR 2000, 761, 762 f. – Frame-Linking; *Haberstumpf* GRUR 2003, 14, 29.

[57] Vgl. BGH GRUR 2003, 958, 961 – Paperboy; LG Hamburg GRUR Int. 2004, 148, 151 – Thumbnails; Dreier/Schulze/*Dreier* § 19a UrhG Rn. 3; *Lauber/Schwipps* GRUR 2004, 293, 294.

[58] BGH GRUR 2003, 958, 962 – Paperboy; dagegen *Wiebe* MMR 2003, 724 f.

den Inhalt der fremden Website zu eigen. Insofern lässt sich das Setzen eines Frames als Herstellung eines weiteren Zugangs auffassen. Liegt kein Einverständnis des Rechtsinhabers vor, so ist dies rechtswidrig. Zweck des Frame-Linking ist es gerade, fremde Inhalte in den eigenen Internetauftritt derart zu integrieren, dass der Internetnutzer die Website des Framesetzenden nicht verlässt, um sich auf einer anderen Website die benötigte Information zu beschaffen. Ein Erfordernis eigener Sachherrschaft über den Ablageort der zugänglich gemachten Datei besteht nicht.[59] Der Unterlassungsanspruch der A-GmbH ergibt sich somit auch aus einem Verstoß gegen § 19a UrhG.

III. Anspruch der A-GmbH gegen B aus §§ 97 Abs. 1, 87b Abs. 1 UrhG

Neben dem Schutz als Datenbankwerk kommt ein Schutz der A-GmbH als *Datenbankherstellerin* nach §§ 87a ff. UrhG in Betracht. Dieses *Schutzrecht sui generis* kann neben den urheberrechtlichen Schutz treten.[60]

1. Schutzgegenstand

a) Datenbankherstellerrecht. § 87a Abs. 1 UrhG definiert *Datenbanken* als Sammlungen von Werken, Daten oder anderen unabhängigen Elementen, die systematisch oder methodisch angeordnet und einzeln mit Hilfe elektronischer Mittel oder auf andere Weise zugänglich sind und deren Beschaffung, Überprüfung oder Darstellung eine nach Art oder Umfang wesentliche *Investition* erfordert. Darunter fallen etwa die Mittel, die für die Ermittlung von vorhandenen Elementen und deren Zusammenstellung aufgewandt werden.[61] Die Investition kann beispielsweise im Einsatz von Geld, Zeit oder Arbeit bestehen.[62] Der Schutz nach § 87a UrhG ist nicht auf elektronische Datenbanken beschränkt.[63]

b) Betroffene Verwertungsrechte. § 87b Abs. 1 S. 1 UrhG gibt dem Datenbankhersteller das ausschließliche Recht, die Datenbank insgesamt oder einen nach Art oder Umfang wesentlichen Teil der Datenbank zu vervielfältigen, zu verbreiten und öffentlich wiederzugeben. § 87b Abs. 1 S. 2 UrhG stellt die wiederholte und systematische Vervielfältigung, Verbreitung oder öffentliche Wiedergabe von nach Art und Umfang unwesentlichen Teilen der Datenbank der Verwertung eines wesentlichen Teils der Datenbank gleich, sofern diese Handlungen einer normalen Auswertung der Datenbank zuwiderlaufen oder die berechtigten Interessen des Datenbankherstellers unzumutbar beeinträchtigen. Durch diese Regelungen wird jede unerlaubte Aneignung der Gesamtheit oder eines Teils des Inhalts der Datenbank unabhängig von dem angewandten Verfahren erfasst.[64] Betroffen ist hier das Vervielfältigungsrecht und das Recht der öffentlichen Wiedergabe. Das *Recht der öffentlichen Wiedergabe* nach § 87b Abs. 1 S. 1 UrhG umfasst auch das Recht, die Datenbank öffentlich zugänglich zu machen.[65] Zwar wird man nicht unterstellen können, dass die einzelnen Nutzer wesentliche Teile der Datenbank vervielfältigen. Ebenso dürfte

---

[59] Ebenso LG München MMR 2007, 260, 261, 262 – Framing.
[60] Wandtke/Bullinger/*Thum* Vor §§ 87a ff. UrhG Rn. 25; Dreier/Schulze/*Dreier* Vor §§ 87a ff. UrhG Rn. 1; Loewenheim/*Loewenheim* Handbuch § 9 Rn. 239.
[61] BGH, Urteil vom 30. April 2009, I ZR 191/05, Tz. 23 – Elektronischer Zolltarif.
[62] *Gaster* MMR 1999, 733, 734.
[63] BGH GRUR 1999, 923, 925 – Tele-Info-CD.
[64] Vgl. EuGH GRUR 2009, 572, 575 Rn. 40 – Apis-Hristovich; EuGH MMR 2008, 807, 808 Rn. 34 – Directmedia Publishing.
[65] Wandtke/Bullinger/*Thum* § 87b UrhG Rn. 39; Dreier/Schulze/*Dreier* § 87b UrhG Rn. 3; Möhring/Nicolini/*Decker* § 87b UrhG Rn. 5.

es bei diesen an einer wiederholten und systematischen Vervielfältigung unwesentlicher Teile fehlen. Bewertet man das Setzen des Frame-Links durch B allerdings als mittelbare Täterschaft, so ist jedenfalls § 87b Abs. 1 S. 2 UrhG betroffen.[66] Denn B steuert durch das Setzen des Frame-Links die wiederholten und systematischen Vervielfältigungen durch die Nutzer. Eine Beeinträchtigung der Interessen des Datenbankherstellers ist zu bejahen, wenn Internetnutzer davon abgehalten werden, seine Website zu besuchen und die auf der *Homepage* geschaltete Werbung zur Kenntnis zu nehmen.[67]

2. Aktivlegitimation

Nach § 87a Abs. 2 UrhG gilt derjenige als Datenbankhersteller, der die Investition nach § 87a Abs. 1 UrhG vorgenommen hat. Dies ist die A-GmbH.

3. Widerrechtliche Eingriffshandlung

Anders als bei anderen Leistungsschutzrechten, sind die §§ 44a ff. UrhG bei einfachen Datenbanken nicht entsprechend anwendbar.[68] Vielmehr ist § 87c UrhG für das *Sui-generis-Schutzrecht* des Datenbankherstellers abschließend.[69] Nach § 87c Abs. 1 Nr. 1 UrhG ist die Vervielfältigung eines nach Art oder Umfang wesentlichen Teils einer Datenbank zum privaten Gebrauch grundsätzlich zulässig. Für Datenbanken, deren Elemente einzeln mit Hilfe elektronischer Mittel zugänglich sind, gilt dies nach dem Wortlaut der Vorschrift aber gerade nicht. Da auch keine Zustimmung vorliegt, ist der Eingriff widerrechtlich.

4. Passivlegitimation

B ist als mittelbarer Täter passivlegitimiert.

5. Ergebnis

Das Vorliegen einer Wiederholungsgefahr wurde bereits festgestellt. Die A-GmbH hat einen Unterlassungsanspruch gegen B aus §§ 97 Abs. 1, 87b Abs. 1 UrhG.

Fall 3: Aus Wandbild wird Tafelbild

Werkintegrität und Ortsbezug/Urheberrecht und Erbrecht

Sachverhalt

Der Bauhausmeister Oskar Schlemmer (1888–1943) schuf im Jahre 1940 in seinem privaten Wohnhaus das 2 mal 4 m große Wandbild mit dem Titel „Familie". Das in erdigen Tönen gemalte Wandbild stellt eine figurativ idealisierte Familie dar. Schlemmer pflegte seine Wandbilder formal anders zu gestalten als seine Bilder auf Leinwand. Schlemmer nutzte für seine Wandbilder stets die Freskotechnik. Dabei arbeitete er insbesondere mit dem Raumeindruck des jeweiligen Ortes und dem Verhältnis des Mauerwerkes zum Bild-

---

[66] Vgl. *Haberstumpf* GRUR 2003, 14, 29.

[67] Vgl. LG Berlin CR 1999, 388, 389 – Online-Kleinanzeigenmarkt; LG Köln CR 1999, 593, 594 – Online-Anzeigen.

[68] Vgl. EuGH GRUR 2009, 572, 575 Rn. 43 – Apis-Hristovich.

[69] *Loewenheim/Loewenheim* Handbuch § 43 Rn. 23.

gegenstand. Im Wandbild „Familie" verläuft sich der für jede Figur gesondert durch eine Farbfläche angedeutete Horizont in der Gesamtfläche, indem die Transparenz bis zur Auflösung gesteigert wird. Der Horizont der rechten Figur steigt dabei vertikal an, so dass die Figuren in räumlicher Staffelung zu schweben scheinen. Der Betrachter erlebt so die Schwere des Mauerwerkes im Gegensatz zur Schwerelosigkeit der Figuren.

Da die Eigentümer des Hauses dieses im Jahr 2003 abreißen wollten, beschlossen sie, das auf einen Wert von € 300.000,– geschätzte Schlemmer-Bild von der Wand abzutragen, um es auf diese Weise zu erhalten und wirtschaftlich zu nutzen. Das Wandbild wurde aus der Ziegelwand ausgebaut, indem eine 4 cm dicke Schicht aus der Ziegelwand herausgefräst wurde. Die Ziegelschicht wurde sodann mit einem Aluminiumgerüst stabilisiert. Auf der Vorderseite des Werkes wurde eine Latex-Schicht aufgetragen, um Risse im Putz zu verhindern. Das Bild ist nun mit 600 kg portabel und soll in der Galerie des Stuttgarter Galeristen V ausgestellt werden.

Die Erben Schlemmers sehen in dem Ausbau des Bildes eine Entstellung des Werkes von Schlemmer. Sie beabsichtigen die für Mai 2004 geplante öffentliche Ausstellung des Werkes zu verhindern.

Bitte nehmen Sie zur Rechtslage Stellung!

Lösung

I. Anspruch der Erben aus § 97 Abs. 1 UrhG

Den Erben von Oskar Schlemmer könnte ein Anspruch auf Unterlassung der öffentlichen Ausstellung des Werkes aus § 97 Abs. 1 UrhG i. V. m. § 14 UrhG zustehen.

1. Schutzgegenstand

Es liegt ein schutzfähiges Werk der bildenden Kunst gemäß § 2 Abs. 1 Nr. 4, Abs. 2 UrhG vor.

2. Eingriffshandlung

a) Stellung der Erben. Die Erben müssen Inhaber des Urheberpersönlichkeitsrechts (UPR) des Oskar Schlemmer sein. Diese Voraussetzung ist gegeben. Das Urheberrecht einschließlich der Urheberpersönlichkeitsrechte aus §§ 12–14 UrhG ist zwar nicht übertragbar, jedoch unbeschränkt vererblich. Das Urheberpersönlichkeitsrecht ist gemäß § 28 UrhG i. V. m. § 1922 BGB auf die Erben des Oskar Schlemmer übergegangen.

b) § 12 Abs. 1 UrhG – Veröffentlichungsrecht. Es könnte hier das Veröffentlichungsrecht des Urhebers aus § 12 Abs. 1 UrhG betroffen sein.

Das Veröffentlichungsrecht aus § 12 Abs. 1 UrhG umfasst das Recht, den Zeitpunkt der Veröffentlichung (das „*Ob*") und die Form der Veröffentlichung (das „*Wie*") zu bestimmen.[70] Danach könnte es Schlemmer bzw. seinen Erben zustehen zu entscheiden, dass das Bild nur als Wandbild in dem Privathaus gezeigt werden soll und in keiner anderen Weise. Allerdings handelt es sich bei dem Recht aus § 12 Abs. 1 UrhG um ein sogenanntes *Einmal-Recht*, d. h. der Urheber kann das Veröffentlichungsrecht nur einmal ausüben.[71] Nach der ersten Veröffentlichung ist das Recht verbraucht.[72] Das Recht bezieht sich demnach nur auf die Erstveröffentlichung, nicht auf die Art und Weise weiterer Veröffentlichungen.

c) § 14 UrhG – Entstellungsverbot. Ein Unterlassungsanspruch könnte sich aber dann ergeben, wenn das Werk des Oskar Schlemmer durch den Ausbau aus der Wand entstellt oder auf andere Weise i. S. d. § 14 UrhG beeinträchtigt worden ist.

Werke, die für einen bestimmten Aufstellungsort geschaffen wurden, können beeinträchtigt werden, indem sie von dem Ort entfernt werden, für den sie geschaffen wurden.[73] Eine Beeinträchtigung durch die örtliche Verbringung eines Werkes kommt in Betracht, wenn ein Werk für einen ganz bestimmten Ort oder eine ganz konkrete Stelle geschaffen worden ist. Ein Werk kann aber auch in seiner Gestalt und nach seinem Inhalt Bezug auf den vorgesehenen Aufstellungsort nehmen.[74]

aa) Inhaltlicher Ortsbezug. Der Ortsbezug kann von inhaltlich-thematischer Natur dominiert sein („Sachkontext").[75] Der inhaltliche Bezug steht insbesondere bei Werken

---

[70] Schricker/*Dietz* § 12 UrhG Rn. 11; Wandtke/Bullinger/*Bullinger* § 12 UrhG Rn. 8; Fromm/Nordemann/*Dustmann* § 12 UrhG Rn. 1.

[71] Fromm/Nordemann/*Dustmann* § 12 UrhG Rn. 9; Wandtke/Bullinger/*Bullinger* § 12 UrhG Rn. 9.

[72] OLG München NJW-RR 1997, 493, 494; *Ulmer* FS Hubmann, Das Veröffentlichungsrecht des Urhebers, in: *Forkel* u. a., 1985, 435 ff.; *Strömholm* GRUR 1963, 350, 358.

[73] Wandtke/Bullinger/*Bullinger* § 14 UrhG Rn. 46 f.; Fromm/Nordemann/*Dustmann* § 14 UrhG Rn. 9 ff.; *Bullinger* 115–117.

[74] Wandtke/Bullinger/*Bullinger* § 14 UrhG Rn. 46.

[75] Wandtke/Bullinger/*Bullinger* § 14 UrhG Rn. 47.

im Vordergrund, die sich auf ein bestimmtes Ereignis beziehen, das an dem konkreten Ort stattgefunden hat.[76] Wird ein solches Werk an einer anderen Stelle aufgestellt, so verändert es dort seine Aussage. Das Werk wird zur Hülse. Dies führt zu einer Beeinträchtigung i. S. v. § 14 UrhG.

Hier könnte ein inhaltlicher Bezug insofern bestehen, als das Bild im (ehemaligen) Privathaus der Familie Schlemmer entstanden ist und zugleich das Thema „Familie" behandelt. Daher könnte das Bild an den konkreten Ort gebunden sein. Andererseits gestaltet Schlemmer nur abstrakt idealisierte Figuren einer Familie ohne erkennbare Züge der Familie Schlemmer. Ein konkreter inhaltlicher Ortsbezug ist daher nicht erkennbar.

bb) Formaler Ortsbezug. Beim formalen Ortsbezug korrespondiert das Kunstwerk mit den *Formen, Farben und Materialien,* die es am Aufstellungsort umgeben. Das Werk reagiert beispielsweise auf die Proportionen der Bebauung oder den Charakter der Natur, die das Werk umkreisen. Die Verbindung zwischen dem Werk und dem vorgesehenen Aufstellungsort kann dabei so eng sein, dass das Werk nach seiner Entfernung und Aufstellung an einem anderen Ort seine künstlerische Aussage verändert oder gar verliert.

Die Verbindung zwischen dem Werk und dem Aufstellungsort ist vor allem durch die *Eigenart des Bildes als Wandbild* geprägt. Schlemmer hat das Werk als Wandbild konzipiert. Er pflegte seine Wandbilder formal anders zu gestalten als seine Bilder auf Leinwand. Die Wandbilder Schlemmers nutzen die Qualität der Freskotechnik und arbeiten stark mit dem Raumgefühl des konkreten Ortes. Die Figuren des betroffenen Werkes scheinen in dem Raum geradezu zu schweben. So verläuft sich der für jede Figur gesondert durch eine Farbfläche angedeutete Horizont in der Gesamtfläche, indem die Transparenz bis zur Auflösung gesteigert wird. Der Horizont der rechten Figur steigt dabei vertikal an, so dass die Figuren in räumlicher Staffelung zu schweben scheinen. Der Betrachter erlebt so die Schwere des Mauerwerkes im Gegensatz zur Schwerelosigkeit der Figuren.

Durch die Ablösung des Bildes bekam dieses eine feste, exakte und rechteckige Umrahmung und die ehemalige materielle Qualität des Bildes durch den Verbund mit dem Mauerwerk ging verloren. Auch die ästhetische Wirkung des Bildes wurde verändert. Die künstlerische Idee der Darstellung von Schwerelosigkeit und Transparenz wird verfälscht. Der Künstler kann sich mit seinem Werk nicht mehr identifizieren. Es ist ihm fremd.

Der Ausbau des Bildes führte somit zu einer schweren Beeinträchtigung der Urheberpersönlichkeitsinteressen an dem Werk und stellt daher eine Entstellung i. S. d. § 14 UrhG dar.

cc) Interessenabwägung. Das Änderungsverbot des § 14 UrhG steht unter dem ungeschriebenen Vorbehalt einer Interessenabwägung.[77]

Im vorliegenden Fall kollidieren die Interessen des Urhebers (bzw. dessen Erben) mit denen der Sacheigentümer des Wandgemäldes. Zwar hat der Eigentümer aus § 903 BGB grundsätzlich das Recht, mit seinem Eigentum nach Belieben zu verfahren. Er muss aber auch auf die Interessen des Urhebers Rücksicht nehmen. Dieses Spannungsverhältnis von

---

[76] Vgl. Wandtke/Bullinger/*Bullinger* § 14 UrhG Rn. 46; Es wird sich bei den betroffenen Werken daher vorwiegend um Denkmäler handeln. Der inhaltliche Ortsbezug kann dabei locker sein. Dies ist der Fall, wenn der Ort dem Künstler lediglich die Anregung zu einem Thema gegeben hat. Der thematische Bezug kann aber auch äußerst eng sein, wenn das Werk nach seinem Inhalt nur an seinem Aufstellungsort gedacht werden kann.

[77] Fromm/Nordemann/*Dustmann* § 14 UrhG Rn. 21; Wandtke/Bullinger/*Bullinger* § 14 UrhG Rn. 10.

Urheberrecht und Sacheigentum gilt es durch die Abwägung aufzulösen.[78] Dabei spielen insbesondere die Kriterien der schöpferischen Eigenart des Werkes, des künstlerischen Ranges, des Gebrauchszweckes, der Irreversibilität des Eingriffs und des Grades der Öffentlichkeit eine Rolle.[79]

Hier ist entscheidend, dass die Eigentümer mit dem Ausbau wirtschaftliche Interessen verfolgen, da sie eine Ausstellung des Werkes planen. Dieses Interesse tritt hinter die ideellen Interessen des Urhebers klar zurück. Darüber hinaus ist das Werk wegen der tiefschichtigen künstlerischen Aussage höchst individuell und wertvoll.

Der Ausbau des Wandbildes stellt daher eine Entstellung i. S. d. § 14 UrhG dar.

II. Ergebnis

Folglich haben die Erben von Oskar Schlemmer gemäß §§ 97 Abs. 1, 14 UrhG i. V. m. § 28 Abs. 1 UrhG, § 1922 BGB einen Anspruch auf Unterlassung der Ausstellung.

Um die Ausstellung möglichst noch vor Ausstellungsbeginn zu verhindern, sollte ein Antrag auf Erlass einer einstweiligen Verfügung gestellt werden.

Fall 4: MP3-Software – Programmierer auf Abwegen

Software/Computerrecht

Sachverhalt

Der Softwarehersteller S beauftragt im März 2003 den frei arbeitenden Freelancer F, die grafische Oberfläche des von S entwickelten Programms „MP3-PlayMAX", einem Programm zum Abspielen und Übertragen von MP3-Musikdateien auf externe MP3-Player, bis Ende 2003 neu zu gestalten sowie ein Zusatzprogramm zum Dekomprimieren von MP3-Files zu entwickeln. Freelancer F, der bei seinem Auftrag in Zeitnot gerät und künstlerisch wenig begabt ist, lehnt sich kurzerhand an die optisch ansprechende und grafisch aufwändige Benutzeroberfläche einer allgemein und auch dem S unbekannten Software des kleineren Wettbewerbers W an und imitiert diese zu etwa 80%. Da er auch das Programm zum Dekomprimieren nicht mehr zeitgerecht erstellen kann, durchstöbert er das Internet. Dabei gelangt er zu einem Forum, das sich mit der Entwicklung von entsprechender Software als Open-Source-Software beschäftigt. Die in dem Forum abgelegten Quellcodes für die Software sollen der General Public License Version 2.1 (GPL) unterliegen. Wörtlich heißt es in dieser:

> „Sie müssen dafür sorgen, dass jede von Ihnen verarbeitete oder veröffentlichte Arbeit, die ganz oder teilweise von dem Programm oder Teilen davon abgeleitet ist, Dritten gegenüber als Ganzes unter den Bedingungen dieser Lizenz ohne Lizenzgebühren zur Verfügung gestellt wird."

---

[78] Vgl. RGZ 79, 397, 402 – Felseneiland mit Sirenen; Schricker/*Dietz* § 14 UrhG Rn. 16; Wandtke/Bullinger/*Bullinger* § 14 UrhG Rn. 14.

[79] M.w.A. *Dietz* ZUM 1993, 309 ff., 317.

S bekommt von alledem nichts mit und verkauft 1000 CDs mit seinem überarbeiteten Programm „MP3-PlayMAX" samt Zusatzsoftware an den Hardwarehersteller H. S und H vereinbaren, dass H die CDs zusammen mit seinen MP3-Playern vertreiben soll. Wörtlich heißt es dazu in dem zwischen S und H geschlossenen Vertrag:

> „Die CDs dürfen nur zusammen mit der Hardware des MP3-Players von H weiterverkauft oder sonst in den Handel gebracht werden."

H erkennt die Ähnlichkeit der Benutzeroberfläche der Software mit der des W und schöpft Verdacht, dass eine Urheberverletzung vorliegen könnte. Auch kommt ihm die Dekomprimierungsfunktion bekannt vor. Er verkauft die Ware aber trotzdem unter Hinweis darauf, dass er die Hardware und Software nur zusammen verkaufen darf, an den Internethändler I. Auf den Verpackungen der Hardware heißt es: „Softwarenutzung nur mit Originalhardware gestattet." Noch bevor I die Ware das erste Mal verkauft, treten an der Ware des H plötzlich Mängel auf. H entschließt sich daraufhin, die Nachbesserung der Hardware von S zu verlangen und die Software zunächst separat zu verkaufen.

Nach einem halben Jahr, in dem I an diverse Käufer 250 CDs mit der Software abgesetzt hat, melden sich plötzlich W und O. W fordert I auf, den weiteren Verkauf der Software „MP3-PlayMAX" einzustellen, eine Unterlassungserklärung abzugeben und pro bisher verkaufter Software ein branchenübliches Lizenzentgelt von € 5,– zu bezahlen. Die Sache sei dann für ihn okay. Den Kunden wolle er die Nutzung nicht verbieten. O hat in enger Zusammenarbeit mit den Programmierern anderer Programmteile Teile der von F genutzten Open-Source-Software geschrieben, und zwar mehrere Module derselben. O kündigt an, den Vertrieb der Software stoppen zu lassen. Als er von der Forderung des W hört, fordert auch er wie W € 5,– pro verkauftem Exemplar, und zwar mit Blick auf die von ihm geschaffenen Module für sich allein. W und O planen, danach mit H in Verhandlungen über eine Lizenzierung zu treten.

Kann I, der an W und O je € 1.250,– gezahlt hat, von H die € 2.500,– als Schadensersatz verlangen?

Lösung

I. Anspruch des I gegen H aus §§ 437 Nr. 3, 280, 281, 435, 440, 453 BGB auf Schadensersatz?

I könnte einen Schadensersatzanspruch in Höhe von € 2.500,– gegen H aus §§ 437 Nr. 3, 280, 281, 435, 440, 453 BGB haben.

1. Rechtsmangel

Es könnte ein *Rechtsmangel* i. S. v. § 435 BGB gegeben sein. Ein Rechtsmangel liegt vor, wenn die verkauften Softwareprodukte die Rechte Dritter verletzen. Vorliegend könnten die Urheberrechte von W und O verletzt worden sein.

a) Rechtsverletzung des W. Die Rechte von W könnten verletzt sein, weil die von diesem geschaffene Benutzeroberfläche imitiert worden ist.

aa) Schutzgegenstand. Fraglich ist zunächst, ob an der *Benutzeroberfläche* ein Urheberrecht besteht.

(1) In Betracht kommt ein Schutz gemäß §§ 69a, 69c Nr. 1, 2 und 3 UrhG. Die Oberfläche ist Teil der Software. Nach einem Teil der Lehre und Rechtsprechung ist daher davon

auszugehen, dass es sich bei der Benutzeroberfläche um ein *Computerprogramm* i. S. v. § 69a UrhG handelt.[80] Diese Auffassung überzeugt nicht. Voraussetzung für einen Schutz nach § 69a UrhG ist nach h. M. vielmehr, dass das Werk, für das Schutz gesucht wird, aus einem ablauffähigen Programmcode, nämlich aus Steuerbefehlen besteht.[81] Hierfür spricht insbesondere die Tatsache, dass auch die WIPO-Mustervorschriften und die DIN 44 300 davon ausgehen, dass ein Computerprogramm aus Anweisungen zur Lösung einer Aufgabe besteht. Zwar wird die Benutzeroberfläche von Software mit Hilfe eines Computerprogramms generiert. Das Argument der Befürworter eines Schutzes der Benutzeroberfläche, § 69a Abs. 1 UrhG schütze ja seinem Wortlaut nach Programme in jeder Gestalt und damit auch die Benutzeroberfläche als Ausdrucksform eines Computerprogramms gemäß § 69a Abs. 1 UrhG, überzeugt hingegen nicht. Die grafische Gestaltung und die Programmierung der Software sind zwei unterschiedliche Vorgänge. Die Benutzeroberfläche kann unabhängig vom Programmcode entworfen werden. Der schöpferische Vorgang ist hier die grafische Gestaltung, nicht die Programmierung. Die Benutzeroberfläche wird erst mit dem Ablauf des Computerprogramms wiedergegeben. Kontrollüberlegung zur Abgrenzung des geschützten Programms zu § 69a Abs. 1 UrhG nicht unterfallenden Ergebnissen von Computerprogrammen muss sein, ob es technisch möglich ist, das gleiche Ergebnis – hier die Benutzeroberfläche – mit verschiedenen Programmen zu erzeugen. Da dies der Fall ist, liegt nach richtiger Auffassung[82] vorliegend kein Computerprogramm i. S. v. § 69a UrhG vor. Eine Verletzung der §§ 69a, 69c Nr. 1, 2 und 3 UrhG scheidet mithin aus.

(2) Durch die Imitation der Benutzeroberfläche und den Vertrieb mit der Software des H könnten jedoch die Rechte des W gemäß § 2 Abs. 1 Nr. 4 und Abs. 2 UrhG oder gemäß § 2 Abs. 1 Nr. 7 und Abs. 2 UrhG i. V. m. den §§ 16, 17, 23 UrhG verletzt worden sein.

Bei Benutzeroberflächen liegt eine *technische oder wissenschaftliche Darstellung* i. S. v. § 2 Abs. 1 Nr. 7 UrhG vor, wenn die Oberfläche im Wesentlichen der Nutzung der Funktionen des Computerprogramms dient, bzw. auch ein *Werk der bildenden Kunst* i. S. v. § 2 Abs. 1 Nr. 4 UrhG, wenn bei der grafischen Gestaltung die ästhetische Wirkung im Vordergrund steht.[83] Vorliegend spricht vieles dafür, dass aufgrund der optisch ansprechenden grafischen Gestaltung ein Werk i. S. v. § 2 Abs. 1 Nr. 4 UrhG vorliegt. Im Ergebnis kann die Frage aber offen bleiben, da auf beide Werkgattungen die gleichen Regelungen Anwendung finden.

Fraglich ist, ob die Benutzeroberfläche des W die notwendige schöpferische Eigenart i. S. v. § 2 Abs. 2 UrhG aufweist. Insbesondere im Bereich der oftmals sachbedingten Werke gemäß § 2 Abs. 1 Nr. 7 UrhG werden von der Rechtsprechung keine überhöhten

---

[80] OLG Karlsruhe GRUR 1994, 726, 729 – Bildschirmmasken; Möhring/Nicolini/*Hoeren* § 69a UrhG Rn. 6; Fromm/Nordemann/*Vinck*, 9. Aufl., § 69a UrhG Rn. 2.

[81] OLG Düsseldorf NJWE-WettbR 2000, 61 – Add.-On CD; *Haberstumpf*, in: *Lehmann* (Hrsg.), Rechtsschutz und Verwertung von Computerprogrammen, Köln 1993, Kap. II Rn. 13, 30; Schricker/*Loewenheim* § 69a UrhG Rn. 2; Wandtke/Bullinger/*Grützmacher* § 69a UrhG Rn. 3.

[82] OLG Düsseldorf CR 2000, 184 – Framing; OLG Hamm MMR 2005, 106; LG Mannheim NJW-RR 1994, 1007 f.; LG Frankfurt CR 2008, 424, 425; LG Düsseldorf ZUM 2007, 559, 563; *Günther* CR 1994, 610, 611; *Haberstumpf*, in: *Lehmann* (Hrsg.), Rechtsschutz und Verwertung von Computerprogrammen, Köln 1993, Kap. II Rn. 21; Schricker/*Loewenheim* § 69a UrhG Rn. 7; Wandtke/Bullinger/*Grützmacher* § 69a UrhG Rn. 14; Dreier/Schulze/*Dreier* § 69a UrhG Rn. 16; Fromm/Nordemann/*Czychowski* § 69a UrhG Rn. 27; siehe auch OLG Frankfurt MMR 2005, 705 f.; OLG Rostock CR 2007, 737 f.

[83] Wandtke/Bullinger/*Bullinger* § 2 UrhG Rn. 142 m. w. N.

Anforderungen an die Schöpfungshöhe gestellt.[84] Überdies ist die Benutzeroberfläche vorliegend nicht nur optisch ansprechend, sondern auch grafisch aufwändig. Mithin kann davon ausgegangen werden, dass ein i. S. v. § 2 UrhG geschütztes Werk vorliegt.

bb) Verletzung des Vervielfältigungsrechts i. S. v. § 16 UrhG

Die Rechte eines Dritten müssen verletzt sein. Vorliegend wurde das Werk des W zu 80 % imitiert. In Betracht kommt eine Verletzung des *Vervielfältigungsrechts* i. S. v. § 16 UrhG. Nicht nur die plumpe Kopie (Vervielfältigung eins zu eins) kann die Rechte des Urhebers verletzen, wie § 23 UrhG zeigt. Eine Vervielfältigung liegt auch in der Nachahmung schutzfähiger Teile eines Werkes. Bei einer Imitation von 80 % der Benutzeroberfläche ist davon auszugehen, dass die Züge des Werkes des W noch nicht verblasst sind, mithin noch keine freie Bearbeitung i. S. v. § 24 UrhG vorliegt. Es liegt also ein Verstoß gegen § 16 UrhG vor. Durch den Verkauf der Software wurden zudem die Rechte gemäß § 17 UrhG verletzt.

cc) Widerrechtlichkeit

Der W hat die Vervielfältigung und die Verbreitung seiner Software auch nicht erlaubt, so dass diese *widerrechtlich* waren. Auch die Schranken des Urheberrechts greifen vorliegend nicht ein.

Mithin liegt mit Blick auf den angesichts der Forderungen des W geltend gemachten Schaden ein Rechtsmangel vor.

b) Rechtsverletzung des O

Fraglich ist, ob das auch bezüglich der Forderungen des O bzw. der diesen zu Grunde liegenden Rechte am *Komprimierungsprogramm* gilt. Dazu müssten Rechte des O verletzt worden sein. In Betracht kommen die Rechte des O aus §§ 69a, 69c Nr. 1, 2 und 3 UrhG.

aa) Schutzgegenstand

Der O hat mehrere Module geschaffen, also an der Erstellung eines Computerprogramms i. S. v. § 69a Abs. 1 UrhG mitgewirkt. Gemäß § 69a Abs. 3 UrhG ist es erforderlich, dass eine eigene *schöpferische Leistung* vorliegt. Nach ganz h. M. ist bei § 69a Abs. 3 UrhG dieses abweichend von der früheren Rechtslage zu § 2 Abs. 1 Nr. 1 und Abs. 2 UrhG[85] bereits dann der Fall, *wenn nicht lediglich Trivialprogramme* vorliegen.[86] O hat mehrere Module zu einem komplexen Dekomprimierungsprogamm für MP3-Files geschaffen. Mithin lag ein i. S. v. § 69a UrhG schutzfähiges Programm vor.

bb) Urheberrechtsrelevante Handlungen

Die *Bearbeitung, Vervielfältigung und Verbreitung* der Module, also von Teilen eines Computerprogramms i. S. v. § 69a UrhG, stellen urheberrechtsrelevante Handlungen i. S. d. §§ 69c Nr. 1, 2 und 3 UrhG dar.

cc) Inhaber der Nutzungsrechte am Computerprogramm

Fraglich ist, wem die Nutzungsrechte an dem Computerprogramm zustehen und wer diese geltend machen kann (Aktivlegitimation). Das Computerprogramm könnte ein *ver-*

---

[84] Wandtke/Bullinger/*Bullinger* § 2 UrhG Rn. 139.
[85] Vgl. insbesondere BGHZ 94, 276, 281 ff. – Inkassoprogramm; BGHZ 112, 264 – Betriebssystem.
[86] BGH GRUR 1994, 39 – Buchhaltungsprogramm; BGH GRUR 2000, 866, 868 – Programmfehlerbeseitigung; BGH NJW 2000, 3571, 3572 – OEM-Version; BGH GRUR 2005, 860, 861 – Fash 2000; weitere Nachweise bei Wandtke/Bullinger/*Grützmacher* § 69a UrhG Rn. 33, 39.

bundenes Werk i. S. v. § 9 UrhG sein.[87] Gemäß § 9 UrhG bestehen nur hinsichtlich der Verwertung miteinander verbundener Werke Schwierigkeiten. Solange nicht die exklusiven Verwertungsrechte an den im Rahmen des § 9 UrhG verbundenen Werken eingeräumt werden, bleibt jeder Urheber zur Geltendmachung seiner Nutzungsrechte umfassend berechtigt.

Fraglich ist, ob dies auch gilt, wenn ein Fall der Miturheberschaft vorliegt. In Betracht kommt bei der Entwicklung von *Open-Source-Software* nämlich weiter, dass O Rechte gemäß § 8 Abs. 2 S. 3 1. Halbs. UrhG geltend machen kann.[88] Danach ist der Miturheber berechtigt, Ansprüche aus Verletzung des gemeinsamen Urheberrechts einzufordern. *Miturheberschaft* i. S. v. § 8 UrhG liegt vor, wenn mehrere ein Werk gemeinsam geschaffen haben, ohne dass sich ihre Anteile gesondert verwerten lassen. O hat nur einige Module des betroffenen Computerprogramms geschaffen, die alleine nicht lauffähig und daher nicht verwertbar sind. Er hat das Computerprogramm gemeinsam mit anderen Programmierern entwickelt. Es liegt im Zweifel ein Fall des § 8 UrhG vor. Mithin wäre O auch dann berechtigt, Unsterlassungsansprüche aus der Verletzung des gemeinsamen Urheberrechts geltend zu machen.

Ob ein Fall des § 8 oder des § 9 UrhG vorliegt, kann im Ergebnis an dieser Stelle offen bleiben.

dd) Widerrechtlichkeit

Die Bearbeitung, Vervielfältigung und Verbreitung müsste *widerrechtlich* erfolgt sein. Das wäre der Fall, wenn vorliegend keine Einwilligung erteilt wurde und auch sonst keine Schranke des Urheberrechts eingreift.

Auch wenn es sich bei den betroffenen Teilen des Computerprogramms um so genannte Open-Source-Software handelt, wird durch deren Urheber nicht grundsätzlich auf die Nutzungsrechte verzichtet. Hierfür spricht, dass nach den (im Sachverhalt wiedergegebenen) Lizenzbedingungen jede von Dritten verarbeitete oder veröffentlichte Arbeit, die ganz oder teilweise von dem Programm oder Teilen davon abgeleitet ist, Dritten gegenüber als Ganzes unter den Bedingungen dieser Lizenz ohne Lizenzgebühren zur Verfügung gestellt werden muss. Zwar kann man darüber streiten, ob diese Bedingung der Lizenzierung eine echte auflösende Bedingung i. S. v. § 158 Abs. 2 BGB darstellt[89] oder eine eigenständige Nutzungsart, also eine urheberrechtlich-dingliche Beschränkung[90] darstellt. Fest steht jedoch, dass die Anforderungen vorliegend nicht erfüllt sind. Denn die Software wird gerade nicht unentgeltlich weiterveräußert. Somit ist entweder die Bedingung i. S. v. § 158 Abs. 2 BGB nicht erfüllt oder das Programm wird im Rahmen einer Nutzungsart genutzt, für die keine Nutzungsrechte eingeräumt wurden. So oder so fehlt es also an einer Einwilligung zu der konkreten Form der Nutzung. Auch ist keine Schranke ersichtlich, die vorliegend eingreifen könnte. Mithin waren die Nutzungshandlungen auch widerrechtlich.

---

[87] So für Open-Source-Software tendenziell *Sester* CR 2000, 797, 802.

[88] Vgl. *Koch* CR 2000, 272, 277 ff.; LG München K&R 2004, 451.

[89] *Metzger/Jaeger* GRUR Int. 1999, 839, 843 f.; *Grzeszick* MMR 2000, 412, 415; Wandtke/ Bullinger/*Grützmacher* § 69c UrhG Rn. 79; LG München NJW-RR 2004, 350, 351; LG Frankfurt CR 2007, 729, 732; wohl auch LG München CR 2008, 57, 58; siehe auch allgemein BGH GRUR 1958, 504, 505 – Die Privatsekretärin.

[90] *Koch* CR 2000, 333, 334, 335 f.

2. Schuldverhältnis

Das Schuldverhältnis besteht in dem zwischen H und I geschlossenen Kaufvertrag.

3. Verschulden

Die Urheberrechtsverletzung müsste *schuldhaft* erfolgt sein (§ 280 Abs. 1 BGB). H hat eine mangelhafte Sache geliefert, handelt also pflichtwidrig i. S. d. § 280 Abs. 1 BGB.[91] Gemäß § 280 Abs. 1 S. 2 BGB wird das Verschulden damit vermutet.

Vorliegend fragt sich aber, ob H dieses nicht widerlegen kann. Zunächst fragt sich, ob er sich das das Verhalten von Vorlieferanten, hier insbesondere das vorsätzliche Handeln des F zurechnen lassen muss. Nach h. M. handeln Vorlieferanten beim Kauf aber hinsichtlich der *Herstellung* der Sache nicht im eigenen Pflichtenkreis des Verkäufers gegenüber dem Käufer, so dass H sich das Handeln des F *nicht* nach § 278 BGB zurechnen lassen muss. [92]

Auch handelt es sich bei der Rechtsmängelhaftung nach neuem Schuldrecht *nicht* mehr um eine verschuldensunabhängige *Garantiehaftung*.[93] Es ist daher nicht vorschnell von einer konkludenten Garantieerklärung durch den Lizenzgeber auszugehen.[94] Vorliegend spricht dagegen schon, dass der H nur Zwischenhändler war und nicht etwa der Hersteller oder Lizenzgeber einer exklusiven Lizenz.

Allerdings hat H die Ähnlichkeit der Software mit der des W und des S erkannt. Insoweit könnte H selber fahrlässig gehandelt haben. Fahrlässig handelt, wer die im Verkehr objektiv gebotene Sorgfalt außer Acht lässt. Im Urheberrecht gelten zumindest im Bereich der deliktischen Haftung strenge Sorgfaltsanforderungen, so dass Verwerter sogar gehalten sein können, die Kette der einzelnen Rechtsübertragungen nachzuverfolgen.[95] Ob der *deliktische Sorgfaltsmaßstab* des § 97 UrhG für den normalen Softwarehandel im gleichen Maße gilt, ist fraglich.[96] Allerdings spricht dies dafür, dass der H, der sogar trotz Verdachtsmoments eine solche Prüfung nicht veranlasste, fahrlässig handelte.

4. Schaden

Im Weiteren müsste dem I ein *Schaden* in Höhe von € 2.500,– entstanden sein.

a) Ein Schaden in Höhe von € 2.500,– liegt vor, wenn W gegen I einen Anspruch auf Zahlung von € 1.250,– hat. Der W könnte einen Anspruch in Höhe von € 1.250,– gegen I aus § 97 Abs. 2 S. 1 UrhG haben. Dazu müsste das Urheberrecht des W widerrechtlich verletzt worden sein. Dies ist der Fall (s. o. unter 1. a)).

Gemäß § 97 Abs. 2 S. 1 UrhG steht dem Rechtsinhaber gegen den Verletzer ein Anspruch auf Schadensersatz zu. Der Schadensersatzanspruch i. S. v. § 97 Abs. 2 S. 1 UrhG geht gemäß § 97 Abs. 2 S. 1 UrhG, § 249 BGB auf den konkreten Schaden einschließlich entgangenem Gewinn; alternativ kann der Geschädigte gemäß § 97 Abs. 2 S. 2 UrhG die Herausgabe des Gewinns verlangen oder gemäß § 97 Abs. 2 S. 3 UrhG eine angemessene Lizenzentschädi-

---

[91] Palandt/*Heinrichs* § 280 BGB Rn. 19.

[92] Vgl. Palandt/*Heinrichs* § 278 BGB Rn. 13 m. w. N., § 280 BGB Rn. 19; Bamberger/Roth/ *Grundmann*, § 278, Rn. 31 m. w. N. Die Rechtsprechung differenziert mit Blick auf § 278 BGB zwischen Herstellung und Lieferung. Vorliegend scheint es daher noch vertretbar, anders zu entscheiden, weil die Rechtsmängel nicht nur als Frage der Herstellung, sondern auch des Vertriebs und damit der Lieferung betrachtet werden könnten.

[93] Anders §§ 440, 325 BGB a. F.

[94] Für nicht ausgeschlossen halten das *Manz/Ventroni/Schneider* ZUM 2002, 409, 413, 414; nur für exklusive Lizenzverträge und auch dann zurückhaltender *Haedicke* GRUR 2004, 123, 126 f.

[95] Wandtke/Bullinger/*v. Wolff* § 97 UrhG Rn. 52 unter Hinweis auf BGH GRUR 1988, 373, 375 – Schallplattenimport III.

[96] Auch das halten *Manz/Ventroni/Schneider* ZUM 2002, 409, 413, 414 für nicht ausgeschlossen.

gung (sog. *dreifache Schadensberechnung*). Hier hat sich der W für die Geltendmachung des Schadensersatzanspruchs in Form der angemessenen Lizenzentschädigung entschieden. Nach allgemeiner Meinung, die seit 2008 in § 97 Abs. 2 S. 3 UrhG kodifiziert worden ist, kann der Verletzte aufgrund Gewohnheitsrechts zur Berechnung fiktiv die Lizenzgebühr ansetzen, die „bei vertraglicher Einräumung ein vernünftiger Lizenzgeber gewährt hätte" (sog. *Lizenzanalogie*).[97] Die zu zahlende Lizenz ist gemäß § 287 ZPO unter Berücksichtigung aller Umstände in freier Beweiswürdigung zu bemessen. Vorliegend ist die Forderung des W in Höhe von € 5,– branchenüblich und damit im Zweifel berechtigt. Mithin ist der Anspruch gemäß § 97 Abs. 2 S. 1, 3 UrhG und dem I ein Schaden in Höhe von € 1.250,– (250 × € 5,–) entstanden. Verneinte man vorliegend für I das gemäß § 97 UrhG erforderliche Verschulden, ergäbe sich der Schaden zumindest aus Bereicherungrecht (§ 102 UrhG, §§ 812 BGB), welches ebenfalls auf einen Wertersatz in Höhe der angemessenen Lizenz geht.

b) Fraglich ist, ob auch dem O ein Schadensersatz- oder Bereicherungsanspruch in Form der Lizenzanalogie in Höhe von € 1.250,– (250 × € 5,–) zusteht. Insoweit gilt das soeben unter a) zu § 97 Abs. 2 S. 1, 3 UrhG bzw. § 102 UrhG, §§ 812 ff. BGB Gesagte entsprechend. Fraglich ist jedoch, ob O aktivlegitimiert ist und ob auch hier die Geltendmachung einer fiktiven Lizenzgebühr in Höhe von € 5,– gerechtfertigt ist.

aa) Zweifelhaft ist, ob O die nötige Aktivlegitimation zusteht, um einen Schadensersatz- oder Bereicherungsanspruch geltend zu machen. Denn gemäß § 8 Abs. 2 S. 3, 2. Halbs. UrhG kann ein Miturheber „nur Leistung an alle Miturheber" verlangen. O wäre mithin nicht berechtigt, Ersatzansprüche allein für den von ihm geschaffenen Teil zu verlangen. Denkbar ist es, dass er Schadensersatz bzw. Wertersatz für alle Miturheber und mit Blick auf das gesamte Programm fordert oder dass ein Fall des § 9 UrhG vorliegt (s. o. 1. b) cc)).

bb) Dazu müsste aber überhaupt ein Anspruch auf eine Lizenzgebühr bestehen. In Form der Lizenzanalogie kann nur eine übliche Vergütung verlangt werden. Open-Source-Software ist jedoch dadurch gekennzeichnet, dass für sie keine Lizengebühr genommen wird bzw., wie sich aus der im Sachverhalt zitierten Lizenzbedingung ergibt, genommen werden darf. Inhaber der Rechte an Software, die derartigen Lizenzbedingungen unterstehen, können also allenfalls einen Unterlassungsanspruch geltend machen. Ein Schaden bzw. eine Bereicherung besteht nicht.

Mithin liegt insoweit ein Schadensersatz- bzw. Bereicherungsanspruch des O gegen I nicht vor.

c) Insgesamt liegt also nur ein Schaden in Höhe von € 1.250,– vor.

5. Kausalität

Die schuldhafte Pflichtverletzung des H müsste für den Schaden *kausal* gewesen sein. Ohne die Pflichtverletzung wäre es zu dem Schaden nicht gekommen.

6. Zurechnungszusammenhang/Mitverschulden

Fraglich ist allerdings, ob nicht der *Zurechnungszusammenhang* dadurch *unterbrochen* wurde, dass der I entgegen dem Packungsaufdruck die CDs mit der Software ohne die Hardware, also den MP3-Player ausgeliefert hat, oder ob dies zumindest als *Mitverschulden* gemäß § 254 BGB zu berücksichtigen ist.

a) Hätte der I die Software nicht abredewidrig verkauft, wäre es zu dem Schaden zumindest zu diesem Zeitpunkt nicht gekommen. Kausalität in einem naturwissenschaftlichen Sinne liegt also vor. Gleichwohl reicht dies für die Unterbrechung des Zurechnungszusam-

---

[97] BGH GRUR 1990, 1008, 1009 f. – Lizenzanalogie.

menhangs oder ein Mitverschulden nicht. In der Rechtsprechung ist anerkannt, dass gerade der pflichtwidrige Umstand ursächlich für den Schaden sein muss.[98] So könnte I vorliegend einwenden, dass es zu einem Schaden auch gekommen wäre, wenn I die Software mit der Hardware verkauft hätte. Ob dieser Einwand vorliegend greift, kann dahinstehen.

b) Denn fraglich ist schon, ob die Abrede zwischen H und S, die Software nur zusammen mit der Hardware zu verkaufen, gegenüber I wirksam ist, ob also überhaupt ein pflichtwidriges Verhalten des I vorlag.

Das Verbot, die Software nicht ohne Hardware zu verkaufen, könnte als auf eine *bestimmte Nutzungsart* beschränkte Rechtseinräumung verstanden werden (§ 31 Abs. 1 und 5 UrhG). Dann hätten I und U nicht das Recht i. S. v. § 69c Nr. 3 UrhG, die Software ohne Hardware zu verbreiten. Dazu müsste eine wirtschaftlich und technisch eigenständige Art der Nutzung vorliegen. Dafür spricht, dass zahlreiche Softwarehersteller sich mit der Vermarktung von Software als eine Art „Zugabe" zur Hardware ein eigenständiges Marktsegment erschlossen haben und der BGH in der Vergangenheit für andere Werkarten an die Abgrenzung keine zu hohen Anforderungen gestellt hat. So wurden etwa bei Büchern Hardcover- in Abgrenzung zu Softcoverausgaben sowie Buchclubausgaben in Abgrenzung zu normalen Ausgaben für jeweils eigenständige Nutzungsarten erklärt.[99] Dementsprechend wird in der Tat von Teilen der Rechtsprechung und Literatur die Beschränkung, Software nur mit bestimmten Geräten zu verkaufen (sog. *OEM-Version*), als Lizenzierung einer eigenständigen Nutzungsart verstanden.[100] Demgegenüber hat ein anderer Teil der Literatur argumentiert, es bestünden keine ausreichenden technischen Unterschiede; vielmehr läge lediglich eine Beschränkung des Vertriebswegs vor.[101] Es handele sich nicht um eine Beschränkung, die den Umfang der eingeräumten Befugnisse bestimmte, sondern um eine solche, die den Inhalt und die Gestaltung der Ausübungshandlungen auf der Grundlage dieser Befugnisse beträfe.[102]

Die Frage kann mit dem BGH[103] im Ergebnis offen bleiben, wenn die dingliche Wirkung der Beschränkung durch die *Erschöpfungswirkung* des § 69c Nr. 3 S. 2 UrhG überlagert wird. Dagegen spricht, dass es im Interesse der effizienten Verwertung des Werkes durch den Urheber auch möglich sein muss, die Erschöpfungswirkung nur jeweils auf das beschränkt eingeräumte Verbreitungsrecht zu beziehen.[104] Für die Auffassung des BGH lässt sich anführen, dass die Erschöpfungslehre dem Schutz des Verkehrs und damit der Verkehrsfähigkeit des Werkes dienen soll.[105]

Folgt man der Auffassung des BGH, liegt schon gar keine Pflichtverletzung auf Seiten des I vor. Mithin besteht auch kein Mitverschulden des I. Gegen die Auffassung des BGH

---

[98] So wird etwa das Fahren ohne Fahrerlaubnis, obwohl pflichtwidrig, nicht als ursächlich angesehen, wenn es sich nicht schädigend auswirkt, wenn also auch ein Fahrer mit Fahrerlaubnis in den Unfall verwickelt worden wäre; siehe etwa BGH NJW 1995, 1029; KG NZV 2002, 80 = KGR Berlin 2001, 330.

[99] BGH GRUR 1992, 310, 311 f. – Taschenbuch-Lizenz; BGH GRUR 1959, 200, 203 – Heiligenhof.

[100] KG GRUR 1996, 974, 975; KG CR 1998, 137, 138 f.; OLG Frankfurt CR 2000, 581, 582; a. A. unter Verweis auf den Vorrang des § 69c UrhG Nr. 3 S. 2 vor § 31 UrhG OLG Frankfurt CR 1999, 7, 8; OLG München CR 1998, 266, 267; gegen diesen Ansatz des OLG Frankfurt auch BGH CR 2000, 651, 652 – OEM.

[101] Schricker/*Loewenheim* § 69c UrhG Rn. 29; *Leistner/Klein* MMR 2000, 751, 752.

[102] *Berger* NJW 1997, 300, 301.

[103] BGH CR 2000, 651, 653 – OEM.

[104] Wandtke/Bullinger/*Grützmacher* § 69c UrhG Rn. 91; Wandtke/Bullinger/*Wandtke/Grunert* § 31 UrhG Rn. 26; vgl. KG CR 1998, 137, 138 f.

[105] BGH CR 2000, 651, 653 – OEM; vgl. Schricker/*Loewenheim* § 69c UrhG Rn. 30 f., 37 f.

spricht aber, dass er den Verkehrsschutz über die grundrechtlich geschützten Verwertungs-interessen des Urhebers stellt.[106] Folgt man der Auffassung des BGH daher nicht, ergibt sich das gleiche Ergebnis aber daraus, dass gerade der pflichtwidrige Umstand ursächlich für den Schaden sein muss (s. o. unter 6. a)), was vorliegend nicht der Fall ist. Wäre dem I der Weiterverkauf erlaubt gewesen, wäre es trotzdem zu der Rechtsverletzung und damit zu dem geltend gemachten Schaden gekommen.

7. Ergebnis:

I hat gegen H einen Anspruch auf Zahlung von € 1.250,–.

II. Anspruch des I gegen H aus §§ 311a, 275, 280, 283 BGB auf Schadensersatz?

Der I könnten einen Anspruch auf Schadensersatz aus §§ 311a, 275, 280, 283 BGB haben.

Auch wenn ganz offensichtlich kein Fall objektiver Unmöglichkeit vorliegt,[107] so erscheint es doch vertretbar, den Schadensersatzanspruch als Fall der anfänglichen, sub-jektiven Unmöglichkeit zu prüfen. Die *Abgrenzung* von subjektiver Unmöglichkeit und Rechtsmängelhaftung ist nicht immer zweifelsfrei möglich. So soll ein Fall der Rechts-mängelhaftung vorliegen, wenn ein Nutzungsrecht zwar verschafft werden kann und nur der unbeschränkte, vertraglich vereinbarte Gebrauch der überlassenen Sache aufgrund des Schutzrechtes eines Dritten objektiv beeinträchtigt ist; ein Fall der anfänglichen, subjek-tiven Unmöglichkeit soll hingegen gegeben sein, wenn der Rechtsinhaber seine Zustim-mung zur Nutzungsrechtseinräumung verweigert.[108] Im vorliegenden Fall ist der Ge-brauch der Software nicht lediglich beeinträchtigt, sondern insgesamt rechtswidrig.

Trotzdem sprechen die besseren Argumente dafür, dass ein Fall der Rechtsmängelhaf-tung vorliegt. Denn es geht nicht bloß um die Lizenzierung eines einzigen Schutzrechtes, das dem Verkäufer nicht zusteht, sondern um die Belastung des Werks des S mit Rechten Dritter.[109] Und vor allem haben sich sowohl W wie O verhandlungsbereit gegenüber H gezeigt und zumindest zur Nutzung der an die Kunden verkauften Exemplare ihre Zu-stimmung erteilt.[110] Die Rechtsverschaffung war mithin nicht unmöglich.

Ein Anspruch auf Schadensersatz aus §§ 311a, 275, 280, 283 BGB scheidet mithin aus.

III. Anspruch des I gegen H aus § 426 Abs. 1, § 840 BGB, § 97 UrhG bzw. § 426 Abs. 2, § 840 BGB, § 97 UrhG?

I hat weiter einen Regressanspruch auf Zahlung der € 1.250,– gemäß § 426 Abs. 1, § 840 BGB, § 97 UrhG bzw. § 426 Abs. 2, § 840 BGB, § 97 UrhG. Mit Blick auf den An-spruch gemäß § 426 Abs. 1 S. 1 BGB liegt schon wegen des Anspruchs gemäß §§ 437 Nr. 3, 280, 281, 435, 440, 453 BGB (s. o. unter I.) eine abweichende Bestimmung vor; im Üb-rigen wäre sonst § 254 BGB analog anzuwenden.[111] § 840 BGB (Nebentäterschaft) greift auch im Urheberrecht.[112]

---

[106] Wandtke/Bullinger/*Grützmacher* § 69c UrhG Rn. 90 f.; Wandtke/Bullinger/*Wandtke/Grunert* § 31 UrhG Rn. 26; vgl. KG CR 1998, 137, 138 f.

[107] Denkbar sind solche Fälle bei der Lizenzierung nicht existenter oder entfallener Schutzrechte.

[108] *Roth* ITRB 2003, 231, 232 unter Hinweis auf Palandt/*Putzo* § 437 BGB Rn. 50.

[109] Siehe auch *Manz/Ventroni/Schneider* ZUM 2002, 409, 414.

[110] Bedenken könnten insofern mit Blick auf O bestehen. Denn dieser ist möglicherweise nicht berechtigt, seine Zustimmung zu erteilen (s. o. unter I 4. b) aa)).

[111] Palandt/*Grüneberg* § 426 BGB Rn. 10

[112] Wandtke/Bullinger/*v. Wolff* § 97 UrhG Rn. 21; vgl. KG GRUR 1996, 968, 971.

II. Teil. Urheber und deren Rechte

Fall 5: Theater im Theater

Bühnenwerk/Regisseur/Entstellung/Werktreue

Sachverhalt

Bühnenautor A schrieb Anfang der 1990er Jahre das sozialkritische Realismusdrama „Wüstenbrand". Das Stück handelt von sozialen Verwerfungen einer überalterten Gesellschaft, dargestellt in neun Einzelszenen und einem Epilog. Es endet mit der Selbstverbrennung des Hauptpaares angesichts der Hoffnungslosigkeit ihrer Situation, nachdem alle Menschen ihres sozialen Umfeldes verstorben sind. In einem „Bühnenverlagsvertrag" mit dem Bühnenverleger V hatte A dem V gegen einen Vorschuss von DM 50.000,– „alle Rechte an dem Bühnenstück „Wüstenbrand" im deutschsprachigen Raum exklusiv für die rechtliche Schutzdauer übertragen". Die Uraufführung 1994 wurde ein Misserfolg und nach nur drei Vorstellungen abgesetzt. Die Zuschauer langweilten sich, Theaterkritiker K bemängelte insbesondere „eine unnatürliche Sprache" sowie „eine kaum nachvollziehbare Handlung, die unglaubhaft in der Katastrophe endet".

Ende 2008 fragt der Intendant und Geschäftsführer I des in Form einer GmbH von der Stadt betriebenen Theaters in B bei V die *Aufführungsrechte* für „Wüstenbrand" an. Die Inszenierung würde der für radikale Regielösungen bekannte und international berühmte Gastregisseur R übernehmen. R habe allerdings freie Hand bei der Realisierung des Stückes verlangt. V fragt den inzwischen hoch betagten A, ob er mit einer Inszenierung durch R einverstanden wäre. A kennt den freien Inszenierungsstil des R nur zu gut, willigt aber schließlich ein. V schickt dem Theater B daraufhin einen standardisierten *Aufführungsvertrag* über das Stück für die Spielzeit 2009/2010. Ziffer 3.2. des Aufführungsvertrages besagt: „Die Bühne ist verpflichtet, Änderungen des Werkes und seines Titels ohne vorherige schriftliche Einwilligung des Verlages zu unterlassen, es sei denn, dass der Verlag seine Einwilligung dazu nach Treu und Glauben nicht versagen kann." Im Anschreiben führt V aus, A habe einer Inszenierung durch R zugestimmt.

R gestaltet das bedrückende Realismusdrama zu einer zunächst witzigen, später bösen Persiflage auf eine Reality TV-Show. Vier der ursprünglich neun Szenen werden gestrichen. Die übrigen Szenen werden umgestellt, die Sprache insgesamt beibehalten, aber von R teilweise angeglichen, so dass sie nach Wortwahl und Satzstruktur dem Niveau einer durchschnittlichen Fernsehshow entspricht. Unter der Leitung eines von R erdachten Moderators M werden Szenen aus einer überalterten Konsum- und Spaßgesellschaft im Vorruhestand gezeigt, die dem Jugendwahn frönt. Die Protagonisten treten paarweise in einem Wettstreit gegeneinander an und trinken sich zu Tode, erliegen Herzanfällen im Viagra-Rausch oder erleiden tödliche Sportunfälle. Das einzig überlebende „Siegerpaar" bekommt in dem als Preisverleihung angelegten Epilog von M Zyankalikapseln überreicht, mit der Aufforderung, diese vor laufender Kamera einzunehmen.

Zur Generalprobe erscheint plötzlich A. Schon nach einer Viertelstunde interveniert er aufgebracht gegen den Fernsehshowrahmen, der in seinem Stück nicht angelegt sei. R und I meinen, dafür sei es nun zu spät, A habe ja gewusst, auf was er sich einlasse. In der Nacht verstirbt A. Gesetzliche Alleinerbin ist seine Tochter E, die einen Briefmarkenversandhandel betreibt, sich aber nie für „die Schreiberei" ihres Vaters interessiert hat und auch noch nie im Theater war.

Die Premiere in B zur Spielzeiteröffnung 2009/2010 wird ein großer Erfolg. Während die Zuschauer unter Anleitung des Moderators zunächst noch jeden Unglücksfall heftig beklatschen, bleibt ihnen mehr und mehr das Lachen im Halse stecken. Der Schlussapplaus insbesondere für R ist frenetisch. Die Kritiker loben einmütig die Eindringlichkeit der Produktion. Besonders positiv äußert sich K: „R hat „Wüstenbrand" vor dem Vergessen gerettet, er hat dem Lebenswerk des kürzlich verstorbenen A einen großen Dienst erwiesen."

Als E im Nachlass den Bühnenverlagsvertrag findet, verlangt sie für die Vorstellungen am Theater B von V Tantiemen. V weist zutreffend darauf hin, dass nach dem Vertrag zunächst der damalige Vorschuss wieder hereinkommen müsse. In der Hoffnung auf einen einträglichen Vergleich verlangt E daraufhin vom Theater B, weitere Vorstellungen der Produktion zu unterlassen. Ihr Vater habe das Fernsehen als Medium stets abgelehnt, R habe das Stück vollkommen verändert, weitere Vorstellungen würden dem guten Ruf und Andenken Ihres Vaters großen Schaden zufügen.

Das Theater B hat das Stück für den Rest der Spielzeit noch 14 Mal fest im Spielplan, wobei 10 Vorstellungen bereits fast ausverkauft sind. Ein Ausfall dieser Vorstellungen würde für das seit Jahren von der Schließung bedrohte Theater B einen erheblichen wirtschaftlichen Verlust bedeuten.

Kann E vom Theater B die Unterlassung weiterer Vorstellungen verlangen?

Lösung

Anspruch E gegen B auf Unterlassung weiterer Aufführungen der Inszenierung des R, §§ 97 Abs. 1 S. 1, 14, 39 Abs. 1 UrhG

E könnte vom Theater B die Unterlassung weiterer Aufführungen des Stückes „Wüstenbrand" in der *Inszenierung* des R verlangen. Hierzu müsste B ein Urheberrecht, an dem E berechtigt ist, widerrechtlich verletzt haben und die Gefahr einer Wiederholung der Verletzung bestehen.

1. Schutzgegenstand

Das Stück „Wüstenbrand" des Autors A ist als Sprachwerk urheberrechtlich geschützt, § 2 Abs. 1 Nr. 1, Abs. 2 UrhG. Als beeinträchtigtes Recht kommt hier das Recht des Urhebers in Betracht, eine Entstellung oder eine andere Beeinträchtigung seines Werkes zu verbieten, die geeignet ist, seine berechtigten geistigen oder persönlichen Interessen am Werk zu gefährden, § 14 UrhG.

2. Aktivlegitimation der E

E ist nicht Urheberin des Stückes (§ 1 UrhG). Sie könnte aber im Wege der *Gesamtrechtsnachfolge* Inhaberin des Urheberrechts des A an dem Stück „Wüstenbrand" geworden sein, § 1922 Abs. 1 BGB.[1] Hierzu müsste dieses Urheberrecht im Zeitpunkt des *Erbfalles* im Vermögen des A gewesen sein. Dem könnte der Bühnenverlagsvertrag zwischen A und V entgegenstehen.

a) Zwar hat A nach dem Wortlaut des Bühnenverlagsvertrages dem V alle Rechte an dem Bühnenstück „übertragen". Da eine Übertragung des Urheberrechts im Sinne einer dinglichen Entäußerung gesetzlich aber ausgeschlossen ist (§ 29 Abs. 1 UrhG), ist die Vereinbarung danach auszulegen, was die Parteien rechtlich und wirtschaftlich gewollt haben, §§ 133, 157 BGB. V benötigt zur wirksamen Durchführung des Vertrages von A zumindest ein ausschließliches Nutzungsrecht (§ 31 Abs. 3 UrhG) an dem Recht der öffentlichen Wiedergabe in Form des *Aufführungsrechtes*, §§ 15 Abs. 2 Nr. 1, 19 Abs. 2 Alt. 2 UrhG, damit V seinerseits den Theatern wirksame Aufführungsrechte einräumen kann. Es ist daher davon auszugehen, dass A dem V jedenfalls ein solches ausschließliches Nutzungsrecht zur Vergabe einfacher Aufführungsrechte eingeräumt hat (§ 31 Abs. 5 UrhG).

b) Fraglich ist, ob A durch Einräumung des ausschließlichen Nutzungsrechts an V auch die Rechtsmacht eingebüßt hat, noch selbst gegen die Verletzung von Urheberpersönlichkeitsrechten, hier des § 14 UrhG, vorzugehen. Zwar ist umstritten, ob Urheberpersönlichkeitsrechte – zumindest gebunden – *übertragen* werden können,[2] nur eine *Überlassung zur Ausübung* möglich ist[3], oder nur eine rein schuldrechtliche Verpflichtung des Urhebers zur Unterlassung von Ansprüchen besteht.[4] Einigkeit besteht aber darüber, dass der Urheber neben dem Inhaber eines ausschließlichen Nutzungsrechts stets selbst noch gegen Verletzungen seines Urheberpersönlichkeitsrechts vorgehen kann.[5] Demnach hat A durch den Bühnenverlagsvertrag nicht die Berechtigung verloren, Verletzungen des Urheberpersönlichkeitsrechts im eigenen Namen selbst geltend zu machen.

c) Folglich bestand im Zeitpunkt des Erbfalls das Urheberrecht des A auch insoweit, und ist auf E übergegangen, § 1922 Abs. 1 BGB. Zwar sind Urheberpersönlichkeitsrechte besondere Ausprägungen des allgemeinen Persönlichkeitsrechts, welches mit dem Tod des Rechtsträgers grundsätzlich erlischt. In Ausnahme hierzu gehen Urheberpersönlichkeitsrechte grundsätzlich auf den Rechtsnachfolger des Urhebers gemäß § 30 UrhG über, und zwar zunächst so, wie sie beim Urheber selbst bestanden.

E kann demnach in eigenem Namen die Verletzung von Urheberpersönlichkeitsrechten an dem Stück „Wüstenbrand" geltend machen.

3. Passivlegitimation von B

Das Theater B ist als GmbH eine eigene juristische Person und kann von E unmittelbar verklagt werden, § 13 Abs. 1 GmbHG, wobei es vom Geschäftsführer I vertreten wird, § 35 Abs. 1 GmbHG. Fraglich ist, ob B hinsichtlich der behaupteten Rechtsverletzung verantwortlich gemacht werden kann, da die nach Ansicht der E verletzende Inszenierung

---

[1] Der Rechtserwerb des gesetzlichen oder gewillkürten Rechtsnachfolgers des Urhebers ergibt sich nicht aus § 28 Abs. 1 UrhG, sondern aus den allgemeinen Regelungen des Erbrechts (§§ 1922 Abs. 1, 1942 Abs. 1 BGB); § 28 Abs. 1 und § 29 Abs. 1 UrhG stellen lediglich klar, dass die gesetzliche Unübertragbarkeit des Urheberrechts (§ 29 Abs. 1 UrhG) für die Übertragung im Erbgang gerade nicht gilt, vgl. nur Wandtke/Bullinger/*Block* § 28 UrhG Rn. 2.

[2] *Forkel* GRUR 1988, 491 ff.; Schricker/*Dietz* Vor §§ 12 ff. UrhG Rn. 26 a mit weiteren Nachweisen.

[3] So etwa *Schack* Rn. 564; *Kellerhals* UFITA Bd. 2000/III, 617, 672 ff.

[4] So insbesondere Wandtke/Bullinger/*Bullinger* Vor §§ 12 ff. UrhG Rn. 7.

[5] Vgl. *Schack* Rn. 565; Wandtke/Bullinger/*Wandtke/Grunert* Vor §§ 31 ff. Rn. 42.

von R stammt. Die mögliche Verletzungshandlung liegt hier aber nicht in der Erarbeitung der Inszenierung, sondern in den weiteren Aufführungen des Stückes in Gestalt der Inszenierung durch R. Die Aufführungen geschehen auf Veranlassung und im Namen der B, so dass B als unmittelbare Verletzerin in Betracht kommt. Im Übrigen müsste B auch für solche Urheberrechtsverletzungen unmittelbar einstehen, die *durch* ihre *Arbeitnehmer oder Beauftragten* begangen werden, § 99 UrhG.

4. Eingriffshandlung

Fraglich ist, ob die von B geplanten Aufführungen § 14 UrhG verletzen. Hierzu müsste die Inszenierung des R das Stück „Wüstenbrand" entstellen oder beeinträchtigen, und die Entstellung oder Beeinträchtigung müsste geeignet sein, die geistigen oder persönlichen Interessen des Rechtsinhabers zu gefährden. Schließlich ist in einer umfassenden Interessenabwägung festzustellen, ob die Interessen des Rechtsinhabers „berechtigt" sind, ob sich die Urheberinteressen also auch in diesem Einzelfall gegenüber den Interessen der B durchsetzen.

a) Entstellung oder Beeinträchtigung. Die Abgrenzung zwischen *Entstellung* und *Beeinträchtigung* war lange umstritten. Eine Ansicht verstand unter Entstellung jede Verzerrung oder Verfälschung der Wesenszüge des Werkes, und unter Beeinträchtigung sonstige verändernde Eingriffe in das Werk ohne entstellende Tendenz.[6] Die heute herrschende Auffassung sieht hingegen zu Recht die Beeinträchtigung als Oberbegriff an und die Entstellung lediglich als einen besonders schwerwiegenden Fall der Beeinträchtigung, was bei der anschließenden Interessenabwägung zu berücksichtigen ist. Beeinträchtigung ist dabei jede objektiv nachweisbare Änderung des vom Urheber geschaffenen geistig-ästhetischen Gesamteindrucks des Werkes.[7]

Fraglich ist, ob das Stück des A durch die Inszenierung des R beeinträchtigt wird. Zwar hat A hier lediglich einen literarischen Text geschrieben, der an sich von der Inszenierung unberührt bleibt. Der Text war aber als Spielvorlage für eine Realisation auf der Bühne bestimmt. A hat seinem Werk die Gestalt eines Realismusdramas gegeben, neun realistisch zu spielende Szenen in einer bestimmten Reihenfolge vorgesehen, sowie einen Schluss, in dem sich die zwei Hauptfiguren wegen der Ausweglosigkeit ihrer Lebenssituation gemeinsam das Leben nehmen. Soweit R Szenen des Stückes gestrichen, die Sprache umgeformt, dem Stück eine andere Rahmenhandlung einschließlich des Moderators M hinzugefügt und den Schluss zu einer Preisverleihung umgestaltet hat, hat er den wahrnehmbaren Gesamteindruck des Werkes des A verändert. Unerheblich ist, dass R das Werk des A in seiner Bühnenwirksamkeit dabei „verbessert" hat, wie es die positiven Zuschauer- und Kritikerreaktionen nahe legen. § 14 UrhG schützt den Urheber in seiner Beziehung zum Werk in der von ihm geschaffenen Formgestaltung. Eine Beeinträchtigung liegt damit vor.

b) Eignung zur Interessengefährdung. Die Beeinträchtigung müsste geeignet sein, die geistigen und persönlichen Interessen des Rechtsinhabers zu gefährden. Eine Gefährdung der Urheberinteressen wird durch die Beeinträchtigung des Werkes grundsätzlich indiziert. Umstritten ist, ob im Falle der Rechtsnachfolge wie hier auf die Interessen des

---

[6] So noch Fromm/Nordemann/*Hertin* (9. Auflage) § 14 UrhG Rn. 8, 9.
[7] Für viele BGH NJW 1989, 384, 385 – Oberammergauer Passionsspiele; Schricker/*Dietz* § 14 UrhG Rn. 19; *Grunert* 176 f.; ebenso jetzt auch Fromm/Nordemann/*Dustmann* (10. Auflage) § 14 UrhG Rn. 9, 12.

Urhebers abzustellen ist[8] oder auf die des Rechtsnachfolgers.[9] Da Letzterer im Wege der Gesamtrechtsnachfolge in die Rechtsposition des Urhebers einrückt und mangels anderer Institutionen die Urheberinteressen nur nach eigener Anschauung und Wahl wahrnehmen kann, kommt es schon aus praktischen Gründen allein auf den Rechtsnachfolger an.[10] E beruft sich auf den Schutz der Integrität des Werkes des A vor fremden Elementen. Dass E vorliegend primär finanzielle Interessen hat, ist unerheblich. Das Schutzrecht aus § 14 UrhG besteht unabhängig davon, aus welchen Motiven es ausgeübt wird.[11]

c) Interessenabwägung. Die geistigen und persönlichen Interessen des Rechtsinhabers müssen „berechtigt" sein, sich also gegen andere Interessen durchsetzen.[12] Bei dieser Abwägung sind alle Normen im Interesse des Werknutzers und des Urhebers zu berücksichtigen, etwa die Änderungsrechte des § 39 UrhG sowie das Grundrecht der *Kunstfreiheit* (Art. 5 Abs. 3 S. 1 GG) in seiner objektiven Ausstrahlungswirkung auf das private Rechtsverhältnis zwischen Urheberrechtsinhaber und Dritten.[13]

aa) E hat vorgebracht, A habe das Fernsehen als Medium stets abgelehnt und die Inszenierung des R beeinträchtige das Ansehen des A durch Zutaten, die in dem Stück nicht angelegt seien. Fraglich ist, ob hierin eine Entstellung zu sehen ist. Entstellung bedeutet eine so schwerwiegende Beeinträchtigung, dass das Werk in seinen Wesenszügen verzerrt wird. Bei noch realisierungsbedürftigen Bühnenwerken wie hier ist zu berücksichtigen, dass die Spielvorlage in aller Regel auf Text beschränkt ist, während zur Umsetzung auf die Ebene des Bühnenspiels zahlreiche weitere Elemente wie Bühne, Licht, Personenregie, Besetzungsentscheidungen etc. hinzukommen, welche den geistig-ästhetischen Gehalt des vom Zuschauer erlebten Bühnenspiels entscheidend mitprägen. Jede *Bühnenrealisation* benötigt daher einen umfangreichen *Gestaltungsspielraum,* damit eine Anpassung an die konkreten Realisationsbedingungen des Theaters und ein Eingehen auf die aktuelle geistige und künstlerische Situation der Zeit möglich ist.[14] Zwar hat R Teile des Stückes gestrichen, einen neuen Handlungsrahmen hinzugefügt, die Sprache teilweise verändert und den Schluss abgewandelt. Der wesentliche geistige Gehalt des Stückes des A, nämlich die kritische Darstellung gesellschaftlicher Probleme in einer überalterten Gesellschaft, welche zum gemeinsamen Selbstmord der Hauptfiguren führt, bleibt in der Inszenierung des R aber erhalten, wenn auch in ironischer Brechung mit Hilfe der Übersteigerung als Fernsehshow. Eine Entstellung ist daher nicht anzunehmen.[15]

bb) Möglicherweise hatte B ein *Änderungsrecht* nach § 39 Abs. 1 UrhG, welches im Auftrag der B durch R ausgeübt wurde. Dazu hätte A in die Änderungen eingewilligt haben müs-

---

[8] So insbesondere *Schack* GRUR 1985, 352, 355 f.

[9] Vgl. nur Schricker/*Schricker* § 30 Rn. 3; Schricker/*Dietz* Vor §§ 12 ff. Rn. 31 m. w. N.

[10] So im Ergebnis bereits *Ulmer* (1980) 357, der die Regelung des § 30 UrhG in Bezug auf die Wahrnehmung urheberpersönlichkeitsrechtlicher Befugnisse durch den Rechtnachfolger als unvollständigen Rechtsgedanken bezeichnet.

[11] Anders aber *Baum* GRUR Int. 1965, 418 ff.

[12] Die Werkintegrität ist nicht absolut geschützt, sondern unter Berücksichtigung der Interessen vornehmlich des Werknutzers und der Allgemeinheit in ihrem Umfang positiv festzustellen.

[13] Wie hier *Fechner* 300 ff.; LG Leipzig ZUM 2000, 331, 335; *Schmieder* NJW 1990, 1945, 1948; *Wandtke* ZUM 1991, 484, 486; a. A. soweit ersichtlich nur noch *Schack* Rn. 361.

[14] Vgl. nur BGH GRUR 1971, 35 ff. – Maske in Blau; ausführlich *Grunert* 220 ff.

[15] Dies ist eine Frage der Argumentation, bei der man auch zum gegenteiligen Ergebnis gelangen kann. Wenn der Bearbeiter eine Entstellung annimmt, ist die Interessenabwägung damit aber noch nicht zu Ende.

sen. Zwar wusste A, dass R sein Stück inszenieren wird, und kannte den in der Theaterszene allgemein bekannten freien Inszenierungsstil des R. Darüber hinaus muss sich A die Kenntnis des V von geplanten erheblichen Änderungen entsprechend § 166 Abs. 1 BGB zurechnen lassen. Die anders lautende Standardklausel im Aufführungsvertrag zwischen B und V wird durch diese ausdrückliche Absprache gegenstandslos, § 305b BGB. Schließlich hat A einer Inszenierung durch R zunächst zugestimmt.[16] Die überwiegende Meinung nimmt aber zu Recht an, dass pauschale *Änderungsvereinbarungen* unter Aufgabe der Urheberpersönlichkeitsrechte nicht möglich sind, sondern der Urheber zumindest ungefähr eine Vorstellung davon haben muss, was die vom Werknutzer beabsichtigen Änderungen für das Werk bedeuten.[17] Zur Herbeiführung einer wirksamen Änderungsvereinbarung hätte I dem V oder dem A bei Vertragsschluss zumindest die konkrete Inszenierungsidee mitteilen und erläutern müssen, in welcher Art und Weise R das Stück in etwa realisieren werde[18]. Selbst wenn man eine wirksame Änderungsvereinbarung annimmt, hätte A diese während der Generalprobe widerrufen.

cc) Die Beeinträchtigungen bzw. Änderungen könnten aber nach Treu und Glauben zulässig sein, § 39 Abs. 2 UrhG. Die Bedeutung dieser Regelung ist umstritten. Während eine Ansicht § 39 UrhG als selbständige Schutznorm neben § 14 UrhG betrachtet, deren Tatbestandsmerkmale eng auszulegen seien,[19] sieht die überwiegende Auffassung die Norm zutreffend lediglich als Klarstellung der Geltung des § 14 UrhG auch gegenüber dem berechtigten Werknutzer und verlangt auch hier lediglich eine Interessenabwägung, die mit derjenigen des § 14 UrhG inhaltsgleich ist.[20] Die *gesetzlichen Änderungsbefugnisse nach Treu und Glauben* für die Realisierung eines Bühnenstückes gehen aus dem oben genannten Grund sehr weit und finden ihre Grenze allenfalls in solchen Änderungen, die geradezu als Missbrauch anzusehen sind, bei denen der Werknutzer den so genannten „Kerngehalt" der Spielvorlage also geradezu in ihr Gegenteil verkehrt.[21] Dies ist hier wie oben ausgeführt nicht der Fall.

dd) Ferner ist bei der Abwägung zu berücksichtigen, dass Theater, Regisseur und ausübende Künstler bei der Realisierung der Spielvorlage und deren Anpassung für die Inszenierung entsprechend ihren künstlerischen Auffassungen in Ausübung ihrer *Kunstfreiheit* (Art. 5 Abs. 3 S. 1 GG) handeln. Nach der Rechtsprechung des Bundesverfassungsgerichts muss im Falle der Verwendung bestehender Werke durch nachschaffende Künstler eine kunstspezifische Betrachtung der urheberrechtlichen Schutznormen erfolgen. Hierbei ist zu beachten, dass der Urheber in gewissem Maße Eingriffe in seine Urheberrechte durch andere Künstler als Teil der sich mit dem Kunstwerk auseinandersetzenden Gesellschaft

---

[16] *Rogger* Urheberrechtliche Fragen bei der Inszenierung von Bühnenwerken, München 1976, 229 nimmt für einen solchen Fall in der Tat eine umfangreiche stillschweigende Änderungsvereinbarung an.

[17] Vgl. nur KG Berlin ZUM-RD 2005, 381 – Die Weber, unter Hinweis auf OLG München GRUR 1986, 460, 463; Schricker/*Dietz* § 39 UrhG Rn. 3; *Schricker* FS Hubmann 409, 417.

[18] Vgl. KG Berlin ZUM-RD 2005, 381 – Die Weber: Theater hatte dem Verlag die Inszenierungsidee mitgeteilt und der Verlag dieser grundsätzlich zugestimmt; zur Bewertung *Grunert*, Hauptmann's „Weber" und „Hartz IV" – Strenger Werkschutz des Autors oder freier Gestaltungsspielraum der Bühnenregie? in: Weller/Kemle/Lynen (Hrsg.), Kulturgüterschutz – Künstlerschutz, Baden-Baden 2009, S. 147 ff.

[19] In diesem Sinne Möhring/Nicolini/*Spautz* § 39 UrhG Rn. 10.

[20] Vgl. nur Schricker/*Dietz* § 14 UrhG Rn. 14, § 39 Rn. 1 f.; Wandtke/Bullinger/*Wandtke/Grunert* § 39 UrhG Rn. 20 f.; ausführlich *Grunert* 165 ff.

[21] Ausführlich *Grunert* 232 ff. mit Nachweisen zu Rechtsprechung und Literatur.

hinzunehmen habe.[22] R hat sich als Künstler bei seiner Inszenierungsarbeit im Rahmen seines Schaffensprozesses mit dem Werk des A auseinandergesetzt; ihm kommt daher von Verfassungs wegen ein gewisser Spielraum beim Umgang mit der Spielvorlage zu.

ee) Darüber hinaus beruft sich hier die Rechtsnachfolgerin E auf die Integritätsschutznormen. Zwar geht das Urheberrecht ungeschmälert über. Bei der Abwägung ist die Tatsache der Rechtsnachfolge aber insoweit zu berücksichtigen, als die geistigen und persönlichen Interessen an einem umfassenden Integritätsschutz weit weniger berührt sind, wenn der Urheber nicht mehr lebt,[23] und der Rechtsnachfolger aus eigenem Recht allenfalls ein Pietätsinteresse geltend machen könnte.

Schließlich würde ein Absetzen der Inszenierung für das Theater B einen großen finanziellen Verlust bedeuten.

Ergebnis

Bei wertender Betrachtung dieser Gesichtspunkte sprechen gewichtigere Gründe dafür, die Inszenierung des R als nach Treu und Glauben zulässige Interpretation der Spielvorlage des A anzusehen. Ein Unterlassungsanspruch der E gegen weitere Aufführungen dieser Spielvorlage erscheint daher nicht gerechtfertigt.[24]

Fall 6: Schwarzauflage

Urheberpersönlichkeitsrecht/Urheberrecht und Erbrecht

Sachverhalt

Die Witwe W ist die Alleinerbin ihres verstorbenen Mannes M, eines bekannten Kupferstechers und Radierers. M hatte seine Druckgrafiken mit Landschaftsdarstellungen aus der Toskana, Griechenland und Oberbayern nahezu vollständig noch zu Lebzeiten verkaufen können und den Erlös verbraucht. Er hinterließ seiner Ehefrau jedoch eine Vielzahl seiner Originalkupferplatten mit den Landschaftsmotiven.

W befindet sich nach dem unerwarteten Tod des M in Geldnot. Sie beschließt daher, von den Druckplatten des M neue Abzüge herzustellen und sie als Originale des M auf dem Kunstmarkt anzubieten. Der Beschluss fällt ihr nicht leicht, da ihr bewusst ist, dass M mit einer Neuauflage seiner Werke nach seinem Tode niemals einverstanden gewesen wäre.

Sie sucht den Drucker D auf und beauftragt ihn, von jeder der fünfzehn Platten jeweils zehn Drucke zu ziehen. D führt den Auftrag der W aus. Heimlich fertigt er pro Platte aber nochmals zehn Drucke an, die er für sich behalten und auf eigene Rechnung verkaufen möchte.

---

[22] BVerfG GRUR 2001, 149, 151 f. – Germania 3.

[23] Str., vgl. Schricker/*Dietz* Vor §§ 12 ff. UrhG Rn. 31 mit Nachweisen zum Meinungsstand; ausführlich *Grunert* 122 f.

[24] Wer dies mit guten Argumenten anders beurteilt, kommt unproblematisch zum Unterlassungsanspruch. Da weitere Vorstellungen bereits auf dem Spielplan stehen, wäre insbesondere die Wiederholungsgefahr gegeben.

W ist mit den Ergebnissen zufrieden und signiert die Drucke trotz schlechten Gewissens mit einem Stempel des M, der sein Künstlerzeichen trägt. Anschließend veräußert sie die Druckgrafiken als „aus dem Nachlass des M stammende Originale". Auch dem D gelingt es, die unsignierten Grafiken als angebliche Originale des M zu veräußern.

Wie ist das Verhalten von W und D rechtlich zu beurteilen?

Lösung

A. Das Verhalten der Witwe W

I. Die Herstellung der postmortalen Auflage

Kernfrage des Falles ist, ob die Witwe als Erbin des M aus urheberrechtlicher Sicht dazu berechtigt ist, postmortale Abzüge von den Druckplatten mit Landschaftsdarstellungen des M zu ziehen, obgleich ihr der entgegenstehende Wille des M bekannt ist.

1. Das Urheberrecht des M an den Motiven geht gemäß § 28 Abs. 1 UrhG i. V. m. § 1922 BGB nach dessen Tod auf seine Alleinerbin W über. *Das Urheberrecht ist als Ganzes vererblich.* Dies bedeutet, dass sowohl Urheberverwertungsrechte also auch Urheberpersönlichkeitsrechte *in vollem Umfang* auf den Erben übergehen (§ 30 UrhG).

W rückt daher in die volle Rechtsstellung des M ein. Sie kann die urheberrechtlichen Befugnisse folglich in eigenem Interesse ausüben. Zu den urheberrechtlichen Befugnissen gehört insbesondere das Vervielfältigungsrecht in §§ 15 Abs. 1 Nr. 1, 16 UrhG, das durch die Herstellung weiterer Abzüge von der Platte betroffen ist.

2. Fraglich ist jedoch, ob die W den ihr bekannten einer weiteren Vervielfältigung des Motivs *entgegenstehenden Willen* des verstorbenen M einfach übergehen darf.

Hier ist eine *Abwägung* der beiderseitigen Interessen, die des Urhebers und die des Rechtsnachfolgers, erforderlich. Dabei ist zu beachten, dass der Rechtsnachfolger in der Regel eine weniger enge Bindung zum Werk hat und daher weitreichendere Eingriffe hinzunehmen hat.[25]

Für die Beachtlichkeit des Willens des M spricht, dass das persönlichkeitsrechtliche Interesse des M betroffen ist, seine Werke nach dem Tod gegen Beeinträchtigungen zu schützen. Im Bereich der bildenden Kunst ist dem Urheber regelmäßig daran gelegen, dass sein Werk nicht zum Spielball für eine Ausschlachtung durch die Erben wird. M hat insbesondere ein Interesse daran, dass die *Konturen seines Werkschaffens* nicht durch übergroße Auflagen verzerrt werden und so auf den Kunstmarkt gebracht werden. Gerade postmortale Drucke sind (auch wenn sie als solche kenntlich gemacht werden) dazu geeignet, die Wertschätzung gegenüber den Originalen zu mindern. Im Bereich der Druckgrafik ist die *Höhe der Auflage* ein die Wertschätzung der Werke bestimmender Faktor.

Die Erben können die entsprechenden Eingriffe von dritter Seite aus dem geerbten Urheberrecht verbieten. Hier geht es jedoch um den Schutz des M vor seiner Erbin.

3. Teilweise wird vertreten, dass der Erbe das Urheberpersönlichkeitsrecht im Sinne des verstorbenen Urhebers auszuüben habe. § 30 UrhG bedeute nicht, dass die Rechtsnachfolger ihre persönlichkeitsrechtlichen Interessen an die Stelle derjenigen des Urhebers set-

---

[25] BGH GRUR 1989, 106, 107 – Oberammergauer Festspiele; LG München I Schulze LGZ 173, 17.

zen dürften.[26] Vielmehr sei der Erbe an die Entscheidungen des Urhebers gebunden und habe dessen bekannten Willen zu respektieren.[27]

Würde man dieser Auffassung folgen, so wäre die Witwe W nicht berechtigt, die postmortale Auflage zu erstellen.

4. Gegen diese Auffassung spricht jedoch, dass im Urheberrechtsgesetz eindeutig die Entscheidung getroffen wurde, auch das Urheberpersönlichkeitsrecht praktisch ohne Einschränkung als vererblich auszugestalten. Diese Regelung hat zur Folge, dass der Erbe auch die urheberpersönlichkeitsrechtlichen Befugnisse im eigenen Interesse und ohne Beschränkungen ausüben können muss.[28] Der Erbe wäre sonst bei der Verwertung zu stark beschränkt.[29]

Häufig – wie auch im vorliegenden Fall – könnte der Erbe das Werk praktisch nicht mehr verwerten, wenn er an die persönlichen Entscheidungen des Urhebers gebunden wäre. Es ist deshalb der Auffassung zu folgen, die von einer *vollen Vererblichkeit* des Urheberrechts ausgeht.[30] Die Rechtsnachfolger können die von dem Urheber vor seinem Tode getroffenen urheberpersönlichkeitsrechtlichen Entscheidungen verändern.[31] Sie brauchen bei der Interessenausübung *grundsätzlich keine Rücksicht* auf den erklärten oder mutmaßlichen Willen des Urhebers zu nehmen.[32] W kann sich deshalb über den Willen des M hinwegsetzen und das Werk des M durch die Herstellung weiterer Grafiken von den Platten vervielfältigen. Sie wird hierbei durch den entgegenstehenden Willen des M nicht beschränkt.

II. Das Signieren der Auflage

Fraglich ist, ob W berechtigt ist, die postmortalen Auflagen mit dem Künstlerzeichen des M in der Weise zu versehen, dass der Verkehr glaubt, M selbst habe die Druckgrafik signiert.

1. Damit könnte sich W nach *§ 107 Abs. 1 Nr. 1 UrhG* strafbar gemacht haben.

Nach § 107 Abs. 1 Nr. 1 UrhG macht sich strafbar, wer auf dem Original eines Werkes der bildenden Künste die Urheberbezeichnung i. S. d. § 10 Abs. 1 UrhG ohne Einwilligung des Urhebers anbringt oder ein derart bezeichnetes Original verbreitet.[33] Umstritten ist, ob § 107 Abs. 1 Nr. 1 UrhG auch gegen den Rechtsnachfolger des Urhebers angewandt werden kann.[34]

Dies kann hier aber dahinstehen, wenn die postmortalen Auflagen von Kunstwerken keine Originalwerke darstellen. Bei der Bestimmung der *Originaleigenschaft* ist auf die in

---

[26] *Rehbinder* Rn. 297; *Schack* Rn. 577.

[27] Vgl. *Schack* Rn. 577; ebenso in GRUR 1985, 352, 356.

[28] Schricker/*Dietz* Vor §§ 12 ff. UrhG Rn. 31; Wandtke/*Bullinger/Bullinger* Vor §§ 12 ff. UrhG Rn. 12; Dreier/Schulze/*Schulze* Vor § 12 UrhG Rn. 11; *Dietz* ZUM 1993, 309, 317; *Bullinger* 197–202.

[29] Fromm/Nordemann/*J. B. Nordemann* § 30 UrhG Rn. 8 ff.

[30] Vgl. Schricker/*Schricker* § 30 UrhG Rn. 3; Fromm/Nordemann/*J. B. Nordemann* § 30 UrhG Rn. 8; Möhring/Nicolini/*Spautz* § 30 UrhG Rn. 1; Wandtke/Bullinger/*Block* § 30 UrhG Rn. 2.

[31] Fromm/Nordemann/*J. B. Nordemann* § 30 UrhG Rn. 8; Schricker/*Schricker* § 30 UrhG Rn. 3; Dreier/Schulze/*Schulze* § 30 UrhG Rn. 4.

[32] Für die wohl h. M.: Möhring/Nicolini/*Spautz* § 30 UrhG Rn. 4b; Soergel/*Stein* § 1922 BGB Rn. 30; *Hunziker* Immaterialgüterrechte nach dem Tod des Schöpfers, Diss., 1983, 408.

[33] Wandtke/Bullinger/*Block* § 30 UrhG Rn. 14.

[34] Dafür: *Bullinger* 210; dagegen: Schricker/*Dietz* Vor §§ 12 ff. UrhG Rn. 32 und Schricker/*Katzenberger* § 26 UrhG Rn. 27.

Kunstkreisen herrschende Verkehrsauffassung abzustellen.[35] Ein Originalwerk liegt im Bereich der Druckgrafik danach nur vor, wenn das Werkexemplar entweder *durch die Künstlerhand selbst* geschaffen wurde (sog. Künstlerabzug) oder aber von dem Künstler als sein Werk autorisiert wurde (dies erfolgt in der Regel durch die Signatur).[36] Eine solche *Autorisierung* eines Werkes ist nach dem Tode nicht mehr möglich.[37] Nach dem Tode geschaffene Abzüge sind deshalb niemals Originale, auch wenn sie identisch erscheinen.[38] § 107 Abs. 1 Nr. 1 UrhG ist daher hier nicht einschlägig.

2. In Betracht kommt aber eine Strafbarkeit nach *§ 107 Abs. 1 Nr. 2 UrhG.* Die Norm stellt das unzulässige Anbringen einer Urheberbezeichnung i. S. d. § 10 Abs. 1 UrhG *auf einem Vervielfältigungsstück,* einer Bearbeitung oder einer Umgestaltung eines Werkes der bildenden Künste unter Strafe. Voraussetzung ist, dass die Urheberbezeichnung zutreffend angebracht wurde (der Fall der Kunstfälschung ist nicht erfasst)[39] und durch die Anbringung der Anschein eines Originals entsteht.

Ohne Zweifel wird hier der Anschein des Originals erweckt, da W sogar das Originalkünstlerzeichen mittels des Stempels des M verwendet.

Damit hat W in unzulässiger Weise eine Urheberbezeichnung auf Vervielfältigungsstücken des Werkes des M angebracht. Dies stellt eine Straftat nach § 107 Abs. 1 Nr. 2 UrhG dar.

3. Weiterhin könnte die W eine *Urkundenfälschung nach § 267 StGB* begangen haben. Dann müsste eine unechte Urkunde hergestellt bzw. eine echte Urkunde gefälscht worden sein.

Eine Urkunde ist die verkörperte allgemein oder für Eingeweihte verständliche, menschliche Gedankenerklärung, die geeignet und bestimmt ist, im Rechtsverkehr Beweis zu erbringen und ihren Aussteller erkennen lässt.[40] Eine zusammengesetzte Urkunde liegt vor, wenn eine Urkunde mit einem Augenscheinobjekt fest verbunden wird. Die Signatur ist das Beweiszeichen und das Werk das Augenscheinobjekt, mit dem das Beweiszeichen fest zu einer Einheit verbunden ist. Die Signatur dient dazu, im Rechtsverkehr den Beweis über die Urheberschaft des Werkes zu führen. Daher stellt ein signiertes Kunstwerk eine zusammengesetzte Urkunde dar.

Vorliegend ist die Signatur unecht, weil sie den Anschein erweckt, als habe sie der M selbst auf dem Werkexemplar angebracht. Tatsächlich stammt sie aber von W. Damit liegt eine Täuschung über den wahren Aussteller (Identitätstäuschung) vor. Die mit einer gefälschten Signatur versehenen Drucke sind damit unechte Urkunden i. S. d. § 267 StGB.[41] W hat bereits beim Herstellen der Urkunden beabsichtigt, diese auf dem Kunstmarkt zu veräußern. Dies erfüllt den Tatbestand des § 267 Abs. 1 Alt. 1 StGB. Darüber hinaus hat sie die Urkunden auch i. S. d. § 267 Abs. 1 Alt. 3 StGB gebraucht.

Damit ist die Strafbarkeit nach § 267 StGB zu bejahen.

---

[35] Statt vieler: Schricker/*Loewenheim* § 2 UrhG Rn. 132.

[36] Statt aller ausführlich: *Haman* Der urheberrechtliche Originalbegriff der bildenden Kunst, Diss. 35 ff.; ebenso: Schricker/*Katzenberger* § 26 UrhG Rn. 28 f.

[37] A. A. Wandtke/Bullinger/*Block* § 30 UrhG Rn. 14.

[38] *Heinbuch* NJW 1984, 15, 18.

[39] *Hildebrandt* 194 ff.; *Katzenberger* GRUR 1982, 715, 718.

[40] Ständige Rechtsprechung seit BGHSt 3, 85 ff.

[41] Vgl. mit weiteren Einzelheiten: *Locher* Das Recht der bildenden Kunst, 175 ff. und *Löffler* NJW 1993, 1421 ff.

III. Die Veräußerung der signierten Werke

Durch den Verkauf der postmortal hergestellten Drucke als Originalauflagen des M auf dem Kunstmarkt könnte sich W eines *Betruges nach § 263 Abs. 1 StGB* strafbar gemacht haben.

Dann müsste W die Käufer über die Originaleigenschaft der Grafiken getäuscht haben. Dies ist der Fall, wenn die Drucke tatsächlich keine Originale sind.

Bei der Bestimmung der Originaleigenschaft ist auf die *in Kunstkreisen herrschende Verkehrsanschauung* abzustellen.[42] Werkoriginale sind dabei nach allgemeiner Ansicht zunächst die Verkörperungen eines Werkes, die der Künstler eigenhändig geschaffen hat.[43]

Darüber hinaus liegt ein Originalwerk vor, wenn ein Werk *unter der Aufsicht und Billigung des Künstlers* nach seinen Plänen geschaffen wurde. Druckgrafiken und Abgüsse, die von Helfern des Künstlers nach einer von ihm geschaffenen Urform hergestellt wurden, stellen Werkoriginale dar.[44] Keine Originale liegen vor, wenn die Abgüsse und Drucke nach dem Tode des Künstlers entstanden sind, da er den Herstellungsprozess nicht mehr überwachen konnte und die Werke deshalb nicht autorisiert sind.[45] Daher liegt eine Täuschung vor. Die übrigen Voraussetzungen des § 263 StGB sind erfüllt.

Das Verhalten des D

I. Die Herstellung der unsignierten Werke

1. D hat über seinen Auftrag hinaus zehn Drucke hergestellt und diese in unsignierter Form als echte Werke des M veräußert. Er nimmt damit eine unzulässige Vervielfältigungs- und Verbreitungshandlung i. S. d. §§ 15 Abs. 1 Nr. 1, 16, 17 UrhG vor. Das Vervielfältigungs- und Verbreitungsrecht steht der W als Erbin des M zu, §§ 28 Abs. 1, 30 UrhG. Ohne ihre Einwilligung durfte D keine Abzüge von den Druckplatten herstellen.

W hat daher gegen D einen Anspruch auf Unterlassung und Schadensersatz (übliche Lizenzgebühr) aus § 97 Abs. 1 UrhG.

2. Weiterhin verletzt D seine *vertraglichen Nebenpflichten* aus dem Werkvertrag mit W, §§ 631 i. V. m. 241 Abs. 2 BGB. Es war ihm nicht erlaubt, von den ihm im Rahmen des Werkauftrags überlassenen Druckplatten heimlich Abzüge anzufertigen. Schließlich hat D auch ein sonstiges Recht der W i. S. d. § 823 Abs. 1 BGB verletzt. Damit stehen der W sowohl vertragliche als auch deliktische Schadensersatzansprüche zu.

II. Die Veräußerung der unsignierten Werke

Ebenso macht sich D nach *§ 263 Abs. 1 StGB* dadurch strafbar, dass er die hergestellten Drucke verkauft. Auch wenn er die Drucke nicht signiert und damit keine zusätzliche Täuschung begeht, verkauft er die Drucke auf dem Kunstmarkt als Originalwerke des M. D dürfte die Drucke aber nur mit dem Zusatz, dass sie nach dem Tod des M entstanden sind, anbieten und veräußern.

---

[42] Statt vieler: Schricker/*Katzenberger* § 26 UrhG Rn. 27.

[43] Statt aller ausführlich: *Haman* Der urheberrechtliche Originalbegriff der bildenden Kunst, Diss. 35 ff.; ebenso: Schricker/*Katzenberger* § 26 UrhG Rn. 25 ff.

[44] H.M., für viele: *Haman* UFITA Bd. 90, 1981, 45 ff., 47.; ebenso: Fromm/Nordemann/*Nordemann* § 26 UrhG Rn. 10.

[45] Wandtke/Bullinger/*Bullinger* § 26 UrhG Rn. 8; *Heinbuch* NJW 1984, 15 ff., 18 ff.

III. Teil. Urhebervertragsrecht

Fall 7: Übersetzte Poesie

Urhebervertrag/angemessene Vergütung

Sachverhalt

A ist Übersetzer. Er hat im Auftrag des Verlages B Gedichte des Schriftstellers S in die deutsche Sprache übersetzt. Grundlage für die Übersetzung ist ein Übersetzungsvertrag vom 26. März 2009, in dem A dem Verlag B die umfassenden, ausschließlichen und zeitlich unbefristeten Nutzungsrechte an seiner Übersetzung eingeräumt hat. Als Gegenleistung für die Herstellung der Übersetzung und die Einräumung der Nutzungsrechte wurde ein einmaliges und pauschales Honorar in Höhe von € 10.000,– vereinbart. B hat die Übersetzung als vertragsgemäß abgenommen und das vereinbarte Honorar an A überwiesen. Die Nutzung der Übersetzung durch B dauert an.

A möchte im Juli 2009 wissen, ob er B seine Übersetzung zu günstig überlassen hat oder ob er von B eine weitere Vergütung verlangen kann.

(Die urheberrechtliche Schutzfähigkeit der Übersetzung sowie die Zulässigkeit und Wirksamkeit der vertragsgegenständlichen Rechtseinräumung sind zu unterstellen. Es ist ferner davon auszugehen, dass das von A und B vereinbarte Honorar „redlicher Branchenübung" entspricht. Die Branchenverbände, denen A und B angehören, haben keine gemeinsamen Vergütungsregeln vereinbart.)

Abwandlung 1:

Wie wäre die Vergütung des A zu beurteilen, wenn die Parteien den Vertrag am 26. März 2002 geschlossen hätten?

Abwandlung 2 (auf den Ausgangsfall bezogen):

a) Die Vergütung des A ist unangemessen. A möchte wissen, wann sein Anspruch verjährt.
b) Würde sich in Hinblick auf die Verjährung zu Variante a) etwas ändern, wenn eine Umsatzbeteiligung zwischen A und B vereinbart war?

Lösung

I. Vertraglicher Vergütungsanspruch

A und B haben einen urheberrechtlichen Nutzungsvertrag geschlossen, nach dem A gegen B als Gegenleistung für die Einräumung der vertragsgegenständlichen Nutzungsrechte ein Honorar in Höhe von € 10.000,– zusteht. Dieses Honorar hat B an A gezahlt und den Anspruch des A damit erfüllt.

II. Gesetzlicher Vergütungsanspruch

A könnte jedoch einen ergänzenden gesetzlichen Anspruch auf Vertragsanpassung gemäß § 32 Abs. 1 UrhG haben, aufgrund dessen er von B im Ergebnis eine zusätzliche Vergütung verlangen kann.

1. Anspruch auf die vertraglich vereinbarte Vergütung

Der Urheber hat gemäß § 32 Abs. 1 UrhG für die Einräumung von Nutzungsrechten und die Erlaubnis zur Werknutzung *Anspruch auf die vertraglich vereinbarte Vergütung*. Das Gesetz gibt damit zunächst eine Selbstverständlichkeit wieder; andererseits macht es aber auch deutlich, dass der Urheber keinen isolierten Vergütungsanspruch gegenüber jedermann hat, der das Werk nutzt. Damit gilt auch für das Urheberrecht ausdrücklich der Vorrang der vertraglichen Vergütungsabrede.[1] Nach dem Vertrag hatte A Anspruch auf eine Vergütung in Höhe von € 10.000,–. Dieser Anspruch ist durch Erfüllung erloschen.

2. Anspruch auf angemessene Vergütung

Dem Urheberrecht liegt das bereits vom Reichsgericht[2] ausgesprochene und vom BGH[3] immer wieder bestätigte Prinzip zugrunde, dass der Urheber tunlichst, d.h. angemessen, an dem wirtschaftlichen Nutzen zu beteiligen ist, der aus der Verwertung seines Werkes gezogen wird.[4] Um diesem Postulat zur Durchsetzung zu verhelfen, gibt § 32 Abs. 1 S. 3 UrhG dem Urheber für den Fall, dass die vertraglich vereinbarte Vergütung nicht angemessen ist, einen ergänzenden gesetzlichen Anspruch. Der Urheber kann danach von seinem Vertragspartner die Einwilligung in eine Änderung des ursprünglichen Vertrages verlangen, durch die ihm die angemessene Vergütung gewährt wird.

a) Korrekturanspruch. § 32 Abs. 1 S. 3 UrhG nimmt ausdrücklich auf die vertraglich vereinbarte Vergütung Bezug. Erste Anspruchsvoraussetzung ist damit ein wirksamer Nutzungsvertrag, so dass der Vergütungsanspruch aus § 32 Abs. 1 S. 3 UrhG kein isoliert vom jeweiligen Rechtsverhältnis zu beurteilender gesetzlicher Anspruch ist, sondern einen akzessorischen gesetzlichen *Korrekturanspruch* darstellt. Dogmatisch ist der Anspruch als gesetzlich vorgeschriebener Fall einer objektiven Inhaltskontrolle einzuordnen.[5] Ein wirksamer Nutzungsvertrag mit einer Vergütungsabrede liegt hier vor, so dass zu prüfen ist, ob das vertraglich vereinbarte und dem A auch gezahlte Honorar nicht angemessen war.[6] In diesem Fall könnte A den Korrekturanspruch in Höhe der Differenz geltend machen.

---

[1] Beschlussempfehlung und Bericht des Rechtsausschusses BT-Drucks. 14/8058, 42; *Jani* 293; Dreier/Schulze/*Schulze* § 32 UrhG Rn. 22.

[2] U.a.: RGZ 118, 282, 285 – Musikantenmädel; RGZ 122, 65, 68 – Tanzschlager-Liederbuch; RGZ 153, 1, 22 – Schallplatten und Rundfunk.

[3] U.a.: BGHZ 11, 135, 143 – Lautsprecherübertragung; BGHZ 13, 115, 118 – Bühnenaufführungsvertrag; BGHZ 17, 266, 282 – Magnettonaufnahme; BGH ZUM 2000, 160, 162 – Comic-Übersetzungen II; weitere Nachweise bei *Jani* 113.

[4] Einhellige Auffassung auch in der Literatur, statt aller: Möhring/Nicolini/*Gass* § 61 UrhG Rn. 27; Schricker/*Schricker* Einl. UrhG Rn. 15 f.; Dreier/Schulze/*Schulze* § 11 UrhG Rn. 8; *Jani* 113 m.w.N.

[5] *Erdmann* GRUR 2002, 924.

[6] Läge der vertraglichen Vereinbarung keine Abrede über die Vergütung zugrunde, so würde der Werknutzer ohnehin schon nach § 32 Abs. 2 UrhG die angemessene Vergütung schulden; vgl. Wandtke/Bullinger/*Wandtke-Grunert* § 32 UrhG Rn. 15.

b) Angemessenheit der Vergütung durch tarifvertragliche Bestimmungen oder gemeinsame Vergütungsregeln. § 32 Abs. 1 UrhG ordnet eine Rangfolge der Prüfung an: Liegen keine tarifvertraglichen Vereinbarungen über eine gemeinsame Vergütung vor, so ist in einem nächsten Schritt zu prüfen, ob gemeinsame Vergütungsregeln bestehen.[7]

aa) Angemessenheit der Vergütung durch tarifvertragliche Bestimmung. Gemäß § 32 Abs. 4 UrhG ist der Korrekturanspruch nach § 32 Abs. 1 S. 3 UrhG ausgeschlossen, sofern die angemessene Vergütung tarifvertraglich ausgestaltet ist. Sinn und Zweck dieser Regelung ist – wie bei der Vereinbarung von gemeinsamen Vergütungsregelungen i. S. v. § 36 UrhG – die Beachtung der fairen Aushandlung von tarifvertraglichen Bedingungen unter den Vertragsparteien.[8] Anwendung entfaltet dieser Ausschluss indes nur, insoweit die Parteien auch tarifgebunden sind und die konkrete Nutzung des Werkes den sachlichen und persönlichen Anwendungsfall der Tarifregelung auch eröffnet. Ist der Tarifvertrag lückenhaft ausgestaltet, so kann der Korrekturanspruch wiederum ggf. geltend gemacht werden.[9] Vorliegend ist jedoch nicht von dem Bestehen oder der Anwendung einer tarifvertraglichen Regelung auszugehen.

bb) Angemessenheit der durch gemeinsame Vergütungsregeln ermittelten Vergütung. Gemäß § 32 Abs. 2 S. 1 UrhG ist die vertraglich vereinbarte Vergütung stets angemessen, wenn sie anhand so genannter *„gemeinsamer Vergütungsregeln"* i. S. v. § 36 UrhG (die in einem sog. Verfahren zur Selbstregulierung aufgestellt wurden) ermittelt wird. Eine weitere Prüfung der Angemessenheit ist unter diesen Umständen weder erforderlich noch möglich, denn diese gesetzliche Vermutung der Angemessenheit ist unwiderleglich. Eine Korrektur der vertraglichen Vergütung gemäß § 32 Abs. 1 S. 3 UrhG ist dementsprechend ausgeschlossen, soweit sie auf einer gemeinsamen Vergütungsregel beruht.[10] Die Möglichkeit zum Abschluss „gemeinsamer Vergütungsregeln" stellt eine gesetzliche Ausnahme zum Kartellverbot des § 1 GWB[11] dar und eröffnet Vereinigungen von Urhebern und Vereinigungen von Werknutzern oder einzelnen Werknutzern jetzt die Möglichkeit, eine Übereinkunft zur Bestimmung der Angemessenheit von Vergütungen nach § 32 UrhG zu treffen.[12] Damit wird die Konkretisierung dessen, was angemessen ist, auf die Beteiligten verlagert. Im vorliegenden Fall gibt es jedoch keine gemeinsamen Vergütungsregeln, die für eine Überprüfung des Honorars herangezogen werden können, so dass die Frage nach der Angemessenheit auf anderem Wege beantwortet werden muss.[13]

c) Die gemäß § 32 Abs. 2 S. 2 UrhG angemessene Vergütung. Nimmt der Nutzungsvertrag wie hier weder auf eine gemeinsame Vergütungsregel noch auf eine tarif-

---

[7] Dreier/Schulze/*Schulze* § 32 UrhG Rn. 29; Wandtke/Bullinger/*Wandtke-Grunert* § 32 UrhG Rn. 24 ff.

[8] Beschlussempfehlung und Bericht des Rechtsausschusses BT-Drucks. 14/8058, 19.

[9] Wandtke/Bullinger/*Wandtke-Grunert* § 32 UrhG Rn. 46.

[10] *Jani* 295.

[11] Freiberuflich tätige Urheber und ausübende Künstler fallen in den persönlichen Anwendungsbereich des § 1 GWB und Vergütungsabsprachen verstießen deshalb bislang gegen das Kartellverbot; Begr. des RegE BT-Drucks. 14/6433, 12; Dreier/Schulze/*Schulze* § 36 UrhG Rn. 3; *Jani* 295.

[12] Die Voraussetzungen und das Verfahren für den Abschluss gemeinsamer Vergütungsregeln sind in § 36 Abs. 2 bis 4 UrhG und § 36a UrhG geregelt.

[13] Das gesetzgeberische Bestreben über die Einführung des § 36 UrhG möglichst rasch und in möglichst vielen Branchen Vereinbarungen über gemeinsame Vergütungsregelungen hervorzubringen (BT-Drucks. 14/8058, 20), ist bislang weitestgehend erfolglos geblieben. Es gibt seither nur eine Vereinbarung über gemeinsame Vergütungsregel für Autoren belletristischer Werke in deutscher Sprache (vgl. http://www.bmj.de/media/archive/962.pdf).

vertragliche Bestimmung Bezug, so ist die angemessene Vergütung gemäß § 32 Abs. 2 S. 2 UrhG nach Maßgabe des Einzelfalles individuell zu ermitteln. Die dem Urheber für die Einräumung der Nutzungsrechte und die Erlaubnis zur Werknutzung gezahlte Vergütung ist danach dann angemessen, wenn sie im Zeitpunkt des Vertragsschlusses dem entspricht, was im Geschäftsverkehr nach Art und Umfang der eingeräumten Nutzungsmöglichkeiten, insbesondere nach Dauer und Zeitpunkt der Nutzung unter Berücksichtigung aller Umstände „üblicher- und redlicherweise" zu leisten ist.[14]

Um angemessen zu sein, muss das vertragsgegenständliche Honorar der im Zeitpunkt des Vertragsschlusses geltenden redlichen Branchenübung entsprochen haben. Es ist daher zunächst die Üblichkeit zu ermitteln, die der Gesetzesbegründung[15] zufolge ausdrücklich der aus anderen Regelungsbereichen bekannten „*Branchenübung*" entspricht. Ob und inwieweit die Vergütung mit der Branchenübung übereinstimmt, ist eine Tatfrage.[16]

In einem zweiten Schritt muss im Wege einer wertenden Betrachtung geprüft werden, ob die übliche Vergütung auch redlich ist.[17] Das Tatbestandsmerkmal „*Redlichkeit*" ist eine besondere Ausprägung des allgemeinen Rücksichtnahmegebotes und des Grundsatzes von Treu und Glauben (§ 242 BGB).[18] Die Redlichkeit setzt daher eine prinzipiell gleichberechtigte Berücksichtigung der Interessen der Verwerter einerseits, sowie der Interessen der Urheber und ausübenden Künstler andererseits voraus.[19] Die Vergütungsvereinbarung ist zwar nicht erst dann unangemessen, wenn sie die Grenze zur Sittenwidrigkeit (§ 138 BGB) unterschreitet.[20] Nur ganz geringfügige Abweichungen zuungunsten des Urheberrechts werden den Anspruch indes nicht begründen.[21] Entspricht die Branchenübung nicht der Redlichkeit oder kann eine Branchenübung gar nicht festgestellt werden, so ist eine wertende Korrektur dahingehend vorzunehmen, dass die angemessene Vergütung nach billigem Ermessen festgestellt werden muss.

Für die Frage der Angemessenheit ist neben der inhaltlichen Konkretisierung von besonderer Bedeutung, auf welchen Zeitpunkt bei der Beurteilung der Angemessenheit abzustellen ist. § 32 UrhG Abs. 2 UrhG enthält hierzu eine gesetzliche Klarstellung, der zufolge es ausdrücklich allein auf die redliche Branchenübung „zum Zeitpunkt des Vertragsschlusses" ankommt. Die Feststellung, ob die vertraglich vereinbarte Vergütung an-

---

[14] Vgl. OLG München ZUM 2009, 300, 305; der Gesetzgeber hatte bei der Reform des Urhebervertragsrechts und der Schaffung des Vergütungsanspruchs gemäß § 32 UrhG zur Begründung vor allem auf die nach seiner Einschätzung unzureichende Vergütung der Literaturübersetzer verwiesen und beabsichtigte eine dahingehende Klärung. Eine abstrakte und allgemeingültige Definition dessen, was angemessen ist, gibt das Gesetz nicht. Es besteht vielmehr eine „Bandbreite an verschiedenen Vergütungsausgestaltungen", die als angemessen zu erachten sind (so auch OLG München ZUM 2009, 300, 305). Es bleibt daher der Rechtsprechung überlassen, den unbestimmten Rechtsbegriff der Angemessenheit im Einzelfall zu konkretisieren. Die bisherige Rechtsprechung zu § 32 UrhG zeigt aber, wie schwer die Aufgabe zu lösen ist, die der Gesetzgeber den Gerichten mit der Angemessenheitskontrolle übertragen hat. Ein erstes Urteil des Bundesgerichtshofs zu diesen Fragen wird für Ende 2009 erwartet; vgl. Wandtke/*Jani* Medienhandbuch 2. Teil, Kap. 1 Rn. 224 m. w. N. zur Rechtsprechung.

[15] Beschlussempfehlung und Bericht des Rechtsausschusses BT-Drucks. 14/8058, 18; für die Üblichkeit als maßgebliches Kriterium auch schon zum bisherigen Recht *Jani* 135 f. m. m. w. N.

[16] Vgl. auch Wandtke/Bullinger/*Wandtke-Grunert* § 32 UrhG Rn. 28.

[17] Beschlussempfehlung und Bericht des Rechtsausschusses BT-Drucks. 14/8058, 18.

[18] Wandtke/Bullinger/*Wandtke-Grunert* § 32 UrhG Rn. 29.

[19] Beschlussempfehlung und Bericht des Rechtsausschusses BT-Drucks. 14/8058, 18.

[20] Wandtke/Bullinger/*Wandtke-Grunert* § 32 UrhG Rn. 29.

[21] *Nordemann* 68; *Jani* 302.

gemessen ist, erfolgt also anhand einer objektiven *Betrachtung ex ante*,[22] so dass Umstände, die nach Vertragsschluss entstehen, unbeachtlich sind. Der Vertragspartner des Urhebers verhält sich deshalb stets redlich, wenn er dem Urheber das zugesteht, was unter den bei Vertragsschluss in der jeweiligen Branche maßgeblichen Verhältnissen als angemessen gilt.[23] Für die Frage, ob das dem A gewährte Honorar angemessen ist, kommt es also ausschließlich auf den Zeitpunkt des Vertragsschlusses am 26. März 2009 an.

Maßgeblich für den Anspruch auf angemessene Vergütung ist gemäß § 32 Abs. 2 S. 2 UrhG „Art und Umfang der eingeräumten Nutzungsmöglichkeit". Der Anspruch entsteht also bereits mit der Einräumung von Nutzungsrechten bzw. der Erlaubnis zur Werknutzung – auf die spätere tatsächliche Werknutzung durch den Vertragspartner des Urhebers, die im Zeitpunkt des Vertragsschlusses auch gar nicht vorhersehbar ist, kommt es nicht an.[24] Bewertungsgrundlage für den vertraglichen Vergütungsanspruch sind allein die ökonomischen Chancen, die der Verwerter mit den Nutzungsrechten erwirbt und die mit dem Nutzungsvertrag verfolgten wirtschaftlichen Ziele. In welchem Verhältnis die vertraglich vereinbarte Vergütung zu der späteren tatsächlichen Werknutzung steht, ist der nachträglichen Vergütungskorrektur gemäß § 32a UrhG vorbehalten. Soweit § 32 Abs. 2 S. 2 UrhG auf die im Rahmen der Angemessenheitskontrolle zu beachtende Dauer und den Zeitpunkt der Nutzung verweist, kann damit deshalb nur die Dauer der eingeräumten Nutzungsmöglichkeit gemeint sein, also die Laufzeit des Vertrages.[25] Die Vergütung ist dementsprechend i. S. v. § 32 Abs. 2 S. 2 UrhG nur angemessen, wenn sie die Nutzungsmöglichkeiten des Verwerters während der gesamten Vertragsdauer abdeckt, also auch eine zeitliche Komponente hat. Dem kann am besten mit einer fortlaufenden Vergütung Rechnung getragen werden, die sich an der tatsächlichen Verwertung orientiert, etwa in Form von *Beteiligungshonoraren,* wie sie im Buchverlagswesen gängig sind. A hat für die Einräumung der umfassenden, ausschließlichen und zeitlich unbefristeten Nutzungsrechte an seiner Übersetzung jedoch als Gegenleistung eine pauschale Einmalzahlung erhalten. Urheberrechtliche Nutzungsverträge mit einem solchen Inhalt bezeichnet man als *„Buy-Out"*.[26] Indem der gesetzliche Vergütungsanspruch aus § 32 Abs. 1 UrhG der Korrektur des vertraglich Vereinbarten dient, wird die vertragliche Gestaltungsfreiheit durch diese Bestimmung zunächst nicht angetastet. Aus dem ausdrücklichen Vorrang der vertraglichen Vereinbarung folgt vielmehr, dass das Gesetz auch keine Vorgaben zur Ausgestaltung der Vergütung macht und nicht von vornherein bestimmte Vergütungsmodelle ausschließt.[27] Auch im Anwendungsbereich des neuen Urhebervertragsrechts bleibt das Pauschalhonorar deshalb weiterhin eine zulässige Option und der Buy-Out-Vertrag steht damit als Vertragsvariante weiterhin zur Verfügung.

---

[22] Beschlussempfehlung und Bericht des Rechtsausschusses BT-Drucks. 14/8058, 18; *Jani* 299; Dreier/Schulze/*Schulze* § 32 UrhG Rn. 44; Wandtke/Bullinger/*Wandtke-Grunert* § 32 UrhG Rn. 41 (anders noch die Vorauflagen).

[23] *Nordemann* 70.

[24] Dreier/Schulze/*Schulze* § 32 UrhG Rn. 11; *Jani* 303.

[25] Auch die Gesetzesbegründung legt die Interpretation nahe, wonach die Vergütung angemessen ist, wenn sie „im Blick auf die gesamte Vertragsdauer" dem Üblichen und Redlichen entspricht: Beschlussempfehlung und Bericht des Rechtsausschusses BT-Drucks. 14/8058, 2; ebenso *Nordemann* 72.

[26] Zu diesem Vertragsmodell ausführlich: *Jani.*

[27] Beschlussempfehlung und Bericht des Rechtsausschusses BT-Drucks. 14/8058, 18; *Nordemann* 79; *Jani* 313.

Die angemessene Vergütung ist schließlich keine genau zu beziffernde Größe, sondern sie gibt einen Rahmen vor, so dass auch nach dem neuen Urhebervertragsrecht im Urheberrecht kein vom Einzelfall unabhängiger abstrakter Angemessenheitsmaßstab anzulegen ist.[28] Nach der Begründung des Gesetzes sind für die Beurteilung der Angemessenheit statt dessen sämtliche relevanten individuellen Faktoren wie Art und Umfang der Werknutzung, Investitionen, Risikotragung, Kosten, Zahl der hergestellten Werkstücke oder zu erreichende Einnahmen zu berücksichtigen.[29]

Die dem A gezahlte Vergütung entspricht der redlichen Branchenübung und muss daher als angemessen i. S. v. § 32 UrhG gelten. A hat damit keinen ergänzenden gesetzlichen Anspruch auf eine zusätzliche Vergütung.

Ergebnis

Das Honorar, das A und B in ihrem Vertrag vom 26. März 2002 vereinbart haben, ist i. S. v. § 32 Abs. 2 UrhG angemessen. A hat deshalb keinen Anspruch auf eine zusätzliche Vergütung.

Abwandlung 1:

§ 32 UrhG ist durch das „Gesetz zur Stärkung der vertraglichen Stellung von Urhebern und ausübenden Künstlern" vom 22. März 2002[30] in das Urheberrechtsgesetz eingefügt worden. Dieses Gesetz ist am 1. Juli 2002 in Kraft getreten.

Sofern der Vertrag zwischen A und B am 26. März 2002 abgeschlossen wurde, ist deshalb fraglich, ob die Vorschriften auf sog. „Altverträge" überhaupt Anwendung finden: Auf Verträge aus der Zeit vor dem 1. Juli 2002 ist das Urheberrechtsgesetz gemäß § 132 Abs. 3 S. 1 UrhG grundsätzlich in seiner bisherigen Fassung anzuwenden. Von diesem Grundsatz ist § 32 UrhG jedoch gemäß der *Übergangsvorschrift* in § 132 Abs. 3 UrhG unter bestimmten Umständen ausgenommen: § 32 UrhG findet auf Verträge Anwendung, die in der Zeit zwischen dem 1. Juni 2001 und dem 30. Juni 2002 geschlossen worden sind, sofern von dem eingeräumten Recht nach dem 30. Juni 2002 Gebrauch gemacht wird.[31] D. h., die Nutzungen müssen nach diesem Datum begonnen worden sein oder in diesem Zeitraum andauern.[32] Das ist hier der Fall. Der Vertrag zwischen A und B ist damit nach § 32 UrhG in seiner Fassung vom 1. Juli 2002 zu beurteilen.

---

[28] *Jani* 302.

[29] Beschlussempfehlung und Bericht des Rechtsausschusses BT-Drucks. 14/8058, 18; *Jani* 301; Dreier/Schulze/*Schulze* § 32 UrhG Rn. 45; zu den für die Angemessenheit zu berücksichtigenden Kriterien ausführlich: *Jani* 131 ff.

[30] BGBl. I, 1155.

[31] Ursprünglich galt diese Übergangsvorschrift nur für den Zeitraum zwischen dem 1. 6. 2001 und dem 28. 3. 2002 und ließ damit eine Lücke bis zum Inkrafttreten der neuen Vorschriften am 1. 7. 2002. Es hat sich dabei um ein offensichtliches Redaktionsversehen gehandelt (Wandtke/Bullinger/ *Wandtke-Grunert* § 32 UrhG Rn. 54; Dreier/Schulze/*Schulze* § 32 UrhG Rn. 5; *Jani* 321), welches durch das „Gesetz zur Regelung des Urheberrechts in der Informationsgesellschaft" vom 10. 9. 2003 (BGBl. I, 1774) korrigiert worden ist.

[32] Dreier/Schulze/*Schulze* § 32 UrhG Rn. 4.

Abwandlung 2:

a) Der Anspruch des A auf angemessene Vergütung gemäß § 32 Abs. 1 S. 3 UrhG verjährt gem. § 102 UrhG nach der Regelverjährungszeit gemäß §§ 195, 199 BGB drei Jahre nach Kenntnis der anspruchsbegründenden Umstände und unabhängig von der Kenntnis 10 Jahre nach Entstehung des Anspruchs, § 199 Abs. 4 BGB.[33] Der Anspruch auf Vertragsänderung entsteht, soweit die vereinbarte Vergütung unangemessen ist, bei Vertragsschluss, da für die Angemessenheit der Vergütung allein dieser Zeitpunkt und der Umfang der eingeräumten Nutzungsrechte maßgeblich ist. Auf die spätere tatsächliche Nutzung kommt es nicht an[33a]. Dementsprechend verjährt der Korrekturanspruch aus § 32 Abs. 1 Satz 3 UrhG in der Regel innerhalb von drei Jahren nach Vertragsschluss. A möchte im Juli 2009 wissen, ob er B seine Übersetzung, die pauschal abgegolten wurde, zu günstig überlassen hat. Nach Prüfung der Rechtslage müsste er spätestens dann Kenntnis von der Unangemessenheit erlangt haben. Gemäß § 199 Abs. 1 BGB beginnt die regelmäßige Verjährungsfrist mit dem Schluss des Jahres, d. h. am 31. Dezember 2009, so dass der Anspruch des A am 1. Januar 2013 spätestens verjährt wäre.

b) Die Verjährung des Anspruchs auf angemessene Vergütung richtet sich auch bei einer Umsatzbeteiligung nach den unter a) genannten Grundsätzen. Bei einer derartigen Beteiligung entsteht der Anspruch nicht fortlaufend neu. Vielmehr ist der Anspruch entstanden, wenn im Zeitpunkt des Vertragsschlusses eine unangemessene Vergütung vereinbart ist[33b]. Denn der Anspruch auf angemessene Vergütung nach § 32 UrhG ist ein gesetzlicher und nutzungsunabhängiger Anspruch auf Vertragsanpassung.[34] Damit verjährt der Anspruch auf angemessene Vergütung für A auch bei einer Umsatzbeteiligung am 1. Januar 2013.

Fall 8: Folgenschwerer Vertragsabschluss

Miturheber/Gesellschaftsvertrag/Verträge über künftige Werke/Abwicklung einer GbR

Sachverhalt

Der Komponist und ausübende Künstler der Unterhaltungsmusik K sowie der ebenfalls in diesem Bereich künstlerisch tätige B begannen Ende 1999/Anfang 2000 ihre Zusammenarbeit mit dem Ziel, Tonaufnahmen von Werken der Popmusik zu erstellen und zu verwerten. B ist zugleich Inhaber des Musikverlages Creativ-Verlag, der die Verbreitung der Werke übernehmen sollte. Die Zusammenarbeit an dem Projekt sollte sich so-

---

[33] Dreier/Schulze/*Schulze* § 32 UrhG Rn. 89.

[33a] Schricker/*Schricker* § 32 Rn. 45; *Jani* 306.

[33b] A. A. Wohl/Dreier/Schulze/Schulze § 32 Rn. 89, 90

[34] Davon zu unterscheiden ist der Anspruch auf weitere Beteiligung des Urhebers nach § 32a UrhG bei Bestehen eines auffälligen Missverhältnisses. Ist die Vergütung unangemessen, so entsteht der Anspruch auf angemessene Vergütung laufend neu. Infolgedessen kann nicht nur Zahlung der angemessenen Vergütung, sondern auch Vertragsanpassung immer wieder innerhalb der Dreijahresfrist ab Kenntnis der jeweiligen Nutzungshandlung geltend gemacht werden. Denn der Anspruch nach § 32a UrhG ist zwar wie der nach § 32 UrhG auch ein gesetzlicher, er entsteht aber typischerweise erst im Zuge von laufenden Verwertungshandlungen, also nach Vertragsschluss. Die Anspruchsentstehung und der entsprechende Verjährungsbeginn setzt mit der Nutzung demnach laufend neu ein; vgl. Wandtke/Bullinger/*Wandtke-Grunert* § 32a UrhG Rn. 31.

wohl auf das Erstellen von Musik und Text als auch auf die Produktion und alle sonstigen notwendigen Handlungen beziehen.

B übersandte an K am 26. Februar 2000 ein Telefax, mit dem er den Abschluss folgender Vereinbarung (Projektvertrag) anbot:

Vereinbarung 26. Februar 2000

Bei dem Projekt „Neue Lieder braucht das Land" werden die Lizenzen zwischen K und B wie folgt geteilt: Die 14 % netto Detail bei Bandübernahme teilen sich nach dem Schlüssel: 4 % netto Detail für K als Interpret, die restlichen 10 % netto Detail je 5 % für K und B als Produzenten. Bei höheren Lizenzausschüttungen wird der Schlüssel analog beibehalten. Die verrechenbaren Lizenzvorauszahlungen des Creativ-Verlages – pro Titel € 4.000,– (viertausend) – gehen komplett an das Sound-Tonstudio. Musik und Text werden bei diesem Projekt gemeinsam gezeichnet und geteilt. Die Titel werden alle im Creativ-Verlag verlegt. Dieser Vertrag wird zunächst für die Dauer von 3 Jahren geschlossen.

K sandte das Schreiben noch am selben Tag per Telefax mit der Bemerkung „einverstanden" zurück. K und B schlossen später mit der Pop-music GmbH einen sog. Bandübernahmevertrag,[35] der die Verwertung der im Rahmen der Zusammenarbeit entstehenden Titel zum Gegenstand hat.

K ist Mitinhaber des Sound-Tonstudios, welches bei der Durchführung der gemeinsamen Produktionen für die Tonaufnahmen eingeschaltet werden sollte. B selbst hat, was K bekannt war, kein eigenes Tonstudio. Nach einem Auftritt des K in der Sendung TV TOTAL im März 2000 gelang ihm mit seiner Single der Durchbruch. Mit der im Mai 2000 fertiggestellten CD 1 konnte er ebenfalls beachtliche Erfolge verbuchen. Während der Erstellung einer zweiten CD (CD 2) kam es zwischen K und B zu erheblichen Meinungsverschiedenheiten. Grund für die Meinungsverschiedenheiten war, dass B an der Erstellung der Texte nicht im nennenswerten Umfang mitgewirkt hatte. Hinsichtlich der Musik der im Rahmen des gemeinsamen Projekts entstandenen Titel ist der Schöpfungsbeitrag des B mit insgesamt ca. 40 % zu veranschlagen. Unmittelbar nach der Fertigstellung der CD 2 kündigte K den Projektvertrag im November und Dezember 2001 mehrfach aus wichtigem Grund. Die CD 2 wurde im Januar 2002 veröffentlicht.

Bis zum Zeitpunkt der tatsächlichen Beendigung der Zusammenarbeit wurden mit dem Creativ-Verlag Musikverlagsverträge über alle Titel abgeschlossen, die im Rahmen des gemeinsamen Projekts entstanden sind. Die Verteilung der Lizenzeinnahmen durch die GEMA und die Pop-music GmbH erfolgte und erfolgt bis zum heutigen Tag entsprechend dem Verteilungsschlüssel des Projektvertrages.

Zwischen K und B besteht Streit darüber, wem in welcher Höhe die Lizenzeinnahmen aus der Verwertung der Nutzungsrechte an den Werken zustehen. K ist der Meinung, ihm stünden sämtliche im Zusammenhang mit den Titeln der CD 1 und der CD 2 erzielten Lizenzeinnahmen allein zu. Die Mitwirkung des B an der Erstellung der Werke sowie an der Produktion entspreche nicht der im Projektvertrag vorgesehenen Aufteilung der Lizenzeinnahmen. Diese Aufteilung sei daher unwirksam. Auch sei der Projektvertrag formnichtig. B ist dagegen der Ansicht, er habe hinsichtlich sämtlicher Titel, die vor dem 26. Februar 2003 entstanden sind, einen Anspruch auf Verteilung der Lizenzeinnahmen nach den im Projektvertrag vorgesehenen Quoten.

Welche Ansprüche können K gegen B zustehen?[36]

---

[35] Von einem Bandübernahmevertrag spricht man, wenn der Tonträgerhersteller (z. B. eine Schallplattenfirma) von seinem Vertragspartner bereits ein überspielungsreifes Band zur Herstellung des Tonträgers erhält.

[36] Dem Fall liegt die Entscheidung BGH ZUM 1998, 405 f. zugrunde.

Lösung

I. Anspruch des K gegen B auf Auskehr von bereits ausgezahlten Lizenzeinnahmen gemäß § 816 Abs. 2 BGB

Ein Anspruch des K gegen B auf Herausgabe der von der GEMA und der Pop-music GmbH an B ausgezahlten Lizenzeinnahmen könnte sich aus § 816 Abs. 2 BGB ergeben, wenn die Vereinbarung vom 26. Februar 2000 nichtig ist, es auch sonst an einem Rechtsgrund für die Einbehaltung der Lizenzeinnahmen fehlt und die an B erbrachten Leistungen K gegenüber wirksam sind.[37]

Unabhängig von der Frage, wie die Lizenzeinnahmen im Einzelnen zu verteilen sind, könnte hier ein unmittelbarer Zahlungsanspruch gegen B bereits daran scheitern, wenn K und B eine *Gesellschaft bürgerlichen Rechts (GbR)* gegründet haben, die sich noch im Abwicklungsstadium befindet. Während der Abwicklungsphase ist es den Gesellschaftern nämlich grundsätzlich verwehrt, gegen die Gesamthand oder Mitgesellschafter gerichtete Ansprüche außerhalb der Auseinandersetzung als eigenständige Forderung durchzusetzen.[38] Es stellt sich daher zunächst die Frage, um welche Art von Vertrag es sich bei dem Projektvertrag handelt.

1. Rechtliche Einordnung des Projektvertrages

a) Wirken mehrere bei der Schöpfung, Produktion, Gestaltung etc. von Werken in irgendeiner Form zusammen, können die Rechtsverhältnisse der Beteiligten unterschiedlich ausgestaltet sein. Es kommen insbesondere folgende Rechtsverhältnisse in Betracht:

aa) *Miturheber* unterliegen in Bezug auf das gemeinsam geschaffene Werk[39] bereits nach § 8 Abs. 2 UrhG einer gesamthänderischen Bindung soweit es das Recht zur Veröffentlichung und Verwertung des Werkes betrifft. Diese kraft Gesetzes angeordnete *Gesamthandsgemeinschaft*[40] der Miturheber beginnt mit der Entstehung des Werkes und endet erst mit Ablauf der Schutzfrist. Eine vorherige Auflösung ist nicht möglich.[41] Für die Entstehung der Gesamthandsgemeinschaft zwischen den Miturhebern kommt es auch nicht auf einen dahingehenden rechtsgeschäftlichen Willen der Miturheber an. Erforderlich und ausreichend ist bereits die bewusste gemeinsame Werkschöpfung.[42] Die Erträge aus der Ver-

---

[37] Die Wirksamkeit der erbrachten Leistung gegenüber K ist jedenfalls dann gegeben, wenn K gegen B den Herausgabeanspruch ernsthaft geltend macht. Darin liegt nämlich regelmäßig eine Genehmigung der an den Nichtberechtigten bewirkten Leistung, vgl. Palandt/*Sprau* § 816 BGB Rn. 9, 21.

[38] MüKo/*Ulmer* § 730 BGB Rn. 49 m. w. N.

[39] Miturheberschaft setzt die Schaffung eines einheitlichen Werks voraus. Ein solches liegt nur dann vor, wenn die Anteile sich nicht gesondert verwerten lassen, was bei Musiktiteln, die aus Text und Musik bestehen, nicht der Fall ist. Musik und Text können nämlich zumindest theoretisch getrennt voneinander verwertet werden.

[40] Die h. A. geht, wenn neben der gemeinsamen Schöpfung keine vertragliche Bindung eingegangen wird, von der Entstehung einer Gesamthandsgemeinschaft aus: vgl. Wandtke/Bullinger/*Thum* § 8 UrhG Rn. 22; Fromm/Nordemann/*Nordemann* § 8 UrhG Rn. 14, 24; Schricker/*Loewenheim* § 8 UrhG Rn. 10; a. A. v. *Gamm* § 8 UrhG Rn. 13; Dreier/Schulze/*Schulze* § 8 UrhG Rn. 12, die auf die Gesamthand grundsätzlich die §§ 705 ff. BGB ergänzend anwenden wollen.

[41] Damit die Miturheber eine Verwertung des Werks nicht gegenseitig verhindern können, bestehen aber gemäß § 8 Abs. 2 S. 2 UrhG gewisse Zustimmungspflichten.

[42] Wandtke/Bullinger/*Thum* § 8 UrhG Rn. 16; Schricker/*Loewenheim* § 8 UrhG Rn. 8; Fromm/Nordemann/*Nordemann* § 8 UrhG Rn. 14.

wertung des gemeinsam geschaffenen Werkes sind dem Schöpfungsbeitrag[43] entsprechend zwischen den Miturhebern zu verteilen. Nach § 8 Abs. 3 UrhG kann jedoch eine davon abweichende Verteilung vereinbart werden. Beschränkt sich eine Vereinbarung zwischen Miturhebern auf die Verteilung der Erträge, wird es sich regelmäßig um eine rein schuldrechtliche Vereinbarung handeln, weil mit dieser allein die bereits kraft Gesetzes eintretenden Rechtsfolgen lediglich in einem Punkt konkretisiert bzw. abgeändert werden, ohne dass damit zwangsläufig ein gemeinsamer Zweck i. S. d. § 705 BGB verfolgt wird.

Den Miturhebern steht es frei, über die bereits kraft Gesetzes eintretende gesamthänderische Bindung hinaus ihre Rechte und Pflichten näher zu regeln. Sie können ergänzende Vereinbarungen über Art und Umfang der Verwertung, Vermarktung, Veröffentlichung, Bearbeitung etc. des Werkes, über die Verteilung der Erlöse oder die Art und Weise der internen Willensbildung vorsehen.[44] Bei solchen Vereinbarungen handelt es sich aufgrund des damit verfolgten gemeinsamen Zwecks regelmäßig um Verträge zur Gründung einer GbR.[45]

bb) Handelt es sich bei den zusammenwirkenden Personen jeweils um Urheber eigener oder Miturheber verschiedener Werke, werden Verträge über eine Zusammenarbeit oder eine gemeinsame Verwertung regelmäßig einen gemeinsamen Zweck verfolgen und damit auf die Errichtung einer GbR gerichtet sein.[46] Der Wille, die Werke durch ihre Verbindung gemeinsam zu verwerten, ist nämlich auf die Verfolgung eines gemeinsamen Zwecks gerichtet. Teilweise wird dagegen die Ansicht vertreten, der *Verbindung von Werken* zur gemeinsamen Verwertung liege nicht unbedingt der Wille zugrunde, eine GbR zu gründen.[47]

cc) Sind außer Urhebern von Werken auch andere Personen (z. B. Verleger, Produzenten) an einer Vereinbarung beteiligt, ist immer genau zu prüfen, ob ein Zusammenwirken aller Beteiligten zu einem gemeinsamen Zweck vorliegt oder ob nur ein Teil der Beteiligten einen gemeinsamen Zweck verfolgt oder ob es lediglich um die Regelung unterschiedlicher Rechtsverhältnisse zwischen den einzelnen Beteiligten geht. Abgrenzungskriterium ist dabei stets, ob die beteiligten Personen sich nur dazu verpflichten, wechselseitig Leistungen zu erbringen, oder ob darüber hinaus die zu erbringenden Leistungen miteinander so verbunden und die Interessen derart geartet sind, dass damit ein gemeinsames Ziel verfolgt wird.

b) Der Inhalt des vorliegenden Projektvertrages ist unter Berücksichtigung des Wortlauts, der sonstigen den Parteien bei Vertragsabschluss bekannten Umstände sowie von Treu und Glauben zu ermitteln.

---

[43] Die Bestimmung des Umfangs der Mitwirkung an der Schöpfung kann sich schwierig gestalten und ist eine Quelle für Auseinandersetzungen, weshalb es sich in Bezug auf die Erträge empfiehlt, im Voraus oder unmittelbar nach Fertigstellung eines Werks die Schöpfungsbeiträge übereinstimmend festzulegen oder von vornherein eine pauschale Regelung vorzusehen. Die konkreten Schöpfungsbeiträge dürften sich im nachhinein oftmals nur schwer ermitteln lassen. In diesem Fall bleibt dem Gericht dann oftmals nur der Rückgriff auf § 742 BGB, vgl. Wandtke/Bullinger/*Thum* § 8 UrhG Rn. 36.

[44] Die rechtsgeschäftliche Gestaltungsfreiheit endet freilich dort, wo die Urheberpersönlichkeitsrechte der Miturheber angetastet werden.

[45] Wandtke/Bullinger/*Thum* § 8 UrhG Rn. 52 f. für Gesellschaften, an denen mehrere Urheber beteiligt sind, hat sich die Bezeichnung „Miturhebergesellschaft" etabliert.

[46] Wandtke/Bullinger/*Thum* § 9 UrhG Rn. 20.

[47] Fromm/Nordemann/*Nordemann* § 9 UrhG Rn. 4.

aa) Der Wortlaut des Projektvertrages spricht für den Abschluss eines Gesellschaftsvertrages zur Gründung einer GbR. Mit der Vereinbarung sollte die künftige Zusammenarbeit zwischen K und B beim Projekt „Neue Lieder braucht das Land" geregelt werden. Neben einer Regelung über die Verteilung der Lizenzeinnahmen enthält die Vereinbarung auch Bestimmungen über die gemeinsame Zeichnung von Musik und Text, sowie eine Zusammenarbeit mit der Pop-music GmbH bei der Vermarktung der Titel. K und B haben damit zum Ausdruck gebracht, dass sich ihre Zusammenarbeit bei dem Projekt nicht in einer schlichten gemeinsamen Erschaffung von Werken erschöpfen sollte, sondern dass zur Verwirklichung der gemeinsamen Projektziele eine umfassende Zusammenarbeit und insbesondere auch die Verbindung der verschiedenen Werke angestrebt war. Inhalt und Umfang der Zusammenarbeit sind im Projektvertrag zwar nicht im Einzelnen geregelt, dies spricht jedoch sogar eher für die Gründung einer GbR. Die rudimentäre Regelung von Art und Inhalt der Zusammenarbeit kann nämlich nur bedeuten, dass es keine konkreten Verpflichtungen zur Erbringung bestimmter Leistungen und Gegenleistungen gab, sondern dass K und B ihre Leistungen als Gesellschafterbeiträge erbringen wollten. Die mittelbare „Vergütung" dieser Beiträge sollte dann durch die Verteilung des zu erzielenden Gewinns, also den Erträgen aus der Verwertung der Werke, entsprechend dem Verteilungsschlüssel erfolgen.

bb) Es kann nicht davon ausgegangen werden, dass der Inhalt des Projektvertrages lediglich eine Vereinbarung nach § 8 Abs. 3 UrhG darstellt. Die Vereinbarung ist in die Zukunft gerichtet und soll eine nicht begrenzte Anzahl von in der Zukunft zu erschaffenden Werken erfassen. Da § 8 UrhG aber nur dann anwendbar ist, wenn wirklich die gemeinsame Erschaffung eines einheitlichen Werkes erfolgt und eine solche Miturheberschaft an den in der Zukunft zu erstellenden Werken nicht vorhersehbar war, kann die Vereinbarung sinnvoll nur dahingehend ausgelegt werden, dass die Nutzungsrechte an den im Rahmen der Zusammenarbeit geschaffenen Werken – unabhängig von der Frage der Urheberschaft – von dem jeweiligen Urheber in die GbR zur Verwertung einzubringen waren. Anders wäre nämlich nicht gewährleistet, dass die Rechte und Pflichten bei der Zusammenarbeit zwischen den Vertragsparteien für alle noch zu erstellenden Werke in der gewünschten Form geregelt werden. Eine Zusammenarbeit erfordert nämlich nicht unbedingt eine gemeinsame Werkschöpfung, erst recht nicht in Bezug auf jedes einzelne Werk, sondern kann sich auch auf anderer Ebene vollziehen. Im Übrigen war von vornherein die Schaffung und gemeinsame Verwertung verschiedener Werkgattungen (Musik und Text) geplant, so dass die Zusammenarbeit allein auf der Grundlage der für Miturheber geltenden Vorschriften ohnehin nicht zu regeln war.

cc) Es kann folglich als Zwischenergebnis festgehalten werden, dass K und B mit dem Projektvertrag vom 26. Februar 2000 eine GbR gegründet haben. Diese ist spätestens nach Ablauf der vertraglich vorgesehenen Grundlaufzeit von drei Jahren aufgrund der durch K ausgesprochenen Kündigungen beendet worden. Die Beendigung bedeutet jedoch noch nicht, dass die GbR als solche überhaupt nicht mehr existent wäre. Vielmehr kommt es zu einer vollständigen Beendigung der GbR erst nach deren Auseinandersetzung. Diese ist hier (noch) nicht erfolgt, so dass die GbR derzeit als sog. „Abwicklungsgesellschaft" fortbesteht.

2. Durchsetzungssperre im Abwicklungsstadium

Besteht derzeit noch eine Abwicklungsgesellschaft, über die K und B gesellschaftsrechtlich miteinander verbunden sind, ist es einem Gesellschafter nach allgemeiner Ansicht[48] verwehrt, die ihm gegen die Gesamtheit oder gegen Mitgesellschafter zustehenden Ansprüche selbständig im Wege der Leistungsklage durchzusetzen (sog. *Durchsetzungssperre*).[49] Derartige Ansprüche stellen vielmehr lediglich unselbständige Rechnungsposten in der Schlussabrechnung dar, aus denen sich dann nach deren Saldierung mit evtl. Gegenansprüchen der Gesamthand oder der Mitgesellschafter ein Auseinandersetzungsguthaben ergeben kann. Sinn und Zweck der Durchsetzungssperre ist es, wechselseitige Zahlungen im Abwicklungsstadium zu vermeiden. Die Gefahr von wechselseitigen Zahlungen ist vorliegend nicht auszuschließen, weil auch B für sich in Anspruch nimmt, aus dem Projektvertrag Rechte gegen K geltend machen zu können.

Offen bleiben kann, ob der Projektvertrag, wie es B behauptet, unwirksam oder nichtig ist. Die Liquidationsvorschriften (§§ 730–735 BGB) sind nämlich nach herrschender Ansicht[50] auch auf eine fehlerhafte Gesellschaft anzuwenden.

3. Zwischenergebnis

Ein unmittelbarer Anspruch auf Auskehrung von Lizenzeinnahmen aus § 816 Abs. 2 BGB steht K, unabhängig davon, ob ein solcher Anspruch im Übrigen dem Grunde und der Höhe nach begründet wäre, bereits deshalb nicht zu, weil dieser Anspruch nur als Rechnungsposten im Rahmen der Schlussabrechnung zur Auseinandersetzung der GbR zu berücksichtigen ist.

II. Anspruch des K gegen B auf Feststellung der in der Schlussabrechnung zu berücksichtigenden Verbindlichkeiten

Ein Gesellschafter einer in Abwicklung befindlichen GbR hat einen Anspruch auf Feststellung von Forderungen oder Verbindlichkeiten, die in der Schlussabrechnung zu berücksichtigen sind.[51] Die Lizenzeinnahmen für die im Rahmen der Zusammenarbeit entstandenen Titel sind an K und B auf der Grundlage der im Projektvertrag geregelten Quoten verteilt worden. Ein Anspruch auf Berücksichtigung weiterer Forderungen im Rahmen der Schlussabrechnung kann K folglich nur dann zustehen, wenn der Projektvertrag insgesamt oder zumindest der darin enthaltene Verteilungsschlüssel, nichtig oder unwirksam ist.

1. Wirksamkeit des Vertrages

a) Der Projektvertrag könnte nach § 125 S. 1 BGB i. V. m. § 40 Abs. 1 UrhG nichtig sein, weil er nicht schriftlich abgefasst ist. Grundsätzlich unterliegen Verträge zur Errichtung einer GbR zwar keiner besonderen Formvorschrift, auch dann nicht, wenn sie die Einbringung von urheberrechtlichen Nutzungsrechten betreffen. Nach § 40 Abs. 1 UrhG gilt jedoch etwas anderes, wenn sich eine Vertragspartei zur Einräumung von Nutzungsrech-

---

[48] BGH ZUM 1988, 405, 409; BGH NJW 1995, 188, 189; MüKo/*Ulmer* § 730 BGB Rn. 49 m. w. N.

[49] Dies gilt selbstverständlich nur für Ansprüche, die ihre Grundlage im Gesellschaftsverhältnis haben.

[50] MüKo/*Ulmer* § 705 BGB Rn. 346.

[51] MüKo/*Ulmer* § 730 BGB Rn. 51; BGH NJW 1984, 1455, 1456; 1985, 1898; WM 1987, 1073; WM 1995, 109, 110; OLG Hamm NJW-RR 1995, 485; a. A. OLG Hamm MDR 1985, 585.

ten an künftigen Werken verpflichtet, die entweder überhaupt nicht oder nur der Gattung nach bestimmt sind. Nur der Gattung nach bestimmt sind künftige Werke, wenn sie nicht in irgendeiner Form (z. B. durch Titel) individualisiert, sondern nur nach allgemeinen Merkmalen bezeichnet sind, die für mehrere einer Gattung zugehörige Werke gelten.[52] Ein Fall der nur gattungsmäßigen Bestimmung liegt hier jedoch nicht vor, weil sich K und B dazu verpflichtet hatten, die urheberrechtlichen Nutzungsrechte an allen im Rahmen des gemeinsamen Projekts entstehenden Werken in die Gesellschaft einzubringen.[53] Damit stand zwar noch nicht genau die Anzahl und der Inhalt der erst zukünftig zu schaffenden Werke fest, jedoch sind diese aufgrund der Beschränkung auf solche Werke, die im Rahmen der Zusammenarbeit zwischen K und B entstehen, mehr als nur der Gattung, nämlich auch der Art und Weise ihrer Entstehung nach, bestimmt. Einer Schriftform, die durch auf den Telefaxschreiben ggf. wiedergegebenen Unterschriften nicht gewahrt gewesen wäre, bedurfte der Projektvertrag daher nicht.

b) Nach § 138 Abs. 1 BGB wäre der Projektvertrag dann nichtig, wenn ein besonders grobes Missverhältnis der beiderseitigen Rechte und Pflichten bestünde oder die wirtschaftliche Freiheit des einen Vertragsteils so sehr beschränkt würde, dass dieser seine freie Selbstbestimmung verliert. Beides ist hier nicht gegeben. Der Projektvertrag bezieht sich, was bereits durch seinen Wortlaut nahegelegt wird, allein auf die im Rahmen des gemeinsamen Projektes entstandenen Werke. Es war beiden Parteien daher freigestellt, außerhalb dieses Projekts eigene Werke zu erschaffen, die dann auch nicht vom Projektvertrag erfasst gewesen wären. In seiner wirtschaftlichen Freiheit war K durch den Projektvertrag folglich nur insoweit beschränkt, als er sich verpflichtet hatte, die urheberrechtlichen Nutzungsrechte an den tatsächlich im Rahmen des gemeinschaftlichen Projekts erschaffenen Werken in die GbR einzubringen und die dafür erzielten Lizenzeinnahmen nach dem Verteilungsschlüssel des Projektvertrages aufzuteilen.

Aus demselben Grund führt der Verteilungsschlüssel auch nicht zu einem besonders groben Missverhältnis zwischen Leistung und Gegenleistung. Er betrifft nämlich von vornherein nur solche Werke, die im Rahmen des gemeinschaftlichen Projekts entstanden sind, wodurch sichergestellt ist, dass jeder der Beteiligten entweder bei der Entstehung oder der Produktion und Vermarktung der Werke einen – wenn auch unterschiedlichen – Beitrag geleistet hat. Dieser bietet für die getroffene Vergütungsregelung eine ausreichende Grundlage. Um Streitigkeiten über Art und Umfang der Beteiligung zu vermeiden, sieht der Projektvertrag einen festen Verteilungsschlüssel vor. Dies schließt eine spätere Anpassung des Verteilungsschlüssels an die im Rahmen des gemeinschaftlichen Projekts entstandenen Werke nach dem Umfang der jeweiligen tatsächlichen (schöpferischen) Beteiligung aus.

2. Störung der Geschäftsgrundlage (§ 313 BGB)

Der im Projektvertrag vorgesehene Verteilungsschlüssel könnte nach § 313 BGB wegen einer Störung der Geschäftsgrundlage anzupassen sein. Hier ist bereits fraglich, ob und inwieweit eine bestimmte Mitwirkung an den im Rahmen des gemeinsamen Projekts zu erstellenden Werken Geschäftsgrundlage geworden ist. Jedenfalls aber haben die Parteien durch die Regelung des Verteilungsschlüssels deutlich zum Ausdruck gebracht, dass Schwankungen bezüglich der Intensität der Beteiligung für die Verteilung der Lizenzeinnahmen gerade nicht ausschlaggebend sein sollten. Aufgrund dieser Regelung verbietet es

---

[52] Wandtke/Bullinger/*Wandtke* § 40 UrhG Rn. 11, Schricker/*Schricker* § 40 UrhG Rn. 5.
[53] So auch BGH ZUM 1998, 405, 410.

sich daher unter Rückgriff auf den Grundsatz vom Wegfall der Geschäftsgrundlage, eine Anpassung des Projektvertrages vorzunehmen.

III. Ergebnis

K hat gegen B keinen Anspruch darauf, dass die Lizenzeinnahmen für die im Rahmen des gemeinsamen Projekts geschaffenen Titel abweichend von dem im Projektvertrag enthaltenen Verteilungsschlüssel in der Schlussabrechnung berücksichtigt werden. Der abgeschlossene Projektvertrag ist weder unwirksam noch anzupassen.

Fall 9: Trittbrettfahrer

Gesellschaftsvertrag/Nutzungsrechte

Sachverhalt

K und B sind Gesellschafter einer sog. Miturhebergesellschaft und haben sich zur Einbringung einfacher Nutzungsrechte an den gemeinsam geschaffenen Werken in die GbR verpflichtet. Sie streiten darüber, ob K gegen P, der die Musik des von K und B gemeinsam geschaffenen Titels X in wesentlichen Teilen für seinen „eigenen" Schlager S übernommen hat, auch ohne die Zustimmung des B Ansprüche auf Unterlassung der Verwertung und Aufführung im eigenen Namen geltend machen kann. Ist K hierzu befugt?

Kann K, unterstellt man die Einräumung ausschließlicher Nutzungsrechte an die GbR, ohne Zustimmung des B im Namen der GbR den P auf Unterlassung in Anspruch nehmen?

Lösung

I. Anspruch des K gegen P auf Unterlassung gemäß § 97 Abs. 1 UrhG

K könnte gegen P gemäß § 97 Abs. 1 UrhG einen Anspruch auf Unterlassung der Verwertung und Aufführung des Schlagers S haben. Da eine Verletzung der Rechte an der Musik des Titels X hier eindeutig vorliegt und davon auszugehen ist, dass K zumindest Miturheber der Musik ist, stellt sich allein die Frage, ob K diesen Anspruch auch ohne die Zustimmung des B geltend machen kann.

Eine *Aktivlegitimation* des K ergibt sich hier nicht bereits zwangsläufig aus § 8 Abs. 2 S. 3 UrhG. Danach ist zwar jeder Miturheber berechtigt, Ansprüche aus Verletzungen des gemeinsamen Urheberrechts alleine geltend zu machen, jedoch sind K und B hier nicht nur als Miturheber, sondern auch als Gesellschafter einer GbR miteinander verbunden. Es stellt sich daher die Frage, ob die gesamthänderische Bindung in Bezug auf das Gesellschaftsvermögen auch dazu führt, dass (Unterlassungs-)Ansprüche nur gemeinsam geltend gemacht werden können. Teilweise wird bei Miturhebergesellschaften eine entsprechende Anwendung des § 8 Abs. 2 S. 3 UrhG befürwortet.[54] Überwiegend wird dagegen die Ansicht vertreten, die Gesellschafter könnten Rechtsverletzungen nur gemeinschaftlich

---

[54] Fromm/Nordemann/*Nordemann* § 9 UrhG Rn. 9.

geltend machen.[55] Dies gilt jedoch, was mitunter nicht immer deutlich zum Ausdruck kommt, nur dann, wenn die Gesellschafter der GbR die ausschließlichen urheberrechtlichen Nutzungsrechte an ihren Werken übertragen haben und die Verletzung der gemeinsamen Verwertung in Frage steht.[56] Vorliegend sieht der Gesellschaftsvertrag die Übertragung einfacher Nutzungsrechte vor. K ist demnach auch ohne Zustimmung des B befugt, P auf Unterlassung in Anspruch zu nehmen.

An diesem Ergebnis würde sich auch dann nichts ändern, wenn sich K und B dazu verpflichtet hätten, ausschließliche Nutzungsrechte in die GbR einzubringen. Nach ganz herrschender Ansicht[57] ist ein Urheber neben dem Inhaber der ausschließlichen Nutzungsrechte an seinem Werk zumindest dann aktiv legitimiert, wenn er ein eigenes schutzwürdiges Interesse an der Geltendmachung des Anspruchs hat. Soweit ersichtlich, ist noch nicht entschieden worden, ob dies auch bei der Einbringung ausschließlicher Nutzungsrechte in eine GbR gilt. Es besteht hier jedoch kein Unterschied zur Übertragung von Nutzungsrechten an einen Dritten aufgrund eines Lizenzvertrages. Grundlage für das eigene Klagerecht sind nämlich die stets beim Urheber verbleibenden Urheberpersönlichkeitsrechte. Im Übrigen gibt der Urheber bei der Einbringung in eine GbR die ausschließlichen Nutzungsrechte nicht ganz aus der Hand, sondern führt sie lediglich einer gesamthänderischen Bindung zu, so dass hier erst recht vom Fortbestand der Aktivlegitimation des Urhebers auszugehen ist.

Letztendlich dürfte sich, zumindest soweit es um die Geltendmachung von Unterlassungsansprüchen geht, die Aktivlegitimation auch aus dem *Notverwaltungsrecht* (§ 744 Abs. 2 BGB) ergeben, weil die Durchsetzung von Unterlassungsansprüchen regelmäßig keinen Aufschub duldet.[58] Dann würde die Geltendmachung aber nicht aufgrund unmittelbar eigener, sondern aufgrund der den Gesellschaftern in ihrer gesamthänderischen Bindung zustehenden Rechte erfolgen.

II. Anspruch der GbR gegen P auf Unterlassung gemäß § 97 Abs. 1 UrhG

Zunächst einmal stellt sich die Frage, ob die GbR als solche rechts- und parteifähig ist. Dies war lange Zeit nicht anerkannt, änderte sich aber mit dem Grundsatzurteil[59] des BGH aus dem Jahr 2001. Seitdem ist die GbR allgemein als rechts- und parteifähig anerkannt.

Die Einleitung eines Rechtsstreits gegen einen Dritten ist eine Maßnahme der Geschäftsführung. Wenn der Gesellschaftsvertrag der GbR nichts anderes vorsieht, steht die Geschäftsführung allen Gesellschaftern gemeinschaftlich zu (§ 709 BGB). Im vorliegenden Fall ist K daher im Grundsatz auf die Zustimmung des B angewiesen. Da dieser seine Zustimmung verweigert, bleibt K allein die Möglichkeit sich auf das Notverwaltungsrecht (§ 744 Abs. 2 BGB) zu berufen.

III. Ergebnis

K kann auch ohne Zustimmung des B Unterlassung der Verwertung und Aufführung des Schlagers S von P gemäß § 97 Abs. 1 UrhG verlangen. Wenn K im Namen der GbR

---

[55] Schricker/*Loewenheim* § 9 UrhG Rn. 7; *v. Gamm* § 9 UrhG Rn. 12.
[56] So ausdrücklich *v. Gamm* § 9 UrhG Rn. 12.
[57] OLG Düsseldorf GRUR 1993, 903, 907; Fromm/Nordemann/*Nordemann* § 97 UrhG Rn. 9.
[58] MüKo/*Karsten Schmidt* §§ 744, 745 BGB Rn. 43.
[59] BGHZ 146, 341, 344 f.

vorgehen möchte, kann er dies, wenn B nicht zustimmt, nur im Rahmen des Notverwaltungsrechts.

Fall 10: Karikatur

Urheber im Arbeitsverhältnis/Rechtseinräumung durch Tarifvertrag/Pflichtwerke und freie Werke/Materieller und immaterieller Schadensersatz

Sachverhalt

Der Zeitungsredakteur A ist bei der X-Zeitung angestellt und für den Sportteil zuständig. A zeichnet zum Zeitvertreib in den Arbeitspausen Karikaturen von Politikern. Als A sich im Urlaub befindet, entdeckt der Herausgeber H die Zeichenblätter auf dem Schreibtisch des A und ist von dessen Schaffensfreude begeistert. Aus Anlass eines tagespolitischen Ereignisses lässt er eine der Karikaturen zusammen mit einem von ihm verfassten Kurztext, der dem gezeichneten Politiker als Sprechblase in den Mund gelegt wird, in dem Politikteil der Zeitung abdrucken, wobei der A als Karikaturist genannt wird. Als A aus dem Urlaub zurückkommt und von dem eigenmächtigen Vorgehen erfährt, ist er wenig begeistert und verlangt eine finanzielle Kompensation. A und H sind tarifgebunden. § 18 des einschlägigen Manteltarifvertrages (MTV) hat folgenden Wortlaut: „Der Redakteur/ die Redakteurin räumt dem Verlag das ausschließliche, zeitlich, räumlich und inhaltlich unbeschränkte Recht ein, Urheberrechte, die in Erfüllung der vertraglichen Pflichten aus dem Arbeitsverhältnis erworben wurden, vom Zeitpunkt der Rechtsentstehung an zu nutzen."

Lösung

I. Anspruch des A gegen H aus § 97 Abs. 2 UrhG

A könnte einen Anspruch auf Ersatz des materiellen und immateriellen Schadens gegen H haben. Dafür müsste H ein Urheberrecht des A widerrechtlich verletzt haben, wobei er wenigstens fahrlässig gehandelt haben müsste.

1. Schutzgegenstand

In Betracht kommt ein Schutz der Karikatur als Werk der bildenden Kunst nach § 2 Abs. 1 Nr. 4, Abs. 2 UrhG. So fallen beispielsweise Comicfiguren unter § 2 Abs. 1 Nr. 4 UrhG.[60] Vom Vorliegen einer persönlichen geistigen Schöpfung i. S. d. § 2 Abs. 2 UrhG kann hier ausgegangen werden.

---

[60] BGH GRUR 1994, 191, 192 – Asterix-Persiflagen; OLG München ZUM-RD 2008, 131 – Pumuckl-Illustrationen II; OLG München GRUR-RR 2004, 33, 34 – Pumuckl-Illustrationen; Wandtke/Bullinger/*Bullinger* § 2 UrhG Rn. 92; *Schmidt-Hern* Die Fortsetzung von urheberrechtlich geschützten Werken, 2001, 52 ff.

2. Eingriffshandlung

Der Abdruck der Karikatur in der Zeitung könnte eine Verletzung des Urheberrechts sein. Sofern der Werkverwerter Inhaber eines einfachen oder ausschließlichen Nutzungsrechtes nach § 31 Abs. 1 S. 1 UrhG ist, fehlt es bereits an einem Eingriff, so dass sich die Frage der Widerrechtlichkeit nicht mehr stellt.

a) Einräumung von Nutzungsrechten

aa) Rechtseinräumung durch Tarifvertrag. H könnte aufgrund des Tarifvertrages Inhaber der Nutzungsrechte geworden sein. Die Rechtsnormen eines Tarifvertrages gelten nach § 4 Abs. 1 Tarifvertragsgesetz (TVG) zwischen den beiderseits Tarifgebundenen und im Falle einer Allgemeinverbindlichkeitserklärung (§ 5 Abs. 1 TVG) auch zwischen den bisher nicht Tarifgebundenen. Voraussetzung dafür ist unter anderem, dass § 18 MTV nicht nur die Verpflichtung zur Rechtseinräumung, sondern auch das Verfügungsgeschäft (§§ 398, 413 BGB analog) enthält. Die Frage, ob die Tarifvertragsparteien überhaupt das Verfügungsgeschäft regeln können, ist umstritten.[61] Gegen die Möglichkeit der Einräumung von Nutzungsrechten im Tarifvertrag wird insbesondere eingewandt, die Parteien des Verfügungsgeschäftes müssten zum Zeitpunkt des Vertragsabschlusses feststehen, was nur dann der Fall sei, wenn ein bestimmter Redakteur einem bestimmten Verleger die Nutzungsrechte einräume.[62] Die Frage, ob durch Tarifvertrag Nutzungsrechte eingeräumt werden können, kann hier jedoch offengelassen werden, wenn das Nutzungsrecht an der Karikatur von der fraglichen Verfügung nicht erfasst wird. Die Vorschrift des § 18 MTV bezieht sich nämlich nicht auf Freizeitwerke, sondern nur auf solche Werke, die in Erfüllung der vertraglichen Pflichten aus dem Arbeitsverhältnis erworben wurden.[63]

bb) Umfang der arbeitsvertraglichen Pflichten. Es kommt demnach entscheidend darauf an, ob A die Karikatur in Erfüllung seiner arbeitsvertraglichen Pflichten geschaffen hat. Für die Bestimmung der arbeitsvertraglichen Pflichten i. S. d. § 18 MTV gilt derselbe Maßstab wie bei § 43 UrhG. Maßgeblich sind die individuellen Vereinbarungen der Arbeitsvertragsparteien. Ein Pflichtwerk liegt dann vor, wenn die Schaffung des Werkes Gegenstand des Arbeitsvertrages ist.[64] Nicht ausreichend ist hingegen, dass das Werk im Betrieb des Arbeitgebers verwendbar ist oder dass der Arbeitnehmer durch seine vertraglich geschuldete Tätigkeit beim Arbeitgeber zur Schaffung des Werkes angeregt wurde.[65] Unerheblich für die Abgrenzung sind Ort und Zeit des Werkschaffens.[66]

A ist für den Sportteil zuständig, das Zeichnen von Karikaturen gehört nicht zu seinen Arbeitsaufgaben. Demzufolge liegt kein Pflichtwerk vor mit der Folge, dass H kein ausschließliches Nutzungsrecht an der Zeichnung hat.

b) Anbietungspflicht bei freien Werken. In Betracht kommt auch eine Anbietungspflicht des A gegenüber dem H in Analogie zu § 19 Arbeitnehmererfindergesetz (ArbEG). Nach § 19 Abs. 1 ArbEG muss ein Arbeitnehmer, der eine freie Erfindung gemacht hat, dem Arbeitgeber ein mindestens nicht ausschließliches Recht zur Benutzung der Erfin-

---

[61] Für die Zulässigkeit von Vorausverfügungen in Tarifverträgen *Kraßer* FS Schricker 77, 91; *Schack* Rn. 984.

[62] *Hubmann* RdA 1987, 89, 91; *Wandtke* Die Rechte der Urheber und ausübenden Künstler im Arbeits- und Dienstverhältnis, 1993, Rn. 249.

[63] Vgl. Loewenheim/*Nordemann-Schiffel* Handbuch § 67 Rn. 7.

[64] *Schack* Rn. 982; Wandtke/Bullinger/*Wandtke* § 43 UrhG Rn. 18.

[65] *Kraßer* FS Schricker 77, 90.

[66] Für eine Indizwirkung von Zeit und Ort Dreier/Schulze/*Dreier* § 43 UrhG Rn. 10.

dung anbieten, bevor er diese während der Dauer des Arbeitsverhältnisses anderweitig verwerten darf, wenn die Erfindung in den vorhandenen oder vorbereiteten Arbeitsbereich des Betriebes des Arbeitgebers fällt. Eine solche Anbietungspflicht kann wegen der persönlichkeitsrechtlichen Prägung des Urheberrechts indes nicht auf eine Analogie zu § 19 ArbEG gestützt werden.[67]

Eine Anbietungspflicht könnte sich jedoch aus der arbeitsrechtlichen Treuepflicht des Arbeitnehmers ergeben.[68] Die Treuepflicht des Arbeitnehmers ist auf den Umfang des Arbeitsvertrages begrenzt und führt nicht generell zu einer Anbietungspflicht an Werken, die nicht arbeitsvertraglich geschuldet, sondern frei sind.[69] Inhalt der Treuepflicht ist, dass der Arbeitnehmer nicht in Konkurrenz zu seinem Arbeitgeber treten darf (Wettbewerbsverbot). Allenfalls dann, wenn der Arbeitnehmer sich entscheidet, sein Werk zu veröffentlichen, kommt eine Anbietungspflicht in Betracht. Entscheidet er sich jedoch gegen eine Veröffentlichung, so ist diese Entscheidung durch sein Urheberpersönlichkeitsrecht geschützt und eine Anbietungspflicht scheidet aus. Die Frage, ob A eine solche Anbietungspflicht hatte, kann hier dahingestellt bleiben, da eine Anbietungspflicht keinesfalls automatisch zu der Einräumung von Nutzungsrechten führt. Da H nicht Inhaber eines Nutzungsrechtes ist, liegt ein Eingriff vor. Da kein Rechtfertigungsgrund vorliegt, ist der Eingriff auch widerrechtlich.

3. Verschulden

H müsste vorsätzlich oder fahrlässig gehandelt haben. Ein Irrtum über die Rechtslage lässt nach der im Zivilrecht herrschenden Vorsatztheorie den Vorsatz entfallen. Es bleibt dann bei dem Vorwurf der Fahrlässigkeit.[70] H hat es versäumt, Erkundigungen über die Rechtslage einzuholen und damit die im Verkehr erforderliche Sorgfalt missachtet.

4. Schadensberechnung

a) Vermögensschaden. Die Höhe des Schadensersatzanspruches kann im Urheberrecht, ebenso wie bei den gewerblichen Schutzrechten,[71] auf dreifache Art berechnet werden, wobei der Verletzte ein Wahlrecht hat. Der Verletzte kann erstens den Schaden konkret berechnen, zweitens die übliche Lizenzgebühr verlangen und drittens die Herausgabe des Verletzergewinns verlangen.[72] Die übliche Lizenzgebühr kann auch dann verlangt werden, wenn der Urheber dem Verletzer keine Lizenz eingeräumt hätte, denn der Verletzer soll durch die Verletzung keinen Vorteil haben.[73]

b) Immaterieller Schaden.

aa) Verletzung der ideellen Interessen. In Betracht kommt außerdem ein Anspruch aus § 97 Abs. 2 Satz 4 UrhG wegen Verletzung der ideellen Interessen des A. Nach § 97 Abs. 2 Satz 4 UrhG kann der Urheber auch wegen des Schadens, der nicht Vermögens-

---

[67] *Schack* Rn. 982; *Bartenbach/Volz* § 1 ArbEG Rn. 3.

[68] Der BGH nimmt an, dass die Treuepflicht im Dienstverhältnis eines Hochschullehrers eine Anbietungspflicht begründen kann, BGHZ 112, 243, 257 – Grabungsmaterialien.

[69] *Schack* Rn. 982; *Wandtke/Bullinger/Wandtke* § 43 UrhG Rn. 34; *Kraßer* FS Schricker 104.

[70] Vgl. Erman/*Schiemann* § 823 BGB Rn. 152; *Schack* Rn. 681.

[71] Vgl. *Ingerl/Rohnke* Vor §§ 14–19 MarkenG Rn. 112 ff.; *Ströbele/Hacker* § 14 MarkenG Rn. 301; *Schulte* § 139 PatG Rn. 60.

[72] BGH GRUR 2009, 660 Tz. 13 – Resellervertrag; *v. Welser* Ansprüche im Bereich des geistigen Eigentums, in: Wandtke (Hrsg.) Praxishandbuch Medienrecht, 2008, S. 207.

[73] BGH GRUR 2006, 136, 137 Tz. 23 – Pressefotos; *Rehbinder* Rn. 452.

schaden ist, eine Entschädigung in Geld verlangen, wenn und soweit es der Billigkeit entspricht. Voraussetzung für den Anspruch aus § 97 Abs. 2 UrhG ist nicht notwendigerweise eine Verletzung der §§ 12–14 UrhG. Auch bei der Verletzung von Verwertungsrechten können ideelle Interessen mitbetroffen sein.[74] Das Urheberpersönlichkeitsrecht wird bei den freien Werken nicht eingeschränkt.

(1) § 12 UrhG

Nach § 12 Abs. 1 UrhG hat der Urheber das Recht zu bestimmen, ob sein Werk veröffentlicht wird. Das Veröffentlichungsrecht schützt den Urheber insbesondere dann, wenn er bereits Nutzungsrechte eingeräumt hat, indem sie ihm die Entscheidung über die Freigabe der zu veröffentlichenden letzten Version vorbehält.[75] Durch den eigenmächtigen Abdruck hat H dieses Recht verletzt.

(2) § 13 UrhG

§ 13 S. 1 UrhG gibt dem Urheber einen Anspruch auf Anerkennung seiner Urheberschaft am Werk. Daraus folgt ein Unterlassungsanspruch gegen jeden, der seine Urheberschaft bestreitet.[76] Gemäß § 13 S. 2 UrhG kann der Urheber bestimmen, ob das Werk mit einer Urheberbezeichnung zu versehen ist und welche Bezeichnung zu verwenden ist. § 13 S. 2 UrhG enthält also auch die Befugnis, die Namensnennung zu untersagen.[77] Durch den Abdruck unter Nennung des Namens wurde dem A dieses Wahlrecht genommen.

(3) § 14 UrhG

Der Urheber hat nach § 14 UrhG das Recht, eine Entstellung oder eine andere Beeinträchtigung seines Werkes zu verbieten, die geeignet ist, seine berechtigten geistigen oder persönlichen Interessen am Werk zu gefährden.[78] Eine Beeinträchtigung setzt nicht notwendig voraus, dass das Werk selbst verändert wird.[79] Eine Entstellung als besonders gravierende Form der Beeinträchtigung ist eine tiefgreifende Verzerrung oder Verfälschung der Wesenszüge des Werkes.[80] Durch das Hinzufügen der Sprechblase wurde die Zeichnung in ihrem Wesen verfälscht und damit entstellt. Bei der Interessenabwägung ist die Reichweite und der Umfang des Adressatenkreises zu berücksichtigen.[81] Durch die weite Verbreitung der verfälschten Zeichnung wurde das Integritätsinteresse von A schwer beeinträchtigt. Dasselbe Ergebnis gilt, wenn man davon ausgeht, dass bei einer Entstellung überhaupt keine Interessenabwägung erforderlich ist, da diese generell rechtswidrig ist.[82]

bb) Anspruchskonkurrenz. Der Anspruch auf Ersatz des immateriellen Schadens gemäß § 97 Abs. 2 Satz 4 UrhG kann neben der Lizenzgebühr geltend gemacht werden.[83] Durch die Zahlung der Lizenzgebühr wird lediglich die unbefugte Nutzung entschädigt.

---

[74] *Schack* Rn. 694.
[75] KG NJW-RR 1986, 608 – Paris/Texas.
[76] BGH GRUR 2002, 799, 800 – Stadtbahnfahrzeug.
[77] *Schack* Rn. 335.
[78] Vgl. BGH GRUR 2008, 984, 986 Tz. 23 – St. Gottfried; BGH GRUR 1971, 35 – Maske in Blau; BGH GRUR 1974, 675 – Schulerweiterung; BGH GRUR 1982, 107,109 – Kirchen-Innenraumgestaltung.
[79] BGH GRUR 2002, 532, 534 – Unikatrahmen.
[80] *Bullinger* 81; *Grunert* 225.
[81] Zur Interessenabwägung *Schack* Rn. 350–361; *Schricker/Dietz* § 14 UrhG Rn. 28–34.
[82] Für die Notwendigkeit der Interessenabwägung *Schack* Rn. 342; *Schmidt-Hern* Die Fortsetzung von urheberrechtlich geschützten Werken, 2001, 115 f.
[83] *Nordemann* GRUR 1980, 434, 435.

Die darüber hinausgehende Verletzung des Urheberpersönlichkeitsrechtes muss gesondert entschädigt werden.

Ergebnis

A hat Ansprüche gemäß § 97 Abs. 2 UrhG gegen H.

II. Anspruch des A gegen H gemäß § 812 Abs. 1 S. 1 Alt. 2 BGB

In Betracht kommt daneben ein bereicherungsrechtlicher Anspruch auf Zahlung einer angemessenen Lizenzgebühr aus § 812 Abs. 1 S. 1 Alt. 2 BGB. Nach § 102a UrhG bleiben Ansprüche aus anderen gesetzlichen Vorschriften unberührt.

1. Bereicherungsgegenstand

Gegenstand der Bereicherung kann jeder tatsächliche Vorteil sein.[84] Bereicherungsgegenstand ist hier der Gebrauch des immateriellen Schutzgegenstandes.[85] Der Gebrauchsvorteil besteht in der Nutzung der Zeichnung.

2. Eingriff in fremden Zuweisungsgehalt

H hat die Nutzung in sonstiger Weise, also nicht durch Leistung erlangt. Dies geschah vielmehr durch einen Eingriff in den Zuweisungsgehalt des fremden Urheberrechts, also auf Kosten des A.[86] §§ 7, 15 ff. UrhG weisen dem A als Werkschöpfer das Recht zur Verwertung seines Werkes zu.

3. Fehlen eines Rechtsgrundes

H war nicht Inhaber des Nutzungsrechtes. Es fehlt demnach an einem rechtlichen Grund für die Bereicherung.

4. Wertersatz

Nach § 818 Abs. 2 BGB ist Wertersatz zu leisten, wenn die Herausgabe des Erlangten nicht möglich ist. Der Wert wird durch die Höhe einer angemessenen Lizenzgebühr bestimmt.

Ergebnis

Der Anspruch auf die Lizenzgebühr ergibt sich auch aus § 812 Abs. 1 S. 1 Alt. 2 BGB.

---

[84] Staudinger/*Lorenz* § 812 BGB Rn. 72.
[85] Wandtke/Bullinger/*v. Wolff* § 97 UrhG Rn. 82.
[86] Vgl. Erman/*Westermann* § 812 BGB Rn. 69.

Fall 11: Computerprogramm

Urheber im Arbeitsverhältnis/Gesetzliche Lizenz/Vergütungsanspruch nach beendetem Arbeitsverhältnis/Bestsellerparagraf

Sachverhalt

Der Programmierer P war für mehrere Jahre bei dem Softwarehersteller S angestellt. Seine Arbeitsaufgabe bestand in der Herstellung eines aufwändigen Computerprogramms für die betriebsinterne Nutzung. Nach Fertigstellung des Programms kündigte S dem P ordnungsgemäß. P forderte nach Beendigung des Arbeitsverhältnisses von S eine weitere Vergütung für das von ihm erstellte Programm. Um seiner Forderung mehr Nachdruck zu verleihen, kopierte er, als er seinen ehemaligen Arbeitskollegen besuchte, unter Verwendung von dessen Passwort, das von ihm erstellte Programm heimlich auf eigene Disketten und erklärte, dass er diese nur gegen eine angemessene Vergütung herausgeben wolle. S möchte, dass das auf den Disketten befindliche Programm gelöscht wird. Welche Ansprüche hat S gegen P?

Bei der Bearbeitung soll davon ausgegangen werden, dass das Programm nicht patentfähig ist.

Lösung

I. Anspruch des S gegen P gemäß § 69 f. Abs. 1 S. 1 UrhG

Gemäß § 69 f. Abs. 1 S. 1 UrhG kann der Rechtsinhaber von dem Eigentümer oder Besitzer verlangen, dass alle rechtswidrig hergestellten, verbreiteten oder zur rechtswidrigen Verbreitung bestimmten Vervielfältigungsstücke vernichtet werden. Diese Vorschrift ist lex specialis zu § 98 Abs. 1 UrhG.[87] Anders als § 98 Abs. 1 UrhG setzt § 69 f. UrhG nicht voraus, dass sich die Kopien im Besitz oder Eigentum des Verletzers befinden.[88]

1. Schutzgegenstand

§ 2 Abs. 1 Nr. 1 UrhG zählt Computerprogramme zu den geschützten Werken. Abweichend von § 2 Abs. 2 UrhG bestimmt § 69a Abs. 3 S. 1 UrhG, dass für den Schutz eine eigene geistige Schöpfung ausreichend ist. Das Programm ist eine eigene geistige Schöpfung und demnach urheberrechtlich geschützt.

2. Rechtsinhaberschaft

a) Schöpferprinzip. Voraussetzung für den Anspruch des S ist, dass dieser Rechtsinhaber ist. Ausgangspunkt ist das in § 7 UrhG festgelegte Schöpferprinzip. Anders als beispielsweise im Copyright-System der USA ist nach deutschem Recht das Urheberrecht auch bei einem angestellten Urheber an die Person des Werkschöpfers gebunden. S könnte aber Inhaber eines ausschließlichen Nutzungsrechtes nach § 31 Abs. 3 UrhG geworden sein.

---

[87] Wandtke/Bullinger/*Grützmacher* § 69 f. UrhG Rn. 2; Dreier/Schulze/*Dreier* § 69 f. UrhG Rn. 2.
[88] Vgl. Möhring/Nicolini/*Hoeren* § 69 f. UrhG Rn. 1.

b) Gesetzliche Lizenz

Nach den allgemeinen Regeln des Arbeitnehmerurheberrechts (§ 43 UrhG) wird von einer stillschweigenden Einräumung der Nutzungsrechte ausgegangen, sofern der Arbeitnehmer keinen ausdrücklichen Vorbehalt erklärt.[89] Im allgemeinen Arbeitnehmerurheberrecht bedarf es wegen der in § 31 Abs. 5 UrhG kodifizierten Zweckübertragungslehre einer ausdrücklichen Abrede, wenn die über den Vertragszweck hinausgehenden Nutzungsrechte eingeräumt werden sollen, während es nach § 69b UrhG umgekehrt einer ausdrücklichen Abrede bedarf, wenn bestimmte Nutzungsrechte nicht eingeräumt werden sollen.[90] Durch § 69b UrhG wird die Zweckübertragungslehre für Computerprogramme außer Kraft gesetzt.[91] Die allgemeinen Regeln des Arbeitnehmerurheberrechts werden von der spezielleren Vorschrift des § 69b UrhG verdrängt, nach der der Arbeitgeber zur Ausübung aller vermögensrechtlichen Befugnisse an dem Computerprogramm berechtigt ist, sofern dieses von einem Arbeitnehmer in Wahrnehmung seiner Aufgaben geschaffen wurde und nichts anderes vereinbart ist.[92] Abweichend von diesen allgemeinen Regeln bedarf der Arbeitgeber gemäß § 69b UrhG zum Erwerb der vermögensrechtlichen Befugnisse keiner ausdrücklichen oder stillschweigenden Einräumung der Nutzungsrechte. Es besteht vielmehr eine gesetzliche Lizenz.[93] Entscheidend ist, dass der Arbeitnehmer das Programm in Wahrnehmung seiner Aufgaben geschaffen hat. Maßgeblich hierfür sind die individuellen Vereinbarungen der Arbeitsvertragsparteien, wobei die Nutzungsrechte an dem Programm auch dann dem Arbeitgeber zustehen, wenn das Arbeitsverhältnis primär auf andere Tätigkeiten ausgerichtet ist.[94]

3. Eingriffshandlung

Die Disketten, die sich im Besitz des P befinden, sind rechtswidrig hergestellte Vervielfältigungstücke. Demnach hat S gegen P einen Anspruch aus § 69 f. Abs. 1 S. 1 UrhG.

4. Einrede aus § 273 Abs. 1 BGB

P könnte die geschuldete Leistung (Löschung des Programms) nach § 273 Abs. 1 BGB verweigern, wenn er aus demselben rechtlichen Verhältnis einen fälligen Anspruch gegen S hätte. Fraglich ist, ob P nach Beendigung seines Arbeitsverhältnisses einen Vergütungsanspruch gegen S hat.

a) Vergütungsanspruch aus § 9 ArbEG. Ein Vergütungsanspruch könnte sich aus der entsprechenden Anwendung des § 9 Arbeitnehmererfindergesetz (ArbEG) ergeben. Ein Vergütungsanspruch nach dieser Vorschrift besteht dann, wenn der Arbeitgeber eine Diensterfindung des Arbeitnehmers in Anspruch nimmt. Nach § 2 ArbEG bezieht sich das ArbEG nur auf patent- oder gebrauchsmusterfähige Erfindungen. Nach § 1 Abs. 1 PatG werden Patente für Erfindungen erteilt, die neu sind, auf einer erfinderischen Tätigkeit beruhen und gewerblich anwendbar sind. § 1 Abs. 2 Nr. 3 PatG nimmt Programme für Datenverarbeitungsanlagen ausdrücklich vom Patentschutz aus. Ein Patentschutz kommt

---

[89] BGH GRUR 1974, 480, 483 – Hummelrechte; BAG GRUR 1984, 429, 431 – Statikprogramme.

[90] Vgl. *Dreier* GRUR 1993, 781, 790.

[91] *Sack* UFITA 121 (1993) 15, 24.

[92] BGH GRUR 2001, 155, 157 – Wetterführungspläne I; BGH GRUR 2002, 149, 151 – Wetterführungspläne II.

[93] Schricker/*Loewenheim* § 69b UrhG Rn. 11; *Zirkel* WRP 2003, 59, 65; *Bayreuther* GRUR 2003, 570, 572.

[94] KG ZUM 1998, 167 – Softwareentwickler im Arbeitsverhältnis.

aber in Betracht, wenn das Programm Teil einer Gesamterfindung ist, die einen technischen Effekt erzielt.[95] Dies gilt etwa für Datenverarbeitungsanlagen, die in bestimmter
Weise programmtechnisch eingerichtet sind.[96] Eine Patentanmeldung, die ein Computerprogramm oder ein durch Software realisiertes Verfahren zum Gegenstand hat, muss
über die für die Patentfähigkeit unabdingbare Technizität hinaus verfahrensbestimmende
Anweisungen enthalten, welche die Lösung eines konkreten technischen Problems mit
technischen Mitteln zum Gegenstand haben.[97] Keinesfalls ausreichend für den Patentschutz ist, dass ein Programm auf einem körperlichen Datenträger gespeichert ist.[98] Nach
dem Bearbeitervermerk ist hier davon auszugehen, dass das Programm nicht patentfähig
ist, so dass eine direkte Anwendung von § 9 ArbEG ausscheidet.

b) Vergütungsanspruch aus § 9 ArbEG analog. Bei einem auf technischem Gebiet
forschenden Angestellten ist es weder selbstverständlich, noch Gegenstand der Arbeit-
nehmerpflichten, dass die Tätigkeit des Arbeitnehmers zu einer patentierbaren Erfindung
führt.[99] Die Lage im Urheberrecht ist insofern anders, als die Werke hier in Erfüllung der
vertraglichen Verpflichtung geschaffen werden. Die Vorschriften des Arbeitnehmererfin-
dungsgesetzes werden deshalb für nicht analogiefähig erachtet.[100]

c) Anspruch auf Vertragsanpassung aus § 32 Abs. 1 S. 3 UrhG. Voraussetzung für
die Anwendung des Korrekturanspruches aus § 32 Abs. 1 S. 3 UrhG ist, dass die vereinbarte Vergütung nicht angemessen ist. Als angemessen definiert § 32 Abs. 2 S. 1 UrhG
die nach einer gemeinsamen Vergütungsregel i. S. d. § 36 UrhG ermittelte Vergütung. Bei
Fehlen einer solchen gemeinsamen Vergütungsregel gilt gemäß § 32 Abs. 2 S. 2 UrhG die
Vergütung als angemessen, wenn sie im Zeitpunkt des Vertragsschlusses dem entspricht,
was im Geschäftsverkehr nach Art und Umfang der eingeräumten Nutzungsmöglichkeit
üblicherweise und redlicherweise zu leisten ist. Die inhaltliche Bestimmung der Angemessenheit einer Vergütung erfolgt gemäß einer generalisierenden Betrachtungsweise, wobei
gegebenenfalls nach einzelnen Werktypen differenziert werden kann.[101]Ob § 32 UrhG bei
Computerprogrammen überhaupt anwendbar ist,[102] kann hier jedoch offen bleiben, da
keine Anhaltspunkte für eine Unangemessenheit vorliegen. Der BGH geht davon aus, dass
§ 69b UrhG das Rechtsverhältnis abschließend regelt.[103] Demnach besteht kein Anspruch
des P gegen S. S hat gegen P einen einredefreien Anspruch gemäß § 69f. Abs. 1 S. 1 UrhG.
Wahlweise kann er gemäß §§ 69f. Abs. 1 S. 2, 98 Abs. 2 UrhG die Überlassung der Disketten gegen eine angemessene Vergütung verlangen.

5. Ergebnis

S hat einen einredefreien Anspruch gegen P gemäß § 69f. Abs. 1 UrhG. Nach wohl
überwiegender Ansicht kann bei Disketten grundsätzlich nur eine Löschung der Daten

---

[95] *Schulte* § 1 PatG Rn. 99.
[96] BGH GRUR 2000, 1007, 1008 – Sprachanalyseeinrichtung; *Bartenbach/Volz* § 2 ArbEG Rn. 7;
eingehend zum Patentschutz *Melullis* FS Erdmann 401; *Laub* GRUR Int. 2006, 629.
[97] BGH GRUR 2009, 479, 480 Tz. 11 – Steuerungseinrichtung für Untersuchungsmodalitäten.
[98] BGH GRUR 2002, 143, 145 – Suche fehlerhafter Zeichenketten.
[99] *Ulmer* GRUR 1984, 432, 433.
[100] *Sack* UFITA 121 (1993) 15, 27; *Bartenbach/Volz* § 1 ArbEG Rn. 3.
[101] OLG München ZUM 2007, 317, 324 – Übersetzer.
[102] Vgl. *Zirkel* WRP 2003, 59, 63 ff.; *Bayreuther* GRUR 2003, 570, 573 ff.
[103] BGH GRUR 2001, 155, 157 – Wetterführungspläne I.

durch Neuformatierung des Datenträgers verlangt werden, nicht hingegen die Vernichtung des Datenträgers.[104]

II. Anspruch des S gegen P aus § 823 Abs. 2 BGB i. V. m. § 17 Abs. 2 Nr. 1 UWG

In Betracht kommt ein Anspruch des S gegen P aus § 823 Abs. 2 BGB i. V. m. § 17 Abs. 2 Nr. 1 UWG. § 17 UWG ist ein Schutzgesetz i. S. d. § 823 Abs. 1 BGB.[105] P müsste sich aus Eigennutz ein Geschäfts- oder Betriebsgeheimnis durch Herstellung einer verkörperten Wiedergabe des Geheimnisses unbefugt verschafft haben.

1. Geschäfts- oder Betriebsgeheimnis

Ein Geschäfts- oder Betriebsgeheimnis ist jede im Zusammenhang mit einem Betrieb stehende Tatsache, die nicht offenkundig, sondern nur einem begrenzten Personenkreis bekannt ist und nach dem bekundeten und auf wirtschaftlichen Interessen beruhenden Willen des Betriebsinhabers geheim gehalten werden soll.[106] Ein Computerprogramm kann ein Betriebsgeheimnis i. S. d. § 17 UWG sein.[107] Ein Schutz nach § 17 UWG ist jedenfalls dann zu bejahen, wenn es sich um ein Programm handelt, welches speziell für das betreffende Unternehmen entwickelt wurde.

2. Tathandlung

Die Verwendung redlich erworbener Kenntnisse wird weder durch § 17 UWG noch durch § 3 UWG untersagt.[108] Die Mitnahme von Computerprogrammen in verkörperter Form ist jedoch unzulässig. P hat sich das Programm unbefugt durch Speicherung auf eigene Disketten verschafft. Dabei hat er sowohl technische Mittel eingesetzt (§ 17 Abs. 2 Nr. 1a UWG) als auch eine verkörperte Wiedergabe hergestellt (§ 17 Abs. 2 Nr. 1b UWG).

3. Subjektiver Tatbestand

P handelte vorsätzlich und aus Eigennutz und hat damit auch den subjektiven Tatbestand des § 17 Abs. 2 Nr. 1 UWG verwirklicht.

4. Ergebnis

Demzufolge hat S gegen P einen Schadensersatzanspruch aus § 823 Abs. 2 BGB i. V. m. § 17 Abs. 2 Nr. 1 UWG. P kann als Naturalrestitution gemäß § 249 S. 1 BGB die Löschung der Disketten verlangen.

---

[104] Möhring/Nicolini/*Hoeren* § 69 f. UrhG Rn. 7; Dreier/Schulze/*Dreier* § 69 f. UrhG Rn. 7; weitergehend Wandtke/Bullinger/*Grützmacher* § 69 f. UrhG Rn. 10.

[105] Hefermehl/Köhler/Bornkamm/*Köhler* § 17 UWG Rn. 53; Harte/Henning/*Harte-Bavendamm* § 17 UWG Rn. 43.

[106] BGH GRUR 2003, 356, 358 – Präzisionsmeßgeräte; BGH NJW 1995, 2301; BayObLG GRUR 1991, 694, 695 – Geldspielautomat.

[107] Hefermehl/Köhler/Bornkamm/*Köhler* § 17 UWG Rn. 12; Harte/Henning/*Harte-Bavendamm* § 17 UWG Rn. 7.

[108] BGH GRUR 2002, 91, 92 – Spritzgießwerkzeuge.

Fall 12: Programmierer mit „Ansprüchen"

Urheber im Arbeitsverhältnis/§ 32a UrhG

Sachverhalt

Der Softwarehersteller S hat nach seiner schlechten Erfahrung mit Freelancer F (Fall 4) seinen angestellten Programmierer A gebeten, die Grafikoberfläche und das Dekomprimierungsprogramm zu erstellen, das er anschließend an den Hardwarehersteller H weiter lizenzieren will. A ist mit dieser Arbeit für ein Jahr vollständig ausgelastet. Als die überarbeitete Version des MP3-Players samt Software auf den Markt kommt, explodieren die Verkaufszahlen des H unerwartet. Die Lizenzeinnahmen des S aus dem Verkauf der Software an H verzehnfachen sich, so dass S mit der Software des MP3-Players über das Jahr einen Bruttoerlös von € 300.000,– erwirtschaftet. Ob die Hardware oder der gesteigerte Funktionsumfang der Software ausschlaggebend für diesen Erfolg ist, lässt sich nicht feststellen. A meint, dies sei nicht zuletzt seiner Arbeit zu verdanken, und will, da er „nur branchenüblich" vergütet wird, etwas „vom Kuchen" abbekommen. S ist hingegen der Ansicht, A werde mit seinem Brutto-Gehalt von € 65.000,– ausreichend gut bezahlt und sei ja gerade für die Programmierung angestellt worden.

Welche Ansprüche hat A gegen S?

Lösung

I. Ansprüche aus dem Arbeitsvertrag?

Ansprüche aus dem Arbeitsvertrag sind nicht ersichtlich. Auch ist mangels anderweitiger Angaben davon auszugehen, dass A i. S. v. § 32 UrhG angemessen vergütet wurde.

II. Anspruch auf Vertragsanpassung gemäß § 32a UrhG?

A könnte gegen S einen Anspruch gemäß § 32a UrhG (sog. *Bestsellerparagraf*) haben, in eine Änderung des Arbeitsvertrags einzuwilligen, durch die dem A als Urheber eine den Umständen nach angemessene Beteiligung gewährt wird.

1. Dazu ist zunächst zu klären, ob § 32a UrhG auch auf *angestellte Programmierer anzuwenden* ist, für die ja die Spezialregelung des § 69b UrhG besteht.

a) Ganz allgemein besteht Streit darüber, ob die *§§ 32, 32a UrhG auch auf Arbeitnehmerurheber* Anwendung finden.[109] Dagegen spricht, dass § 43 UrhG im Gesetzgebungsverfahren entgegen ursprünglichen Plänen unverändert geblieben[110] ist und dass die Schutzvorschriften des Arbeitsverhältnisses Vorrang haben.[111] Anderseits spricht für eine Anwendung der §§ 32, 32a UrhG auch auf Arbeitnehmer, dass § 43 UrhG auf die Vorschriften der §§ 31 ff.

---

[109] Für die Anwendung auch im Arbeitsverhältnis: Dreier/Schulze/*Schulze* § 32 UrhG Rn. 13, 16; Wandtke/Bullinger/*Wandtke* § 43 UrhG Rn. 145 f.

[110] Nach den Plänen der Bundesregierung sollte ein neuer § 43 Abs. 3 UrhG mit folgendem, die Anwendung des § 32 UrhG klarstellenden Wortlaut eingefügt werden: „Der Urheber hat einen Anspruch aus § 32, soweit die Nutzung seiner Werke nicht durch Lohn oder Gehalt tatsächlich abgegolten ist".

[111] *Ory* AfP 2002, 93, 95.

UrhG („Vorschriften des Unterabschnitts") verweist und dass §§ 32 Abs. 4, 32a Abs. 4 UrhG regeln, dass §§ 32, 32a UrhG durch tarifvertragliche Regelungen abbedungen werden können. Dies lässt den Gegenschluss zu, dass die §§ 32, 32a UrhG in allen anderen Fällen anwendbar sind.[112]

Nach einer differenzierenden Meinung ist zwischen § 32 UrhG und § 32a UrhG zu unterscheiden. Der Umkehrschluss aus § 32 Abs. 4 UrhG ist nach dieser Meinung nicht gerechtfertigt, weil § 32 Abs. 4 UrhG lediglich § 12a TVG im Blick hat. Hingegen sei zumindest die Anwendung von § 32a UrhG auf Arbeitnehmer zu bejahen, weil der Gesetzgeber, nachdem er zunächst auch § 32 UrhG ausdrücklich im Arbeitsverhältnis anwenden wollte,[113] nur durchsetzen konnte, dass es hinsichtlich der Vergütung bei der alten Rechtslage und damit allein bei der Anwendung des Bestsellerparagrafen blieb.[114] Auch nach dieser Meinung ist also § 32a UrhG auf den angestellten Urheber anzuwenden, so dass der Streit insoweit nicht entschieden werden muss.

b) Allerdings fragt sich, ob der Bestsellerparagraf auch auf den *angestellten Programmierer* A anzuwenden ist. Dagegen lässt sich anführen, dass nach § 69b UrhG sämtliche vermögensrechtlichen Befugnisse von Gesetzes wegen auf den Arbeitnehmer übergehen und die Anwendung des § 32a UrhG die Harmonisierung der Rechtslage in der EU konterkarieren könnte.[115] Zwar hat der BGH noch zu dem in den entscheidenden Fragen mit § 32a UrhG identischen § 36 UrhG a. F. entschieden, der Bestsellerparagraf sei auch auf angestellte Programmierer anwendbar.[116] Er hat sich dabei aber nicht mit der Tatsache auseinander gesetzt, dass es sich bei § 69b UrhG anders als bei § 43 UrhG um eine gesetzliche Lizenz handelt, was gegen die Anwendung des § 32a UrhG auf angestellte Programmierer sprechen könnte.[117]

2. Im Ergebnis kann die Frage dahinstehen, wenn die materiellen Voraussetzungen des § 32a UrhG nicht vorliegen. Für einen Anspruch aus § 32a UrhG ist erforderlich, dass der Urheber einem anderen ein Nutzungsrecht eingeräumt hat und dass die vereinbarte *Gegenleistung* unter Berücksichtigung der gesamten Beziehungen des Urhebers zu dem Lizenznehmer, hier dem Arbeitgeber S, *in einem auffälligen Missverhältnis zu den Erträgen* steht.

a) Hier haben der Anspruchsteller A und der Anspruchsgegner S einen Arbeitsvertrag geschlossen. S wurde aufgrund dieses Vertrages auch Inhaber eines Nutzungsrechts. Fraglich ist aber, ob das *Nutzungsrecht „eingeräumt"* wurde. Denn nach Maßgabe des § 69b UrhG gehen die Rechte von Gesetzes wegen über. Es handelt sich bei § 69b UrhG anders als bei § 43 UrhG nach ganz h. M. um eine gesetzliche Lizenz.[118] Dies spricht auch auf der Tatbestandsebene gegen eine Anwendung des § 32a UrhG auf fest angestellte Programmierer.

---

[112] Wandtke/Bullinger/*Wandtke* § 43 UrhG Rn. 134; *Hilty/Peukert* GRUR Int. 2002, 643, 648.

[113] Siehe § 43 Abs. 3 UrhG-RegE: „Der Urheber hat einen Anspruch aus § 32, soweit die Nutzung seiner Werke nicht durch Lohn und Gehalt tatsächlich abgegolten ist", vgl. BT-Drucks. 14/7564.

[114] Dazu ausführlich und überzeugend *Berger* ZUM 2003, 173, 175 ff.

[115] Europarechtlich bestehen erhebliche Zweifel, so schon Wandtke/Bullinger/*Grützmacher* § 69b UrhG Rn. 24.

[116] BGH GRUR 2002, 149 ff. – Wetterführungspläne II; zustimmend auch nach neuem Recht *Bayreuther* GRUR 2003, 570, 572 f.

[117] So tendenziell auch *Wimmers/Rohde* CR 2003, 399, 403 f.; a. A. Wandtke/Bullinger/*Wandtke* § 43 UrhG Rn. 146; *Benecke* NZA 2002, 883, 886).

[118] BGH CR 2001, 223 – Wetterführungspläne; BGH GRUR 2002, 149, 151 – Wetterführungspläne II; Wandtke/Bullinger/*Grützmacher* § 69b UrhG Rn. 1; a. A. *Schack* Rn. 271: cessio legis.

b) Darüber hinaus ist fraglich, ob vorliegend ein *auffälliges Missverhältnis* von Erträgen und Gegenleistungen besteht.

aa) *Erträge* i. S. d. § 32a UrhG sind die Bruttoerlöse und alle sonstigen Vermögensvorteile. Vorliegend wurden außergewöhnlich hohe Erträge erzielt. Es ist jedoch fraglich, ob diese auf das Werkschaffen des A zurückgehen. Allerdings ist nach h. M. ein besonderer Kausalzusammenhang zwischen dem Werk (etwa der besonderen Gestaltungskraft des Urhebers) und dem eingetretenen Erfolg nicht erforderlich.[119] Folglich liegen außergewöhnlich hohe Erträge vor.

bb) *Gegenleistung* i. S. d. § 32a UrhG sind in erster Linie Vergütungsansprüche in Form von Pauschalvergütungen oder Beteiligungssätzen, vorliegend also der Arbeitslohn des A.

cc) Es fragt sich, ob die Erträge und der Arbeitslohn des A in einem *auffälligen Missverhältnis* stehen. Ein auffälliges Missverhältnis soll nach der Gesetzesbegründung jedenfalls dann vorliegen, wenn die vereinbarte Vergütung um 100 % *von der angemessenen Beteiligung abweicht,* wobei je nach den Umständen des Einzelfalls auch geringere Abweichungen ausreichen sollten.[120] In der Literatur wird angenommen, dass schon Abweichungen von 20–30 % ausreichen können.[121]

Fraglich ist, was eine angemessene Beteiligung ist. Der BGH hat in der Vergangenheit zu § 36 UrhG a. F. entschieden, dass bei Pauschalhonoraren anderer Werkgattungen eine Mindestbeteiligung von 3–5 % angemessen ist.[122] Das spricht dafür, dass ein Anspruch aus § 32a UrhG vorliegend bei dem Brutto-Gehalt des A von € 65.000,– und den Gesamterlösen aus der aus mehreren Modulen bestehenden Software in Höhe eines Bruttoerlöses von € 300.000,– nicht in Betracht kommt.

3. Ergebnis

Ein Anspruch aus § 32a UrhG besteht nicht.

III. Ansprüche aus analoger Anwendung des ArbNErfG?

Es könnte weiterhin ein Anspruch gemäß §§ 9, 10 ArbNErfG bestehen. Anhaltspunkte für die Patentfähigkeit des Programms bietet der Sachverhalt nicht. Teils wird aber vertreten, dass das ArbNErfG auch sonst analog auf Computerprogramme anzuwenden ist.[123] Hierfür könnte der technische Charakter von Computerprogrammen sprechen. Richtig ist es jedoch, die Anwendung des *Arbeitnehmererfindergesetzes* und damit auch der §§ 9, 10 ArbNErfG abzulehnen.[124] Dem Gesetzgeber waren die Probleme des Arbeitnehmerurheberrechts bei Computerprogrammen bekannt.[125] Er hat sich gleichwohl entschlossen,

---

[119] Wandtke/Bullinger/*Wandkte/Grunert* § 32a UrhG Rn. 14; Schricker/*Schricker* § 32a UrhG Rn. 21; vorliegend ist aber auch eine andere Auffassung gut vertretbar.

[120] BT-Drucks. 14/8058, 45 f.

[121] Wandtke/Bullinger/*Wandkte/Grunert* § 32a UrhG Rn. 20.

[122] Nachweise bei Wandtke/Bullinger/*Wandkte/Grunert* § 32a UrhG Rn. 21.

[123] So etwa LG München I CR 1997, 351, 353 f.

[124] Vgl. BGH CR 2001, 155 – Wetterführungspläne I; BGH, GRUR 2002, 149, 151 – Wetterführungspläne II; Wandtke/Bullinger/*Grützmacher* § 69b UrhG Rn. 31; Dreier/Schulze/*Dreier* § 69b UrhG Rn. 19. Auch ein Anspruch aus § 20 ArbNErfG scheidet aus, da aus §§ 69a ff. UrhG ausschließliche Nutzungsrechte erwachsen, vgl. *Bayreuther* GRUR 2003, 570, 580.

[125] Probleme in diesem Bereich hat es schon früher gegeben, wie die Entscheidung BAG GRUR 1984, 429 – Statikprogramm zeigt.

derartige Regelungen nicht zu schaffen. Mithin fehlt es schon an einer planwidrigen Lücke. Zudem steht die EG-Richtlinie einer analogen Anwendung des ArbNErfG entgegen. Folglich bestehen auch keine Ansprüche aus §§ 9, 10 ArbNErfG.

Dem A steht kein Anspruch auf eine weitergehende Vergütung zu.

Fall 13: SoITanto

Stoffurheber/unbekannte Nutzungsart/gesetzliche Lizenz nach § 137l UrhG/Weiterübertragung/Widerspruch/Aktivlegitimation

Sachverhalt

U ist freischaffende Drehbuchautorin und hat das Drehbuch zur Serie „Die mathematische Grenze" geschrieben. Hierüber hat sie mit dem Produzenten P am 11.11.2000 einen Drehbuchvertrag geschlossen. Darin hat sie dem P in Ziff. 2 das sog. Verfilmungsrecht im Wege des buy-outs an ihrem Drehbuch eingeräumt. Dem P ist es danach möglich, die Serie im deutschsprachigen Raum (Deutschland, Österreich und Schweiz) auf alle bekannten Nutzungsarten zu verwerten. Das Merchandisingrecht wurde hingegen nach Ziff. 2 des Drehbuchvertrages ausdrücklich nicht mit übertragen. Auf ein Zustimmungsrecht nach § 34 UrhG im Falle der Weiterübertragung des Verfilmungsrechts auf Dritte hatte sie in Ziff. 3 des Drehbuchvertrages verzichtet. In Ziff. 4 des Drehbuchvertrages ist schließlich vereinbart worden, dass sie für den buy-out in Ziff. 2 des Drehbuchvertrages eine Einmalzahlung von 40000 Euro erhält. Weitere nachträgliche Vergütungen wurden in dieser Ziff. 4 ausdrücklich ausgeschlossen. P überträgt am 16.09.2002 das Verfilmungsrecht vollumfänglich auf den Fernsehsender F. Nachdem P der U mitgeteilt hatte, dass F am 24.05.2008 die Serie „Die mathematische Grenze" auf der Internetplattform SoITanto eingestellt habe, um diese speziell für ein eigens entwickeltes neuartiges Medienabspielgerät zu vermarkten, fordert U den Produzenten mit Schreiben vom 21.12.2008 dazu auf, dem Fernsehsender F die SoITanto-Nutzung zu untersagen. In ihrem Schreiben teilt sie mit, dass sie bereits am 04.08.2006 ihrem Bekannten E, einem Programmierer, eine einfache Lizenz über die SoITanto-Nutzung an der Verfilmung eingeräumt hat. Dieses Schreiben geht dem Produzenten am 23.12.2008 zu. Dieser leitet das Schreiben am 04.01.2009 an den Fernsehsender F weiter.

Die U ist der Auffassung, dass der Fernsehsender F auf sofortige Unterlassung in Anspruch genommen werden solle. Zumindest müsse ihr ein zusätzlicher Vergütungsanspruch zustehen.

Lösung

I. Anspruch der U gegen P aus § 97 Abs. 1 UrhG auf Unterlassung

Die Drehbuchautorin U könnte den Fernsehsender F auf Unterlassung in Anspruch nehmen und die Verbreitung der Serie „Die mathematische Grenze" nach § 97 Abs. 1 UrhG über SoITanto für die Zukunft verbieten.

1. Schutzgegenstand

Dies könnte der Fall sein, wenn es sich bei der Verbreitung über SoITanto um eine bei Vertragsschluss unbekannte Nutzungsart i. S. d. § 31 Abs. 3 UrhG a. F. handeln würde, an der F nicht nach § 137l UrhG Inhaber einer gesetzlichen Lizenz geworden ist.

2. Aktivlegitimation

Fraglich ist hierfür zunächst, ob U als Urheberin des Drehbuchs und nicht des Filmwerks[126] überhaupt aktivlegitimiert ist, gegen dessen Verbreitung über SoITanto vorzugehen.

Die Verfilmung eines Drehbuchs ist eine Bearbeitung i. S. d. § 23 UrhG. Bearbeitet wird dabei das Drehbuch als sog. filmbestimmt geschaffenes, vorbestehendes Werk.[127] Da bei einer Bearbeitung die schöpferischen Züge des Originalwerkes durchschimmern,[128] darf eine Bearbeitung nicht ohne Zustimmung des Inhabers der Rechte am Original, hier der U als Urheberin des bearbeiteten Drehbuchs, verwertet werden. Dies folgt bereits aus Sinn und Zweck des § 2 Abs. 2 UrhG und wird durch den deklaratorischen Hinweis in § 3 S. 2 UrhG noch einmal ausdrücklich klargestellt. Die U ist daher aufgrund ihrer Stellung als Urheberin des verfilmten Drehbuchs, mithin als sog. Stoffurheberin[129] grundsätzlich aktivlegitimiert, gegen unberechtigte Nutzungen eines Filmwerks vorzugehen, für das sie das Drehbuch geschrieben hat.

3. Verlust der Aktivlegitimation durch Nutzungsrechtseinräumung

Ihre Aktivlegitimation könnte die U aber im Vorliegenden gleichwohl verloren haben. Dies wäre der Fall, wenn der Fernsehsender F dasjenige ausschließliche Nutzungsrecht am Filmwerk erworben hat, das die hier streitgegenständliche Nutzungsart SoITanto mit umfasst.[130]

a) Wirksamer Rechteerwerb des F. Dazu müsste der Fernsehsender F Nutzungsrechtsinhaber geworden sein. Der Fernsehsender F selber steht zwar mit der U in keinerlei direkter vertraglicher Beziehung. Die U hat aber mit dem Produzenten P am 11.11.2000 einen sogenannten Drehbuchvertrag geschlossen. In diesem Drehbuchvertrag hat die U ausdrücklich das ausschließliche Verfilmungsrecht dem Produzenten P eingeräumt. Inhalt dieses Verfilmungsrechts war ein sogenanntes Nutzungsrechtsbündel, mit dem es möglich war, den Film auf alle bekannten Nutzungsarten zu verwerten.[131] Dieses Nutzungsrechtsbündel wurde auf den Fernsehsender F gem. § 34 UrhG weiter übertragen. Dieser Nutzungsrechtsübertragung nach § 34 Abs. 1 UrhG steht nicht entgegen, dass die Weiterübertragung der Nutzungsrechte ohne die Zustimmung der U erfolgt ist. Denn im Drehbuchvertrag vom 11.11.2000 hatte die U auf ihr Zustimmungsrecht zur Weiterübertragung gemäß § 34 Abs. 5 S. 2 UrhG verzichtet, so dass die Einholung einer vorherigen Zustimmung ausnahmsweise entbehrlich war.

---

[126] Vgl. zu den Kriterien nach denen ein Film ein Filmwerk ist bei Wandtke/*Czernik* Medienrecht Teil 2 Kap. 2 Rn. 3 ff. mit weiteren Beispielen für die Schutzfähigkeit eines Filmwerkes.

[127] Vgl. zur Frage der Urheberschaft am Filmwerk ausführlich Fall Nr. 28; sowie bei Wandtke/ *Czernik* Medienrecht Teil 2 Kap. 2 Rn. 30 f.

[128] BGHZ 141, 267, 280 – Laras Tochter.

[129] Vgl. dazu Wandtke/*Czernik* Medienrecht Teil 2 Kap. 2 Rn. 35 ff.

[130] Vgl. zu Frage des Charakters von Nutzungsart und Nutzungsrechts bei Wandtke/*Jani* Medienrecht Teil 2 Kap. 1 Rn. 189.

[131] Vgl. zur Frage des Verfilmungsrechts umfassend bei Wandtke/*Czernik* Medienrecht Teil 2 Kap. 2 Rn. 91 ff.

Der Fernsehsender F ist damit Inhaber des Verfilmungsrechts geworden und demzufolge berechtigt, das Filmwerk zu verwerten.

b) Reichweite der erworbenen Nutzungsrechte. Fraglich ist jedoch, ob von der Nutzungsrechtsübertragung an F auch das Recht umfasst war, den Film über SoITanto anzubieten und zu verbreiten. Daran könnte es fehlen, wenn es sich bei der SoITanto-Nutzung um eine bei Vertragsschluss unbekannte Nutzungsart gehandelt hat. War dies nämlich nicht der Fall, dann war eine Nutzungsrechtseinräumung wegen der Verbotsregelung in § 31 Abs. 4 UrhG a. F. ausgeschlossen. § 31 Abs. 4 UrhG a. F. ist in diesem Zusammenhang noch zu beachten, da der insoweit maßgebliche Vertragsschluss zwischen U und P vor dem 1.1.2008 erfolgt ist. Dies folgt im Umkehrschluss aus der Übergangsregelung des § 137l UrhG.

aa) Unbekannte Nutzungsart. Fraglich ist daher, ob es sich bei der SoITanto-Nutzung um eine bei Vertragsschluss zwischen U und P unbekannte Nutzungsart handelt. Nach ständiger Rechtsprechung des BGH handelt es sich bei einer Nutzungsart stets um eine konkrete technisch und wirtschaftlich eigenständige, d. h. in ihrer äußeren Form von den bestehenden Nutzungsformen unterscheidbare Verwendungsform des Werkes[132].

(1) Substitutionstheorie. Damit sind all diejenigen technischen Neuerungen keine eigenständigen Nutzungsarten, die zwar eine neue Verwendungsform kennzeichnen, mit denen sich aber keine wirtschaftlich eigenständige Märkte erschließen lassen[133]. Beide Voraussetzungen müssen nach dem Willen des BGH stets kumulativ gegeben sein.[134]

Diese sogenannte Substitutionstheorie des BGH wurde von weiten Teilen der Literatur heftig kritisiert. Während der BGH eine Vertragsnichtigkeit nach § 31 Abs. 4 UrhG a. F. möglichst vermeiden wollte, stellt die Literatur die ausreichende Beteiligung des kräftemäßig unterlegenen Urhebers in den Vordergrund und nahm deswegen das Vorliegen einer unbekannten Nutzungsart i. S. d. § 31 Abs. 4 UrhG a. F. eher an, als dies der BGH es in der Vergangenheit getan hat.[135] Der BGH hat dabei vor allem argumentiert, dass der Urheber für den bestehenden Markt schließlich bereits vergütet worden sei. Hierin sehen Teile der Literatur eine Verletzung des Autonomiegrundsatzes begründet. Denn der Urheber werde nicht gefragt, ob er mit der Verwertung seines Werkes in der neuen Technik einverstanden sei.[136] Die Annahme des BGH, dass es einen klar abgrenzbaren Markt gebe, der durch die technische Entwicklung hervorgebracht werde, beruht angesichts des Wandels der Verwertungsformen und der Vernetzung der Verwertungsmärkte auf einer grundlegenden Fehleinschätzung. So gibt es Märkte, die nicht ohne weiteres bestimmt und voneinander

---

[132] Vgl. BGHZ 133, 281, 287 f. – Klimbim; vgl. auch BGHZ 95, 274, 283 – GEMA-Vermutung I; 128, 336, 341 – Videozweitauswertung III; BGH GRUR 2005, 937, 939 – Der Zauberberg; vgl. hierzu auch Wandtke/*Jani* Medienrecht Teil 2 Kap. 1 Rn. 217.

[133] BGH GRUR 2005, 937, 939 – Der Zauberberg.

[134] Diese Grundsätze der Rechtsprechung gelten wohl auch nach der Neuregelung zur unbekannten Nutzungsart in den §§ 31a, 32c, 137l UrhG weiter fort; Wandtke/*Jani* Medienrecht Teil 2 Kap. 2 Rn. 217.

[135] Vgl. hierzu sinnbildlich die Auseinandersetzung in der Frage, ob die DVD gegenüber der VHS-Kassette eine neue Nutzungsart ist. Während die allgemeine Auffassung in der Literatur (vgl. hierzu allein Schricker/*Schricker* § 31 Rn. 30a m. w. N.) dies stets bejaht hat, hat der BGH dieser Meinung in seiner Zauberberg-Entscheidung (BGH GRUR 2005, 937 – Der Zauberberg) eine deutliche Absage erteilt.

[136] Dreier/Schulze/*Schulze* § 31a Rn. 36; Schricker/*Schricker* § 31 Rn. 25; Wandtke/Bullinger/ *Wandtke-Grunert* § 31a Rn. 19.

abgegrenzt werden können. Zudem kann man, wie das Beispiel DVD zeigt, nicht ohne weiteres einer Verwertungsform einen einheitlichen Markt zuordnen. So bestand z. B. bereits der Videomarkt. Dieser hatte sich, betrachtet man die Umsatzzahlen genauer, jedoch erst als Massengeschäft erwiesen, als das Medium DVD auf den Markt trat.

(2) Beurteilungsmaßstab. Ob eine eigenständige Nutzungsart bei Vertragschluss unbekannt war, bestimmt sich nach der BGH-Rechtsprechung aus der Sicht des Endverbrauchers.[137] Nur wenn sich die Nutzung aus dessen Sicht entscheidend verändert habe, liege eine neue Nutzungsart vor. Dies wird teilweise heftig kritisiert.[138] Nach dieser Meinung könne allein die Sicht eines durchschnittlichen Urhebers maßgeblich sein.[139]

bb) Bewertung im konkreten Fall. Bei der Nutzungsmöglichkeit SoITanto handelt es sich um eine eigenständige Nutzungsart, die erst ab 2005 als bekannt angesehen werden kann, da bis zu diesem Zeitpunkt die Möglichkeit, sich einen Film über SoITanto auf seinen PC herunterzuladen und ihn von dort auf das speziell entwickelte Wiedergabegerät zu überspielen, für den Verbraucher nicht bestand. Es sei angenommen, dass das Abspielgerät 2005 seine Markteinführung fand. Dem steht auch nicht entgegen, dass es sich bei der SoITanto-Nutzung um eine internetbasierte Anwendung handelt. Zwar wird nach Auffassung der Rechtsprechung[140] das Internet wohl seit 1995 gewerblich genutzt und die SoITanto-Nutzung ist primär eine Internetanwendung. Allerdings stellt das Internet nach mehrheitlicher Auffassung keine einheitliche Nutzungsart dar, sondern zerfällt in eine Vielzahl von verschiedenen Nutzungsarten.[141] Eine solche eigenständige Nutzungsart ist auch die SoITanto-Nutzung. Dies folgt aus den Möglichkeiten, die mit dem Wiedergabegerät einhergehen. Durch die Kopplung von Internet, PC-Verfügbarkeit und Übertragbarkeit auf einen portablen Datenträger sind eine völlig andere interaktive Nutzungsmöglichkeit des Users und eine erhöhte Multifunktionalität gegeben, die sich in einer veränderten Angebots- und Nachfragestruktur widerspiegeln und einen eigenen Markt, nämlich den der portablen Multifunktionsgeräte, hervorgebracht haben. Denn SoITanto unterscheidet sich von den bis 2005 bekannten Video-on-Demand-Portalen. Diese waren darauf beschränkt, Filme für den heimischen Computer oder das Brennen auf DVD bereitzustellen. Der Nutzer war also gezwungen, sich die Filme immobil anzuschauen. Wollte er diese auf portable Geräte übertragen, ging dies nur unter Qualitätsverlust und war von den Betreibern der Download-Portale nicht vorgesehen. Dies unterscheidet SoITanto, für das eine spezielle Angebotsstruktur in Verbindung mit dem Abspielgerät entwickelt wurde und bei dem ein für das portable Medium konzipiertes Format vorgesehen ist.

Damit handelt es sich bei der Verbreitung über SoITanto um eine zum Vertragsschluss zwischen U und P am 11.11.2000 unbekannte Nutzungsart.

cc) Zwischenergebnis. Dies hat zur Folge, dass aufgrund der zum Zeitpunkt des Drehbuchvertragsschlusses geltenden gesetzlichen Wertung des 31 Abs. 4 UrhG a. F. der Fernsehsender F nicht nach § 34 Abs. 1 UrhG Inhaber desjenigen Nutzungsrechts geworden ist, unter dem die Verbreitung der Filmserie „Die mathematische Grenze" mittels SoITanto zulässig ist.

---

[137] BGH GRUR 1992, 310, 311 – Taschenbuchlizenz; BGH GRUR 2005, 937, 940 – Der Zauberberg.
[138] Dreier/Schulze/*Schulze* § 31 Rn. 38; Schricker/*Schricker* § 31 Rn. 26 m. w. N.
[139] Schricker/*Schricker* § 31 Rn. 27.
[140] OLG München ZUM 1998, 413, 416.
[141] Vgl. dazu umfassend Wandtke/*Czernik* Medienrecht 2. Teil Kap. 2 Rn. 194 m. w. N.

4. Verlust der Aktivlegitimation durch die gesetzliche Übertragungsfiktion des § 137l UrhG

Fraglich ist, aber ob der Fernsehsender F nicht aufgrund der gesetzlichen Übertragungsfiktion aus § 137l I UrhG seit dem 1.1.2008 nachträglich vollwirksam berechtigt ist, die Filmserie „Die mathematische Grenze" über SoITanto zu verbreiten. Denn nach § 137l UrhG könnte er Inhaber einer gesetzlichen Lizenz geworden sein. Die U könnte hierdurch ihre Aktivlegitimation rückwirkend verloren haben.[142]

a) Anwendungsbereich des § 137l UrhG. Entscheidend hierfür ist, dass der Anwendungsbereich des § 137l UrhG eröffnet ist. Hierbei handelt es sich um eine Übergangsvorschrift, die eine Übertragungsfiktion für bei Vertragsschluss unbekannte Nutzungsarten vorsieht,[143] sofern die Verträge im Zeitraum zwischen dem 1.1.1966 und dem 31.12.2007 geschlossen wurden und dem Vertragspartner darin bereits ausschließliche Nutzungsrechte am Werk derart eingeräumt wurden, dass sich die streitgegenständliche Nutzungsart als logische Ergänzung zu ihnen darstellt.

aa) Vertrag über alle wesentlichen Nutzungsrechte. Es fragt sich aber, ob die Privilegierung des § 137l UrhG zugunsten des Fernsehsenders F greift. Dem steht zunächst nicht entgegen, dass der Fernsehsender F nicht unmittelbarer Vertragspartner der U war. Denn nach § 137l Abs. 2 UrhG gilt die gesetzliche Übertragungsfiktion auch zugunsten solcher Dritter, denen die ausschließlichen Nutzungsrechte nach § 34 UrhG übertragen wurden; eine bloße Nutzungsrechtseinräumung hingegen genügt nicht.[144] Eine Nutzungsrechtsübertragung nach § 34 Abs. 1 UrhG ist hier erfolgt. Der Fernsehsender F war nach dem oben Gesagten gemäß § 34 Abs. 1 i. V. m. Abs. 5 S. 2 UrhG Inhaber des Verfilmungsrechts geworden.

Dies allein reicht jedoch noch nicht aus. Der F müssten des weiteren noch wegen § 137l Abs. 1 i. V. m. Abs. 2 UrhG alle wesentlichen Nutzungsrechte am Drehbuch ausschließlich und in ihrem zeitlichen und räumlichen Geltungsbereich unbeschränkt übertragen worden sein.

(1) Wesentliche Nutzungsrechte. Der Fernsehsender F hat hier zwar durch den P zeitlich unbeschränkt die Verfilmungsrechte als ausschließliche Nutzungsrechte für den deutschsprachigen Raum übertragen bekommen[145]. Die Merchandisingrechte konnten jedoch nicht weiter übertragen werden, da diese nicht P eingeräumt worden, sondern bei der U verblieben waren. Somit waren dem Fernsehsender F nicht bereits alle Nutzungsrechte an dem Drehbuch der U weiterübertragen worden. Es scheint mithin, als wäre der sachliche Anwendungsbereich des § 137l UrhG nicht eröffnet, da dieser voraussetzt, dass *alle* wesentlichen Nutzungsrechte, die für das Werk im Zeitpunkt des Vertragsschlusses bestanden, übertragen wurden (§ 137l Abs. 1 S. 1 UrhG).

Eine so umfassende Übertragung zu fordern, wäre jedoch nicht sachgerecht und kaum begründbar. Denn dies widerspräche der erklärten Zielsetzung des Gesetzgebers, wonach die Verkehrsfähigkeit von unbekannten Nutzungsarten ja gerade verbessert werden

---

[142] Wandtke/Bullinger/*Jani* § 137l Rn. 101; vgl. zur Frage der Aktivlegitimation bei Vergabe von ausschließlichen Nutzungsrechten auch bei BGH GRUR 1957, 614, 616 – *Ferien vom Ich*; OLG Köln GRUR-RR 2005, 179 – *Standbilder im Internet*.

[143] Fromm/Nordemann/*J B Nordemann* § 137l Rn. 1.

[144] Wandtke/Bullinger/*Jani* § 137 Rn. 65.

[145] Vgl. zu dieser Frage im Einzelnen bei Fromm/Nordemann/*J B Nordemann* § 137l Rn. 10.

sollte.[146] So folgt bereits aus der Begrenzung der tatbestandlichen Voraussetzungen auf „alle *wesentlichen* Nutzungsrechte", dass eben nur die für die Branche jeweils relevanten Nutzungsrechte in § 137l Abs. 1 S. 1 UrhG gemeint sein können.[147] Insofern ist bereits nach dem gesetzlichen Wortlaut eine Begrenzung der Forderung nach *allen* Nutzungsrechten gegeben. Aus diesem Grund ist § 137l UrhG daher auch nach seinem Regelungszweck auszulegen. Danach sollen dem Nutzungsrechtserwerber zusätzlich zu den bereits nach der Vertragseinräumung möglichen Nutzungsarten noch diejenigen zuwachsen, die sachlogisch eine Ergänzung der bestehenden Verwertungsformen darstellen.[148]

Entscheidend ist daher die Frage, ob der Produzent P zum Zeitpunkt des Vertragsschlusses auch die nunmehr erst bekannt gewordene Nutzungsart SoITanto übertragen worden wäre, wenn diese beiden Vertragspartnern bereits bei Vertragsschluss bekannt gewesen wäre. Dies ist letztlich eine Frage der ergänzenden Vertragsauslegung.[149] Betrachtet man den Drehbuchvertrag hier genauer, wird man dies annehmen müssen. Das Verfilmungsrecht nach Ziff. 3 des Drehbuchvertrages vom 11.11.2000 beinhaltet das Recht, das Filmwerk auf alle bekannten Nutzungsarten zu verwerten. Angesichts des damit verbundenen buy-outs ist davon auszugehen, dass auch die Verbreitung über SoITanto von der Rechtseinräumung mit umfasst gewesen wäre, wäre sie zum Vertragsschluss am 11.11.2000 bekannt gewesen. Denn dem Vertragszweck nach war eine umfassende Verwertung des Films gewollt. Der Fernsehsender F ist somit als Rechtsnachfolger des Produzenten P am 1.1.2008 Inhaber aller wesentlichen Nutzungsrechte für die Auswertung des Films gewesen.

(2) Räumlich unbeschränkte Nutzungsrechtseinräumung. Dem Anwendungsbereich des § 137l UrhG steht auch nicht entgegen, dass die Nutzungsrechtseinräumung durch die U nach Ziff. 2 des Verlagsvertrages räumlich auf das deutschsprachige Gebiet (Deutschland, Österreich und Schweiz) beschränkt war. Nach allgemeiner Auffassung wird in diesem Zusammenhang unter Hinweis auf das Territorialitätsprinzip[150], sowie Sinn und Zweck des § 137l UrhG eine teleologische Einschränkung des weiten Wortlauts des § 137l UrhG zugelassen, sofern eine dem Vertragszweck gemäße umfassende Verwertung möglich ist.[151] Dies ist hier der Fall. Die Filmserie sollte dem Vertrag nach lediglich im deutschsprachigen Raum gezeigt werden. Eine Auswertung der Serie außerhalb des deutschsprachigen Raums war nach übereinstimmender Auffassung der Vertragsparteien nicht gewollt.

bb) Zwischenergebnis. Damit hatte der Fernsehsender F aufgrund einer gesetzlichen Lizenz nach § 137l UrhG vom 1.1.2008 an ein vollwirksames Recht,[152] das ihm erlaubt, den Film über SoITanto im deutschsprachigen Raum zu verbreiten.

---

[146] BT-Drucks. 16/1828, 33.
[147] Fromm/Nordemann/*J B Nordemann* § 137l Rn. 12f.
[148] Fromm/Nordemann/*J B Nordemann* § 137l Rn. 18.
[149] Fromm/Nordemann/*J B Nordemann* § 137l Rn. 18.
[150] *Berger* GRUR 2005, 907, 911.
[151] *Berger* GRUR 2005, 907, 911; Dreier/Schulze § 137l Rn. 29; Fromm/Nordemann/*J B Nordemann* § 137l Rn. 10; Wandtke/Bullinger/*Jani* § 137l Rn. 10; a. A. *Spindler/Heckmann* ZUM 2006, 620, 627.
[152] Und nicht bloß unter einer aufschiebenden oder auflösenden Bedingung, vgl. hierzu Wandtke/Bullinger/*Jani* § 137l Rn. 26, 38ff.; a. A. Nordemann/Jan Bernd Nordemann § 137l Rn. 21; *Schulze* UFITA 2007/III, 641, 693.

5. Wiederaufleben der Aktivlegitimation durch form- und fristgerechten Widerspruch

Möglicherweise hat die U hier aber dieser gesetzlichen Lizenz aus § 137l UrhG wirksam widersprochen, so dass die Aktivlegitimation der U wieder aufgelebt ist. Denn dann wäre das Recht, den Film über SoITanto zu verbreiten, ex nunc[153] wieder an die U zurückgefallen.

a) Formgerechter Widerspruch. Bei dem fraglichen Schreiben handelt es sich zunächst um einen formgerechten Widerspruch i. S. d. § 137l UrhG.[154] Zwar fordert die U in dem Schreiben F auf, die Verbreitung des Films über SoITanto zu unterlassen und widerspricht nicht explizit der gesetzlichen Lizenz aus § 137l UrhG. Ihre Aufforderung ist jedoch nach §§ 133, 157 BGB analog in diesem Sinn auszulegen. Da es ihr darauf ankam, die Verbreitung des Films über SoITanto zu verbieten, entspricht dies letztlich einem Widerspruch nach § 137l Abs. 1 UrhG.

b) Widerspruchsbefugnis des Filmurhebers. Der Wirksamkeit des Widerspruchs steht nicht entgegen, dass die U Urheberin eines vorbestehenden Werkes zu einem Filmwerk ist. Zwar findet die besondere Widerrufsregelung des § 31a Abs. 1 S. 2 UrhG im Filmurheberrecht wegen § 89 Abs. 1 S. 2 UrhG bei sogenannten Filmstoffurhebern keine Anwendung. Denn dies würde dem Ziel der Regelungen in §§ 88, 89 UrhG zuwiderlaufen, eine möglichst ungehinderte Verwertung des Films in einer unbekannten Nutzungsart zu gewährleisten.[155] Dies gilt jedoch nicht für das Widerspruchsrecht nach § 137l UrhG. Hierfür existiert keine vergleichbare Bereichsausnahme in § 89 UrhG.[156] Die U konnte daher grundsätzlich der Nutzungsaufnahme durch den Fernsehsender F widersprechen.

c) Einhaltung der Widerspruchsfrist. Möglicherweise war der Widerspruch der U aber verfristet. § 137l Abs. 1 UrhG kennt zwei unterschiedliche Widerspruchsfristen. Maßgebliches Abgrenzungskriterium hierfür ist der Zeitpunkt des Bekanntwerdens der Nutzungsart. So kann ein Widerspruch für Nutzungsarten, die am 1.1. 2008 bereits bekannt waren, nur innerhalb eines Jahres erfolgen, mithin gem. § 193 BGB zum 2.1.2009 (§ 137 Abs. 1 S. 2 UrhG).[157] Für Nutzungsarten, die erst nach dem 1.1.2008 bekannt geworden sind, gilt hingegen das Widerspruchsrecht aus § 137l Abs. 1 S. 3 UrhG, der eine dreimonatige Frist nach Mitteilung der Nutzungsaufnahme durch den Vertragspartner des Urhebers vorsieht. Das Schreiben der U ging hier am 31.12.2008 beim Produzenten P ein. Dieser leitete den Widerspruch an den Fernsehsender F weiter, wo das Schreiben der U am 04.01.2009 zuging. Damit könnte der Widerspruch der U hier aber wegen § 137l Abs. 1 S. 2 UrhG verfristet sein.

---

[153] Der Widerspruch nach § 137l UrhG führt nur dazu, dass zukünftig die in Form der bislang unbekannten Nutzungsart vorgenommenen Nutzungen widerrechtlich werden. Bereits erfolgte Nutzungen sind allein schon wegen der Anordnung der gesetzlichen Lizenz in § 137l UrhG und hieran anknüpfenden Notwendigkeit an Rechtsklarheit und Rechtssicherheit nur nach § 137l Abs. 5 UrhG lediglich vergütungspflichtig; so auch *Berger* GRUR 2005, 907, 911; Fromm/Nordemann/*J B Nordemann* § 137l Rn. 21; Mestmäcker/Schulze/*Scholz* § 137l Rn. 39; Wandtke/Bullinger/*Jani* § 137l Rn. 26, 40 m. w. N.; a. A. *Schulze* UFITA 2007/III, 641, 701.

[154] Zu den Formanforderungen des Widerspruchs vgl. Wandtke/Bullinger/*Jani* § 137l Rn. 56.

[155] Vgl. BT-Drucks 16/1828, 24.

[156] Wandtke/*Czernik* Medienrecht Teil 2 Kap. 2 Rn. 232, 236.

[157] Wandtke/Bullinger/*Jani* § 137l Rn. 53.

aa) Widerspruch gegenüber dem alten oder dem neuen Berechtigen. Fraglich ist nun also, welcher Zugangstermin als maßgeblicher Widerspruchszeitpunkt zugrunde zu legen ist, der Zugang beim Produzenten oder derjenige beim Fernsehsender. Aus § 137l Abs. 2 S. 2 UrhG folgt, dass nur der letztere Rechtswirkung entfalten kann. Denn mit der Übertragung der Nutzungsrechte wird dieser Inhaber der gesetzlichen Lizenz, die widerrufen werden soll. Dem Widerspruch der U gegenüber dem Produzenten P kommt mithin keine rechtliche Bedeutung zu.[158] Dem steht auch nicht entgegen, dass der P die Verfilmungsrechte an den Fernsehsender F übertragen hat, und U erst nach dem 1.1.2008 hierüber Informationen hat zukommen lassen. Denn dies löst im Nachgang der Neuregelung des § 137l UrhG allenfalls eine Schadensersatzpflicht des Produzenten nach §§ 280 Abs. 1, 241 Abs. 2 BGB aus. Ein weitergehender Schutz der Urheberin besteht nicht. Andernfalls würde nämlich die rechtliche Intention des § 137l UrhG leer laufen, die eine möglichst rechtssichere Verwertung unbekannter Nutzungsarten vorsieht. Dies wäre aber nicht möglich, wenn bereits der Widerspruch bei einem möglicherweise nicht mehr existenten Vertragspartner die Nutzung des Werkes unzulässig machen würde. Planungs- und Rechtssicherheit wären nicht hinreichend gewährleistet. Im Gegenzug werden die Interessen des Urhebers wenigstens ansatzweise über die Vergütungsregel nach § 137l Abs. 5 UrhG, sowie die zivilrechtlichen Mittel nach §§ 280 Abs. 1, 241 Abs. 2 BGB gegen seinen ursprünglichen Vertragspartner berücksichtigt.[159]

bb) Bewertung im konkreten Fall. Fraglich ist daher, ob die Verbreitung über SoITanto eine Nutzungsart ist, die zum 1.1.2008 bekannt war. Ist dies der Fall, wäre der Widerspruch der U am 10.1.2009 verfristet gewesen. Aus Sicht des Endverbrauchers war die Nutzungsart SoITanto i. V. m. dem speziellen Wiedergabegerät bereits im Jahr 2006 bekannt i. S. d. § 137l UrhG, da das Abspielgerät und das entsprechende Angebot bei SoITanto zu diesem Zeitpunkt auf den Markt kamen. Der Widerspruch unterlag somit einzig der Jahresfrist nach § 137l Abs. 1 S. 2 UrhG und war hier deswegen am 4.1.2009 verfristet.

b) Ausschluss der Übertragungsfiktion aufgrund zwischenzeitlicher Nutzungsrechtseinräumung an Dritte. Möglicherweise gilt die Übertragungsfiktion des § 137l Abs. 1 S. 1 UrhG hier aber dennoch nicht. Dies ist dann der Fall, wenn der Urheber einem Dritten Nutzungsrechte an vor dem 1.1.2008 bekannt gewordenen Nutzungsarten zur unbeschränkten Verwertung eingeräumt hat.[160] Dies könnte hier der Fall sein, da die U bereits am 04.08.2006 dem Informatiker E an der Serie eine Lizenz zur SoITanto-Verbreitung erteilt hat. Allerdings erfolgt diese Rechtseinräumung an E nur durch einfache Lizenz. E darf danach zwar das Werk nutzen; das ausschließliche Recht an der Werknutzung steht jedoch weiterhin dem Fernsehsender P zu, da die Fiktion in dem Umfang wirkt, wie das Nutzungsrecht beim Urheber verblieben ist.[161] Da trotz bereits erfolgter einfacher Nutzungsrechtsvergabe immer noch das ausschließliche Nutzungsrecht durch die Romanschriftstellerin U vergeben werden konnte, besteht die Wirkung der Übertragungsfiktion nach § 137l UrhG fort.

---

[158] Wandtke/Bullinger/*Jani* § 137l Rn. 67 m. w. N.

[159] Fromm/Nordemann/*J B Nordemann* § 137l Rn. 33.

[160] Wandtke/Bullinger/*Jani* § 137l Rn. 27.

[161] BT-Drucks. 16/1828, 34; Wandtke/Bullinger/*Jani* § 137l Rn. 33.

6. Ergebnis

Die U kann somit die Verbreitung der Filmserie „Die mathematische Grenze" über SolTanto durch den Fernsehsender F für die Zukunft nicht nach § 97 Abs. 1 UrhG verbieten. Sie ist hierfür bereits nicht aktivlegitimiert.

II. Anspruch aus § 137l V UrhG

Möglicherweise steht der U aber zumindest aus § 137l Abs. 5 UrhG ein Vergütungsanspruch gegen den Fernsehsender F zu.

1. Schutzgegenstand

Danach hat ein Urheber einen Anspruch auf angemessene Vergütung,[162] wenn der andere eine neue Art der Werknutzung aufnimmt, die im Zeitpunkt des Vertragsschlusses unbekannt war. Dies ist hier der Fall.

2. Übertragung der Vergütungsverpflichtung

Der Fernsehsender F kann sich hierbei auch nicht darauf berufen, dass er nicht Vertragspartner der U war. Denn aus der Übertragungswirkung des § 137l Abs. 2 UrhG folgt die Übertragung der Vergütungsverpflichtung in § 137l Abs. 5 S. 3 UrhG auf den Dritten.

3. Gesetzlicher Vergütungsanspruch

Desweiteren steht dem Vergütungsanspruch aus § 137l Abs. 5 S. 1 UrhG nicht entgegen, dass in Ziff. 4 des Vertrages vom 11.11.2000 die U das Verfilmungsrecht gegen eine Einmalzahlung eingeräumt hat und weitere Nachvergütungen vertraglich ausgeschlossen wurden. Zwar kann der automatische Rechteerwerb nach § 137l Abs. 1 S. 1 UrhG durch Vereinbarung ausgeschlossen werden.[163] Diese Dispositivität besteht jedoch nicht für den Vergütungsanspruch in § 137l Abs. 5 UrhG. Zwar fehlt in § 137l Abs. 5 S. 2 UrhG ein Verweis auf §§ 32 Abs. 3, 32c Abs. 3 UrhG. Allerdings sind die Grundsätze in § 32 Abs. 3 UrhG analog anzuwenden. Nur dies entspricht dem Grundgedanken im UrhG, wonach auf gesetzliche Vertragsergänzungsansprüche nicht verzichtet werden kann.[164] § 137l Abs. 5 S. 1 UrhG konnte somit als gesetzlicher Vergütungsanspruch vertraglich nicht abbedungen werden.

4. Aktivlegitimation

Allerdings kann die U den Vergütungsanspruch nicht selbst wahrnehmen. Die Geltendmachung der angemessenen Vergütung obliegt nämlich gemäß § 137l Abs. 5 S. 2 UrhG allein den Verwertungsgesellschaften.

5. Ergebnis

Mangels Aktivlegitimation kann die U ihren dem Grund nach bestehenden Vergütungsanspruch nicht selbst erfolgreich durchsetzen.

---

[162] Zur Frage was eine angemessene Vergütung ausmacht und wie diese zu bemessen ist vgl. umfassend bei Wandtke/*Czernik* Medienrecht 2. Teil Kap. 2 Rn. 245.

[163] Vgl. zu den Konstruktionsmöglichkeiten im Einzelnen bei Wandtke/Bullinger/*Jani* § 137l Rn. 85; a. A. *Kreile* ZUM 2007, 682, 686.

[164] Dreier/Schulze § 137l Rn. 105; Fromm/Nordemann/*J B Nordemann* § 137l UrhG Rn. 39.

IV. Teil. Schranken im Urheberrecht und die Verwertungsgesellschaften

Fall 14: Homepagegestaltung

Kopierschutz/Technische Schutzmaßnahmen und Privatkopie

Sachverhalt

Der Unternehmer F betreibt in der Stadt U einen Fachhandel mit Bürogeräten. Er beschließt sein Unternehmen künftig im Internet zu bewerben.

Für seine Homepage benötigt er eine Anfahrtsskizze. Er kauft einen Stadtplan, den der Verlag V, der Inhaber der ausschließlichen Nutzungsrechte ist, herausgibt und scannt einen Teil des Plans ein. In den digitalisierten Stadtplanausschnitt fügt er einen roten Punkt ein, der den Ort kennzeichnet, an dem sein Unternehmen belegen ist. Der Stadtplanausschnitt wird so als Teil der Homepage des F ins Internet gestellt.

Um das Gebäude seines Unternehmens im Internet zu zeigen, greift F auf eine Werbepräsentation zurück, die der Grafiker und Fotograf K für ihn geschaffen hat. Bei dem Werbemittel handelt es sich um eine CD-ROM, die neben Werbetexten Fotos des Gebäudes enthält. K hat die für F produzierte Werbe-CD in einer Auflage von 500 Stück „versandfertig" an F geliefert. Beide haben vereinbart, dass die Werbe-CDs für die Verteilung an Kunden des F bestimmt sind.

Zu seinem Ärger muss F feststellen, dass K die Werbe-CD mit einem raffinierten Kopierschutz versehen hat und sich die Daten deshalb nicht ohne weiteres auslesen lassen. F wendet sich deshalb an den Cracker C, dem es gelingt, den von K benutzten Kopierschutz durch ein Computerprogramm zu umgehen. F integriert anschließend die Fotos des K in seine Homepage, so dass diese Teil des Internetauftritts werden.

V und K hat der F nicht um Erlaubnis gefragt. Bei Internetrecherchen stoßen beide auf den Internetauftritt des F.

V und K möchten wissen, ob sie von F Unterlassung und Schadensersatz verlangen können. Die Werkqualität der Fotos wird unterstellt. Es sind nur Ansprüche aus dem Urheberrechtsgesetz zu prüfen.

Lösung

A. Ansprüche des Verlags V

Der Verlag V könnte gegen F einen Anspruch auf Unterlassung der Vervielfältigung von Teilen des von ihm herausgebrachten Stadtplans und der anschließenden Bereitstellung der Ausschnitte im Internet aus §§ 97 Abs. 1, 19a, 16 Abs. 1, 23 UrhG haben.

I. Unterlassungsanspruch aus §§ 97 Abs. 1, 16 Abs. 1 UrhG

Voraussetzung dafür ist, dass F rechtswidrig in das Urheberrecht des V aus § 16 Abs. 1 UrhG eingegriffen hat.

1. Schutzgegenstand

a) Werkqualität. Die urheberrechtliche Werkqualität gemäß §§ 1, 2 UrhG ist Voraussetzung für den urheberrechtlichen Schutz.

Der Stadtplan könnte als Darstellung wissenschaftlicher oder technischer Art i. S. d. § 2 Abs. 1 Nr. 7 UrhG geschützt sein. Die Vorschrift nennt ausdrücklich Pläne und Karten.

Das für die Schutzfähigkeit eines Werkes entscheidende gesetzliche Merkmal findet sich in § 2 Abs. 2 UrhG. Nach § 2 Abs. 2 UrhG sind nur solche Werke geschützt, die eine persönliche geistige Schöpfung darstellen. Eine *persönliche geistige Schöpfung* ist nur gegeben, wenn das Werk durch eine individuelle gestalterische Leistung seines Schöpfers geprägt ist.[1] Bei Darstellungen wissenschaftlicher oder technischer Art ist bei der Bestimmung der Eigentümlichkeit und Individualität allerdings *kein zu hohes Maß* zu verlangen, da derartige Darstellungen vor allem praktischen Zwecken dienen.[2] Bei der Beurteilung von *Landkarten oder Stadtplänen* ist ferner nach der Art der Karten zu unterscheiden. Bei topografischen Karten ist der Spielraum für eine individuelle Gestaltung größer als bei Katasterkarten.[3] Erforderlich ist jedoch, dass über die topografischen Vorgaben hinaus gestalterische Elemente existieren.[4] Dies ist bei einem Stadtplan der Fall, da die grafische Umsetzung der verschiedenen Flächen (Straßen, Gebäude etc.) und deren farbliche Ausgestaltung künstlerischen Spielraum lassen. Dies gilt auch für den Stadtplan des Verlags V. Der Stadtplan genießt daher urheberrechtlichen Schutz nach § 2 Abs. 1 Nr. 7, Abs. 2 UrhG.[5]

b) Rechtsinhaber. Urheber kann nur eine natürliche Person sein. V ist als Verlag aber eine juristische Person bzw. Personengesellschaft. Eine solche kann niemals Urheber sein, sondern stets nur Inhaber abgeleiteter Nutzungsrechte.[6]

Laut Sachverhalt ist V Inhaber eines ausschließlichen Nutzungsrechts i. S. d. § 31 Abs. 1, 3 UrhG. Das ausschließliche Nutzungsrecht ist ein geschütztes Recht i. S. d. § 97 Abs. 1 UrhG. Daher ist der V aktivlegitimiert.

2. Eingriffshandlung

Das Einscannen (und anschließende Speichern) der Stadtplanausschnitte könnte eine unzulässige Vervielfältigung i. S. d. § 16 Abs. 1 UrhG sein. Dann müsste beim Einscannvorgang eine Vervielfältigung i. S. d. § 16 Abs. 1 UrhG vorgenommen worden sein. Vervielfältigung ist jede *körperliche Festlegung*, die das Werk den menschlichen Sinnen unmittelbar oder mittelbar wahrnehmbar macht.[7] Der Begriff der Vervielfältigung i. S. d. § 16 UrhG ist grundsätzlich weit auszulegen.[8] Erfasst ist auch das *Digitalisieren eines Werkes*, also die Umsetzung in einen Binärcode,[9] wie etwa beim Scannen von Schriftstücken oder Bildern, da die Daten in ein anderes Format gebracht und gespeichert werden.

Durch das Einscannen hat F gegen § 16 Abs. 1 UrhG verstoßen.

---

[1] Möhring/Nicolini/*Ahlberg* § 2 UrhG Rn. 44; Schricker/*Loewenheim* § 2 UrhG Rn. 11 ff.

[2] BGHZ 112, 264, 271 – Betriebssystem; BGH GRUR 1991, 529, 530 – Explosionszeichnungen; BGH GRUR 1993, 34, 35 – Bedienungsanleitung; Möhring/Nicolini/*Ahlberg* § 2 UrhG Rn. 145.

[3] Möhring/Nicolini/*Ahlberg* § 2 UrhG Rn. 147; vgl. auch Dreier/Schulze/*Schulze* § 2 UrhG Rn. 228 f. sowie Fromm/Nordemann/*A. Nordemann* § 2 UrhG Rn. 220.

[4] Wandtke/Bullinger/*Bullinger* § 2 UrhG Rn. 137.

[5] Der Schutz von Stadtplänen wurde auch von der Rechtsprechung mehrfach bejaht, vgl. BGH GRUR 1988, 33, 35 – Topografische Landkarten; BGH GRUR 1987, 360, 361 – Werbepläne; BGH GRUR 1965, 45, 46 – Stadtplan; OLG Frankfurt, GRUR 1988, 816 – Stadtpläne.

[6] OLG Koblenz UFITA 70 (1974) 331, 334 – Liebeshändel in Chioggia; LG Berlin GRUR 1990, 270 – Satellitenfoto; BGH GRUR 1991, 523, 525 – Grabungsmaterialien.

[7] BGHZ 17, 266, 270 – Grundig – Reporter; *Rehbinder* Rn. 203; Wandtke/Bullinger/*Heerma* § 16 UrhG Rn. 2.

[8] Schricker/*Loewenheim* § 16 UrhG Rn. 2, 5; Wandtke/Bullinger/*Heerma* § 16 UrhG Rn. 2.

[9] OLG Köln ZUM 2006, 143, 144; Schricker/*Loewenheim* § 16 UrhG Rn. 18; Wandtke/Bullinger/*Heerma* § 16 UrhG Rn. 13; Dreier/Schulze/*Schulze* § 16 UrhG Rn. 13; *Schack* Rn. 417.

3. Wiederholungsgefahr

Durch das Einscannen des Stadtplans und das Bereitstellen des digitalisierten Stadtplanausschnitts hat F bereits Urheberrechte verletzt. Die Wiederholungsgefahr wird daher vermutet.

4. Rechtfertigung

a) Vervielfältigung zum privaten Gebrauch gemäß § 53 UrhG. Das Verhalten des F könnte durch die Bestimmung des § 53 Abs. 1 UrhG gerechtfertigt sein. Danach ist es zulässig, einzelne Vervielfältigungsstücke eines Werkes zum privaten Gebrauch herzustellen.

Das Einscannen des Stadtplanausschnitts (Kopiervorgang) könnte zwar vom Recht auf Privatkopie gedeckt sein. § 53 Abs. 1 UrhG erfasst nur Vervielfältigungen zu privaten Zwecken. F beabsichtigt aber von vornherein, also bereits zum Zeitpunkt des Einscannens, die Stadtplanausschnitte zu erwerbswirtschaftlichen Zwecken auf seine Homepage zu stellen. Ein ausschließlich bzw. vorwiegend privater Gebrauch ist damit nicht gegeben. § 53 UrhG ist nicht einschlägig.

b) Zitatrecht gemäß § 51 UrhG. § 51 UrhG erlaubt die vergütungsfreie Übernahme von einzelnen Werken oder Werkteilen im Interesse einer geistigen Auseinandersetzung in einem durch den Zitatzweck gebotenen Umfang.[10] Zitatzweck ist nach Nr. 1 die *Erläuterung des Inhalts*. F nutzt den Stadtplanausschnitt nur zur Beschreibung der Lage seines Unternehmens. Eine inhaltliche Beschäftigung mit dem zitierenden Werk findet nicht statt. Daher fehlt es hier am Zitatzweck.

5. Ergebnis

Dem Verlag V steht gegen F ein Anspruch auf Unterlassung der Vervielfältigung von Teilen des Stadtplans aus §§ 97 Abs. 1, 16 Abs. 1 UrhG zu. Der Anspruch kann bei Eilbedürftigkeit im einstweiligen Rechtsschutzverfahren geltend gemacht werden.

II. Unterlassungsanspruch gegen F aus §§ 97 Abs. 1, 19a UrhG

1. Schutzgegenstand

Der Stadtplan ist urheberrechtlich geschützt und V Rechtsinhaber.

2. Eingriff in das Recht der öffentlichen Zugänglichmachung aus § 19a UrhG

Das Einstellen des digitalisierten Stadtplanausschnitts ins Internet könnte gegen das Recht der öffentlichen Zugänglichmachung aus § 19a UrhG[11] verstoßen.

§ 19a UrhG bezieht sich als *unkörperliches Verwertungsrecht* vor allem auf die Nutzung von Werken in elektronischen Netzen, insbesondere im Internet.[12] § 19a UrhG erfasst daher vor allem das sogenannte „Ins-Netz-Stellen" von fremden und auch bearbeiteten Werken.

---

[10] Schricker/*Schricker* § 51 UrhG Rn. 6; Wandtke/Bullinger/*Lüft* § 51 UrhG Rn. 1.

[11] § 19a UrhG wurde durch das Gesetz zur Regelung des Urheberrechts in der Informationsgesellschaft neu in das Urheberrecht eingeführt. Es knüpft an das „right of making available to the public" aus Art. 8 des WIPO-Vertrages und Art. 3 der EU-Multimedia-Richtlinie an. Es handelt sich um ein neues urheberrechtliches Verwertungsrecht. Systematisch zählt es zum Recht der öffentlichen Wiedergabe i. S. d. § 15 Abs. 2 Nr. 2 UrhG.

[12] Wandtke/Bullinger/*Bullinger* § 19a UrhG Rn. 2.

Das Einstellen der Stadtplanausschnitte ins Internet müsste die Tatbestandsvoraussetzungen des § 19a UrhG erfüllen.

Die Homepage des F ist für die Allgemeinheit frei zugänglich. Eine unbestimmte Zahl von Personen kann die Homepage des F (mit dem Stadtplan) von beliebigen Orten mit Internetanschluss und zu einem beliebigen Zeitpunkt abrufen. Unerheblich ist, ob es tatsächlich zu einem Abruf der Homepage bzw. der Fotodateien kommt.[13] Ebenso ist es nicht erforderlich, dass die Fotodateien vervielfältigt, also von Nutzern auch gespeichert werden. Es genügt das bloße Angebot zum Abruf und zur Speicherung durch das interaktive Bereithalten der Daten im Internet.[14]

F verletzt dadurch, dass er den digitalisierten Stadtplanausschnitt ohne Einwilligung des Verlags ins Internet einstellt, das Recht des V auf öffentliche Zugänglichmachung gemäß § 19a UrhG.

3. Rechtfertigung

Es ist keine Schrankenbestimmung einschlägig.

4. Ergebnis

V kann von A Unterlassung des Bereitstellens der Ausschnitte im Internet aus §§ 97 Abs. 1, 19a UrhG verlangen.

III. Unterlassungsanspruch gegen F aus §§ 97 Abs. 1, 23 UrhG

1. Schutzgegenstand

Der Stadtplan ist urheberrechtlich geschützt und V Rechtsinhaber.

2. Eingriffshandlung

Durch die Wahl eines bestimmten Ausschnitts aus dem Stadtplan sowie die Einarbeitung eines roten Punktes zur Markierung könnte F ferner das Bearbeitungs- und Umgestaltungsrecht aus § 23 UrhG verletzt haben.

§ 23 UrhG erfasst Bearbeitungen und andere Umgestaltungen. Eine Bearbeitung liegt jedoch nur vor, wenn Werkqualität gegeben ist. Die notwendige Schöpfungshöhe hierfür wird durch die Wahl des Stadtplanausschnitts und die Einarbeitung des roten Punktes nicht erreicht. Bis auf den roten Punkt wurde der Ausschnitt aus dem Stadtplan vollständig entnommen. Es handelt sich nur um eine minimale Änderung. Daher liegt keine Bearbeitung, sondern eine Umgestaltung i.S.d. § 23 S.1 UrhG vor. Eine solche darf F nicht ohne Einwilligung des Urhebers veröffentlichen. F hat daher auch gegen § 23 S.1 UrhG verstoßen.

Rechtfertigungsgründe sind nicht ersichtlich.

3. Ergebnis

V hat daher auch einen Anspruch aus §§ 97 Abs. 1, 23 UrhG auf Unterlassung.

---

[13] Wandtke/Bullinger/*Bullinger* § 19a UrhG Rn. 10; Fromm/Nordemann/*Dustmann* § 19a UrhG Rn. 7.
[14] Wandtke/Bullinger/*Bullinger* § 19a UrhG Rn. 11; *Schack* Rn. 416.

IV. Schadensersatzanspruch gemäß §§ 97 Abs. 1, 16 Abs. 1, 19a, 23 UrhG

Dem Verlag steht darüber hinaus ein Schadensersatzanspruch aus § 97 Abs. 1 UrhG zu, wenn den F ein Verschulden i. S. d. § 276 Abs. 1 BGB trifft. Das Verschulden wird vermutet. Ein Schadensersatzanspruch des V ist daher zu bejahen. Die Höhe des Schadensersatzes richtet sich nach der üblichen Lizenzgebühr (Lizenzanalogie).

B. Ansprüche des Fotografen K

I. Unterlassungsanspruch aus §§ 97 Abs. 1, 95a UrhG

Der Fotograf K könnte gegen F einen Anspruch auf Unterlassung der Bereitstellung von seinen Fotos auf der Homepage des F aus §§ 97 Abs. 1, 95a UrhG, haben.

1. Schutzgegenstand/Technische Schutzmaßnahmen

Urheberrechtlich geschützt sind alle *wirksamen* technischen Schutzmaßnahmen i. S. d. § 95a Abs. 2, die Werke i. S. d. § 2 UrhG oder andere Schutzgegenstände des UrhG vor unerlaubten Handlungen anderer schützen.[15]

Hier wurde an die Werbe-CD, die ein Werk nach § 2 Abs. 2 UrhG darstellt, ein Kopierschutz angebracht. Dieser ist auch wirksam i. S. d. § 95a Abs. 2 S. 2 UrhG, da F die CD nicht ohne weiteres auslesen konnte.

2. Eingriffshandlung

F könnte gegen § 95a UrhG verstoßen haben, indem er mit Hilfe des C den auf der Werbe-CD des K angebrachten Kopierschutz beseitigte, um die auf der CD befindlichen Fotos auszulesen. Dies könnte eine Umgehung des Kopierschutzes im Sinne der Vorschrift darstellen.

Umgehung ist die Ausschaltung bzw. Manipulation technischer Schutzmaßnahmen.[16] Der Begriff erfasst *alle Handlungen,* die zu einer Verwertung im Sinne des Urheberrechts führen.[17] Die Hilfe Dritter ist vom Begriff umschlossen. Daher ist es unerheblich, dass C und nicht F den Kopierschutz entfernt hat.

§ 95a UrhG setzt aber die positive Kenntnis der Umgehung bzw. das Kennenmüssen der Umgehung durch bestimmte Umstände voraus. Dies ist hier unproblematisch, da F den Kopierschutz erkannte und sich bewusst an den Cracker C wendete. Auch erfolgte die Umgehung, um den Zugang zu einem Werk (den Fotos) und dessen Nutzung zu ermöglichen.

3. Wiederholungsgefahr

Durch das Integrieren der Fotos des K auf der eigenen Homepage hat F bereits Urheberrechte des K verletzt. Diese Urheberrechtsverletzung indiziert die Wiederholungsgefahr.

---

[15] Wandtke/Bullinger/*Wandtke/Ohst* § 95a UrhG Rn. 52.
[16] *Wand* 105.
[17] Wandtke/Bullinger/*Wandtke/Ohst* § 95a UrhG Rn. 53; Fromm/Nordemann/*Czychowksi* § 95a UrhG Rn. 37 f.

4. Rechtfertigung

Die Nutzung eines Werkes mit Kopierschutz durch Umgehung dieses Schutzes ist nur erlaubt, wenn eine Einwilligung des *Rechtsinhabers* i. S. d. § 183 S. 1 BGB vorliegt.[18] Eine ausdrückliche Einwilligung des K liegt nicht vor. Eine solche könnte sich zwar grundsätzlich aus dem Vertragsverhältnis ergeben. Allerdings kann über den zwischen F und K geschlossenen Werkvertrag keine Einwilligung konstruiert werden, weil ausdrücklich und eindeutig vereinbart wurde, dass die Werbe-CD inklusive der Fotos des K nur für die Verteilung an Kunden des F bestimmt sind. Eine Einwilligung ist nicht gegeben.

5. Ergebnis

K hat gegen F einen Unterlassungsanspruch aus §§ 97 Abs. 1, 95a UrhG.

II. Unterlassungsanspruch aus §§ 97 Abs. 1, 16 Abs. 1 UrhG

K könnte gegen F einen Anspruch auf Unterlassung der Vervielfältigung und Bereitstellung seiner Fotos auf der Homepage aus §§ 97 Abs. 1, 16 Abs. 1 UrhG haben. Voraussetzung dafür ist, dass die Fotos des K urheberrechtlich geschützt sind.

1. Schutzgegenstand

Fotos können urheberrechtlich als Lichtbildwerke i. S. d. § 2 Abs. 1 Nr. 5 UrhG oder als Lichtbilder i. S. d. § 72 UrhG geschützt sein. Die Werkqualität der Fotos des K ist laut Sachverhalt gegeben.

2. Verletzung des Vervielfältigungsrechts aus § 16 Abs. 1 UrhG

Mit dem Heraufspielen der Fotodateien auf den Server (sog. Upload) nimmt F auch eine Vervielfältigungshandlung i. S. d. § 16 Abs. 1 UrhG vor.[19]

3. Wiederholungsgefahr

Die Wiederholungsgefahr wird vermutet.

4. Rechtfertigung

Die Vervielfältigung der Fotos im Internet könnte aber vom Vertrag gedeckt sein, weil K die Werbe-CD einschließlich der Fotos für F produziert und ihm überlassen hat. Da die konkreten Nutzungsarten nicht zwischen F und K geregelt wurden, ist auf die Zweckübertragungsregel aus § 31 Abs. 5 UrhG zurückzugreifen. § 31 Abs. 5 UrhG verweist auf den Vertragszweck. Dieser war hier eindeutig formuliert: F sollte die Werbe-CDs nur an Kunden verteilen dürfen, nicht aber weiter bearbeiten oder einzelne Bestandteile (Fotos etc.) verwenden. Vertraglich ist dem F also nur die Verbreitung, nicht aber die Vervielfältigung der Werbe-CDs (inklusive der Fotos) gestattet. Die Vervielfältigung der Fotos wurde auch nicht zu privaten Zwecken vorgenommen. § 53 UrhG ist daher nicht einschlägig.

5. Ergebnis

K hat gegen F einen Unterlassungsanspruch aus §§ 97 Abs. 1, 16 Abs. 1 UrhG.

---

[18] Wandtke/Bullinger/*Wandtke/Ohst* § 95a UrhG Rn. 56.
[19] Vgl. OLG München ZUM 2001, 420, 426; LG München I ZUM 2000, 418, 422; LG Berlin AfP 2000, 197, 199; Schricker/*Loewenheim* § 16 UrhG Rn. 23; Wandtke/Bullinger/*Heerma* § 16 UrhG Rn. 14.

III. Unterlassungsanspruch aus §§ 97 Abs. 1, 19a UrhG

F hat mit dem Einstellen der Fotos des K ins Internet auch gegen das Recht der öffentlichen Zugänglichmachung aus § 19a UrhG verstoßen, da er die Fotos auf seiner Homepage zum frei zugänglichen interaktiven Abruf bereithält.

Auch hier ist eine Rechtfertigung nicht ersichtlich.

Daher lässt sich der Unterlassungsanspruch auch über §§ 97 Abs. 1, 19a UrhG begründen.

IV. Schadensersatzanspruch gemäß § 97 Abs. 1 UrhG

Dem K steht darüber hinaus bei Verschulden des F i. S. d. § 276 Abs. 1 BGB auch ein Anspruch auf Schadensersatz zu. Das Verschulden des F wird vermutet (s. o.). K kann die übliche Lizenzgebühr verlangen (Lizenzanalogie).

Fall 15: CD-Brenner

Privatkopie

Sachverhalt

Musikliebhaber M besitzt einen „CD-Brenner", den er zur Herstellung von Vervielfältigungen von CDs nutzen möchte. M hat aber die jüngste Diskussion um die Zulässigkeit so genannter „Privatkopien" verfolgt und ist irritiert. Bevor er Kopien von CDs anfertigt, möchte er wissen, ob und unter welchen Umständen die von ihm geplanten Vervielfältigungen urheberrechtlich zulässig sind:

I. M möchte eine Kopie von einer Original-CD seiner Lieblingsband herstellen, um ein zweites Werkexemplar ständig in seinem Auto zu haben. Die Original-CD ist nicht kopiergeschützt.

II. Eine CD von seiner Lieblingsband fehlt M noch in seiner Sammlung. Er möchte sich deshalb die Original-CD von seinem Freund ausleihen, um sie für sich zu kopieren. Die Original-CD ist zwar mit einem Kopierschutz ausgestattet; M weiß aber, dass die Software, die er für das „Brennen" von CDs verwendet, den Kopierschutz überwinden kann.

III. M hat erfahren, dass einige Lieder, die er gerne hört, in so genannten „Tauschbörsen" im Internet unentgeltlich zum „Download" angeboten werden. Die genauen Hintergründe dieser Tauschbörsen kennt M nicht; ihm kommt es aber merkwürdig vor, dass Musik dort kostenlos erhältlich ist.

(Die Betreiber der Tauschbörse verfügen nicht über die erforderlichen Nutzungsrechte, um Musikstücke über das Internet zum Download anzubieten.)

Lösung

I. Herstellung von Vervielfältigungsstücken zum eigenen Gebrauch

1. Schutzgegenstand

Bei den auf der CD fixierten Musikstücken handelt es sich um gemäß § 2 UrhG geschützte Werke, deren Darbietung durch die beteiligten ausübenden Künstler (Musiker, Sänger) leistungsschutzrechtlich gemäß §§ 73 ff. UrhG geschützt ist. Ein Leistungsschutzrecht an der Produktion der CD hat ferner der Tonträgerhersteller (§ 85 UrhG). Das Urheber- und die Leistungsschutzrechte weisen das Recht zur Vervielfältigung (§ 16 UrhG) der Musikwerke ausschließlich den jeweils Berechtigten zu.

2. Eingriffshandlung

a) Tatbestandsmäßige Handlung. Vervielfältigung i. S. v. § 16 UrhG ist jede körperliche Festlegung des geschützten Werkes;[20] auf die verwendete Technik kommt es dabei nicht an. Sowohl die (erstmalige) Digitalisierung eines Werkes als auch die Überspielung digitaler Daten auf ein anderes Speichermedium (CD, DVD, Festplatte usw.) stellen deshalb nach allgemeiner Auffassung eine Vervielfältigung i. S. d. Urheberrechts dar.[21] Das gilt auch für das Herunterladen (Download) von Informationen aus dem Internet und anderen Abrufdiensten auf ein anderes Speichermedium (Festplatte, CD usw.) bzw. das so genannte Uploading, also die Speicherung von Daten auf einem Server.[22] Wenn M eine CD mit Hilfe seines CD-Brenners kopiert, stellt er mithin eine Vervielfältigung der auf der CD verkörperten Musikaufnahmen i. S. v. § 16 UrhG her.

b) Rechtswidrigkeit. Die Vervielfältigung urheberrechtlich geschützter Werke ist rechtswidrig, wenn der Vervielfältigende nicht zuvor ein Nutzungsrecht erworben hat, das ihn zu der Vervielfältigung berechtigt. Der Kauf einer CD berechtigt nicht zu deren Vervielfältigung, so dass M auf vertraglichem Wege kein Vervielfältigungsrecht erworben hat.

3. Die Schranke des § 53 Abs. 1 UrhG – Vervielfältigung zum privaten Gebrauch

Die Vervielfältigung könnte jedoch durch die Bestimmung des § 53 Abs. 1 UrhG erlaubt sein. Danach ist die Herstellung einzelner Vervielfältigungsstücke eines Werkes durch eine natürliche Person zum privaten Gebrauch von Gesetzes wegen – also auch ohne vertraglichen Erwerb des Vervielfältigungsrechts – auf beliebigen Trägern zulässig, sofern sie weder unmittelbar noch mittelbar Erwerbszwecken dienen und soweit nicht zur Vervielfältigung eine offensichtlich rechtswidrig hergestellte Vorlage verwendet wird – so genannte *„Privatkopien"*.

§ 53 Abs. 1 UrhG ist eine so genannte *„Schranke"* des Urheberrechts, die das Ausschließlichkeitsrecht der Rechtsinhaber begrenzt. § 53 Abs. 1 UrhG ist – wie alle urheberrecht-

---

[20] Dreier/Schulze/*Schulze* § 16 UrhG Rn. 6 m. w. N.
[21] BGH GRUR 1991, 449, 453 – Betriebssystem; Wandtke/Bullinger/*Heerma* § 16 UrhG Rn. 13; Möhring/Nicolini/*Kroitzsch* § 16 UrhG Rn. 5; Schricker/*Loewenheim* § 16 UrhG Rn. 18; Dreier/Schulze/*Schulze* § 16 UrhG Rn. 7; *Schack* ZUM 2002, 498.
[22] OLG München ZUM 2001, 420, 426; Dreier/Schulze/*Schulze* § 16 UrhG Rn. 7; Wandtke/Bullinger/*Heerma* § 16 UrhG Rn. 14 m. w. N.

lichen Schranken – eng auszulegen.[23] *Privater Gebrauch* setzt voraus, dass die Vervielfältigung ausschließlich zum Gebrauch in der Privatsphäre zur Befriedigung rein persönlicher Bedürfnisse außerberuflicher sowie außerwirtschaftlicher Art dienen soll;[24] dabei kommt es allein auf die Zweckbestimmung im Zeitpunkt der Vervielfältigung an. Da M die Kopie selbst in seinem Auto nutzen möchte, ist sie zum privaten Gebrauch bestimmt. Hier liegt der klassische Fall einer Privatkopie vor[25] und die von M beabsichtigte Vervielfältigung ist mithin gemäß § 53 Abs. 1 UrhG zulässig.

§ 53 Abs. 1 UrhG erklärt, dass die Privatkopien „auf beliebigen Trägern" hergestellt werden dürfen. In dieser Formulierung kommt zum Ausdruck, dass keine Differenzierung nach der zur Vervielfältigung verwendeten Technik stattfindet.[26] Aufgrund dessen sind auch Vervielfältigungen zum privaten Gebrauch zulässig, die mit Hilfe *digitaler Technik* erzeugt werden, wie z. B. die Kopie von CDs und DVDs unter Einsatz so genannter CD-/DVD-Brenner. M darf also die „Privatkopie" seiner CD auch mit Hilfe seines *CD-Brenners* herstellen.

II. Kopierschutz

1. Schranke des § 53 Abs. 1 UrhG – Vervielfältigung zum privaten Gebrauch

Auch in dieser Fallvariante ist die von M geplante Vervielfältigung als Privatkopie an sich gemäß § 53 Abs. 1 UrhG aus denselben Erwägungen wie in Fall I zulässig.

2. Verwendung eines fremden Werkstückes als Vorlage

Die CD, die M für sich kopieren möchte, gehört seinem Freund. § 53 UrhG verlangt nicht, dass der von der Schranke Begünstigte zur Anfertigung seiner Kopie ein eigenes Werkstück als Vorlage benutzt.[27] Der Zulässigkeit der Herstellung einer Privatkopie durch M steht deshalb nicht entgegen, dass M dabei keine eigene Vorlage, sondern eine CD des Freundes verwendet.

3. Verbot der Umgehung technischer Maßnahmen

Die an sich zulässige Privatkopie könnte in der Fallvariante gleichwohl rechtswidrig sein, weil M hierdurch gegen das Verbot aus § 95a Abs. 1 UrhG verstoßen würde. Danach dürfen technische Schutzmaßnahmen ohne Zustimmung des Rechtsinhabers nicht umgangen werden, soweit dem Handelnden bekannt ist oder den Umständen nach bekannt sein muss, dass die Umgehung erfolgt, um den Zugang zu einem solchen Werk oder Schutzgegenstand oder deren Nutzung zu ermöglichen. Die Nutzung eines Werkes im Sinne dieser Vorschrift ist insbesondere auch dessen Vervielfältigung.

---

[23] BGHZ 135, 250 – CB-Infobank I; Wandtke/Bullinger/*Lüft* § 53 UrhG Rn. 3 m. w. N.

[24] BGH GRUR 1978, 474 – Vervielfältigungsstücke; Möhring/Nicolini/*Decker* § 53 UrhG Rn. 13; Schricker/*Loewenheim* § 53 UrhG Rn. 12; Wandtke/Bullinger/*Lüft* § 53 UrhG Rn. 22; Dreier/Schulze/*Dreier* § 53 UrhG Rn. 7.

[25] Wandtke/Bullinger/*Lüft* § 53 UrhG Rn. 11.

[26] Begr. RegE BT-Drucks. 15/38, 20; Wandtke/Bullinger/*Lüft* § 53 UrhG Rn. 12; Dreier/Schulze/*Dreier* § 53 UrhG Rn. 8; auch nach bisherigem Recht (§ 53 Abs. 1 UrhG (a. F.)) waren digitale Kopien zum privaten Gebrauch zulässig: Wandtke/Bullinger/*Lüft* § 53 UrhG Rn. 7; *Braun* GRUR 2001, 1107; *Schack* ZUM 2002, 498 m. w. N.

[27] Dies ergibt sich weiterhin im Umkehrschluss aus dem Wortlaut des – unveränderten – § 53 Abs. 2 Nr. 2 UrhG: Diese Vorschrift knüpft als einzige Bestimmung in § 53 UrhG die Zulässigkeit von Vervielfältigungen an die Benutzung eines „eigenen Werkstücks" – vgl. BGHZ 134, 250, 261 – CB-Infobank I; ebenso Wandtke/Bullinger/*Lüft* § 53 UrhG Rn. 15.

a) Wirksame technische Maßnahmen. *Technische Maßnahmen* sind nach der Legaldefinition des § 95a Abs. 2 S. 1 UrhG alle Vorrichtungen, die im normalen Betrieb dazu bestimmt sind, geschützte Werke oder andere nach dem Urheberrechtsgesetz geschützte Schutzgegenstände betreffende Handlungen, die vom Rechtsinhaber nicht genehmigt sind, zu verhindern oder einzuschränken. Hierunter fällt insbesondere der inzwischen verbreitete *Kopierschutz* auf Datenträgern wie CDs und DVDs. § 95b Abs. 2 S. 2 UrhG bestimmt, dass derartige Maßnahmen dann „wirksam" sind, wenn durch sie die Nutzung eines geschützten Werkes oder sonstigen Schutzgegenstandes von dem Rechtsinhaber durch eine Zugangskontrolle, einen Mechanismus zur Kontrolle der Vervielfältigung oder sonstige Schutzmechanismen, wie Verschlüsselung, Verzerrung usw., die die Erreichung des Schutzziels sicherstellen, unter Kontrolle gehalten wird.[28] Der Kopierschutz auf der CD, die M sich von seinem Freund geliehen hat, ist eine wirksame technische Maßnahme i. S. v. § 95a Abs. 2 UrhG.

b) Das Verhältnis von § 53 Abs. 1 UrhG und § 95a Abs. 1 UrhG. Zur Durchsetzung bestimmter urheberrechtlicher Schranken gibt § 95b UrhG dem jeweils Begünstigten einen Anspruch auf die notwendigen Mittel, um den Schutzgegenstand trotz der technischen Maßnahmen im Rahmen des von der Schranke erlaubten Umfangs nutzen zu können. Der Schutz, den § 95a UrhG für technische Schutzmaßnahmen gewährt, erfährt insoweit eine Einschränkung. Dies gilt jedoch nicht in Bezug auf die Befugnis zur Erstellung von „Privatkopien".[29] § 53 Abs. 1 UrhG gibt mithin kein „Recht auf Privatkopie" im Sinne eines durchsetzbaren Anspruchs.[30] Die Befugnis zur Herstellung von Vervielfältigungen zum privaten Gebrauch steht deshalb unter dem Vorbehalt, dass der Rechtsinhaber die von ihm in Verkehr gebrachten Werkstücke mit wirksamen „technischen Maßnahmen" ausrüstet. M darf deshalb keine Kopien von der CD seines Freundes herstellen, wenn er dabei eine wirksame technische Schutzmaßnahe umgehen muss.

c) Umgehung technischer Maßnahmen. Um eine kopiergeschützte CD zu vervielfältigen, muss zunächst der Kopierschutz überwunden werden. Ob diese in einem gesonderten Verfahren oder durch spezielle Software unmittelbar während der Vervielfältigung geschieht, ist dabei unbeachtlich. Durch die Herstellung einer Kopie von der geschützten CD des Freundes würde M daher gegen das Umgehungsverbot des § 95a Abs. 1 UrhG verstoßen. Da M sich der Problematik bewusst ist, wäre auch der subjektive Tatbestand des § 95a Abs. 1 UrhG erfüllt, wonach dem Handelnden bekannt oder den Umständen nach bekannt sein muss, dass die Umgehung mit dem Ziel einer Nutzung des geschützten Werkes erfolgt. Die Vervielfältigung der CD des Freundes wäre aus diesem Grunde rechtswidrig.

---

[28] Eine völlig sichere Kontrolle, die überhaupt nicht umgangen werden kann, ist nicht erforderlich. Das ergibt sich aus dem Sinn und Zweck von § 95a UrhG, denn andernfalls wäre der rechtliche Umgehungsschutz nicht notwendig, vgl. Dreier/Schulze/*Schulze* § 95a UrhG Rn. 15; der Wirksamkeit technischer Maßnahmen steht nicht entgegen, dass sie im Einzelfall umgangen werden können, *Jani* ZUM 2003, 842, 848; ebenso die Begr. RegE BT-Drucks. 15/38, 26. Für eine ausführliche Darstellung zum Tatbestandsmerkmal der „wirksamen technischen Maßnahmen" mit Fallbeispielen: Wandtke/Bullinger/*Wandtke/Ohst* § 95a UrhG Rn. 12 ff.

[29] Der Gesetzgeber hat bewusst darauf verzichtet, auch diese Schranke „durchsetzungsstark" auszugestalten, Begr. RegE BT-Drucks. 16/1828, S. 18; *Jani* ZUM 2003, 848; Wandtke/Bullinger/*Lüft* § 53 UrhG Rn. 10.

[30] BT-Drucks. 16/1828, S. 21; Wandtke/Bullinger/*Wandtke-Ohst* § 95b UrhG Rn. 26.

III. Downloads

1. Download als Vervielfältigung

Auch das so genannte *„Download"* ist eine Vervielfältigung im urheberrechtlichen Sinne.[31] Da M einerseits das Download zum eigenen persönlichen Gebrauch vornehmen möchte und andererseits er nicht darauf angewiesen ist, für die Herstellung eigener privater Vervielfältigungen eine eigene Vorlage zu verwenden,[32] sind insoweit die tatbestandlichen Voraussetzungen für eine legale Privatkopie gemäß § 53 Abs. 1 UrhG erfüllt.

2. Offensichtlich rechtswidrige Vorlagen

Gemäß § 53 Abs. 1 UrhG ist die Anfertigung von Privatkopien jedoch nur zulässig, wenn hierfür keine *„offensichtlich rechtswidrig hergestellte oder öffentlich zugänglich gemachte Vorlage"* verwendet wird – andernfalls gilt das Ausschließlichkeitsrecht des Rechtsinhabers unverändert fort, so dass die Vervielfältigung eine Rechtsverletzung darstellt.[33] In den zuvor erörterten Fällen handelte es sich um vom Rechtsinhaber in Verkehr gebrachte Originale – also um rechtmäßige Vorlagen. Hier nun stellt sich aber die Frage, was eine offensichtlich rechtswidrige Vorlage i. S. d. § 53 Abs. 1 UrhG ist und ob das Downloadangebot in der Tauschbörse, die M entdeckt hat, unter diesem Aspekt eine unzulässige Quelle für Privatkopien ist.

a) Vorlage. Der Begriff „Vorlage" ist dem Urheberrechtsgesetz bislang fremd; mit der Wahl dieses Begriffs hat der Gesetzgeber deutlich gemacht, dass er in § 53 Abs. 1 S. 1 UrhG nicht ausschließlich (körperliche) Vervielfältigungsstücke i. S. v. § 16 UrhG erfasst wissen möchte.[34] „Vorlagen" i. S. v. § 53 Abs. 1 UrhG sind stattdessen sämtliche körperliche oder unkörperliche Quellen, die zur Herstellung von Vervielfältigungsstücken dienen können.[35] Dementsprechend ist auch die unkörperliche öffentliche Wiedergabe eines Werkes gemäß § 15 Abs. 2 UrhG, z. B. durch die *öffentliche Zugänglichmachung* (§ 19a UrhG) in so genannten „Tauschbörsen" im Internet,[36] eine „Vorlage", wenn sie zur Herstellung von Privatkopien im Wege des Downloads tatsächlich nutzbar gemacht werden können. Das Musikangebot der Tauschbörse, auf die M zurückgreifen möchte, ist also eine Vorlage i. S. v. § 53 Abs. 1 UrhG.

b) Rechtswidrigkeit der Vorlage. Auch im Urheberrecht indiziert die tatbestandsmäßige Verletzung eines Rechts die Rechtswidrigkeit, so dass die Rechtswidrigkeit keiner

---

[31] Siehe oben Ziffer I. 2. a.

[32] Siehe oben Ziffer II. 2.

[33] Dreier/Schulze/*Dreier* § 53 UrhG Rn. 11; Wandtke/Bullinger/*Lüft* § 53 UrhG Rn. 16.

[34] *Jani* ZUM 2003, 842, 846; *Czychowksi* NJW 2003, 2409, 2411.

[35] Nach dem „Ersten Gesetz zur Regelung des Urheberrechts in der Informationsgesellschaft" vom 10.9.2003 (BGBl. I, S. 1774) setzte § 53 Abs. 1 UrhG nur voraus, dass keine offensichtlich rechtswidrig *hergestellte* Vorlage verwendet wird. Ob und inwieweit dies auch die öffentliche Zugänglichmachung umfasse, war umstritten (dazu: *Langhoff/Oberndörfer/Jani* ZUM 2007, 593, 600 m. w. N.); der Gesetzgeber hat im Rahmen des „Zweiten Gesetzes zur Regelung des Urheberrechts in der Informationsgesellschaft" vom 26.10.2007, (BGBl. I, S. 2513) § 53 Abs. 1 UrhG deshalb neugefasst; nach Auffassung des zutreffender Auffassung des Gesetzgebers handelt es sich hierbei lediglich um eine Klarstellung (Begr. RegE BT-Drucks. 16/1828, S. 18; ebenso bereits *Jani* ZUM 2003, 842, 846).

[36] Zur Funktionsweise von Filesharing-Systemen und so genannten „Tauschbörsen" ausführlich: *Braun* GRUR 2001, 1106 f.

gesonderten Feststellung bedarf.[37] Eingriffe in urheberrechtliche Schutzrechte sind prinzipiell rechtswidrig, wenn sie nicht durch das Gesetz oder vertraglich erlaubt sind und es nicht darauf ankommt, ob dem Verletzer die Rechtswidrigkeit seiner Handlung bewusst ist.[38] Die Herstellung der Vorlage ist dementsprechend dann i. S. v. § 53 Abs. 1 UrhG stets rechtswidrig, wenn der für die Herstellung Verantwortliche nicht über die zu der Herstellung jeweils erforderlichen urheberrechtlichen Nutzungsrechte verfügt. Die Betreiber der „Tauschbörse" haben keine Nutzungsrechte an den von ihnen im Internet zugänglich gemachten Musikstücken.[39]

Das so genannte Upload einer Datei auf einen Server ist für sich genommen noch kein Verstoß gegen das Ausschließlichkeitsrecht des Urhebers bzw. Rechtsinhabers zur öffentlichen Zugänglichmachung gemäß § 19a UrhG, solange Dritte keinen Zugriff auf diese Datei haben. In diesem Stadium ist allein das Recht zur Vervielfältigung (§ 16 UrhG) berührt. Diese Vervielfältigung kann bereits rechtswidrig sein, wenn sie ohne entsprechendes vertragliches Nutzungsrecht und bereits zu dem Zweck der späteren Zugänglichmachung erfolgt. Dann nämlich ist die Vervielfältigung auch nicht von § 53 Abs. 1 UrhG gedeckt[40] und es liegt bereits ein Verstoß gegen § 16 UrhG vor. Es kommt im Kontext der Downloadangebote im Internet auf die Frage, ob die vorbereitende Vervielfältigung rechtmäßig war, aber gar nicht an. Es liegt jedenfalls eine Verletzung des Rechts aus § 19a UrhG vor.[41] Wird Dritten der Zugriff auf eigene Dateien über einen Abrufdienst eröffnet, ist nämlich das Recht der öffentlichen Zugänglichmachung tangiert.[42] Das Recht der öffentlichen Zugänglichmachung ist das Recht, ein urheberrechtlich geschütztes Werk drahtgebunden oder drahtlos der Öffentlichkeit in einer Weise zugänglich zu machen, dass es Mitgliedern der Öffentlichkeit von Orten und zu Zeiten ihrer Wahl zugänglich ist. Die Wiedergabe ist gemäß § 15 Abs. 3 UrhG dann öffentlich, wenn sie für eine Mehrzahl von Mitgliedern der Öffentlichkeit bestimmt ist. Zur Öffentlichkeit in diesem Sinne gehört jeder, der nicht mit demjenigen, der das Werk verwertet, oder mit den anderen Personen, denen das Werk in unkörperlicher Form wahrnehmbar oder zugänglich gemacht wird, durch persönliche Beziehungen verbunden ist. Öffentlich sind danach vor allem solche Beziehungen, die im Wesentlichen nur in einer technischen Verbindung zu einer Werknutzung liegen, z. B. im Rahmen der so genannten *„Tauschbörsen"* im Internet.[43] Da die Betreiber dieser Internetangebote und diejenigen, die die geschützten Werke in der Tauschbörse durch „Uploading" zugänglich machen, über das Recht zur öffentlichen Zugänglichmachung (§ 19a UrhG) der von ihnen verwendeten Werke nicht verfügen, ist das Tauschbörsenangebot rechtswidrig.

c) Offensichtlichkeit der Rechtswidrigkeit. Die Herstellung von Privatkopien ist gemäß § 53 Abs. 1 UrhG nicht schlechthin unzulässig, wenn eine „illegale Quelle" benutzt wird, sondern nur dann, wenn die Rechtswidrigkeit der Vorlage „offensichtlich" ist. Frag-

---

[37] So genannte Lehre vom „Erfolgsunrecht", BGHZ 39, 103, 109; 74, 9, 14; 118, 201, 207 – jeweils zu § 823 BGB; Palandt/*Sprau* § 823 BGB Rn. 23 ff. m. w. N.

[38] Wandtke/Bullinger/*v. Wolf* § 97 UrhG Rn. 31; Möhring/Nicolini/*Lütje* § 97 UrhG Rn. 66.

[39] Siehe Bearbeitervermerk.

[40] Siehe oben Ziffer I. 3.

[41] *Jani* ZUM 2003, 842, 849.

[42] Dreier/Schulze/*Dreier* § 19a UrhG Rn. 6; Wandtke/Bullinger/*Bullinger* § 19a UrhG Rn. 23.

[43] Begr. RegE BT-Drucks. 15/38, S. 17; zustimmend: Dreier/Schulze/*Schulze* § 15 UrhG Rn. 44; *Jani* ZUM 2003, 842, 849.

lich ist, was unter diesem Tatbestandsmerkmal zu verstehen ist und ob die Rechtswidrigkeit der Tauschbörse offensichtlich ist.[44]

Das Urheberrechtsgesetz trifft keine Aussage darüber, was „offensichtlich" ist; die Konkretisierung ist deshalb der Rechtsprechung und der Literatur überlassen.[45] Das gesetzliche Merkmal der Offensichtlichkeit bringt stets zum Ausdruck, dass nicht Grenzfälle, sondern jedem unbefangenen Beobachter erkennbare Konstellationen erfasst werden sollen, die evident sind und „gleichsam ins Auge springen".[46] Der BGH[47] hat in einem anderen Zusammenhang entschieden, dass bei der Auslegung des Tatbestandsmerkmals „offensichtlich" vom Wortsinn auszugehen sei, „wonach ‚offensichtlich' ist, was klar zutage tritt und deshalb von jedermann ohne besondere Mühe erkennbar ist". Diese Definition kann auch für die Auslegung von § 53 Abs. 1 UrhG herangezogen werden.[48]

d) Die Offensichtlichkeit: Ein objektives Merkmal. Für die Frage, ob die Rechtswidrigkeit offensichtlich ist, kommt es nicht darauf an, ob die Rechtswidrigkeit aus der Perspektive des konkreten Nutzers, der sich auf die Schranke des § 53 Abs. 1 UrhG beruft, offensichtlich ist.[49] Es kommt hier also nicht auf die Sicht des M an. Entscheidend ist stattdessen allein, ob die Rechtswidrigkeit in einem objektiven Sinne von jedermann erkennbar ist. Maßgeblich ist dabei nicht der „Durchschnittsbürger", sondern der, bezogen auf die jeweils zu beurteilende konkrete Vorlage, durchschnittlich verständige und informierte Nutzer. Es kommt mithin darauf an, ob die Rechtswidrigkeit der Vorlage sich im Rahmen einer Gesamtbetrachtung aller tatsächlichen Umstände diesem „Durchschnittsnutzer" als offensichtlich darstellt. Als durchschnittlicher Nutzer ist derjenige anzusehen, der die für die jeweilige Vervielfältigung erforderliche Technik (beispielsweise einem CD-Brenner einschließlich der entsprechenden Software) laienhaft beherrscht. In Bezug auf die Vervielfältigung mittels Download aus Abrufdiensten ist dementsprechend auf den Nutzerkreis abzustellen, dem die Grundzüge des Internets und von Downloadangeboten geläufig sind.[50] Fraglich ist, ob man vor diesem Hintergrund die Offensichtlichkeit der Rechtswidrigkeit von Angeboten in Tauschbörsen annehmen kann.

e) Die Offensichtlichkeit: Nur bei legaler Alternative beachtlich. Die Beschränkung der Unzulässigkeit von Privatkopien auf die Verwendung offensichtlich rechtswidriger Quellen soll dem Umstand Rechnung tragen, dass es für den Nutzer oftmals schwer oder gar unmöglich ist, die Rechtmäßigkeit bzw. Rechtswidrigkeit einer Vorlage zu ermitteln. Dies kann indes nur dort zutreffen, wo überhaupt die Möglichkeit besteht, dass die Vorlage auch legal sein könnte. Nur hier kann der Nutzer überhaupt vor der Aufgabe stehen, die Rechtmäßigkeit von Fall zu Fall erneut beurteilen zu müssen. Ist eine Vorlage ihrem Typ nach stets rechtswidrig, dann bedarf es einer Begrenzung der Unzulässig-

---

[44] In § 53 Abs. 1 UrhG wurde das Tatbestandsmerkmal „neu" durch das „Gesetz zur Regelung des Urheberrechts in der Informationsgesellschaft" vom 10. 9. 2003, BGBl. I, 1774 eingefügt.

[45] Wandtke/Bullinger/*Lüft* § 53 UrhG Rn. 16; für eine ausführliche Erörterung des Merkmals „offensichtliche Rechtswidrigkeit" siehe *Jani* ZUM 2003, 842, 850 ff.; *Reinbacher* GRUR 2008, 394, 398 ff.

[46] *Jani* ZUM 2003, 842, 850.

[47] BGHSt 8, 80, 87.

[48] *Jani* ZUM 2003, 842, 850.

[49] Schricker/*Loewenheim* § 53 UrhG Rn. 14c; Fromm/Nordemann/*W. Nordemann* § 53 UrhG Rn. 14; *Jani* ZUM 2003, 842, 850; *Reinbacher* GRUR 2008, 394, 398; a. A. Dreier/Schulze/ *Dreier* § 53 UrhG Rn. 3, 12; Wandtke/Bullinger/*Lüft* § 53 UrhG Rn. 16, die einen subjektiven Ansatz folgen.

[50] *Jani* ZUM 2003, 842, 851.

keit auf die offensichtlichen Fälle nicht. Dem Tatbestandsmerkmal „Offensichtlichkeit" kommt hier deshalb keine praktische Bedeutung zu. Beziehungsweise: Dort, wo eine legale Alternative nicht in Betracht kommt, ist die Rechtswidrigkeit stets offensichtlich. Das gilt insbesondere für Vervielfältigungen aus „Tauschbörsen".[51]

Die Zulässigkeit der Anfertigung privater Digitalkopien erstreckt sich nicht auch auf die öffentliche Zugänglichmachung solcher Kopien; dies ergibt sich aus dem Verbot der öffentlichen Wiedergabe von Privatkopien aus § 53 Abs. 6 UrhG, sowie aus § 19a UrhG, der das öffentliche Zugänglichmachen ebenfalls exklusiv dem jeweiligen Rechtsinhaber vorbehält. Der private Nutzer darf seine rechtmäßig hergestellten Privatkopien deshalb unter keinen Umständen ins Internet stellen und über „Musiktauschbörsen" zum Download anbieten.[52] Das heißt: Angebote in „Tauschbörsen" stehen per se nicht als legale Quelle für Privatkopien zur Verfügung, denn der private Nutzer, der sein Vervielfältigungsrecht aus § 53 Abs. 1 UrhG ableitet, verfügt niemals über das Recht zur öffentlichen Zugänglichmachung.[53] Es ist deshalb stets unzulässig, Angebote aus „Tauschbörsen" und vergleichbaren Angeboten im Internet herunterzuladen, die sich den Anschein des Privaten geben.[54] Die Tauschbörse, aus der M Musik herunterladen möchte, ist eine offensichtlich rechtswidrige Quelle gemäß § 53 Abs. 1 UrhG und steht M deshalb zur Herstellung rechtmäßiger Privatkopien nicht zur Verfügung.

3. Unzulässige Koppelung von Download und Upload

Bei modernen „Tauschbörsen" unter Verwendung sog. Peer-to-Peer-Netzwerke befinden sich die Dateien nicht zentral auf einem Server, sondern direkt auf den Computern der angeschlossenen Teilnehmer. Beim Filesharing unter Einsatz dieser dezentralen Technik werden die Dateien oder Dateifragmente oftmals auch von den Nutzern weitergeleitet, die diese Dateien selbst noch herunterladen, also noch nicht vollständig auf ihrer Festplatte gespeichert haben. Durch diese gleichzeitige Weitergabe verletzt auch der Downloader in diesen gekoppelten Systemen, bei denen Download und Upload miteinander verknüpft sind, unabhängig von der Zulässigkeit der Vervielfältigungen jedenfalls das Recht der öffentlichen Zugänglichmachung (§ 19 a UrhG), so dass die Nutzung einer solchen „Tauschbörse" bereits aus diesem Grunde rechtswidrig ist[55].

IV. Ergebnis

M darf die Original-CD aus seiner Sammlung für den Gebrauch im Auto vervielfältigen. Eine Kopie der kopiergeschützten CD seines Freundes stellt hingegen eine Verletzung des Urheberrechts dar. Die Herstellung von Vervielfältigungen durch Downloads aus einer „Tauschbörse" im Internet ist ebenfalls unzulässig.

---

[51] *Jani* ZUM 2003, 842, 851; a. A. wohl Dreier/Schulze/*Dreier* § 53 UrhG Rn. 12, der – zu unrecht – darauf abstellt, im Internet bereitgestellte Dateien böten keine Anhaltspunkte für ihre Herkunft.

[52] *Schack* ZUM 2002, 497, 501; *Braun* GRUR 2001, 1004, 1007.

[53] *Jani* ZUM 2003, 842, 852.

[54] *Schaefer* in FS Nordemann, 196.

[55] Fromm/Nordemann/*Dustmann*, § 19a Rn. 18; Dreier/Schulze/Dreier § 19a Rn. 6.

Fall 16: Hobbyfotograf

Schranken des Urheberrechts/Vervielfältigung zum privaten Gebrauch/Werke an öffentlichen Plätzen

Sachverhalt

H ist leidenschaftlicher Hobbyfotograf. Im Juni 1995 reist H nach Berlin, um das von Christo und Jeanne-Claude selbst finanzierte Kunstprojekt „Verhüllter Reichstag" zu fotografieren. Voller Begeisterung fertigt H Hunderte von Fotografien des verhüllten Reichstages an. Die Reichstagsverhüllung dauert drei Wochen.

Zu Hause entwickelt H die Negative in seinem Labor und stellt Vergrößerungen her. Da diese ihm ausgesprochen gut gefallen, klebt er sie nicht nur in sein Fotoalbum, sondern stellt auch für seine Freunde Abzüge her. Von drei besonders gut gelungenen Motiven fertigt er 30 Abzüge an, um sie in seinem Bekanntenkreis zu verschenken.

Da die Fotografien auch dort großen Gefallen finden, beabsichtigt H die Motive als Postkarten drucken zu lassen und zu verkaufen. Zunächst stellt er einige der schönsten Motive auf seine Homepage.

Bitte beurteilen Sie das Verhalten und die Pläne des H aus urheberrechtlicher Sicht. Jeanne-Claude und Christo erklärten während ihrer Aktion in der Presse, dass sie die ihnen zustehenden Urheberrechte an dem umhüllten Reichstag streng verteidigen werden. Sie nehmen H auf Unterlassung in Anspruch. H beruft sich auf die sogenannte Panoramafreiheit.

Welche Ansprüche hat das Künstlerpaar gegen H?

Besteht ein Auskunftsanspruch der Künstler gegen H?

Lösung

I. Unterlassungsanspruch aus §§ 97 Abs. 1, 16 Abs. 1, 17 Abs. 1, 19a, 23 S. 1 UrhG

Dem Künstlerpaar Jeanne-Claude und Christo könnte ein Anspruch auf Unterlassung aus § 97 Abs. 1 UrhG gegen H zustehen.

1. Schutzgegenstand

Voraussetzung für einen Unterlassungsanspruch aus § 97 Abs. 1 UrhG ist zunächst, dass das Kunstprojekt „Verhüllter Reichstag" ein schutzfähiges Kunstwerk im Sinne des Urheberrechtsgesetzes darstellt. Bei dem verhüllten Reichstag könnte es sich um ein *Werk der bildenden Kunst* nach § 2 Abs. 1 Nr. 4 UrhG handeln.

Der Kunstbegriff des Urheberrechtsgesetzes ist insoweit offen, als auch Kunstwerke, die nicht mit den klassischen Medien wie Malerei oder Bildhauerei geschaffen wurden, Schutz aus dem Urheberrecht genießen können.[56] Entscheidend ist allein, ob das Werk eine *persönliche geistige Schöpfung* darstellt.

---

[56] Fromm/Nordemann/*A. Nordemann* § 2 UrhG Rn. 137 f.; vgl. auch Schricker/*Loewenheim* § 2 UrhG Rn. 144 ff.

Durch die Verhüllung des Reichstages werden die Formen des Gebäudes auf neue Weise wahrnehmbar gemacht. Infolge der Wind- und Lichteinflüsse wechseln Farbschattierungen und Faltenbewegungen der Verhüllung. Dies bezeugt ein besonders hohes Maß an Originalität und Aussagekraft. Bei der Verhüllung des Reichstages handelt es sich daher um eine persönliche geistige Schöpfung nach § 2 Abs. 2 UrhG.[57]

2. Eingriffshandlung

a) Das Anfertigen der Fotografie (Herstellung eines Negativs).
Fraglich ist, ob das bloße Anfertigen einer Fotografie von einem Kunstwerk (das Abfotografieren selbst) eine unzulässige Vervielfältigung i. S. d. § 16 Abs. 1 UrhG darstellt.

aa) Festzustellen ist, dass das Werk durch die Fotografie in eine zweidimensionale Darstellung gebracht wird. Der Fotograf erbringt dabei eine kreative Leistung, indem er seinen Standort auswählt und andere Umstände wie Licht- und Windverhältnisse für seine Fotografie berücksichtigt. Dennoch ist kein selbstständiges Werk entstanden, da das *Originalwerk unverändert übernommen* wurde. Anders ist dies bei einer Fotografie auch kaum denkbar. Dass das Format des Werkes beachtlich geändert wurde, kann hier keine Rolle spielen. Vielmehr stellt jedes Fotografieren eines Kunstwerkes eine *unfreie Bearbeitung* gemäß § 23 Abs. 1 UrhG dar. Die Bearbeitung bleibt vom Originalwerk abhängig, da sie dieses weiterentwickelt oder umformt, in seinem Wesenskern aber erhalten lässt.[58] Die Herstellung einer solchen Bearbeitung ist grundsätzlich zulässig. Erst die Veröffentlichung oder Verwertung des veränderten Werkes bedarf der Einwilligung des Urhebers.

Das bloße Fotografieren des Reichstages durch H war daher aus urheberrechtlicher Sicht zulässig.

bb) Zwar könnte es sich hier auch um eine Vervielfältigung i. S. d. § 16 Abs. 1 UrhG handeln. Der Begriff der Vervielfältigung i. S. d. § 16 UrhG ist grundsätzlich weit auszulegen.[59] Vervielfältigung ist danach jede *körperliche Festlegung*, die das Werk unmittelbar oder mittelbar – also erst über weitere Zwischenschritte – wahrnehmbar macht.[60] Das Vervielfältigungsstück muss das Original nicht exakt (etwa in den gleichen Größenverhältnissen) wiedergeben.[61] Ausreichend ist, dass die schöpferischen Eigenarten *in ihrem Kern* übernommen werden.[62] Vervielfältigung ist daher auch das Abbilden eines (Kunst-) Werkes.[63]

Allerdings ist § 23 UrhG im Verhältnis zu § 16 UrhG eine *Sondervorschrift*. Sie geht dem § 16 UrhG vor. Andernfalls würde das Privileg der zustimmungsfreien Bearbeitung des

---

[57] Der Urheberschutz nach § 2 Abs. 1 Nr. 4 UrhG wurde auch vom Landgericht Berlin bejaht (LG Berlin NJW 1996, 2380 2381 – Verhüllter Reichstag als Postkartenmotiv – Christo II). Es hat angenommen, dass die Werkqualität bereits in der Aufbauphase gegeben war. Zur Begründung führte das Gericht an, dass es sich um ein einheitliches Werk handelte, bei dem sich die verschiedenen Phasen (Entstehung bis Abbau) nicht trennen lassen.

[58] Zur Abgrenzung der Bearbeitung gemäß § 23 UrhG von der freien Benutzung gemäß § 24 UrhG vgl. KG GRUR 1997, 128, 129 – Christo I.

[59] Schricker/*Loewenheim* § 16 UrhG Rn. 2, 5; Wandtke/Bullinger/*Heerma* § 16 UrhG Rn. 2.

[60] BGHZ 17, 266, 270 – Grundig-Reporter; Wandtke/Bullinger/*Heerma* § 16 UrhG Rn. 2.

[61] BGH GRUR 1991, 529, 530 – Explosionszeichnungen; KG NJW 2002, 621 – Bachforelle; Schricker/*Loewenheim* § 16 UrhG Rn. 9; *Schack* Rn. 378.

[62] KG GRUR 1997, 128 – Verhüllter Reichstag.

[63] BGH ZUM 2000, 1082, 1083; BGH NJW 1983, 1199 – Presseberichterstattung und Kunstwerkwiedergabe II; KG GRUR 1997, 128 – Verhüllter Reichstag; LG ZUM 2006, 886, 887; Wandtke/Bullinger/*Heerma* § 16 UrhG Rn. 11; Dreier/Schulze/*Schulze* § 16 UrhG Rn. 11.

§ 23 UrhG leer laufen.[64] Die körperliche Festlegung in bearbeiteter Form ist daher zulässig, auch wenn sie ihrem Wesen nach eine Vervielfältigung ist.[65]

Das Fotografieren des Reichstages (und damit das Herstellen des Negativs) durch H ist daher von § 23 UrhG gedeckt und somit aus urheberrechtlicher Sicht zulässig.

b) Die Herstellung der Abzüge und Weggabe im Freundeskreis.

aa) Auch das Entwickeln des *Erstabzuges* und jedes weiteren Abzuges vom Negativ oder Positiv stellt eine Vervielfältigungshandlung i. S. d. § 16 Abs. 1 UrhG dar.[66] Nach allgemeiner Auffassung ist diese Vervielfältigung im Hinblick auf die Bestimmung in § 23 Abs. 1 UrhG aber zulässig, da die Vervielfältigung zugleich eine Bearbeitung darstellt.[67] Die Herstellung ist von § 23 Abs. 1 UrhG gedeckt.

Dass H zahlreiche Fotos aus den verschiedensten Winkeln des Reichstages aufgenommen hat, ändert daran nichts. Bei jedem Foto handelt es sich erneut um eine andere Bearbeitung, deren Herstellung nach § 23 Abs. 1 UrhG zulässig ist. Die Herstellung jeweils eines (Erst-) Abzuges vom Negativ ist daher aus urheberrechtlicher Sicht unbedenklich.

bb) Fraglich ist jedoch, ob H *weitere Abzüge* und gegebenenfalls wie viele Abzüge er von den Negativen herstellen darf. Auch die Vervielfältigung eines bearbeiteten Werkes unterfällt dem urheberrechtlichen Verwertungsrecht, dem Vervielfältigungsrecht aus § 16 Abs. 1 UrhG. Diese Vervielfältigung einer Bearbeitung wird von § 23 S. 1 UrhG nicht mehr privilegiert. Sie bedarf der Einwilligung des Urhebers.

H verstößt mit dem Herstellen weiterer Abzüge pro Bild gegen § 16 Abs. 1 UrhG.

c) Der Verkauf der Fotografien als Postkarten. Der von H beabsichtigte Druck und Verkauf der Fotografien in Form von Postkarten bedarf der Einwilligung des Künstlerpaares. Durch die kommerzielle Verbreitung der Fotografien würde H das Vervielfältigungs-, Verbreitungs- und Bearbeitungsrecht der Urheber aus §§ 16 Abs. 1, 17 Abs. 1, 23 S. 1 UrhG verletzen.

d) Das Einstellen der Fotografien ins Internet. Das Einstellen einiger ausgewählter Fotografien ins Internet, auf die Homepage des H, könnte gegen das *Recht der öffentlichen Zugänglichmachung* aus *§ 19a UrhG*[68] verstoßen.

§ 19a UrhG bezieht sich als unkörperliches Verwertungsrecht vor allem auf die Nutzung von Werken in elektronischen Netzen, insbesondere im Internet.[69] Erfasst ist daher auch das sogenannte „Ins-Netz-Stellen" von fremden und auch bearbeiteten Werken. Dadurch werden die Werke zum elektronischen, interaktiven Abruf bereitgehalten.

Das Einstellen der Werke ins Internet erfüllt die Tatbestandsvoraussetzungen des § 19a UrhG. Die Homepage des H ist nicht nur einem Kreis seiner Freunde (etwa durch Codewort) zugänglich. Vielmehr sind die auf der Homepage wiedergegebenen Fotografien von

---

[64] Wandtke/Bullinger/*Bullinger* § 23 UrhG Rn. 25; Dreier/Schulze/*Schulze* § 16 UrhG Rn. 10.

[65] Schricker/*Loewenheim* § 16 UrhG Rn. 8.

[66] Wandtke/Bullinger/*Heerma* § 16 UrhG Rn. 11.

[67] Vgl. Fromm/Nordemann/*W. Nordemann* § 59 UrhG Rn. 6.

[68] § 19a UrhG wurde durch das Gesetz zur Regelung des Urheberrechts in der Informationsgesellschaft neu in das Urheberrecht eingeführt. Es knüpft an das „right of making available to the public" aus Art. 8 des WIPO-Vertrages und Art. 3 der EU-Multimedia-Richtlinie an. Es handelt sich um ein neues urheberrechtliches Verwertungsrecht. Systematisch zählt es zum Recht der öffentlichen Wiedergabe i. S. d. § 15 Abs. 2 Nr. 2 UrhG.

[69] Wandtke/Bullinger/*Bullinger* § 19a UrhG Rn. 2; Dreier/Schulze/*Dreier* § 19a UrhG Rn. 1.

einer unbestimmten Zahl von Personen von *Orten und Zeiten ihrer Wahl* – drahtlos oder drahtgebunden – abrufbar. Es handelt sich um eine *sukzessive Öffentlichkeit*.

H verletzt dadurch, dass er die Fotografien ohne Einwilligung des Künstlerpaares auf seiner Homepage wiedergibt, gegen das Recht der Urheber auf öffentliche Zugänglichmachung.

3. Rechtfertigung/Schrankenbestimmung

Eine Lizenz hat H nicht erworben. Der Eingriff in die Urheberrechte aus §§ 16 Abs. 1, 17 Abs. 1 und 19a UrhG könnte jedoch durch eine Schrankenbestimmung gerechtfertigt sein.

a) § 53 Abs. 1 UrhG (Vervielfältigung zum privaten Gebrauch). Das Herstellen der Abzüge (über den Erstabzug hinaus) könnte durch die Bestimmung in § 53 Abs. 1 UrhG gerechtfertigt sein. § 53 UrhG bezieht sich nur auf Vervielfältigungshandlungen i. S. d. § 16 UrhG. Nach § 53 Abs. 1 UrhG ist es zulässig, einzelne Vervielfältigungsstücke eines Werkes zum privaten Gebrauch herzustellen.

Privat ist, was sich im häuslichen Bereich oder im Freundeskreis abspielt.[70] Umfasst ist dabei nicht nur der Gebrauch durch die aktiv handelnde Person selbst, sondern auch der Gebrauch durch ihr persönlich verbundene Personen.[71] Damit darf H grundsätzlich auch Vervielfältigungsstücke in seinem Freundeskreis weiterreichen.

Allerdings dürfen nicht beliebig viele Vervielfältigungsstücke hergestellt werden. Das sind maximal 7 Exemplare.[72] Nach anderer Ansicht liegt die Zahl darunter.[73] In jedem Fall aber wird die Grenze überschritten, wenn 30 Abzüge von einem Negativ herstellt werden. Eine solch umfangreiche Vervielfältigung ist nicht mehr von § 53 Abs. 1 UrhG gedeckt und verletzt das Vervielfältigungsrecht des Künstlerpaares aus § 16 Abs. 1 UrhG.

b) § 59 UrhG (Panoramafreiheit). Eine Einschränkung der Urheberrechte der Künstler könnte sich jedoch aus § 59 UrhG ergeben. Nach dieser Bestimmung ist es zulässig, Werke, die sich bleibend an öffentlichen Wegen, Straßen oder Plätzen befinden, durch Lichtbild zu vervielfältigen und die Vervielfältigungen zu verbreiten.

Die Schrankenbestimmung des § 59 UrhG ist grundsätzlich eng auszulegen.[74] Die Rechte des Urhebers werden darüber hinaus durch § 14 UrhG, das Änderungsverbot aus § 62 UrhG und die Pflicht zur Quellenangabe gemäß § 63 UrhG gewährleistet.[75] Zunächst ist fraglich, ob eine Vervielfältigung in bearbeiteter Form (wie die Fotografien des H) überhaupt von der Schrankenbestimmung des § 59 UrhG erfasst wird. Gemäß § 62 Abs. 1 UrhG dürfen Änderungen an dem Werk auch dann nicht vorgenommen werden, wenn die Benutzung nach den Vorschriften des sechsten Abschnitts (§§ 45–63 UrhG), hier § 53 UrhG, zulässig ist. § 59 UrhG gestattet jedoch ausdrücklich die Vervielfältigung *mit den Mitteln der Malerei und Grafik, des Lichtbildes und des Films.* Wie oben festgestellt, liegt bei Vervielfältigungen dieser Art, insbesondere bei Fotografien, nicht nur eine Vervielfälti-

---

[70] Flechsig GRUR 1993, 532, 533; *Schack* Rn. 495.
[71] Schricker/*Loewenheim* § 53 UrhG Rn. 12; Dreier/Schulze/*Dreier* § 53 UrhG Rn. 7.
[72] BGH GRUR 1978, 474, 476 – Vervielfältigungsstücke; *Schack* Rn. 496.
[73] So Fromm/Nordemann/*W. Nordemann* § 53 UrhG Rn. 13, der als Obergrenze drei Exemplare ansieht; ebenso *Schack* Rn. 496; Dreier/Schulze/*Dreier* § 53 UrhG Rn. 9 stellt indes auf die Anzahl der Exemplare ab, die zur Deckung des rein persönlichen Bedarfs erforderlich sind.
[74] BGH GRUR 2001, 51 – Parfumflakon.
[75] Wandtke/Bullinger/*Lüft* § 59 UrhG Rn. 2; Fromm/Nordemann/*W. Nordemann* § 59 UrhG Rn. 6.

gung, sondern zugleich eine Bearbeitung vor. Der Gesetzgeber wollte durch die Regelung des § 59 UrhG gerade den schöpferisch tätigen Künstlern (auch Fotografen) freie Hand lassen.[76] Die Verwertungsrechte der §§ 15–23 UrhG müssen daher – in den Grenzen des § 59 UrhG – freigegeben sein: § 59 UrhG gestattet demnach auch eine Bearbeitung des Werkes.[77] Die Fotografien des H können deshalb grundsätzlich unter § 59 UrhG fallen.

Erforderlich für die Bejahung des § 59 UrhG ist, dass sich das Werk bleibend an öffentlichen Wegen, Straßen oder Plätzen befindet. In Bezug auf Fotografien gilt, dass diese *von einem für das Publikum allgemein zugänglichen Ort* aufgenommen werden müssen.[78] § 59 UrhG deckt dabei *nur die äußere Ansicht* von Bauwerken.[79]

Zwar befand sich das Kunstwerk „Verhüllter Reichstag" auf dem jedermann frei zugänglichen Reichstagsgelände und damit an einem *öffentlichen Platz*. Es war für die Allgemeinheit trotz Absperrungen auch frei sichtbar. Entscheidend ist jedoch, ob das *Merkmal „bleibend"* gegeben ist. Maßgebend dafür, ob sich ein Werk bleibend an einem öffentlich zugänglichen Ort befindet, ist die *Widmung durch den Verfügungsberechtigten*.[80] Nur wenn dieser den Willen hat, das Werk dauerhaft an dem öffentlichen Platz zu belassen, ist dieses bleibend i. S. d. § 59 UrhG.[81] Dieses Verständnis von § 59 UrhG entspricht den Vorstellungen des Gesetzgebers, der in der dauerhaften Belassung eines Werkes an einem öffentlichen Ort eine Widmung des Werkes an die Allgemeinheit sieht, die es rechtfertigt, die Vervielfältigung und Verbreitung von Abbildungen des Werkes zugunsten der Allgemeinheit freizugeben.[82]

Das Merkmal „bleibend" ist hier nicht erfüllt, weil die Verhüllung des Reichstages nach der Intention der Künstler auf drei Wochen befristet wurde, das Kunstwerk also nur für einen kurzen Zeitraum auf dem Reichstagsgelände Bestand haben sollte. Das Projekt war von Anfang an darauf angelegt, nach der Installationszeit wieder beseitigt zu werden. Unerheblich ist die Absicht, ob das Kunstwerk möglicherweise andernorts weiterexistieren soll.

Auch hat das Künstlerpaar Christo keine Erklärung an die Öffentlichkeit abgegeben, dass sie mit der beliebigen Anfertigung von Abbildungen und deren Verbreitung einver-

---

[76] Fromm/Nordemann/*W. Nordemann* § 59 UrhG Rn. 6.

[77] Vgl. AG Freiburg NJW 1997, 1160 – Holbein-Pferd; vgl. LG Mannheim, GRUR 1997, 364, 366 – Holbein-Pferd.

[78] BGH NJW 2004, 594 ff. – Hundertwasser-Haus; vgl. auch LG Potsdam ZUM-RD 2009, 223 ff., das den Begriff des für die Öffentlichkeit gewidmeten Platzes restriktiv auslegt. Es lehnt eine Anwendung des § 59 UrhG ab, sofern aufgrund privatrechtlicher Sachherrschaft ein durch Hausrecht geregeltes Aufnahmeverbot einer Stiftung, deren Satzung indes eine Zugänglichmachung für die Öffentlichkeit beinhaltet, besteht.

[79] BGH NJW 2004, 594 ff. – Hundertwasser-Haus.

[80] LG Hamburg GRUR 1989, 591, 592 – Neonrevier; LG Berlin NJW 1996, 2380, 2381 – Christo II; bestätigt von KG GRUR 1997, 128, 130 – Verhüllter Reichstag I; Wandtke/Bullinger/*Lüft* § 59 UrhG Rn. 4.

[81] *Schack* Rn. 506; *Müller-Katzenberg* NJW 1996, 2341, 2345.

[82] Vgl. Begr. zum Entwurf des Urheberrechtsgesetzes vom 23. 3. 1962, BT-Drucks. VI/270; Schricker/*Vogel* § 59 UrhG Rn. 2; der Schlussbericht der Enquete-Kommission (BT-Drucks. 16/7000, S. 267) legt indes Nahe, eine Vergütungspflicht für Abbildungen von Werken an öffentlichen Plätzen einzuführen. Ob und wie eine derartige Vergütungspflicht geregelt wird, bleibt abzuwarten. Es sei grundsätzlich empfehlenswert eine derartige Vergütung über die Verwertungsgesellschaften wahrnehmen zu lassen und diese ggf. beschränkt dahingehend auszugestalten, dass eine Abbildung vergütungsfrei bleibt, sofern das abgebildete Werk nicht das Hauptmotiv darstellt und keine kommerzielle Verwertung erfolgt.

standen sind. Im Gegenteil hatte das Künstlerpaar dies öffentlich untersagt, um v. a. die Refinanzierung des Projektes sicherzustellen.

Die Vervielfältigung der Fotografien und die Verbreitung der Fotografien als Postkarten sowie das Einstellen der Fotografien ins Internet ist nicht von der Panoramafreiheit des § 59 UrhG gedeckt.

4. Ergebnis

Das Verhalten des H verstößt gegen die Urheberrechte der Künstler aus §§ 16 Abs. 1, 17 Abs. 1, 19a, 23 UrhG. Sie haben daher einen Unterlassungsanspruch aus § 97 Abs. 1 UrhG i. V. m. §§ 16 Abs. 1, 17 Abs. 1, 19a UrhG. Darüber hinaus können sie aus § 97 Abs. 1 UrhG auch Schadensersatz geltend machen.

Ein Ersatz des immateriellen Schadens nach § 97 Abs. 2 UrhG kommt hingegen nur dann in Betracht, wenn eine besonders gravierende Verletzung der Urheberpersönlichkeitsrechte (§§ 12, 13, 14 UrhG) vorliegt. Dies ist hier nicht der Fall.

II. Auskunftsanspruch

Die Urheber verlangen Auskunft darüber, wie viele Fotografien und Postkarten H hergestellt und verkauft hat sowie, wie viele Fotografien auf seiner Homepage wiedergegeben wurden und für welche Dauer.

Diesbezügliche Auskunftsansprüche folgen aus § 101a Abs. 1 bis 2 UrhG. Diese können auch im Wege der einstweiligen Verfügung durchgesetzt werden, § 101a Abs. 3 UrhG.

Siehe auch Fall 22: Panoramafall (S. 112).

ʿ

Fall 17: Satelliten-TV

Recht der Wiedergabe von Funksendungen und von öffentlicher Zugänglichmachung/ Kabelweitersendung

Sachverhalt

In den deutschen ABC-Hotels wird das Satellitenprogramm des Fernsehsenders A-TV zentral empfangen und mittels einer internen Verteileranlage in die einzelnen Gästezimmer weitergeleitet. Die Programme können zeitgleich und unverändert entsprechend ihrer Ausstrahlung von den Gästen in ihren Zimmern empfangen werden.

Diesen Sachverhalt hat die F-Broadcasting System Europe Ltd. mit Sitz in London, Bestandteil (Tochterunternehmen) der MC-Sender-Gruppe mit Sitz in den USA, herausgefunden. F hat daraufhin einzelne Hotels abgemahnt und beruft sich in ihrem Schreiben darauf, Exklusivlizenznehmer von A-TV zu sein. Fest steht, dass A-TV in Großbritannien ausgestrahlt wird und F auch das Programm des A-TV bestimmt.

F behauptet in dem Schreiben, dass das Verhalten der ABC-Hotels die Urheberrechte von F als ausschließlichem Lizenznehmer von A-TV verletze. Unter Fristsetzung hat F die ABC-Hotels aufgefordert, mit ihr einen Lizenzvertrag abzuschließen, der der Abmahnung beigefügt war. Die Lizenzgebühr wird dabei anhand der Zimmerzahl bestimmt.

Einen Lizenzvertrag haben die ABC-Hotels bisher nicht geschlossen.

1. Nehmen Sie zur Rechtsfrage Stellung, ob F einen Anspruch gegen die ABC-Hotels auf Zahlung der Lizenzgebühr hat!
2. Kann F die betroffenen Rechte selbst geltend machen?
3. Besteht darüber hinaus eine Verpflichtung der ABC-Hotels zum Abschluss eines Lizenzvertrages?

Lösung

Frage 1 – Anspruch auf Schadensersatz aus § 97 Abs. 1 UrhG

Ein Anspruch auf Zahlung der Lizenzgebühr könnte sich aus § 97 Abs. 1 UrhG ergeben.

I. Anwendbarkeit des deutschen Urheberrechts

Wegen des Auslandsbezuges des vorliegenden Falls ist zunächst zu klären, ob das deutsche Urheberrecht Anwendung findet.

1. Anwendbarkeit nach § 120 Abs. 1 S. 1 und Abs. 2 Nr. 2 UrhG

§ 120 Abs. 1 S. 1 und § 120 Abs. 2 Nr. 2 UrhG sind hier bereits nicht einschlägig, da sie auf die deutsche Staatsgehörigkeit des Urhebers abstellen. Urheber kann nur eine natürliche Person, nicht aber F als (ausländische) juristische Person sein.

2. Anwendbarkeit nach § 127 Abs. 2, 3 UrhG

In Betracht kommt aber eine Anwendbarkeit des deutschen Urheberrechts nach § 127 Abs. 2, 3 UrhG. Nach § 127 Abs. 2 S. 1 UrhG genießen Sendeunternehmen ohne Sitz im Geltungsbereich dieses Gesetzes Schutz für alle Funksendungen, die sie im Geltungsbereich dieses Gesetzes ausstrahlen. Darüber hinaus ist der Schutz der Sendeunternehmen gemäß § 127 Abs. 3 S. 1 UrhG den Staatsverträgen zu entnehmen.

Ein Staatsvertrag zwischen den USA und Deutschland existiert jedoch nicht. Dem internationalen Abkommen über den Schutz der ausübenden Künstler, der Hersteller von Tonträgern und der Sendeunternehmen (Rom-Abkommen) vom 26. 10. 1961 sind die USA nicht beigetreten.[83]

3. Anwendbarkeit nach § 127 Abs. 1 S. 2 i.V.m. § 126 Abs. 1 S. 3 UrhG

Dass es sich bei A-TV wie auch F um ausländische Unternehmen handelt, ist aber insofern unschädlich, als beide Unternehmen jedenfalls einen Sitz in einem europäischen Mitgliedstaat, in London, haben und daher einem Unternehmen mit Sitz im Geltungsbereich des deutschen Urheberrechtsgesetzes gleichstehen (§ 127 Abs. 1 S. 2 UrhG i.V.m. § 126 Abs. 1 S. 3 UrhG).

Gemäß § 120 Abs. 2 Nr. 2 UrhG ist damit das deutsche Urheberrecht im vorliegenden Fall anwendbar.

---

[83] Vgl. Übersicht über den Stand der internationalen Verträge auf dem Gebiet des Urheberrechts am 1. 1 1997 in GRUR Int. 1997, 446, 448; die zehn Jahre dauernden Verhandlungen über einen das Rom-Abkommen ersetzenden WIPO-Rundfunkvertrag (WIPO Broadcasting Treaty), an denen die USA auch beteiligt waren, wurden auf Initiative der WIPO nach ihrer Einstellung 2008 durch ein „informal paper" wieder in Gang gesetzt, vgl. *Möller/Feidt* MMR 2009, XXV, XXVI mit Nachweisen für das „informal paper".

II. Schutzgegenstand

Programminhalte von Sendeunternehmen können urheberrechtlich als Filmwerke nach § 2 Abs. 1 Nr. 6 UrhG geschützt sein. Ein solcher urheberrechtlicher Schutz würde aber nicht dem Sendeunternehmen, sondern den Urhebern der jeweiligen Werke (Spielfilme, Dokumentationsfilme etc.) zukommen. Sendeunternehmen genießen jedoch für ihre Produktionen Leistungsschutz aus § 87 UrhG. Das Leistungsschutzrecht besteht in Bezug auf die Weitersendung (Nr. 1), Aufzeichnung, Vervielfältigung und Verbreitung auf Bild- oder Tonträger bzw. als Lichtbild (Nr. 2) und entgeltliche Wahrnehmbarmachung (Nr. 3).

III. Eingriffshandlungen

1. Eingriff in das Recht der Wiedergabe und öffentlichen Zugänglichmachung von Funksendungen aus § 22 UrhG

Das Zugänglichmachen von Satellitensendungen in Hotelzimmern könnte aber auch das Recht der Wiedergabe von Funksendungen (§ 22 UrhG) verletzen.

Das Recht der Wiedergabe von Funksendungen, § 22 UrhG, verlangt indes eine Fremdbestimmung des Empfangs, an der es vorliegend fehlt, da der Hotelgast selbst bestimmen kann, ob er das Gerät bedient oder nicht. Ebenso mangelt es am Vorliegen der Öffentlichkeit am Ort der Wiedergabe, denn § 22 Abs. 1 UrhG setzt voraus, dass der Empfängerkreis a einem Ort versammelt ist.[84]

2. Eingriff in das Recht auf Kabelweitersendung aus §§ 20, 20b UrhG

a) Das im Sachverhalt beschriebene Verhalten könnte jedoch unter dem Gesichtspunkt des Senderechts sowie des Kabelweitersendungsrechts aus §§ 20, 20b UrhG rechtswidrig sein. Empfängt ein Hotel durch eine hoteleigene Satellitenanlage Sendungen und speist diese in ein hoteleigenes Kabelsystem ein, um sie zu den einzelnen Hotelzimmern weiterzuleiten, so kann das Senderecht sowie das Kabelweiterleitungsrecht nach §§ 20, 20b UrhG betroffen sein.

b) Das Senderecht gemäß § 20 UrhG, d. h. das Recht, das Werk durch Funk, wie Ton- und Fernsehrundfunk, Satellitenrundfunk, Kabelfunk oder ähnliche technische Mittel, der Öffentlichkeit zugänglich zu machen, ist aber im vorliegenden Fall nur betroffen, wenn der Begriff der Öffentlichkeit i. S. d. § 15 Abs. 3 UrhG erfüllt ist. Die Wiedergabe eines Werkes ist nur öffentlich, wenn sie für eine unbestimmte Vielzahl von Personen bestimmt ist, es sei denn, dass der Kreis dieser Personen bestimmt abgegrenzt ist und sie durch gegenseitige Beziehungen oder durch Beziehungen zum Veranstalter persönlich untereinander verbunden sind.[85] Auch in der Rechtsprechung wird ein derart weiter Öffentlichkeitsbegriff angewendet.[86] Fraglich ist, ob von einer Öffentlichkeit bei den nur von Hotelgästen empfangenen Programmen in den einzelnen Hotelzimmern der ABC-Hotels vorliegt. Diese stehen gewissermaßen über den Aufenthalt in den ABC-Hotels miteinander in einer gewissen Beziehung. Der EuGH hat darüber entschieden, ob der private Charakter eines Hotelzimmers dem entgegen stehen könnte. Dies hat er indes verneint und eine öffentliche Wiedergabe von Fernsehprogrammen unter folgender Begründung

---

[84] Schricker/*v. Ungern-Sternberg* § 23 UrhG Rn. 11; *Ullrich* ZUM 2008, 112, 115.
[85] Vgl. Schricker/*v. Ungern-Sternberg* § 20 UrhG Rn. 8 f.
[86] Vgl. BGHZ 79, 350, 357 – Kabelfernsehen in Abschattungsgebieten; BGHZ 123, 149, 154 – Verteileranlagen.

angenommen: Der Begriff der Öffentlichkeit sei weit auszulegen, so dass nicht nur eine unbestimmte Anzahl möglicher Zuschauer in den Hotelzimmern zu berücksichtigen ist, sondern auch Gäste, die sich in anderen Räumen des Hotels aufhalten und denen dort ein Fernsehapparat zur Verfügung steht. Zudem ist zu beachten, dass Hotelgäste gewöhnlich rasch aufeinanderfolgen, so dass im Allgemeinen von vielen potentiellen Fernsehzuschauern auszugehen ist, denen die Werke öffentlich zugänglich gemacht werden.[87] Somit ist von einem Eingriff in das Senderecht gemäß § 20 UrhG auszugehen.[88]

c) Eine Kabelweitersendung i. S. d. § 20b UrhG ist gegeben, wenn ein Werk, das in einer für die Öffentlichkeit bestimmten Sendung terrestrisch, drahtgebunden oder über Satellit ausgestrahlt wird, *zeitgleich,* unverändert und vollständig in ein Kabelnetz eingespeist wird.[89]

Erfasst werden von der deutschen Urheberrechtsvorschrift nicht nur Kabelweitersendungen durch Kabelunternehmer mit großen grenzüberschreitenden Netzen (an die der europäische Richtliniengeber, der die Vorschrift des § 20b UrhG inspiriert hat, ursprünglich gedacht hat), sondern *auch kleine, innerstaatliche Netze,* wie sie ein Hotel betreibt.[90] Ausgenommen sind allein Gemeinschaftsantennenanlagen von Wohnungen bei nachbarschaftlichen Verhältnissen.[91]

d) Da die Satellitensendungen in den Hotelnetzen unverändert und zeitgleich mit ihrer Sendung eingespeist werden, ist auch dieses Tatbestandsmerkmal des § 20b UrhG gegeben. Das bei einem Sendeunternehmen betroffene Leistungsschutzrecht ist in § 87 UrhG geregelt. Es umfasst insbesondere das ausschließliche Recht, die Funksendung weiterzusenden (§ 87 Abs. 1 Nr. 1 UrhG). Die unlizenzierte hotelinterne Weiterleitung des Satellitenprogramms verletzt deshalb die Rechte des Sendeunternehmens.

e) Die Entscheidung des Oberlandesgerichts München vom 21. 12. 2000[92] bestätigt diese Ansicht. Das Urteil ist rechtskräftig, und der Bundesgerichtshof hat die Annahme der Revision verweigert. Diese Rechtsfrage kann als weitgehend geklärt angesehen werden.

IV. Ergebnis

Die Weiterleitung zentral empfangener Satellitensendungen durch ein hotelinternes Netz in die einzelnen Hotelgastzimmer greift in das urheberrechtliche Verwertungsrecht der §§ 20, 20b Abs. 1 UrhG ein. Nicht betroffen ist dagegen das Recht der Wiedergabe von Funksendungen (§ 22 UrhG).

Es besteht daher ein Schadensersatzanspruch der F gegen die ABC-Hotelgruppe auf Zahlung einer Lizenzgebühr aus §§ 97 Abs. 1, 20, 20b Abs. 1, 87 Abs. 1 UrhG. Daneben besteht auch ein Unterlassungsanspruch aus § 97 Abs. 1 UrhG.

---

[87] EuGH ZUM 2007, 132, 134 f.; vgl. OLG Hamm ZUM 2007, 918, 922; vgl. OLG Köln ZUM 2007, 749, 750.

[88] Der BGH hat sich dazu noch nicht geäußert, inwiefern § 20 oder § 20b UrhG hier einschlägig ist. Nach dem EuGH-Urteil ist indes davon auszugehen, dass auch von einer Verletzung des Senderechts gemäß § 20 UrhG durch die öffentliche Wiedergabe von Sendungen in Hotelzimmern auszugehen ist. Die bloße Bereitstellung eines Gerätes zum Empfang reicht hingegen für einen Eingriff nicht aus, EuGH ZUM 2007, 132 ff.

[89] BT-Drucks. 13/4796, 13; Schricker/*v. Ungern-Sternberg* § 20b UrhG Rn. 8.

[90] BT-Drucks. 13/4796, 13.

[91] Rechtsausschuss BT-Drucks. 13/9856, 3; Schalast/*Schalast* 436, 439 f.

[92] OLG München ZUM-RD 2002, 150.

Frage 2

I. Möglichkeit der F, das Recht aus § 20b UrhG selbst geltend zu machen

1. Ein Sendeunternehmen hat die Möglichkeit, das Kabelweitersendungsrecht für seine eigene Sendung selbst geltend zu machen. Grundsätzlich sieht die Vorschrift des § 20b Abs. 1 S. 1 UrhG vor, dass der Anspruch auf Kabelweitersendung nur von einer Verwertungsgesellschaft geltend gemacht werden kann. Derjenige, der eine Kabelweitersendung vornehmen möchte, soll nicht mit einzelnen Ansprüchen vieler Berechtigter wie Urheber oder ausübender Künstler konfrontiert werden. Er soll in der Ausübung seiner Rechte von Außenseitern nicht blockiert werden.[93] Zudem sollten Urheber und Leistungsschutzberechtigte als schwächere Vertragspartei die Möglichkeit bekommen, eine angemessene Vergütung zu erhalten.[94] Hat der Urheber sein Kabelweitersenderecht keiner Verwertungsgesellschaft übertragen, gilt nach § 13b Abs. 3 S. 1 WahrnG die Verwertungsgesellschaft als berechtigt, Rechte dieser Art wahrzunehmen.[95]

2. Diese Überlegungen treffen auf Sendeunternehmen nicht zu, weswegen sie von der Verwertungsgesellschaftpflichtigkeit des Anspruchs in Bezug auf ihre eigenen Sendungen freigestellt wurden.[96] Dies ergibt sich aus der Ausnahmevorschrift des § 20b Abs. 1 S. 2 UrhG. Die Regelung ist eindeutig.

Fraglich ist aber, ob F als Sendeunternehmen im Sinne der Vorschrift des § 20b Abs. 1 S. 2 UrhG anzusehen ist. Ein Sendeunternehmen im Sinne dieser Vorschrift ist jedes Unternehmen, das mit Hilfe von Funk i. S. d. § 20 UrhG oder durch Satellitensendung i. S. d. § 20a Abs. 3 UrhG Funksendungen veranstaltet.[97]

3. In dem Abmahnschreiben geht F von der Stellung des Exklusivlizenznehmers von A-TV aus. Daher stellt sich die Frage, ob F keine eigenen, sondern Senderechte Dritter geltend macht und damit möglicherweise nicht unter die Ausnahmevorschrift des § 20b Abs. 1 S. 2 UrhG fällt. In der Konsequenz wäre es möglich, dass nur eine Verwertungsgesellschaft die Rechte geltend machen könnte.

Hiergegen spricht allerdings der Konzernverbund zwischen F und A-TV. Die Aufgliederung eines Sendeunternehmens in verschiedene Gesellschaften kann keinen Einfluss auf die Eigenschaft des Konzerns als Sendeunternehmen i. S. v. § 20b UrhG haben. Das Privileg des Senders, Kabelweitersendungsrechte selbst geltend machen zu können, würde leer laufen, wenn innerhalb des Konzerns – wie hier für ein bestimmtes Land – einem verbundenen Unternehmen ein exklusives Lizenzrecht zur Geltendmachung der Ansprüche eingeräumt worden ist. Würde man nur das lizenzgebende Mutterunternehmen (hier: A-TV) als Sendeunternehmen ansehen, könnte dieses wegen der exklusiven Lizenz (an F) die eigenen Rechte überhaupt nicht mehr geltend machen. Die gesellschaftsrechtliche Struktur eines Sendeunternehmens dürfte daher keinen Einfluss auf den Begriff des Senders i. S. d. § 20b Abs. 1 S. 2 UrhG haben.

---

[93] Fromm/Nordemann/*Dustmann* § 20b UrhG Rn. 14 ff.; *Hillig* Beilage MMR 2001, 34, 35.

[94] BT-Drucks. 13/4796, 13 f.

[95] *Hillig* Beilage MMR 2001, 34, 35.

[96] Schricker/*v. Ungern-Sternberg* § 20b UrhG Rn. 14.

[97] Schricker/*v. Ungern-Sternberg* § 20b UrhG Rn. 16; Wandtke/Bullinger/*Ehrhardt* § 87 UrhG Rn. 8.

4. Nach einer weiteren Ansicht ist derjenige als Sendeunternehmen anzusehen, dem die Sendung rechtlich zuzuordnen ist, da er die Sendung zu verantworten hat.[98] Auf F als exklusiven Lizenznehmer von A-TV, der das Programm eigenverantwortlich nutzt, trifft dies zu. Soweit ersichtlich ist diese Rechtsfrage bisher von den Gerichten noch nicht behandelt worden. Festzuhalten ist aber, dass das Problem der Senderstellung durch F gegebenenfalls auf einfache Weise überwunden werden könnte, indem der Anspruch auch von A-TV erhoben wird.

Zusammenfassung:

– Ein Sender kann die ihm zustehenden Rechte aus § 20b Abs. 1 UrhG für eigene Sendungen selbst geltend machen und ist nicht auf eine Verwertungsgesellschaft angewiesen (§ 20b Abs. 1 S. 2 UrhG).

– Es ist damit zu rechnen, dass Verwertungsgesellschaften die Rechte nach § 20b UrhG für die Urheber und Leistungsschutzberechtigten zusätzlich selbstständig geltend machen werden.

II. Weitere Risiken im Zusammenhang mit der Vorschrift des § 20b UrhG

Macht das Sendeunternehmen wegen der Kabelweitersendung seine eigenen Ansprüche geltend, besteht das Risiko, dass Verwertungsgesellschaften daneben Rechte für die Urheber und Leistungsschutzberechtigten geltend machen, die an den Sendungen mitgewirkt haben. § 20b Abs. 2 UrhG sieht vor, dass der Kabelunternehmer dem Urheber auch dann eine angemessene Vergütung für die Kabelweitersendung zu zahlen hat, wenn der Urheber das Recht der Kabelweitersendung einem Sendeunternehmen oder einem Tonträger- oder Filmhersteller eingeräumt hat. Der Anspruch ist nach § 20b Abs. 2 S. 2 UrhG auch unverzichtbar.[99]

Es ergibt sich deshalb folgendes Gesamtbild: Macht das Sendeunternehmen selbst das Kabelweitersendungsrecht geltend, so regelt aus der Sicht des anwendenden Hotels der Lizenzvertrag die Sache nicht abschließend. Es ist zu erwarten, dass darüber hinaus die Verwertungsgesellschaften wegen der Urheber und Leistungsschutzberechtigten (Schauspieler, Musiker) Lizenzzahlungen verlangen werden.

So bezieht sich die zitierte Entscheidung des Oberlandesgerichts München[100] auf den Gesamtvertrag der GVL zur Vergütung für Kabelweitersendung in Beherbergungsbetrieben.

Frage 3 – Abschlusszwang des Sendeunternehmens/Lizenzhöhe

I.

Für Sendeunternehmen besteht der Zwang, mit Kabelunternehmen, wobei hier eben auch Hotels darunter fallen, Nutzungsverträge über die Kabelweitersendung abzuschließen. Dies ergibt sich aus der Vorschrift des § 87 Abs. 5 UrhG. Der zivilrechtliche Kontra-

---

[98] Wandtke/Bullinger/*Ehrhardt* § 87 UrhG Rn. 9; Schricker/*v. Ungern/Sternberg* § 87 UrhG Rn. 16.

[99] Schricker/*v. Ungern-Sternberg* § 20b UrhG Rn. 27; *Hillig* Beilage MMR 2001, 34, 36; *Wimmer* ZUM 2002, 534, 541.

[100] ZUM-RD 3/2002, 150 ff.

hierungszwang des Sendeunternehmens ergänzt § 20b Abs. 1 S. 2 UrhG.[101] Das Sendeunternehmen erhält auf der einen Seite das Privileg (anders als beispielsweise der Urheber), das Kabelweitersendungsrecht selbst geltend machen zu können (siehe Frage 2 I. 1.). Dem steht die Pflicht gegenüber, mit Kabelweitersendeunternehmen entsprechende Lizenzverträge abzuschließen.

II.

Dieser zivilrechtliche Kontrahierungszwang soll dazu führen, den Abschluss von Verträgen über Kabelweitersendungen zu fördern und einen Missbrauch von Verhandlungspositionen zu verhindern.[102] Kabelweitersendungen sind zu *angemessenen* Bedingungen zu gestatten. Für die Überprüfung der Angemessenheit der Bedingungen sind die marktüblichen Regelungen heranzuziehen.[103] Dabei soll zu berücksichtigen sein, dass die Veranstaltung von Sendungen einen kostspieligen technischen und wirtschaftlichen Aufwand erfordert.[104]

III.

Über die Lizenzhöhe kann gestritten werden. Sollte bei Gesprächen keine Einigung gefunden werden, so ist ein Schiedsgerichtsverfahren vorgesehen.[105] Nach dem Schiedsverfahren kann die gerichtliche Auseinandersetzung vor den ordentlichen Gerichten betrieben werden.

Zusammenfassung:

- Der von F vorgelegte Entwurf für den Lizenzvertrag muss inhaltlich nicht einfach hingenommen werden. Er könnte in Bezug auf seine Angemessenheit – auch durch ein Schiedsverfahren und anschließend durch ein ordentliches Gericht – überprüft werden.
  Es ist zu beachten, dass sich die Ergebnisse dieser Begutachtung ausschließlich auf Deutschland beziehen. Die Gesetzeslage in anderen europäischen Staaten weicht teilweise ab.

---

[101] Wandtke/Bullinger/*Ehrhardt* § 87 UrhG Rn. 20; Fromm/Nordemann/*Hertin* § 87 UrhG Rn. 9; Möhring/Nicolini/*Hillig* § 87 UrhG Rn. 56.

[102] Schricker/*v. Ungern-Sternberg* § 87 UrhG Rn. 49; Möhring/Nicolini/*Hillig* § 87 UrhG Rn. 54.

[103] Wandtke/Bullinger/*Ehrhardt* § 87 UrhG Rn. 20. Im Rahmen der Prüfung der Angemessenheit der Bedingungen des Vertrags kann der Vergütungstarif der VG Satellit für die Weiterleitung von Via-Satellitenempfang von Rundfunkprogrammen durch Verteilnetze eine Hilfe bieten (Möhring/Nicolini/*Hillig* § 87 UrhG Rn. 54).

[104] *Hillig* Beilage MMR 2001, 34, 38.

[105] Möhring/Nicolini/*Hillig* § 87 UrhG Rn. 58.

Fall 18: Pressemappe

Pressespiegel

Sachverhalt

Ausgangsfall:

Das Unternehmen U möchte seine über 200 Mitarbeiter regelmäßig über für das Unternehmen interessante Beiträge in Zeitungen und Zeitschriften informieren. U stellt dazu die relevanten Zeitungs- und Zeitschriftenartikel täglich zu einer „Pressemappe" zusammen. Diese Pressemappe wird in der erforderlichen Anzahl fotokopiert und an die Mitarbeiter von U ausgegeben. U hat die Verlage der von ihm verwendeten Publikationen nicht um Erlaubnis ersucht. Wie ist die „Pressemappe" des U urheberrechtlich zu beurteilen?

Abwandlung:

Im Zuge des technischen Fortschritts möchte U die Pressemappe nicht mehr als Fotokopie verteilen, sondern den Mitarbeitern über das Intranet des Unternehmens in digitaler Form zur Verfügung stellen. Die ausgewählten Zeitungs- und Zeitschriftenartikel sollen dazu mit Hilfe eines Scanners digitalisiert werden und die einzelnen Dateien dann zu einer Sammeldatei zusammengefasst werden. Die Datei hat ein grafisches Format ohne die Möglichkeit zu einer so genannten Volltextrecherche. Ist diese elektronische Übermittlung der Pressemappe unter urheberrechtlichen Gesichtspunkten zulässig?

Lösung

I. Die urheberrechtliche Zulässigkeit des herkömmlichen „Pressespiegels" (Ausgangsfall)

1. Schutzgegenstand

Beiträge in Zeitungen und Zeitschriften genießen in der Regel urheberrechtlichen Schutz als Sprachwerke i. S. v. § 2 Abs. 1 Nr. 1 UrhG.[106] Ihre Nutzung ist dementsprechend nach Maßgabe der §§ 15 ff. UrhG ausschließlich dem Autor als Urheber bzw. dem Verlag, der die Nutzungsrechte vom Autor erworben hat, vorbehalten.

2. Eingriffshandlung

Zur Herstellung von Vervielfältigungsstücken eines Werkes ist gemäß § 16 Abs. 1 UrhG ausschließlich der Urheber berechtigt. Vervielfältigungen sind jede körperliche Fixierung des Werkes.[107] Dazu gehört insbesondere auch die Fotokopie, so dass die Herstellung der Pressemappe in der für die Mitarbeiter von U erforderlichen Anzahl das ausschließliche *Vervielfältigungsrecht* der Urheber bzw. – als abgeleitetes Recht – der Verlage berührt.

Gemäß § 17 Abs. 1 UrhG hat der Urheber das ausschließliche Recht, das Werk oder Vervielfältigungsstücke davon der Öffentlichkeit anzubieten oder in Verkehr zu bringen.

---

[106] Wandtke/Bullinger/*Bullinger* § 2 UrhG Rn. 54.
[107] Grundlegend: BGHZ 17, 267, 269 f. – Grundig-Reporter; Dreier/Schulze/*Schulze* § 16 UrhG Rn. 7 m. w. N.

Indem U die Pressemappe an seine Mitarbeiter ausgibt, könnte die Pressemappe damit zugleich auch einen Eingriff in dieses *Verbreitungsrecht* darstellen. Dies setzt voraus, dass die Weitergabe der Pressemappe „öffentlich" ist. Für die Konkretisierung des Begriffs der „*Öffentlichkeit*" i. S. v. § 17 UrhG ist sinngemäß die urheberrechtliche Legaldefinition in § 15 Abs. 3 UrhG maßgeblich.[108] Zur Öffentlichkeit gehört dementsprechend jeder, der nicht mit demjenigen, der das Werk verbreitet oder mit den anderen Personen, denen das Werk zugänglich gemacht wird, „durch persönliche Beziehungen verbunden ist". Erforderlich für eine solche private Verbundenheit ist, dass zwischen den Beteiligten untereinander ein enger gegenseitiger Kontakt besteht und bei den Beteiligten das Bewusstsein vorhanden ist, dass sie persönlich untereinander verbunden sind.[109] Ob dies zutrifft, ist letztlich eine Frage des Einzelfalles. Je größer der Kreis der Beteiligten ist, desto geringer ist jedoch die Wahrscheinlichkeit, dass die erforderliche persönliche Verbundenheit besteht.[110] U spricht mit seinem Pressespiegel über 200 Mitarbeiter an; bei großen Unternehmen ist regelmäßig davon auszugehen, dass der für eine nichtöffentliche Nutzung erforderliche engere Kontakt nicht besteht.[111] Die Pressemappe des U greift somit auch in das ausschließliche Recht zur Verbreitung ein.

3. Die Schranke des § 49 UrhG – Zeitungsartikel und Rundfunkkommentare

Mit dem Kauf einer Zeitung oder Zeitschrift ist ein Erwerb urheberrechtlicher Befugnisse, insbesondere des Rechts zur Vervielfältigung, nicht verbunden, so dass U sich bei der Vervielfältigung und Verbreitung der Zeitungsartikel nicht auf ein vertragliches Nutzungsrecht berufen kann. Die Presseschau könnte aber als so genannter „Pressespiegel" gemäß § 49 Abs. 1 UrhG auch ohne vertraglichen Rechterwerb von Gesetzes wegen zulässig sein, denn § 49 Abs. 1 UrhG gestattet im Interesse der Allgemeinheit an Informationen die Vervielfältigung und Verbreitung einzelner Zeitungsartikel in anderen Informationsblättern ohne die Zustimmung des Urhebers bzw. des Rechtsinhabers.

a) Pressespiegel als „andere Informationsblätter". Fraglich ist zunächst, ob die Presseschau des U überhaupt unter § 49 Abs. 1 UrhG subsumiert werden kann. Derartige Zusammenstellungen von Zeitungsartikeln zu aktuellen Ereignissen zum Zwecke der internen Information in Unternehmen, Behörden usw. werden allgemein als „*Pressespiegel*" bezeichnet. Das Urheberrechtsgesetz verwendet den Begriff „Pressespiegel" jedoch nicht; § 49 Abs. 1 UrhG bezieht sich lediglich auf „Informationsblätter". Dem Wortlaut nach werden Pressespiegel von der Privilegierung des § 49 Abs. 1 UrhG daher nicht erfasst. Nach ganz überwiegender Auffassung in der Literatur[112] fallen unter den Oberbegriff „*Informationsblatt*" aber gerade auch die herkömmlichen Pressespiegel, die Unternehmen, Behörden, Verbände usw. für den internen Gebrauch erstellen. Dieser Meinung hat sich auch der BGH[113] angeschlossen.

---

[108] BGH GRUR 1982, 102, 103 – Masterbänder; Dreier/Schulze/*Schulze* § 17 UrhG Rn. 7.

[109] Möhring/Nicolini/*Kroitzsch* § 15 UrhG Rn. 30.

[110] Möhring/Nicolini/*Kroitzsch* § 15 UrhG Rn. 30; Dreier/Schulze/*Dreier* § 15 UrhG Rn. 44.

[111] BGH GRUR 1955, 549 – „Betriebsfeiern"; nach Wandtke/Bullinger/*Heerma* § 15 UrhG Rn. 20 spricht bei 100 Personen oder mehr die Lebenserfahrung gegen einen hinreichenden persönlichen Kontakt. Ein anderes Ergebnis ist hier mit entsprechender Begründung durchaus möglich; der Pressespiegel würde dann nur das Vervielfältigungsrecht berühren, dies hätte freilich keine Auswirkungen auf die tatbestandlichen Voraussetzungen für eine Zulässigkeit des Pressespiegels.

[112] Statt aller: Wandtke/Bullinger/*Lüft* § 49 UrhG Rn. 12; Möhring/Nicolini/*Engels* § 49 UrhG Rn. 9; Schricker/*Melichar* § 49 UrhG Rn. 12; *Schack* Rn. 484; *Rogge* 220 ff.

[113] BGH ZUM 2002, 740, 742 – Elektronischer Pressespiegel.

b) Zulässige Vorlagen und Inhalte. Zu prüfen ist weiter, welche Vorlagen und welche Inhalte U für den Pressespiegel verwenden darf. § 49 Abs. 1 UrhG nennt als zulässige Quelle „Zeitungen und andere lediglich Tagesinteressen dienende Informationsblätter", ohne diese Begriffe näher zu definieren. Maßgeblich ist, dass die Publikation der Übermittlung von Tagesneuigkeiten dient; eine tägliche Erscheinungsweise ist indes nicht erforderlich.[114] Umstritten war, ob auch wöchentlich oder monatlich erscheinende Publikumszeitschriften („Der Spiegel", „Der Stern" usw.) Zeitungen i. S. v. § 49 Abs. 1 UrhG sind. Soweit derartige Zeitschriften ihrem Gesamtcharakter nach im Wesentlichen lediglich der (tages-) aktuellen Information dienen, hält der BGH[115] die Verwendung von Artikeln aus solchen Zeitschriften in Pressespiegeln für zulässig. Schrankenbestimmungen sind zwar in der Regel eng auszulegen, dennoch ist bei deren Auslegung darauf zu achten, welcher Zweck damit verfolgt wird. Denn maßgeblich für eine Beurteilung, ob Zeitschriften von der Schrankenregelung erfasst sind, ist u. a., ob die dort veröffentlichten Artikel eher der Befriedigung des Informationsbedürfnisses über aktuelle (Tages-) Ereignisse dienen oder ob sie archivarischen Charakter haben und zu einem späteren Zeitpunk nachgeschlagen und –gelesen werden.[116] Unter die von § 49 Abs. 1 UrhG erfassten anderen Informationsblätter fallen z. B. Nachrichtendienste oder Rundbriefe von Verbänden.[117] Die Verwendung von Artikeln aus online verfügbaren Quellen, wie z. B. dem Internetangebot einer Zeitung, ist in herkömmlichen Pressespiegeln ebenfalls nach den allgemeinen Kriterien zulässig.[118] Reine Fachzeitschriften sind aufgrund der fehlenden Bezugnahme auf Tagesereignisse indes keine nach § 49 Abs. 1 UrhG zulässigen Quellen.[119] Die Schranke des § 49 Abs. 1 UrhG bezieht sich schließlich nicht auf sämtliche Inhalte der zulässigen Quellen, sondern nur auf „Artikel". In Pressespiegeln dürfen neben Sprachwerken i. S. v. § 2 Abs. 1 Nr. 1 UrhG nunmehr auch Abbildungen jeglicher Art wie etwa Lichtbildwerke, Darstellungen wissenschaftlicher oder technischer Art (Grafiken und Lichtbilder) aufgenommen werden.[120] Gestattet ist indes lediglich die Übernahme von Artikeln, die wirtschaftliche, politische oder religiöse Tagesfragen betreffen.

Unbeschränkt zulässig ist die Vervielfältigung, Verbreitung und öffentliche Wiedergabe von vermischten Nachrichten tatsächlichen Inhalts und von Tagesneuigkeiten, die durch die Presse oder Funk veröffentlicht worden sind (§ 49 Abs. 2 UrhG). Da solche Nachrichten mangels geringer Individualität meist nicht die Schutzvoraussetzungen des § 2 UrhG erfüllen, fehlt ihnen in der Regel ohnehin der urheberrechtliche Werkcharakter,[121] so dass sie unter urheberrechtlichen Gesichtspunkten keiner Nutzungsbeschränkung unterliegen.

---

[114] Wandtke/Bullinger/*Lüft* § 49 UrhG Rn. 6.

[115] BGH GRUR 2005, 670 ff. – WirtschaftsWoche; vgl. auch Dreier/Schulze/*Dreier* § 49 UrhG Rn. 7; Schricker/*Melichar* § 49 UrhG Rn. 5; Möhring/Nicolini/*Engels* § 49 UrhG Rn. 8; *Rogge* 189; OLG Köln ZUM 2000, 243; Wandtke/Bullinger/*Lüft* § 49 UrhG Rn. 6.

[116] BGH GRUR 2005, 670, 672 – WirtschaftsWoche.

[117] Wandtke/Bullinger/*Lüft* § 49 UrhG Rn. 7 mit weiteren Beispielen.

[118] Wandtke/Bullinger/*Lüft* § 49 UrhG Rn. 8 und Dreier/Schulze/*Dreier* § 49 UrhG Rn. 7, die sich für eine analoge Anwendung des § 49 Abs. 1 UrhG aussprechen.

[119] Dreier/Schulze/*Dreier* § 49 UrhG Rn. 7.

[120] BT-Drucks. 16/1828, 25; Wandtke/Bullinger/*Lüft* § 49 UrhG Rn. 5; Möhring/Nicolini/*Engels* § 49 UrhG Rn. 7; Schricker/*Melichar* § 49 UrhG Rn. 4; Dreier/Schulze/*Dreier* § 49 UrhG Rn. 4 ff.

[121] Wandtke/Bullinger/*Lüft* § 49 UrhG Rn. 19; OLG Hamburg GRUR 1978, 308 – Artikelübernahme.

c) Umfang der zulässigen Nutzung. § 49 Abs. 1 UrhG gestattet die Vervielfältigung und die Verbreitung und schränkt damit die entsprechenden Verwertungsrechte aus § 16 UrhG und § 17 UrhG ein.[122] Die übernommenen Artikel dürfen aufgrund des für alle urheberrechtlichen Schranken geltenden umfassenden Änderungsverbotes gemäß § 62 UrhG aber grundsätzlich nicht verändert werden.[123]

d) Kein Rechtevorbehalt. Voraussetzung für eine Berechtigung zur Vervielfältigung eines urheberrechtlich geschützten Zeitungsartikels in einem Pressespiegel ist, dass der Artikel nicht mit einem Vorbehalt der Rechte versehen ist, der deutlich macht, dass die Vervielfältigung nicht gestattet ist (z. B. „Nachdruck verboten"). Nach herrschender Meinung[124] reicht für einen wirksamen Vorbehalt der Rechte eine pauschale Klausel, z. B. im Impressum allerdings nicht aus. Der Rechtevorbehalt muss stattdessen an dem jeweiligen Artikel angebracht sein. In der Praxis spielt der Rechtevorbehalt aus diesem Grunde keine große Rolle.

e) Quellenangabe. Sämtliche Artikel, die nach § 49 Abs. 1 UrhG zulässiger Weise in einen Pressespiegel aufgenommen werden, müssen gemäß § 63 Abs. 3 UrhG deutlich mit einer Angabe der Quelle versehen werden. Dabei muss es sich um eine so genannte „qualifizierte Quellenangabe"[125] handeln – neben dem Urheber ist auch die Publikation zu nennen, der der übernommene Artikel entstammt.

f) Vergütungsanspruch. § 49 Abs. 1 UrhG berechtigt zur zustimmungsfreien, nicht aber zur vergütungsfreien Nutzung von Zeitungsartikeln. Die Urheber – nicht die Verlage – haben gemäß § 49 Abs. 1 S. 2 UrhG einen Anspruch auf eine angemessene Vergütung. Dieser Vergütungsanspruch kann nur von einer Verwertungsgesellschaft geltend gemacht werden. Zur Durchsetzung dieses Anspruchs besteht gegen die Nutzer, also gegen die Herausgeber des Pressespiegels, ein Auskunftsanspruch.[126] In der Praxis zuständig ist die VG Wort, die für die Vergütung von Pressespiegeln Tarife gemäß § 13 UrhWG aufgestellt hat.

4. Ergebnis

Die Herstellung und Verbreitung einer unternehmensinternen Pressemappe durch U an seine Mitarbeiter ist als so genannter „Pressespiegel" nach Maßgabe von § 49 Abs. 1 UrhG auch ohne einen vertraglichen Rechteerwerb zulässig.

II. Die urheberrechtliche Zulässigkeit des „elektronischen" Pressespiegels (Abwandlung)

Im Unterschied zum Ausgangsfall erfolgt die Übermittlung des Pressespiegels in der Abwandlung nicht als Fotokopie, sondern mit Hilfe digitaler Technik. Diese Form der Datenübermittlung, z. B. in unternehmensinternen Netzwerken, gewinnt im Zuge der Verbreitung der modernen Kommunikationsmittel an Bedeutung. Fraglich ist, ob auch derartige *„elektronische"* Pressespiegel von § 49 Abs. 1 UrhG erfasst sind.

---

[122] Dreier/Schulze/*Dreier* § 49 UrhG Rn. 16; Wandtke/Bullinger/*Lüft* § 49 UrhG Rn. 12.

[123] Dreier/Schulze/*Dreier* § 49 UrhG Rn. 2.

[124] Wandtke/Bullinger/*Lüft* § 49 UrhG Rn. 11; Dreier/Schulze/*Dreier* § 49 UrhG Rn. 10; Möhring/Nicolini/*Engels* § 49 UrhG Rn. 18.

[125] Dreier/Schulze/*Dreier* § 49 UrhG Rn. 2.

[126] Dreier/Schulze/*Dreier* § 49 UrhG Rn. 21; Wandtke/Bullinger/*Lüft* § 49 UrhG Rn. 17.

1. Eingriffshandlung

Auf die zur Herstellung von Vervielfältigungsstücken verwendete Technik kommt es für die urheberrechtliche Tatbestandsmäßigkeit nicht an, so dass auch die Herstellung digitaler Kopien das Recht zur Vervielfältigung aus § 16 UrhG berührt.[127] Zur Einstellung ins Intranet muss der elektronische Pressespiegel im Computersystem gespeichert und damit i. S. v. § 16 UrhG vervielfältigt werden, so dass der elektronische Pressespiegel des U in das Vervielfältigungsrecht eingreift. Die Einstellung des elektronischen Pressespiegels in das firmeninterne Netzwerk (Intranet) könnte außerdem auch in das Recht der öffentlichen Zugänglichmachung aus § 19a UrhG eingreifen. Das *Recht der öffentlichen Zugänglichmachung* ist das Recht, das Werk drahtgebunden oder drahtlos der Öffentlichkeit in einer Weise zugänglich zu machen, dass es Mitgliedern der Öffentlichkeit von Orten und zu Zeiten ihrer Wahl zugänglich ist. Für die Zugänglichmachung kommt es allein darauf an, dass Dritten durch eine Bereitstellung zum (interaktiven) Abruf den Zugriff auf das geschützte Werk erhalten; auf welche Weise dies geschieht, ist – wie die Formulierung „drahtlos oder drahtgebunden" deutlich macht – unbeachtlich[128], insbesondere wird jedoch durch dieses neue[129] Verwertungsrecht die Einstellung eines Werkes in Netzwerke (Internet, Intranet usw.) erfasst.[130] Ob die Einstellung eines Werkes in ein Intranet öffentlich i. S. v. § 19a UrhG ist, richtet sich ebenfalls nach den Kriterien des § 15 Abs. 3 UrhG,[131] so dass auch die elektronische Übermittlung des Pressespiegels durch U an seine Mitarbeiter öffentlich ist[132] und damit in das Recht der öffentlichen Zugänglichmachung eingreift.

2. Zulässigkeit einer erweiterten Auslegung des § 49 Abs. 1 UrhG

Die Zulässigkeit des elektronischen Pressespiegels gehört zu den besonders umstrittenen urheberrechtlichen Fragen der vergangenen Jahre. Während der wohl überwiegende Teil des Schrifttums[133] den elektronischen Pressespiegel für zulässig hielt, bildete sich in der Rechtsprechung[134] zunächst eine mehrheitlich ablehnende Auffassung heraus.

Die urheberrechtlichen Schrankenbestimmungen sind im Hinblick darauf, dass der Urheber tunlichst an den Früchten aus der Verwertung seines Werkes zu beteiligen ist,[135] grundsätzlich eng auszulegen.[136] Für diese Auslegung der urheberrechtlichen Schrankenbestimmungen ist prinzipiell das Verständnis der privilegierenden Norm im Lichte der

---

[127] BGH GRUR 1991, 449, 453 – Betriebssystem; Wandtke/Bullinger/*Heerma* § 16 UrhG Rn. 13; Möhring/Nicolini/*Kroitzsch* § 16 UrhG Rn. 5; Schricker/*Loewenheim* § 16 UrhG Rn. 18; Dreier/Schulze/*Schulze* § 16 UrhG Rn. 7; *Schack* ZUM 2002, 498.

[128] Dreier/Schulze/*Dreier* § 19a UrhG Rn. 6, Wandtke/Bullinger/*Bullinger* § 19a UrhG Rn. 5.

[129] § 19a UrhG ist in das Urheberrechtsgesetz durch das „Gesetz zur Regelung des Urheberrechts in der Informationsgesellschaft" vom 10. 9. 2003, BGBl. I, 1774, eingefügt worden.

[130] Wandtke/Bullinger/*Bullinger* § 19a UrhG Rn. 8; Dreier/Schulze/*Dreier* § 19a UrhG Rn. 7.

[131] Wandtke/Bullinger/*Bullinger* § 19a UrhG Rn. 6; Dreier/Schulze/*Dreier* § 19a UrhG Rn. 7.

[132] Zur Öffentlichkeit siehe oben Ziffer I. 2.

[133] Statt aller: Schricker/*Melichar* § 49 UrhG Rn. 33; Möhring/Nicolini/*Engels* § 49 UrhG Rn. 15; Wandtke/Bullinger/*Lüft* § 49 UrhG Rn. 15; *Hoeren* MMR 1999, 412, 413; *Rogge* 207 ff.

[134] OLG Köln GRUR 2000, 417, 419 – Elektronischer Pressespiegel; OLG Hamburg ZUM 2000, 960 – Elektronische Pressespiegel; OLG Hamburg 2002, 51 – Goldmann Kommunikationssysteme.

[135] Zum urheberrechtlichen Beteiligungsgrundsatz ausführlich: *Jani* 112 ff.

[136] BGHZ 58, 262, 265; BGHZ 87, 126, 129; BGHZ 114, 368, 371; BGHZ 134, 250, 264 – CB-Infobank I; BGH ZUM 2002, 740, 742 – Elektronischer Pressespiegel; Wandtke/Bullinger/*Lüft* § 53 UrhG Rn. 3; Möhring/Nicolini/*Nicolini* § 45 UrhG Rn. 2.

technischen Gegebenheiten im Zeitpunkt der Einführung des Privilegierungstatbestandes entscheidend.[137] Die elektronische Übermittlung von Daten war weder bei der Schaffung des § 49 Abs. 1 UrhG im Jahr 1965 noch bei seiner Novelle 1985 bekannt. Insofern könnte es richtig sein, den elektronischen Pressespiegel de lege lata nicht unter § 49 Abs. 1 UrhG zu fassen. Allerdings kann im Einzelfall eine erweiterte Auslegung der Schrankenbestimmung geboten und zulässig sein, wenn die neue technische Nutzung der bisherigen im Wesentlichen entspricht. Die Anwendung der urheberrechtlichen Schranken ist deshalb nicht zwingend auf technische Sachverhalte beschränkt, die bei der Schaffung der privilegierenden Norm bereits bekannt waren.[138]

3. Voraussetzungen für die Zulässigkeit des elektronischen Pressespiegels

Im Rahmen der erweiterten Auslegung der Schranke ist zu prüfen, ob der zu beurteilende Vorgang funktional dem entspricht, was der Gesetzgeber ursprünglich als regelungsbedürftig angesehen hat. Für den Pressespiegel heißt das, ob und unter welchen Voraussetzungen die elektronische Form den herkömmlichen Pressespiegel lediglich ersetzt, ohne zusätzliche, die Interessen der Urheber beeinträchtigende, Nutzungsmöglichkeiten zu bieten. Der elektronisch übermittelte Pressespiegel kann daher nur dann unter § 49 Abs. 1 UrhG subsumiert werden, wenn und soweit er in seiner Funktion und in seinen Nutzungsmöglichkeiten dem herkömmlichen Pressespiegel im Wesentlichen entspricht.[139] Dies ist nach dem Grundsatzurteil des BGH[140] zum elektronischen Pressespiegel unter zwei Voraussetzungen, die kumulativ erfüllt sein müssen, der Fall:

Zum einen darf die elektronische Übermittlung durch eine Datei an den Arbeitsplatz lediglich an die Stelle der Fotokopie und deren Versendung treten.[141] Ob die Datei vom Nutzer nur am Bildschirm gelesen oder auch ausgedruckt werden kann, ist dann allerdings unerheblich; auch kommt es nicht darauf an, ob der elektronische Pressespiegel den Nutzern offline, z. B. auf einer CD, oder online zur Verfügung gestellt wird.[142] Der elektronische Pressespiegel darf hingegen keine durch die digitale Technik erzeugten zusätzlichen Recherche- und Archivierungsmöglichkeiten bieten. Solche weitergehenden Nutzungen sind von dem Privileg des § 49 Abs. 1 UrhG nicht mehr erfasst. Der elektronisch übermittelte Pressespiegel darf deshalb nur in einer Form zugänglich gemacht werden, die sich im Falle der Speicherung nicht zu einer Volltextrecherche und zur Einstellung in ein digitales Archiv eignet. Voraussetzung für seine urheberrechtliche Zulässigkeit ist deshalb zunächst, dass der elektronische Pressespiegel als grafische Datei übermittelt wird, oder als Datei, in die die einzelnen Artikel als Faksimile integriert sind.[143] Als zweite Voraussetzung ist er-

---

[137] BGHZ 17, 266, 282 – Grundig-Reporter; 134, 250, 263 f. – CB-Infobank I; BGH ZUM 2002, 740, 743 – Elektronischer Pressespiegel.

[138] BGH CR 2002, 176 – Scanner; BGH ZUM 2002, 740, 743 – Elektronischer Pressespiegel.

[139] BGH ZUM 2002, 740, 742 – Elektronischer Pressespiegel; der Gesetzgeber hat bewusst darauf verzichtet die vorgenannte Entscheidung des BGH in das Urheberrechtsgesetz zu übernehmen, da lediglich mittels Auslegung entschieden wurde, dass der elektronische Pressespiegel unter § 49 UrhG zu subsumieren sei; der Gesetzgeber sah darin keine ausfüllungsbedürftige Regelungslücke durch richterliche Rechtsfortbildung, BT-Drucks 16/1828, 21.

[140] BGH I ZR 255/00, ZUM 2002, 740 ff. – Elektronischer Pressespiegel.

[141] BGH ZUM 2002, 740, 743 – Elektronischer Pressespiegel.

[142] Dreier/Schulze/*Dreier* § 49 UrhG Rn. 20.

[143] BGH ZUM 2002, 740, 743 – Elektronischer Pressespiegel.

forderlich, dass der elektronische Pressespiegel als so genannter „inhouse"-Pressespiegel auf die unternehmens- oder behördeninterne Verbreitung beschränkt wird.[144]

Die Tatsache, dass die elektronische Form des Pressespiegels eine Nutzungsart ist, die bei Schaffung des § 49 Abs. 1 UrhG noch nicht bekannt war, steht ihrer urheberrechtlichen Zulässigkeit somit nicht entgegen, und im Wege der erweiterten Auslegung schränkt § 49 Abs. 1 UrhG unter den genannten Voraussetzungen damit auch das Recht der öffentlichen Zugänglichmachung aus § 19a UrhG ein.

4. Ergebnis

U darf den Pressespiegel für den internen Gebrauch auch elektronisch herstellen und an seine Mitarbeiter über das Intranet zugänglich machen, sofern der elektronische Pressespiegel die vom BGH definierten Voraussetzungen erfüllt.

Fall 19: Intranet

Öffentliche Zugänglichmachung für Unterricht und Forschung

Sachverhalt

Prof. C betreibt an einer deutschen Universität mit seinem aus drei wissenschaftlichen Assistenten und zwei Doktoranden bestehenden Forschungsteam Grundlagenforschung mit dem Ziel der Entdeckung neuer Antikörper. Er erhält von einem Kollegen einer anderen Universität einen ausgeschnittenen Artikel zugesandt, der in einer wöchentlich in Deutschland erscheinenden medizinischen Fachzeitschrift abgedruckt war. Dort wird über bahnbrechende neueste Entdeckungen im Forschungsgebiet des Teams um Prof. C berichtet. Um seine Mitarbeiter so schnell wie möglich über diese Veröffentlichung zu informieren, scannt Prof. C die erhaltene Kopie ein und stellt die Datei in das Intranet der Universität ein, auf das grundsätzlich alle Professoren, Angestellte und Studenten Zugriff haben. Er stellt dabei aber durch Begrenzung der Zugriffsrechte mittels Passwortschutz sicher, dass nur die Mitglieder seiner Forschungsgruppe Zugang zur Datei haben.

Der Verleger der Fachzeitschrift V, dem vom Autor des Artikels die ausschließlichen Rechte zum Abdruck und zur Online-Nutzung des Textes eingeräumt worden waren, erhält von den Handlungen von Prof. C Kenntnis und fragt seinen Anwalt, ob er die Einstellung des Artikels in das Intranet der Universität und die Herstellung von einzelnen Ausdrucken durch die Mitglieder der Forschungsgruppe untersagen lassen kann.

---

[144] BGH ZUM 2002, 740, 743 – Elektronischer Pressespiegel; KG GRUR-RR 2004, 228; Dreier/Schulze/*Dreier* § 49 UrhG Rn. 20.

Lösung

Unterlassungsansprüche des Verlegers V aus § 97 Abs. 1 UrhG

1. Schutzgegenstand/Anspruchsberechtigung

Voraussetzung für Unterlassungsansprüche gemäß § 97 Abs. 1 UrhG wäre, dass der in der Fachzeitschrift erschienene Artikel in der Fachzeitschrift als geschütztes Werk i. S. d. § 2 UrhG anzusehen ist. Ein wissenschaftlicher Fachartikel ist als Sprachwerk i. S. d. § 2 Abs. 1 Nr. 1 UrhG als Werk der Wissenschaft geschützt, da er regelmäßig eine persönliche geistige Schöpfung darstellt. Dem Verleger V waren vom Autor die ausschließlichen Nutzungsrechte zum Abdruck und zur Online-Nutzung des Fachartikels eingeräumt worden (§ 31 Abs. 3 UrhG). Aufgrund dieses ausschließlichen Nutzungsrechts ist allein der Verleger berechtigt, das Werk zu nutzen und Nutzungsrechte einzuräumen, bei Verletzung dieser ausschließlichen Rechte ist er nach § 97 Abs. 1 UrhG anspruchsberechtigt.

2. Widerrechtliche Eingriffshandlung

a) Einscannen und Speichern des Artikels. Das Einscannen und Speichern des Artikels könnte eine Vervielfältigung i. S. v. § 16 UrhG darstellen. Dies würde voraussetzen, dass das Werk durch das Einscannen und Speichern körperlich festgelegt wird, wobei es auf das Medium der körperlichen Festlegung und das verwandte Verfahren nicht ankommt.[145] Das Einscannen und Speichern des Artikels stellt eine solche körperliche Festlegung auf einem Speichermedium dar.[146]

Das Einscannen und Speichern des Artikels könnte durch die Bestimmung des § 53 UrhG gerechtfertigt sein. Danach ist die Herstellung von einzelnen Vervielfältigungen eines Werkes zum privaten Gebrauch oder für sonstige Zwecke unter bestimmten Voraussetzungen zulässig. Die Rechte des Urhebers sind insoweit als Ausdruck der Sozialbindung des Eigentums eingeschränkt. Nachdem das Einscannen und Speichern jedoch weder zum privaten Gebrauch von Prof. C (§ 53 Abs. 1 UrhG) noch zum eigenen wissenschaftlichen Gebrauch, zur Aufnahme in ein eigenes Archiv oder zum sonstigen eigenen Gebrauch von Herrn Prof. C erfolgte, sind die Voraussetzungen der Schrankenregelung des § 53 Abs. 1 und 2 UrhG nicht gegeben.

Das Einscannen und Einspeichern des Artikels könnte aber nach § 52a Abs. 3 UrhG zulässig sein, wenn das Vervielfältigen des Artikels zu der nach dieser Vorschrift erlaubten öffentlichen Zugänglichmachung erforderlich war (§ 52a Abs. 3 UrhG).[147]

b) Zugänglichmachung. Nach der *Schrankenregelung* des § 52a Abs. 1 Nr. 1 UrhG, dessen Anwendbarkeit bis 31. Dezember 2012 befristet ist (§ 137k Abs. 1 UrhG), ist es zulässig, veröffentlichte Teile eines Werkes, Werke geringen Umfangs sowie einzelne Beiträge aus Zeitungen oder Zeitschriften ausschließlich für einen bestimmt abgegrenzten Kreis von Personen für deren eigene wissenschaftliche Forschung öffentlich zugänglich zu machen, soweit dies zu dem jeweiligen Zweck geboten und zur Verfolgung nicht kommerzieller Zwecke gerechtfertigt ist.

Das Einstellen des Artikels in das Intranet der Universität zum Abruf stellt ein *öffentliches Zugänglichmachen* i. S. d. § 19a UrhG dar, da der denkbare Kreis der Nutzer (Profes-

---

[145] Dreier/Schulze/*Schulze* § 16 UrhG Rn. 6 ff.

[146] OLG Köln GRUR 2000, 417 – Elektronischer Pressespiegel; BGH GRUR 2002, 546 – Scanner.

[147] Hierzu siehe unten Ziff. 2b.

soren, Angestellte der Universität und Studenten) nicht durch persönliche Beziehungen miteinander verbunden ist und der Abruf durch die Berechtigten von Orten und Zeiten ihrer Wahl möglich ist, vgl. §§ 15 Abs. 3, 19a UrhG. Der Artikel, der in der wöchentlich erscheinenden Fachzeitschrift des Verlegers V abgedruckt war, ist grundsätzlich eine nach § 52a UrhG nutzbare Verwertungsbasis, da jene Fachzeitschrift, die regelmäßig erscheint und die über die Neuerungen auf dem Fachgebiet informiert, als Zeitschrift i. S. d. § 52a Nr. 2 UrhG anzusehen ist.[148] Der in der Zeitschrift abgedruckte Artikel ist nicht nur i. S. d. § 6 Abs. 1 UrhG *veröffentlicht,* was für die Anwendbarkeit des § 52a UrhG ausreichen würde, sondern auch i. S. d. § 6 Abs. 2 UrhG erschienen. Nachdem der Abruf des eingestellten Artikels mit einem Passwort geschützt ist und das Passwort nur die Mitglieder des Forschungsteams von Prof. C besitzen, ist auch sichergestellt, dass der Abruf nur durch einen bestimmt abgegrenzten Kreis von Personen für deren eigene wissenschaftliche Forschung erfolgt; nicht zulässig wäre es nach § 52a UrhG, ein Werk so in das Intranet einer Universität einzustellen, dass sämtlichen dort tätigen Forschern die Nutzung ermöglicht wird.[149]

Die Forschungsarbeiten des Forschungsteams von Prof. C dienen nichtkommerziellen Zwecken, es handelt sich hier nicht um Auftragsforschung, sondern um Grundlagenforschung, folglich werden auch mit der Zugänglichmachung keine kommerziellen Zwecke verfolgt. Das zum Abruf Verfügbarmachen des Artikels ist auch geboten, da nur auf diesem Wege die Mitglieder des Forscherteams ohne Verzögerung Zugang zum Artikel erhalten können und eine wesentliche Beeinträchtigung der Interessen des Verlegers V nicht erkennbar ist. Nicht verlangt werden kann insoweit, dass die wissenschaftliche Forschung ohne die Zugänglichmachung nicht möglich wäre, da ansonsten die Vorschrift des § 52a UrhG nahezu vollständig leerlaufen würde.

c) Herstellung einzelner Ausdrucke von Mitgliedern des Forschungsteams

Die Herstellung von Ausdrucken des Artikels durch die Mitglieder des Forschungsteams zur Förderung ihrer eigenen wissenschaftlichen Arbeiten stellt wiederum eine Vervielfältigung des Artikels i. S. d. § 16 UrhG dar. Diese ist nicht über § 52a UrhG gerechtfertigt, da nach § 52a Abs. 3 UrhG nur die zur öffentlichen Zugänglichmachung erforderlichen Vervielfältigungen erlaubt werden. Dies ist beim Ausdruck des ins Netz gestellten Artikels nicht der Fall, da die Vervielfältigung zeitlich der Zugänglichmachung nachfolgt und mit dieser nichts zu tun hat.

Der einzelne Ausdruck des Artikels durch die einzelnen Forscher ist jedoch nach § 53 Abs. 2 UrhG zulässig, da der Artikel Grundlage weiterer Forschungsarbeiten sein kann.

Ergebnis

Das Einstellen des Artikels in das Intranet der Universität ist nach § 52a UrhG zulässig, da der Abruf nur durch Mitglieder des Forschungsteams erfolgen kann, die in Besitz eines Passworts sind; folglich ist auch das Einscannen und Speichern durch Prof. C nach § 52a Abs. 3 UrhG gerechtfertigt. Die Herstellung einzelner Ausdrucke durch die Mitglieder des Teams für den eigenen wissenschaftlichen Gebrauch ist nach § 53 Abs. 2 Nr. 1 UrhG

---

[148] Wandtke/Bullinger/*Lüft* § 52a UrhG Rn. 7, § 48 UrhG Rn. 4; Dreier/Schulze/*Dreier* § 52a UrhG Rn. 5, § 53 UrhG Rn. 36 ff.
[149] BT-Drucks. 15/538, 78.

zulässig. Dem Verleger V stehen folglich keine Unterlassungsansprüche aus § 97 Abs. 1 UrhG zu.

Fall 20: Download zu wissenschaftlichen Zwecken

Öffentliche Zugänglichmachung – Computerprogramme

Sachverhalt

Endnutzer E ist begeisterter Hobbyastronom. Er bietet die Astronomie-Software „Galaxy", die er beim Händler H erstanden hat, auf seiner auf seinem eigenen Server (PC) gehosteten Homepage im Internet zum Download an. Er versieht sein Angebot mit dem Hinweis „Nur zum nichtkommerziellen, wissenschaftlichen Gebrauch".

Kann Softwarehersteller S gegen E vorgehen und diesen zur Unterlassung des Angebots und zur Löschung der Software zwingen? Auf welche Rechte kann S sich dabei stützen?

Lösung

I. Unterlassungsanspruch aus § 97 i. V. m. §§ 69a ff. UrhG?

S könnte einen Anspruch auf Unterlassung gegen E aufgrund § 97 i. V. m. §§ 69a ff. UrhG haben. Ein Anspruch auf Unterlassung besteht gemäß § 97 Abs. 1 S. 1 UrhG, wenn das Urheberrecht widerrechtlich verletzt wird.

1. Eingriffshandlung in den Schutzgegenstand

Das Programm des S ist zweifelsohne gemäß § 69a UrhG geschützt.[150] Fraglich ist nur, ob eine Urheberrechtsverletzung, also eine widerrechtliche Nutzungsrechtshandlung i. S. v. § 69c UrhG vorliegt.

a) Es müsste in ein Nutzungsrecht i. S. d. § 69c UrhG eingegriffen worden sein.

aa) In Betracht kommt eine Verletzung des *Vervielfältigungsrechts* gemäß § 69c Nr. 1 UrhG.

(1) Unzulässig ist gemäß § 69c Nr. 1 UrhG die unerlaubte Vervielfältigung eines Werkes. Eine Vervielfältigung ist jede körperliche Festlegung, die geeignet ist, ein Werk auf irgendeine Weise den menschlichen Sinnen unmittelbar oder mittelbar zugänglich zu machen.[151] Eine Vervielfältigung liegt bei Computerprogrammen immer dann vor, wenn die Programmdaten dem Menschen, etwa durch Ausdruck, sichtbar gemacht werden können. Dies ist sowohl beim Abspeichern auf der Harddisk eines Computers für den Download im Internet wie bei der Speicherung auf dem Computer des Empfängers der Fall. Mithin liegen Vervielfältigungshandlungen i. S. v. § 69c Nr. 1 UrhG vor.

(2) Die Vervielfältigung müsste darüber hinaus widerrechtlich sein. Gemäß § 69d Abs. 1 UrhG ist die *bestimmungsgemäße Benutzung* von Computerprogrammen erlaubt. Strittig ist,

---

[150] Siehe zu den Schutzvoraussetzungen näher Fall 4, S. #, „MP3-Software – Programmierer auf Abwegen".

[151] BGHZ 14, 266, 270 – Grundig-Reporter.

ob für die Frage der bestimmungsgemäßen Benutzung vorrangig auf das wirtschaftliche Partizipationsinteresse des Herstellers[152] abzustellen ist oder darauf, ob eine Handlung „funktionsgerichtet" ist und dem technischen Fortschritt dient.[153] Teils wird auch vorgeschlagen, im Einzelfall zu differenzieren und auf den Überlassungszweck und die sonstigen vertraglichen Umstände abzustellen.[154] Vorliegend kommt es auf diese Streitfrage nicht an. Die Bereitstellung im Internet für den Download durch Dritte entspricht weder dem Partizipationsinteresse des Herstellers noch dient sie dem technischen Fortschritt. Sie entspricht auch nicht dem Zweck der Überlassung, denn vertraglich soll der Endnutzer die Software einfach nur für seine Zwecke nutzen dürfen. Auf § 69d Abs. 1 UrhG kann sich E daher nicht berufen.

Angesichts der Tatsache, dass E sein Angebot mit dem Hinweis „Nur zum nichtkommerziellen, wissenschaftlichen Gebrauch" versehen hat, liegt es nahe zu erwägen, ob E sich auf die Schranke des *§ 53 Abs. 2 Nr. 1 UrhG* berufen kann. Fraglich ist jedoch, ob diese überhaupt anwendbar ist. Dafür könnte sprechen, dass § 69a Abs. 4 UrhG allgemein besagt, dass auf Computerprogramme die für Sprachwerke geltenden Bestimmungen Anwendung finden, soweit in den §§ 69a ff. UrhG nichts anderes bestimmt ist. Eine ausdrückliche Regelung, nach der § 53 Abs. 2 UrhG nicht anzuwenden ist, besteht nicht. Gleichwohl ist mit der allgemeinen Meinung davon auszugehen, dass § 53 UrhG keine Anwendung findet, denn die Ausnahmebestimmungen zum Vervielfältigungsrecht sind umfassend in den §§ 69c–69e UrhG geregelt. Außerdem hat der Gesetzgeber die alte Fassung des § 53 Abs. 4 S. 2 UrhG, nach dem § 53 UrhG auf Computerprogramme nicht anzuwenden war, aufgehoben, weil er davon ausging, dass die Anwendung des § 53 UrhG schon durch die §§ 69a ff. UrhG ausgeschlossen war.[155]

Da weiter auch keine Zustimmung des Rechtsinhabers S vorliegt, ist der Verstoß gegen § 69c Nr. 1 UrhG also auch widerrechtlich.

bb) Weiterhin könnte das *Verbreitungsrecht* gemäß § 69c Nr. 3 UrhG verletzt worden sein. Das Verbreitungsrecht ist, wie § 17 Abs. 1 UrhG zeigt, schon tangiert, wenn ein Werk der Öffentlichkeit angeboten wird. Das könnte dafür sprechen, dass § 69c Nr. 3 S. 1 UrhG vorliegend verletzt wurde. Fraglich ist aber, ob auch die Online-Übermittlung als Verbreitung zu qualifizieren ist. Angesichts der Tatsache, dass Computerprogramme oftmals per Download verkauft werden, hat sich ein Teil der Rechtsprechung und Literatur dafür ausgesprochen, § 69c Nr. 3 S. 1 UrhG auf die Online-Übermittlung in extensiver Auslegung oder analog anzuwenden.[156] Hierfür könnte insbesondere sprechen, dass hinsichtlich der *Erschöpfung* der Rechte die gleiche Interessenlage besteht wie beim herkömmlichen Verkauf von Computerprogrammen. Der Hersteller wird mit dem Erstverkauf entlohnt, der Käufer möchte über das erworbene Programm frei disponieren und es weiterverkaufen können, wenn er es nicht mehr selber benötigt. Richtig ist es jedoch, § 69c Nr. 3 S. 1 UrhG

---

[152] *Lehmann* GRUR Int. 1991, 327, 333; tendenziell auch LG Düsseldorf CR 1996, 737, 738.

[153] *Marly*, Urheberrechtsschutz für Computersoftware in der EU, München 1995, 227.

[154] *Günther* CR 1994, 321, 326; *Pres*, Gestaltungsformen urheberrechtlicher Softwarelizenzverträge, Köln 1994, 128; OLG Düsseldorf CR 2002, 95, 96 f.

[155] Begr. RegE. BT-Drucks. XII/4022, 8 f.; zum Ganzen Wandtke/Bullinger/*Grützmacher* § 69a UrhG Rn. 75 m. w. N.

[156] Frankfurt CR 2006, 729, 732; Fromm/Nordemann/*Vinck*, 9. Aufl., § 69c UrhG Rn. 5; *Mäger* CR 1996, 522, 524.

auf die Online-Übermittlung nicht anzuwenden.[157] Nach § 69c Nr. 3 S. 1 UrhG ist die Verbreitung von Originalen des Computerprogramms oder von Vervielfältigungstücken untersagt. § 69c Nr. 3 UrhG bezieht sich also eindeutig auf die körperliche Verbreitung. Eine extensive Auslegung ist daher mit dem Wortlaut der Vorschrift nicht zu vereinbaren. Die analoge Anwendung scheitert an der planwidrigen Lücke, da dem Gesetzgeber das Problem der Datenfernübertragung seinerzeit bekannt war. Schließlich sprechen Art. 8 WCT und der mittlerweile aufgrund einer entsprechenden EU-Richtlinie geschaffene § 69c Nr. 4 UrhG dagegen, die Online-Übermittlung § 69c Nr. 3 UrhG zu unterstellen. Gegen diese Auslegung spricht auch nicht zwingend, dass eine Erschöpfung der Rechte sachgerecht wäre. Denn es lässt sich durchaus hören, dass nur die entsprechende Regelung des § 69c Nr. 3 S. 2 UrhG analog heranzuziehen ist.[158] Im Ergebnis kann sich H nicht auf § 69c Nr. 3 UrhG berufen.

cc) Gemäß § 69c Nr. 4 UrhG steht dem Urheber seit dem 13. September 2003 das *Recht* zu, die unberechtigte *öffentliche Wiedergabe* einschließlich der *öffentlichen Zugänglichmachung* zu untersagen. Eine öffentliche Wiedergabe liegt vor, wenn das Computerprogramm einer Vielzahl von nicht persönlich verbundenen Nutzern in unkörperlicher Form wahrnehmbar oder zugänglich gemacht wird. Umstritten war in der Vergangenheit, ob eine öffentliche Wiedergabe auch vorlag, wenn diese nicht gleichzeitig, sondern sukzessive geschah.[159]

(1) Vorliegend fragt sich zunächst, ob eine öffentliche *Wiedergabe* im Sinne des Auffangtatbestands *oder* ein öffentliches *Zugänglichmachen* vorliegt. Das öffentliche Zugänglichmachen i. S. v. § 69c Nr. 4 UrhG zeichnet sich dadurch aus, dass die Übertragung interaktiv, d. h. aufgrund Abruf ausgelöst wird, die öffentliche Wiedergabe hingegen ohne vorherige Interaktion des Nutzers.[160] Der Download erfolgt auf Anforderung des Internetnutzers, also interaktiv. Folglich ist zu prüfen, ob ein öffentliches Zugänglichmachen vorliegt. Ausreichend ist als Verwertungshandlung i. S. d. § 69c Nr. 4 UrhG bereits das Zugänglichmachen i. e. S., also das Anbieten des Computerprogramms zum Download. Es soll ein möglichst früher Schutz erreicht werden.

(2) Das Werk müsste Mitgliedern der *Öffentlichkeit* zugänglich gemacht worden sein, und zwar gemäß § 69c Nr. 4 UrhG von Orten und zu Zeiten ihrer Wahl. Das Internet ist einer Vielzahl von Personen zugänglich, die nicht persönlich verbunden sind, also den Mitgliedern der Öffentlichkeit. Das Internet ist weiter dadurch gekennzeichnet, dass diese Mitglieder der Öffentlichkeit das Computerprogramm von Orten ihrer Wahl und zu Zeiten ihrer Wahl herunterladen können.

(3) Darauf, ob die Übertragung *drahtgebunden oder kabellos* erfolgt, kommt es nach § 69c Nr. 4 UrhG nicht an.

(4) E kann sich weder auf § 69d Abs. 1 UrhG noch auf § 53 UrhG berufen (s. o. aa) (2)) noch, wie auch dessen Abs. 3 zeigt, auf § 52 UrhG.

---

[157] Schricker/*Loewenheim* § 69c UrhG Rn. 25; Wandtke/Bullinger/*Grützmacher* § 69c UrhG Rn. 29.

[158] Wandtke/Bullinger/*Grützmacher* § 69c UrhG Rn. 29, 31; Dreier/Schulze/*Dreier* § 69c UrhG Rn. 24; LG Hamburg CR 2006, 812, 814; a. A. etwa *Zahrnt* CR 1994, 457; OLG München CR 2006, 655; OLG München CR 2008, 551; LG München CR 2006, 159, 160, LG München CR 2088, 356, 358 f.

[159] Siehe Nachweise bei Wandtke/Bullinger/*Grützmacher* § 69c UrhG Rn. 49.

[160] Wandtke/Bullinger/*Grützmacher* § 69c UrhG Rn. 51 m. w. N.; a. A. Wandtke/Bullinger/*Bullinger* § 19a UrhG Rn. 19 ff.

b) E hatte für sein Internetangebot keine Erlaubnis des S eingeholt. Mithin lag eine widerrechtliche Nutzungshandlung i. S. v. § 69c Nr. 1 und Nr. 4 UrhG vor.

2. Erstbegehungs-/Wiederholungsgefahr

Hinsichtlich der Unterstützung von Verletzungshandlungen durch Downloads Dritter (§ 69c Nr. 1 UrhG) liegt zumindest eine *Erstbegehungsgefahr* vor, mit Blick auf die Speicherung auf dem Computer von E zum Download (§ 69c Nr. 1 UrhG) und das öffentliche Zugänglichmachen (§ 69c Nr. 4 UrhG) sogar eine *Wiederholungsgefahr*.

3. Ergebnis

Ein Unterlassungsanspruch des H gegen E gemäß § 97 i. V. m. § 69c Nr. 1 und 4 UrhG besteht.

II. Anspruch auf Löschung gemäß § 69 f. Abs. 1 UrhG?

H könnte weiter einen *Anspruch auf Löschung* der Kopiervorlage auf den Rechnern des E gemäß § 69 f. Abs. 1 UrhG haben.

1. H ist Inhaber der Rechte an der Software.

2. Die Vorlage der Software für den Download ist ein *rechtswidriges Vervielfältigungsstück* (s. o. I. 1. a) aa)).

3. E ist *Eigentümer* oder zumindest *Besitzer* der Hardware, auf der die Kopie der Software zum Download bereit liegt, mithin entsprechend § 69 f. Abs. 1 UrhG Eigentümer bzw. Besitzer[161] des rechtswidrigen Vervielfältigungsstücks.

4. Gemäß dem Wortlaut des § 69 f. UrhG besteht also ein Anspruch auf Vernichtung des Vervielfältigungsstücks. Fraglich ist, ob der E deshalb seinen Computer oder zumindest dessen Festplatte vernichten lassen muss. Insofern ist zu berücksichtigen, dass die Beseitigung der Störung nach § 69 f. Abs. 1 S. 2 i. V. m. § 98 Abs. 4 UrhG mit möglichst milden Mitteln zu erfolgen hat. Da Festplatten einen erheblichen Wert haben, tritt nach h. M.[162] in Fällen wie dem vorliegenden an die Stelle des Vernichtungsanspruchs ein *Löschungsanspruch*.[163]

5. Ergebnis

Es besteht ein Anspruch auf Löschung i. S. v. § 69 f. Abs. 1 UrhG.

III. Ansprüche aus §§ 3, 4 Nr. 10 UWG, 1004, 823 BGB?

Es könnten zugleich Unterlassungsansprüche aus §§ 3, 4 Nr. 10 UWG (Behinderungswettbewerb), 1004, 823 BGB (Eingriff in den eingerichteten und ausgeübten Gewerbebetrieb) vorliegen. E handelt als Privatperson, mithin nicht im geschäftlichen Verkehr, so dass

---

[161] Beachte: Abweichend von § 98 Abs. 1 UrhG reicht schon der bloße Besitz.

[162] Fromm/Nordemann/*Czychowski* § 69 f. UrhG Rn. 6; Möhring/Nicolini/*Hoeren* § 69 f. UrhG Rn. 9; Wandtke/Bullinger/*Grützmacher* § 69 f. UrhG Rn. 9; Dreier/Schulze/*Dreier* § 69a UrhG Rn. 7.

[163] Strittig ist allein, ob die Löschung durch eine so genannte Low-Level-Formatierung erfolgen muss; vgl. Wandtke/Bullinger/*Grützmacher* § 69 f. UrhG Rn. 9 m. w. N.

§ 3, 4 Nr. 10 UWG keine Anwendung findet. Ein Unterlassungsanspruch aus §§ 1004, 823 BGB besteht. Es gilt das oben zu I. Ausgeführte entsprechend.

Ansprüche auf Löschung ergeben sich hingegen aus den §§ 3, 4 Nr. 10 UWG und 1004, 823 BGB grundsätzlich nicht.[164]

Es besteht lediglich ein Unterlassungsanspruch gemäß §§ 1004, 823 BGB.

Fall 21: Katalog

Verwertungsgesellschaft BILD-KUNST/Wahrnehmungsvertrag/Katalogbildfreiheit

Sachverhalt

Der Maler A hat mit der Verwertungsgesellschaft BILD-KUNST einen Wahrnehmungsvertrag geschlossen. § 1 des Wahrnehmungsvertrages lautet auszugsweise:

„Der Berechtigte überträgt hiermit der Verwertungsgesellschaft BILD-KUNST – als Treuhänderin für alle Länder – die ihm aus seinem Urheberrecht gegenwärtig zustehenden oder zukünftig anfallenden, nachstehend aufgeführten Nutzungsrechte zur Wahrnehmung und Einziehung nach Maßgabe der folgenden Bestimmungen: …
1) … die Ansprüche aus der Nutzung von Werken und Lichtbildern in Form der Vervielfältigung und Verbreitung (§§ 16, 17 UrhG) …

Der Berechtigte kann verlangen, dass ihm für die Wahrnehmung in einem bestimmten Einzelfall die unter a, b, c, k, l, o und p aufgeführten Rechte zurück übertragen werden".

Das Museum M stellt Werke von A aus. Um sich eine zusätzliche Einnahmequelle zu erschließen, beschließt M, einen Ausstellungskatalog in Buchform und auf CD-ROM herauszugeben. Zu diesem Zweck lässt M den A eine Freistellungserklärung unterschreiben, durch die dem Museum unentgeltlich das Recht eingeräumt wird, die ausgestellten Werke zu veröffentlichen und weltweit zu verbreiten. Die Erklärungen schickt M an die VG BILD-KUNST. Der gebundene Katalog umfasst 200 Seiten und über 50 großformatige Farbabbildungen.

Hat die VG BILD-KUNST Ansprüche auf Zahlung?

Abwandlung

Wie wäre der Fall zu beurteilen, wenn das Museum X einen farblich veränderten Ausschnitt aus einem Gemälde des B für einen Werbeprospekt anlässlich der Ausstellung verwendet und dabei eine Namensnennung des B unterlässt. B ist der Ansicht, durch den Abdruck eines Ausschnitts werde sein Werk entstellt und möchte, dass die VG BILD-KUNST ein Musterverfahren durchführt, um seine Persönlichkeitsrechte zu schützen. § 1 Abs. 4 des Wahrnehmungsvertrages sieht vor, dass der Berechtigte die VG BILD-KUNST ermächtigen kann, weitere ihm zustehende Ansprüche, insbesondere solche aus § 13 UrhG

---

[164] Wandtke/Bullinger/*Grützmacher* § 69 f. UrhG Rn. 3.

und § 63 UrhG einschließlich des Anspruchs auf immateriellen Schadensersatz im eigenen Namen geltend zu machen.

Lösung

I. Anspruch der VG BILD-KUNST gegen M (Ausgangsfall)

Die VG BILD-KUNST könnte einen Schadensersatzanspruch gemäß § 97 Abs. 1 UrhG gegen M haben. Das Museum müsste die der Verwertungsgesellschaft eingeräumten ausschließlichen Nutzungsrechte verletzt haben.

1. Eingriffshandlung in den Schutzgegenstand

a) Einräumung eines ausschließlichen Nutzungsrechtes. Die VG hat ein ausschließliches Nutzungsrecht erworben. Der Wahrnehmungsvertrag als Verpflichtungsgeschäft ist ein urheberrechtlicher Nutzungsvertrag eigener Art mit Elementen des Auftrags und des Geschäftsbesorgungsvertrages.[165] Der Urheber verpflichtet sich durch den Wahrnehmungsvertrag, der VG ein ausschließliches Nutzungsrecht nach § 31 Abs. 3 UrhG einzuräumen. Die Einräumung des ausschließlichen Nutzungsrechtes erfolgt regelmäßig zeitgleich mit Abschluss des Verpflichtungsgeschäfts. Die VG kann nach § 35 Abs. 1 S. 2 UrhG ohne Zustimmung des Urhebers einfache Nutzungsrechte einräumen. Sie verfügt als Treuhänderin über die Nutzungsrechte des Urhebers.

b) Rückruf. Entscheidend ist, ob in der Unterzeichnung der Freistellungserklärung ein Rückübertragungsverlangen, nach § 1 des Wahrnehmungsvertrages zu sehen ist. Dagegen spricht zunächst, dass diese Erklärung nicht gegenüber der VG BILD-KUNST, sondern gegenüber dem Museum abgegeben wurde. Weiterhin setzt eine Rückübertragung nicht nur ein Rückrufverlangen des Urhebers voraus, sondern erfordert auch eine entsprechende Erklärung der VG gegenüber den Urhebern.[166] Um wirksam über ihre Rechte verfügen zu können, hätte A seine Rechte von der VG BILD-KUNST zurückerhalten haben müssen, bevor er diese dem Museum einräumte. Die VG ist demnach Inhaberin der ausschließlichen Nutzungsrechte.

c) Katalogbildfreiheit. Die Vervielfältigung und Verbreitung der Bilder könnte jedoch gemäß § 58 UrhG auch ohne Zustimmung der VG BILD-KUNST zulässig sein.

aa) § 58 Abs. 1 UrhG. § 58 Abs. 1 UrhG erlaubt u. a. die Vervielfältigung, Verbreitung und öffentliche Zugänglichmachung von öffentlich ausgestellten Werken der bildenden Kunst durch den Veranstalter, soweit dies zur Förderung der Veranstaltung erforderlich ist. Grundsätzlich erfasst § 58 Abs. 1 UrhG auch digitale Offline-Medien wie die CD-ROM.[167] § 58 Abs. 1 UrhG soll die Ankündigung und Bekanntmachung der betreffenden Veranstaltung privilegieren. Schon deshalb ist zweifelhaft, ob der Katalog Werbezwecken dient. Die Zulässigkeit des Abdrucks scheitert jedenfalls an dem Kriterium der Erforderlichkeit. Der Abdruck von über 50 großformatigen Farbabbildungen ist nicht für die Werbung erforderlich.

---

[165] Wandtke/Bullinger/*Gerlach* § 6 WahrnG Rn. 4; Dreier/Schulze/*Schulze* Vor § 31 UrhG Rn. 125; *Schack* Rn. 1200.

[166] OLG Köln ZUM 1998, 505, 507 – Kunstklotz; LG Köln ZUM 1998, 168, 169.

[167] Dreier/Schulze/*Dreier* § 58 UrhG Rn. 2.

bb) § 58 Abs. 2 UrhG. § 58 Abs. 2 UrhG erlaubt u. a. die Vervielfältigung und Verbreitung von Werken der bildenden Kunst in Verzeichnissen, die von öffentlich zugänglichen Museen in inhaltlichem und zeitlichem Zusammenhang mit einer Ausstellung herausgeben werden und mit denen kein eigenständiger Erwerbszweck verfolgt wird. Zu klären ist, ob bei der Feststellung des Erwerbszweckes allein auf den Verkauf des Katalogs oder auf die gesamte Ausstellung, aus deren Anlass der Katalog verkauft wird, abzustellen ist.

Zur Bestimmung der Reichweite des § 58 Abs. 2 UrhG ist die Regelung in Art. 5 Abs. 2 c) der europäischen Multimedia-Richtlinie, die § 58 Abs. 2 UrhG umsetzt, heranzuziehen.[168] Europarechtliche Bezüge spielen auch im Urheberrecht eine wachsende Rolle. Der europäische Gesetzgeber hat eine Vielzahl von Richtlinien erlassen, um das Urheberrecht der Mitgliedstaaten zu harmonisieren.[169] Nach dem Gebot richtlinienkonformer Auslegung muss das mitgliedstaatliche Recht so ausgelegt werden, dass den Vorgaben der europäischen Richtlinien Rechnung getragen wird.[170] Dies folgt aus Art. 10 EG, der den europäischen Mitgliedstaaten auferlegt, alle geeigneten Maßnahmen zu treffen, um ihre Verpflichtungen zu erfüllen, die sich aus dem EG-Vertrag oder den Handlungen der EG-Organe ergeben.[171] Grenze der richtlinienkonformen Auslegung ist der Wortlaut des mitgliedstaatlichen Rechts.[172] Der Begriff „eigenständiger Erwerbszweck" kann hier so ausgelegt werden, dass er mit Art. 5 Abs. 2c) der Multimedia-Richtlinie übereinstimmt ohne dabei den Wortlaut des § 58 Abs. 2 UrhG zu übergehen. Art. 5 Abs. 2c) der Multimedia-Richtlinie privilegiert nur solche Vervielfältigungshandlungen, die „keinen unmittelbaren oder mittelbaren wirtschaftlichen oder kommerziellen Zweck" verfolgen. Dies spricht dafür, an das Fehlen eines eigenständigen Erwerbszweckes strenge Anforderungen zu stellen. Da mit dem Verzeichnis keine mittelbaren kommerziellen Zwecke verfolgt werden dürfen, spielt es keine Rolle, ob das Museum mit der Ausstellung insgesamt einen nicht-kommerziellen Zweck verfolgt. Allein entscheidend ist, dass sich das Museum eine zusätzliche Einnahmequelle erschließen möchte. Das Museum hat demzufolge das ausschließliche Nutzungsrecht der VG BILD-KUNST verletzt.

2. Verschulden

Nach der Vorsatztheorie entfällt bei einem Irrtum über die Rechtslage der Vorsatz.[173] Es bleibt dann jedoch der Fahrlässigkeitsvorwurf. Im Zweifelsfall muss derjenige, der ein fremdes Urheberrecht nutzen möchte, Rechtsrat einholen.

3. Schadensberechnung

Der Verletzte kann den Schaden entweder konkret berechnen, die übliche Lizenzgebühr verlangen oder den Verletzergewinn herausverlangen.[174] Zwischen diesen drei Berechnungsarten besteht ein Wahlrecht des Verletzten.

---

[168] Richtlinie 2001/29/EG des Europäischen Parlaments und des Rates vom 22. Mai 2001 zur Harmonisierung bestimmter Aspekte des Urheberrechts und der verwandten Schutzrechte in der Informationsgesellschaft.

[169] Vgl. Wandtke/Bullinger/*v. Welser* Vor §§ 120 UrhG Rn. 52 ff.

[170] EuGH DB 1991, 157, 158 – Marleasing; LG Berlin ZUM-RD 2007, 421, 422 – Zeitschriftenbeilage eines Auktionshauses; Schwarze/*Bievert* Art. 249 EG Rn. 27.

[171] Vgl. Schwarze/*Hatje* Art. 10 EG Rn. 27.

[172] EuGH NJW 1994, 2473, 2474 – Faccini Dori.

[173] *Rehbinder* Rn. 451; *Schack* Rn. 681.

[174] Vgl. *Schack* Rn. 688–691; Wandtke/Bullinger/*v. Wolff* § 97 UrhG Rn. 54; *v. Welser* Ansprü-

4. Ergebnis

Die VG BILD-KUNST hat einen Schadensersatzanspruch aus § 97 Abs. 1 UrhG gegen M.

II. Anspruch der VG BILD-KUNST gegen M aus § 816 Abs. 1 S. 2 BGB (Ausgangsfall)

Die VG BILD-KUNST könnte einen Kondiktionsanspruch aus § 816 Abs. 1 S. 2 BGB gegen M haben. Dafür müsste A als Nichtberechtigter eine unentgeltliche Verfügung getroffen haben, die gegenüber der Verwertungsgesellschaft wirksam ist.

1. Berechtigung der VG BILD-KUNST

Gemäß § 31 Abs. 3 S. 1 UrhG berechtigt das der VG BILD-KUNST eingeräumte ausschließliche Nutzungsrecht diese, das Werk zu nutzen und Nutzungsrechte einzuräumen. Die VG BILD-KUNST ist also Berechtigte i. S. d. § 816 Abs. 1 S. 2 BGB.

2. Nichtberechtigung des A

Das ausschließliche Nutzungsrecht berechtigt gemäß § 31 Abs. 3 S. 1 UrhG zur Werknutzung unter Ausschluss aller anderen Personen. Von einem Vorbehalt nach § 31 Abs. 3 S. 2 UrhG wurde kein Gebrauch gemacht. A war demnach Nichtberechtigter i. S. d. § 816 Abs. 1 S. 2 BGB.

3. Unentgeltliche Verfügung

Eine Verfügung ist ein Rechtsgeschäft, durch das unmittelbar ein Recht übertragen, belastet, geändert oder aufgehoben wird. Die Einräumung eines urheberrechtlichen Nutzungsrechtes ist eine Verfügung i. S. d. § 816 BGB.[175] Die Einräumung von Nutzungsrechten als konstitutive Rechtsübertragung belastet das Urheberrecht ähnlich wie der Nießbrauch nach § 1030 Abs. 1 BGB das Eigentum.[176] Die Verfügung erfolgte unentgeltlich.

4. Wirksamkeit der Verfügung gegenüber der VG BILD-KUNST

Die Verfügung müsste der VG BILD-KUNST gegenüber wirksam sein. Nach Ansicht des OLG Köln liegt in der Klageerhebung die nachträgliche Genehmigung gemäß § 185 Abs. 2 Fall 1 BGB.[177] Der Anspruch aus § 816 Abs. 1 S. 2 BGB kann nicht neben einem Schadensersatzanspruch gemäß § 97 UrhG geltend gemacht werden. Sofern die Verfügung nachträglich genehmigt wird, fehlt es an einer widerrechtlichen Verletzung i. S. d. § 97 UrhG.

5. Ergebnis

Als Alternative zu dem Anspruch aus § 97 Abs. 1 UrhG besteht ein Anspruch aus § 816 Abs. 1 S. 2 BGB.

---

che im Bereich des geistigen Eigentums, in: Wandtke (Hrsg.), Praxishandbuch Medienrecht, 2008, S. 207 ff.

[175] LG Köln ZUM 1998, 168, 169; OLG Köln ZUM 1998, 505 – Kunstklotz.

[176] Vgl. *Schack* Rn. 530.

[177] OLG Köln ZUM 1998, 505, 506 – Kunstklotz; LG Köln ZUM 1998, 168, 170.

III. Anspruch der VG BILD-KUNST gegen X aus § 97 UrhG (Abwandlung)

1. §§ 16, 17 UrhG

Hier liegt ein Verstoß gegen §§ 62, 63 UrhG vor. Auch wenn die Verwendung der Abbildung im Rahmen des § 58 Abs. 1 UrhG grundsätzlich zulässig ist, dürfen nach § 62 Abs. 1 S. 1 UrhG keine Änderungen an dem Werk vorgenommen werden. Zudem muss nach § 63 Abs. 1 S. 1 UrhG die Quelle deutlich angegeben werden und zwar in der vom Urheber vorgesehenen Form.[178] Einer Durchsetzung der Ansprüche des A könnte entgegenstehen, dass es hier im Wesentlichen um Ansprüche aus dem Urheberpersönlichkeitsrecht geht und manche Gerichte in Deutschland einer Wahrnehmung solcher Ansprüche durch Verwertungsgesellschaften skeptisch gegenüberstehen.[179] Unproblematisch ist der Fall, wenn zugleich eine Verletzung der Verwertungsrechte vorliegt. Ob ein Verstoß gegen §§ 62, 63 UrhG dazu führt, dass die Nutzung insgesamt unzulässig wird und damit zugleich eine Verletzung der Verwertungsrechte vorliegt, ist durch die Rechtsprechung nicht abschließend geklärt. Betrachtet man §§ 62, 63 UrhG als Schranken der Ausnahmebestimmungen in §§ 45 ff. UrhG, so folgt aus einem Verstoß gegen §§ 62, 63 UrhG zugleich eine Verletzung der Verwertungsrechte.[180]

2. §§ 14, 39, 62 UrhG und § 63 UrhG

Unabhängig davon können Unterlassungsansprüche, die aus der Verletzung des Urheberpersönlichkeitsrechtes resultieren, auch treuhänderisch wahrgenommen werden.[181] Da eine Abtretung von Unterlassungsansprüchen nicht möglich ist, bietet sich als rechtliche Konstruktion ein Vorgehen im Wege der gewillkürten Prozessstandschaft an.[182] Nach einer Auffassung in der Literatur sollen Ansprüche aus der Verletzung des Urheberpersönlichkeitsrechtes nur insoweit im Wege der gewillkürten Prozessstandschaft wahrgenommen werden können, wie sie übertragbar sind.[183] Auch wenn Unterlassungsansprüche nicht abtretbar sind, so steht dies ihrer Geltendmachung im Wege der gewillkürten Prozessstandschaft indes keineswegs entgegen.[184] Weiterhin ist Voraussetzung, dass der Prozessstandschafter ein eigenes schutzwürdiges Interesse an der Rechtewahrnehmung hat, wobei sich ein solches Interesse auch aus der Satzung ergeben kann.[185] Ein eigenes schutzwürdiges Interesse ist auch zu bejahen, wenn die Verwertungsgesellschaft zur Geltendmachung der entsprechenden Ansprüche beauftragt wird.[186] Demgegenüber wäre ein schutzwürdiges Interesse fraglich, wenn der Urheber seine urheberpersönlichkeitsrechtlichen Ansprüche

---

[178] OLG Hamburg GRUR 1974, 165, 167 – Gartentor; Dreier/Schulze/*Schulze* § 63 UrhG Rn. 11.

[179] Vgl. OLG Frankfurt ZUM 1996, 97, 99 – René Magritte; anders hingegen Österreichischer OGH GRUR Int. 1987, 262, 264 – Weihnachtslieder; *Dittrich* ZUM 1987, 359, 365 f.

[180] So zutreffend LG Mannheim ZUM-RD 1997, 405 – Freiburger Holbein-Pferd; dagegen OLG Hamburg GRUR 1970, 38, 39 f. – Heintje.

[181] Vgl. Dreier/Schulze/*Schulze* Vor § 12 UrhG Rn. 13; *Metzger* GRUR Int. 2003, 9, 23; Loewenheim/*Melichar* Handbuch § 46 Rn. 8.

[182] Eine Regelung zur gesetzlichen Prozessstandschaft, die auch urheberpersönlichkeitsrechtliche Ansprüche erfasst, enthält § 10 Abs. 2 UrhG, Wandtke/Bullinger/*Thum* § 10 UrhG Rn. 36.

[183] Schricker/*Wild* § 97 UrhG Rn. 33; *v. Welser* Ansprüche im Bereich des geistigen Eigentums, in: Wandtke (Hrsg.), Praxishandbuch Medienrecht, 2008, S. 193.

[184] BGHZ 119, 237, 242 – Universitätsemblem; OLG München ZUM 1985, 448, 450 – Sammelbilder.

[185] BGHZ 107, 384, 389 – Emil Nolde.

[186] Dreier/Schulze/*Schulze* Vor § 12 UrhG Rn. 14.

neben dem Prozessstandschafter geltend machen wollte.[187] Die Ermächtigung einer Verwertungsgesellschaft als Prozesshandlung ist sowohl als Einzelermächtigung als auch als Generalermächtigung zulässig. Zwar ist eine Generalermächtigung grundsätzlich im Hinblick auf das Rechtsberatungsgesetz problematisch. Bei Verwertungsgesellschaften geht das Wahrnehmungsgesetz dem Rechtsberatungsgesetz als speziellere Regelung vor.[188] § 1 WahrnG ist weit auszulegen und erfasst alle urheberrechtlichen Ansprüche.[189]

3. Ergebnis

Die VG BILD-KUNST könnte demnach ein Musterverfahren durchführen.

Fall 22: Panoramafall

Werke an öffentlichen Plätzen

Sachverhalt

B verdient seinen Lebensunterhalt mit dem Verkauf von Postern von berühmten Bauwerken, die B selbst fotografiert. In der Stadt W in Österreich steht an einer öffentlichen Straße ein von dem österreichischen Künstler H in Zusammenarbeit mit dem Architekten K gestaltetes Gebäude, das wegen seiner besonderen Terrassenform und der kunstvoll gestalteten Fassade international bekannt ist. Um dieses Haus aus einer besonderen Perspektive zu fotografieren, bittet B die Inhaberin der im zweiten Stock gegenüber gelegenen Wohnung, von deren Fenster das Gebäude aufnehmen zu dürfen. Die so angefertigte Fotografie lässt B vergrößern und verkauft sie in Deutschland als Poster.

Der Künstler H sieht in der Verbreitung dieser Poster eine Verletzung seiner Urheberrechte und fordert B zur Unterlassung auf.

Lösung

I. Unterlassungsanspruch H gegen B aus § 97 Abs. 1 UrhG

1. Anwendbares Recht

Da H als österreichischer Staatsangehöriger Ansprüche aus einem von ihm geschaffenen und in Österreich belegenen Werk geltend macht, besteht ein Auslandsbezug. Fraglich ist daher, ob das deutsche Urheberrecht auf den Fall anzuwenden ist. Bei urheberrechtlichen Ansprüchen findet wegen der Besonderheiten des immateriellen Urheberrechts allerdings die für das allgemeine Deliktsrecht geltende Regelung des Art. 40 EGBGB *(Tatortsprinzip)* keine Anwendung.[190] Es ist nicht das Recht des Tatorts maßgeblich, sondern das Recht des Landes, für das Schutz beansprucht wird. Im vorliegenden Fall wird für Deutschland

---

[187] BGH GRUR 2009, 395, 396 Tz. 12 – Klingeltöne für Mobiltelefone; OLG Hamburg ZUM 2008, 967, 974.

[188] Vgl. *v. Welser* Die Wahrnehmung urheberpersönlichkeitsrechtlicher Befugnisse durch Dritte, 2000, 111 f.

[189] Wandtke/Bullinger/*Gerlach* § 1 WahrnG Rn. 2; Dreier/Schulze/*Schulze* § 1 WahrnG Rn. 8.

[190] BGH GRUR 1999, 152, 153 – Spielbankaffäre.

Schutz beansprucht *(Schutzlandsprinzip)*. Es ist daher deutsches Urheberrecht anzuwenden.

2. Schutz des ausländischen Urhebers

Voraussetzung für einen Anspruch ist weiter die Anwendbarkeit des Urheberrechts auf den österreichischen Künstler H. *Angehörige eines Mitgliedstaats der Europäischen Union* genießen gemäß § 120 Abs. 2 Nr. 2 UrhG i. V. m. Abs. 1 für die von ihnen geschaffenen Werke den gleichen Schutz, wie ein deutscher Staatsangehöriger. Dies trifft für H als österreichischer Staatsbürger zu.

3. Schutzgegenstand

Bei dem von H geschaffenen *Bauwerk* handelt es sich um ein Werk i. S. d. § 2 Abs. 1 Nr. 4 UrhG. Allerdings haben H und A das Bauwerk gemeinsam gestaltet. H ist deshalb nur Miturheber i. S. d. § 8 Abs. 1 UrhG. Zu prüfen ist daher, ob H dennoch ohne Mitwirkung des A seine *Miturheberrechte* geltend machen kann. Gemäß § 8 Abs. 2 S. 3 UrhG ist jeder Urheber berechtigt, Ansprüche aus der Verletzung des gemeinsamen Urheberrechts geltend zu machen. Er kann zwar nur Leistung an alle Miturheber verlangen. Unterlassungsansprüche stellen jedoch keine Leistung i. S. d. § 8 Abs. 2 S. 3 UrhG dar, so dass der Miturheber diese ohne Zustimmung des anderen Miturhebers verfolgen kann.[191]

4. Eingriffshandlung

Die Fotografie eines geschützten Werks und die *Vervielfältigung* dieser Aufnahme stellt eine Vervielfältigung des Werks i. S. d. § 16 UrhG dar.[192] Gleichzeitig wird diese Vervielfältigung auch verbreitet (§ 17 Abs. 1 UrhG).

5. Panoramafreiheit

Zu prüfen ist, ob die Vervielfältigung und Verbreitung urheberrechtlich zulässig ist. Möglicherweise kann sich B auf die Schrankenbestimmung des § 59 UrhG, die sogenannte *„Panoramafreiheit"*, berufen. Gemäß § 59 UrhG ist die Vervielfältigung und Verbreitung von Fotografien der äußeren Ansicht eines Gebäudes, das sich an einer öffentlichen Straße befindet, grundsätzlich zulässig. Das von H und A geschaffene Bauwerk befindet sich an einer solchen öffentlichen Straße und kann von der Straße aus ungehindert betrachtet werden. Allerdings befand sich B nicht auf der Straße, sondern in einer höhergelegenen Privatwohnung, als er die Aufnahme machte. Es ist somit fraglich, ob sich nicht nur das Gebäude, sondern auch der Fotograf auf einer öffentlichen Straße befinden muss. Dies ist zu bejahen. Grundsätzlich sind *Schrankenbestimmungen* eng auszulegen, da sie die Rechte des Urhebers an der wirtschaftlichen Verwertung beschränken. Die Schrankenbestimmung des § 59 Abs. 1 UrhG soll es dem Publikum lediglich ermöglichen, das, was es von der Straße mit eigenen Augen sehen kann, zu betrachten. Von diesem Zweck ist es nicht mehr gedeckt, wenn mit fotografischen Mitteln der Blick von einem dem allgemeinen Publikum unzugänglichen Ort aus einer anderen Perspektive fotografiert werden soll.[193] Da die Aufnahme des B das Gebäude aus einer anderen Perspektive und von einem der Öffentlichkeit unzugänglichen Ort zeigt, kann sich B daher nicht auf die Privilegierung des § 59 UrhG berufen.

---

[191] BGH GRUR 1995, 212, 213 – Videozweitauswertung III.
[192] BGH GRUR 1983, 28, 29 – Presseberichterstattung und Kunstwerkwiedergabe II.
[193] BGH GRUR 2003, 1035 – Hundertwasserhaus.

II. Ergebnis

Die Verbreitung der Fotografie ist von § 59 UrhG nicht gedeckt. B greift daher widerrechtlich in das Vervielfältigungs- und Verbreitungsrecht von H ein, so dass diesem ein Unterlassungsanspruch aus §§ 97 Abs. 1, 15 Abs. 1 Nr. 1, 16 Abs. 1, 17 Abs. 1 UrhG zusteht.

Siehe auch Fall 16: Hobbyfotograf (S. 82).

V. Teil. Verwandte Schutzrechte

Fall 23: Biennale

Filmurheberrecht

Sachverhalt

Anton ist Filmfan. Auf der Biennale besucht er die Erstvorführung (Vorpremiere) des deutschen Films „Der Katzenkönig" des bekannten Regisseurs R. Der Film soll im Anschluss an die Biennale in den deutschen Kinos „als Nischenfilm" gezeigt werden. Im Filmvorspann wird das Mitschneiden des Films ausdrücklich untersagt. Der Film wurde von P produziert.

Anton zeichnet mit seiner Digital-Videokamera den Film während der Vorführung auf. Er stellt den Film „Der Katzenkönig" anschließend in Form von Videodateien auf seine Homepage ins Internet, damit auch andere Fans des Regisseurs den Film herunterladen können, noch bevor er in die Kinos kommt. Nach einer Woche stellt Anton fest, dass der Film 43 Mal von Internetnutzern heruntergeladen worden ist.

Welche Ansprüche stehen dem Regisseur R und dem Produzenten P gegen Anton zu? Es sind nur Ansprüche aus dem Urheberrechtsgesetz zu prüfen.

Lösung

A. Anspruch des R

I. Anspruch gegen A auf Unterlassung gemäß §§ 97 Abs. 1, 16 Abs. 1, 19a UrhG

R könnte einen Anspruch auf Unterlassung des Bereitstellens des Films „Der Katzenkönig" im Internet aus § 97 Abs. 1 UrhG haben.

1. Schutzgegenstand

Hierfür müsste der Film „Der Katzenkönig" Schutz nach dem Urheberrechtsgesetz genießen und R Urheber i. S. d. § 7 UrhG sein.

a) Filmwerk. Dem Film „Der Katzenkönig" könnte urheberrechtlicher Schutz als Filmwerk i. S. d. § 2 Abs. 1 Nr. 6 UrhG zukommen.

Filmwerke bestehen aus einer *Bild- oder Bildtonfolge,* die durch Aneinanderreihung fotografischer oder fotografieähnlicher Einzelbilder dem Betrachter den *Eindruck eines bewegten Geschehensablaufes* vermitteln.[1] § 2 Abs. 1 Nr. 6 UrhG schützt das Filmwerk als solches,

---

[1] BGHZ 26, 52, 55 – Sherlock Holmes; Möhring/Nicolini/*Ahlberg* § 2 UrhG Rn. 33; Schricker/ *Loewenheim* § 2 UrhG Rn. 181; Wandtke/Bullinger/*Bullinger* § 2 UrhG Rn. 120.

nicht die darin enthaltenen Einzelbilder.[2] Daher genügt die bloße Aneinanderreihung von Einzelbildern (wie etwa bei einer Diavorführung) nicht.

Als Filmwerke sind regelmäßig Kino- und Fernsehfilme geschützt.[3] An der Werkqualität des Spielfilms „Der Katzenkönig" bestehen auch hier keine Bedenken.

b) Urheberschaft am Filmwerk/Rechtsinhaber

Wer Urheber beim Filmwerk ist, ist höchst umstritten. Grundsätzlich sind diejenigen Urheber, die bei der Herstellung des Films eine *schöpferische Leistung* erbringen.[4] Filmurheber ist daher neben Kameramann und Cutter vor allem der Regisseur: Wegen der bei der Umsetzung einer Handlung notwendigen Abstraktion erbringt der Regisseur stets eine persönliche geistige Schöpfung i. S. v. § 2 Abs. 2 UrhG.[5] Er ist *Schöpfer der Gesamtkomposition*. Von ihm geht der entscheidende Einfluss auf die filmische Gestaltung des Stoffs aus.[6] Ihm steht daher ein Urheberrecht am Filmwerk zu. Neben anderen Urhebern am Filmwerk kann der Regisseur als Miturheber i. S. d. § 8 UrhG Verletzungen der gemeinsamen Urheberrechte gemäß § 9 Abs. 2 S. 3 UrhG geltend machen.

Dem *Produzenten* hingegen steht ein solches originäres Urheberrecht nicht zu.[7] Im Gegensatz zu den Urhebern erbringt der Produzent vor allem eine finanzielle und weniger künstlerische Leistung. Urheberrechtliche Nutzungsrechte erwirbt er aber *kraft gesetzlicher Fiktion des § 89 Abs. 1 UrhG*. Nach § 89 Abs. 1 UrhG wird vermutet, dass der Filmhersteller durch die vertragliche Verpflichtung der Urheber zur Mitwirkung am Film das ausschließliche Recht erhält, das Filmwerk auf alle bekannten Nutzungsarten zu nutzen, wenn dies nicht ohnehin schon vertraglich durch die Einräumung von Exklusivlizenzen vorgesehen ist (§§ 31 Abs. 1, 3 UrhG). § 89 UrhG ist im Verhältnis zu § 31 Abs. 5 UrhG lex specialis. Damit ist allein P aktivlegitimiert. Bei den Urhebern verbleiben allein die Urheberpersönlichkeitsrechte.

II. Ergebnis

R kann gegen A einen Unterlassungsanspruch – gestützt auf eine Verletzung der Verwertungsrechte – nicht geltend machen.

B. Ansprüche des P

I. Anspruch gegen A auf Unterlassung aus §§ 97 Abs. 1, 16 Abs. 1 UrhG

1. Schutzgegenstand/Rechtsinhaber

Der Kinofilm „Der Katzenkönig" ist ein urheberrechtlich geschütztes Filmwerk nach § 2 Abs. 1 Nr. 6, Abs. 2 UrhG.

---

[2] Wandtke/Bullinger/*Bullinger* § 2 UrhG Rn. 121.

[3] LG GRUR 1962, 207, 208 – Maifeiern; Möhring/Nicolini/*Ahlberg* § 2 UrhG Rn. 34; Schricker/*Loewenheim* § 2 UrhG Rn. 186; Wandtke/Bullinger/*Bullinger* § 2 UrhG Rn. 122.

[4] Art. 2 Abs. 1 Schutzdauer-RL; Schricker/*Loewenheim* § 2 UrhG Rn. 189 f.; Fromm/Nordemann/ *J. B. Nordemann* § 89 UrhG Rn. 20.

[5] Dreier/Schulze/*Schulze* § 2 UrhG Rn. 218; vgl. auch Fromm/Nordemann/*A. Nordemann* § 2 UrhG Rn. 96.

[6] Vgl. nur BGH GRUR 1991, 133, 135 – Videozweitauswertung; Fromm/Nordemann/*J. B. Nordemann* § 89 UrhG Rn. 20; Schricker/*Loewenheim* § 2 UrhG Rn. 190.

[7] Andere europäische Filmrechtsregelungen (u. a. in GB, Irland, Polen, Luxemburg) sowie das Urheberrecht der USA sehen ein solches Urheberrecht des Filmproduzenten hingegen vor.

Wie bereits oben festgestellt, steht dem Produzenten über § 89 Abs. 1 UrhG das ausschließliche Recht zu, das Filmwerk auf alle bekannten Nutzungsarten zu verwerten. P ist daher aktivlegitimiert.

2. Eingriffshandlung

Die Nutzungsrechte des P an dem Film „Der Katzenkönig" könnten dadurch verletzt worden sein, dass A den Film im Kino mittels Digitalkamera aufzeichnet, in Videodateien umwandelt und anschließend auf seine Homepage ins Internet stellt. Dieses Verhalten könnte die Rechte des P aus § 16 Abs. 1 UrhG (Vervielfältigungsrecht) und § 19a UrhG (Recht der öffentlichen Zugänglichmachung) verletzen.

Das Aufnehmen von Werken auf Videoband oder ähnlichen Speichermedien ist nach § 16 Abs. 2 UrhG immer eine *Vervielfältigung*.[8] Dabei ist unerheblich, wie die Aufzeichnung zustande gekommen ist.[9] Relevant ist nur, dass der Film auf dem Speicherchip der Digitalkamera körperlich fixiert wurde. Eine weitere Vervielfältigung findet statt, wenn die Videodateien von der Kamera auf die Festplatte (oder ein anderes beliebiges Speichermedium) übertragen und dort gespeichert werden. Schließlich wird auch durch das Einstellen der Dateien ins Internet (sog. „Upload") eine Vervielfältigung vorgenommen.

Es liegen also drei Vervielfältigungshandlungen vor.

3. Wiederholungsgefahr

Durch das Mitschneiden des Films während der Vorführung und das Bereitstellen der Videodateien im Internet hat A bereits Urheberrechte verletzt. Diese Urheberrechtsverletzungen indizieren die Wiederholungsgefahr.

4. Rechtfertigung

Eine Lizenz wurde dem A nicht eingeräumt. Möglicherweise ist das Handeln des A jedoch von einer Schrankenbestimmung aus dem Urheberrechtsgesetz gedeckt.

a) Vervielfältigung zum privaten Gebrauch gemäß § 53 Abs. 1 UrhG. In Betracht kommt eine Rechtfertigung nach § 53 Abs. 1 S. 1 UrhG. § 53 Abs. 1 UrhG erfasst nur die Vervielfältigung (§ 16 UrhG). Danach ist es zulässig, *einzelne Vervielfältigungen* eines Werkes durch eine natürliche Person zum privaten Gebrauch *auf beliebigen Trägern* herzustellen. Unerheblich ist daher, ob es sich um eine analoge oder digitale Kopie handelt.[10]

Die Vervielfältigung des Films durch das Aufnehmen mit der digitalen Videokamera während der Filmvorführung könnte folglich von § 53 Abs. 1 UrhG gedeckt sein. Zwar verfolgt A mit der Aufnahme keine erwerbswirtschaftlichen Interessen. Jedoch soll durch § 53 UrhG nur der gutgläubige Nutzer geschützt werden.[11] Hierbei ist auf die Sicht des Nutzers abzustellen. A wusste durch den Hinweis im Filmvorspann, dass er den Film nicht aufnehmen durfte. Auch grundsätzlich darf der private Nutzer den Film, für den er eine Eintrittskarte erwirbt, lediglich ansehen. Er hat keine weitergehenden Rechte dahin, das Werk mitzuschneiden oder als verändertes Datenformat über das Internet der Öffentlichkeit zugänglich zu machen. Daher ist sein Handeln nicht von § 53 Abs. 1 UrhG gedeckt.

---

[8] Wandtke/Bullinger/*Heerma* § 16 UrhG Rn. 8.

[9] Möhring/Nicolini/*Kroitzsch* § 16 UrhG Rn. 18; vgl. auch Schricker/*Loewenheim* § 16 UrhG Rn. 26 f.

[10] Schricker/*Loewenheim* § 53 UrhG Rn. 14a; Wandtke/Bullinger/*Lüft* § 53 UrhG Rn. 12.

[11] Wandtke/Bullinger/*Lüft* § 53 UrhG Rn. 16; vgl. auch *Reinbacher*.GRUR 2008, 394, 398 ff.

Fraglich ist, ob hingegen der Upload der Videodateien von § 53 Abs. 1 UrhG gedeckt wäre. Die Herstellung einer Vervielfältigung („Privatkopie") ist aber nur dann zulässig, wenn hierfür nicht eine *offensichtlich rechtswidrig hergestellte Vorlage* verwendet wird, § 53 Abs. 1 S. 1 Halbs. 2 UrhG. Die Aufnahme des Films wurde aber erkennbar ohne Zustimmung des Produzenten hergestellt. A greift also durch den Upload des noch nicht in den Kinos angelaufenen Films „Der Katzenkönig" auf eine rechtswidrig hergestellte Vorlage zurück.

Auch ist das Tatbestandsmerkmal des privaten Gebrauchs nicht erfüllt. Der Datenaustausch mit einem unübersichtlichen Nutzerkreis von Zuhause mag auf gemeinsamen Interessen beruhen, schafft in dem Sinne aber keine weitergehende Gemeinschaft, wie es der Begriff „privat" erfordert. Vielmehr wird bereits mit dem Upload der Dateien auf den eigenen Server die Verbreitung an eine beliebige Zahl von Usern beabsichtigt.[12]

Damit ist weder die Aufnahme des Films noch das Bereitstellen der Videodateien im Internet von der Schrankenbestimmung des § 53 Abs. 1 UrhG gedeckt.

b) Vervielfältigung zum sonstigen eigenen Gebrauch gemäß § 53 Abs. 2 S. 1 Nr. 4a UrhG. § 53 Abs. 2 S. 1 Nr. 4a UrhG erlaubt die Herstellung einzelner Vervielfältigungsstücke ohne Beschränkung auf den Verwertungszweck, sofern dieser privater Natur ist.[13] § 53 Abs. 2 S. 1 Nr. 4a UrhG fungiert insofern als Generalklausel. Jedoch erfasst sie *nur analoge Vervielfältigungen* und nur kleine Teile eines Werkes. Digitale Aufnahmen fallen nicht in den Anwendungsbereich. Damit ist auch § 53 Abs. 2 UrhG nicht einschlägig.

5. Ergebnis

P kann daher von A Unterlassung der Vervielfältigung des Films verlangen.

II. Anspruch gegen A auf Unterlassung aus §§ 97 Abs. 1, 19a UrhG

1. Schutzgegenstand/Rechtsinhaber

Der Kinofilm „Der Katzenkönig" ist ein urheberrechtlich geschütztes Filmwerk nach § 2 Abs. 1 Nr. 6, Abs. 2 UrhG. P ist aktivlegitimiert.

2. Eingriffshandlung

Das Einstellen der Videodateien ins Internet könnte gegen das Recht der öffentlichen Zugänglichmachung aus § 19a UrhG[14] verstoßen.

§ 19a UrhG bezieht sich als *unkörperliches Verwertungsrecht* vor allem auf die Nutzung von Werken in elektronischen Netzen, insbesondere im Internet.[15] Erfasst ist daher auch das sogenannte „Ins-Netz-Stellen" von fremden und auch bearbeiteten Werken. Dadurch werden die Werke zum interaktiven Abruf bereitgehalten.[16]

---

[12] *Leupold/Demisch* ZUM 2000, 379, 382; vgl. ebenfalls OLG Hamburg NJOZ 2008, 4927, 4966 – Rapidshare.

[13] Wandtke/Bullinger/*Lüft* § 53 UrhG Rn. 33.

[14] § 19a UrhG wurde durch das Gesetz zur Regelung des Urheberrechts in der Informationsgesellschaft neu in das Urheberrecht eingeführt. Es knüpft an das „right of making available to the public" aus Art. 8 des WIPO-Vertrages und Art. 3 der EU-Multimedia-Richtlinie an. Es handelt sich um ein neues urheberrechtliches Verwertungsrecht. Systematisch zählt es zum Recht der öffentlichen Wiedergabe i. S. d. § 15 Abs. 2 Nr. 2 UrhG.

[15] Wandtke/Bullinger/*Bullinger* § 19a UrhG Rn. 2; Dreier/Schulze/*Dreier* § 19a UrhG Rn. 1.

[16] Schricker/*v. Ungern-Sternberg* § 19a UrhG Rn. 1; Wandtke/Bullinger/*Bullinger* § 19a UrhG Rn. 10.

Das Einstellen der Werke ins Internet muss die Tatbestandsvoraussetzungen des § 19a UrhG erfüllen. Die Homepage des A ist für die Allgemeinheit frei zugänglich. Eine unbestimmte Zahl von Personen kann die Videodateien (Filmwerk) von beliebigen Orten und Zeiten ihrer Wahl – drahtlos oder drahtgebunden – abrufen. Unerheblich ist, ob es tatsächlich zu einem Abruf der Daten kommt.[17] Dies ist hier laut Sachverhalt ohnehin geschehen. Ebenso ist es nicht erforderlich, dass die Daten vervielfältigt, also von Nutzern auch gespeichert werden. Es genügt insofern das bloße Angebot zum Abruf und zur Speicherung durch das Bereithalten der Daten im Internet.[18]

A verletzt dadurch, dass er die Videodateien ohne Einwilligung des P ins Internet einstellt, das Recht des P auf öffentliche Zugänglichmachung gemäß § 19a UrhG.

3. Wiederholungsgefahr/Rechtfertigung

Wiederholungsgefahr ist gegeben. Ferner ist keine Schrankenbestimmung einschlägig.[19]

4. Ergebnis

P kann auch das Einstellen des Films ins Internet untersagen.

III. Schadensersatz aus § 97 Abs. 1 UrhG i. V. m. §§ 16 Abs. 1, 19 UrhG

Dem P könnte neben dem Unterlassungsanspruch auch ein Anspruch auf Schadensersatz zustehen.

Hierfür ist ein Verschulden des A erforderlich. Grundsätzlich wird das Verschulden vermutet. Hier ist ein vorsätzliches oder zumindest grob fahrlässiges Handeln des A offensichtlich, da er die Hinweise im Filmvorspann kannte und auch erkennen konnte, dass das Mitschneiden und Bereitstellen eines noch nicht in den Kinos angelaufenen Films unzulässig ist.

P kann daher neben der Unterlassung auch Schadensersatz aus § 97 Abs. 1 UrhG verlangen.

Bezüglich der Höhe des Schadensersatzanspruches hat der Verletzte ein Wahlrecht. Zum einen kann er den konkreten Schaden ersetzt verlangen. Er kann aber auch die übliche Lizenzgebühr verlangen (Lizenzanalogie) oder gemäß § 97 Abs. 1 S. 2 UrhG den Verletzergewinn herausverlangen.

Ein Anspruch auf immateriellen Schadensersatz nach § 97 Abs. 2 UrhG kommt nur bei erheblicher Beeinträchtigung der ideellen Interessen des Urhebers in Betracht. Eine derart schwerwiegende Verletzung ist hier aber nicht erkennbar, da der Film inhaltlich und formal nicht verändert wurde. Es liegt insbesondere keine Entstellung i. S. d. § 14 UrhG vor. Im Vordergrund steht eindeutig die Verletzung der materiellen Interessen des P. Auch wäre fraglich, ob P diesbezüglich aktivlegitimiert wäre, da ihm die Urheberpersönlichkeitsrechte gerade nicht zustehen. Die Einräumung von Nutzungsrechten erfasst nur die Verwertungsrechte.

---

[17] Wandtke/Bullinger/*Bullinger* § 19a UrhG Rn. 10; Fromm/Nordemann/*Dustmann* § 19a UrhG Rn. 7.

[18] Wandtke/Bullinger/*Bullinger* § 19a UrhG Rn. 11.

[19] Für § 19a UrhG sind grundsätzlich alle bekannten Schrankenbestimmungen außer § 53 UrhG anwendbar.

IV. Anspruch auf Vernichtung aus § 98 Abs. 1 i. V. m. §§ 16, 19a UrhG

P hat auch einen Anspruch auf Vernichtung der rechtswidrig hergestellten Filmkopie.

V. Ansprüche aus §§ 97 Abs. 1, 94 Abs. 1 UrhG

Ansprüche aus § 94 UrhG sind als Leistungsschutzrechte ausgestaltet. Das Leistungsschutzrecht besteht unabhängig davon, ob ein Film Werkcharakter hat.[20] Ein solches Leistungsrecht steht *nur dem Filmhersteller,* nicht hingegen dem Regisseur zu. Filmhersteller ist jede natürliche oder juristische Person, die die Herstellung des Films inhaltlich oder organisatorisch steuert und wirtschaftlich verantwortet.[21] Dies trifft auf den P zu. Ein Anspruch aus § 94 UrhG ist daher gegeben.

Bei dem Recht aus § 94 UrhG handelt es sich um ein originäres Recht des Filmproduzenten. Es besteht unabhängig vom Erwerb urheberrechtlicher Nutzungsrechte. Auch der unautorisierte Filmhersteller ist über § 94 UrhG geschützt.

Fall 24 : Trailer

Filmherstellungsrecht

Sachverhalt

Der Komponist K schließt im März 2004 mit der GEMA (Gesellschaft für musikalische Aufführungs- und mechanische Vervielfältigungsrechte) einen Berechtigungsvertrag.[22]
§ 1 des Berechtigungsvertrages lautet auszugsweise:

„Der Berechtigte überträgt hiermit der GEMA als Treuhänderin für alle Länder alle ihm gegenwärtig zustehenden und während der Vertragsdauer noch zuwachsenden, zufallenden, wieder zufallenden oder sonst erworbenen Urheberrechte in folgendem Umfang zur Wahrnehmung nach Maßgabe der folgenden Bestimmungen: …

h)
Die Rechte der Aufnahme auf Ton-, Bildton-, Multimedia- und andere Datenträger einschließlich z. B. Speichercard, DataPlay Disc, DVD (Digital Versatile Disc), Twin Disc, Ton- und Bildtonträger mit ROM-part und entsprechende Träger mit Datenlink, sowie die Vervielfältigungs- und Verbreitungsrechte an diesen Trägern. … Die Rechtsübertragung erfolgt zur Nutzung der Werke der Tonkunst (mit oder ohne Text) auch als Ruftonmelodien und als Freizeichenuntermalungsmelodien.

---

[20] Fromm/Nordemann/*J. B. Nordemann* § 94 UrhG Rn. 1; Wandtke/Bullinger/*Manegold* § 94 UrhG Rn. 2.
[21] Schricker/*Katzenberger* Vor §§ 88 ff. UrhG Rn. 31; Wandtke/Bullinger/*Manegold* § 94 UrhG Rn. 1; Dreier/Schulze/*Schulze* § 94 UrhG Rn. 1.
[22] Der Wahrnehmungsvertrag der GEMA wird von dieser als Berechtigungsvertrag bezeichnet. Es handelt sich um allgemeine Geschäftsbedingungen (BGH GRUR 2006, 319, 321 Tz. 23 – Alpensinfonie). Der aktuelle Berechtigungsvertrag ist abgedruckt im GEMA-Jahrbuch 2008/2009, 176–184; abgerufen am 28. Juli 2009 unter http://www.gema.de/fileadmin/inhaltsdateien/presse/Publikationen/Jahrbuecher/Jahrbuch_08_09/Gema_Jahrb_08_09.pdf.

Die Rechtsübertragung erfolgt jeweils vorbehaltlich der Regelung nach Abs. i). …

i)

(1) Die Rechte zur Benutzung eines Werkes (mit oder ohne Text) zur Herstellung von Filmwerken oder jeder anderen Art von Aufnahmen auf Bildtonträger sowie jeder anderen Verbindung von Werken der Tonkunst (mit oder ohne Text) mit Werken anderer Gattungen auf Multimedia- und andere Datenträger oder in Datenbanken, Dokumentationssystemen oder in Speichern ähnlicher Art, u. a. mit der Möglichkeit interaktiver Nutzung, mit der Maßgabe, dass GEMA und Berechtigter sich gegenseitig von allen bekanntwerdenden Fällen benachrichtigen. Der GEMA werden diese Rechte unter einer auflösenden Bedingung übertragen. Die Bedingung tritt ein, wenn der Berechtigte der GEMA schriftlich mitteilt, dass er die Rechte im eigenen Namen wahrnehmen möchte. … Unberührt bleiben die Rechte für Fernsehproduktionen i. S. v. Abs. (3). …

(3) Bei Fernsehproduktionen vergibt die GEMA die Herstellungsrechte an Fernsehanstalten und deren eigene Werbegesellschaften insoweit, als es sich um Eigen- oder Auftragsproduktionen für eigene Sendezwecke und Übernahmesendungen handelt. Die Einwilligung des Berechtigten ist jedoch erforderlich, wenn Dritte an der Herstellung beteiligt sind oder wenn die Fernsehproduktionen von Dritten genutzt werden sollen. Dies gilt insbesondere für Coproduktionen.

k)

Unberührt bleibt die Befugnis des Berechtigten, die Einwilligung zur Benutzung eines Werkes (mit oder ohne Text) zur Herstellung von Werbespots der Werbung betreibenden Wirtschaft, z. B. im Rundfunk (Hörfunk und Fernsehen) zu erteilen."

Die GEMA schließt mit dem Sendeunternehmen S einen Pauschalvertrag, durch den dem S das Fernsehfilmherstellungsrecht, das Vervielfältigungs- und das Senderecht eingeräumt werden.

I.

Eine Komposition des K wird in einem von dem Sendeunternehmen S hergestellten Fernsehfilm verwendet. A lässt sich von S das Recht einräumen, eine DVD mit dem Film herzustellen und bewirbt die DVD bereits vor der Herstellung. K verlangt von A Unterlassung.

II.

Der Fernsehsender B, mit dem die GEMA ebenfalls einen Pauschalvertrag abgeschlossen hatte, sendet mehrere selbstproduzierte Trailer für einen amerikanischen Spielfilm. Die Trailer sind mit einer Komposition des K unterlegt. In dem beworbenen Film wird die Musik nicht verwendet. B meint, eine Einwilligung des K sei nicht erforderlich.

III.

Bei einem Konzertbesuch erschrickt K, als plötzlich zwei Reihen vor ihm ein Handy klingelt und dabei das Leitmotiv seiner „Symphonie No. 3" spielt. K erfährt, dass die GEMA ohne sein Wissen dem C eine Lizenz für die Verwertung der Melodie als Klingelton erteilt hat und C diese Melodien auf seiner Website zum Download anbietet. K meint, er hätte eine entsprechende Erlaubnis selber nie erteilt und hätte vor der Lizenzierung gefragt werden müssen.

K verlangt von A, B und C Unterlassung.

Lösung

I. Unterlassungsanspruch des K gegen A aus § 97 Abs. 1 UrhG

1. Schutzgegenstand

Die Komposition ist ein Werk der Musik i. S. d. § 2 Abs. 1 Nr. 2 UrhG und als persönliche geistige Schöpfung nach § 2 Abs. 2 UrhG geschützt.

2. Aktivlegitimation

K ist als Urheber nach § 7 UrhG aktivlegitimiert. In der Praxis werden die entsprechenden Rechte häufig von Musikverlagen wahrgenommen.[23] Das Vertragsmuster für den GEMA-Berechtigungsvertrag sieht insoweit vor, dass der Urheber oder der Musikverlag als Berechtigter mit der GEMA den Wahrnehmungsvertrag schließt.

3. Widerrechtliche Eingriffshandlung

Ein widerrechtlicher Eingriff läge nicht vor, wenn A zur Herstellung und zum Vertrieb der DVD berechtigt wäre. Voraussetzung hierfür ist, dass S ihm diese Rechte übertragen konnte, was wiederum den Erwerb des Synchronisationsrechts durch die GEMA voraussetzt. Als Synchronisationsrecht wird das Recht verstanden, vorbestehende Musikwerke für die Filmherstellung zu nutzen.[24] Die GEMA kann die Rechte nur insoweit lizenzieren, als ihr diese vom Urheber eingeräumt wurden. Entscheidend ist somit, welche Rechte K der GEMA eingeräumt hat.

a) Einräumung des Synchronisationsrechts für den Fernsehfilm. Das Synchronisationsrecht wird grundsätzlich von der GEMA wahrgenommen, wobei für Kinofilme andere Regeln als für Fernsehfilme gelten. In der Gestattung, ein Werk zu verfilmen, liegt nach § 88 Abs. 1 UrhG im Zweifel die Einräumung des ausschließlichen Rechts, das Werk unverändert oder unter Bearbeitung oder Umgestaltung zur Filmherstellung zu benutzen und das Filmwerk auf alle bekannten Nutzungsarten zu benutzen. Zu den vorbestehenden Werken, deren Verfilmung gestattet werden muss, gehört auch die Filmmusik.[25] Das Filmherstellungsrecht ist kein eigenständiges Verwertungsrecht. Es handelt sich vielmehr je nach Situation um eine Vervielfältigung oder um eine Bearbeitung.[26] Wird das eingespielte Musikstück schöpferisch verändert, liegt eine Bearbeitung nach § 23 UrhG vor. Anderenfalls handelt es sich lediglich um eine Vervielfältigung. S kann eine Lizenz zum Vertrieb der DVD nur von der GEMA erhalten haben, wenn diese Inhaberin der entsprechenden Rechte war. Die Rückfallklausel in § 1i (1) BerV, die der persönlichkeitsrechtlichen Bedeutung des Synchronisationsrechtes Rechnung trägt, gilt nur für Kinofilme.[27]

---

[23] *Schack* Rn. 1067; Loewenheim/*Czychowski* Handbuch § 68 Rn. 28.

[24] Unter den Begriff „Synchronisationsrecht" (synchronisation-right) lässt sich neben dem Filmeinblendungsrecht auch das Recht, Multimedia-Produktionen herzustellen, fassen.

[25] Schulze/Dreier/*Schulze* § 88 UrhG Rn. 5; *Vianello* MMR 2009, 90, 92; *Staats* ZUM 2005, 789, 793.

[26] BGH GRUR 2006, 319, 321 Tz. 30 – Alpensinfonie; BGHZ 123, 142, 146 – Videozweitauswertung II; *Schack* Rn. 427.

[27] Bei der Videoauswertung von Kinofilmen besteht zwar die Möglichkeit eines Rückrufs des Filmeinblendungsrechtes. Dieses erfasst aber nicht die Videoauswertung. Denn ein gesondertes Videoherstellungsrecht für die Zweitverwertung von Kinofilmen existiert nicht, vgl. BGHZ 123, 142, 147 – Videozweitauswertung II; Möhring/Nicolini/*Lütje* § 88 UrhG Rn. 10; dagegen *Schulze* GRUR 2001, 1084, 1086 f.

Bei Fernsehproduktionen vergibt die GEMA die Filmherstellungsrechte an die Fernsehanstalten und Fernsehunternehmen, wobei der Urheber keine Möglichkeit hat, einen Rückfall der Rechte herbeizuführen.[28] Nach § 1i (3) BerV erwirbt die GEMA die entsprechenden Rechte von den Komponisten. Durch Pauschalverträge mit den Sendeunternehmen werden diese dann weiterlizenziert. Auch wenn das Musikstück nicht schöpferisch bearbeitet wird, kann allerdings eine Beeinträchtigung i. S. d. § 14 UrhG vorliegen.[29] Dabei ist zu beachten, dass im Filmbereich ein großzügiger Maßstab gilt. Nach § 93 Abs. 1 UrhG kann sich der Urheber nur gegen gröbliche Entstellungen wehren.[30] Die GEMA verpflichtet die Sendeanstalten in den Pauschalverträgen üblicherweise dazu, die Urheberpersönlichkeitsrechte zu beachten.[31]

b) Nutzung durch Dritte. Nach dem Wortlaut des § 1i (3) BerV vergibt die GEMA die Rechte nur insoweit, als es sich um Eigen- oder Auftragsproduktionen handelt. Nur insoweit werden ihr die Rechte von den Komponisten eingeräumt. Für eine Beteiligung Dritter oder eine Nutzung durch Dritte ist die Einwilligung des Urhebers erforderlich.[32] Die GEMA kann demzufolge die Rechte zur Auswertung von Fernsehfilmen als Video oder DVD (Vervielfältigungs- und Verbreitungsrecht) nicht vergeben. § 88 Abs.1 UrhG führt zu keinem anderen Ergebnis, da die genannten Nutzungsrechte gemäß § 32 UrhG eingeschränkt werden können.[33]

4. Erstbegehungsgefahr

Der Anspruch auf Unterlassung besteht nach § 97 Abs. 1 Satz 2 UrhG auch dann, wenn eine Zuwiderhandlung erstmalig droht. Voraussetzung für einen vorbeugenden Unterlassungsanspruch ist das Vorliegen einer Erstbegehungsgefahr.[34] Dafür reicht es schon aus, wenn sich der Passivlegitimierte eines fremden Urheberrechts berühmt.[35] A hat die DVD bereits beworben. Dies reicht als Vorbereitungshandlung aus.

5. Ergebnis

K kann gemäß § 97 Abs. 1 UrhG von A Unterlassung der Vervielfältigung und Verbreitung der DVD verlangen.

---

[28] Möhring/Nicolini/*Lütje* § 88 UrhG Rn.11; Schulze/Dreier/*Schulze* § 88 UrhG Rn.20; Loewenheim/*Castendyk* Handbuch § 75 Rn.296; *Schunke* Musikrecht in: Wandtke, Praxishandbuch Medienrecht, 2008, S.478.

[29] *Schulze* ZUM 1993, 255, 261.

[30] Vgl. *Schack* Rn.362; *Heidmeier* Das Urheberpersönlichkeitsrecht und der Film, 1996, 112 f.

[31] Vgl. *v. Welser* Die Wahrnehmung urheberpersönlichkeitsrechtlicher Befugnisse durch Dritte, 2000, 127.

[32] OLG München NJW 2003, 683, 685 – Alpensinfonie; OLG Hamburg ZUM 1992, 303, 304 – Piccolo Bolero; Wandtke/Bullinger/*Manegold* § 88 UrhG Rn.49; *Becker* Musik im Film, 1993, 53, 74; dagegen LG Hamburg NJW-RR 1998, 556; differenzierend Loewenheim/*Castendyk* Handbuch § 75 Rn.299.

[33] OLG Hamburg ZUM 1992, 303, 304 – Piccolo Bolero.

[34] *v. Welser* Ansprüche im Bereich des geistigen Eigentums, S. 202, in: Wandtke (Hrsg.) Praxishandbuch Medienrecht, 2008.

[35] Dreier/Schulze/*Dreier* § 97 UrhG Rn.43.

II. Unterlassungsanspruch des K gegen B aus § 97 Abs. 1 UrhG

K kann von B Unterlassung gemäß § 97 Abs. 1 UrhG verlangen, wenn sein Urheberrecht widerrechtlich verletzt wurde. Das Vorliegen eines schutzfähigen Werkes und die Aktivlegitimation des K wurden bereits festgestellt.

1. Eingriffshandlung

Ein Eingriff könnte in der Sendung des Trailers liegen. Es würde allerdings an der Widerrechtlichkeit fehlen, wenn B ein Nutzungsrecht erworben hätte.

a) Eigen- oder Auftragsproduktion. Ein Trailer ist keine Eigen- oder Auftragsproduktion i. S. d. § 1i (3) BerV,[36] da ausschließlich Bildmaterial aus dem Film verwendet wird und es insofern auf die erstmalige Fixierung der Bildfolge ankommt.[37] Schon aus diesem Grund konnte B keine Rechte erwerben.

b) Trailer als Werbespot. Darüber hinaus lassen sich Trailer als Werbespots i. S. d. § 1k BerV einordnen.[38] Gegenstand des Trailers ist die Ankündigung der Sendung eines Spielfilmes, also einer Dienstleistung des Senders. Der Fernsehsender wirbt mit den Trailern für seine Produkte und gehört damit der werbetreibenden Wirtschaft an. Eine einschränkende Definition des Werbespots würde den Interessen des Urhebers nicht gerecht. Für den Urheber ist es gleichgültig, wer die Werbespots oder Trailer herstellt, ob sie sich zur Ausstrahlung auf mehreren Sendern eignen und im Rahmen der als solche gekennzeichneten Werbeblöcke gegen Entgelt ausgestrahlt werden. Entscheidend ist vielmehr, dass das letzte Wort darüber, ob das Werk mit einem beworbenen Produkt in Verbindung gebracht werden soll, beim Urheber liegt. Demnach ist der Trailer ein Werbespot i. S. d. § 1k BerV. Die Einwilligung zur Benutzung eines Werke zur Herstellung von Werbespots ist dem Urheber vorbehalten.[39]

2. Rechtswidrigkeit

B handelte rechtswidrig.

3. Ergebnis

Die Wiederholungsgefahr wird durch die bereits erfolgte Rechtsverletzung indiziert, so dass K einen Unterlassungsanspruch aus § 97 Abs. 1 UrhG gegen B hat.

III. Unterlassungsanspruch des K gegen C aus § 97 Abs. 1 UrhG

1. Schutzgegenstand

Bei Musikwerken genießen schon einzelne musikalische Motive und Melodien Schutz nach § 2 Abs. 1 Nr. 2, Abs. 2 UrhG.[40] C bietet die Melodie online zum Download an. Betroffen ist damit das in § 19a UrhG kodifizierte Recht der öffentlichen Zugänglichmachung. Die Nutzung eines Musikwerkes als Klingelton für Handys kann außerdem § 14 UrhG betreffen.

---

[36] Möhring/Nicolini/*Lütje* § 88 UrhG Rn. 11.
[37] Dreier/Schulze/*Schulze* Vor § 31 UrhG Rn. 136.
[38] OLG München ZUM 1997, 274, 278 – Trailer; OLG München ZUM 2007, 60, 63 – Werbespots; *Russ* ZUM 1995, 32, 35.
[39] OLG München ZUM 2007, 60, 64 – Werbespots; *Poll* WRP 2008, 1170, 1172.
[40] Wandtke/Bullinger/*Bullinger* § 2 UrhG Rn. 70; Dreier/Schulze/*Schulze* § 2 UrhG Rn. 138.

2. Aktivlegitimation

Zweifel an der Aktivlegitimation des K könnten allenfalls im Hinblick auf das der GEMA eingeräumte Nutzungsrecht aufkommen. Gegen Verletzungen des Urheberpersönlichkeitsrechtes kann der Urheber aber generell selbst vorgehen.[41]

3. Widerrechtliche Eingriffshandlung

Ein widerrechtlicher Eingriff würde ausscheiden, wenn C das Recht zur Auswertung der Melodie für Klingeltöne erworben hätte.[42] Ob die GEMA ohne Rücksprache mit K Lizenzen für Klingeltöne anbieten durfte, erscheint zweifelhaft.[43] Zwar ist keineswegs jede Nutzung eines Musikwerkes, bei der dieses nur teilweise gespielt wird, zwangsläufig eine Entstellung i. S. d. § 14 UrhG.[44] Bei Handyklingeltönen indes werden Melodien zum einen regelmäßig gekürzt. Die meist einfache Technik bringt es mit sich, dass zusätzlich eine Reduzierung des Klangbildes stattfindet. Die derart verunstaltete Melodie wird wiederholt abgespielt oder durch Annahme des Gespräches mitten in der Melodie unterbrochen. Dies spricht dafür, in der Nutzung als Handyklingelton eine Beeinträchtigung des Musikwerkes i. S. d. § 14 UrhG zu sehen.[45]

Zu prüfen ist, ob K diese Entstellung nach § 39 Abs. 2 UrhG hinnehmen muss.[46] K hat es durch den Abschluss des Berechtigungsvertrages ermöglicht, entsprechende Lizenzen zu vergeben. Zwar wird man dem Urheber zubilligen müssen, auch in eine Entstellung seines Werkes einzuwilligen, da niemand besser als er selber beurteilen kann, welche Arten von Änderungen noch hinnehmbar sind und welche nicht. Dogmatisch handelt es sich dann um ein tatbestandsausschließendes Einverständnis.[47] Ob auch die GEMA anstelle des Urhebers diese Entscheidung treffen kann, ist damit aber noch nicht gesagt. In der Literatur wird die Zulässigkeit einer gebundenen Übertragung persönlichkeitsrechtlicher Befugnisse zwar teilweise bejaht.[48] Für die Zulässigkeit einer solchen gebundenen Übertragung enthält das UrhG indes keine Anhaltspunkte. Vielmehr spricht die sprachliche

---

[41] Wandtke/Bullinger/*v. Wolff* § 97 UrhG Rn. 5; Dreier/Schulze/*Schulze* § 31 UrhG Rn. 59.

[42] Nach einer Auffassung soll dieses Recht ebenso wie das Filmeinblendungsrecht bei Kinofilmen durch die GEMA unter einer auflösenden Bedingung wahrgenommen werden (*Poll* MMR 2004, 67, 74). Aus dem Wortlaut des Berechtigungsvertrages ergibt sich dies allerdings nicht mit hinreichender Deutlichkeit. Zwar enthält der Rechtekatalog in § 1 h) BerV die Nutzung von Musikwerken als Ruftonmelodien. § 1 i) BerV regelt das Rückrufrecht aber nur im Hinblick auf das Synchronisationsrecht, ohne die Möglichkeit eines Rückrufes für die Nutzung als Ruftonmelodien zu erwähnen.

[43] Zur Lizenzierung von Klingeltönen durch die GEMA vgl. BGH GRUR 2009, 395 – Klingeltöne für Mobiltelefone; OLG Hamburg ZUM 2008, 967 – Rockin' On Heaven's Floor; Castendyk ZUM 2005, 9; *Schunke* Musikrecht in: Wandtke, Praxishandbuch Medienrecht, 2008, S. 487 ff.; *Landfermann* Handy-Klingeltöne im Urheber- und MarkenR, 2006; Kreile/Becker/Riesenhuber/ *Staudt*, Recht und Praxis der GEMA, 2. Aufl., Kap. 10 Rn. 211 ff.; *Hertin* KUR 2004, 101; *Klees/ Lange* CR 2005, 684; *Prill* CR 2009, 239; *Ulbricht* ZUM 2008, 966.

[44] BGH GRUR 1960, 604, 606 – Eisrevue I.

[45] BGH GRUR 2009, 395, 396 Tz. 14 – Klingeltöne für Mobiltelefone; OLG Hamburg ZUM 2008, 438 – Anita; OLG Hamburg ZUM 2008, 967, 970 – Rockin' On Heaven's Floor; vgl. LG Hamburg GRUR-RR 2001, 259, 260 – Handy-Klingeltöne („grobe Entstellung"); *Prill* CR 2009, 239.

[46] Offengelassen von OLG Hamburg GRUR-RR 2002, 249, 253 – Handy-Klingeltöne.

[47] Vgl. *Helle* Besondere Persönlichkeitsrechte im Privatrecht, 1991, 102; *Wedemeyer* FS Piper, 1996, 787, 791; *Poll* MMR 2004, 67, 71; *Jänecke* Das urheberrechtliche Zerstörungsverbot, 2003, 201 ff.

[48] Vgl. *Forkel* GRUR 1988, 491 ff.; *Rehbinder* Rn. 320; *Haberstumpf* Rn. 251.

Trennung zwischen Verwertungs- und Nutzungsrechten dagegen, dass der Gesetzgeber auch bei den Urheberpersönlichkeitsrechten eine solche konstitutive Rechtseinräumung ermöglichen wollte. Im Hinblick auf das Recht am eigenen Bild nach § 22 KUG wird teilweise die Rechtsfigur der Einwilligungsermächtigung befürwortet.[49] Hiergegen spricht, dass mit dieser Rechtsfigur eine zu weitgehende Entäußerung der Persönlichkeitsrechte verbunden wäre.[50] Nach Auffassung des Bundesgerichtshofes ist eine Rechtseinräumung zulässig, welche die Befugnis umfasst, das bearbeitete oder anders umgestaltete Musikwerk als Klingelton zu benutzen.[51] Einer zusätzlichen Einwilligung des Urhebers bedürfe es nicht, wenn das Musikstück auf eine Art zum Klingelton umgestaltet werde, die zum Zeitpunkt der Rechtseinräumung üblich und vorhersehbar war.[52] Diese Auffassung ist rechtssystematisch kaum haltbar. Es ist davon auszugehen, dass eine Lizenzierung im Hinblick auf solche Nutzungen, die schwere Eingriffe in das Urheberpersönlichkeitsrecht darstellen, nur vom Urheber selbst vorgenommen werden können.[53] Aus diesem Grund wird in der Literatur – entgegen der Ansicht des Bundesgerichtshofes – ein zweistufiges Lizenzierungsmodell befürwortet.[54] Die GEMA konnte also nach dieser vorzugswürdigen Auffassung nicht anstelle des K in die entstellende Verwertung einwilligen. C handelte demnach rechtswidrig.

4. Ergebnis

Die Wiederholungsgefahr wird durch die bereits erfolgte Rechtsverletzung indiziert. K hat einen Unterlassungsanspruch gegen C.

---

[49] *Dasch* Die Einwilligung zum Eingriff in das Recht am eigenen Bild, 1990, 92 ff.; *Götting* Persönlichkeitsrechte als Vermögensrechte, 1995, 164.

[50] *Schack* Rn. 567; *v. Welser* Die Wahrnehmung urheberpersönlichkeitsrechtlicher Befugnisse durch Dritte, 2000, 105 ff.

[51] BGH GRUR 2009, 395, 397 Tz. 21 – Klingeltöne für Mobiltelefone; dagegen *Schulze* GRUR 2009, 400, 402.

[52] BGH GRUR 2009, 395, 397 Tz. 21 – Klingeltöne für Mobiltelefone; dagegen OLG Hamburg ZUM 2008, 967, 970; vgl. auch Schricker/*Dietz* § 14 UrhG Rn. 11a.

[53] Im Filmbereich gilt wegen § 93 UrhG ein anderer Maßstab, so dass dort auch Musikverlage Lizenzen an Synchronisationsrechten erteilen können.

[54] Zutreffend *Schulze* GRUR 2009, 400, 402.

VI. Teil. Internationales und europäisches Urheberrecht

Fall 25: Auktion

Internationales Urheberrecht/Territorialitätsprinzip/Schutzlandprinzip/Folgerecht

Sachverhalt

Der Maler M verkauft dem mit ihm befreundeten Sammler S sein Gemälde „Stillleben III" für wenige hundert Euro. Als S später in Geldnot gerät und keinen Gefallen mehr an dem Bild findet, wendet er sich auf eine Anzeige in einer Kunstzeitschrift hin an die deutsche Niederlassung des britischen Auktionshauses A. A. und S werden sich schnell einig, dass das Bild in der Niederlassung des Auktionshauses A in New York versteigert werden soll. Bei der Versteigerung erzielt das Gemälde einen Preis von 500.000 US-Dollar. M möchte finanziell an dem Erlös beteiligt werden. Kann er – gestützt auf deutsches Urheberrecht – einen Anspruch geltend machen?

Lösung

I. Anspruch des M gegen S gemäß § 26 Abs. 1 UrhG

Wird das Original eines Werkes der bildenden Künste oder eines Lichtbildwerkes weiterveräußert und ist hieran ein Kunsthändler oder Versteigerer als Erwerber, Veräußerer oder Vermittler beteiligt, so hat der Veräußerer dem Urheber nach § 26 Abs. 1 Satz 1 UrhG einen Anteil des Veräußerungserlöses zu entrichten. Die Höhe des Anspruches richtet sich nach § 26 Abs. 2 UrhG. Ein Anspruch aus § 26 UrhG kommt allerdings nur in Betracht, wenn deutsches Recht überhaupt anwendbar ist. Dies beurteilt sich nach den Regeln des internationalen Privatrechts.

1. Bestimmung der einschlägigen Kollisionsregel

Die Bestimmung des anwendbaren Rechts richtet sich nach der jeweils einschlägigen Kollisionsregel. Die Bestimmung der einschlägigen Kollisionsnorm richtet sich wiederum nach der Qualifikation des Anspruchs.[1] Zunächst könnte man daran denken, das sogenannte Folgerecht aus § 26 UrhG als bereicherungsrechtlichen Anspruch einzuordnen und Art. 10 Abs. 1 Rom-II-Verordnung anzuwenden.[2] Hiergegen spricht bereits, dass durch die Veräußerung eines Kunstwerkes, das sich im Eigentum des Veräußerers befindet, nicht in ein rechtlich geschütztes Interesse eingegriffen wird. Das Folgerecht regelt keinen

---

[1] Palandt/*Heldrich* Einl. vor Art. 3 EGBGB Rn. 27; Erman/Hohloch Einl. Art. 3 EGBGB Rn. 38.

[2] Verordnung (EG) Nr. 864/2007 des Europäischen Parlaments und des Rates vom 11. Juli 2007 über das auf außervertragliche Schuldverhältnisse anzuwendende Recht („Rom II").

allgemeinen Bereicherungsausgleich, sondern einen urheberrechtlichen Vergütungsanspruch eigener Art.[3]

2. Kollisionsnorm

a) Art. 8 Abs. 1 Rom-II-Verordnung. Nach Art. 8 Abs. 1 Rom-II-Verordnung ist auf außervertragliche Schuldverhältnisse aus einer Verletzung von Rechten des geistigen Eigentums das Recht des Staates anzuwenden, für den der Schutz beansprucht wird.[4] Hiervon wird auch das Urheberrecht erfasst.[5] Das Schutzlandprinzip entspricht auch der bisherigen Rechtsprechung des Bundesgerichtshofes.[6] Umstritten ist, welche Reichweite das Schutzlandprinzip hat. Der Bundesgerichtshof und Teile der Literatur wollen das Urheberrecht insgesamt dem Recht des Schutzlandes unterstellen.[7] Demgegenüber bestimmt nach vordringender Ansicht in der Literatur das Recht des Schutzlandes nur über Inhalt, Schranken und Dauer des Urheberrechts.[8] Entstehung, Erstinhaberschaft und Übertragung des Urheberrechts sollen sich nach dem Ursprungsland richten.[9]

b) Art. 5 Abs. 2 S. 2 RBÜ. Die Normen des Gemeinschaftsrechts müssen im Lichte der völkerrechtlichen Bestimmungen ausgelegt werden.[10] Einschlägig ist hier Art. 5 Abs. 2 S. 2 RBÜ (Revidierte Berner Übereinkunft). Die Gemeinschaft ist an die RBÜ gebunden.[11] Nach Art. 5 Abs. 1 lit. b) des Protokolls Nr. 28 des EWR-Abkommen[12] hatten sich die Vertragsparteien verpflichtet, unter anderem der Pariser Fassung der RBÜ beizutreten. Nach Art. 5 Abs. 2 S. 2 RBÜ richten sich der Umfang des Schutzes sowie die dem Urheber zur Wahrung seiner Rechte zustehenden Rechtsbehelfe ausschließlich nach den Rechtsvorschriften des Landes, in dem Schutz beansprucht wird. Die in Deutschland herrschende Meinung will die Formulierung „in dem Schutz beansprucht wird" als „für dessen Gebiet Schutz beansprucht wird" und damit als Verweisung auf das Schutzlandrecht verstehen.[13]

---

[3] Vgl. Dreier/Schulze/*Schulze* § 26 UrhG Rn. 2; *Schack* Rn. 450.

[4] Verordnung (EG) Nr. 864/2007 des Europäischen Parlaments und des Rates vom 11. Juli 2007 über das auf außervertragliche Schuldverhältnisse anzuwendende Recht („Rom II").

[5] *Sack* WRP 2008, 1405, 1406; *Schack* MMR 2008, 414; *v. Ungern-Sternberg* GRUR 2008, 193, 200; *Handig* GRUR Int. 2008, 24, 27; Wandtke/Bullinger/*v. Welser*, Vor §§ 120 ff. UrhG Rn. 3.

[6] BGH, Urteil vom 22. Januar 2009, I ZR 148/06 Tz. 12 – Bundeskunsthalle; BGH GRUR 2007, 691, 692 Tz. 22 – Staatsgeschenk; BGH GRUR 2007, 871, 873 Tz. 24 – Wagenfeld-Leuchte; BGH GRUR 2004, 421, 422 – Tonträgerpiraterie durch CD-Export; BGH GRUR 2003, 876, 877 – Sendeformat.

[7] BGH GRUR 2003, 876, 877 – Sendeformat; BGH GRUR 2003, 328, 329 – Felsberg; BGH WRP 2003, 1460, 1461 – Hundertwasserhaus; BGH GRUR 2004, 421, 423 – Tonträgerpiraterie durch CD-Export; BGH JZ 1998, 1015, 1016 – Spielbankaffaire (mit Anmerkung *Schack*); LG Hamburg GRUR Int. 2004, 148, 151 – Thumbnails; Möhring/Nicolini/*Hartmann* Vor §§ 120 ff. UrhG Rn. 4; Dreier/Schulze/*Dreier* Vor §§ 120 ff. UrhG Rn. 28; *Bortloff* GRUR Int. 2003, 669, 673.

[8] *Schack* Rn. 918 ff.; *Schack* JZ 2003, 803; *Ginsburg* GRUR Int. 2000, 97, 109 f.

[9] Soergel/*Kegel* Anh. Art. 12 EGBGB Rn. 28; *Schack* Rn. 900 ff.; *Neuhaus* RabelsZ 40 (1976) 191, 193; weitergehend *Intveen* Internationales Urheberrecht und Internet, 1999, 85 ff.

[10] Vgl. Wandtke/Bullinger/*v. Welser* Vor §§ 120 UrhG ff. Rn. 58a.

[11] *Gaster* ZUM 2006, 8, 9 ("quasi acquis communautaire").

[12] Abkommen über den Europäischen Wirtschaftsraum vom 2.5.1992 (vgl. hierzu Wandtke/Bullinger/*v. Welser* Vor §§ 120 ff. UrhG Rn. 61). Das Protokoll 28 ist abgedruckt in GRUR Int. 1994, 215.

[13] *Ulmer* Die Immaterialgüterrechte im internationalen Privatrecht, 1975, 10; *von Lewinski* International Copyright Law and Policy; Oxford, 2008, Rn. 5.31; Schricker/*Katzenberger* Vor §§ 120 ff. UrhG Rn. 125.

Nach anderer Auffassung verweist Art. 5 Abs. 2 S. 2 RBÜ auf das internationale Privatrecht des Gerichtsortes (lex fori).[14]

Es spricht einiges dafür, Art. 5 Abs. 2 S. 2 RBÜ als Verweisung nicht auf die lex fori, sondern auf die lex loci protectionis zu verstehen. Das ergibt sich auch aus einem Vergleich mit der Regelung in Art. 7 Abs. 8 RBÜ, nach der sich die Schutzdauer grundsätzlich nach dem Gesetz des Landes richtet, „in dem der Schutz beansprucht wird". Die Schutzdauer gehört zum materiellen Recht und kann nicht nach der lex fori beurteilt werden. Das Recht des Schutzlandes kann deshalb für die Beurteilung der Rechtsverletzung herangezogen werden.[15] Über die Frage der Erstinhaberschaft und der Übertragung des Urheberrechts ist damit allerdings noch nichts gesagt. Diese Fragen sollten nach dem Recht des Ursprungslandes beurteilt werden.[16] Hierfür spricht schon das Erfordernis der Rechtssicherheit. Der Rechtsinhaber sollte im In- und Ausland derselbe sein.[17] Die Frage nach der Reichweite des Schutzlandprinzips kann hier offen bleiben, da jedenfalls für den Inhalt des Urheberrechts das Recht des Schutzlandes maßgeblich ist.

c) Territorialitätsprinzip. Zur Bestimmung des anwendbaren Rechts wird häufig auf das Territorialitätsprinzip verwiesen. Das Territorialitätsprinzip geht von einem Bündel selbständiger nationaler Urheberrechte aus und besagt, dass ein inländisches Schutzrecht nur im Inland und ein ausländisches Schutzrecht nur im jeweiligen Ausland verletzt werden kann.[18] Das Territorialitätsprinzip sagt indes lediglich, dass die Wirkung der Gesetzgebung eines Staates auf das Territorium dieses Staates begrenzt ist. Das Territorialitätsprinzip wirkt also auf fremdenrechtlicher Ebene als Schutzversagung, indem ein ausländisches Urheberrecht im Inland grundsätzlich nicht geschützt wird. Eine Antwort auf die Frage nach dem anwendbaren Recht gibt das Territorialitätsprinzip nicht.[19]

3. Bestimmung des Schutzlandes (Lokalisierung)

Da in den USA kein Folgerecht existiert, kommt ein Anspruch nur dann in Betracht, wenn Deutschland Schutzland ist. Dies wäre dann der Fall, wenn die Veräußerung wenigstens teilweise in Deutschland stattgefunden hätte.[20] Sowohl Kaufvertrag als auch Übereignung erfolgten durch Gebot und Zuschlag in New York, so dass es nicht auf die Frage ankommt, ob unter Veräußerung i. S. d. § 26 UrhG nur dass dingliche Verfügungs-

---

[14] UK Court of Appeal, GRUR Int. 1999, 787, 790 – Bauzeichnungen II; *Schack* Rn. 891; vgl. auch Loewenheim/*Walter* Handbuch § 58 Rn. 3.

[15] Schricker/*Katzenberger* Vor §§ 120 ff. UrhG Rn. 129; Möhring/Nicolini/*Hartmann* Vor §§ 120 ff. UrhG Rn. 20; *Spindler* IPRax 2003, 412, 413 f.

[16] Ebenso US Court of Appeals GRUR Int. 1999, 639, 642 f. – Itar-Tass; Cour de Cassation RIDA 177 (1998) 254, 256 – Scania; Soergel/*Kegel* Anh Art. 12 EGBGB Rn. 29; *Schack* Rn. 912; *Fawcett/Torremans* 509; *Goldstein* 102 ff.; Wandtke/Bullinger/*v. Welser* Vor §§ 120 ff. UrhG Rn. 11; *Dreyfuss/Ginsburg* CRi 2003, 33, 37; *Ginsburg* GRUR Int. 2000, 97, 107.

[17] Eine solche differenzierende Anknüpfung ist bei Persönlichkeitsrechten und bei Immaterialgüterrechten durchaus nicht ungewöhnlich. So beurteilt sich etwa der Namensschutz nach dem Deliktsstatut, die Vorfrage des Namenserwerbs gemäß Art. 10 EGBGB nach dem Personalstatut (Palandt/*Heldrich* Art. 40 EGBGB Rn. 14; *Ahrens* FS Erdmann 3, 12).

[18] Schricker/*Katzenberger* Vor §§ 120 ff. UrhG Rn. 120; Möhring/Nicolini/*Hartmann* Vor §§ 120 ff. UrhG Rn. 2; *Schack* Rn. 802; *Beining* Der Schutz ausübender Künstler im internationalen und supranationalen Recht, 2000, 57; *Peifer* ZUM 2006, 1.

[19] *Schack* Rn. 805; Wandtke/Bullinger/*v. Welser* Vor §§ 120 ff. UrhG Rn. 5; *Intveen* Internationales Urheberrecht und Internet, 1999, 111 f.; *Braun* IPRax 1995, 227; *Geller* EIPR 2009, 391.

[20] Vgl. BGHZ 126, 252, 259 – Joseph Beuys (JZ 1995, 354 mit Anmerkung *Schack*); Dreier/Schulze/*Schulze* § 26 UrhG Rn. 5.

geschäft oder Verpflichtungs- und Verfügungsgeschäft als Einheit zu verstehen sind.[21] Eine vorgelagerte Beauftragung und Bevollmächtigung, ein Werk zu veräußern, sind nur Vorbereitungshandlungen und nicht schon der Beginn der Veräußerung. Demzufolge sind die USA Schutzland. Deutsches Urheberrecht kann also nicht angewendet werden.

4. Ergebnis

Es besteht kein Anspruch des M gemäß § 26 UrhG.

II. Anspruch M gegen S aus §§ 97, 17 Abs. 1 UrhG

Bei Urheberrechtsverletzungen geht das Schutzlandprinzip der allgemeinen Regelung in Art. 4 Rom-II-Verordnung vor. Ein Anspruch aus §§ 97 Abs. 1, 17 Abs. 1 UrhG kommt hier schon deshalb ebenfalls nicht in Betracht.[22]

Fall 26: Bauhaus Klassiker aus Italien

Sachverhalt

Der ungarische Architekt A, der am Bauhaus in Dessau tätig war und 1980 starb, hat unter anderem einen Sessel konstruiert, der als Klassiker der Moderne in vielen Museen zu finden ist und von mehreren deutschen Gerichten aufgrund seiner herausragenden Gestaltung als Werk der angewandten Kunst angesehen wird. Inhaberin der weltweiten ausschließlichen Nutzungsrechte ist der Möbelhersteller M. M muss feststellen, dass die in der Organisationsform der britischen Limited auftretende Gesellschaft X Ltd. mit angeblichem Sitz in Florenz Nachbauten dieses Sessels auf ihrer Internetseite anpreist. Die Internetseite der X Ltd. ist auch in deutscher Sprache verfügbar. Dort findet sich auch eine Abbildung des Sessels. Die Internetseite enthält unter anderem folgende Werbeaussagen „Die schönsten Bauhaus-Klassiker direkt von den Herstellern", „Bezahlung erst bei Übernahme der Ware". In den allgemeinen Geschäftbedingungen findet sich der Hinweis, die Ware würde direkt in Italien an den Käufer übereignet.

M möchte eine Testbestellung durchführen. Nachdem er bei der auf der Internetseite angegebenen Telefonnummer angerufen hat, wird ihm mitgeteilt, dass er die Ware entweder selber in Florenz abholen könne oder die Lieferung durch eine Spedition durchgeführt werde, die M entsprechend beauftragen könne. Einen entsprechenden – ebenfalls in Florenz ansässigen Spediteur S – der auf Möbellieferungen spezialisiert und ebenfalls der deutschen Sprache mächtig sei, könne man ihm gern nennen. M verfährt wie geheißen und erhält wenige Tage später von S den Nachbau des Sessels geliefert. Er zahlt den Kauf-

---

[21] Vgl. BGH GRUR 2008, 989, 991 Tz. 31 – Sammlung Ahlers; Wandtke/Bullinger/*v. Welser* Vor §§ 120 ff. UrhG Rn. 20.

[22] Hätte die Versteigerung in Deutschland stattgefunden, so wäre zu prüfen, ob die Veräußerung des Gemäldes von M an S zu einer Erschöpfung des Verbreitungsrechts nach § 17 Abs. 2 UrhG geführt hat. Da ein reiner Privatverkauf an Personen, mit denen eine persönliche Beziehung besteht, kein Inverkehrbringen i. S. d. § 17 UrhG darstellt, könnte man daran zweifeln, ob eine Erschöpfung eintreten kann (vgl. BGHZ 113, 159, 161 – Einzelangebot; KG GRUR 1983, 174, 175 – Videoraubkassetten; Wandtke/Bullinger/*Heerma* § 17 UrhG Rn. 11).

preis in bar an S, der vorgibt, das Geld an X weiterzuleiten. Tatsächlich teilen sich X und S wie verabredet den Gewinn.

M möchte in Deutschland gegen X wegen Verletzung des deutschen Urheberrechts vorgehen. X meint, er mache lediglich von den Errungenschaften des europäischen Binnenmarktes Gebrauch. Gehen Sie bei der Bearbeitung davon aus, dass Werke der angewandten Kunst, die vor 2001 geschaffen wurden, in Italien vom Urheberschutz ausgenommen sind, mit der Folge, dass der streitgegenständliche Sessel in Italien nicht urheberrechtlich geschützt ist.

Lösung

I. Anspruch des M gegen X auf Unterlassung der Verbreitung aus §§ 97 Abs. 1, 17 Abs. 1 UrhG

In Betracht kommt ein Unterlassungsanspruch aus § 97 Abs. 1 Satz 1 UrhG. Wer das Urheberrecht oder ein anderes nach UrhG geschütztes Recht widerrechtlich verletzt, kann von dem Verletzten nach § 97 Abs. 1 Satz 1 UrhG auf Beseitigung der Beeinträchtigung, bei Wiederholungsgefahr auf Unterlassung in Anspruch genommen werden.

1. Anwendbares Recht

Nach Artikel 8 Abs. 1 der Rom-II-Verordnung ist auf außervertragliche Schuldverhältnisse aus einer Verletzung von Rechten des geistigen Eigentums das Recht des Staates anzuwenden, für den der Schutz beansprucht wird.[23] Hiervon wird auch das Urheberrecht erfasst.[24] Das Schutzlandprinzip entspricht auch der bisherigen Rechtsprechung des Bundesgerichtshofes.[25] M beansprucht Schutz für das deutsche Staatsgebiet. Daher ist deutsches Urheberrecht anwendbar.

2. Schutz durch das UrhG

Das Werk des A wird gemäß § 120 Abs. 2 Nr. 2 UrhG unabhängig vom Ort des Erscheinens geschützt. Dabei spielt es keine Rolle, dass Ungarn erst Mitglied der Europäischen Union wurde, nachdem A bereits gestorben war. Denn nach der Rechtsprechung des EuGH ist das Diskriminierungsverbot aus Artikel 12 EG-Vertrag auch dann anzuwenden ist, wenn der Urheber verstorben ist, bevor der EG-Vertrag in seinem Heimatstaat in Kraft getreten ist.[26]

3. Werk

Laut Sachverhalt ist davon auszugehen, dass der Sessel urheberrechtlich geschützt ist. Möbel sind als Werke der angewandten Kunst grundsätzlich dem Urheberrechtsschutz zugänglich, auch wenn ihre Gebrauchsbestimmung an sich im Vordergrund steht.[27] Da die so genannte „kleine Münze" im Bereich der angewandten Kunst allerdings durch das Ge-

---

[23] Verordnung (EG) Nr. 864/2007 des Europäischen Parlaments und des Rates vom 11. Juli 2007 über das auf außervertragliche Schuldverhältnisse anzuwendende Recht („Rom II").

[24] *Sack* WRP 2008, 1405, 1406; *Schack* MMR 2008, 414; *v. Ungern-Sternberg* GRUR 2008, 193, 200; *Handig* GRUR Int. 2008, 24, 27; Wandtke/Bullinger/*v. Welser*, Vor §§ 120 ff. UrhG Rn. 3.

[25] BGH GRUR 2007, 691, 692 Tz. 22 – Staatsgeschenk; BGH GRUR 2007, 871, 873 Tz. 24 – Wagenfeld-Leuchte; BGH GRUR 2004, 421, 422 – Tonträgerpiraterie durch CD-Export; BGH GRUR 2003, 876, 877 – Sendeformat.

[26] EuGH WRP 2002, 816 – Ricordi; Wandtke/Bullinger/*v. Welser*, Vor §§ 120 ff. UrhG Rn. 39.

[27] BGH GRUR 1961, 635 – Stahlrohrstuhl I; BGH GRUR 1981, 652 – Stühle und Tische; BGH

schmacksmusterrecht abgedeckt wird, verlangt die Rechtsprechung für den urheberrechtlichen Schutz einen besonderen künstlerischen Wert.[28] Nach dem Sachverhalt ist davon auszugehen, dass der Sessel diesen Anforderungen genügt.

4. Aktivlegitimation des M

M ist nach § 31 Abs. 3 Satz 1 UrhG aktivlegitimiert. Zu den anderen nach UrhG geschützten Rechten zählt auch das ausschließliche Nutzungsrecht.

5. Verletzung

Betroffen sein könnte hier das Verbreitungsrecht aus § 15 Abs. 1 Nr. 2, 17 UrhG in beiden Tatbestandsvarianten. § 17 UrhG definiert das Verbreitungsrecht als das Recht, das Original oder Vervielfältigungsstücke des Werkes der Öffentlichkeit anzubieten oder in Verkehr zu bringen. Sowohl ein Inverkehrbringen als auch ein Anbieten könnten hier vorliegen.

a) Verbreitung in Form des Inverkehrbringens nach § 17 Abs. 1 2. Fall UrhG. Nach Auffassung einiger Gerichte liegt unabhängig davon, ob die Eigentumsübertragung bereits in Italien oder erst bei der Übergabe in Deutschland stattgefunden hat, ein Inverkehrbringen im Inland vor.[29] So ist zweifelhaft, ob allein ein entsprechender Hinweis in den allgemeinen Geschäftbedingungen ausreicht, damit tatsächlich von einem Eigentumsübergang in Italien ausgegangen werden kann. Hiergegen spricht, dass ein solcher Eigentums- und Gefahrübergang in Italien für den Käufer den unerwünschten Effekt hätte, dass er die Ware auch dann vergüten müsste, wenn diese auf dem Transportweg beschädigt wird.[30]

Unabhängig von dem Ort des Eigentumsübergangs kommt ein Inverkehrbringen auch dann in Betracht, wenn dem X die Handlungen des S zugerechnet werden. In Betracht kommt hier eine wechselseitige Zurechnung der Tatbeiträge nach § 830 BGB. Für eine gemeinschaftliche Begehung nach § 830 Abs. 1 Satz 1 BGB ist ein vorsätzliches, also bewusstes und gewolltes Zusammenwirken mehrerer erforderlich.[31] Jedem Täter werden die Tatbeiträge der anderen Mittäter zugerechnet. Grund für die solidarische Haftung von Mittätern ist der Umstand, dass das arbeitsteilige Vorgehen den Tatentschluss der Übrigen fördert und ihnen die Tatausführung erleichtert.[32] Nach dem Sachverhalt liegt eine Mittäterschaft von X und S nahe.[33] § 17 Abs. 1 2. Fall UrhG ist somit verletzt.

GRUR 1981, 820 – Stahlrohrstuhl II; BGH, Urteil vom 14. Mai 2009, I ZR 98/06, Tz. 21 – Tripp-Trapp-Stuhl; OLG Hamburg GRUR 2002, 419 – Move.

[28] BGH GRUR 1987, 903 – Le-Corbusier-Möbel; OLG Hamburg ZUM-RD 2002, 181- Tripp-Trapp-Stuhl I.

[29] OLG München GRUR Int. 2009, 162 – Strafbarer Möbelnachbauimport; LG München ZUM-RD 2009, 51 – Möbelnachbauten.

[30] LG München ZUM-RD 2009, 51, 53 – Möbelnachbauten.

[31] BGH NJW-RR 1990, 604.

[32] MüKo/*Wagner* § 830 BGB Rn. 6.

[33] Nach der Rechtsprechung liegt ein Inverkehrbringen durch den Spediteur unabhängig vom Vorliegen eines gemeinsamen Tatentschlusses vor, da der Begriff des Inverkehrbringens seinem sozialen und wirtschaftlichen Sinne nach auszulegen und zu bejahen ist, sofern das Vertriebssystem so aufgebaut ist, dass damit zielgerichtet in großer Zahl Plagiate auf den deutschen Markt gebracht werden sollen (LG München ZUM-RD 2009, 51, 53 – Möbelnachbauten).

b) Verbreitung in Form des Anbietens nach § 17 Abs. 1 1. Fall UrhG. Das Anbieten im Sinne des § 17 Abs. 1 UrhG ist im wirtschaftlichen Sinne zu verstehen.[34] Es ist insbesondere unabhängig von der juristischen Definition des Vertragsangebots. Daher stellen auch Werbemaßnahmen, bei denen wie im Streitfall zum Erwerb der beworbenen Vervielfältigungsstücke eines Werks aufgefordert wird, ein Angebot an die Öffentlichkeit im Sinne von § 17 Abs. 1 UrhG dar.

Ein Anbieten liegt nach Auffassung der Rechtsprechung sogar dann vor, wenn im Inland lediglich zum Erwerb im Ausland aufgefordert wird und die im Ausland stattfindende Veräußerung das dortige Urheberrecht nicht verletzt. Das Anbieten ist eine gegenüber dem Inverkehrbringen eigenständige Verbreitungshandlung. Die Tatbestandsalternativen des § 17 Abs. 1 UrhG stehen selbstständig nebeneinander. Das Verbot des Anbietens soll der bereits im Angebot selbst liegenden Gefährdung der wirtschaftlichen Chancen des Rechtsinhabers entgegentreten. Für das Verbreiten in Form des Anbietens kommt es beispielsweise auch nicht darauf an, ob das Anbieten zu einem Erfolg führt.[35] Der Tatbestand des § 17 Abs. 1 1. Fall UrhG ist bereits dann verwirklicht, wenn im Inland zum Erwerb im Ausland aufgefordert wird. Der Rechtsinhaber braucht es nicht hinzunehmen, dass durch das Anbieten im Schutzland an Inländer die Verwertung seines Rechts im Schutzland beeinträchtigender Geschäftsverkehr gefördert wird. Ein an Inländer gerichtetes Angebot von Vervielfältigungsstücken eines Werks ist auf die Befriedigung eines im Inland bestehenden Bedarfs gerichtet. Die bereits im Angebot liegende Beeinträchtigung des Verwertungsinteresses des Rechtsinhabers besteht unabhängig davon, ob die Veräußerung des Vervielfältigungsstücks vor oder nach dem Import in das Schutzland erfolgt.

c) Richtlinienkonforme Auslegung. Allerdings ist bei der Auslegung des § 17 Abs. 1 UrhG zu berücksichtigen, dass das Verbreitungsrecht – soweit die Tatbestandsalternative des Inverkehrbringens betroffen ist – durch Art. 4 der Multimedia-Richtlinie geregelt wurde.[36]

Nach Artikel 4 Multimedia-Richtlinie sehen die Mitgliedstaaten vor, dass den Urhebern in Bezug auf das Original ihrer Werke oder auf Vervielfältigungsstücke davon das ausschließliche Recht zusteht, die Verbreitung an die Öffentlichkeit in beliebiger Form durch Verkauf oder auf sonstige Weise zu erlauben oder zu verbieten. Aus den Formulierungen „in beliebiger Form" und „auf sonstige Weise" geht hervor, dass Art. 4 Multimedia-Richtlinie nicht abschließend zu verstehen ist. Zudem geht aus dem Erwägungsgrund 4 der Multimedia-Richtlinie hervor, dass sie zur Wahrung eines hohen Schutzniveaus im Bereich des geistigen Eigentums beitragen soll. In Erwägungsgrund 9 wird betont, dass jede Harmonisierung des Urheberrechts und der verwandten Schutzrechte von einem hohen Schutzniveau ausgehen muss, da diese Rechte für das geistige Schaffen wesentlich sind.[37]

---

[34] BGH GRUR 2007, 871, 873 Tz. 27 – Wagenfeld-Leuchte; Schricker/*Loewenheim* § 17 UrhG Rn. 7; Dreier/Schulze/*Schulze* § 17 UrhG Rn. 11; Wandtke/Bullinger/*Heerma* § 17 UrhG Rn. 7; *Gottschalk* IPrax 2006, 135, 136; *Goldmann/Möller* GRUR 2009, 551, 555.

[35] BGH NJW 1991, 1234 – Einzelangebot.

[36] Richtlinie 2001/29/EG des Europäischen Parlaments und des Rates vom 22. 5. 2001 zur Harmonisierung bestimmter Aspekte des Urheberrechts und der verwandten Schutzrechte in der Informationsgesellschaft.

[37] BGH GRUR 2007, 871, 873 Tz. 33 – Wagenfeld-Leuchte; *Schricker* GRUR Int. 2004, 786, 789.

Etwas anderes ergibt sich auch nicht aus der neueren Rechtsprechung des EuGH. In seiner Entscheidung vom 17. April 2008 hat der EuGH Artikel 4 der Multimedia-Richtlinie restriktiv und vermeintlich völkerrechtskonform dahingehend ausgelegt, dass das Inverkehrbringen zwingend eine Eigentumsübertragung voraussetze.[38] Ursächlich für die unrichtige, restriktive Sichtweise war das Anliegen des EuGH, Art. 4 Multimedia-Richtlinie völkerrechtskonform anhand des Wortlautes des Art. 6 WCT auszulegen. Dabei verkannte der EuGH allerdings, dass Art. 6 WCT nur einen Mindestschutz, nicht einen Maximalschutz regelt.[39]

Die Entscheidung betrifft indes lediglich die Handlung des Inverkehrbringens im Sinne des § 17 Abs. 1 Variante 2 UrhG, nicht aber das Anbieten im Sinne von § 17 Abs. 1 Variante 1 UrhG. Im Übrigen ist das Anbieten der Beklagten aber auch auf eine Eigentumsübertragung und somit auf eine Verbreitungshandlung im Sinne der Entscheidung des Gerichtshofs der Europäischen Gemeinschaften gerichtet, so dass auch insoweit kein Widerspruch besteht. Es kann daher dahin stehen, ob der Entscheidung des EuGH und seiner engen Auslegung der Verbreitungshandlung zu folgen ist; für die Entscheidung der vorliegenden Fallgestaltung ist sie ohne Relevanz.[40]

d) Kein Verstoß gegen Artikel 28 EG. Ein Verstoß gegen die Warenverkehrsfreiheit aus Artikel 28, 30 EG liegt nicht darin begründet, dass der Import der Nachbauten aus Italien nach Deutschland untersagt werden kann. Zwar ist jede Regelung, die geeignet ist, den innergemeinschaftlichen Handel unmittelbar oder mittelbar, tatsächlich oder potenziell zu behindern, eine Maßnahme gleicher Wirkung im Sinne von Art. 28 EG.[41] Insbesondere ist es nach der Rechtsprechung des EuGH mit der Warenverkehrsfreiheit unvereinbar, wenn Urheberrechte zur Abschottung nationaler Märkte ausgeübt werden.[42] Hemmnisse für den freien Warenverkehr, die sich in Ermangelung einer Harmonisierung der Rechtsvorschriften daraus ergeben, dass Waren aus anderen Mitgliedstaaten, die dort rechtmäßig hergestellt und in den Verkehr gebracht worden sind, bestimmten Vorschriften entsprechen müssen, sind selbst dann, wenn diese Vorschriften unterschiedslos für alle Erzeugnisse gelten, nach Art. 28 EG verbotene Maßnahmen gleicher Wirkung, es sei denn, dass sich ihre Anwendung durch einen Zweck rechtfertigen lässt, der im Allgemeininteresse liegt und den Erfordernissen des freien Warenverkehrs vorgeht.[43]

---

[38] EuGH GRUR Int. GRUR Int. 2008, 593, 595 Rn. 36 – Le Corbusier-Möbel II ; dagegen Dreier/Schulze/*Schulze* § 17 UrhG Rn. 4a; Wandtke/Bullinger/*Heerma* § 17 UrhG Rn. 11; Wandtke/Bullinger/*v. Welser*, Vor §§ 120 ff. UrhG Rn. 58a; *Goldmann/Möller* GRUR 2009, 551, 553; *Schulze* GRUR 2009, 812; *v. Welser* GRUR Int. 2008, 596.

[39] Dreier/Schulze/*Schulze* § 17 UrhG Rn. 4a; *Goldmann/Möller* GRUR 2009, 551, 554; *v. Welser* GRUR Int. 2008, 596, 597; dagegen BGH, Urteil vom 22. Januar 2009, I ZR 247/03, Tz. 19 – Le-Corbusier-Möbel I; BGH, Urteil vom 22. Januar 2009, I ZR 148/06, Tz. 14 – Bundeskunsthalle; zur RBÜ vgl. *von Lewinski*, International Copyright Law and Policy, Oxford 2008, Rn. 5.94.

[40] Ebenso LG Hamburg GRUR-RR 2009, 211, 214 – Bauhaus-Klassiker; *Schulze* GRUR 2009, 812, 816.

[41] Grundlegend: EuGH NJW 1975, 515 – Dassonville; seitdem ständige Rechtsprechung vgl. EuGH Urteil vom 30. April 2009, C-531/07, Tz. 16 – Fachverband der Buch- und Medienwirtschaft./.LIBRO Handelsgesellschaft; zum Verhältnis der Warenverkehrsfreiheit zum Recht des geistigen Eigentums vgl. *Stauber* Europäisches Medienrecht, in: Wandtke, Medienrecht, S. 93; *von Lewinski* GRUR Int. 1996, 630; *Sack* GRUR 1999, 193; *Joliet* GRUR Int 1994, 979; *v. Welser* JA 2002, 889.

[42] EuGH GRUR Int. 1971, 450, 453 – Polydor; EuGH GRUR Int. 1981, 229 – Gebührendifferenz II; Wandtke/Bullinger/*v. Welser*, Vor §§ 120 ff. UrhG Rn. 40.

[43] EuGH GRUR Int. 1979, 468 – Cassis de Dijon; EuGH NJW 1994, 121 – Keck; EuGH EuZW 1997, 470 – Familiapress; EuGH GRUR 2004, 174 – DocMorris.

Die Bestimmungen der Artikel 28 und 29 EG stehen gemäß Artikel 30 EG Einfuhr-, Ausfuhr- und Durchfuhrverboten oder -beschränkungen nicht entgegen, die aus Gründen des gewerblichen und kommerziellen Eigentums gerechtfertigt sind. Diese Verbote oder Beschränkungen dürfen jedoch weder ein Mittel zur willkürlichen Diskriminierung noch eine verschleierte Beschränkung des Handels zwischen den Mitgliedstaaten darstellen. Zu dem gewerblichen und kommerziellen Eigentum zählt auch das Urheberrecht.[44] Beschränkungen des freien Warenverkehrs zum Schutz des geistigen Eigentums einschließlich des Urheberrechts sind zulässig, solange sie nicht zu einer künstlichen Abschottung der Märkte führen.[45]

Nach der Rechtsprechung des EuGH sind Verschiedenheiten in den nationalen Rechtsvorschriften zum Schutz des geistigen Eigentums, die zu Beschränkungen des innergemeinschaftlichen Handels führen, gerechtfertigt, wenn sie auf den Unterschieden der Regelungen beruhen und diese untrennbar mit dem Bestehen der ausschließlichen Rechte verknüpft sind.[46] Die Einbeziehung von Angeboten im Inland zum Erwerb im Ausland ist zur Erreichung eines wirksamen und hohen Schutzniveaus des Urheberrechts geboten und stellt daher weder ein Mittel zur willkürlichen Diskriminierung noch eine verschleierte Maßnahme zur Beschränkung des Handels im Sinne von Art. 30 S. 2 EG dar. Das Verbot, in Deutschland aus Italien stammende Nachbauten von Bauhaus-Klassikern anzubieten, ist mit der Warenverkehrsfreiheit vereinbar.[47]

5. Wiederholungsgefahr

Die Wiederholungsgefahr wird durch die bereits erfolgte Verletzung indiziert.

6. Ergebnis

M hat einen Anspruch gegen X aus § 97 UrhG auf Unterlassung des Anbietens und Inverkehrbringens des Sessels in Deutschland.

II. Anspruch des M gegen X auf Unterlassung des öffentlichen Zugänglichmachung aus §§ 97 Abs. 1, 19a UrhG

Durch das Zeigen des Sessels auf der Internetseite könnte das Recht der öffentlichen Zugänglichmachung nach §§ 15 Abs. 2 Nr. 2, 19a UrhG betroffen sein.

1. Öffentliche Zugänglichmachung

Das Recht der öffentlichen Zugänglichmachung ist das Recht, das Werk drahtgebunden oder drahtlos der Öffentlichkeit in einer Weise zugänglich zu machen, dass es Mitgliedern der Öffentlichkeit von Orten und zu Zeiten ihrer Wahl zugänglich ist. Indem X eine Abbildung des Sessels auf seiner Internetseite sichtbar präsentiert, verletzt er § 19a UrhG. Dem kann nicht etwa entgegen gehalten werden, dass die Abbildung eines Sessels, anders als beispielsweise ein Musikstück, welches zum Download bereit gehalten wird, nicht den vollen Werkgenuss vermitteln kann und lediglich von untergeordneter wirt-

---

[44] EuGH GRUR Int. 1999, 140, 144 Rn. 55 – Dior./.Evora.

[45] EuGH GRUR Int. 1982, 47 – Merck; EuGH GRUR Int. 1988, 243 – Basset/SACEM; EuGH GRUR Int. 1989, 319 – Schutzfristenunterschiede; Wandtke/Bullinger/*v. Welser*, Vor §§ 120 ff. UrhG Rn. 41.

[46] EuGH GRUR Int. 1989, 319 – Schutzfristenunterschiede.

[47] BGH GRUR 2007, 871, 873 Tz. 36 – Wagenfeld-Leuchte; OLG Hamburg, Urteil vom 07.07.2004 – 5 U 143/03. BeckRS 2004 11688; eingehend LG München ZUM-RD 2009, 51, 54 ff. – Möbelnachbauten.

schaftlicher Bedeutung ist. Auch die Abbildung eines dreidimensionalen Werkes der angewandten Kunst in zweidimensionaler Form greift in das Urheberrecht ein.[48] Ob bei dem legalen Vertrieb von urheberrechtlichen Werken ein allgemeines Präsentationsrecht als Schutzschranke anzuerkennen ist, wie dies in der Literatur gefordert wird, muss hier nicht entschieden werden.[49] Hierfür spricht unter anderem, dass beim Online-Vertrieb das Sichtbarmachen auf dem Bildschirm wirtschaftlich betrachtet lediglich das Gegenstück zur physischen Präsentation am Verkaufsort ist.[50]

2. Kein Verstoß gegen Artikel 28 EG

Auch hier liegt kein Verstoß gegen Artikel 28 EG vor. Zunächst könnte man daran denken, das Verbot des Online-Zurverfügungstellens am Maßstab der Dienstleistungsfreiheit des Art. 49 EG zu prüfen, die – anders als die Warenverkehrsfreiheit – keine ausdrückliche Ausnahme zugunsten des gewerblichen und kommerziellen Eigentums kennt.[51] Die Abgrenzung der beiden Grundfreiheiten erfolgt in aller Regel danach, ob es sich um körperliche Wirtschaftsgüter oder um immaterielle wirtschaftliche Leistungen handelt.[52]

Betrifft eine nationale Maßnahme sowohl den freien Warenverkehr als auch den freien Dienstleistungsverkehr, so ist grundsätzlich nur eine dieser beiden Grundfreiheiten zu prüfen, wenn sich herausstellt, dass im konkreten Fall eine der beiden Freiheiten der anderen zugeordnet werden kann und ihr gegenüber zweitrangig ist.[53] Die Fotos dienen hier der Werbung. Diese ist wiederum gegenüber dem Verkauf der betreffenden Waren zweitrangig. Daher überwiegt der Aspekt des freien Warenverkehrs gegenüber des freien Dienstleistungsverkehrs. Daher ist Artikel 49 EG hier nicht zu prüfen. Zudem hat der EuGH den Schutz des gewerblichen und kommerziellen Eigentums auch als Ausnahmegrund im Rahmen der Dienstleistungsfreiheit anerkannt.[54] Auch wenn man den Anwendungsbereich der Dienstleistungsfreiheit bejahen würde, wäre das aus §§ 97 Abs. 1, 19a UrhG folgende Verbot gerechtfertigt.

3. Ergebnis

M hat einen Anspruch gegen X aus § 97 Abs. 1 UrhG darauf, dass X die Abbildung des Sessels nicht mehr auf seiner Internetseite zeigt.

---

[48] BGH GRUR 2001, 51, 52 – Parfumflakon; vgl. auch OLG Hamburg ZUM-RD 1998, 2; EuGH GRUR Int. 1999, 140, 144 Tz. 49 ff. – Dior./.Evora.

[49] Vgl. *Kur* GRUR Int. 1999, 24, 26 ff.; *dieselbe* IIC 2000, 308, 311 ff.

[50] *Kur* GRUR Int. 1999, 24, 30.

[51] *Stauber* Europäisches Medienrecht, in: Wandtke, Medienrecht, S. 97.

[52] *Ullrich* Gewerblicher Rechtsschutz und Urheberrecht im Gemeinsamen Markt, in: Immenga/Mestmäcker, EG-Wettbewerbsrecht Rn. 34.

[53] EuGH GRUR Int. 2004, 626, 628 – Karner.

[54] EuGH GRUR Int. 1990, 622, 623 – Ministère Public/Tourni; EuGH GRUR Int. 1980, 602, 607 – Coditel I; Herrmann GRUR Int. 1984, 578, 585; *Ullrich* Gewerblicher Rechtsschutz und Urheberrecht im Gemeinsamen Markt, in: Immenga/Mestmäcker, EG-Wettbewerbsrecht Rn. 37; Wandtke/Bullinger/*v. Welser*, Vor §§ 120 ff. UrhG Rn. 42.

Fall 27: Bootlegs

Internationales Leistungsschutzrecht/Ausübende Künstler/Rom-Abkommen/TRIPs

Sachverhalt

Der kanadische Rocksänger R gibt im Januar 2004 ein Konzert im Madison Square Garden in New York. Der Konzertbesucher B schneidet dieses Konzert heimlich mit einem Aufnahmegerät mit. V vertreibt CDs mit Kopien der Aufnahme in Deutschland. R will gegen den Vertrieb vorgehen.

Die USA sind Vertragsstaat des TRIPs-Übereinkommens und des WIPO-Vertrages über Darbietungen und Tonträger, nicht hingegen des Rom-Abkommens.[55] Gehen Sie davon aus, dass die Vervielfältigung in den USA nach dortigem Recht rechtswidrig war.

Lösung

I. Anspruch des R gegen V aus § 97 Abs. 1 UrhG

R könnte einen Unterlassungsanspruch gegen die Verbreitung der unautorisierten Tonträger gegen V aus § 97 Abs. 1 UrhG haben.

1. Anwendbarkeit deutschen Rechts

Voraussetzung für einen Unterlassungsanspruch aus § 97 Abs. 1 UrhG ist, dass überhaupt deutsches Recht anwendbar ist. Nach dem in Artikel 8 Abs. 1 Rom-II-Verordnung[56] kodifizierten Schutzlandprinzip ist auf außervertragliche Schuldverhältnisse aus einer Verletzung von Rechten des geistigen Eigentums das Recht des Staates anzuwenden, für den der Schutz beansprucht wird.[57] Da V die Kopien in Deutschland verbreitet, ist deutsches Recht anwendbar.

2. Fremdenrechtlicher Schutz

R ist ausübender Künstler i. S. d. § 125 UrhG. Ein Schutz durch die fremdenrechtlichen Vorschriften des § 125 Abs. 2–4 UrhG scheidet aus. In Betracht kommt aber ein Schutz nach § 125 Abs. 5 UrhG und den internationalen Konventionen. Das in §§ 120–128 UrhG kodifizierte Fremdenrecht schützt grundsätzlich nur deutsche Staatsangehörige und Staatsangehörige anderer EU- und EWR-Staaten. Ausländer aus Drittstaaten werden grundsätzlich nicht geschützt, wenn nicht bestimmte – einzeln geregelte – Voraussetzungen vorliegen. Durch diese Benachteiligung sollen andere Staaten dazu bewegt werden,

---

[55] Vgl. Übersicht über die Abkommen GRUR Int. 2004, 398–410.

[56] Verordnung (EG) Nr. 864/2007 des Europäischen Parlaments und des Rates vom 11. Juli 2007 über das auf außervertragliche Schuldverhältnisse anzuwendende Recht („Rom II").

[57] Vgl. BGH, Urteil vom 22. Januar 2009, I ZR 148/06 Tz. 12 – Bundeskunsthalle; BGH GRUR 2007, 691, 692 Tz. 22 – Staatsgeschenk; BGH GRUR 2007, 871, 873 Tz. 24 – Wagenfeld-Leuchte; BGH GRUR 2004, 421, 422 – Tonträgerpiraterie durch CD-Export; BGH GRUR 2003, 876, 877 – Sendeformat; BGH GRUR 2003, 328, 329 – Felsberg; *Schack* JZ 2003, 803; Wandtke/Bullinger/*v. Welser* Vor §§ 120 ff. UrhG Rn. 4 ff.; eingehend Fall 25: „Auktion".

den internationalen Konventionen beizutreten, welche Urheber- und Leistungsschutz-rechte international regeln.[58]

Die internationalen Konventionen bauen auf dem Prinzip der Inländerbehandlung auf und gewähren in unterschiedlichem Umfang Mindestrechte. Mit dem Schutz ausüben-der Künstler befassen sich das Rom-Abkommen, das TRIPs-Übereinkommen und der WIPO-Vertrag über Darbietungen und Tonträger.

a) Rom-Abkommen. Das Rom-Abkommen (RA) war das erste multilaterale Über-einkommen, das sich unter anderem mit dem Schutz der ausübenden Künstler befasste. Art. 3a RA erfasst Personen, die Werke der Literatur oder Kunst darbieten. Der sachliche Anwendungsbereich entspricht § 73 UrhG.[59] Obwohl Kanada Vertragsstaat des RA ist, scheidet ein Schutz durch das RA aus, da Art. 4a RA nicht an die Staatsangehörigkeit anknüpft, sondern an den Ort der Darbietung und die USA nicht dem RA beigetreten sind.[60]

b) TRIPs-Übereinkommen. Das TRIPs-Übereinkommen (Trade-Related Aspects of Intellectual Property Rights) ist integraler Bestandteil des WTO-Übereinkommens und hat aufgrund der Vielzahl der Vertragsparteien weitaus größere Bedeutung als das Rom-Abkommen.[61] Der Schutzumfang des TRIPs-Übereinkommens bleibt allerdings hinter dem RA zurück.[62] Art. 1 Abs. 3 S. 2 TRIPs knüpft bei ausübenden Künstlern ebenso wie das Rom-Abkommen nicht an die Staatsangehörigkeit, sondern an den Ort der Darbie-tung an. Da die USA Vertragsstaat des TRIPs-Übereinkommens sind, kommt ein Schutz in Betracht.

c) WIPO-Vertrag über Darbietungen und Tonträger. Schließlich kann sich der fremdenrechtliche Schutz auch noch aus dem WIPO-Vertrag über Darbietungen und Tonträger (WIPO Performances and Phonograms Treaty, WPPT) ergeben.[63] Art. 3 Abs. 2 WPPT verweist ebenso wie Art. 1 Abs. 3 S. 2 TRIPs auf die Anknüpfungspunkte des Rom-Abkommens.[64]

3. Schutzgegenstand und betroffene Rechte

Einschlägig sind hier die Leistungsschutzrechte der ausübenden Künstler. Als verletzte Rechte kommen das Verbreitungsrecht aus § 77 Abs. 2 UrhG und das Verwertungsverbot aus § 96 Abs. 1 UrhG in Betracht.

a) Verbreitungsrecht aus § 77 Abs. 2 UrhG. Nach § 77 Abs. 2 UrhG hat der ausüben-de Künstler das ausschließliche Vervielfältigungs- und Verbreitungsrecht. Dabei handelt es sich ebenso wie bei den Rechten des Urhebers aus § 15 ff. UrhG um Ausschließlich-keitsrechte.[65] Nach Art. 3 Abs. 1 S. 2 TRIPs gilt der Inländerbehandlungsgrundsatz nur in Bezug auf die im Übereinkommen vorgesehenen Rechte. Das Verbreitungsrecht wird

---

[58] Vgl. BVerfGE 81, 208 ff. – Bob Dylan.

[59] *Kloth* Der Schutz der ausübenden Künstler nach TRIPs und WPPT, 2000, 20.

[60] BGH GRUR 1987, 814, 815 – Zauberflöte (mit Anmerkung *Schack*); LG Berlin ZUM 2006, 761, 762 – Prince; Dreier/Schulze/*Dreier* § 125 UrhG Rn. 15.

[61] Wandtke/Bullinger/*Braun/v. Welser* § 125 UrhG Rn. 27.

[62] Loewenheim/*Vogel* Handbuch § 38 Rn. 13.

[63] Abgedruckt in GRUR Int. 2004, 116–120.

[64] *Beining* Der Schutz ausübender Künstler im internationalen und supranationalen Recht, 2000, 112.

[65] Vgl. Dreier/Schulze/*Dreier* § 77 UrhG Rn. 1; *Flechsig* NJW 2004, 575, 577.

von den Rechten des Art. 14 Abs. 1 TRIPs nicht erfasst.[66] TRIPs gewährt dem R also kein Verbreitungsrecht in Deutschland.[67]

Auch Art. 4 Abs. 1 WPPT beschränkt die Inländerbehandlung auf die im WPPT geregelten Rechte. Anders als das TRIPs-Übereinkommen geht das WPPT von einem hohen Schutzstandard aus. So gewährt Art. 8 Abs. 1 WPPT ausübenden Künstlern ein ausschließliches Verbreitungsrecht.[68]

b) Verwertungsverbot aus § 96 Abs. 1 UrhG. Der Anspruch ergibt sich auch aus §§ 96 Abs. 1, 97 Abs. 1 UrhG.[69] Die Verbreitung rechtswidrig hergestellter Vervielfältigungsstücke ist ein zusätzlicher, unzulässiger Eingriff in das durch die Herstellung der Vervielfältigungsstücke verletzte Vervielfältigungsrecht.[70] Ein Verstoß gegen § 96 UrhG hat Unterlassungsansprüche aus § 97 Abs. 1 UrhG zur Folge.[71]

aa) Vervielfältigungsrecht. Es ist umstritten, ob das TRIPs-Übereinkommen ein ausschließliches Vervielfältigungsrecht gewährt. Art. 14 Abs. 1 TRIPs enthält dem Wortlaut nach keine Ausschließlichkeitsrechte, sondern lediglich Verbotsrechte.[72] Nach Art. 1 Abs. 2 S. 2 TRIPs können die Vertragsstaaten jedoch einen umfassenderen Schutz gewähren, als im Abkommen selbst vorgesehen. Hieraus wird zutreffend abgeleitet, dass ausübende Künstler entgegen dem Wortlaut von Art. 14 Abs. 1 TRIPs in der Bundesrepublik Deutschland ein ausschließliches Vervielfältigungsrecht haben.[73] Art. 14 Abs. 1 i. V. m. Art. 3 Abs. 1 S. 2 TRIPs umschreibt nach dieser Ansicht lediglich die Art der Verwertungshandlungen.[74] Die Frage, ob diese Rechte als Ausschließlichkeitsrechte gewährt werden, obliege dann den nationalen Gesetzgebern. Nach der Gegenansicht soll ein Rückgriff auf § 96 UrhG hingegen nicht möglich sein. Art. 3 Abs. 1 S. 2 und Art. 14 Abs. 1 TRIPs seien abschließend.[75] Durch Art. 14 Abs. 1 TRIPs würden den Künstlern nur Verbietungsansprüche zugebilligt. Folgt man dieser Ansicht, so scheidet ein Schutz durch das TRIPs-Übereinkommen aus.

---

[66] OLG Hamburg ZUM-RD 1997, 343, 344; OLG Hamburg ZUM 2004, 133 ff.; LG Berlin ZUM 2006, 761, 762 – Prince; Wandtke/Bullinger/*Braun/v. Welser* § 125 UrhG Rn. 35; Dreier/Schulze/*Dreier* § 125 UrhG Rn. 17; *Dünnwald* ZUM 1996, 725, 730; *Braun* GRUR Int. 1997, 427, 430.

[67] Anders als im TRIPs-Übereinkommen ist der Inländerbehandlungsgrundsatz im Rom-Abkommen nicht auf die dort genannten Rechte beschränkt, vgl. Wandtke/Bullinger/*Braun* § 125 UrhG Rn. 24; *Katzenberger* FS Dietz 481, 487 ff.; dagegen Loewenheim/*v. Lewinski* Handbuch § 57 Rn. 49.

[68] *Kloth* Der Schutz der ausübenden Künstler nach TRIPs und WPPT, 2000, 210 f.; *von Lewinski* International Copyright Law and Policy; Oxford, 2008, Rn. 17.59; *Grünberger* Cardozo Arts and Entertainment Law Journal 2006, 617, 648 ff.

[69] § 96 UrhG ist vor allem in den Fällen relevant, in denen der ausübende Künstler kein Verbreitungsrecht hat, wenn also die Darbietung nicht in einem Mitgliedstaat des RA stattgefunden hat und der ausübende Künstler auch nicht EU-Staatsbürger ist.

[70] *Braun* GRUR Int. 1997, 427, 431.

[71] Vgl. Wandtke/Bullinger/*Bullinger* § 96 UrhG Rn. 3.

[72] OLG Hamburg ZUM 2004, 133 ff.; *Dünnwald* ZUM 1996, 725, 728.

[73] Wandtke/Bullinger/*Braun/v. Welser* § 125 UrhG Rn. 36; dagegen Dreier/Schulze/*Dreier* § 125 UrhG Rn. 17.

[74] *Braun* GRUR Int. 1997, 427, 431.

[75] OLG Hamburg ZUM-RD 1997, 343, 344; OLG Hamburg ZUM 2004, 133 ff.; Möhring/Nicolini/*Hartmann* Vor §§ 120 ff. UrhG Rn. 113.

Auf das Ergebnis wirken sich die unterschiedlichen Auffassungen hier nicht aus, da R über das WPPT entsprechende Vervielfältigungsrechte hat. Art. 7 WPPT gewährt ausübenden Künstlern ein ausschließliches Vervielfältigungsrecht.

bb) Rechtswidrige Herstellung der Vervielfältigungstücke

Nach § 96 UrhG kann nur die Verbreitung rechtswidrig hergestellter Tonträger verhindert werden, wobei umstritten ist, nach welchen Staates Recht sich das Merkmal „rechtswidrig" bestimmt.[76] Die Frage nach der Bestimmung des Merkmals „rechtswidrig" kann hier jedoch offen bleiben, da davon auszugehen ist, dass die Vervielfältigung auch nach dem Recht der USA rechtswidrig war.

4. Widerrechtliche Eingriffshandlung

Der Vertrieb der Kopien stellt einen Eingriff dar. Da keine Einwilligung oder sonstige Rechtfertigungsgründe vorliegen, ist der Eingriff auch widerrechtlich.

5. Wiederholungsgefahr

Voraussetzung für einen Unterlassungsanspruch ist das Vorliegen einer Wiederholungsgefahr. Die Wiederholungsgefahr wird durch die bereits erfolgte Rechtsverletzung indiziert.[77]

II. Ergebnis

R ist durch das WPPT umfassend geschützt. Es liegt eine Verletzung der §§ 77 Abs. 2, 96 UrhG vor. R kann den Vertrieb der CD nach § 97 Abs. 1 UrhG untersagen.

Fall 28: DEFA

Filmurheberrecht, Verbreitungsrecht, Erschöpfungsgrundsatz, Einigungsvertrag

Sachverhalt

Der freischaffende Regisseur und Drehbuchautor O stellt 1970 den Märchenfilm „Die Bremer Stadtmusikanten" im DEFA-Studio für Spielfilme in der DDR her. Der Vertrag von 1970 zwischen O und dem DEFA-Studio für Spielfilme enthielt eine Klausel, wonach der Film nur in der DDR (einschließlich Berlin-West) und im sozialistischen Ausland vorgeführt bzw. gesendet werden durfte. In diesem Sinne wurden die Vorführrechte und Senderechte dem DEFA-Studio für Spielfilme zu Verwertung ausschließlich und unbefristet für das Territorium der DDR und das sozialistische Ausland eingeräumt. Nach der deutschen Wiedervereinigung am 3. Oktober 1990 wurde der Film von einer Filmgesellschaft mbH T an den Privatsender P zu dreimaligen Ausstrahlung verkauft. T hatte die Rechte zuvor von dem DEFA-Studio für Spielfilme erworben. Der Film wurde 2003 von dem

---

[76] Der BGH bestimmt das Merkmal „rechtswidrig" nach deutschem Recht, vgl. BGHZ 121, 319, 324 – The Doors. Für das Recht des Herstellungsortes *Braun* Schutzlücken-Piraterie, 1995, 42–74; *Schack* GRUR 1987, 817, 818.

[77] Dreier/Schulze/*Dreier* § 97 UrhG Rn. 41; Wandtke/Bullinger/*v. Wolff* § 97 UrhG Rn. 33.

Privatsender P dreimal ausgestrahlt. P behauptet auch die Senderechte für Gesamtdeutschland erworben zu haben. O begehrt für die dreimalige Ausstrahlung einen Schadensersatz bzw. eine Lizenzgebühr.

P möchte wissen, ob er sich durch die Ausstrahlung schadensersatzpflichtig gemacht hat und was er unternehmen kann, um ohne langwierige Nachverhandlungen auch in Zukunft den Film auszustrahlen.

Abwandlung

Neben dem gebietsmäßig nur beschränkten Senderecht hatte O dem DEFA-Studio noch die globalen ausschließlichen Nutzungsrechte zur Videoproduktion und -verbreitung am Märchenfilm „Die Bremer Stadtmusikanten" übertragen. Über diese Rechte schloss das DEFA-Studio 1985 mit der Videovertriebshändlerin V GmbH in Dortmund einen Lizenzvertrag und räumte ihr für die alten Bundesländer und Berlin West die ausschließlichen Videoproduktions und -vertriebsrechte ein. Ein Jahr später, im Jahr 1986, wurde dem Händler A von dem DEFA-Studio die ausschließlichen Lizenzrechte zur Videoproduktion und -verbreitung für die neuen Bundesländer und Berlin-Ost übertragen.

Nach der Wiedervereinigung gründet A die DDR-Film GmbH (F) mit Sitz in München. Geschäftszweck der F ist es, als Großhändler den Einzelhandel in der gesamten Bundesrepublik mit von A in Berlin Ost hergestellten und dort am Produktionssitz vertriebenen DVDs und Blueray Discs zu beliefern. Darunter befindet sich auch der Märchenfilm „Die Bremer Stadtmusikanten". Diese werden von der F en gros im Produktionswerk des A in Berlin Ost aufgekauft und danach nach München transportiert und von dort vertrieben. Hiergegen möchte die V vorgehen. Sie ist der Auffassung, dass sie aufgrund ihrer vorrangigen Rechtseinräumung den Weitervertrieb durch die F verbieten lassen kann.

I. Anspruch des O gegen P aus § 97 Abs. 2 Satz 1 UrhG

O hat einen Schadensersatzanspruch gegen P aus § 97 Abs. 2 Satz 1 UrhG, soweit P ein Urheberpersönlichkeits- oder Verwertungs- bzw. Nutzungsrecht des O widerrechtlich und schuldhaft verletzt hat und O ein Schaden entstanden ist.

1. Schutzgegenstand

Fraglich ist aber, ob § 97 Abs. 2 Satz 1 UrhG überhaupt zur Anwendung kommen kann, oder aber, ob nicht das URG der DDR gilt. Mit dem 3. Oktober 1990 ist die gesamte Urheberrechtsordnung der Bundesrepublik Deutschland auf das Territorium der DDR erstreckt worden. (Der Vertrag zwischen der BRD und der DDR über die Herstellung der Einheit Deutschlands – der sog. Einigungsvertrag[78] –, ist am 31. August 1990 geschlossen worden und am 29. September 1990 in Kraft getreten.)[79]

Nach dem Einigungsvertrag[80] sind gem. § 1 Abs. 1 S. 1 der Anlage 1, Kapitel III, Sachgebiet E, Abschnitt II die Vorschriften des Urheberrechtsgesetzes auf die vor Wirksamwerden des Beitritts geschaffenen Werke anzuwenden[81]. Hintergrund war, dass nicht

---

[78] BGBl. II, 1990, 889.
[79] Bekanntmachung vom 16. 10. 1990, BGBl. II 1990, 1360.
[80] Abgedruckt in Wandtke/Bullinger/*Wandtke* EVtr UrhG Anlage.
[81] Dies hat dazu geführt, dass die Schutzfrist von 70 Jahren post mortem auctoris nach § 65 UrhG seit dem 3. Oktober 1990 nunmehr auch in den neuen Bundesländern gilt (Dreier/Schulze/*Dreier* § 1 EV UrhG Rn. 3; Wandtke/Bullinger/*Wandtke* EVtr UrhG Rn. 19; Schricker/*Katzenberger* Vor

über Jahrzehnte hinweg von der Rechtspraxis zwei Urheberrechtsordnungen zu beachten sein sollten.[82] Damit bestimmt sich die Urheberschaft an Werken die vor dem 3. Oktober 1990 geschaffen wurden nunmehr ebenfalls nach den Vorschriften des Urheberrechtsgesetzes (Art. 8 Anlage I Kapitel III Sachgebiet E Abschnitt II Nr. 2 § 1 Abs. 1 EV)[83]. Zu den schutzfähigen Werken gehören gemäß § 2 Abs. 1 Nr. 6, Abs. 2 UrhG das Filmwerk, sowie gemäß § 2 Abs. 1 Nr. 1 UrhG das Drehbuch als Sprachwerk.

2. Aktivlegitimation

Aktivlegitimiert ist nach § 97 Abs. 2 Satz 1 UrhG derjenige Rechtsinhaber, der durch einen anderen vorsätzlich oder fahrlässig in seinem durch das UrhG geschützten Recht verletzt wurde.[84] Der O könnte hier als Urheber in diesem Sinne berechtigt sein. Zum einen ist der O als Regisseur unstreitig ein sog. Filmurheber und kann aus dieser Position heraus Verletzungen seines Filmurheberrechts am Spielfilm „Die Bremer Stadtmusikanten" geltend machen. Zum anderen war er auch Autor des Drehbuchs für den Märchenfilm „Die Bremer Stadtmusikanten". Ob ein Drehbuchautor Filmurheber ist, ist umstritten[85]. Während die h. M.[86], entgegen dem Gesetzeswortlaut von § 65 Abs. 2 UrhG, die Filmurheberstellung des Drehbuchautors mit der Begründung verneint, dass das Drehbuch als sog. vorbestehendes Werk, anders als die Regie, eine vom Film selbständig verwertbare und deswegen unterscheidbare Leistung darstelle, bejahen sowohl die Lehre vom Doppelcharakter[87] als auch die Lehre von der Unmittelbarkeit[88] die Stellung des Drehbuch-

---

§§ 120 ff. UrhG Rn. 30 ff.) Das bedeutete, dass auch für solche Werke deren Schutz bereits nach § 33 URG der DDR abgelaufen war, dieser auf dem Gebiet der ehemaligen DDR wieder auflebte. Aus Gründen des Vertrauens- und Bestandsschutzes konnten jedoch nach § 2 Abs. 1 S. 1 III der Anlage 1 zum EV, Kapitel III E, Abschnitt II Nr. 2 solche Nutzungshandlungen, die auf dem Gebiet der ehemaligen DDR wegen Gemeinfreiheit bis dato zulässig waren, gegen Zahlung einer angemessenen Vergütung (zur Frage der Angemessenheit, vgl. KG ZUM-RD 1997, 245 – Staatskapelle Berlin), weiterhin im bisherigen Rahmen fortgesetzt werden; Nutzungshandlungen die zu diesem Zeitpunkt jedoch bereits abgeschlossen waren, wurden nicht rückwirkend vergütungspflichtig; vgl. hierzu umfassend Wandtke/Bullinger/*Wandtke* EVtr UrhG Rn. 19 ff., 32 ff.; Schricker/*Katzenberger* Vor §§ 120 ff. UrhG Rn. 28 ff.

[82] Schricker/*Katzenberger* Vor §§ 120 ff. UrhG Rn. 28.

[83] Vgl. hierzu BGH GRUR 2001, 826 – Barfuß ins Bett; Zwar entsprachen die Anforderungen an die Schutzfähigkeit urheberrechtlicher Werke der DDR im Wesentlichen denen der Bundesrepublik, (Wandtke/Bullinger/*Wandtke* EVtr UrhG Rn. 4), allerdings gab es auch Unterschiede, so waren bspw. Computerprogramme als urheberrechtliche Werke nicht anerkannt, Darstellungen wissenschaftlicher und technischer Art wurde in der Literatur der DDR nur ein Leistungsschutzrecht zugebilligt (Schricker/*Katzenberger* Vor §§ 120 ff. Rn. 29; Wandtke/Bullinger/*Wandtke* EVtr UrhG Rn. 12 f.).

[84] Wandtke/*von Welser* Medienrecht Praxishandbuch 1. Teil Kap. 4 Rn. 6, 51.

[85] Vgl. zum Streitstand und zur Frage, wer als am Film Beteiligter als Filmurheber in Frage kommt bei Wandtke/*Czernik* Medienrecht Praxishandbuch 2. Teil Kap. 2 Rn. 44 ff.

[86] von Hartlieb/Schwarz/*Doberstein-Schwarz* Rn. 120; Möhring/Nicolini/*Lütje* § 88 UrhG Rn. 9; Wandtke/Bullinger/*Manegold* Vor §§ 88 ff. UrhG Rn. 50.

[87] *Bohr* ZUM 1992, 121, 126 ff.; Schricker/*Katzenberger* Vor §§ 88 ff. UrhG Rn. 65, die davon ausgehen, dass es sich bei dem Drehbuch um ein sog. filmbestimmtes Werk handelt, dass zu einer untrennbaren Einheit mit dem Film verschmolzen sei.

[88] Wandtke/*Czernik* Medienrecht Praxishandbuch 2. Teil Kap. 2 Rn. 45, wonach ein Filmbeitrag immer dann eine Filmurheberschaft begründet, wenn es sich dabei um einen unmittelbaren Beitrag handelt, mit dem der Film steht und fällt, und keine Bearbeitung desselben darstellt. Dies ist bei einem Drehbuch der Fall, da dieses einen unmittelbaren Einfluss auf den Film hat. Denn das bloße Abfilmen des Drehbuchs ist lediglich Vollendung des Drehbuchs entsprechend den dortigen Anweisungen.

autors als unmittelbaren Filmurheber. Letztlich kann eine Entscheidung in dieser Frage dahinstehen, da die Verfilmung eines Drehbuchs als besondere Form der Nutzung nach der h. M. eine Bearbeitung des Drehbuchs darstellt[89]. Da der Urheber eines bearbeiteten Werks nach der deklaratorischen Feststellung in § 3 Satz 1 UrhG jedoch seines Urheberrechts an diesem trotz der Bearbeitung daran nicht verlustig geht, bedarf jede Nutzung des bearbeiteten Werkes der Einwilligung des Originalurhebers[90]. Mithin kann der O auch aus seiner Position als Urheber des vorbestehenden Werkes – Drehbuch – jederzeit gegen die unberechtigte Nutzung seines bearbeiteten Werkes vorgehen.

3. Eingriffshandlung

a) Eingriff. Als Eingriffshandlung kommt die dreimalige Ausstrahlung des Filmes durch den Privatsender P in Frage. Das Senderecht gemäß § 20 UrhG steht als ausschließliches Verwertungsrecht dem Urheber O zu. O hat keine Vereinbarung mit P über die Sendung geschlossen.

b) Anwendung des Urheberrechtsgesetzes der DDR. Der Vertrag zwischen O und dem DEFA-Studio für Spielfilme von 1970 weist ausdrücklich eine Einschränkung des Senderechts für das Territorium der DDR und für das sozialistische Ausland auf. Eine Einräumung des Senderechts für das Territorium der alten Bundesrepublik erfolgte nicht. Fraglich ist. ob der Vertrag, der vor dem 3. Oktober 1990 mit O abgeschlossen wurde, weiterhin maßgeblich ist. Es ist hier gemäß Art. 232 § 1 EGBGB der Grundsatz zu berücksichtigen, dass für Schuldverhältnisse, die vor dem 3. Oktober 1990 auf dem Gebiet der DDR entstanden sind, das Urhebervertragsrecht der DDR anzuwenden ist. Dies gilt nach der Einheitstheorie auch für urheberrechtliche Nutzungsverträge als Verfügungsgeschäfte[91] und ist letztlich Ausfluss des Rechtsgedankens in § 132 Abs. 1 UrhG.[92] Danach gelten die Vorschriften des UrhG für solche Verträge nicht, die von Inkrafttreten des Gesetzes geschlossen wurden.

c) Getrennte Sendegebiete. Fraglich ist, wie zu verfahren ist, wenn die Nutzungsverträge territorial auf die DDR oder die BRD beschränkt bleiben (Sendegebiet). Der Einigungsvertrag hat nicht geregelt, ob sich Altverträge aus der DDR nach der Wiedervereinigung hinsichtlich des Umfangs der Nutzungsrechtseinräumung auch auf das Gebiet der alten Bundesländer erstrecken. Eine automatische Erstreckung der räumlichen Geltung des Lizenzgebietes wird allgemein abgelehnt[93].

---

[89] Wandtke/*Jani* Medienrecht Praxishandbuch 2. Teil Kap. 1 Rn. 79f.

[90] Wandtke/*Jani* Medienrecht Praxishandbuch 2. Teil Kap. 1 Rn. 82, 185.

[91] OLG München ZUM 2003, 141, 143; BGH NJW 2001, 2402. 2403 – Barfuss ins Bett; KG Berlin ZUM-RD 1999, 484; KG Berlin AfP 1999, 77; KG Berlin MMR 2003, 110, 112 – Paul und Paula; Wandtke/*Czernik* Medienrecht Praxishandbuch 2. Teil Kap. 2 Rn. 110, 120; Dreier/Schulze/ *Dreier* Vor EV UrhG Rn. 10; Wandtke/Bullinger/*Wandtke* EVtr UrhG Rn. 36 f.; Schricker/*Katzenberger* Vor §§ 120 UrhG Rn. 35; *Schack* Rn. 117; *Rehbinder* Rn. 305.

[92] KG Berlin GRUR 1999, 328 – Barfuß ins Bett; KG Berlin GRUR 1999, 721 – Dokumentarfilm; *Wandtke* GRUR 1992, 21, 23.

[93] Wandtke/*Czernik* Medienrecht Praxishandbuch 2. Teil Kap. 2 Rn. 105, 120; Dreier/Schulze/ Dreier Vor EV UrhG Rn. 11; Wandtke/Bullinger/Wandtke EVtr UrhG Rn. 44 m. w. N.; Schack Rn. 542; Schricker/Katzenberger Vor §§ 120 f. UrhG Rn. 37 f.; Möhring/Nicolini/Hartmann § 137 UrhG Rn. 24; BGH GRUR 2003, 699 – Eterna; BGH GRUR 2001, 826 – Barfuß im Bett; BGH GRUR 1997, 215 – Klimbim; KG Berlin GRUR 2003, 1039, 1040 – Hase und Wolf; OLG München ZUM-RD 2002, 77, 84 – Kehraus; KG Berlin ZUM-RD 1999, 484, 486 – Szenarien-Vertrag; OLG Köln ZUM 1995, 206.

Vergrößerungen des Staatsgebietes können grundsätzlich nicht ohne weiteres den Inhalt privater Rechtsverhältnisse – wie urheberrechtlicher Nutzungsverträge – abändern. Da gesetzliche Regelungen über die Wirkungen des Beitritts der DDR zur BRD über bestehende urheberrechtliche Nutzungsverträge nicht existieren, bleibt es bei dem jeweiligen regionalen Gebietsschutz.[94] Dies hat dazu geführt, dass die Rechtsprechung eine automatische Erstreckung des Senderechts, das nur für die alten Bundesländer vergeben wurde, auf die neuen Bundesländer verneint hat.[95] Differenzierter entscheidet sie jedoch bei Verträgen, die in der DDR geschlossen wurden. Enthalten diese keine ausdrückliche vertragliche Gebietsregelung, geht die Rechtsprechung davon aus, dass die Vertragspartner von angestellten Filmurhebern in der DDR regelmäßig mit dinglicher Wirkung die ausschließlichen, räumlich unbeschränkten Senderechte an den Filmwerken in gesetzlicher Folge des Arbeitsvertrages erworben haben. Dies entnimmt die Rechtsprechung der Wertung des § 20 Abs. 2 URG-DDR.[96] Diese Rechtsprechung kann nicht übertragen werden, da O als freischaffender Regisseur für das DEFA-Studio gearbeitet hat und ein Arbeitsverhältnis im Sinne des § 20 Abs. 2 URG-DDR zwischen beiden nicht bestand. Zwar gehen Teile der Rechtsprechung auch bei freien Regisseuren von einer räumlich unbeschränkten Einräumung des Senderechts aus, wenn die Parteien, die in der DDR üblichen Musterszenariumsverträge verwendet haben[97]. Diese ließen die „Verwendung des Werkes … und das Recht zur Verwertung des Films in jeglicher Form zu". Dies war hier jedoch nicht der Fall. Im Gegenteil, O und das DEFA-Studio hatten im Vertrag von 1970 die räumliche Reichweite des Senderechts ausdrücklich beschränkt und gerade keine umfassende Rechtseinräumung vereinbart. So wurde das Senderecht explizit nur für das Gebiet der DDR (einschließlich Berlin-West) und das sozialistische Ausland eingeräumt.[98]

Eine ergänzende Auslegung[99] des Vertrages zwischen O und dem DEFA-Studio für Spielfilme dahingehend, dass das Senderecht im Gebiet der alten Bundesrepublik für die Zeit nach dem 3. Oktober 1990 dem Privatsender P übertragen worden ist, kommt des-

---

[94] BGH GRUR 1997, 215 – Klimbim; OLG Hamm GRUR 1991, 907, 908 – Strahlende Zukunft; KG Berlin, GRUR 2003, 1039 – Hase und Wolf.

[95] BGH GRUR 1997, 215 – Klimbim; OLG München ZUM-RD 2002, 77, 84 – Kehraus; OLG Köln ZUM 1995, 206.

[96] BGH GRUR 2001, 826 – Barfuß ins Bett; hiergegen Wandtke/Bullinger/Wandtke EVtr UrhG Rn. 45, 63f.

[97] KG Berlin ZUM-RD 2000, 384 – Szenariumsvertrag; a. A. OLG München ZUM 2003, 141.

[98] Die Forderungen nach einer konkreten Vereinbarung über die Rechtseinräumung enthielt auch § 39 URG (DDR). Die globale Rechtseinräumung war zwar im Fernseh- und Filmbereich der DDR üblich, aber dennoch ein Verstoß gegen § 39 URG (DDR) und gegen die Zweckübertragungslehre, die auch in der DDR Anwendung fand; Möhring/Nicolini/*Lütje* Vor §§ 88 ff. UrhG Rn. 22; Wandtke GRUR 1991, 263, 266; Püschel UFITA 2003/II 441, 461. Z. B. war das Senderecht für das Inland- und Ausland im Rahmenkollektivvertrag (RKV) für Fernsehregisseure im Arbeitsverhältnis des Deutschen Fernsehens der DDR geregelt. Mit der Wiedervereinigung ist die alte BRD als Ausland weggefallen. Deshalb hätte der BGH den RKV nicht für die automatische Erstreckung des Senderechts auf die alten Bundesländer anwenden können; BGH GRUR 2001, 826 – Barfuss in Bett. Auch Formulierungen wir „alle bisher nicht bekannten Nutzungsarten" in Filmverträgen der DDR sind obsolet, weil unbekannte Nutzungsarten nicht auf das Filmstudio in Standardverträgen übertragen wurden. Sie blieben beim Urheber, OLG München ZUM 2003, 141, 144.

[99] Vgl. zur Frage der ergänzenden Vertragsauslegung vor allem BGH GRUR 1997, 215 – Klimbim; BGH GRUR 2005, 687 – Kehraus.

halb auch nicht in Betracht, weil der Vertrag von 1970, auf Grund dieser ausdrücklichen Regelung, keine planwidrige Regelungslücke enthält.[100]

P kann sich nicht auf den Vertrag mit T berufen, weil im Urheberrecht – anders als im Sachenrecht – ein gutgläubiger Erwerb von urheberrechtlichen Nutzungsrechten vom Nichtberechtigten nicht möglich ist.[101] Da O dem DEFA-Studio für Spielfilme nur das Senderecht für die DDR und das sozialistische Ausland eingeräumt hat, bestehen von Anfang an in der Erwerbskette Nichtberechtigte.[102] Selbst wenn man unterstellt, dass T als Rechtsnachfolger des DEFA-Studios für Spielfilme die Rechte erworben hätte, wäre eine Rechtseinräumung als Verfügung durch O für das erweiterte Sendegebiet erforderlich gewesen. P müsste konkret darlegen und beweisen, dass er das Senderecht auch für die alten Bundesländer erworben hat. Stützt sich P auf eine Vereinbarung mit T, muss P eine lückenlose Vertragskette bis zum Urheber O nachweisen können. Denn niemand kann mehr Rechte übertragen, als er tatsächlich besitzt.[103] Dies trifft auch auf die DEFA-Stiftung zu, die 1998 durch die Bundesanstalt für Vereinigungsbedingte Sonderaufgaben und die Bundesrepublik Deutschland die Rechte am DEFA-Filmstock aus der Zeit von 1946 bis 1990 erworben hat.[104] P hätte die Pflicht gehabt, für das erweiterte Sendegebiet die Rechte von O einzuholen. O hätte dann nach Treu und Glauben gemäß § 242 BGB die Pflicht gehabt, dem Sendevertrag beizutreten, wenn die zur Vermeidung untragbarer mit Recht und Gerechtigkeit schlechthin nicht vereinbarer und damit dem betroffenen Vertragspartner nicht zumutbarer Folgen unabweichbar erscheint.[105] Dies ist nicht geschehen.

Allein aus dieser möglichen Pflicht nach Treu und Glauben gemäß § 242 BGB folgt auch nichts anderes. Selbst wenn man also davon ausgeht, dass in diesem Fall ein Anspruch auf Vertragsanpassung wegen Wegfalls der Geschäftsgrundlage besteht,[106] folgt allein hieraus noch keine Rechtsänderung auf der dinglichen Ebene. Dazu bedarf es einer – hier fehlenden – Rechtseinräumung durch O.[107]

Da P mit O keinen Sendevertrag über das erweiterte Sendegebiet abgeschlossen hat, hat P mit der dreimaligen Ausstrahlung des Films „Die Bremer Stadtmusikanten" das Senderecht aus § 20 UrhG verletzt.

4. Widerrechtliche Eingriffshandlung

Die Widerrechtlichkeit einer Urheberrechtsverletzung wird indiziert.[108] Da aus dem Sachverhalt keine Rechtfertigungsgründe z.B. Einwilligung, Genehmigung, Notstand, Notwehr, Schikaneverbot, ersichtlich sind, handelt P rechtswidrig.

---

[100] BGH GRUR 1997, 215 – Klimbim.

[101] Wandtke/*Jani* Medienrecht Praxishandbuch 2. Teil Kap. 1 Rn. 201; Schricker/*Schricker* Vor §§ 28 ff. UrhG Rn. 63; Dreier/Schulze/*Schulze* § 31 Rn. 24; BGH GRUR 1959, 200, 203 – Der Heiligenhof.

[102] In der BGH-Entscheidung „Spielbankaffaire" MMR 1998, 35 f. mit Anmerkung von Schricker wird auf den Zusammenhang der fehlenden Erwerbskette hingewiesen.

[103] Wandtke/*Jani* Medienrecht Praxishandbuch 2. Teil Kap. 1 Rn. 202; Dreier/Schulze/*Schulze* § 31 UrhG Rn. 24.

[104] *Haupt* Anmerkungen zur Entscheidung „Paul und Paula" des KG Berlin MMR 2003, 110, 113; zur Geschichte der DEFA-Entwicklung nach der Wende 1989 vgl. Wandtke/Bullinger/*Wandtke* EVtr UrhG Rn. 81.

[105] BGH GRUR 1990, 1005, 1007 – Salome I.

[106] vgl. dazu unten

[107] BGH GRUR 1997, 215 – Klimbim; Schricker/*Katzenberger* Vor §§ 120 ff. UrhG Rn. 38; Wandtke/Bullinger/*Wandtke* EVtr UrhG Rn. 49.

[108] Schricker/*Wild* § 97 Rn. 17; Dreier/Schulze/*Dreier* § 97 UrhG Rn. 14.

5. Verschulden

Die im Verkehr erforderliche Sorgfalt gemäß § 276 Abs. 1 Satz 2 BGB hat P außer Acht gelassen. Die Rechtsprechung verlangt, dass derjenige, der fremde Rechte verwertet, sich über die einschlägigen Rechtsfragen unterrichtet.[109] Im Urheberrecht (wie im gewerblichen Rechtsschutz und im Wettbewerbsrecht) sind an die Beachtung der erforderlichen Sorgfalt strenge Anforderungen zu stellen. Ein Irrtum über die Rechtslage entbindet dabei lediglich vom Vorwurf der vorsätzlichen, nicht aber vom Vorwurf der fahrlässigen Verletzung des Urheberrechts.[110] Nach ständiger Rechtsprechung ist ein Rechtsirrtum daher nur dann entschuldigt, wenn der Irrende – hier P – bei Anwendung der im Verkehr erforderlichen Sorgfalt mit einer anderen Beurteilung durch die Gerichte nicht zu rechnen braucht.[111] Seit der Wiedervereinigung durfte P nicht mehr auf den Vertragsinhalt vertrauen. Zumindest hinsichtlich der Erstreckung des Senderechts auf die alten Bundesländer bestand eine Nachforschungspflicht, um die Rechte des Urhebers O zu schützen. Dies hat P nicht getan, insofern handelte er fahrlässig.

6. Schaden

O ist durch die Verletzung des Senderechts eine Vergütung entgangen, die er bei ordnungsgemäßer Rechtseinräumung von P erhalten hätte. Der Vermögensschaden kann grundsätzlich dreifache Art berechnet werden. O kann nach § 97 Abs. 2 Satz 3 UrhG eine angemessene Lizenzgebühr fordern, den Schaden konkret nach §§ 249 ff. BGB berechnen oder gemäß § 97 Abs. 2 Satz 2 UrhG den Verletzergewinn fordern. O hat dabei das Recht zu wählen, welche Berechnung er seinem Anspruch zugrunde legen will.[112] Hier bietet sich eine angemessene Lizenzgebühr an, weil sie die einfachste Liquidationsart ist.[113]

II. Anspruch des O gegen P aus § 812 Abs. 1 Satz 1 Alt. 2 BGB

Gemäß § 102 a UrhG sind Ansprüche aus anderen gesetzlichen Vorschriften neben § 97 UrhG anwendbar. P hat aufgrund der Verletzung des Senderechts in den Zuweisungsgehalt eines fremden Rechts eingegriffen und dadurch etwas „auf sonstige Weise" erlangt. Das Erlangte ist die ausschließliche Nutzung des Films durch P. Ein Verschulden ist nicht erforderlich.

P hat die Nutzung erlangt, ohne dafür eine Vergütung als Gegenleistung zu zahlen. Da bei Schutzrechtsverletzungen das Erlangte seiner Natur nach nicht herausgegeben werden kann, ist Wertersatz gemäß § 818 Abs. 2 BGB zu leisten. Die Entreicherungseinrede nach § 818 Abs. 3 BGB ist ausgeschlossen, weil es sich um einen rein rechnerischen Vermögenszuwachs handelt.[114] Als Bemessungsgrundlage für den Wertersatz gemäß § 818 Abs. 2 BGB dient die angemessene Lizenzgebühr.[115] Der deliktische Bereicherungsanspruch im Wege der Rechtsfolgenverweisung gewährt nach § 852 BGB, auch nach Ablauf der drei-

---

[109] BGH GRUR 1960, 606, 608 – Eisrevue II.

[110] Wandtke/*von Welser* Medienrecht Praxishandbuch 1. Teil Kap. 4 Rn. 51.

[111] BGH GRUR 1998, 568, 569 – Beatles-Doppel-CD.

[112] BGH GRUR 1980, 227, 232 – Monumentum Germania Historica; Wandtke/*von Welser* Medienrecht Praxishandbuch 1. Teil Kap. 4 Rn. 52 ff.

[113] Für eine doppelte Lizenzgebühr vor allem Dreier in „Kompensation und Prävention" 2002, 505 ff.; Wandtke GRUR 2002, 949 f.

[114] BGHZ 56, 317, 319 – Gasparone II.

[115] Vgl. BGH GRUR 1982, 301 – Kunststoffprofil II.

jährigen Verjährung (§ 195 BGB), einen Restschadensersatzanspruch in Höhe der Bereicherung.[116]

III. Anspruch des O gegen P aus §§ 687 Abs. 2, 681, 667 BGB

Eine Urheberrechtsverletzung kann auch Ansprüche aus GoA (Geschäftsführung ohne Auftrag) gemäß § 677 ff. BGB auslösen. Die unberechtigte GoA gemäß § 687 Abs. 1 BGB stellt klar, dass das Entstehen des Schuldverhältnisses nach §§ 677 bis 686 BGB subjektiv das Bewußtsein voraussetzt für einen anderen tätig zu werden (Fremdgeschäftsführungswille). Da P objektiv ein fremdes Geschäft (Verwertung des Senderechts des O) in der Meinung besorgt hat, es sei sein eigenes, fehlt dieses Bewußtsein. Es liegt dann eine irrtümliche Eigengeschäftsführung vor, wobei P hier fahrlässig gehandelt hat. Ein schuldhafter Irrtum in Form der Fahrlässigkeit schadet indes nicht.[117] Die Vorschriften aus §§ 677 bis 686 BGB finden in einem solchen Fall keine Anwendung (§ 687 Abs. 1 BGB). Der Sachverhalt bietet keine Anhaltspunkte, die dafür sprechen, dass P gewusst hat, dass er ein fremdes Geschäft besorgt. Um die §§ 678 Abs. 2, 661, 667 BGB anwenden zu können, müsste P zumindest bedingt vorsätzlich gehandelt haben. P glaubte jedoch, aus dem Vertrag mit T berechtigt gewesen zu sein.[118]

IV. Anspruch des O gegen P aus § 823 Abs. 1 BGB

Die Vorschriften über die unerlaubten Handlungen der §§ 823 ff. BGB werden von den speziellen urheberrechtlichen Regelungen weitgehend verdrängt. Es besteht ein Verhältnis der Spezialität und Subsidiarität. §§ 823 Abs. 2, 826 BGB könnten zur Anwendung kommen.[119] Eine Verletzungshandlung i. S. d. § 823 Abs. 2 BGB oder des § 826 BGB durch P ist aus dem Sachverhalt nicht erkennbar.

V. Ergebnis

O kann von P Zahlung einer angemessenen Lizenzgebühr gemäß § 97 Abs. 2 UrhG sowie gemäß §§ 812 Abs. 1 Satz 1 Alt. 2, 818 Abs. 2 BGB verlangen.

VI. Anspruch des O gegen P auf Nachlizenzierung nach den Grundsätzen des Wegfalls der Geschäftsgrundlage

P könnte von O nach den Grundsätzen des Wegfalls der Geschäftsgrundlage nach § 313 BGB eine Nachlizenzierung für das Gebiet der alten Bundesrepublik verlangen.

1. Wegfall der Geschäftsgrundlage

Fraglich ist, ob hier die Geschäftsgrundlage des Vertrages vom 1970 zwischen O und dem DEFA-Studio weggefallen ist. Geschäftsgrundlage eines Vertrages sind einerseits solche Umstände, die nicht Vertragsinhalt werden, aber den gemeinsamen Vorstellungen beider Vertragspartner entsprechen und dadurch die Grundlage des gemeinsamen Geschäfts-

---

[116] Wandtke/von *Welser* Medienrecht Praxishandbuch 1. Teil Kap. 4 Rn. 62; Dreier/Schulze/ *Dreier* § 102 Rn. 7.

[117] *Fikentscher* Rn. 944.

[118] Aus diesem Grund wird die Bedeutung eines Anspruch aus Geschäftsanmaßung gemeinhin als gering angesehen; Wandtke/*von Welser* Medienrecht Praxishandbuch 1. Teil Kap. 4 Rn. 63.

[119] Dreier/Schulze/*Dreier* § 97 UrhG Rn. 25.

willens bilden. Daneben können zur Geschäftsgrundlage immer auch solche Umstände werden, die beim Vertragsschluss derart zutage getreten sind, dass dem Geschäftsgegner erkennbar sein musste, dass, sollte er diese Vorstellungen des einen Vertragsteils nicht beanstanden, sie dessen Geschäftswillen darstellen.[120]

Die Widerherstellung der deutschen Einheit war ein objektiv so außergewöhnliches Ereignis[121], dass O und das DEFA-Studio bei Vertragsschluss nicht davon ausgehen konnten, dass aus einem vormals geteilten Land ein einheitlicher Wirtschaftsraum werden würde. Insofern kann man zutreffend davon ausgehen, dass der Bestand der beiden deutschen Staaten in ihren äußeren Grenzen Geschäftsgrundlage des Vertrages vom 1970 war. Dies zeigt sich nicht zuletzt auch darin, dass hier explizit eine räumliche Gebietsbeschränkung ausdrücklich vereinbart worden war.

Diese Geschäftsgrundlage ist mit der deutschen Einheit vom 3. Oktober 1990 weggefallen.

2. Vertragsanpassungspflicht

Hieraus folgt jedoch noch nicht, das damit automatisch eine Pflicht zur Nachlizenzierung besteht. Auf ein Wegfallen der Geschäftsgrundlage kann sich die P als Rechtsnachfolgerin des DEFA-Studios nämlich nur berufen, wenn sie andernfalls untragbare, weil mit Recht und Gerechtigkeit schlechthin nicht vereinbare und sie damit nicht zumutbare Folgen unabweisbar treffen würden.[122] Dies ist hier der Fall. Ein Ausstrahlen des Märchenfilms „Die Bremer Stadtmusikanten" in nur einem Teil des einheitlichen Wirtschaftsgebietes, Deutschland, ist für einen Sender, dessen Sendegebiet nicht regional beschränkt ist, sondern dessen Wirtschaftlichkeit von einer einheitlichen Programmgestaltung abhängt, bedeutungslos. Eine Verweigerung des O könnte mithin dazu führen, dass der Märchenfilm „Die Bremer Stadtmusikanten" aus dem Jahr 1970 in Gesamtdeutschland nicht gezeigt werden könnte. Dies hätte zur Folge, dass die Kosten für die Lizenzierung des Märchenfilms „Die Bremer Stadtmusikanten" von 1970, die beim Privatfernsehen ausschließlich durch Werbung refinanziert werden können, nicht wieder eingespielt werden können. Denn wenn der Film im Programm nicht gezeigt werden darf, kann auch keine Werbung ausgestrahlt werden. Darüber hinaus steht dieses Ergebnis nicht in Einklang mit der grundsätzlichen Wertung aus § 90 S. 2 UrhG. Danach kann der Urheber eines Filmwerkes nach Drehbeginn weder Übertragung seiner Rechte über § 34 UrhG blockieren, noch diese nach § 42 UrhG zurückrufen.[123] Verhindert werden soll damit eine Blockierung der Verwertung des Films durch den Urheber. Ließe man jedoch eine Verweigerung der Nachlizenzierung zu, würde man, trotz der nur beschränkten urheberrechtlichen Befugnis des am Filmwerk beteiligten Urhebers, diesem letztlich entgegen Sinn und Zweck des § 90 Satz 1 UrhG wieder die Möglichkeit der nachträglichen Blockierung zugestehen.

Im Übrigen werden die Interessen des O hier auch nicht über Gebühr belastet, so dass er eine Nachlizenzierung verweigern könnte, müsste P doch im Gegenzug hierfür eine angemessene Vergütung an O zahlen.[124] Dies folgt nicht zuletzt aus § 11 Abs. 2 UrhG, wonach der Urheber angemessen an der Nutzung seines Werkes zu beteiligen ist. Die Höhe der Vergütung hat sich dabei an den zu § 32 a UrhG entwickelten Grundsätzen zu

---

[120] st. Rspr. BGH GRUR 1997, 215 – Klimbim m. w. N.
[121] Wandtke/Bullinger/*Wandtke* EVtr UrhG Rn. 43.
[122] BGH GRUR 1990, 1005, 1007 – Salome I; BGH GRUR 1997, 215 – Klimbim m. w. N.
[123] Vgl. hierzu Wandtke/*Czernik* Medienrecht Praxishandbuch 2. Teil Kap. 2 Rn. 94 ff.
[124] Schack Rn. 542; Wandtke/Bullinger/*Wandtke* EVtr UrhG Rn. 41.

orientieren.[125] § 32 a UrhG ist schließlich schon seinem Wortlaut und seiner Teleologie nach auf überraschende, von Verwerterseite generierte Mehreinnahmen, welche wie hier durch die Erweiterung des Lizenzgebietes entstehen, anzuwenden.

Abwandlung

V kann den Weitervertrieb der DVDs durch F im alten Bundesgebiet aus § 97 Abs. 1 Satz 1 UrhG verbieten, wenn sie dadurch in ihren, durch Vertrag von 1985 erworbenen, ausschließlichen Nutzungsrechten verletzt wird.

Die V könnte in ihrem Nutzungsrecht auf DVD-Verbreitung betroffen sein. Fraglich ist jedoch, ob nicht durch den Kauf der DVDs auf dem Lizenzgebiet des A das Verbreitungsrecht aus § 17 Abs. 1 UrhG nach § 17 Abs. 2 UrhG erschöpft ist.

Die Voraussetzungen des § 17 Abs. 2 UrhG liegen hier vor. Nach § 17 Abs. 2 UrhG ist eine Weiterverbreitung von Werkstücken zulässig, die mit Zustimmung des Berechtigten im Gebiet der Europäischen Union im Wege der Veräußerung in Verkehr gebracht wurde. Dies war hier der Fall. Bei den DVDs handelt es sich um solche körperlichen Werkstücke. Diese wurden durch A an seiner Betriebsstätte in Berlin Ost an die F veräußert. Damit liegt ein In-Verkehr-Bringen vor.

Hierbei handelt es sich um ein berechtigtes In-Verkehr-Bringen. Denn A war Berechtigter i. S. d. § 17 Abs. 1 UrhG. A hatte von dem DEFA-Studio das ausschließliche Videoverbreitungsrecht für das Gebiet der neuen Bundesländer und Ost-Berlin erhalten.

Dem steht nicht entgegen, dass der V zeitlich vor dem A die ausschließlichen Videovertriebsrechte eingeräumt worden sind. Zwar kommt einem ausschließlichen Nutzungsrecht grundsätzlich nach dem Prioritätsgrundsatz Vorrangwirkung gegenüber nachrangigen Nutzungsrechten zu. Eine Nutzungsrechtseinräumung zugunsten des A war dem DEFA-Studio jedoch nicht nach § 275 Abs. 1 BGB unmöglich,[126] da die ausschließlichen Videovertriebsrechte der F auf das alte Bundesgebiet und Berlin West beschränkt waren. Damit war durch das DEFA-Studio das Videovertriebsrecht auf unterschiedliche Lizenzgebiete aufgespalten.

Diese Aufspaltung innerhalb des Verbreitungsgebietes der Bundesrepublik Deutschland war möglich. Dem steht nicht der Gedanke des einheitlichen Wirtschaftsgebietes entgegen, wonach das Recht zur Verbreitung eines geschützten Werkes nicht mit dinglicher Wirkung auf einen Teil Deutschlands beschränkt wird. Denn die Lizenzvergabe erfolgte hier vor der Wiedervereinigung, also zu einem Zeitpunkt, zu dem noch zwei deutsche Staaten und damit zwei unterschiedliche Lizenz- und Wirtschaftsgebiete existierten. Für eine vor der Wiedervereinigung vereinbarte Rechtseinräumung gilt der Grundsatz des einheitlichen Wirtschaftsgebietes daher nicht[127]. Die Wiedervereinigung hatte auch nicht zu einer Erstreckung der Lizenzgebiete auf den jeweils anderen Teil geführt. Weder der Einigungsvertrag noch das Erstreckungsgesetz für das Urheberrecht sehen eine solche Erstreckung vor. Eine Erstreckung lässt sich auch nicht mit Verweis auf die Natur des Verbreitungsrechts begründen[128]. Eine Erstreckung der Rechte der V auf die neuen Bundesländer war daher nach der Widervereinigung nicht erfolgt.[129] Mit der Folge, dass es beim Recht zur erstmaligen

---

[125] Wandtke/Bullinger/*Wandtke* EVtr UrhG Rn. 49.

[126] Vgl. hierzu Wandtke/*Bartenbach-Fock* Medienrecht Praxishandbuch 2. Teil Kap. 13 Rn. 163.

[127] BGH GRUR 2003, 699, 702 – Eterna.

[128] *Wandtke* GRUR 1991, 263, 266; Wandtke/Bullinger/*Wandtke* EVtr UrhG Rn. 44 ff.; BGH GRUR 2003, 699, 702 – Eterna; a. A. *Schwarz/Zeiss* ZUM 1990, 468, 469.

[129] Vgl. iÜ dazu oben.

Verbreitung aus § 17 Abs. 1 UrhG grundsätzlich bei einer Aufspaltung der Gebiete entlang der ehemaligen innerdeutschen Grenze blieb. Der in seinem ausschließlichen Nutzungsrecht auf die Region der neuen Bundesländer und Berlin Ost beschränkte A konnte daher in zulässiger Weise die DVDs an seinem Unternehmenssitz an die F vertreiben.

Dem Anwendungsbereich des § 17 Abs. 2 UrhG steht nicht entgegen, dass dieser eigentlich auf die Erschöpfungswirkung im europäischen Warenverkehr gerichtet ist. § 17 Abs. 2 UrhG trägt der in Art. 28 EG geregelten europäischen Warenverkehrsfreiheit in seiner Ausgestaltung durch den EuGH Rechnung. Art. 28 EG verbietet mengenmäßige Einfuhrbeschränkungen sowie Maßnahmen gleicher Wirkung[130] zwischen den Mitgliedsstaaten der EU. Art. 30 EG lässt zwar Ausnahmen aus Gründen des gewerblichen und kommerziellen Eigentums zu. Immaterialgüter dürfen aber keinesfalls zur Abschottung nationaler Märkte benutzt werden[131].

Dieser Grundgedanke gilt ausnahmsweise auch hier, obwohl es sich im vorliegenden Fall um eine Angelegenheit ohne grenzüberschreitenden Verkehr handelt. Zwar werden rein inländische Angelegenheiten von § 17 Abs. 2 UrhG als sogenannte zulässige Inländerdiskriminierung nicht erfasst. Hier kann jedoch aus sachlogischen Gründen nicht von einer solchen Inländerdiskriminierung gesprochen werden. Insofern ist § 17 Abs. 2 UrhG analog anzuwenden.

Hierfür spricht zunächst, dass es sich bei der Wiedervereinigung der beiden deutschen Staaten in Europa um einen einmaligen Sonderfall handelt, der auch eine besondere rechtliche Beurteilung verlangt.

Dies zeigt sich schon darin, dass der Geltungsbereich des Urheberrechtsgesetzes als einheitliches Wirtschaftsgebiet hier modifiziert wird und ausnahmsweise eine Aufspaltung des Verbreitungsrechtes innerhalb des Staatsgebietes im Interesse der Rechtsklarheit und -sicherheit mit gegenständlicher Wirkung grundsätzlich zugelassen wird[132]. Wenn nun schon, trotz des durch die Wiedervereinigung entstandenen einheitlichen Wirtschaftsgebietes Deutschland, § 17 Abs. 1 UrhG dennoch jeweils für die alten und neuen Bundesländer getrennt Wirkung entfaltet, dann muss dies aus gesetzessystematischen Gründen auch für die Ausnahmeregelung des § 17 Abs. 2 UrhG gelten, baut dieser doch auf Abs. 1 auf.

Würde man anders entscheiden[133], wäre dies im Übrigen auch rechtspraktisch *kaum* begründbar. Es wäre doch kaum verständlich, wenn aus dem EG-Ausland DVDs in die alten Bundesländer importiert und dort vertrieben werden dürften, nicht aber unmittelbar aus den neuen Bundesländern[134]. So bräuchte F nur ihren Standort von München in das wenige Kilometer entfernte Österreich zu verlagern und könnte so unter Berufung auf die europäische Warenverkehrsfreiheit die DVDs von dort direkt in die alten Bundesländern reimportieren und vertreiben. Da Recht jedoch nicht nur formalistisch angewandt werden darf, sondern auch sachbezogen und unter größtmöglicher Geltungskraft beider geschützter Interessensgegensätze, dürfte man diesen Widerspruch nur dann in Kauf nehmen, wenn auch besonders schützenswerte Interessen auf Seiten der V stehen.

---

[130] Maßnahmen gleicher Wirkung nach der Dassonville-Formel: *Maßnahmen eines Mitgliedstaates, die geeignet sind, den Warenhandel in der EG direkt oder indirekt, tatsächlich oder potenziell zu beeinträchtigen –* EuGHE 1974, 837 – Dassonville.

[131] EuGH GRUR Int. 1971, 450 Deutsche Grammophon; *Schack* Rn. 127; Wandtke/Bullinger/*v. Welser* Vor §§ 120 ff. UrhG Rn. 40.

[132] KG GRUR 2003, 1039, 1041 – Hase und Wolf.

[133] vgl. dazu Loewenheim GRUR 1993, 934, 939; Schricker IPRax 1992, 216, 218.

[134] KG GRUR 2003, 1039, 1041 – Hase und Wolf.

Dies ist hier nicht der Fall, denn die V wird in ihren verfassungsrechtlich geschützten Rechten hier gar nicht betroffen. So wird das Eigentumsrecht der V, wie es ihr durch das vertraglich erworbene Verbreitungsrecht vermittelt wurde, über die analoge Anwendung des § 17 Abs. 2 UrhG gar nicht eingeschränkt. Bleibt es doch nach wie vor ausschließlich V erlaubt, die DVDs innerhalb ihres Lizenzgebietes als erste zu verbreiten[135]. Mehr wurde ihr mit Vertrag von 1985 jedoch gar nicht eingeräumt. Ihre Eigentumsfreiheit ist somit mangels Schutzbereichseröffnung gar nicht betroffen. Mehr noch: zusätzlich zu seinem vertraglich eingeräumten Lizenzgebiet würde man ihr sogar mittelbar einen gewissen Gebietsschutz für die neuen Bundesländer zugestehen. Denn es wäre dem A nicht mehr auch innerhalb seines Gebietes möglich, an Großhändler zu veräußern, da diese an einer nur beschränkten Verbreitungsmöglichkeit innerhalb des einheitlichen Wirtschaftsgebietes Deutschland und deshalb an einer Vertragsbeziehung mit A kein Interesse mehr haben werden. Dies würde jedoch zu einer Entwertung des Vermögensrechtes des A führen, welcher wiederum eine Verletzung seiner Eigentumsfreiheit bedeuten würde.

Auch eine Beeinträchtigung des freien Warenverkehrs steht nicht zu befürchten[136]. Im Gegenteil, wendet man § 17 Abs. 2 UrhG auf den vorliegenden Fall an, wird die Zirkulation der Waren innerhalb des deutschen und des europäischen Wirtschaftsraumes erst gewährleistet[137]. Denn auf diese Weise können, ohne Komplikationen und Standortverlagerungen in das EG-Ausland, die DVDs mit dem Märchenfilm „Die Bremer Stadtmusikanten" innerhalb Deutschlands vertrieben werden. Würde man die Erschöpfungsklausel hingegen einschränken, führte dies innerhalb eines einheitlichen Wirtschaftsraumes zu einer durch Immaterialgüterrechte vermittelten Gebietsabschottung. Denn jeder Lizenzinhaber könnte den Handel trotz Erschöpfung nach § 17 Abs. 2 UrhG verbieten. Dies wäre aber mit den übergeordneten EG-rechtlichen Grundsätzen, die hier ausnahmsweise entsprechend heranzuziehen sind, gerade nicht vereinbar[138].

Abschließend gilt es noch zu bemerken, dass es der V auch unbenommen bleibt, selbst über die von A gewählte Konstruktion in dem ihr bisher verschlossenen Gebietsbereich der neuen Bundesländer DVDs zu verbreiten[139], was wiederum dafür spricht, dass eine schützenswerte Beeinträchtigung der V, nach der ausnahmsweise der Erschöpfungsgrundsatz des § 17 Abs. 2 UrhG contra legem eingeschränkt werden muss, hier nicht besteht.

VII. Ergebnis

In einer Gesamtabwägung[140] muss man daher feststellen, dass das Interesse an einer Beschränkung des Erschöpfungsgrundsatzes weit weniger wirkt, als dessen uneingeschränkte Anwendung. Nach dem Weiterverkauf der DVDs an F durch A war das Verbreitungsrecht des A erschöpft i. S. d. § 17 Abs. 2 UrhG, so dass die F die DVDs mit dem Märchenfilm „Die Bremer Stadtmusikanten" in rechtlich zulässiger Weise im gesamten Bundesgebiet und damit auch im Lizenzgebiet der V verbreiten durfte.[141]

---

[135] KG GRUR 2003, 1039, 1041 – Hase und Wolf.
[136] so aber *Katzenberger* GRUR Int. 1993, 2, 18.
[137] BGH GRUR 2003, 699, 702 – Eterna.
[138] Auch nicht nach der Keck-Formel, da es sich bei der Gebietsabschottung durch § 17 Abs. 1 UrhG um eine produktbezogene Maßnahme handelt; vgl. hierzu EuGHE 1993, I-6097 – Keck und Mithouard.
[139] KG Berlin GRUR 2003, 1039, 1041 – Hase und Wolf.
[140] so auch KG Berlin GRUR 2003, 1039, 1041 – Hase und Wolf.
[141] KG GRUR 2003, 1039 – Hase und Wolf.

Fall 29: Ärger mit dem Zoll

Sachverhalt

U stellt Computerspiele her. Nachdem er darauf aufmerksam wurde, dass in China hergestellte Raubkopien seiner Spiele nicht nur auf Flohmärkten, sondern auch im regulären Handel auftauchten, stellte er – gestützt auf die europäische Produktpiraterieverordnung (Piraterie-VO)[142] einen Grenzbeschlagnahmeantrag bei der der Bundesfinanzdirektion Südost, Zentralstelle Gewerblicher Rechtsschutz.[143] Bei der Stellung dieses Antrages gibt U zugleich eine Erklärung nach Art. 6 Piraterie-VO ab, in der er sich dazu verpflichtet, die Zahlung sämtlicher Kosten für den „erforderlichen Verbleib der Waren unter zollamtlicher Überwachung" und für die „Zerstörung oder Vernichtung der Waren" zu gewährleisten.[144]

Kurze Zeit später greifen die Zollbehörden am Frankfurter Flughafen eine Sendung auf. Neben diversen Elektroartikeln, bei denen es sich offensichtlich um gefälschte Markenware handelte, enthält die Sendung Datenträger mit Computerspielen. Spediteur S sollte die Spiele, die per Flugzeug von Hong Kong nach Frankfurt gelangt waren, dort in Empfang nehmen, um sie in Deutschland an E auszuliefern. Nach Eintreffen der Sendung hatte S sämtliche Waren elektronisch in ein sogenanntes Warenerfassungsmodul des Zolls eingegeben. Anschließend wurden die Waren in ein von S auf dem Flughafengelände unterhaltenes Verwahrungslager verbracht und von S, im Namen des Empfängers E, zur Einfuhr in den freien Verkehr angemeldet. Am 15. Juni 2009 verfügt das Hauptzollamt die Aussetzung der Überlassung nach Art. 9 Piraterie-VO. Sie informiert U über den Fund, teilt ihm mit, dass S in den Transportpapieren als „delivery agent" benannt wird und übersendet ihm mehrere Muster zur Begutachtung. Diese stellten sich als Raubkopien heraus. Lediglich das Cover des Datenträgers und der Titel des Spiels wurden verändert. Der Spediteur S behauptete, er wisse nicht, was sich in den Kartons befinde, er habe lediglich den Auftrag, die Ladung an einen Abnehmer zu übergeben. Der Auftraggeber, für den er die Ladung transportiere, sitze in Dubai. U schaltet eine Detektei ein, um etwas über den Abnehmer E zu erfahren und das Vertriebsnetz in Deutschland aufzudecken. Allerdings

---

[142] Die europäische Produktpiraterieverordnung (Piraterie-VO) regelt das Grenzbeschlagnahmeverfahren für schutzrechtsverletzende Ware (EG-Verordnung Nr. 1383/2003 des Rates vom 22. Juli 2003 über das Vorgehen der Zollbehörden gegen Waren, die im Verdacht stehen, bestimmte Rechte geistigen Eigentums zu verletzen, und die Maßnahmen gegenüber Waren, die erkanntermaßen derartige Rechte verletzen). Hauptanwendungsfall der Piraterie-VO ist die Einfuhr von schutzrechtsverletzender Waren aus Drittländern (Nichtgemeinschaftswaren) in den zollrechtlich freien Verkehr der Europäischen Gemeinschaft (Münchener Kommentar zum Lauterkeitsrecht/*Micklitz*, Band 1, EG Produktpiraterie, Rn. 15; zum Transit vgl. *Rinnert/Witte* GRUR 2009, 29; *van Hezewijk* IIC 2008, 775; *Heinze* GRUR 2007, 740).

[143] Instruktiv hierzu ist die von der Europäischen Kommission online veröffentlichte „Handbuch zur Einreichung von Anträgen auf Tätigwerden der Zollbehörden": http://ec.europa.eu/taxation_customs/resources/documents/customs/customs_controls/counterfeit_piracy/right_holders/manual_de.pdf.

[144] Abgedruckt im Anhang der Durchführungsverordnung zur Piraterie-VO (EG-Verordnung Nr. 1891/2004 der Kommission vom 21. Oktober 2004 mit Durchführungsvorschriften zu der EG-Verordnung Nr. 1383/2003 des Rates über das Vorgehen der Zollbehörden gegen Waren, die im Verdacht stehen, bestimmte Rechte geistigen Eigentums zu verletzen, und die Maßnahmen gegenüber Waren, die erkanntermaßen derartige Rechte verletzen).

stellt sich schnell heraus, dass unter der angegebenen Adresse keine Person mit dem entsprechenden Namen existiert. Da sich E unter der in den Transportpapieren angegebenen Adresse nicht auffinden lässt, fordert U den S am 16. Juni 2009 auf, in die Vernichtung der Datenträger einzuwilligen. S teilt dem U am 22. Juni 2009 mit, dass er nicht zustimmen könne, da die Datenträger ihm nicht gehörten. Er sei auch nicht Besitzer, da die Sendung von der Fluglinie unmittelbar an die Flughafengesellschaft übergeben worden sei. Spätestens seit der „Beschlagnahme" durch den Zoll liege kein Besitz mehr vor.

U fragt, ob er einen Anspruch gegen S auf Einwilligung in die Vernichtung der Raubkopien auf Kosten des S hat. Zudem möchte er wissen, wie er nun weiter vorgehen soll.

Bearbeitervermerk

Gehen Sie bei der Fallbearbeitung davon aus, dass die Computerspiele als Computerprogramme nach §§ 2 Abs. 1 Nr. 1, 69a ff. UrhG geschützt sind.[145]

Abwandlung 1

Ändert sich die Beurteilung, wenn es sich nicht um Computerspiele, sondern um DVDs mit Spielfilmen handelt?

Abwandlung 2

U erfährt, dass der chinesische Hersteller C plant, Raubkopien auf der jährlich in Deutschland stattfindenden Spielemesse auszustellen. Da U vermutet, dass C dort auch die Raubkopien präsentieren wird, fragt er sich, welche Möglichkeiten ihm hier zur Verfügung stehen. U bringt in Erfahrung, dass die Zollbehörden auf der Messe mit Rechtsinhabern einen Rundgang durchführen, und möchte daran teilnehmen. Er befürchtet allerdings, dass sein – auf § 111c UrhG i. V. m. die Piraterie-VO – gestützter Grenzbeschlagnahmeantrag ihm wenig helfen wird, da die Ware bereits im Inland ist. Einen Grenzbeschlagnahmeantrag nach § 111b UrhG möchte U nicht stellen, da er den Aufwand scheut, eine entsprechende Sicherheitsleistung zu erbringen.[146] Auch ein Vorgehen mittels einer gerichtlichen einstweilen Verfügung wünscht U nicht, da er befürchtet, auf den Kosten sitzen zu bleiben, wenn C das Land wieder verlassen hat.

---

[145] Neben dem Schutz als Computerprogramm kann Computerspielen zusätzlich Schutz als Multimediawerken zugute kommen. Zudem können einzelne Sequenzen als Filmwerke oder als Laufbilder geschützt sein (eingehend *Schack* Rn. 653 f.; Wandtke/Bullinger/*Grützmacher* § 69 g UrhG Rn. 4 f.).

[146] Als Sicherheitsleistung wird von der Bundesfinanzdirektion Südost regelmäßig eine selbstschuldnerische Bankbürgschaft verlangt (Wandtke/Bullinger/*Kefferpütz* §§ 111b, 111c UrhG Rn. 17; Ahrens/*Spätgens* Der Wettbewerbsprozess, 6. Auflage, 2009, Kapitel 63 Rn. 39).

Lösung

Ausgangsfall

I. Anspruch des U gegen S aus § 69 f. Abs. 1 Satz 1 UrhG

Nach § 69a Abs. 4 UrhG finden auf Computerprogramme die für Sprachwerke geltenden Vorschriften Anwendung, sofern keine Sonderregelungen bestehen. Die §§ 97 ff. UrhG sind damit grundsätzlich anwendbar. § 98 Abs. 1 Satz 1 UrhG gewährt dem Rechtsinhaber einen Anspruch auf Vernichtung der im Besitz oder Eigentum des Verletzers befindlichen rechtswidrig hergestellten, verbreiteten oder zur rechtswidrigen Verbreitung bestimmten Vervielfältigungsstücke. Der Vernichtungsanspruch ist ein Sonderfall des Beseitigungsanspruches. Allerdings ist § 69 f. Abs. 1 Satz 1 UrhG lex specialis zu § 98 Abs. 1 Satz 1 UrhG.[147] Nach § 69 f. Abs. 1 Satz 1 UrhG kann der Rechtsinhaber von dem Eigentümer oder Besitzer verlangen, dass alle rechtswidrig hergestellten, verbreiteten oder zur rechtswidrigen Verbreitung bestimmten Vervielfältigungsstücke vernichtet werden.

1. Aktivlegitimation

Von einer Rechtsinhaberschaft des U ist nach dem Sachverhalt auszugehen.

2. Vervielfältigungsstücke

Bei den Raubkopien handelt es sich um Vervielfältigungsstücke im Sinne des § 69 f. Abs. 1 UrhG.

3. Passivlegitimation

S ist Besitzer im Sinne des § 69 f. UrhG, denn er hat zumindest mittelbaren Besitz an den Spielen. Die auf dem Flughafen angekommenen Datenträger wurden von S in Verwahrung und damit in unmittelbaren Besitz genommen. S hat den Besitz auch nicht durch die Aussetzung der Überlassung und durch die Aufbewahrung der Datenträger im zolleigenen Lager verloren. Denn durch die Inverwahrungnahme ist dem S ein von der Zollbehörde vermittelter, mittelbarer Besitz zugewachsen.[148]

4. Kosten der Vernichtung

Aus zollrechtlicher Sicht haftet der Rechtsinhaber zunächst für die Lager- und die Vernichtungskosten.[149] Diese zollrechtliche Haftung stellt indes keine Regelung über die endgültige Tragung der Kosten dar.[150] Zweck des § 111c Abs. 5 UrhG ist vor allem, den Zollbehörden einen Schuldner zu verschaffen, auf den bei Bedarf einfach zugegriffen werden kann. Wer im Verhältnis zwischen Rechteinhaber und Importeur letztlich die Kosten zu tragen hat, ergibt sich daraus nicht. Nach der Rechtsprechung zu § 18 MarkenG folgt aus der Regelung des Vernichtungsanspruches zugleich, dass die Kosten hierfür vom Anspruchgegner zu tragen sind.[151] Auch bei § 98 UrhG wird eine Kostentragungspflicht des

---

[147] Wandtke/Bullinger/*Grützmacher* § 69 f. UrhG Rn. 2.

[148] Vgl. dagegen OLG Köln, Urteil vom 18.08.2005 – 6 U 48/05 (abrufbar unter www.justiz.nrw.de).

[149] *Weber* WRP 2005, 961.

[150] Vgl. *Cordes* GRUR 2007, 483, 488 f.; Dorsch/Lux, Zollrecht, Loseblatt, Februar 2005, Artikel 6 PPVO Rn. 3.

[151] BGH GRUR 1997, 899, 902 – Vernichtungsanspruch.

Verletzers angenommen.[152] Auch wenn nach § 69 f. UrhG nicht nur der Verletzer, sondern auch sonstige Eigentümer und Besitzer passivlegitimiert sind, wird vertreten, dass diese die Vernichtungskosten zu tragen haben.[153]

Vor Einführung des § 111c UrhG bzw. der entsprechenden Vorschriften im PatG war die Rechtsprechung der Auffassung, dass die Verpflichtung zur Kostentragung aus der Störereigenschaft folge.[154] An diesem Ergebnis ändert sich auch durch die Einführung des § 111c Abs. 5 UrhG nichts, der vorsieht, dass die Vernichtung der Waren auf Kosten und Verantwortung des Rechtsinhabers erfolgt.[155] Auch Artikel 10 der Enforcement-Richtlinie[156] sieht gerichtliche Anordnungen des Inhalts vor, dass die Vernichtung von schutzrechtsverletzender Ware auf Kosten des Verletzers durchgeführt wird. Der entsprechende Regierungsentwurf zur Umsetzung der Enforcement-Richtlinie ging davon aus, dass die Kostentragungspflicht auch ohne eine entsprechende ausdrückliche Regelung zwingend aus der Verpflichtung zur Vernichtung folgt, so dass kein Umsetzungsbedarf besteht.[157]

II. Ergebnis

S ist verpflichtet, der Vernichtung zuzustimmen und die Kosten zu tragen.

III. Weiteres Vorgehen

Die Piraterie-VO sieht ein eigenständiges Verfahren zum Umgang mit den Pirateriewaren vor. Nach Art. 9 Abs. 1 Piraterie-VO setzt die Zollstelle die Überlassung von Waren aus, wenn der Verdacht besteht, dass es sich um schutzrechtsverletzende Ware handelt und unterrichtet den Rechtsinhaber sowie den Anmelder oder den Besitzer der Waren.[158] Der Antragsteller kann dann die angehaltenen Waren untersuchen. Die zuständige Zollstelle teilt dem Rechtsinhaber Name und Anschrift des Empfängers sowie des Versenders, des Anmelders oder des Besitzers der Waren, den Ursprung und die Herkunft der Waren mit.

Im weiteren Verfahrensablauf unterscheidet die Verordnung zwischen dem Regelverfahren (Gerichtsverfahren) und dem optionalen vereinfachten Verfahren. Das vereinfachte Vernichtungsverfahren ist anwendbar, wenn der Verfügungsberechtigte zustimmt bzw. nicht widerspricht. Die Vereinfachung dient sowohl den Zollbehörden als auch den Rechtsinhabern.[159] Im vorliegenden Fall ist das vereinfachte Vernichtungsverfahren nicht mehr anwendbar, da S der Vernichtung bereits widersprochen hat.[160]

---

[152] Dreier/Schulze/*Dreier* § 98 UrhG Rn. 16; Wandtke/Bullinger/*Bohne* § 98 UrhG Rn. 15.

[153] Wandtke/Bullinger/*Grützmacher* § 69 f. UrhG Rn. 11.

[154] OLG Düsseldorf, Urteil vom 29.11.2007, I-2 U 51/06, BeckRS 2008 00088 – MP3-Player (abrufbar unter www.justiz.nrw.de); LG Düsseldorf, InstGE 6, 132, 135 – Frachtführer II.

[155] Vgl. zu den Lagerkosten OLG Köln GRUR –RR 2005, 342, 343 – Lagerkosten nach Grenzbeschlagnahme.

[156] Richtlinie 2004/48/EG des Europäischen Parlaments und des Rates vom 29. April 2004 zur Durchsetzung der Rechte des geistigen Eigentums.

[157] Gesetzesentwurf der Bundesregierung für ein Gesetz zur Verbesserung der Durchsetzung von Rechten des geistigen Eigentums, S. 63.

[158] Vgl. *Fezer* 4. Auflage, 2009, § 150 MarkenG Rn. 16; *v. Welser/González*, Marken- und Produktpiraterie: Strategien und Lösungsansätze zu ihrer Bekämpfung, 2007, Rn. 281 ff.

[159] Vgl. EuGH EuZW 2009, 268, 269 – Schenker.

[160] Zum vereinfachten Vernichtungsverfahren Vrins/Schneider, Enforcement of Intellectual Property Rights through Border Measures, 2006, S. 495 ff.; *v. Welser* EWS 2005, 202, 207 f.

Nach Art. 13 Abs. 1 Piraterie-VO muss die Zollstelle dem Verfügungsberechtigten die Waren überlassen, wenn sie nicht innerhalb von 10 Tagen nach Eingang der Benachrichtigung über die Aussetzung der Überlassung darüber unterrichtet wurde, dass ein Verfahren zur Feststellung der Rechtsverletzung nach Art. 10 Piraterie-VO eingeleitet wurde oder eine Zustimmung des Verfügungsberechtigten im vereinfachten Verfahren nach Art. 11 Piraterie-VO erhalten hat. Die in Art. 13 Piraterie-VO normierte Frist von 10 Arbeitstagen kann in begründeten Fällen auf Antrag um 10 weitere Arbeitstage verlängert werden.[161]

Der Rechtsinhaber hat grundsätzlich die Wahl zwischen dem einstweiligen Verfügungsverfahren und dem ordentlichen Klageverfahren.[162] Gegenüber dem Zoll muss nur nachgewiesen werden, dass ein Gerichtsverfahren eingeleitet wurde. Das Klageverfahren wird häufig bevorzugt, da ein Großteil der Anmelder im Ausland sitzt, was die Vollziehung der einstweiligen Verfügung erschweren kann. Das in Art. 13 Piraterie-VO genannte Verfahren muss keine Feststellungsklage sein. Ebenso kann der Rechteinhaber seinen Vernichtungsanspruch durchsetzten, da auch hierbei implizit festgestellt wird, dass ein Schutzrecht verletzt wurde.[163] Da ungewiss ist, ob die Zollbehörden eine Fristverlängerung um weitere 10 Arbeitstage gewähren würden, sollte U vor dem 29. Juni 2009 eine entsprechende Klage einreichen und dies den Zollbehörden nachweisen, um eine Freigabe der Datenträger zu verhindern.

Abwandlung 1

I. Anspruch des U gegen S aus § 98 Abs. 1 Satz 1 UrhG

Sofern es sich nicht um Computerspiele, sondern um Spielfilme handelt, ist Anspruchgrundlage nicht § 69 f. UrhG, sondern § 98 UrhG. Ebenso wie bei § 69 f. UrhG sind die Kosten der Vernichtung vom Verletzer zu tragen.[164] Nach dem Wortlaut des § 98 Abs. 1 UrhG richtet sich der Vernichtungsanspruch gegen den Verletzer. Unbeteiligte Dritte sind grundsätzlich nicht passivlegitimiert.[165] Anders als bei § 69 f. UrhG reicht die Eigenschaft als Besitzer bei § 98 UrhG nicht für die Haftung aus.

1. Haftung als vorsätzlich handelnder Täter

Fraglich ist, ob S als Täter angesehen werden kann. S hatte keine Kenntnis von der Verletzung. Entsprechend verneinte die Rechtsprechung beispielsweise die Haftung von Buchhändlern für Bücher, welche Urheberechte oder Persönlichkeitsrechte verletzen.[166] Begründet wurde dies mit der fehlenden Taterrschaft des Buchhändlers, der insoweit nur Werkzeug des Verlages sei.[167] Auch beim Abdruck einer urheberrechtsverletzenden

---

[161] Als Arbeitstage gelten nach Art. 2 Abs. 2 der Europäischen Fristen-Verordnung (Fristen-VO) alle Tage außer Feiertage, Sonntage und Sonnabende (EWG-Verordnung Nr. 1182/1971 des Rates vom 3. Juni 1971 zur Festlegung der Regeln für die Fristen, Daten und Termine).

[162] Ablehnend gegenüber dem einstweiligen Verfügungsverfahren Ströbele/Hacker/*Hacker* 9. Auflage, 2009, § 150 MarkenG Rn. 33.

[163] LG Düsseldorf, InstGE 6, 132, 134 – Frachtführer II; *Hermsen* Mitt. 2006, 261, 264.

[164] Wandtke/Bullinger/*Bohne* § 98 UrhG Rn. 15.

[165] Wandtke/Bullinger/*Bohne* § 98 UrhG Rn. 26.

[166] LG Berlin ZUM 2009, 163, 164 – Kenneth Anger; LG Düsseldorf ZUM-RD 2009, 279, 280; dagegen LG Hamburg ZUM-RD 2007, 586, 587; *Schack* Rn. 682.

[167] LG Berlin ZUM 2009, 163, 164 – Kenneth Anger.

Werbeanzeige verneint die Rechtsprechung eine Täterrschaft des Presseverlages.[168] Auch S handelt hier lediglich als unwissendes Werkzeug. Dies spricht gegen die Einordnung als Täter.

2. Teilnehmer

Für die Haftung als Teilnehmer ist ein zumindest bedingter Vorsatz hinsichtlich der Haupttat und der Unterstützungshandlung erforderlich.[169] Daran fehlt es hier.

3. Haftung als fahrlässig handelnder Täter

In Betracht könnte eine Haftung als fahrlässig handelnder Täter kommen. An die Sorgfaltspflicht ist grundsätzlich ein strenger Maßstab anzulegen. Auch leichte Fahrlässigkeit reicht aus.[170] Wer ein fremdes Werk nutzen will, muss sich sorgfältig Gewissheit über seine Befugnis dazu verschaffen. Unabhängig von der Frage der Täterrschaft spricht hier gegen den Vorwurf der Fahrlässigkeit, dass S nicht damit zu rechnen brauchte, dass es sich um Raubkopien handelte. Er hat die im Verkehr erforderliche Sorgfalt nicht außer Acht gelassen.

4. Störerhaftung

Nach der Rechtsprechung haftet auch derjenige als Störer auf Beseitigung und Unterlassung, der willentlich und adäquat kausal an der Herbeiführung einer rechtswidrigen Beeinträchtigung mitwirkt.[171] Weil die Störerhaftung nicht über Gebühr auf Dritte erstreckt werden soll, die nicht selbst die rechtswidrige Handlung vorgenommen haben, setzt diese Haftung die Verletzung von Prüfpflichten voraus.[172] Der Umfang dieser Prüfungspflichten bestimmt sich danach, ob und inwieweit dem als Störer in Anspruch Genommenen nach den Umständen eine Prüfung zuzumuten ist.

Auch ein Spediteur oder Lagerhalter kann als Störer aufgrund einer objektiv rechtswidrigen Mitwirkung an einer Verletzungshandlung auf Unterlassung und Beseitigung in Anspruch genommen werden, wenn er schutzrechtsverletzende Waren befördert oder zum Zwecke der Beförderung in Verwahrung nimmt oder in Verwahrung nehmen lässt.[173] Dabei ist unerheblich, ob der Störer die beeinträchtigende Handlung aus eigenem Antrieb oder auf Veranlassung eines Dritten ausgeführt hat oder auszuführen beabsichtigt. Der Spediteur wirkt an dem Inverkehrbringen der Ware mit. Der Schutzrechtsinhaber muss die Möglichkeit haben, gegen denjenigen vorzugehen, dessen Verhalten zu einer Störung oder Beeinträchtigung seines Rechts führt oder führen kann.[174] Den Spediteur oder Lagerhalter trifft zwar keine generelle Prüfungspflicht hinsichtlich der von ihm transportierten oder verwahrten Erzeugnisse. Es ist ihm insbesondere nicht zuzumuten, jede von ihm transportierte Sendung ohne konkrete Anhaltspunkte auf die Möglichkeit einer Schutz-

---

[168] KG ZUM-RD, 2005, 127, 128 – Comicfigur.

[169] KG ZUM-RD, 2005, 127, 128 – Comicfigur; LG Berlin ZUM 2009, 163, 164 – Kenneth Anger.

[170] BGH GRUR 1993, 34, 36 f. – Bedienungsanweisung; BGH GRUR 1998, 376, 397 – Coversion.

[171] BGH, Urteil vom 15. Januar 2009, I ZR 57/07, Tz. 19 – Cybersky; BGH GRUR 2008, 702, 706 Tz. 50 – Internet-Versteigerung III; BGH GRUR 2002, 618, 619 – Meißner Dekor; BGH GRUR 2004, 693 – Schöner Wetten.

[172] BGH, Urteil vom 15. Januar 2009, I ZR 57/07, Tz. 19 – Cybersky.

[173] OLG Düsseldorf, Urteil vom 29.11.2007, I-2 U 51/06, BeckRS 2008 00088 – MP3-Player.

[174] BGH GRUR 1957, 352 ff. – Pertusin II.

rechtsverletzung hin zu untersuchen. Etwas anderes gilt jedoch, wenn der Spediteur oder Lagerhalter auf eine konkrete Schutzrechtsverletzung hingewiesen wird und hierdurch die Möglichkeit der Kenntnisnahme erhält.[175] Nach konkreten Hinweisen des Rechtsinhabers auf das Vorliegen einer Schutzrechtsverletzung trifft ihn eine eigene Prüfungspflicht. So ist es geboten und zumutbar, Erkundigungen beim Auftraggeber einzuziehen und von ihm Weisungen einzuholen.

U hatte den S gemäß § 111c Abs. 3 UrhG aufgefordert, der Vernichtung zuzustimmen.[176] S war es nach dieser Aufforderung durch U zuzumuten, seinen Auftraggeber von der Sachlage in Kenntnis zu setzen und entsprechende Weisungen und Informationen einzufordern, mit dem Hinweis darauf, dass er seinerseits der Vernichtung zustimmen werde, wenn innerhalb der laufenden Fristen seitens des Auftraggebers kein Widerspruch gegen die Beschlagnahme eingelegt werde. Die objektive Mitwirkung an einer Schutzrechtsverletzung gebietet es einem Spediteur nach Auffassung der Rechtsprechung, der Vernichtung zuzustimmen, um den geschaffenen rechtswidrigen Zustand zu beenden. Das damit einhergehende Risiko, gegenüber dem eigenen Auftraggeber zu haften, ist mit der Ausübung der gewerblichen Tätigkeit verbunden und führt zu keiner anderen Beurteilung.[177] Verweigert der Auftraggeber die gebotene Aufklärung oder Weisung, so kann der Spediteur oder Frachtführer dies jedenfalls dann als Zustimmung zur Vernichtung werten, wenn er den Auftraggeber zuvor auf dessen eigenes Widerspruchsrecht gegen die Beschlagnahme hingewiesen und die eigene Zustimmung zur Vernichtung angekündigt hat.

S hatte auch die tatsächliche Möglichkeit, die beschlagnahmte Ware zu inspizieren. Art. 9 Abs. 3 Piraterie-VO räumt demjenigen ein Inspektionsrecht ein, der im Sinne von der in Art. 1 Abs. 1 Piraterie-VO genannten Situation „betroffen" ist. Art. 1 a) Piraterie-VO legt fest, unter welchen Voraussetzungen die Zollbehörden bei der Grenzbeschlagnahme tätig werden können, nämlich unter anderem dann, wenn Waren zur Überführung in den zollrechtlich freien Verkehr angemeldet werden und im Verdacht stehen, ein Recht geistigen Eigentums zu verletzen. Betroffen ist damit auf jeden Fall der Anmelder der Ware und damit auch sein Vertreter. Indem S keine Zustimmung zur Vernichtung erteilt hat, ist er zum Störer geworden.

II. Ergebnis

S ist verpflichtet, der Vernichtung zuzustimmen und die Kosten zu tragen.

Abwandlung 2

Da U keinen Antrag nach § 111b UrhG, sondern allein nach § 111c UrhG gestellt hat, ist fraglich, ob die auf der Messe im Inland ausgestellten Waren überhaupt in den An-

---

[175] OLG Hamburg GRUR-RR 2007, 350 – YU-GI-OH-Karten; Wandtke/Bullinger/*Kefferpütz* §§ 111b, 111c UrhG Rn. 33; vgl. demgegenüber OLG Hamburg MarkenR 2009, 329, 331 – iPod.

[176] Hätte U der Vernichtung nicht widersprochen, würde die Zustimmungsfiktion des § 111b Abs. 4 UrhG greifen. Bei dieser Zustimmungsfiktion handelt es sich um das Herzstück der Piraterie-VO, welches die Vernichtung in der Praxis in vielen Fällen ermöglich (*v. Welser/González*, Marken- und Produktpiraterie: Strategien und Lösungsansätze zu ihrer Bekämpfung, 2007, Rn. 285; *Kampf* ZFZ 2004, 110, 114.

[177] BGH GRUR 1957, 352 ff. – Pertussin II; OLG Düsseldorf, Urteil vom 29.11.2007, I-2 U 51/06, BeckRS 2008 00088 – MP3-Player.

wendungsbereich der Piraterie-VO fallen. Nach Art. 137 Zollkodex[178] können Nichtgemeinschaftswaren, die zur Wiederausfuhr in unverändertem Zustand bestimmt sind, unter vollständiger oder teilweiser Befreiung von den Einfuhrabgaben im Gemeinschaftsgebiet im Verfahren der sogenannten vorübergehenden Verwendung verwendet werden. Die Ausstellung von Gegenständen auf Messen ist ein Anwendungsfall des Art. 137 Zollkodex.[179] Regelmäßig haben die für Messen bestimmten Waren den zollrechtlichen Status der vorübergehenden Verwendung. Da es sich nach wie vor um Nichtgemeinschaftswaren handelt, bleibt die Piraterie-VO anwendbar. Die Zollbehörden können die Waren also in der Regel auch gestützt auf die Piraterie-VO auf der Messe in Verwahrung nehmen. Rechteinhaber können an einem Messerundgang der Zollbehörden teilnehmen und Fälschungen von den Ständen entfernen lassen. Die Entfernung der Piratereware wird dabei in der Regel durch die sogenannten Mobilen Kontrollgruppen vorgenommen. Dabei handelt es sich um uniformierte und bewaffnete Zollbeamte, die zugleich Ermittlungspersonen der Staatsanwaltschaft sind. Die Sicherstellung der Piratereware als Beweismittel kann zugleich auch auf §§ 94, 98 StPO gestützt werden.

Fall 30: Brisante Exportgeschäfte

Strafrecht/Urheberrecht

Sachverhalt

G ist Geschäftsführer der Firma P, die in ihrem Presswerk Audio-CDs herstellt und dann vertreibt. Es kommt zum Abschluss eines Vertrags zwischen P und einer Firma B in Bulgarien über die Herstellung von 300.000 CDs für den bulgarischen Markt. Auf den CDs ist Musik des US-amerikanischen Musikers M, die erstmalig von der Firma T mit Sitz in San Francisco aufgenommen wurde. G erhält von der B eine von der zuständigen bulgarischen Verwertungsgesellschaft ausgestellte Bescheinigung, dass B in Bulgarien zur Herstellung und zum Vertrieb der CDs berechtigt ist und Unterlizenzen erteilen darf. Der Versuch des Erwerbs von Rechten für die Bundesrepublik Deutschland scheitert. P stellt auftragsgemäß 300.000 CDs her und liefert diese unter Einschaltung eines Transportunternehmens in 11 Einzellieferungen an B.

A erwirbt von einem Unbekannten in Kenntnis der Vorgeschichte aus den Lieferungen der P in München eine CD, die auf Umwegen dorthin gelangt ist.

T erstattet Anzeige gegen G und A und stellt form- und fristgemäß Strafantrag. M verzichtet auf einen Strafantrag. Die Staatsanwaltschaft verneint das besondere öffentliche Interesse an der Strafverfolgung. Strafbarkeit des G und A?

---

[178] Verordnung (EWG) Nr. 2913/92 des Rates vom 12. Oktober 1992 zur Festlegung des Zollkodex der Gemeinschaften; vgl. auch Art. 162 Modernisierter Zollkodex (Verordnung (EG) Nr. 450/2008 des Europäischen Parlaments und des Rates vom 23. April 2008 zur Festlegung des Zollkodex der Gemeinschaft).

[179] *Rinnert/Witte* GRUR 2009, 29, 35; *Witte/Henke*, Zollkodex, 4. Auflage, Art. 137 ZK Rn. 11.

Lösung

I. Strafbarkeit des G

1. Verletzung von Urheberrechten oder Leistungsschutzrechten des M

a) §§ 106 Abs. 1, 108 Abs. 1 Nr. 4 UrhG. G könnte nach §§ 106 Abs. 1, 108 Abs. 1 Nr. 4 UrhG wegen einer Verletzung von Urheberrechten oder Leistungsschutzrechten des M durch Herstellung und Vertrieb der CDs zu bestrafen sein. Gemäß § 109 UrhG wird die Tat im Fall der §§ 106, 108 Abs. 1 Nr. 4 UrhG nur auf Antrag verfolgt, es sei denn, dass die Strafverfolgungsbehörde wegen des *besonderen öffentlichen Interesses* an der *Strafverfolgung* ein Einschreiten von Amts wegen für geboten hält. M hat keinen *Strafantrag* gestellt. Die *Staatsanwaltschaft* hat das besondere öffentliche Interesse an der Strafverfolgung[180] verneint. Eine Bestrafung nach §§ 106 Abs. 1, 108 Abs. 1 Nr. 4 UrhG scheidet daher aus.

b) § 108a UrhG. G könnte nach § 108a UrhG zu bestrafen sein, wenn er den Tatbestand des § 106 Abs. 1 UrhG oder des § 108 Abs. 1 Nr. 4 UrhG gewerbsmäßig verletzt hat.

Es kann offen bleiben, ob eine Verletzung der Tatbestände vorliegt; denn G hat jedenfalls nicht gewerbsmäßig gehandelt. Der Begriff der *Gewerbsmäßigkeit* ist in § 108a UrhG ebenso auszulegen wie bei anderen Strafvorschriften. Die unerlaubte Verwertung im Rahmen eines *Gewerbebetriebs* ist nicht gleichbedeutend mit der gewerbsmäßigen Tatbegehung.[181] Gewerbsmäßig i. S. v. § 108a UrhG handelt somit, wer sich aus wiederholter Tatbegehung eine nicht nur vorübergehende Einnahmequelle von einigem Umfang verschaffen will. Dabei kann es auch ausreichen, dass die Tat nur mittelbar als Einnahmequelle dient, der Täter sich also mittelbar geldwerte Vorteile über Dritte aus den Tathandlungen verspricht.[182] Dass sich G aus der Verletzung von Urheberrechten eine fortlaufende Einnahmequelle verschaffen wollte, ist nicht ersichtlich. Hierfür wäre es etwa erforderlich, dass G unmittelbar in Form von Tantiemen oder ähnlichem – etwa als Gesellschafter – am Gewinn von P beteiligt gewesen wäre. Die Gewerbsmäßigkeit ist ein *besonderes persönliches Merkmal,* das in dem Tatbestand des § 108a UrhG nicht strafbegründend, sondern strafschärfend wirkt,[183] so dass die Gewinnerzielungsabsicht der P dem G weder über § 28 Abs. 2 StGB noch über § 14 Abs. 1 StGB zugerechnet werden kann.

2. Verletzung von Leistungsschutzrechten der Firma T nach § 108 Abs. 1 Nr. 5 UrhG

G wäre wegen der Herstellung und Lieferung der CDs nach § 108 Abs. 1 Nr. 5 UrhG zu bestrafen, wenn er Tonträger ohne Einwilligung des Berechtigten entgegen § 85 UrhG vervielfältigt oder verbreitet hat.

---

[180] Hierzu *Hildebrandt* 334 ff.; zum Begriff des „öffentlichen Interesses" i. S. v. § 376 StPO ebendort, 362 ff.

[181] BGHSt 49, 93, 111; Schricker/*Vassilaki* § 108a UrhG Rn. 2; Dreier/Schulze/*Dreier* § 108 a Rn. 5; *Hildebrandt* 232 ff. und in Wandtke/Bullinger/*Hildebrandt* § 108a UrhG Rn. 2; Möhring/Nicolini/*Spautz* § 108a UrhG Rn. 2; Gesetzentwurf der BReg zum Gesetz zur Bekämpfung der Produktpiraterie BT-Drucks. 11/4792, 24.

[182] BGHSt 49, 93, 111; wistra 1999, 465; 1994, 230, 232; NStZ 1998, 622, 623.

[183] BGHSt 49, 93, 111; *Hildebrandt* 310 und in Wandtke/Bullinger/*Hildebrandt* § 108a UrhG Rn. 2; Dreier/Schulze/*Dreier* § 108 a Rn. 2; Schricker/*Vassilaki* § 108a UrhG Rn. 1; Erbs/Kohlhaas/*Meurer* § 108a UrhG Rn. 1; *Heinrich* 288.

a) Maßgeblichkeit deutschen Rechts. Zunächst müsste deutsches Strafrecht anwendbar sein. Die Strafvorschriften in § 108 UrhG sind *Blankett-Tatbestände,* die streng *urheberrechtsakzessorisch* ausgestaltet sind.[184] Im Urheberrecht ist das *Territorialitätsprinzip* allgemein anerkannt. Danach entfalten Urheberrechte, die durch die Gesetzgebung eines Staates gewährt werden, ihre Schutzwirkung nur innerhalb der Grenzen dieses Schutzlandes. Daraus folgt, dass das inländische Urheberrecht und Leistungsschutzrecht allein durch eine im Inland begangene Handlung verletzt werden kann.[185] Der Bestand eines Schutzrechts, sein Inhalt und Umfang sowie die Inhaberschaft richten sich nach dem Recht des Schutzlandes. Dieses ist auch maßgeblich für die Frage, welche Handlungen als unerlaubte Verwertungshandlungen unter das Schutzrecht fallen.[186] Der strafrechtliche Schutz der §§ 106 ff. UrhG knüpft an den zivilrechtlichen Urheber- und Leistungsschutz an. Das bedeutet, dass abweichend von § 7 StGB nur eine im *Inland* begangene Verletzungshandlung strafrechtlich relevant sein kann; erfolgen dagegen Verletzungshandlungen ausschließlich im *Ausland,* so steht das urheberrechtliche Territorialitätsprinzip einem strafrechtlichen Schutz nach deutschem Strafrecht entgegen,[187] weil der strafrechtliche Schutz des Urheberrechts nicht weiter gehen kann als der zivilrechtliche. Die Strafbarkeit ist daher ausschließlich nach deutschem Urheberrecht zu beurteilen.[188] Auf bulgarisches Urheberrecht kommt es nicht an. Auch die Verletzung von inländischen Tonträgerherstellerrechten durch die CD-Pressung in Deutschland und den *Export* ins Ausland beurteilt sich nach dem Maßstab des deutschen Urheberrechts.

b) Vorliegen von Tonträgerrechten. An der auf die CDs aufgespielten Musik müssten *Tonträgerrechte* i. S. v. § 85 UrhG bestehen. *Hersteller eines Tonträgers* ist, wer die *Erstfixierung einer Tonaufnahme* vornimmt (Masterband) und die organisatorische Verantwortung für die Aufnahme hat. Das können einzelne oder mehrere Personen gemeinsam, aber auch Unternehmen wie T sein. Nach § 85 Abs. 1 S. 1 UrhG steht dem Hersteller des Tonträgers das ausschließliche Recht zu, den Tonträger zu vervielfältigen (§ 16 UrhG) und zu verbreiten (§ 17 UrhG). Diese Rechte entstehen originär bei demjenigen, der die Erstfixierung der Aufnahme vornimmt, sie können nicht etwa durch eine weitere Vervielfältigung des Tonträgers erworben werden (§ 85 Abs. 1 S. 3 UrhG).[189] T hat die Erstfixierung der Musik auf den CDs vorgenommen, kommt daher als Tonträgerhersteller in Betracht.

T müsste ferner in den *personellen Schutzbereich* des UrhG fallen. Maßgebend ist nicht, wo die jeweilige Aufnahme stattfand, sondern in welchem Land der Tonträgerhersteller seinen Sitz hat.[190] Dies ergibt sich aus § 126 Abs. 3 UrhG i. V. m. dem Übereinkommen zum Schutz der Hersteller von Tonträgern gegen die unerlaubte Vervielfältigung ihrer

---

[184] BGHSt 49, 93; auch *Weber* FS für Stree und Wessels, 613, 615.
[185] BGHSt 49, 93; BGHZ 80, 101, 104; 126, 252, 256; Dreier/Schulze/*Dreier* Vor §§ 120 ff. UrhG Rn. 32; Schricker/*Katzenberger* Vor §§ 120 ff. UrhG Rn. 123; Möhring/Nicolini/*Hartmann* Vor §§ 120 ff. UrhG Rn. 4.
[186] BGHSt 49, 93, 98; BGHZ 136, 380, 386; Dreier/Schulze/*Dreier* Vor §§ 120 ff. UrhG Rn. 30; Schricker/*Katzenberger* Vor §§ 120 ff. UrhG Rn. 129; Wandtke/Bullinger/*v. Welser* Vor §§ 120 ff. UrhG Rn. 4.
[187] BGHSt 49, 93, 98; *Weber* FS für Stree und Wessels, 613, 622; *Rehbinder* Rn. 976; *Hildebrandt* 320 f.; *Sternberg-Lieben* NJW 1985, 2121, 2124.
[188] BGHSt 49, 93, 97; BGHZ 118, 394, 397 – ALF.
[189] BGHSt 49, 93, 98; vgl. Fromm/Nordemann/*Boddien* §§ 85 UrhG Rn. 20 f.; Wandtke/Bullinger/*Schaefer* § 85 UrhG Rn. 8, 12.
[190] BGHSt 49, 93, 100.

Tonträger (Genfer *Tonträger-Abkommen* – GTA) vom 10. Dezember 1973.[191] T hat ihren Sitz in San Francisco, demnach in den Vereinigten Staaten. Diese sind dem Genfer Tonträger-Abkommen mit Wirkung vom 10. März 1974 beigetreten.[192] T fällt in den personellen Schutzbereich des UrhG.

T ist daher Inhaber von Tonträgerrechten an der auf die CDs aufgespielten Musik.

c) Vervielfältigung der Tonträger durch G. G müsste die Tonträger vervielfältigt haben. Da das *Vervielfältigungsrecht* selbständig neben dem Verbreitungsrecht des Tonträgerherstellers steht, ist unerheblich, ob und in welcher Form sich eine Verbreitung anschließt oder anschließen soll.[193] Eine Verletzung des Vervielfältigungsrechts ist daher auch dann gegeben, wenn die im Inland vorgenommene Vervielfältigung eines geschützten Werks in der Absicht erfolgt, die Vervielfältigungsstücke ins Ausland zu exportieren und erst dort zu verbreiten.[194] Maßgeblich ist also allein der Ort, an dem die Vervielfältigungen hergestellt werden,[195] so dass es hier für die Strafbarkeit des G im Hinblick auf die unerlaubte Vervielfältigung nicht darauf ankommt, dass die gepressten CDs für den bulgarischen Markt bestimmt waren.[196] Für eine Einschränkung der Strafbarkeit durch teleologische Reduktion des Tatbestandsmerkmals besteht kein Anlass.[197] Das Vervielfältigungsrecht bleibt als Vorstufe des Verbreitens insbesondere im Zusammenhang mit Ex- und Importen von Tonträgern in seiner Kontrollfunktion unentbehrlich, denn nur so können illegale Nutzungen wirksam unterbunden werden. Im Übrigen sind auch bei der Urkundenfälschung die Herstellung und der Gebrauch einer falschen Urkunde nebeneinander unter Strafe gestellt.[198]

G hat als Geschäftsführer verantwortet, dass P die Tonträger i. S. v. § 16 UrhG vervielfältigt hat, so dass ihm die Herstellung der CDs als Vervielfältigung zuzurechnen ist.

d) Verbreiten der Tonträger durch G. Darüber hinaus könnte G die Tonträger durch ihren *Export* verbreitet haben. Dann müsste der Versand der CDs nach Bulgarien urheberrechtsverletzendes Verbreiten im Inland sein.

Soweit die Vorschriften der §§ 106, 108 UrhG das unerlaubte *Verbreiten* unter Strafe stellen, ist wegen der *Urheberrechtsakzessorietät* dieser Strafvorschriften nach ganz überwiegender Auffassung in Rechtsprechung und Literatur der urheberrechtliche Verbreitungsbegriff des § 17 UrhG anzuwenden.[199] Nicht sachgerecht wäre es, an einen strafrechtli-

---

[191] Diesem Abkommen ist die Bundesrepublik Deutschland mit Wirkung vom 18. 5. 1974 (BGBl. II, 336) beigetreten.

[192] BGHSt 49, 93, 101; BGBl. II, 336.

[193] BGHSt 49, 93, 102; Möhring/Nicolini/*Kroitzsch* § 16 UrhG Rn. 22; *v. Gamm* § 16 UrhG Rn. 3.

[194] BGHSt 49, 93, 102; Schricker/*Katzenberger* Vor §§ 120 ff. UrhG Rn. 136; Möhring/Nicolini/ *Kroitzsch* § 16 UrhG Rn. 20; Wandtke/Bullinger/*Schaefer* § 85 UrhG Rn. 22; zu rechtspolitischen Änderungsvorschlägen *Hildebrandt* 520 f.

[195] BGHSt 49, 93, 102; Schricker/*Katzenberger* Vor §§ 120 ff. UrhG Rn. 136; Möhring/Nicolini/ *Kroitzsch* § 16 UrhG Rn. 19; BGH GRUR 1965, 323 – cavalleria rusticana.

[196] BGHSt 49, 93, 102 BGHZ 23, 100, 106; RGZ 110, 176; Dreier/Schulze/*Schulze* § 17 UrhG Rn. 17.

[197] Auch der Wortlaut des Art. 2 der Richtlinie zur Harmonisierung bestimmter Aspekte des Urheberrechts und der verwandten Schutzrechte in der Informationsgesellschaft geht in diese Richtung, so dass eine Vorlage zum EuGH entbehrlich erscheint.

[198] BGHSt 49, 93, 110.

[199] BGHSt 49, 93, 103; Wandtke/Bullinger/*Hildebrandt* § 106 UrhG Rn. 16; *v. Gamm* § 106 UrhG Rn. 2.

chen Verbreitungsbegriff anzuknüpfen,[200] zumal der Begriff schon in den verschiedenen Vorschriften des Strafgesetzbuchs nicht einheitlich verstanden, sondern jeweils nach Sinn und Zweck der Vorschriften unterschiedlich ausgelegt wird (vgl. nur §§ 74d, 146, 184 StGB).[201]

Hier kommt allein ein Verbreiten durch *Inverkehrbringen* in Betracht. Nach der Rechtsprechung des Bundesgerichtshofs[202] ist unter Inverkehrbringen i. S. d. § 17 Abs. 1 UrhG jede Handlung zu verstehen, durch die Werkstücke aus der internen Betriebssphäre der Öffentlichkeit[203] bzw. dem freien Handelsverkehr[204] zugeführt werden.[205] Durch das Erfordernis der „Öffentlichkeit" soll die rein private Weitergabe vom Ausschließlichkeitsrecht des Urhebers ausgenommen werden; die private Überlassung an Dritte, mit denen eine persönliche Beziehung besteht, ist daher kein Inverkehrbringen. Rein konzerninterne Warenbewegungen, etwa die Herstellung von Tonträgern durch ein Konzernunternehmen und die Weitergabe zum Vertrieb durch ein anderes konzernangehöriges Unternehmen, stellen noch kein Inverkehrbringen dar; hier liegt ein geschäftlicher Verkehr mit echten Außenbeziehungen nicht vor, die Ware gelangt noch nicht aus der konzerninternen Betriebssphäre in den freien Handel.[206] Auch nach einer verbreiteten Auffassung in der Literatur ist ein Werkstück dann in den Verkehr gebracht i. S. d. § 17 UrhG, wenn der Täter es derart aus seinem Gewahrsam entlassen hat, dass ein anderer in der Lage ist, sich der Sache zu bemächtigen und mit ihr nach seinem Belieben umzugehen.[207]

Der Versand von Werkexemplaren ins Ausland ist als urheberrechtsverletzendes Inverkehrbringen im Inland anzusehen. Für die Bereiche des Patent- und Warenzeichen-/Markenrechts ist allgemein anerkannt, dass der Export als Inverkehrbringen im Inland zu qualifizieren ist.[208] Die Übertragung dieser im Bereich des Patent- und Warenzeichen-/Markenrechts geltenden Beurteilung auf den strafrechtlichen Schutz der Tonträgerherstellerrechte ist geboten und sachgerecht.[209] Hierfür sprechen auch Sinn und Zweck der urheberrechtlichen Regelungen. Sie sind darauf ausgerichtet, die ausschließlichen Befugnisse des Urhebers und des Inhabers der verwandten Schutzrechte so umfassend zu gestalten,

---

[200] Vgl. hierzu *Horn* NJW 1977, 2329, 2333; *Hildebrandt* 90.

[201] BGH NJW 2004, 1674, 1676.

[202] Art. 4 der Richtlinie zur Harmonisierung bestimmter Aspekte des Urheberrechts und der verwandten Schutzrechte in der Informationsgesellschaft hat den Verbreitungsbegriff hinsichtlich der Urheberrechte, nicht aber der Tonträgerrechte harmonisiert. Im Interesse einer einheitlichen Auslegung des § 17 UrhG wäre eine Vorlage zum EuGH durch den BGH gleichwohl dringend geboten gewesen – Art. 234 Abs. 3 EG.

[203] BGH GRUR 1985, 129, 130 – Elektrodenfabrik; BGHZ 113, 159, 161 – Einzelangebot; vgl. aber nun EuGH GRUR 2008, 604 – *Peek & Cloppenburg*.

[204] BGHZ 81, 282, 290 – Gebührendifferenz III/Schallplattenexport; BGH GRUR 1982, 102, 103 – Masterbänder; GRUR 1986, 668, 669 – Gebührendifferenz IV.

[205] Auch BGHSt 49, 93, 103; OLG Hamburg GRUR Int. 1970, 377 – Polydor; GRUR 1972, 375 – Polydor II.

[206] Vgl. BGHZ 81, 282, 288 – Gebührendifferenz III/Schallplattenexport; BGH GRUR 1986, 668, 669 – Gebührendifferenz IV; ähnlich bereits RGZ 107, 277, 281.

[207] Erbs/Kohlhaas/*Meurer* § 106 UrhG Rn. 5; *Heinrich* 229; *Hildebrandt* 98; Schricker/*Vassilaki* § 106 UrhG Rn. 18; *Sternberg-Lieben* Musikdiebstahl, 62; *Weber* 211; *Horn* NJW 1977, 2329, 2333.

[208] Vgl. *Katzenberger* GRUR Int. 1992, 567, 580/582; a. A. *v. Gamm* § 15 WZG Rn. 33; im MarkenG ist die Ausfuhr als Verletzungshandlung ausdrücklich erfasst, § 14 III Nr. 4 MarkenG.

[209] BGHSt 49, 93, 105; vgl. auch Dreier/Schulze/*Schulze* § 17 UrhG Rn. 17; Schricker/*Katzenberger* Vor §§ 120 ff. UrhG Rn. 138.

dass möglichst jede Art der Nutzung seines Werks seiner Kontrolle unterliegt.[210] Jedenfalls beim Export unter Einschaltung eines Transportunternehmens handelt es sich nicht nur um eine inländische Vorbereitungshandlung zur Verletzung eventuell bestehender ausländischer Schutzrechte im Zielland des Exports.[211] Denn durch die Übergabe der CDs an den Transportunternehmer verlor P schon im Inland den Gewahrsam an den hergestellten CDs. Dass P unter Umständen als Auftraggeber des Transporteurs rechtlich die Möglichkeit hatte, die CDs zurückzurufen, ändert hieran nichts. Die CDs waren vielmehr bereits im Inland mit der Vervielfältigung und Absendung Gegenstand des zugrundeliegenden Umsatz- und Handelsgeschäfts, das zum Übergang der tatsächlichen Verfügungsgewalt auf einen Dritten führte.[212] Der Exporteur kann sich also nicht darauf berufen, die exportierten Werkstücke gelangten erst im Ausland an seinen Endabnehmer.[213]

Der Versand der CDs nach Bulgarien war keine *konzerninterne* oder private Warenlieferung. Ebenso wenig handelte es sich um die bloße Weitergabe der CDs unter *Mittätern*.[214] Mit der – möglicherweise anders zu behandelnden – Übergabe von Werken durch den Drucker an den Verleger ist das Verhältnis zwischen CD-Presswerk und Auftraggeber nicht vergleichbar, weil bei der CD-Herstellung der Herstellungsprozess mit dem Verlassen des Presswerks abgeschlossen ist, während der Verleger die gedruckten Buchblöcke erst noch weiter verarbeiten lassen muss.[215]

Der Versand der CDs nach Bulgarien ist daher urheberrechtsverletzendes Inverkehrbringen im Inland. G hat daran mitgewirkt, dass P die CDs i. S. v. § 17 UrhG in den Verkehr gebracht hat.

e) Handeln ohne Einwilligung des Berechtigten. Die Vervielfältigung und das Inverkehrbringen der CDs müssten ohne *Einwilligung des Berechtigten* erfolgt sein. Berechtigter ist der Inhaber der Rechte, die verwertet werden, im Falle des § 108 Abs. 1 Nr. 5 UrhG also grundsätzlich der ursprüngliche *Tonträgerhersteller* oder – da die Rechte übertragbar sind – dessen Rechtsnachfolger und der Inhaber eines *ausschließlichen Nutzungsrechts*.[216] Der Tonträgerhersteller T als Berechtigter hat der Verwertung der Tonträger für die Bundesrepublik Deutschland nicht zugestimmt. Für das Bestehen einer Einwilligung ist das Territorium der Bundesrepublik Deutschland maßgebend, da es um eine Verletzung von inländischen Tonträgerherstellerrechten durch im Inland erfolgte Verwertungshandlungen geht. Lizenzerteilung und Rechtslage in Bulgarien sind nicht maßgeblich.[217]

Die Herstellung und das Inverkehrbringen der CDs erfolgten daher ohne Einwilligung des Berechtigten.

f) Vorsatz. G müsste zumindest bedingt vorsätzlich gehandelt haben.

---

[210] BGHSt 49, 93, 105, m. w. N.; vgl. auch BGH GRUR 1982, 102, 103 für das Urheberrecht; BGHZ 23, 100, 106 für das Patentrecht.

[211] BGHSt 49, 93, 105 f.; *Katzenberger* GRUR Int. 1992, 567, 580, 582 und in Schricker/*Katzenberger* Vor §§ 120 ff. UrhG Rn. 138; *Ulmer* Urheber- und Verlagsrecht, 547; *v. Gamm* § 17 UrhG Rn. 1; OLG Düsseldorf GRUR 1992, 436, 437.

[212] Vgl. BGHSt 49, 93, 106; BGHZ 23, 100, 106.

[213] Vgl. BGHSt 49, 93, 106; BGHZ 23, 100, 106; RGZ 110, 176; Dreier/Schulze/*Schulze* § 17 UrhG Rn. 17.

[214] Hierzu näher *Hildebrandt* 89.

[215] BGHSt 49, 93, 106, m. w. N.

[216] Fromm/Nordemann/*Ruttke/Scharringhausen* § 106 UrhG Rn. 25; *Hildebrandt* 227, 229; Schricker/*Vassilaki* § 108 UrhG Rn. 13, § 106 Rn. 29; Möhring/Nicolini/*Spautz* § 106 UrhG Rn. 5 jeweils m. w. N.

[217] Vgl. Art. 3 GTA; BGHZ 118, 394 – ALF; Wandtke/Bullinger/*Schaefer* § 85 UrhG Rn. 22.

Vervielfältigung und Verbreitung waren G ebenso bekannt wie die Tatsache, dass weder B noch P über eine für das Inland wirksame Einwilligung des T verfügten. G hat eine Rechtsverletzung billigend in Kauf genommen. Ein *Tatbestandsirrtum* liegt nicht vor. Wusste G, dass eine Einwilligung des T für Verwertungshandlungen in Deutschland nicht vorlag, könnte er sich allenfalls über die rechtlichen Wirkungen einer für Bulgarien erteilten Einwilligung im Inland geirrt haben. Dabei wäre es um die Fehlbeurteilung einer Rechtsfrage gegangen, die allenfalls einen *Verbotsirrtum* (§ 17 StGB) hätte begründen können, der aber bei entsprechenden Erkundigungen vermeidbar gewesen wäre.[218] Nicht vergleichbar ist die Fallgestaltung der möglicherweise nach § 16 StGB zu behandelnden Konstellation,[219] bei der der Verletzer vom Vorliegen einer – in Wirklichkeit nicht erteilten – Lizenz im Inland ausgeht oder über Inhalt und Reichweite einer inländischen Lizenz irrt.

G hat daher vorsätzlich gehandelt.

g) Konkurrenzen. Die 11 einzelnen Lieferungen der P an B sind ebenso wie Vervielfältigung und nachfolgendes Verbreiten in *Handlungseinheit* als eine Tat zu bewerten. G hatte Herstellung und Lieferungen aufgrund eines vorherigen Plans von vornherein ins Auge gefasst.[220]

h) Strafantrag. Der nach § 109 UrhG erforderliche Strafantrag des T als Verletzten (§ 77 Abs. 1 StGB) ist form- und fristgemäß gestellt.

4. Ergebnis

G ist wegen der Herstellung und Lieferung der CDs nach § 108 Abs. 1 Nr. 5 UrhG zu bestrafen.

II. Strafbarkeit des A

1. Verletzung von Leistungsschutzrechten der Firma T

A könnte wegen des Erwerbs der rechtswidrig hergestellten und vertriebenen CD als *Gehilfe* einer rechtswidrigen *Verbreitung* von *Tonträgern* nach § 108 Abs. 1 Nr. 5 UrhG i. V. m. § 27 StGB zu bestrafen sein. Dies würde u. a. voraussetzen, dass eine *Beihilfe* durch den *Erwerb* rechtswidrig hergestellter Vervielfältigungsstücke grundsätzlich überhaupt möglich ist.

Die Entgegennahme widerrechtlich hergestellter und verbreiteter *Vervielfältigungsstücke* durch Abnehmer unterfällt nach ganz überwiegender Ansicht grundsätzlich nicht den §§ 106 ff. UrhG.[221] Denn es handelt sich um einen Fall – strafloser – *notwendiger Teilnahme.*[222] Diese kann vorliegen, wenn die Tatbestandsverwirklichung die Mitwirkung mehrerer begrifflich voraussetzt.[223] Für die Straflosigkeit spricht ferner, dass vor Geltung des UrhG nur *gewerbsmäßiges Handeln* strafbar war und der Abnehmer daher ohnehin nicht

---

[218] Vgl. BGHSt 49, 93, 109 f.

[219] Vgl. hierzu *Hildebrandt* 272 ff.

[220] Vgl. BGHSt 49, 93, 110; Braunschweig CR 2003, 801, 802; *Hildebrandt* 324 und 327, m. w. N.; Dreier/Schulze/*Dreier* § 106 UrhG Rn. 14.

[221] KG NStZ 1983, 561, 562 – Videoraubkassetten; LG Koblenz vom 24. 9. 1984, Az. 102 Js 7989/83, in *Friedrich* MDR 1985, 366, 368; *Hildebrandt* 302.

[222] *Hildebrandt* 302 und in Wandtke/Bullinger/*Hildebrandt* § 106 UrhG Rn. 44; dazu Lackner/Kühl/*Kühl* Vor § 25 StGB Rn. 12 m. w. N.

[223] *Tröndle/Fischer* Vor § 25 StGB Rn. 7; *Hildebrandt* 302.

erfasst war. Der Gesetzgeber[224] wollte dies nicht ändern.[225] Schließlich können auch im Urheberzivilrecht[226] die Ansprüche der §§ 98, 99 UrhG in der Regel nicht gegenüber dem Endabnehmer geltend gemacht werden.[227] Lediglich dann, wenn im Einzelfall der Beitrag des Abnehmers – etwa bei *Lieferung von Materialien oder Kopiervorlagen* – über das notwendige Maß hinausgeht, kommt sowohl *Mittäterschaft*[228] als auch *Anstiftung*[229] oder *Beihilfe*[230] in Betracht.

Eine Bestrafung des A nach § 108 Abs. 1 Nr. 5 UrhG i. V. m. § 27 StGB scheidet daher aus.

2. Hehlerei

A könnte wegen des Erwerbs der CD nach § 259 Abs. 1 StGB wegen *Hehlerei* zu bestrafen sein. A müsste dann eine Sache, die ein anderer durch eine gegen fremdes Vermögen gerichtete rechtswidrige Tat erlangt hat, angekauft haben, um sich zu bereichern. Ferner müsste – ungeschriebenes Tatbestandsmerkmal[231] – eine rechtswidrige Vermögenslage aufrechterhalten worden sein.

Ob die Tatbestände der §§ 106 ff. UrhG diese Merkmale erfüllen und damit als Vortaten zur Hehlerei in Betracht kommen, ist umstritten.[232] Zwar handelt es sich bei §§ 106, 108 UrhG um Vermögensdelikte.[233] Bei den übrigen Tatbestandsmerkmalen sprechen jedoch durchgreifende Argumente gegen die Eignung der §§ 106 ff. UrhG als geeignete Vortaten.

Zunächst ist das Tatbestandsmerkmal „Sache" nicht erfüllt. Auf den Werkträger – hier die CD – kann nicht abgestellt werden.[234] Denn die Verletzung des Urheberrechts oder

---

[224] BT-Drucks. IV/270, 107.

[225] *Weber* 345 f.; *Hildebrandt* 303; ähnlich *Braun* Produktpiraterie, 189 f.

[226] *v. Gamm* § 98 UrhG Rn. 8; *Hildebrandt* 303; *Rehbinder* Rn. 950 f.; *Ulmer* Urheber- und Verlagsrecht, 552.

[227] *Braun* Produktpiraterie, 189; Friedrich MDR 1985, 366, 368; *Hildebrandt* 303; *Weber* 346; falsch insofern *Ganter* NJW 1986, 1479, 1480.

[228] RGSt 52, 3; *Heghmanns* NStZ 1991, 112, 113; *Heinrich* 271; *Hildebrandt* 303 und in Wandtke/ Bullinger/*Hildebrandt* § 106 UrhG Rn. 44.

[229] *Heghmanns* NStZ 1991, 112, 113; *Heinrich* 271; *Hildebrandt* 303 und in Wandtke/Bullinger/ *Hildebrandt* § 106 UrhG Rn. 44;; entsprechend auch RGSt 2, 439, 440; BGHSt 9, 71, 72 f.; 10, 386, 387; 15, 377, 382; 19, 107, 107 f.

[230] KG NStZ 1983, 561, 562 – Videoraubkassetten; *Heghmanns* NStZ 1991, 112, 113; *Heinrich* 271; *Hildebrandt* 303 und in Wandtke/Bullinger/*Hildebrandt* § 106 UrhG Rn. 44; *Schack* Rn. 738; entsprechend auch RGSt 52, 3; BGHSt 9, 71, 72 f.

[231] BT-Drucks. 7/550, 252; RGSt 70, 377, 385; KG NStZ 1983, 561, 562 – Videoraubkassetten; LG Würzburg NStZ 2000, 374; *Hefendehl* NStZ 2000, 348, 350; *Heinrich* JZ 1994, 943; *Hildebrandt* 429; *Schlüchter* NStZ 1988, 57; *Weber* 350.

[232] Bejahend: AG Duisburg Urteil v. 7. 7. 1982 Az. 10 Ds 1024/81 u. AG Duisburg Urteil vom 1. 10. 1982 Az. 18 II Ls 217/82u. AG Paderborn, Strafbefehl vom 12. 11. 1983 Az. Cs 20 Js 320/83, alle in *Rochlitz* 221, Fn. 394; AG Höxter 4 Cs 20 Js 381/86, in Kilian/Heussen/*v. Gravenreuth* Computerrechtshandbuch, Ziff. 106 Rn. 28; verneinend: KG NStZ 1983, 561, 562 – Videoraubkassetten; LG Koblenz vom 24. 9. 1984, Az. 102 Js 7989/83, in *Friedrich* MDR 1985, 366, 368; LG Würzburg NStZ 2000, 374; AG Brakel, Az. 64 Cs/20 Js 320/8, in *v. Gravenreuth* FuR 1984, 133; *Hildebrandt* 421 ff.

[233] *Heinrich* 307 und in JZ 1994, 941; *Hildebrandt* 422 ff.; Lackner/Kühl/*Kühl* § 259 StGB Rn. 5; a. A. nur *Hefendehl* NStZ 2000, 348, 350.

[234] *Heinrich* 309 und in JZ 1994, 941 f.; *Hildebrandt* 424 ff.; ausführlicher: *Weber* FS Locher, 435 f.; a. A. *v. Gravenreuth* BB 1983, 1744; *Rochlitz* Der strafrechtliche Schutz des ausübenden Künstlers, 221.

der verwandten Schutzrechte bezieht sich nicht auf die Werkträger, sondern auf die persönliche geistige Schöpfung, die darin verkörpert und für die der Werkträger lediglich Mittler ist.[235]

Das Tatobjekt – die CD – ist nicht durch eine rechtswidrige Tat erlangt. Auch hier ist zu unterscheiden zwischen Werkträger und verkörperter geistiger Schöpfung.[236] Die verkörperte geistige Schöpfung aber wird durch die Tat nach §§ 106 ff. UrhG nicht erlangt, sondern erst hervorgebracht. Dann aber ist der Hehlereitatbestand nicht erfüllt.[237]

Weiter fehlt es im Falle der §§ 106 ff. UrhG an der vom Hehlereitatbestand vorausgesetzten rechtswidrigen Vermögenslage. Der Abnehmer eines rechtswidrig hergestellten Vervielfältigungsstücks erwirbt rechtmäßig Eigentum und Besitz am Werkstück.[238] Zwar lässt sich einwenden, auch insofern müsse auf die geistige Schöpfung und nicht auf den Werkträger abgestellt werden.[239] Bei urheberrechtlichen Delikten fehlen jedoch *Restitutions- und Vindikationsansprüche* gegen den Rechtsbrecher aus §§ 985 oder 812 Abs. 1 S. 1 Alt. 1 BGB.[240] Die §§ 98, 99 UrhG dienen nicht der Restitution des Verletzten, sondern der *Störungsbeseitigung*.[241] Die weitergehende Literaturansicht, wonach der Hehlereitatbestand allgemein Maßnahmen unter Strafe stelle, durch die nach einer strafbaren Handlung die Wiederherstellung des Rechts erschwert wird,[242] wird von Rechtsprechung und überwiegender Literatur mit Recht abgelehnt.[243]

Schließlich sprechen kriminalpolitische und systematische Überlegungen gegen die Hehlereistrafbarkeit. Ein Bedürfnis, die Abnehmerseite zu bestrafen, besteht nicht,[244] da jede Weiterverbreitung ohnehin strafbar ist.[245] Auch ist das gegenteilige Ergebnis, dass der Erwerb von rechtswidrig hergestellten Vervielfältigungstücken nach dem UrhG zulässig, nach dem Hehlereitatbestand des StGB dagegen verboten wäre, systematisch unbefriedigend.[246] Weiterhin würde die Anwendung des Hehlereitatbestands zu einer Diskrepanz der Strafrahmen der §§ 106 ff. UrhG einerseits und der §§ 259 ff. StGB andererseits führen.[247] Diese Diskrepanz würde noch dadurch verstärkt, dass es sich bei der Hehlerei um ein Offi-

---

[235] *Heinrich* 308 und in JZ 1994, 941 ff.; *Weber* FS Locher, 435; *Wulff* BB 1985, 428.

[236] KG NStZ 1983, 561, 562 – Videoraubkassetten; *Heinrich* 310 und in JZ 1994, 941 f.; *Hildebrandt* 426; Lackner/Kühl/*Kühl* § 259 StGB Rn. 5; *Weber* 350 ff. und in FS Locher, 435.

[237] RGSt 70, 377, 385; Lackner/Kühl/*Kühl* § 259 StGB Rn. 5; LK/*Ruß* § 259 StGB Rn. 9; *Rupp* Computersoftware, 214 und in wistra 1985, 138; *Tröndle/Fischer* § 259 StGB Rn. 10.; zusammenfassend *Hildebrandt* 426 ff., mit Nachweisen zur Gegenansicht.

[238] RGSt 70, 377, 384 f.; KG NStZ 1983, 561, 562 – Videoraubkassetten; *Heinrich* JZ 1994, 943 ff.; *Hildebrandt* 432; Lackner/Kühl/*Kühl* § 259 StGB Rn. 5; *Schlüchter* NStZ 1988, 57; *Tröndle/Fischer* § 259 StGB Rn. 5; *Weber* 351 f. und in FS-Locher, 435 f.

[239] *Heinrich* JZ 1994, 943 f.; Lackner/Kühl/*Kühl* § 259 StGB Rn. 5.

[240] *Heinrich* JZ 1994, 944; *Hildebrandt* 432; *Weber* 351 und in FS Locher, 436 f.

[241] *Hildebrandt* 430 ff. m. w. N.

[242] So *v. Gravenreuth* Das Plagiat, 104; *Rochlitz* UFITA 83 (1978), 75 f.; *Schröder* FS für Rosenfeld, 161, 167 ff.

[243] Vgl. *Rochlitz* UFITA 83 (1978), 76; zu dieser Lehre von der Restitutionsvereitelung auch *Sternberg-Lieben* Musikdiebstahl, 103 f.

[244] *Friedrich* MDR 1985, 366, 368; *Heinrich* JZ 1994, 943; *Hildebrandt* 433; *Weber* FS Locher, 438 f.; a. A.: *Lessing* ZRP 1985, 109, 110.

[245] *Heinrich* JZ 1994, 943.

[246] *Heinrich* JZ 1994, 945; *Hildebrandt* 433; *Weber* FS Locher, 437 f. und in Wesen und Bekämpfung der Videopiraterie, Schriftenreihe des Instituts für Rundfunkrecht an der Universität Köln, hrsg. v. Hans Brack u. a., Bd. 59, S. 51, 64.

[247] *Hildebrandt* 433; *Lührs* GRUR 1994, 264, 266.

zialdelikt handelt.[248] Der Abnehmer würde durch die Anwendung somit schlechter gestellt als derjenige, der eine Raubkopie herstellt und weitergibt.[249]

Im Ergebnis scheidet eine Bestrafung des A wegen Hehlerei aus.

3. Ergebnis

A hat sich nicht strafbar gemacht.

---

[248] *Heinrich* 211 und in JZ 1994, 945; *Hildebrandt* 433.
[249] *Heinrich* JZ 1994, 945; *Hildebrandt* 433.

VII. Teil. Abgrenzung zum gewerblichen Rechtsschutz

Fall 31: Kinderspiel

UWG/Markenrecht/Urheberrecht

Sachverhalt

Die Flizzy-AG (im Folgenden „F") ist eine weltweit bekannte Herstellerin von Sportwagen. Ihr Rennwagen „F 1" aus dem Jahre 1980 gilt unter Kennern als modernes Sportcoupé. Der Modellschutz des Fahrzeugs aus dem Geschmacksmustergesetz lief im Jahre 2005 aus.

Seit dem Jahr 2006 stellt F auch Modelle von dem Rennwagen „F 1" im Maßstab 1:15 her. Die hochwertigen Modelle (ohne Antrieb) werden vorwiegend von erwachsenen Liebhabern der Marke F erworben. Des Weiteren räumt F verschiedenen Spielwarenherstellern Lizenzen zur Nachbildung des „F 1" als Modell ein.

Die Carry-GmbH (im Folgenden „C") ist Herstellerin von elektrisch betriebenen Modellautobahnen für Kinder im Alter zwischen 6 und 12 Jahren. Im Jahre 2008 begann C mit der Herstellung von Modellautobahn-Sets, in denen jeweils ein Modellfahrzeug des Rennwagens „F 1" im Maßstab 1:30 enthalten ist. Dieses Modellfahrzeug ist dem Originalwagen mit allen Details nachgebildet. Das Namensschild mit dem Schriftzug der F ist als Aufkleber den Verkaufspackungen beigefügt. In der Gebrauchsanleitung zu dem Modellautobahn-Set ist ein Hinweis enthalten, wie der Schriftzug „originalgetreu" an den Modellen anzubringen ist. Auf dem Verpackungskarton ist ferner ein Bild des Modells „F 1" mit dem Schriftzug der F angebracht. Über dem Modellfahrzeug befindet sich der Namenszug der C mit großen roten Buchstaben. In ihrer Werbung für das Modellautobahn-Set verwendet C das gleiche Bild mit dem „F 1"-Modell wie auf den Verpackungen.

Zusätzlich enthält die in überregionalen Zeitungen und Magazinen veröffentlichte Werbung den folgenden Werbespruch: „Die Carry-Rennbahn ist der Flizzy unter den Modellrennbahnen". Die Herstellerin D, die gleichartige Modellautobahnen herstellt und die größte Konkurrentin der C am Markt ist, ist über die Werbung der C verärgert und möchte C abmahnen.

Der Verband „Verband zur Förderung der Interessen der Modellautohersteller" (kurz V) möchte gegen die Werbung vorgehen. Dem rechtsfähigen Verband gehören 35 Modellautohersteller im Bundesland Bayern an.

F, D und V möchten wissen, ob sie Unterlassungsansprüche gegen C haben.

Lösung

1. Teil: Ansprüche der F gegen C

A. Ansprüche wegen des Vertriebs der Modelle

I. Anspruch gegen C auf Unterlassung gemäß § 97 Abs. 1 UrhG

Ein Unterlassungsanspruch gemäß § 97 Abs. 1 UrhG kommt in Betracht, wenn der Rennwagen „F 1" als *Werk der angewandten Kunst* gemäß § 2 Abs. 1 Nr. 4 UrhG geschützt ist. Dies ist nur dann der Fall, wenn das Fahrzeug „F 1" eine eigene schöpferische Leistung i. S. d. § 2 Abs. 2 UrhG darstellt.

Bei der Frage nach der Werkqualität ist zu berücksichtigen, dass es sich bei dem Fahrzeug „F 1" um einen *Gebrauchsgegenstand* handelt. Gebrauchsgegenstände genießen in der Regel bereits Schutz nach dem Geschmacksmustergesetz, welches auf die Eigenart und Neuheit des Erzeugnisses abstellt und keine individuelle Leistung mehr voraussetzt. Um darüber hinaus auch Urheberrechtsschutz zu erlangen, muss der Gebrauchsgegenstand von der besonderen Individualität des Schöpfers geprägt sein.[1] Geschmacksmusterrecht und Urheberrecht können dann nebeneinander bestehen und ineinander greifen.[2]

Wegen der Möglichkeit eines geschmacksmusterrechtlichen Schutzes ist bei den Werken der angewandten Kunst (noch) ein *strenger Maßstab* bei der Frage nach der Werkqualität anzulegen.[3] Ein Urheberrechtsschutz der „kleinen Münze"[4] ist in diesem Bereich nicht erforderlich. Die „kleine Münze" ist nur dem Geschmacksmusterrecht zugänglich.[5]

Bei dem Rennwagen sind keine Besonderheiten im Form- und Farbdesign erkennbar. Es ist daher davon auszugehen, dass der Rennwagen „F 1" urheberrechtlich nicht geschützt ist.

Folglich besteht kein urheberrechtlicher Unterlassungsanspruch.

II. Anspruch gegen C auf Unterlassung gemäß § 42 GeschmMG

Ein Anspruch auf Unterlassung kann nicht auf § 42 Abs. 1 S. 1 GeschmMG gestützt werden, da die Schutzfrist abgelaufen ist. Der Schutz aus dem GeschmMG endet mit Ablauf der fünfundzwanzigjährigen Schutzfrist aus § 27 Abs. 2 GeschmMG. Eine Verlängerung ist nicht möglich. Die Schutzfrist ist somit abgelaufen.

---

[1] *Schack* Rn. 203; Schricker/*Loewenheim* § 2 UrhG Rn. 23 ff.

[2] Wandtke/Bullinger/*Bullinger* § 2 UrhG Rn. 98.

[3] BVerfG GRUR 2005, 410, 410 – Laufendes Auge; BGH GRUR 2000, 144, 145 – Comic-Übersetzungen II; BGH GRUR 1995, 581 – Silberdistel II; BGH GRUR 1983, 377, 378 – Brombeer-Muster; BGH GRUR 1979, 332, 336 – Brombeerleuchte; OLG Hamburg GRUR 2002, 419 – Move; OLG Düsseldorf GRUR-RR 2001, 294, 296 – Spannring; KG GRUR-RR 2001, 292, 293 – Bachforelle; LG Leipzig GRUR 2002, 424 f. – Hirschgewand; eingehender Schricker/*Loewenheim* § 2 UrhG Rn. 158 und *Loewenheim* GRUR Int. 2004, 765.

[4] Zum Begriff der „kleinen Münze" vgl. *Schack* Rn. 260–265.

[5] Schricker/*Loewenheim* § 2 UrhG Rn. 158.

III. Anspruch gegen C auf Unterlassung aus §§ 3, 4 Nr. 9, 8 UWG[6]

Ein Anspruch auf Unterlassung könnte sich aber aus § 3 UWG ergeben. Der Vertrieb des Modells des „F 1" Rennwagens der F durch C könnte als unzulässige Rufausbeutung wettbewerbswidrig sein und damit unlauter i. S. d. §§ 3, 4 Nr. 9 UWG sein.

1. Anspruchsberechtigung der F

Nach § 8 Abs. 3 Nr. 1 UWG ist *jeder Mitbewerber* anspruchsberechtigt. Mitbewerber ist nach der Definition des § 2 Abs. 1 Nr. 3 UWG jeder Unternehmer, der mit einem oder mehreren Unternehmern als Anbieter oder Nachfrager von Waren oder Dienstleistungen tätig ist.[7] Für den Unternehmerbegriff wiederum gilt gemäß § 2 Abs. 2 UWG die Regelung des § 14 BGB.[8]

Maßgeblich ist nicht die Stellung eines beliebigen abstrakten Mitbewerbers. Es kommt vielmehr auf eine wirtschaftliche fokusierte Betrachtung für die Beurteilung einer Mitbewerberstellung an. Erforderlich ist daher eine Marktbestimmung, d. h. eine Abgrenzung nach der tatsächlichen Stellung im Wettbewerb.[9] Die Klagebefugnis ist daher nur zu bejahen, wenn der Anspruchsberechtigte Waren oder gewerbliche *Leistungen gleicher oder verwandter Art auf demselben Markt* wie der Verletzer vertreibt und die Handlung geeignet ist, den Wettbewerb auf diesem Markt wesentlich zu beeinträchtigen.

Dies ist im vorliegenden Fall schwer zu begründen. Auch das Merkmal „auf demselben Markt" ist fraglich, da F eine andere Zielgruppe mit seinen Modellen im Auge hat. Allerdings ist bei der Annahme eines Konkurrenzverhältnisses großzügig zu verfahren.[10] Genügend ist, dass sich Waren gegenüberstehen, die sich nach der Verkehrsauffassung gegenseitig behindern können.

F und C stellen beide Modellautos (wenn auch unterschiedlicher Größe) her. Außerdem vergibt F Lizenzen ihrer Modelle. Es ist deshalb naheliegend, dass F in ihrer Betätigung durch das Verhalten der C gestört wird, auch wenn die eigenen Modelle der F vorwiegend von Erwachsenen gekauft werden.

F ist damit anspruchsberechtigt i. S. d. § 8 Abs. 3 Nr. 1 UWG.

2. Anspruchsvoraussetzungen, §§ 3, 4 Nr. 9 UWG

a) Geschäftliche Handlung. Der zentrale Begriff der „Wettbewerbshandlung" wird nunmehr seit Inkrafttreten der gesetzlichen Neuregelungen des UWG vom 30.12.2008 durch den der „geschäftlichen Handlung" ersetzt. Darunter fallen nunmehr auch Handlungen bei oder nach einem Geschäftsabschluss.[11]

aa) Stets unzulässige geschäftliche Handlung i. S. d. § 3 Abs. 3 UWG. Vorrangig ist indes zu prüfen,**12** ob nicht bereits eine unzulässige Handlung nach § 3 Abs. 3

---

[6]   §§ 8, 9 UWG regeln abschließend die Rechtsfolgen bei Zuwiderhandlungen gegen die Generalklausel des § 3 UWG und stellen die zentralen Anspruchsgrundlagen im neuen UWG dar; *Engels/Salomon* WRP 2004, 32, 40; BT-Drucks. 15/487, 22 ff.

[7]   Vgl. BT-Drucks. 15/1487, 16; Hefermehl/Köhler/Bornkamm/*Köhler* § 2 UWG Rn. 8, 34.

[8]   *Engels/Salomon* WRP 2004, 32, 34.

[9]   Hefermehl/Köhler/Bornkamm/*Köhler* § 8 UWG Rn. 3.27.

[10] Hefermehl/Köhler/Bornkamm/*Köhler* § 8 UWG Rn. 3.27.; *Emmerich* 24.

[11] BT-Drucks. 16/10145, 20 f.; Hefermehl/Köhler/Bornkamm/*Köhler* § 2 UWG Rn. 31, 34.

[12] Die Prüfungsreihenfolge bei § 3 UWG ist umstritten: Da § 3 Abs. 3 UWG als Spezialregelung zu Abs. 1 und 2 S. 1 ausgestaltet ist, ist sie vorrangig zu prüfen (Hefermehl/Köhler/Bornkamm/*Köhler* § 3 UWG Rn. 6 ff.). Denn mit der Feststellung des Vorliegens eines Falles nach § 3 Abs. 3 UWG, ist die relevante Handlung als „stets" unzulässig zu qualifizieren (ungeachtet dessen, ob ein Fall des

i. V. m. Nr. 13 Anhang UWG gegenüber Verbrauchern vorliegt. Eine derartige geschäftliche Handlung ist ohne Rücksicht auf die Erheblichkeitsschwelle der Generalklausel des § 3 Abs. 1, 2 UWG stets unzulässig. Diese wird dann im Falle des § 3 Abs. 3 UWG unwiderleglich vermutet.[13] Gemäß § 3 Abs. 3 i. V. m. Nr. 13 Anhang UWG liegt eine unzulässige geschäftliche Handlung gegenüber Verbrauchern in der Werbung für eine Ware oder Dienstleistung, die der Ware oder Dienstleistung eines Mitbewerbers ähnlich ist und dies in der Absicht geschieht, über die betriebliche Herkunft der beworbenen Ware oder Dienstleistung zu täuschen.

Vorliegend stellt C Modellautos her und bietet diese ebenso wie F zum Verkauf gegenüber Verbrauchern mittels Werbematerial an. Problematisch ist, ob hierin eine Täuschung über die betriebliche Herkunft liegt, die C beabsichtigt hat. Nach der Gesetzesbegründung steht Nr. 13 des Anhangs neben § 4 Nr. 9a UWG und dem Irreführungstatbestand des § 5 Abs. 1 S. 2 Nr. 1 und Abs. 2 UWG.[14] Anknüpfungspunkt ist danach die *Ähnlichkeit der Ware* – vorliegend der Modellautos. Es ist mithin nicht die Irreführung durch die Verwendung verwechslungsfähiger Kennzeichen maßgeblich, sondern alle erheblichen Umstände, die das Verhältnis der Produkte zueinander kennzeichnen, insbesondere die Art und der Verwendungszweck sowie ferner die Nutzung und die Eigenart als miteinander konkurrierende oder einander ergänzende Waren.[15] Vorliegend ist nicht davon auszugehen, dass die vorwiegend erwachsenen Verbraucher, das Produkt der C dem des F zuordnen. Denn F ist als Hersteller von Modellautos im Gegensatz zu C, der elektrische Autorennbahnen für Kinder herstellt, bekannt. Zudem scheidet ein Fall des § 3 Abs. 3 UWG bereits deshalb aus, da sich die Regelung in personeller Hinsicht nur auf geschäftliche Handlungen gegenüber Verbrauchern und nicht gegenüber Mitbewerber wie F bezieht.

bb) Wegen Verstoßes gegen die „fachliche Sorgfalt" unzulässige geschäftliche Handlung i. S. d. § 3 Abs. 2 UWG. Ein Fall des § 3 Abs. 2 UWG scheidet ebenfalls aus, da dieser sich ebenfalls in personeller Hinsicht nur auf geschäftliche Handlungen gegenüber Verbrauchern bezieht und ebenfalls nicht gegenüber Mitbewerbern gemäß § 2 Abs. 1 Nr. 3 UWG bzw. sonstigen Marktteilnehmern gemäß § 2 Abs. 1 Nr. 2 UWG.[16]

cc) Sonstige unzulässige geschäftliche Handlung i. S. d. § 3 Abs. 1 UWG. Gemäß § 3 Abs. 1 UWG sind unlautere geschäftliche Handlungen unzulässig, wenn sie geeignet sind, die Interessen von Mitbewerbern spürbar zu beeinträchtigen. Voraussetzung für das Vorliegen einer geschäftlichen Handlung nach § 2 Abs. 1 Nr. 1 UWG ist, dass das Verhalten einer Person mit der Förderung des Absatzes oder des Bezugs von Waren oder Dienstleistungen oder Abschluss oder der Durchführung eines Vertrages hierüber in einem objektiven Zusammenhang steht. Nicht mehr maßgeblich ist die Voraussetzung der Wettbewerbsförderungsabsicht des Unternehmers nach der Definition der geschäftlichen Handlung in § 2 Abs. 1 Nr. 1 UWG.[17] Es reicht mithin, wenn in der Handlung eine Tätigkeit liegt, die mit der Förderung des eigenen oder fremden Wettbewerbs „objektiv

---

Abs. 1 oder 2 vorliegt, deren Prüfung letztlich entfällt). Ist der Tatbestand des § 3 Abs. 3 UWG nicht erfüllt, so ist anschließend zu prüfen, ob ein Fall des § 3 Abs. 2 UWG vorliegt bzw. ob ein Rückgriff auf die Generalklausel des § 3 Abs. 1 UWG in Betracht kommt.

[13] Hefermehl/Köhler/Bornkamm/*Köhler* § 3 UWG Rn. 6.

[14] BT-Drucks. 16/10145, 32.

[15] *Köhler* GRUR 2009, 445, 448.

[16] Hefermehl/Köhler/Bornkamm/*Köhler* § 3 UWG Rn. 7.

[17] Hefermehl/Köhler/Bornkamm/*Köhler* § 2 UWG Rn. 53.

zusammenhängt".[18] Voraussetzung ist nicht, dass das Handeln für den Mitbewerber – hier den F – Nachteile mit sich bringt.[19]

Dieses Merkmal ist vorliegend gegeben, weil C ein Produkt vertreibt, das in Design und Name auf das Produkt der F Bezug nimmt. Zwar besteht bei enger Marktabgrenzung kein Wettbewerbsverhältnis, da die Produkte aus Sicht der Käufer nicht substituierbar sind. Daher ist auch eine Beeinträchtigung des Absatzes schwerlich anzunehmen. Die C, als Teilnehmerin am allgemeinen Rechts- und Wirtschaftsverkehr, nimmt durch die Herstellung und den Vertrieb der Modelle auf die Produkte der F indes unmittelbar Bezug und tritt dadurch wettbewerblich zu F in Beziehung. Dadurch entsteht ein konkretes Wettbewerbsverhältnis, wodurch auch Gewerbetreibende unterschiedlicher Branchen bzw. Märkte durch eine Wettbewerbshandlung wettbewerblich in Beziehung zueinander treten können, ohne dass der beiderseitige Absatz von Waren oder Leistungen beeinträchtigt wird. Das Merkmal der geschäftlichen Handlung ist mithin i. S. d. § 3 Abs. 1 UWG erfüllt.

b) Unlauterkeit wegen Nachahmung i. S. d. §§ 3, 4 Nr. 9 UWG. Es muss zunächst eine Nachahmung vorliegen. Dabei ist in der Regel im Wege des prima-facie-Beweises davon auszugehen, wenn zwischen dem nachahmenden und dem Eigenart aufweisenden nachgeahmten Produkt große Ähnlichkeit besteht. Fs Modellauto kennzeichnet sich dadurch aus, dass es dem Rennwagen maßstabsgetreu (1:15) nachempfunden wurde und somit – ebenso wie das nachempfundene Modellauto von C – die Eigenart eines Sportcoupés aufweist. Dass das Modellauto des C in einem Maßstab von 1:30 gebaut wurde, steht dem nicht entgegen, da es dem Originalwagen des F in allen Details nachgebildet wurde.

Eine Wettbewerbshandlung ist „unlauter", wenn sie dem Anstandsgefühl des redlichen und verständigen Durchschnittsgewerbetreibenden widerspricht.[20] Die Generalklausel des § 3 UWG verbietet es, die Sittenwidrigkeit mit Unlauterbarkeit in jedem Fall gleichzustellen. Die Erheblichkeitsschwelle ist zu beachten.[21]

aa) Vermeidbare Herkunftstäuschung i. S. d. § 4 Nr. 9a UWG. Es könnte eine vermeidbare Täuschung der Abnehmer über die betriebliche Herkunft vorliegen, die nach § 4 Nr. 9a UWG wettbewerbswidrig ist. So handelt wettbewerbswidrig, wer ein fremdes Erzeugnis durch Übernahme von Merkmalen, mit denen der Verkehr eine betriebliche Herkunftsvorstellung verbindet, nachahmt und sein Erzeugnis in den Verkehr bringt, wenn er nicht im Rahmen des Möglichen und Zumutbaren alles Erforderliche getan hat, um eine Irreführung des Verkehrs möglichst auszuschließen. Dies setzt freilich eine gewisse wettbewerbliche Eigenart des Vorbilds, das nachgeahmt worden ist, voraus, da der Verkehr andernfalls nicht auf die Herkunft achtet.[22]

Ohne Zweifel erkennt der Verkehr aber, dass das Produkt der C nicht von F ist. C ist bekannt für die Herstellung von Modellautos, F hingegen nicht.

bb) Rufausbeutung i. S. d. § 4 Nr. 9b UWG. Einschlägig könnte hier aber die zweite Fallgruppe der Rufausbeutung und Rufbeeinträchtigung sein.

---

[18] Hefermehl/Köhler/Bornkamm/*Köhler* § 2 UWG Rn. 34 ff.

[19] Hefermehl/Köhler/Bornkamm/*Köhler* § 2 UWG Rn. 44, 47.

[20] BT-Drucks. 15/1487, 16 sowie BT-Drucks. 16/10145, 15.

[21] *Henning-Bodewig* GRUR Int. 2004, 183, 185; *Heermann* GRUR 2004, 94 ff.; im Ergebnis muss eine Wettbewerbshandlung vorliegen, die geeignet ist, den Wettbewerb (zum Nachteil der Verbraucher, Mitbewerber oder der sonstigen Marktteilnehmer) nicht nur unerheblich zu beeinträchtigen (sog. Bagatellklausel).

[22] Aus der Begründung zum UWG, BT-Drucks. 15/1487, 16.

Die Ausnutzung des besonderen Rufs bzw. der Wertschätzung fremder Waren zur Empfehlung der eigenen Ware ist grundsätzlich wettbewerbsfremd.[23] Dem Wettbewerb widerspricht es, Ruf und Ansehen einer fremden Ware oder Leistung als Basis für die Verfolgung eigener wirtschaftlicher Interessen auszunutzen, statt mit Qualität und Preiswürdigkeit der eigenen Leistung zu werben.[24]

Rufausbeutung liegt vor, wenn der Verkehr mit einer Ware bestimmte Herkunfts- und Gütevorstellungen verknüpft und so durch die Nachahmung der gute Ruf der fremden Ware ausgenutzt wird.[25]

Im vorliegenden Fall nimmt die C unmittelbar auf ein Produkt der F Bezug, in dem sie Name, Schriftzug und Formgestaltung für das eigene Produkt (Spielzeugmodell) übernimmt. Für eine Ausnutzung des Rufs müsste im Verkehr allerdings auch der Eindruck entstehen, dass die Modellfahrzeuge der C die bekannt gute Qualität der Kraftfahrzeuge der F besitzen. Dies setzt wiederum voraus, dass im Verkehr ein Schluss von der Qualität des Kraftfahrzeuges (der F) auf die Qualität des Modellfahrzeuges (der C) gezogen wird. Das Publikum müsste glauben, dass die Spielzeugfahrzeuge der C gut sind, gerade weil sie die Form der Fahrzeuge der F besitzen.

Der Verkehr ist damit vertraut, dass Modelle berühmter Fahrzeuge (wie „F 1") von anderen Herstellern als denen, die die Originalfahrzeuge erzeugen, hergestellt werden. In der Regel werden die Modelle von spezialisierten Unternehmen in verschiedenen Preis- und Qualitätsklassen hergestellt.

Es wird damit nicht ohne weiteres der Eindruck erweckt, als besäßen die Modellfahrzeuge ähnliche Qualitätsmerkmale wie die Originalfahrzeuge. Eine solche Übertragung von Gütevorstellung und Image ist schon wegen der technischen Verschiedenheit von Kraftfahrzeugen und Spielzeugmodellen nicht möglich. Dem Verkehr ist bekannt, dass auch von sehr hochpreisigen Kraftfahrzeugen „billige" Modelle vertrieben werden. Die Qualitätserwartung an ein Modellfahrzeug ist typischerweise von dem Hersteller des Modells und nicht dem Hersteller des vorbildlichen Kraftfahrzeuges abhängig.

Die Wertschätzung, die dem „F 1"-Kraftfahrzeug entgegengebracht wird, nutzt C jedoch insoweit aus, als ein Fahrzeugmodell, das dem beliebten Vorbild nachempfunden ist, leichter Käufer findet als die Nachbildung eines nicht beliebten Fahrzeuges. Hier ist aber zu berücksichtigen, dass Spielzeuge häufig Gegenstände abbilden, die bekannt und beliebt sind.

Es ist daher nicht wettbewerbswidrig, wenn der gute Ruf eines Kraftfahrzeuges dadurch ausgenutzt wird, dass das Fahrzeug als Vorlage für ein Spielzeug benutzt wird.[26]

Die Nachahmung fremder Leistung, für die kein Sonderrechtsschutz besteht, ist aber grundsätzlich erlaubt. Sie kann aus § 3 UWG nur verboten werden, wenn über die Nachahmung hinaustretende Umstände hinzutreten, die der Nachahmung das Gepräge von Sittenwidrigkeit geben.[27] Solche besonderen Umstände i. S. v. § 4 Nr. 9 UWG wie Herkunftstäuschung oder Rufausbeutung oder unredliche Erlangung der ursprünglichen Leistung sind hier nicht ersichtlich.

---

[23] Harte/Henning/*Sambuc* § 4 Nr. 9 UWG Rn. 102 ff.; Köhler/Piper/*Piper* § 1 UWG a. F. Rn. 602.

[24] BGHZ 86, 90, 95 – Rolls Royce.

[25] Vgl. Begründung zum UWG, BT-Drucks. 15/1487.

[26] BGH NJW 1996, 261.

[27] Vgl. st. Rspr., statt vieler: BGHZ 126, 208 sowie BGH in NJW 1996, 261.

3. Ergebnis

Die Herstellung und der Vertrieb des Modells „F 1" durch C verstößt nicht gegen § 3 UWG. Ein Anspruch auf Unterlassung besteht nicht. Ein anderes Ergebnis ist aber vertretbar.

IV. Anspruch gegen C auf Unterlassung gemäß §§ 3, 4, 5, 8 UWG

1. Anspruchsberechtigung der F

F müsste Anspruchsberechtigte i. S. d. § 8 Abs. 3 Nr. 1 UWG sein. Dies wurde bereits oben bejaht.[28]

2. Voraussetzungen des § 5 UWG[29]

In Betracht kommt eine täuschende Angabe durch C über den Ursprung der Ware. Dazu müsste C irreführende Angaben über den Ursprung der Modelle gemacht haben.

C verwendet den Namen der F auf ihren Produktverpackungen. Dieser Namensgebrauch hat jedoch lediglich den Zweck, die Realität zu imitieren und nicht, über die Herkunft der Ware zu täuschen.

Die Verwendung der bekannten Namen der Vorbilder ist im Bereich der Spielzeugmodelle üblich und begründet jedenfalls dann keine Verwechslungsgefahr, wenn der Name des wirklichen Herstellers auftaucht. C hat seinen eigenen Namensschriftzug auf der Verpackung des Sets mit roten Buchstaben, mithin gut lesbar angebracht. Es besteht keine Gefahr der Irreführung.

Hieran ändert sich auch nichts dadurch, dass F selbst Modelle des „F 1"-Fahrzeuges vertreibt. Die Modelle der C sind ausschließlich für den Betrieb auf der elektrischen Autorennbahn für Kinder vorgesehen. Es besteht damit keine Verwechslungsgefahr mit den antriebslosen Modellen der F, die für eine andere Zielgruppe, den erwachsenen Sammler, gedacht sind.[30]

3. Ergebnis

F steht gegen C auch kein Anspruch aus § 5 UWG zu.

B. Ansprüche wegen der Verwendung des Schriftzuges der F

I. Markenrechtsverletzung, § 14 Abs. 2 Nr. 1 und Nr. 2 MarkenG

F genießt Schutz als *Marke kraft Verkehrsgeltung* (§ 4 Nr. 2 MarkenG) bzw. als notorisch bekannte Marke i. S. d. § 4 Nr. 3 MarkenG (der Sachverhalt gibt keine Auskunft über eine Eintragung i. S. d. § 4 Nr. 1 MarkenG). Dieser Schutz erfasst das Zeichen als solches im Hinblick auf konkrete Waren oder Dienstleistungen. Darüber hinaus ist der Firmenname der F als *geschäftliche Bezeichnung* i. S. d. § 5 Abs. 2 MarkenG markenrechtlich geschützt. Der Namensbegriff des § 5 MarkenG entspricht dabei dem des § 12 BGB.[31]

Voraussetzung für den Schutz nach § 5 MarkenG ist die *Benutzung im geschäftlichen Verkehr*.[32] Ein formaler Akt ist nicht erforderlich. F ist im geschäftlichen Verkehr umfassend

---

[28] Vgl. 1. Teil A. III 1.
[29] Vgl. BT-Drucks. 15/1487, 19.
[30] Vgl. BGH NJW 1996, 261.
[31] *Ingerl/Rohnke* § 5 MarkenG Rn. 16.
[32] *Ingerl/Rohnke* § 5 MarkenG Rn. 55.

unter dem Namen „F" tätig. Ferner muss die Geschäftsbezeichnung Kennzeichnungskraft aufweisen. Diese kann auf der Bezeichnung selbst oder aber auf Verkehrsgeltung beruhen. Sie ist hier nicht fraglich.

C hat jedoch keinen markenmäßigen Gebrauch von der Marke „F" i. S. d. § 14 Abs. 2 Nr. 2 MarkenG gemacht. C benutzt den Namen der „F" nicht zur Kennzeichnung der eigenen Produkte in der Weise, dass diese als von F stammend bezeichnet werden. Die Modelle sollen vielmehr *die Wirklichkeit abbilden* und die Fiktion eines realitätsgetreuen Autorennens erzeugen.[33] § 14 Abs. 2 Nr. 2 MarkenG scheitert daher schon an der markenmäßigen Benutzung.

Auch ist Verwechslungsgefahr i. S. d. § 15 Abs. 2 MarkenG hier nicht gegeben. Zwar besteht die Möglichkeit, dass die Modelle der C mit dem Schriftzug „F" als Waren der F angesehen werden. Allerdings ist die Gefahr einer falschen Zuordnung wohl durch die deutliche Kennzeichnung der Verpackung mit dem Schriftzug der C ausgeschlossen.

II. Verletzung des Namensrechts, § 12 BGB

Der Name der F ist im Hinblick auf den Bekanntheitsgrad und der damit verbundenen Verkehrsgeltung namensrechtlich i. S. d. § 12 BGB geschützt. Die Unterscheidungskraft des Namens der F darf (trotz der Abkürzung im Sachverhalt) unterstellt werden.

Der Name der F muss zur Kennzeichnung des Ursprungs der Ware gebraucht worden sein *(namensmäßiger Gebrauch)*. Das Namensrecht soll davor Schutz gewähren, dass dem Namensträger nicht von ihm stammende Produkte zugerechnet werden (Stichwort: „Identitätsverwirrung").

Seit der „Shell"-Entscheidung des Bundesgerichtshofs[34] geht allerdings der kennzeichenrechtliche Schutz aus §§ 5, 15 MarkenG in seinem Anwendungsbereich grundsätzlich dem Namensschutz aus § 12 BGB vor. Mithin wäre eine Verletzung des Namensrechts hier zu verneinen, da von dem Namen „F" auch nicht namensmäßig Gebrauch gemacht wird.

III. Ergebnis

C hat das Markenrecht der F nicht verletzt. Es besteht kein Unterlassungsanspruch auf Verwendung des Schriftzuges.

C. Anspruch wegen der Werbung mit Bezugnahme auf F aus §§ 3, 4, 8 UWG

I. Geschäftliche Handlung

C betreibt die Werbung in überregionalen Zeitungen und Magazinen zur Förderung des Absatzes ihrer Sets und zur Verbesserung der eigenen Marktposition. Eine geschäftliche Handelung liegt somit vor.

---

[33] Vgl. BGH NJW 1996, 262: Wird das sofort als Nachbildung erkennbare Modell zusätzlich mit dem Namen oder der Typenbezeichnung versehen, so wird dies vom Verkehr nur als nähere Bezeichnung, welches Originalfahrzeug bezeichnet ist, erfasst.
[34] BGHZ 149, 191 ff.

II. Verstoß gegen die guten Sitten

Fallgruppe: Rufausbeutung (§ 4 Nr. 9b UWG)

Es kommt in Betracht, dass C durch die Bezugnahme auf F („der F unter den Modellautobahnen") in ihrer Werbung für das Autobahn-Set, den guten Ruf der F in unlauterer Weise ausgebeutet hat. Guter Ruf kann nur geschützt sein, wenn er auch besteht. Dies ist hier der Fall. Durch das Ansehen und den Bekanntheitsgrad der F ist ihr guter Ruf geschützt.

C hat den Ruf auch sittenwidrig ausgebeutet, da sie die Qualität der berühmten fremden Ware zu Unrecht auf ihre Produkte bezieht. Sie nimmt durch ihre Werbeäußerung in Anspruch, dasselbe hohe Ansehen im Bereich von Modellautobahnen zu besitzen, wie F bei Kraftfahrzeugen.[35] Diesen „Image-Transfer" braucht sich F nicht gefallen zu lassen.

III. Ergebnis

Der F steht daher ein Unterlassungsanspruch gegen C aus §§ 3, 4 Nr. 9b, 8 UWG zu.

3. Teil: Ansprüche des D gegen C

I. Anspruch gegen C auf Unterlassung der Verwendung des Werbespruchs aus §§ 3, 5, 8 UWG

1. Klagebefugnis des D

Die Klagebefugnis der D ergibt sich aus § 8 Abs. 3 Nr. 1 UWG,[36] da sie auf demselben Markt wie C tätig und daher unmittelbare Konkurrentin der C ist.

2. Voraussetzungen des §§ 3, 5 UWG („Irreführende Werbung")

Voraussetzung ist, dass inhaltlich täuschende Angaben über die Unternehmensverhältnisse oder die Qualität oder den Preis von Waren gemacht werden. Unter dem Begriff Angaben sind dabei *Tatsachenangaben* zu verstehen, d. h. inhaltlich nachprüfbare Aussagen über geschäftliche Verhältnisse.[37]

Mit dem Werbespruch „Die Carry-Rennbahn ist der Flizzy unter den Modellrennbahnen" berühmt sich C, der beste Anbieter auf dem Markt von Automodellen zu sein. Die Bezeichnung „Flizzy" besitzt mittlerweile für den Markt der Sportwagen eine enorme Verkehrsgeltung – sogar Weltbekanntheit – für besonders hohe Qualität. Irreführend wäre die Aussage unter anderem dann, wenn es sich bei dieser „Spitzenstellungsberühmung" um eine objektiv falsche Angabe handelt. Die Wahrheitspflicht ist nämlich oberstes Gebot im Wettbewerb.[38] Hier handelt es sich aber um eine objektiv richtige Aussage, da die C tatsächlich auf dem Markt der Modellrennbahnen führend ist (Sachverhaltsangabe).

II. Ergebnis

D steht kein Anspruch auf Unterlassung aus §§ 3, 5, 8 UWG zu.

---

[35] Vgl. BGH NJW 1988, 644 – Champagner; zum Meinungsstand, m. w. N. *Emmerich* 174.
[36] BT-Drucks. 15/1487, 22.
[37] Hefermehl/Köhler/Bornkamm/*Bornkamm* § 5 UWG Rn. 2.68.
[38] Piper/*Ohly* § 5 UWG Rn. 160.

4. Teil: Ansprüche des V gegen C

I. Anspruch auf Unterlassung der Verwendung des Werbespruchs aus §§ 3, 5, 8 UWG

§§ 3, 5 UWG wird durch die Verwendung des Werbespruchs verletzt.

Fraglich ist nur, ob V auch klagebefugt ist. Die Klagebefugnis des Verbandes könnte nach § 8 Abs. 3 Nr. 2 UWG gegeben sein.

Bei dem „Verband zur Förderung der Interessen der Modellautohersteller" handelt es sich um einen Verband zur Förderung gewerblicher Interessen i. S. v. § 8 Abs. 3 Nr. 2 UWG. Mit 35 Mitgliedern ist die Anforderung an die *„erhebliche Anzahl von Unternehmern"* erfüllt.

Fraglich ist aber, ob das Merkmal des Vertriebes gleicher oder verwandter Waren gegeben ist. Der Begriff der Modellautohersteller ist weiter als der Begriff der Hersteller von elektrischen Modellautobahnen. Letztere stellen jedoch einen Ausschnitt aus den Modellautoherstellern dar, so dass von dem Vertrieb gleicher oder verwandter Waren auszugehen ist.

Die Klagebefugnis des V Verbandes kann damit bejaht werden.

Fall 32: Schreibtischlampe

Geschmacksmuster/Geschmacksmuster-Verordnung

Sachverhalt

Ausgangsfall

In seinem Sommerurlaub sieht A in einem Schaufenster in Mailand eine originell gestaltete Schreibtischlampe. Da ihm das außergewöhnliche Design gut gefällt, möchte er Nachbauten davon in Deutschland und beauftragt den Hersteller X mit der Produktion. Eine durchgeführte Recherche hatte ergeben, dass die Lampenform nicht als Geschmacksmuster eingetragen wurde und dass es bislang keine Schreibtischlampen ähnlicher Gestaltung gab. Der Designer D, der die Lampe entworfen hatte und herstellt, vertreibt diese seit Juli 2009 in Italien. Dabei hat er schon über 100.000 Exemplare verkauft.

Kann D den Nachbau und Vertrieb in Deutschland untersagen? Gehen Sie bei der Bearbeitung davon aus, dass die Schreibtischlampe nicht die nach § 2 Abs. 2 UrhG erforderliche Gestaltungshöhe erreicht. Wettbewerbsrechtliche Ansprüche sind nicht zu prüfen.

Abwandlung 1

D lässt dem A eine außergerichtliche Abmahnung zukommen und fordert ihn zur Abgabe einer strafbewehrten Unterlassungserklärung auf. Daraufhin recherchiert A noch einmal etwas gründlicher und findet in einem in England veröffentlichten Design-Bildband aus dem Jahre 1963 die Abbildung einer Lampe, die der von D entwickelten zum Verwechseln ähnlich sieht. Zudem erfährt er, dass nicht D selber, sondern der freie Mitarbeiter M von D die Lampe entworfen hat. A fragt sich nun, wie er auf die Abmahnung reagieren soll.

Abwandlung 2

Wie wäre der Ausgangsfall zu beurteilen, wenn die Lampe bislang noch nicht vermarktet, sondern lediglich auf der jährlich stattfindenden Designmesse in Tokio, die in den europäischen Fachkreisen regelmäßig große Beachtung findet, ausgestellt wurde?

Lösung

I. Anspruch des D gegen A aus Art. 19 Abs. 2 S. 1 GGVO (Ausgangsfall)

In Betracht kommt ein Anspruch des D gegen A aus Art. 19 Abs. 2 S. 1 Gemeinschaftsgeschmacksmuster-Verordnung (GGVO).[39] Nach Art. 19 Abs. 2 S. 1 GGVO kann der Inhaber eines nicht eingetragenen Gemeinschaftsgeschmacksmusters Dritten die Benutzung verbieten, wenn die angefochtene Benutzung das Ergebnis einer Nachahmung des geschützten Musters ist. Untersagt werden kann insbesondere die Herstellung, das Anbieten, das Inverkehrbringen, die Einfuhr, die Ausfuhr oder die Benutzung eines Erzeugnisses, in welches das Muster aufgenommen oder bei dem es verwendet wird, oder der Besitz des Erzeugnisses zu den genannten Zwecken. Aus dem nicht eingetragenen Gemeinschaftsgeschmacksmuster folgt ein Verbietungsanspruch gegen Nachahmungen.[40]

1. Schutzgegenstand

Art. 3a GGVO definiert den Begriff Geschmacksmuster als die Erscheinungsform eines Erzeugnisses oder eines Teils davon, die sich insbesondere aus den Merkmalen der Linien, Konturen, Farben, der Gestalt, Oberflächenstruktur und/oder der Werkstoffe des Erzeugnisses selbst und/oder seiner Verzierung ergibt. Für die Schreibtischlampe kommt somit ein geschmacksmusterrechtlicher Schutz in Betracht. Nach Art. 4 Abs. 1 GGVO wird ein Geschmacksmuster durch ein Gemeinschaftsgeschmacksmuster geschützt, soweit es neu ist und Eigenart hat. Auf ästhetische Gesichtspunkte kommt es dabei nicht an.[41]

a) Neuheit. Ein nicht eingetragenes Gemeinschaftsgeschmacksmuster kann nur dann gemäß Art. 5 Abs. 1a GGVO neu sein, wenn der Öffentlichkeit vor dem Tag, an dem das Geschmacksmuster erstmals der Öffentlichkeit zugänglich gemacht wird, kein identisches Geschmacksmuster zugänglich gemacht worden ist. Nach Art. 7 Abs. 1 GGVO gilt ein Geschmacksmuster als der Öffentlichkeit zugänglich gemacht, wenn es offenbart wurde, es sei denn, dass dies den in der Gemeinschaft tätigen Fachkreisen des betreffenden Wirtschaftszweigs im normalen Geschäftsverlauf nicht bekannt sein konnte.[42] Nach Art. 5

---

[39] Verordnung (EG) Nr. 6/2002 des Rates vom 12. 12. 2001 über das Gemeinschaftsgeschmacksmuster.

[40] Im Gegensatz dazu gewährt das eingetragene europäische Geschmacksmuster ein Ausschließlichkeitsrecht, das nicht nur gegen vorsätzliche Nachahmungen, sondern auch gegen die selbständige Entwicklung ähnlicher Muster schützt. Die Rechte aus einem eingetragenen und einem nichteingetragenen Gemeinschaftsgeschmacksmuster können nebeneinander bestehen und geltend gemacht werden (Eichmann/Kur/*Eichmann* Designrecht, S. 121).

[41] *Schlötelburg* Mitt. 2002, 70, 71; *Bulling* Mitt. 2002, 170, 171.

[42] Da allein der Kenntnishorizont der Fachkreise in der Gemeinschaft maßgeblich ist, hilft es dem Beklagten im Verletzungsprozess nichts, wenn er ein lediglich außerhalb der Gemeinschaft bekanntes Muster findet, dass dem nachgeahmten ähnlich ist, siehe *Schlötelburg* Mitt. 2002, 70, 71.

Abs. 2 GGVO gelten Geschmacksmuster als identisch, wenn sich ihre Merkmale nur in unwesentlichen Einzelheiten unterscheiden. Da die Recherche ergeben hat, dass bislang keine ähnlichen Schreibtischlampen existierten, ist die Lampengestaltung als neu anzusehen.

b) Eigenart. Nach Art. 6 Abs. 1 GGVO hat ein Geschmacksmuster Eigenart, wenn sich der Gesamteindruck, den es beim informierten Benutzer hervorruft, von dem Gesamteindruck unterscheidet, den ein älteres Geschmacksmuster bei diesem Benutzer hervorruft.[43] Für die Prüfung der Eigenart muss das Muster im Wege eines direkten Einzelvergleichs mit einem bestimmten älteren Muster verglichen werden.[44] Das Kriterium der Eigenart weist nicht nur terminologisch Unterschiede zum Erfordernis der Eigentümlichkeit nach bisherigem deutschem Recht auf. Nach der bis zum Jahr 2004 geltenden Rechtslage war Voraussetzung für einen Schutz nach deutschem Geschmacksmusterrecht, dass es sich um ein neues und eigentümliches Erzeugnis handelt. Für die Beurteilung der Eigentümlichkeit einer Gestaltung mussten die ästhetischen Merkmale, die den Gesamteindruck des einzutragenden Musters ausmachten, im Rahmen eines Gesamtvergleiches mit sämtlichen vorbekannten Gestaltungsmerkmalen verglichen werden. Die Eigentümlichkeit einer Gestaltung war ausgeschlossen, wenn der vorbekannte Formenschatz dem einzutragenden Muster bereits so nahe kam, dass ein durchschnittlicher Formgestalter sie durch eine nur handwerksmäßige Fortführung entwickeln konnte.[45] Auch nach neuem deutschem Recht kommt es nicht mehr auf die Eigentümlichkeit, sondern auf die Eigenart an. Diese Veränderung in der Terminologie trägt dem Bestreben Rechnung, dem Geschmacksmusterrecht einen vom Urheberrecht unabhängigen eigenständigen Anwendungsbereich zuzuweisen.[46] Das Kriterium der Eigenart nach Art. 6 GGVO ist weniger streng als das Kriterium der Eigentümlichkeit auszulegen.[47] Es kommt nicht darauf an, dass die Formgebung einen eigenschöpferischen Charakter aufweist. Auch muss die Gestaltung nicht über die Fähigkeiten eines durchschnittlichen Formgestalters hinausgehen.[48] Entscheidend ist vielmehr der Grad an Unterschiedlichkeit, mit dem sich das neue Muster von vorhandenen Gestaltungen abhebt.[49]

2. Schutzdauer

Nach Art. 11 Abs. 1 GGVO beginnt der Schutz des nicht eingetragenen Gemeinschaftsgeschmacksmusters mit dem Tag, an dem es der Öffentlichkeit innerhalb der europäischen

---

[43] Grundsätzlich kann einem Gegenstand sowohl urheberrechtlicher als auch geschmacksmusterrechtlicher Schutz zukommen (OLG Düsseldorf GRUR-RR 2001, 294 – Spannring; Wandtke/Bullinger/*Bullinger* § 2 UrhG Rn. 96; Eichmann/Kur/*Eichmann* Designrecht, S. 130 f.; *Loewenheim* GRUR Int. 2004, 765, 766). Nach traditioneller Auffassung wurde das Geschmacksmusterrecht als Ergänzung des Urheberrechts verstanden, wobei der Unterschied zwischen den Anforderungen an die Gestaltungshöhe lediglich gradueller Natur war (Dreier/Schulze/*Schulze* § 2 UrhG Rn. 177; Schricker/*Loewenheim* § 2 UrhG Rn. 157; *Ohly* ZEuP 2004, 296, 306). Durch einen Verzicht auf ästhetische Beurteilungskriterien sowohl bei der GGVO, als auch bei der Geschmacksmusterrichtlinie wurde das Geschmacksmusterrecht vom Urheberrecht abgekoppelt. Durch das am 1. 6. 2004 in Kraft getretene Geschmacksmustergesetz wurde die Geschmacksmusterrichtlinie umgesetzt (Richtlinie 98/71/EG über den rechtlichen Schutz von Mustern und Modellen). Inzwischen kommt dem Geschmacksmusterrecht eine eigenständige Rolle im Verhältnis zum Urheberrecht zu.

[44] Vgl. *Eichmann* MarkenR 2003, 10, 15; *Koschtial* GRUR Int. 2003, 973, 974.

[45] Vgl. BGH GRUR 1988, 369, 370 – Messergriff.

[46] Vgl. *Kur* GRUR 2002, 661, 662; *Berlit* GRUR 2004, 635, 636.

[47] *Koschtial* GRUR Int. 2003, 973, 976; *Bartenbach/Fock* WRP 2002, 1119, 1121.

[48] Vgl. *Eichmann* MarkenR 2003, 10, 15.

[49] *Kur* GRUR 2002, 661, 665; *Ohly* ZEuP 2004, 296, 302.

v. Welser

Gemeinschaft erstmals zugänglich gemacht wurde. Die Schutzdauer beträgt drei Jahre. Nach Art. 11 Abs. 2 GGVO gilt ein Geschmacksmuster als der Öffentlichkeit innerhalb der europäischen Gemeinschaft zugänglich gemacht, wenn es in solcher Weise bekannt gemacht, ausgestellt oder auf sonstige Weise offenbart wurde, dass dies den in der europäischen Gemeinschaft tätigen Fachkreisen des betreffenden Wirtschaftszweigs im normalen Geschäftsverlauf bekannt sein konnte. Es ist also nicht erforderlich, dass das Muster der Öffentlichkeit in mehreren Mitgliedstaaten zugänglich gemacht wurde. Da die Lampe in Italien in hoher Stückzahl vertrieben wird, ist das Muster in der Europäischen Gemeinschaft geschützt.

3. Nachahmung

Nach Art. 10 Abs. 1 GGVO erstreckt sich der Schutzumfang aus dem Gemeinschaftsgeschmacksmuster auf jedes Geschmacksmuster, das beim informierten Benutzer keinen anderen Gesamteindruck erweckt. Voraussetzung für den Verbietungsanspruch ist das Vorliegen einer Nachahmung. Ob eine Nachahmung vorliegt, wird im Wege der direkten Gegenüberstellung ermittelt.[50] Nach Art. 19 Abs. 2 S. 2 GGVO wird die angefochtene Benutzung nicht als Ergebnis einer Nachahmung des geschützten Geschmacksmusters betrachtet, wenn sie das Ergebnis eines selbständigen Entwurfs eines Designers ist, von dem berechtigterweise angenommen werden kann, dass er das von dem Inhaber offenbarte Muster nicht kannte. Die Beweislast hierfür liegt beim Beklagten. Hier hatte A positive Kenntnis. Die Lampe des D diente ihm unmittelbar als Vorlage. Eine Nachahmung liegt somit vor.

4. Aktivlegitimation

Nach Art. 14 Abs. 1 GGVO steht dem Entwerfer das Recht auf das Gemeinschaftsgeschmacksmuster zu. D ist somit aktivlegitimiert.

5. Erstbegehungsgefahr

Die Erstbegehungsgefahr ist nicht ausdrücklich als Voraussetzung des Anspruchs aus Art. 19 Abs. 2 S. 1 GGVO genannt. Nach Art. 88 Abs. 2 GGVO wenden die Gemeinschaftsgeschmacksmustergerichte in allen Fragen, die nicht durch die GGVO erfasst werden, ihr nationales Recht an.[51] Diese Vorschrift ist Art. 97 GMVO (Gemeinschaftsmarkenverordnung) nachgebildet. Art. 81a) GGVO zeigt, dass die Voraussetzungen des Unterlassungsanspruches teilweise nach nationalem Recht zu bestimmen sind. Nach Art. 81a) GGVO sind die Gemeinschaftsgeschmacksmustergerichte ausschließlich zuständig für Klagen wegen Verletzung und – falls das nationale Recht dies zulässt – wegen drohender Verletzung eines Gemeinschaftsgeschmacksmusters. Ob eine Erstbegehungsgefahr für die vorbeugende Unterlassungsklage erforderlich ist, richtet sich nach nationalem Recht.[52] Nach deutschem Recht ist Voraussetzung eines Unterlassungsanspruches, dass entweder eine Erstbegehungsgefahr oder eine Wiederholungsgefahr vorliegt. Eine Erstbegehungsgefahr liegt vor, wenn die konkrete Gefahr einer bevorstehenden erstmaligen Rechtsverletzung

---

[50] *Eichmann* MarkenR 2003, 10, 20.

[51] Eine Definition der Gemeinschaftsgeschmacksmustergerichte enthält Art. 80 Abs. 1 GGVO. Danach müssen die Mitgliedstaaten für ihr Gebiet Gerichte erster und zweiter Instanz benennen, die die ihnen durch die GGVO zugewiesenen Aufgaben wahrnehmen.

[52] Vgl. Eisenführ/Schennen/*Eisenführ* Art. 97 GMVO Rn. 7.

droht oder wenn der Passivlegitimierte für sich in Anspruch nimmt, zu dem beanstandeten Verhalten berechtigt zu sein.[53] Eine Erstbegehungsgefahr liegt hier vor.

II. Ergebnis

D hat gegen A einen durchsetzbaren Unterlassungsanspruch aus Art. 19 Abs. 2 S. 1 GGVO.

Abwandlung 1

I. Zurückweisung der Abmahnung

Da es an der Neuheit und Eigenart fehlt, wird A keine Unterlassungserklärung abgeben, sondern dem D mitteilen, dass dessen Lampe nicht den Erfordernissen des Geschmacksmusterrechts genügt. Zudem bestehen Zweifel an der Aktivlegitimation des D, da M und nicht D die Lampe entworfen hat. Zwar sieht Art. 14 Abs. 3 GGVO vor, dass das Recht auf das Gemeinschaftsgeschmacksmuster dem Arbeitgeber zusteht, wenn ein Geschmacksmuster von einem Arbeitnehmer in Ausübung seiner Aufgaben oder nach den Weisungen seines Arbeitgebers entworfen wird. Diese Vorschrift ist allerdings eng auszulegen.[54] Sie erfasst keine freien Mitarbeiter. Die ausdrückliche Erwähnung des Rechtsnachfolgers in Art. 14 Abs. 1 GGVO macht zwar deutlich, dass eine rechtsgeschäftliche Übertragung möglich ist.[55] Ob eine solche hier vorlag, ergibt sich allerdings aus dem Sachverhalt nicht. Die unberechtigte Abmahnung greift in das Recht am eingerichteten und ausgeübten Gewerbebetrieb des A ein und behindert diesen unzulässig.[56] A hat daher entsprechende Abwehrrechte aus § 823 Abs. 1 BGB sowie aus §§ 8, 3, 4 Nr. 10 UWG.

II. Einreichung einer Schutzschrift

Sicherheitshalber könnte A eine Schutzschrift bei den in Betracht kommenden Gerichten hinterlegen. In einer Schutzschrift wird zu einem erwarteten Antrag auf Erlass einer einstweiligen Verfügung Stellung genommen.[57] Nach Art. 85 Abs. 2 S. 1 GGVO müssen die zuständigen Gerichte im Rahmen einer Verletzungsklage von der Rechtsgültigkeit des Gemeinschaftsgeschmacksmusters ausgehen, wenn der Rechtsinhaber Beweis für das Vorliegen der Voraussetzungen von Art. 11 GGVO erbringt und angibt, inwiefern sein Geschmacksmuster Eigenart aufweist. Im Gegensatz zum eingetragenen Gemeinschaftsgeschmacksmusters wird insoweit die Rechtsgültigkeit nicht vermutet.[58] Beweist der Rechtsinhaber das Vorliegen der in Art. 11 GGVO genannten Voraussetzungen, so kann die Rechtsgültigkeit des Musters im Verletzungsprozess nach Art. 85 Abs. 2 S. 2 GGVO mit einer Widerklage auf Erklärung der Nichtigkeit bestritten werden. Ob die mangelnde

---

[53] Vgl. Eichmann/v. Falckenstein/*Eichmann* § 14a GeschmMG a. F. Rn. 7; *Nirk/Kurtze* § 14a GeschmMG a. F. Rn. 51.

[54] EuGH Urteil vom 2. Juli 2009, C-32/08, Rn. 51 – FEIA.

[55] EuGH Urteil vom 2. Juli 2009, C-32/08, Rn. 79 – FEIA.

[56] Zu den Folgen der unbegründeten Schutzrechtsverwarnung vgl. *v. Welser* Durchsetzung von Ansprüchen im Bereich des geistigen Eigentums, in Wandtke (Hrsg.) Praxishandbuch Medienrecht, S. 241 f.; eingehend Fall 47: Vermeintlicher Nachbau.

[57] Wandtke/Bullinger/*Kefferpütz* Vor §§ 97 ff. UrhG Rn. 9; *Teplitzky* Kapitel 55 Rn. 52 ff.

[58] OLG Hamburg, Urteil vom 23. April 2008, 5 U 101/07, BeckRS 2009 08346.

Schutzfähigkeit daneben auch als Einrede geltend gemacht werden kann, ist umstritten.[59] Dafür spricht, dass die Übersetzungen der GGVO in anderen Amtssprachen eine solche Einrede ausdrücklich vorsehen.[60]

Die Frage, ob der Nichtigkeitseinwand im Hauptsacheverfahren erfolgreich geltend gemacht werden kann, muss hier nicht entschieden werden. Nach Art. 90 Abs. 1 GGVO können bei den Gerichten eines Mitgliedstaats in Bezug auf ein Gemeinschaftsgeschmacksmuster alle einstweiligen Maßnahmen beantragt werden, die in dem Recht dieses Staates für nationale Musterrechte vorgesehen sind. Nach Art. 90 Abs. 2 S. 1 GGVO ist in Verfahren betreffend einstweilige Maßnahmen einschließlich Sicherungsmaßnahmen der nicht im Wege der Widerklage erhobene Einwand der Nichtigkeit des Gemeinschaftsgeschmacksmusters zulässig. Im Verfügungsverfahren kann die mangelnde Schutzfähigkeit demnach als Einrede geltend gemacht werden.[61] Da Art. 90 Abs. 2 S. 2 GGVO auf Art. 85 Abs. 2 GGVO verweist, gilt auch hier die Vermutung der Rechtsgültigkeit, wenn der (vermeintliche) Rechtsinhaber Beweis für das Vorliegen der Voraussetzungen von Art. 11 GGVO erbringt und angibt, inwiefern sein Geschmacksmuster Eigenart aufweist. Die Vermutung lässt sich jedoch durch die Einreichung einer Abbildung der älteren Lampe in der Schutzschrift widerlegen.

Abwandlung 2

Art. 11 Abs. 1 GGVO bestimmt, dass ein nicht eingetragenes Gemeinschaftsgeschmacksmuster für eine Frist von drei Jahren geschützt wird, beginnend mit dem Tag, an dem es der Öffentlichkeit innerhalb der Gemeinschaft erstmals zugänglich gemacht wurde, wenn es die Voraussetzung der Artikel 3–9 GGVO erfüllt. Nach Art. 11 Abs. 2 S. 1 GGVO gilt ein Geschmacksmuster als der Öffentlichkeit innerhalb der Gemeinschaft zugänglich gemacht i. S. d. Art. 11 Abs. 1 GGVO, wenn es in solcher Weise bekannt gemacht, ausgestellt, im Verkehr verwendet oder auf sonstige Weise offenbart wurde, dass dies den in der Gemeinschaft tätigen Fachkreisen des betreffenden Wirtschaftszweigs im normalen Geschäftsverlauf bekannt sein konnte.

Art. 11 Abs. 2 S. 1 GGVO ließe sich dergestalt verstehen, dass es ausreicht, wenn ein Muster auf eine Weise offenbart wurde, dass dies den in der Gemeinschaft tätigen Fachkreisen des betreffenden Wirtschaftszweigs im normalen Geschäftsverlauf bekannt sein konnte, um ein öffentliches Zugänglichmachen innerhalb der Gemeinschaft zu fingieren. In der Literatur wurde diese Auslegung unter Hinweis darauf befürwortet, dass auch im Urheberrecht ein Schutz für nicht innerhalb der Gemeinschaft geschaffene Werke gewährt wird.[62] Das Ausstellen auf der Messe in Tokio würde nach diesem Verständnis ausreichen. Der Hinweis auf die Situation im Urheberrecht ist indes wenig überzeugend. Denn im Urheberrecht kommt es weniger darauf an, wo das Werk geschaffen wurde, als vielmehr darauf, wo es erschienen ist. § 120 UrhG schützt nur Deutsche sowie EG- und EWR-Angehörige unabhängig vom Erscheinungsort ihrer Werke. Ausländern aus Drittstaaten

---

[59] Dafür *Schönbohm* GRUR 2004, 41; *Ruhl* Art. 85 GGVO Rn. 16; *Bulling/Langöhrig/Hellwig* 2. Auflage, 2006, Geschmacksmuster, Rn. 524; Eichmann/Kur/*Eichmann* Designrecht, S. 126; dagegen *Eichmann* MarkenR 2003, 10, 12; *Schlötelburg* Mitt. 2002, 70, 72.

[60] In der englischen Version lautet Art. 85 Abs. 2 S. 2 GGVO: However, the defendant may contest its validity by way of plea or with a counterclaim for a declaration of invalidity.

[61] *Ruhl* Art. 90 GGVO Rn. 12; Eichmann/Kur/*Eichmann* Designrecht, S. 127.

[62] *Bulling* Mitt. 2002, 170, 173; *Rother* FS Eisenführ 2003 S. 85, 91.

gewährt § 121 Abs. 1 UrhG nur dann Schutz, wenn ihr Werk in Deutschland erstmals oder innerhalb von 30 Tagen nach dem erstmaligen Erscheinen im Ausland erschienen ist. Diese Regelung soll ausländischen Staatsangehörigen einen Anreiz bieten, ihre Werke in Deutschland erscheinen zu lassen.[63] Unter den gleichen Bedingungen schützt auch die Revidierte Berner Übereinkunft (RBÜ) solche Urheber, die keinem Verbandsland angehören.[64] Dies spricht für die Auslegung, dass Art. 11 Abs. 2 S. 1 GGVO eine im Verhältnis zu Art. 11 Abs. 1 GGVO zusätzliche Anforderung an den Schutz stellt.[65] Durch die mit Wirkung vom 1. Mai 2004 eingefügte Vorschrift in Art. 110a Abs. 5 Satz 21 GGVO hat der Gemeinschaftsgesetzgeber inzwischen Klarheit geschaffen.[66] Nach Art. 110a Abs. 5 Satz 21 GGVO genießt ein Geschmacksmuster, das nicht in der Gemeinschaft öffentlich zugänglich gemacht wurde gemäß Artikel 11 GGVO keinen Schutz als nicht eingetragenes Gemeinschaftsgeschmacksmuster. Ein Ausstellen des Musters außerhalb der Gemeinschaft reicht deshalb nicht aus.[67] D hat keinen Geschmacksmusterschutz erworben.

Fall 33: Zwangslizenzen

Kartellrecht

Sachverhalt

Die A-GmbH stellt Marktberichte über regionale Verkaufsdaten von Arzneimitteln her und verkauft diese an die Pharmaindustrie. Diese Berichte sind entsprechend einer Bausteinstruktur aufgebaut. Diese Bausteinstruktur unterteilt das Gebiet der Bundesrepublik Deutschland in 1860 Segmente und beruht unter anderem auf dem Postleitzahlensystem und statistischen Erhebungen über die Einwohnerzahlen, wobei aus datenschutzrechtlichen Gründen in jedem Segment eine Mindestzahl von Apotheken zusammengefasst wurde. Die A-GmbH kauft Rohdaten von Großhändlern, die sie entsprechend der Bausteinstruktur formatiert und an die pharmazeutische Industrie weiterverkauft. Diese regionalen Verkaufsdaten dienen der pharmazeutischen Industrie u. a. dazu, die Vergütung für ihr Verkaufspersonal festzulegen. Die pharmazeutische Industrie arbeitet seit langer Zeit mit der von der A-GmbH entwickelten Bausteinstruktur und handhabt auch intern ihre Abrechnung und Vergütung entsprechend dieser Struktur. Die Bausteinstruktur hat sich zu einem De-facto-Standard entwickelt. Die A-GmbH hat einen Marktanteil von über 60 % auf dem Markt für regionale pharmazeutische Verkaufsdaten in Deutschland. Da sich der Verkauf der regionalen Vermarktungsberichte als sehr lukrativ erwiesen hat, möchte auch die B-AG an diesem Geschäft partizipieren. Sie bietet deshalb zunächst Berichte an, in denen das Gebiet der Bundesrepublik Deutschland in 1400 Segmente aufgeteilt ist. Mangels

---

[63] Vgl. BGHZ 95, 229, 234 f. – Puccini I.

[64] Vgl. Wandtke/Bullinger/*v. Welser* § 121 UrhG Rn. 9.

[65] Ebenso *Massa/Strowel* EIPR 2003, 68, 74.

[66] BGH GRUR 2009, 79, 81 Tz. 18 – Gebäckpresse

[67] BGH GRUR 2009, 79, 81 Tz. 16-19 – Gebäckpresse; *Bulling/Langöhrig/Hellwig* Rn. 108; Eichmann/Kur/*Eichmann* Designrecht, S. 123; *Ruhl* Art. 11 GGVO Rn. 15; *Büscher/Dittmer/Schiwy/Auler* Art. 11 GGV Rn. 5; *Gottschalk/Gottschalk* GRUR Int. 2006, 461, 464; *Folliard-Monguiral/Rogers* EIPR 2004, 48, 57; dagegen *Oldekop* WRP 2006, 801, 805.

Nachfrage nach diesen Berichten geht die B-AG später dazu über, ebenfalls Marktberichte mit der Bausteinstruktur 1860 anzubieten. Eine Erlaubnis hierzu hatte die A-GmbH der B-AG auf deren Nachfrage nicht erteilt. Als die A-GmbH der B-AG die Verwendung der Bausteinstruktur mit einer einstweiligen Verfügung untersagen lässt, möchte die B-AG wissen, ob sich aus europäischem Kartellrecht ein Anspruch auf Lizenzerteilung gegen die A-GmbH ergibt.[68]

Gehen Sie bei der Bearbeitung davon aus, dass die Bausteinstruktur als Datenbankwerk nach § 4 Abs. 2 UrhG geschützt ist und dass die A-GmbH Inhaberin der entsprechenden Nutzungsrechte ist.[69]

Lösung

I. Missbrauch einer marktbeherrschenden Stellung nach Art. 82 EG

Die Lizenzverweigerung könnte als Missbrauch einer marktbeherrschenden Stellung gegen Art. 82 EG verstoßen. Das europäische Kartellrecht ist auf die Ausübung mitgliedstaatlicher Schutzrechte anwendbar. Dem steht auch Art. 295 EG nicht entgegen, der vorsieht, dass der EG-Vertrag die Eigentumsordnung in den verschiedenen Mitgliedstaaten unberührt lässt. Die Tatsache, dass der Datenbankschutz nach § 4 Abs. 2 UrhG auf Art. 3 Abs. 1 der europäischen Datenbank-Richtlinie beruht, spricht hier zusätzlich dagegen, Art. 295 EG bei der Lösung des Falles besondere Bedeutung beizumessen.[70] Art. 82 EG verbietet die missbräuchliche Ausnutzung einer beherrschenden Stellung auf dem gemeinsamen Markt oder einem wesentlichen Teil desselben durch ein Unternehmen, soweit dies dazu führen kann, den Handel zwischen den Mitgliedstaaten zu beeinträchtigen. Nach Art. 82 Abs. 2 lit. b) EG kann ein solcher Missbrauch insbesondere in der Einschränkung der Erzeugung, des Absatzes oder der technischen Entwicklung zum Nachteil der Verbraucher bestehen. Diese Vorschrift erfasst insbesondere Fälle, in denen sich ein marktbeherrschendes Unternehmen weigert, mit einem anderen Unternehmen einen Vertrag abzuschließen, um auf einem benachbarten Markt jeglichen Wettbewerb auszuschließen.[71] Art. 7 Abs. 1 der VO 1/2003 (Durchführungsverordnung zu den Art. 81 und 82 EG) gibt der Europäischen Kommission die Befugnis, die beteiligten Unternehmen durch Entscheidung zu verpflichten, festgestellte Zuwiderhandlungen abzustellen.[72] Die Verpflichtung kann auch in der Vornahme einer Handlung bestehen.[73] In dringenden Fällen können nach Art. 8 Abs. 1 VO 1/2003 einstweilige Maßnahmen angeordnet werden.

---

[68] Zur Beurteilung einer Lizenzverweigerung nach deutschem Kartellrecht vgl. BGH GRUR 2009, 694, 696 Tz. 27 ff. – Orange-Book-Standard.

[69] In dem diesem Übungsfall zugrundeliegenden Originalfall war die Inhaberschaft an den Nutzungsrechten indes zweifelhaft, vgl. OLG Frankfurt MMR 2003, 45 – IMS; anders noch im Verfügungsverfahren: OLG Frankfurt MMR 2002, 687 – IMS.

[70] Zum Verhältnis von Datenbankrecht und Kartellrecht siehe auch österreichischer OGH GRUR Int. 2004, 66 ff. – EDV-Firmenbuch I und französischer Cour de Cassation GRUR Int. 2003, 867 ff. – France Télécom.

[71] Vgl. EuGH GRUR Int. 1986, 191, 193 – Telemarketing.

[72] Die Durchführungsverordnung 1/2003 (ABl. EG 2003 L1, 1-25) ist am 1. 5. 2004 in Kraft getreten und löste die VO 17/1962 ab, *Hossenfelder/Lutz* WuW 2003, 118.

[73] Vgl. EuGH GRUR Int. 1995, 490, 496 – Magill TV Guide; *Graf v. Merveldt* WuW 2004, 19 ff.; *Dieckmann* in: Wiedemann § 45 Rn. 43.

1. Marktbeherrschende Stellung

Zwischen der Definition des relevanten Marktes und der Feststellung einer beherrschenden Stellung auf demselben besteht eine Wechselwirkung. Je enger der Markt definiert wird, desto eher wird eine beherrschende Stellung vorliegen.[74] Schutzrechte des geistigen Eigentums können sich als Marktzutrittshindernis auswirken und zu einer beherrschenden Stellung führen.[75]

a) Relevanter Markt. Der sachlich relevante Markt umfasst sämtliche Produkte oder Dienstleistungen, die hinsichtlich ihrer Eigenschaften, Preise und ihres vorgesehenen Verwendungszwecks als austauschbar oder substituierbar angesehen werden können.[76] Ein bestimmtes Gebiet bildet räumlich einen eigenen Markt, wenn die Wettbewerbsbedingungen in dem Gebiet hinreichend homogen sind und sich das Gebiet von benachbarten Gebieten durch spürbar unterschiedliche Wettbewerbsbedingungen unterscheidet.[77] Der Markt für regionale pharmazeutische Verkaufsdaten in Deutschland stellt sachlich und räumlich einen eigenständigen Markt dar.[78]

b) Beherrschende Stellung. Eine beherrschende Stellung ist eine wirtschaftliche Machtstellung, die es einem Unternehmen ermöglicht, eine im Verhältnis zu den anderen Marktteilnehmern unabhängige Strategie zu verfolgen.[79] Gewerbliche Schutzrechte und Urheberrechte gewähren ihrem Inhaber ein Ausschließlichkeitsrecht. Dieses gesetzliche Ausschließlichkeitsrecht ist allerdings nicht mit einer marktbeherrschenden Stellung im Sinne des Kartellrechts gleichzusetzen.[80] Ein Marktanteil von über 60 % indiziert hier aber das Vorliegen einer marktbeherrschenden Stellung.[81] Auch die Tatsache, dass die Bausteinstruktur der A-GmbH einen De-facto-Standard darstellt, spricht für eine beherrschende Stellung.[82]

2. Missbrauch

a) Grundsätzliche Zulässigkeit der Lizenzverweigerung. Art. 82 EG enthält eine nicht abschließende Aufzählung von Regelbeispielen, aber keine Definition des Missbrauchs. Als missbräuchliches Verhalten kommt die Verweigerung einer Lizenzerteilung in Betracht. Grundsätzlich kann die Weigerung, einem Konkurrenten eine Lizenz für die

---

[74] Vgl. *Anderman* EC Competition Law and Intellectual Property Rights, London 1998, 159; *Hilty* GRUR 2009, 633, 638.

[75] Vgl. *Tritton* 826 ff.; *Anderman* EC Competition Law and Intellectual Property Rights, London 1998, 172 ff.

[76] Vgl. Bekanntmachung der Kommission über die Definition des relevanten Marktes im Sinne des Wettbewerbsrechts der Gemeinschaft, ABl. EG 1997 C 372, 5–13; Langen/Bunte/*Dirksen* Art. 82 EG Rn. 19.

[77] *Emmerich* 428.

[78] Vgl. Entscheidung der Kommission in der Sache NDC/IMS (ABl. EG 2002 L 59/18-49 Abs. 51).

[79] *Emmerich* 430 f.

[80] EuGH GRUR Int. 1971, 450, 454 – Polydor; Langen/Bunte/*Dirksen* Art. 82 EG Rn. 41; *Anderman* EC Competition Law and Intellectual Property Rights, London 1998, 169; *Weck* NJOZ 2009, 1177.

[81] Vgl. EuGH Slg. 1991, I 3359 ff. – AKZO; Langen/Bunte/*Dirksen* Art. 82 EG Rn. 48; *Emmerich* 433.

[82] Zur Behandlung von Standards, die das Ergebnis von Vereinbarungen verschiedener Unternehmen sind, siehe Leitlinien der Kommission zur Anwendbarkeit von Artikel 81 EG auf Vereinbarungen über horizontale Zusammenarbeit, ABl. EG 2001 C 3 S. 2, 24 ff.

Nutzung eines Schutzrechtes zu erteilen, für sich allein noch nicht als missbräuchlich eingestuft werden.[83] Der EuGH weist darauf hin, dass die Weigerung, eine Lizenz zu erteilen, „als solche" noch nicht missbräuchlich ist.[84] Denn die Möglichkeit, Dritte an der Nutzung eines geschützten Erzeugnisses zu hindern, stellt gerade das Wesen eines Ausschließlichkeitsrechtes dar. Hierfür spricht auch die Regelung in Art. 30 EG. Nach Art. 30 EG stehen die Bestimmungen der Art. 28 und 29 EG (Verbot mengenmäßiger Ein- und Ausfuhrbeschränkungen sowie aller Maßnahmen gleicher Wirkung) solchen Einfuhr-, Ausfuhr- und Durchfuhrverboten oder -beschränkungen nicht entgegen, die aus Gründen der des gewerblichen und kommerziellen Eigentums gerechtfertigt sind. Hierzu zählt auch das Urheberrecht.[85] Art. 30 EG gilt auch für die europäischen Wettbewerbsregeln.[86]

b) Vorliegen außergewöhnlicher Umstände

Der EuGH geht davon aus, dass die Ausübung eines ausschließlichen Rechtes unter „außergewöhnlichen Umständen" ein missbräuchliches Verhalten darstellen kann.[87] In der Magill-Entscheidung hat der EuGH die Weigerung mehrerer nordirischer Sendeunternehmen, Lizenzen an den nach irischem und britischem Recht geschützten Programminformationen zu erteilen, als missbräuchlich beurteilt. Die Sendeunternehmen gaben jeweils eigene wöchentliche Programmzeitschriften heraus. Eine umfassende wöchentliche Programmübersicht für alle Sender gab es nicht. Der EuGH benannte in dieser Leitentscheidung drei Kriterien nach denen das Vorliegen eines missbräuchlichen Verhaltens beurteilt werden sollte.[88] Erstens waren die Programminformationen unentbehrlich für die Herstellung des neuen Erzeugnisses, da kein tatsächlicher oder potentieller Ersatz vorhanden war. Zweitens fehlte es an einem Rechtfertigungsgrund für die Weigerung und drittens behielten sich die Rundfunkunternehmen den abgeleiteten Markt für wöchentliche Fernsehprogrammführer vor, indem sie jeden Wettbewerb auf diesem Markt ausschlossen.

In der Literatur ist umstritten, ob materielle und immaterielle Güter im Hinblick auf Art. 82 EG gleich zu behandeln sind.[89] Der EuGH ließ diese Frage in der Bronner-Entscheidung offen, ließ aber erkennen, dass eine solche Gleichbehandlung keineswegs selbstverständlich ist.[90] In der Bronner-Entscheidung hat der EuGH die Weigerung eines Presseunternehmens, einen Konkurrenten in ein Hauszustellungssystem für Zeitungen aufzunehmen, als rechtmäßig angesehen.[91] Dabei wiederholte der EuGH zunächst

---

[83] Schröter/Jakob/Mederer/*Schröter* Art. 82 EG Rn. 261; Langen/Bunte/*Dirksen* Art. 82 EG Rn. 176; *de Bronett* in: Wiedemann § 22 Rn. 47.

[84] EuGH GRUR Int. 1990, 140, 141 – Renault; EuGH GRUR Int. 1990, 141, 142 – Volvo.

[85] Vgl. EuGH GRUR Int. 1971, 450 – Polydor; *v. Welser* JA 2002, 889.

[86] Immenga/Mestmäcker/*Möschel* Art. 86 EGV a. F. Rn. 238; Wandtke/Bullinger/*v. Welser* Vor §§ 120 ff. UrhG Rn. 46; *Arlt* GRUR 2005, 1003, 1007.

[87] EuGH GRUR Int. 1995, 490, 493, Rn. 50 – Magill TV Guide; EuGH WRP 2004, 717 ff., Rn. 35 – IMS.

[88] EuGH GRUR Int. 1995, 490, 493, Rn. 52–56 – Magill TV Guide.

[89] Für eine solche Gleichbehandlung *Eilmansberger* EWS 2003, 12, 15; dagegen *Casper* ZHR 2002, 685, 695.

[90] EuGH GRUR Int. 1999, 262, 265, Rn. 41 – Bronner.

[91] Die Bronner-Entscheidung wird als Anwendungsfall der „essential facility doctrine" genannt, obwohl der EuGH diesen Begriff nicht gebraucht hat. Die aus dem U.S. amerikanischen Recht stammende „essential facility doctrine" beschäftigt sich mit dem Zugang zu Infrastruktureinrichtungen. Entwickelt wurde die „essential facility doctrine" Anfang des zwanzigsten Jahrhunderts in einem

die Kriterien aus der Magill-Entscheidung.[92] Die Verweigerung des Zugangs zu dem Hauszustellungssystem sei nur dann missbräuchlich, wenn die Verweigerung der in der Hauszustellung liegenden Dienstleistung zum einen geeignet wäre, jeglichen Wettbewerb auf dem Tageszeitungsmarkt auszuschalten und nicht objektiv zu rechtfertigen wäre und zum anderen die Dienstleistung selbst für die Ausübung der Tätigkeit des Wettbewerbers in dem Sinne unentbehrlich wäre, dass kein tatsächlicher oder potentieller Ersatz für das Hauszustellungssystem bestehe.[93]

In der IMS-Entscheidung stellte der EuGH fest, dass drei Kriterien kumulativ erfüllt sein müssen, um die Verweigerung des Zugangs zu einem für eine bestimmte Tätigkeit unerlässlichen Erzeugnis als missbräuchlich zu beurteilen.[94] Die Weigerung muss das Auftreten eines neuen Erzeugnisses, nach dem eine potenzielle Nachfrage der Verbraucher besteht, verhindern (1), sie darf nicht gerechtfertigt sein (2) und sie muss geeignet sein, jeglichen Wettbewerb auf einem abgeleiteten Markt auszuschließen (3).

aa) Erfordernis zweier Märkte. In dem der Magill-Entscheidung zugrundeliegenden Sachverhalt nutzen die Sendeunternehmen ihre beherrschende Stellung auf dem vorgelagerten Markt für Sendeleistungen, um sich den nachgelagerten Markt für wöchentliche Programmvorschauen vorzubehalten. Für die Anwendung des Art. 82 EG auf Fälle verweigerter Lizenzen wird deshalb das Vorliegen zweier Märkte als erforderlich angesehen.[95] Im hier zu beurteilenden Fall könnte man am Vorliegen zweier Märkte zweifeln.[96] Indes kommt es weniger darauf an, ob das Erzeugnis, für dessen Nutzung eine Lizenz begehrt wird, gesondert vermarktet wird, als vielmehr darauf, dass ein solcher Markt abstrakt bestimmt werden kann.[97] Anderenfalls könnte gerade die Lizenzverweigerung durch den Schutzrechtsinhaber dazu führen, die Anwendungsvoraussetzung des Art. 82 EG zu verneinen.[98] In der IMS-Entscheidung hielt es der EuGH für entscheidend, dass zwei verschiedene Produktionsstufen unterschieden werden können, die dadurch miteinander verbunden sind, dass das vorgelagerte Erzeugnis ein für die Lieferung des nachgelagerten Erzeugnisses unerlässliches Element ist.[99] Ob eine Lizenz an der Struktur unerlässlich ist, richtet sich u. a. danach, welchen Umstellungsaufwand potenzielle Kunden bei Wechsel zu einer alternativen Struktur hätten.[100] Hohe Umstellkosten erschweren den Wechsel und können zu einem sogenannten „Lock-in-Effekt" führen.[101] Auch wenn die A-GmbH bislang keine Lizenzen erteilt hat, so kann der Markt für Lizenzen an dem Datenbankwerk doch von dem Markt für den Verkauf von Marktberichten abgegrenzt werden.

Fall, in dem Eisenbahngesellschaften ihren Konkurrenten die Nutzung einer Einsenbahnbrücke verweigerten (*Areeda* Antitrust Law Journal 1990, 841 ff.).

[92] EuGH GRUR Int. 1999, 262, 265 (Rn. 40) – Bronner; hierzu *Korah* Antitrust Law Journal 2002, 801, 814.

[93] EuGH GRUR Int. 1999, 262, 265 (Rn. 41) – Bronner.

[94] EuGH WRP 2004, 717 ff., Rn. 38 – IMS; vgl. *Heinemann* GRUR 2008, 949, 951.

[95] *Lober* GRUR Int. 2002, 7, 11.

[96] Vgl. *Casper* ZHR 2002, 685, 698 ff.; *Schwarze* EuZW 2002, 75, 80 f.; *Lober* GRUR Int. 2002, 7, 11 f.; *Wirtz/Holzhäuser* WRP 2004, 683, 689.

[97] EuGH Urteil vom 29. 4. 2004, Rechtssache C-418/01 (Rn. 44) – IMS/NDC; EuGH (Generalanwalt) WuW/E EU-R 708, 711 f. (Rn. 55–59) – IMS/NDC; *Eilmansberger* EWS 2003, 12, 22.

[98] Vgl. *Eilmansberger* EWS 2003, 12, 16.

[99] EuGH WRP 2004, 717 (Rn. 45) – IMS/NDC.

[100] Vgl. EuGH WRP 2004, 717 (Rn. 28–30) – IMS/NDC.

[101] Eingehend *Patterson* Berkeley Technology Law Journal 2002, 1043, 1077; *Lemley* Connecticut Law Review 1996, 1041, 1050

bb) Herstellung eines neuen Produktes. Nach Auffassung der Europäischen Kommission und Teilen der Literatur soll es nicht darauf ankommen, dass durch die Lizenzverweigerung die Entstehung eines neuen Erzeugnisses verhindert wird.[102] Demgegenüber hat der EuGH in der IMS-Entscheidung am Erfordernis eines neuen Produktes festgehalten.[103] Das Neuheitserfordernis beruht auf der Erwägung, dass die Interessen des Schutzrechtsinhabers am Schutz seiner wirtschaftlichen Handlungsfreiheit nur dann hinter die Interessen des Konkurrenten am Schutz des freien Wettbewerbs zurückzutreten haben, wenn die Lizenzverweigerung die Entwicklung des Marktes zum Nachteil der Verbraucher verhindert und damit die Verbraucherinteressen zusätzlich für eine Zwangslizenz sprechen. Die Neuheit des Konkurrenzproduktes ist also weiterhin eine wesentliche Voraussetzung für die Beurteilung einer Lizenzverweigerung als rechtsmissbräuchlich. Auch in der Microsoft-Entscheidung des EuG wurde die Verhinderung eines neuen Produkts als Kriterium gefordert.[104]

Wendet man dieses Kriterium auf den vorliegenden Fall an, so scheidet ein missbräuchliches Verhalten aus. Denn die B-AG will sich laut Sachverhalt darauf beschränken, das gleiche Produkt wie die A-GmbH zu vermarkten.

II. Ergebnis

Die Verweigerung der Lizenzerteilung durch die A-GmbH verstößt nicht gegen Art. 82 EG.

---

[102] Vgl. Entscheidung der Kommission in der Sache NDC/IMS (ABl. EG 2002 L 59/18-49 Rn. 70); *Casper* ZHR 2002, 685, 701; *Stothers* EIPR 2002, 86, 88; *Markert* WuW 1995, 560, 564.

[103] EuGH WRP 2004, 717, Rn. 48 – IMS; vgl. *Ensthaler/Bock* GRUR 2009, 1, 3.

[104] EuG, Urteil vom 17. September 2007, T-201/04 – Microsoft; *Heinemann* GRUR 2008, 949, 952; *de Bonnet* in Wiedemann § 22 Rn. 48.

VIII. Teil. Recht der öffentlichen Wort- und Bildberichterstattung

Fall 34: Die nackte Moderatorin

KUG/Bildnisschutz

Sachverhalt

Die 23jährige A ist Gelegenheitsschauspielerin und Moderatorin der monatlich ausgestrahlten Fernsehsendung „Megacharts" eines Musikkanals. Mit ihrem Einverständnis sind in der August-Ausgabe 2008 der Männerzeitschrift „Playmax" ganzseitige Fotos veröffentlicht worden, die sie nackt auf einem palmenumsäumten Strand zeigten.

Einige Monate danach gab die A der im Verlag V erscheinenden Zeitschrift „Hipgirls" ein Interview, in dem sie unter anderem zum ersten Mal ausführlich auf ihre neue Beziehung zum Barkeeper B einging. Das Interview wurde Anfang 2009 in „Hipgirls" veröffentlicht. Dabei wurden neben Portraitfotos der A, die anlässlich des Interviews mit ihrem Einverständnis angefertigt worden waren, auch zwei Fotos von A und B gebracht, die ein von „Hipgirls" beauftragter Fotograf heimlich auf einem belebten Strand in Spanien gemacht hatte. Das eine Foto zeigt die beiden bei einem Strandspaziergang, wobei der Oberkörper der A entblößt ist. Das andere Foto zeigt beide bekleidet auf der Terrasse eines Strandcafés.

Als A von der Veröffentlichung der Strandfotos erfährt, ist sie empört. Auf ihren Protest hin verspricht V schriftlich, die Strandfotos in Zukunft nicht mehr zu publizieren. Dies genügt A indes nicht, sie will nun von Rechtsanwalt R wissen, welche Ansprüche ihr gegen den Verlag von „Hipgirls" zustehen.

Lösung[1]

I. Ansprüche der A gegen V auf Unterlassung

A könnte gegen V gemäß §§ 1004, 823 Abs. 1 bzw. Abs. 2 BGB i. V. m. § 22 KUG einen Anspruch auf Unterlassung der erneuten Veröffentlichung der Strandfotos haben. § 1004 BGB schützt zwar unmittelbar nur das Eigentum, wird aber von der Rechtsprechung bei der Verletzung absoluter Rechte wie dem allgemeinen Persönlichkeitsrecht und dem Recht am eigenen Bild entsprechend angewandt.[2]

---

[1] Fall und Lösung sind angelehnt an LG Hamburg Urteil vom 12. 12. 2003, Az. 324 O 593/03 (unveröffentlicht).

[2] Vgl. Palandt/*Bassenge* § 1004 BGB Rn. 4.

1. Unterlassungsanspruch aus §§ 1004, 823 Abs. 2 BGB i. V. m. § 22 KUG

Der Unterlassungsanspruch aus § 1004 BGB i. V. m. § 22 KUG als Schutzgesetz i. S. v. § 823 Abs. 2 BGB setzt neben der Verletzung des Rechts am eigenen Bild das Bestehen von Wiederholungsgefahr voraus.[3]

a) Rechtsverletzung. Fraglich ist, ob die Veröffentlichung der Strandfotos das Recht am eigenen Bild der A gemäß § 22 KUG verletzt. Nach § 22 KUG dürfen Personenbildnisse grundsätzlich nur mit Einwilligung des Abgebildeten veröffentlicht werden. Eine solche Einwilligung hat die A in Bezug auf die Strandfotos nicht erteilt. Auch ohne Einwilligung dürfen indes Bildnisse ausnahmsweise veröffentlicht werden, wenn einer der in § 23 Abs. 1 KUG (abschließend) aufgeführten Tatbestände erfüllt ist und keine berechtigten Interessen des Abgebildeten gemäß § 23 Abs. 2 KUG verletzt werden. Die Frage, ob sich V auf einen der in § 23 Abs. 1 KUG genannten Ausnahmetatbestände berufen kann, ist für jedes der Strandfotos getrennt zu prüfen:

aa) Strandcaféfoto. In Betracht kommt allein die Berufung auf den Ausnahmetatbestand des § 23 Abs. 1 Nr. 1 KUG, wonach Bildnisse aus dem Bereich der Zeitgeschichte ohne Einwilligung des Abgebildeten veröffentlicht werden dürfen. Für die Zuordnung eines Bildnisses zum Bereich der Zeitgeschichte ist zwischen dem Informationsinteresse der Öffentlichkeit und entgegenstehenden Rechtsgütern des Abgebildeten, insbesondere dem allgemeinen Persönlichkeitsrecht, abzuwägen. Für die Abwägung ist wesentlich, in welchem Ausmaß die Berichterstattung einen Betrag für den Prozess der öffentlichen Meinungsbildung erbringen kann. Maßgeblich ist der Informationswert der Veröffentlichung, der sich auch aus dem Kontext der dazugehörigen Wortberichterstattung ergeben kann.[4] Fraglich ist daher, ob die Berichterstattung in „Hipgirls" einen hinreichenden Informationswert hat. Das Bildnis betrifft für sich genommen zwar lediglich eine Alltagssituation, die als solche eine Veröffentlichung noch nicht rechtfertigt. Berücksichtigt man indes die parallele Wortberichterstattung, in der sich A zu ihrer neuen Beziehung äußert, liegt hierin ein Informationswert, der es rechtfertigt, ein Foto zu veröffentlichen, das diese Beziehung dokumentiert.[5]

Eine Verletzung berechtigter Interessen der A gemäß § 23 Abs. 2 KUG ist nicht ersichtlich. Das Strandcaféfoto ist zwar heimlich gemacht worden, nicht aber im besonders geschützten privaten Bereich. Vielmehr hielten sich A und B an einem öffentlichen Strand auf, an dem sie nicht erwarten durften, keinen Bildnachstellungen ausgesetzt zu sein.[6]

Hiernach verletzt die Veröffentlichung des Strandcaféfotos nicht das Recht am eigenen Bild der A.

bb) Spaziergangsfoto. Für das Spaziergangsfoto kommt ebenfalls nur die Berufung auf den Ausnahmetatbestand des § 23 Abs. 1 Nr. 1 KUG in Betracht. Insoweit kann auf das vorstehend unter (1. a) aa)) Ausgeführte verwiesen werden. Auch für das Spaziergangsfoto gilt, dass es die von A im Interview mit „Hipgirls" öffentlich gemachte neue Beziehung zu B dokumentiert und daher grundsätzlich einen für eine Veröffentlichung hinreichenden Informationswert aufweist.

---

[3] Palandt/*Bassenge* § 1004 BGB Rn. 32.
[4] BVerfG GRUR 2008, 539, 543 – Caroline von Hannover; BGH GRUR 2007, 899, 901 – Grönemeyer.
[5] LG Berlin AfP 2007, 257.
[6] Vgl. dazu BVerfG GRUR 2008, 539, 541 – Caroline von Hannover.

Besonders zu prüfen ist hier aber die Frage, ob berechtigte Interessen der A gemäß § 23 Abs. 2 KUG der Veröffentlichung entgegenstehen. Vorrangige berechtigte Interessen des Abgebildeten werden in der Regel bei Eingriffen in die Intimsphäre angenommen.[7] Das Spaziergangsfoto zeigt den Oberkörper der A unbekleidet, wodurch in die Intimsphäre der A eingegriffen wird. Hieran ändert auch nichts der Umstand, dass die A in der Vergangenheit – wie im Falle von „Playmax" – mit der Veröffentlichung von Nacktfotos einverstanden war.[8] Denn die Veröffentlichung von Nacktaufnahmen greift im besonderen Maße in das Recht der Abgebildeten ein, selbst darüber zu bestimmen, ob und unter welchen Umständen Aufnahmen, die sie unbekleidet zeigen, der Öffentlichkeit präsentiert werden.[9] Wegen des Eindringens in die Intimsphäre der A stehen hiernach ihre berechtigten Interessen gemäß § 23 Abs. 2 KUG einer Veröffentlichung des Spaziergangsfotos entgegen. Die Veröffentlichung dieses Fotos verletzt das Recht am eigenen Bild der A.

b) Wiederholungsgefahr. Bei einer bereits erfolgten rechtswidrigen Veröffentlichung besteht eine tatsächliche Vermutung für das Vorliegen der Wiederholungsgefahr.[10] Fraglich ist, ob das Versprechen des Verlages, die Strandfotos nicht erneut zu veröffentlichen, diese Vermutung widerlegen kann. Der Bruch eines solchen Versprechens hätte indes für den Verlag keinerlei Sanktionen zur Folge. Nach allgemeiner Auffassung kann die Wiederholungsgefahr daher nur durch eine mit einem Vertragsstrafeversprechen versehene Unterlassungserklärung beseitigt werden,[11] die bloße Erklärung des Verlages, den gerügten Verstoß nicht mehr zu begehen, genügt dagegen nicht.[12] Hiernach ist die Wiederholungsgefahr durch das bloße Versprechen des Verlages, die Strandfotos nicht erneut zu veröffentlichen, nicht entfallen.

Der A stehen daher wegen der Veröffentlichung des Spaziergangsfotos Unterlassungsansprüche gegen V aus §§ 1004, 823 Abs. 2 BGB i. V. m. § 22 KUG zu.

2. Unterlassungsanspruch aus §§ 1004, 823 Abs. 1 BGB

A könnte gegen V gemäß §§ 1004, 823 Abs. 1 BGB einen Anspruch auf Unterlassung der erneuten Veröffentlichung der Strandfotos wegen Verletzung ihres allgemeinen Persönlichkeitsrechts haben. Das allgemeine Persönlichkeitsrecht besteht neben dem Recht am eigenen Bild.[13] Auch insoweit setzt der Unterlassungsanspruch eine Rechtsverletzung sowie das Bestehen von Wiederholungsgefahr voraus. Für die Frage der Rechtsverletzung ist zwischen dem Informationsinteresse der Öffentlichkeit und dem Selbstbestimmungsrecht des Abgebildeten abzuwägen. Für die Abwägung gelten im Wesentlichen die selben Kriterien wie beim Recht am eigenen Bild, das eine besondere Ausprägung des allgemeinen Persönlichkeitsrechts ist,[14] insbesondere gebührt bei Eingriffen in die Intimsphäre dem Persönlichkeitsrecht des Betroffenen Vorrang vor dem Informationsinteresse der Öffentlichkeit. Es kann daher insoweit auf das zuvor unter 1.) Ausgeführte verwiesen werden. Im Ergebnis verletzt hiernach zwar nicht die Veröffentlichung des Strandcaféfotos,

---

[7] Vgl. Wandtke/Bullinger/*Fricke* § 23 KUG Rn. 40.

[8] Vgl. OLG Hamburg AfP 1982, 41 – heimliche Nacktfotos; LG Saarbrücken, NJW-RR 2000, 1571.

[9] Vgl. BGH NJW 1985, 1617, 1618 – Nacktfotos.

[10] BGH GRUR 1994, 913, 915 – IM-Liste.

[11] BGH GRUR 1996, 290, 291 – Wegfall der Wiederholungsgefahr I.

[12] Vgl. BGH AfP 1994, 138, 139 – Jahresabschluss.

[13] Vgl. BGH NJW 1974, 1947, 1948.

[14] Vgl. BVerfG GRUR 1973, 541, 545 – Lebach; BGH GRUR 1996, 227, 228 – Wiederholungsveröffentlichung.

wohl aber die des Spaziergangsfotos bei fortbestehender Wiederholungsgefahr das allgemeine Persönlichkeitsrecht der A.

Der A stehen daher wegen der Veröffentlichung des Spaziergangsfotos auch Unterlassungsansprüche gegen V aus §§ 1004, 823 Abs. 1 BGB zu.

II. Ansprüche der A gegen V auf Schadensersatz

A könnte gegen V ferner gemäß §§ 823 Abs. 1 bzw. Abs. 2 i. V. m. 22 KUG einen Anspruch auf Schadensersatz wegen Verletzung ihres Rechts am eigenen Bild bzw. ihres allgemeinen Persönlichkeitsrechts durch die Veröffentlichung des Spaziergangsfotos haben.

Der Schadensersatzanspruch setzt neben der Rechtsverletzung[15] das Verschulden des Verletzers sowie einen materiellen Schaden im Sinne einer Vermögensminderung des Verletzten voraus.

V hat schuldhaft, nämlich fahrlässig gehandelt. Bei Beachtung der erforderlichen Sorgfalt (§ 276 Abs. 2 BGB), die im Falle der Veröffentlichung von Nacktaufnahmen noch erhöht ist,[16] hätte V sich vergewissern müssen, dass die A mit der Veröffentlichung des Spaziergangsfotos, das erkennbar in ihre Intimsphäre eingreift, einverstanden ist. V hat aber nicht nur dies unterlassen, sondern durch den Auftrag, heimlich Fotos von der A zu erstellen, überdies vorsätzlich gehandelt.

Fraglich ist indes, ob der A durch die Veröffentlichung des Spaziergangsfotos ein Vermögensschaden entstanden ist. Dem Sachverhalt lässt sich zwar kein Vermögensschaden in Folge etwa eines entgangenen Engagements entnehmen. Wohl aber sind der A durch die Einschaltung des Rechtsanwalts R Kosten entstanden, die kausal auf die Rechtsverletzung zurückzuführen sind und daher von V in Höhe der gesetzlichen Gebühren zu erstatten sind.[17]

Hiernach hat die A gegen V einen Anspruch auf Ersatz des durch die Veröffentlichung des Spaziergangsfotos entstandenen Schadens aus §§ 823 Abs. 1 und Abs. 2 BGB i. V. m. 22 KUG, der konkret zumindest die Erstattung der für die Rechtsverfolgung erforderlichen Anwaltskosten umfasst.

III. Ansprüche der A gegen V aus Bereicherungsrecht

Die A könnte gegen V einen Anspruch aus ungerechtfertigter Bereicherung gemäß §§ 812 Abs. 1 S. 1 Alt. 2 i. V. m. 818 Abs. 2 BGB wegen Eingriffs in ihr Recht am eigenen Bild haben. Dieses Recht ist ein vermögenswertes Ausschließlichkeitsrecht, in dessen Zuweisungsgehalt der Bildnisverwerter bei fehlender (erforderlicher) Einwilligung ohne rechtlichen Grund eingreift.[18] Fraglich ist, ob diese Voraussetzungen im Falle der Veröffentlichung des Spaziergangsfotos vorliegen. V hat gemäß § 812 Abs. 1 S. 1 Alt. 2 BGB das durch den rechtswidrigen Eingriff Erlangte herauszugeben. Erlangt haben kann V nur etwas, wenn A in der Lage gewesen wäre, die fragliche Abbildung kommerziell zu verwerten. Angesichts der zumindest relativen Bekanntheit der A wäre zwar denkbar, dass andere Medien bereit gewesen wären, für die Veröffentlichung des Spaziergangsfotos ein Entgelt zu zahlen. Allerdings kommt bei einer Verletzung des Persönlichkeitsrechts durch eine redaktionelle Berichterstattung schon im Grundsatz ein Anspruch auf Zahlung

---

[15] Dazu kann auf das unter I. 1.) a) Ausgeführte verwiesen werden.
[16] Vgl. dazu Schricker/*Götting* § 22 KUG Rn. 47.
[17] Vgl. Palandt/*Heinrichs* § 249 BGB Rn. 39.
[18] Vgl. BGH GRUR 1992, 557, 558 – Joachim Fuchsberger.

einer fiktiven Lizenz nicht in Betracht, da dies zu Einschüchterungseffekten führte, die mit der grundrechtlich garantierten Berichterstattungsfreiheit aus Art. 5 I 2 GG nicht zu vereinbaren wären.[19] Dieser Gedanke ist zwar speziell für Ansprüche gegen eine reine Textberichterstattung formuliert worden. Er gilt aber gleichermaßen jedenfalls für solche Bildberichter-stattungen, in denen die Betroffenen nicht – wie etwa bei so genannten Homestories – sonst den Blicken der Öffentlichkeit entzogene Bereiche gegen Entgelt freigeben. Im Fall des Spaziergangsfotos ist ein solcher Bereich nicht betroffen. Das Foto entstand im öffentlichen Raum.

Hiernach steht der A ein Anspruch aus §§ 812 Abs. 1 S. 1 Alt. 2, 818 Abs. 2 BGB auf Zahlung des für die Veröffentlichung des Spaziergangsfotos marktüblichen Entgelts gegen V zu.

IV. Ansprüche der A gegen V auf Geldentschädigung

A könnte gegen V einen Anspruch auf Zahlung einer Geldentschädigung aus § 823 Abs. 1 BGB i. V. m. Art. 2 Abs. 1 und 1 Abs. 1 GG haben. Dieser Anspruch, der auf den Schutzauftrag aus Art. 1 und 2 GG zurückgeht, setzt voraus, dass es sich um einen schwerwiegenden Eingriff in das Persönlichkeitsrecht des Betroffenen (einschließlich des Rechts am eigenen Bild) handelt und die Beeinträchtigung nicht in anderer Weise befriedigend aufgefangen werden kann.[20] Ob eine hinreichend schwerwiegende Verletzung des Persönlichkeitsrechts oder des Rechts am eigenen Bild vorliegt, hängt von der Bedeutung und Tragweite des Eingriffs, ferner von Anlass und Beweggrund des Handelnden sowie von dem Grad seines Verschuldens ab.[21] Fraglich ist, ob der mit der Veröffentlichung des Spaziergangsfotos verbundene Eingriff in das Persönlichkeitsrecht der A so schwerwiegend ist, dass er die Zubilligung einer Geldentschädigung erforderlich macht. In diesem Zusammenhang spielt bei der Beurteilung des Grades der Beeinträchtigung eine Rolle, dass sich die von der Bildnisveröffentlichung betroffene Person daran messen lassen muss, wie sie bislang in der Öffentlichkeit aufgetreten ist.[22] Zu berücksichtigen ist deshalb, dass sich die A in der Zeitschrift „Playmax" bereits freiwillig der Öffentlichkeit unbekleidet präsentiert hatte. Zwar kann die unbefugte Veröffentlichung von Nacktaufnahmen im Grundsatz auch dann eine schwere Persönlichkeitsrechtsverletzung darstellen, wenn die Abgebildete in der Vergangenheit mit der Veröffentlichung solcher Aufnahmen einverstanden war.[23] Dies gilt jedoch nicht uneingeschränkt; vielmehr ist nach Art und Umfeld der jeweiligen Veröffentlichungen zu differenzieren. Hat die Betroffene etwa in die Veröffentlichung von Nacktaufnahmen nur zu einem bestimmten, eng begrenzten Zweck – z. B. im Rahmen eines Schulbuchs[24] – eingewilligt, so kann eine Folgeveröffentlichung, die die betroffene Person vor großem Publikum bloßstellt, durchaus den für die Zuerkennung von Geldentschädigung erforderlichen Schweregrad erreichen. Anders liegt es indes, wenn die Betroffene in der Vergangenheit in die Veröffentlichung von Nacktaufnahmen ohne Beschränkung der Zweckbestimmung eingewilligt hatte und wenn später Aufnah-

---

[19] OLG Hamburg ZUM 2009, 65, 68.

[20] Vgl. BVerfG NJW 1973, 1221, 1223 – Soraya; BGH GRUR 1995, 224, 228 – Caroline von Monaco.

[21] St. Rspr., vgl. BGH GRUR 1995, 224, 228 – Caroline von Monaco; NJW 1996, 1131, 1134 – Der Lohnkiller.

[22] Vgl. BVerfG GRUR 2000, 446, 450 – Caroline von Monaco; *Soehring* Rn. 19.8, 21.27b.

[23] Vgl. BGH NJW 1985, 1617, 1619 – Nacktfotos; OLG Hamburg AfP 1982, 41.

[24] Vgl. BGH a. a. O. (Fn. 32).

men publiziert werden, die sie zwar unbekleidet zeigen, aber vom Grad der Bloßstellung und vom Umfang der Verbreitung hinter den mit ihrer Einwilligung veröffentlichten Aufnahmen zurückbleiben. In diesem Fall kann nicht angenommen werden, dass die Betroffene durch die einwilligungslose Veröffentlichung in einer so schwerwiegenden Weise in ihrem Persönlichkeitsrecht verletzt wird, dass ausnahmsweise die Zuerkennung von Geldentschädigung geboten wäre. So liegt es auch im Fall der A. Mit der Einwilligung in die Veröffentlichung des Spaziergangsfotos hat die A zu erkennen gegeben, dass ihr unbekleideter Körper für die Öffentlichkeit keineswegs tabu ist. Die Veröffentlichung dieses einen Fotos, das sie auch nur „oben ohne" zeigt, bleibt in der Eingriffsintensität deutlich gegenüber der Veröffentlichung an einer gesamten Fotostrecke mit Nacktaufnahmen in einem Männermagazin zurück. Deshalb fehlt es bei der Veröffentlichung des Spaziergangsfotos an einer schweren Persönlichkeitsrechtsverletzung. Der A steht hiernach kein Anspruch auf Zahlung einer Geldentschädigung gegen den V zu.

V. Ergebnis

Die A hat gegen V einen Anspruch auf Unterlassung der erneuten Veröffentlichung des Spaziergangsfotos. Ferner kann die A von V wegen der Veröffentlichung dieses Fotos in der Zeitschrift „Hipgirls" Schadensersatz (hier konkret die Erstattung von Anwaltskosten), nicht aber Zahlung einer fiktiven Lizenz wegen ungerechtfertigter Bereicherung oder Geldentschädigung verlangen.

Fall 35: „Emil"

Kommerzialisierung der Persönlichkeit in der Werbung/Namensrecht/Konstitutive Rechtseinräumung von Persönlichkeitsrechten an Lizenznehmern/Meinungsfreiheit in der Werbung/Künstlersozialkasse.

Sachverhalt

Ausgangsfall

Die B hat mit dem aus den Medien bekannten Starfriseur „Emil" (E) einen Merchandising-Exklusiv-Vertrag geschlossen. Nach dieser Vereinbarung ist B ausschließlich berechtigt, ihre Friseurprodukte exklusiv unter dem Namen „Emil" zu vertreiben. Im August 2007 ist im Fernsehen folgender Werbespot zu sehen: Gezeigt wird der Friseur „EMIL", der in einem luxuriös eingerichteten Salon seinen Kunden jeden Wunsch erfüllt. Dennoch sind die Kunden unzufrieden und beschweren sich. Hiernach erfolgt ein Schwenk auf eine Wellblechhütte, bei dem die gleichen Kunden in brütender Hitze, teilweise stehend darauf warten frisiert zu werden. Dennoch sind die Kunden bester Dinge. Sie machen Musik. Als Musikinstrumente werden dazu Shampooflaschen benutzt. Ein Kunde, dem die Haare gewaschen werden, wippt fröhlich mit dem Fuß. Zum Schluss des Spots zoomt die Kamera auf eine der Shampooflaschen und eine Stimme aus dem off sagt: „Emil, Emil – Kunden brauchen keinen Luxus, nur unser Wohlfühl-Shampoo". Verantwortlich für den Spot ist die W.

E selbst hatte in der Vergangenheit in verschiedenen Interviews darauf verwiesen, dass seine Kunden nur deswegen zu ihm kommen, weil er den perfekten Service biete und die höchsten Maßstäbe an sich stelle. Desweiteren hatte er unter dem Namen Emil ein Buch herausgegeben, in dem er – anonymisiert – über die Sonderwünsche unterschiedlicher Prominenter pointiert berichtet hatte.

B verlangt von W daraufhin wegen der unberechtigten Nutzung des Namens Unterlassung. (Ansprüche nach dem UWG und MarkenG sind nicht zu prüfen).

Abwandlung

Die B hat zudem noch mit dem Model H einen weiteren Merchandising-Exklusiv-Vertrag abgeschlossen. In diesem Merchandising-Exklusiv-Vertrag verpflichtet sich H, drei Werbespots für B zu drehen. Dafür erhält sie von B ein Honorar. Am 16.09.2008 wird der B durch die Künstlersozialkasse (KSK) ein Feststellungsbescheid zugestellt. Darin setzt die KSK die Künstlersozialabgabe (KSA) der B, die regelmäßig mit Künstlern zusammenarbeitet, neu fest. Sie begründet ihren Bescheid damit, dass es sich bei Werbespots um kleine Filme handelt. Somit sei die H in ihrer Rolle als Darstellerin und nicht bloß als Model zu sehen. Bei der H handele es sich deswegen um eine Künstlerin i. S. d. § 1 i. V. m. § 2 KSVG, die eine abgabepflichtige Tätigkeit i. S. d. §§ 24, 25 KSVG erbringe.[25]

Die B möchte wissen, ob sie gegen den Festsetzungsbescheid erfolgreich Widerspruch einlegen kann.

Lösung

Ausgangsfall

I. Anspruch der B gegen die W aus § 1004 Abs. 1 S. 2 BGB analog

B könnte hier ein Anspruch auf Unterlassung aus § 1004 Abs. 1 S. 2 BGB analog wegen Verletzung des Persönlichkeitsrechts, einschließlich des Namensrechts durch W wegen der Verwendung des Namens Emil in dem Fernsehwerbespot „Wohlfühl-Shampoo" zustehen.

1. Schutzgegenstand

Das Namensrecht ist eine besondere Erscheinungsform des geschützten allgemeinen Persönlichkeitsrechts[26] und gewährt Rechtsschutz für den in § 12 BGB kodifizierten Regelungsbereich.[27] Hiernach steht dem Berechtigten ein Unterlassungsanspruch bei unbefugter Namensverwendung zu. Der Tatbestand der unbefugten Namensanmaßung ist dann erfüllt, wenn durch die Namensanmaßung eine namensmäßige Zuordnungsverwir-

---

[25] Nach dem KSVG werden Künstler und Publizisten unter bestimmten Voraussetzungen in das gesetzliche Sozialversicherungssystem einbezogen. Danach sind sie ähnlich Arbeitnehmern pflichtversichert in der gesetzlichen Renten-, Kranken- und Pflegeversicherung. Die Beiträge hierzu setzen sich aus Abgaben, die vom Künstler zu tragen sind sowie Zuschüssen des Bundes und eben der hier interessierenden Künstlersozialgabe (KSA) zusammen. Letztere wird von den Vertragspartnern der Künstler und Publizisten erbracht. Dazu werden sie von der Künstlersozialkasse (KSK) herangezogen (vgl. zum System des KSVG im Einzelnen *Berndt* DStR 2007, 1631 ff.; *ders.* DStR 2008, 203 ff.).

[26] BGH MMR 2007, 106 – kinski-klaus.de.

[27] BGH NJW 2000, 2195, 2197 – Marlene Dietrich.

rung hervorgerufen wird, d.h. der Eindruck entsteht, der Benutzer habe ein Recht zur Namensverwendung.[28]

2. Aktivlegitimation

Fraglich ist aber zunächst, ob B überhaupt aus eigenen Rechten gegen eine unberechtigte Benutzung des Namens durch W vorgehen kann. Denn sie selber ist nicht Namensträgerin. B wurde lediglich mit Vertrag vom 14.05.2007 ein ausschließliches Namensrecht für die Produktion und den Vertrieb von Friseurprodukten erteilt. Möglicherweise könnte sie aber gerade aufgrund dieses Vertrages aktivlegitimiert sein, Ansprüche wegen unberechtigter Namensnutzung im eigenen Namen geltend zu machen. Dies wäre dann der Fall, wenn durch den Vertrag vom 14.05.2007 eine konstitutive Einräumung von Persönlichkeitsrechten und insbesondere des Namensrechts erfolgt ist.

a) Konstitutive Rechtseinräumung. Dazu müsste eine dingliche Übertragbarkeit/Einräumung von Persönlichkeitsrechten jedoch zunächst überhaupt erst einmal möglich sein.

aa) Meinungsstand. Ob Persönlichkeitsrechte mit dinglicher Wirkung eingeräumt werden können, ist umstritten.[29] Während einige in der Literatur eine solch weitreichende Übertragbarkeit von Persönlichkeitsrechten wegen des besonderen Charakters des allgemeinen Persönlichkeitsrechts als Ausfluss der Menschenwürde schlicht weg ablehnen[30], geht ein anderer Teil der Auffassung in der Literatur[31] davon aus, dass an den mit dem Persönlichkeitsrecht verbundenen vermögensrechtlichen Befugnissen Nutzungsrechte eingeräumt werden können[32] und treten demzufolge für eine dem Zeitgeist entsprechende Bewertung des Persönlichkeitsrechts ein. Dieser zuletzt genannten Position scheint sich die Rechtsprechung nach und nach anzunähern.[33] Hatte der BGH noch in seiner NENA-Entscheidung eine Beantwortung dieser Frage ausdrücklich offen gelassen, weil in dem von ihm zu entscheidenden Verfahren zumindest eine Ermächtigung der prozessführenden Partei vorgelegen hatte, Dritten das Bildnis der Rechtsinhaberin zur wirtschaftlichen Verwertung gegen Vergütung zu überlassen und dieser Vergütungsanspruch deswegen auch der ermächtigten Partei zustand,[34] ist davon auszugehen, dass eine Verletzung des kommerziellen Persönlichkeitsrechts angesichts der Marlene Dietrich-Entscheidungen[35] des BGH und des BVerfG nun nicht mehr nur allein vom Rechtsträger des Persönlichkeitsrechts, sondern auch von demjenigen geltend gemacht werden kann, dem das vermögenswerte Persönlichkeitsrecht zur kommerziellen Nutzung übertragen wurde[36] oder dem zumindest ausschließliche Nutzungsrechte daran eingeräumt wurden.

---

[28] BGH NJW 2000, 2195, 2200 – Marlene Dietrich; BGH NJW 1993, 918, 920 – Universitätsemblem.

[29] Zum Meinungsstand vgl. auch BGH NJW 2000, 2195, 2197 f. – Marlene Dietrich.

[30] *Schack* AcP 1995, 594 f., 600; *Pietzko* AfP 1988, 209, 216; *Wandtke/Bullinger/Fricke* § 22 KUG Rn. 12.

[31] *Hubmann* Persönlichkeitsrecht 2. Auflage 1967; S. 132 f., 136; *Forkel*, NJW 1993, 3181; *Metzger* GRUR Int. 2003, 9, 19 ff. *Schricker* Informationsgesellschaft S. 93; *Wandtke* GRUR 2000, 942, 949.

[32] *Götting*, Persönlichkeitsrechte als Vermögensrechte 1995, 66 ff.; *Schertz* Merchandising S. 155 f.; *Wandtke* GRUR 2000, 942, 949.

[33] BVerfG NJW 2006, 3409 f. – Marlene Dietrich; BGH NJW 2000, 2195 ff. – Marlene Dietrich.; a. A. für das Namensrecht jedoch noch bei BGH NJW 1993, 918, 919 – Universitätsemblem.

[34] BGH GRUR 1987, 128 f. – NENA.

[35] BVerfG NJW 2006, 3409 – Marlene Dietrich; BGH NJW 2000, 2195 ff. – Marlene Dietrich.

[36] Diese Bewertung trifft auch Wandtke/*Boksanyi* Medienrecht 6. Teil Kap. 2 Rn. 18.

bb) Bewertung. Zu Recht, denn eine ablehnende Haltung gegenüber der dinglichen Berechtigung des Vermarkters ist heute nicht mehr begründbar. Sie findet weder eine Stütze im Gesetz, da der Gesetzgeber nicht geklärt hat, ob nur der Einwilligungsberechtigte gegen eine unberechtigte Nutzung vorgehen könne,[37] noch ist sie mit den Realitäten des Lebens vereinbar. Ähnlich wie bei § 22 S. 3 KUG, zu dem das BVerfG in dieser Frage festgestellt hat, dass keine nach Wortlaut, Systematik und Sinn abschließende Regelung vorliege, wer einen Vermögenswert aus der Verwertung des Bildes geltend machen könne[38], gilt gleiches auch beim Namensrecht. § 12 BGB spricht nämlich wertungsfrei nur vom Berechtigten, nicht vom Namensträger. Diese offene Begrifflichkeit lässt auch einen Lizenznehmer des Namensträgers als Berechtigten zu. Desweiteren muss der Wandel im Umgang mit Persönlichkeitsrechten in der Rechtswirklichkeit berücksichtigt werden. So hat sich das Persönlichkeitsrecht weg vom Schutz der rein ideeller Interessen des Rechtsträgers, hin zu einem vermögenswerten Ausschließlichkeitsrecht entwickelt.[39] Persönlichkeitsrechten kommt heute ein eigener wirtschaftlicher Wert zu, da das vermögenswerte Persönlichkeitsrecht als maßgebender Faktor in der Produktentwicklung[40] Gegenstand des Wirtschaftsverkehrs geworden ist, von dem beide Seiten im Gegenseitigkeitsverhältnis profitieren; der Persönlichkeitsrechtsträger, indem er durch die Lizenzierung Einnahmen generiert; der Vermarkter durch den positiven Imagetransfer des Persönlichkeitsträgers auf sein Produkt. Hat sich jedoch der vermögenswerte Teil des Persönlichkeitsrechts zu einem vermögenswerten Ausschließlichkeitsrecht entwickelt, ist nicht einzusehen, wieso das kommerzialisierte Persönlichkeitsrecht anders behandelt werden sollte als andere dinglich übertragbare Vermögensrechte. So besteht kein Unterschied zu einem Verwerter, der bspw. ausschließlich berechtigt ist, einen Film im Kino zu zeigen. Dieser kann im eigenen Namen gegen unberechtigte Vorführungen vorgehen, weil ihm hieraus Schäden entstehen. Nicht anders darf es sich bei der Einräumung von ausschließlichen Nutzungsrechten an den vermögenswerten Bestandteilen des Persönlichkeitsrechts verhalten. Dies erkennt auch das BVerfG, wenn es feststellt, dass bei unberechtigter Nutzung des vermögenswerten Bestandteils des Persönlichkeitsrechts das Interesse derjenigen Person verletzt sein kann, die über die wirtschaftliche Verwertung des Persönlichkeitsrechts entscheiden darf.[41] Leitet ein Dritter nämlich den Imagetransfer unberechtigterweise auf sein Produkt um, greift er in das ausschließliche Nutzungsrecht und damit in die Exklusivstellung des Vermarkters ein. Das Persönlichkeitsbild des Vermarkteten wird hierdurch verwässert und die Exklusivität des Produkts des Vermarkters schwindet, da der beworbene Kundenkreis mit der Persönlichkeit des Persönlichkeitsträgers nicht mehr ausschließlich das Produkt des Vermarkters verbindet. Dies hat zur Folge, dass der Erwerb des teuren vermögenswerten Persönlichkeitsrechts nicht in dem gewünschten Maße refinanziert werden kann. Dazu kommt, dass es Merkmal jedes ausschließlichen Nutzungsrechts ist, dass der ausschließliche Nutzungsberechtigte Unterlizenzen im Rahmen seiner Berechtigung erteilen kann. Die hieraus zu generierenden Einnahmen sind ihm jedoch genommen, wenn ein Dritter ohne seine Zustimmung den ihm eingeräumten Teil des vermögenswerten Bestandteil des Persönlichkeitsrechts benutzt. Hierdurch entstehen beide Male Schäden, die sowohl für

---

[37] BVerfG NJW 2006, 3409, 3410 – Marlene Dietrich.
[38] BVerfG NJW 2006, 3409, 3410 – Marlene Dietrich.
[39] BVerfG NJW 2006, 3409, 3410 – Marlene Dietrich.
[40] So BGH NJW 2000, 2195, 2198 – Marlene Dietrich.
[41] BVerfG NJW 2006, 3409, 3410 – Marlene Dietrich.

den Persönlichkeitsrechtsträger, als auch für den Vermarkter nicht hinzunehmen sind und denen durch einen effektiven Abwehrschutz begegnet werden muss.

cc) Ausblick. Das Recht und damit verbunden auch die Rechtsanwendung und Rechtsauslegung muss auf diese veränderte Vermarktungsformen reagieren und solche neue Ordnungsrahmen schaffen, unter denen für Verwerter Rechtssicherheit besteht.[42] Denn nur wenn auch der Verwerter, der für die exklusive Benutzung des Bildnisses für seine Produkte bezahlt hat, gegen unberechtigte Verwertung Dritter vorgehen kann, erhält er für sein Geld den vollen Gegenwert. Im Übrigen wäre er andernfalls von der Prozessführung und dem Prozessführungswillen eines anderen, nämlich des Abgebildeten abhängig. Ein wirksamer Schutz der kommerziellen Persönlichkeitsrechte lässt sich nur sicherstellen, indem dem Rechteinhaber effektive Abwehransprüche zustehen. Ein starker Schutz des Vermarkters entspricht dabei letztlich auch dem Interesse des Abgebildeten, der Gefahr läuft, dass sein vermögenswertes Persönlichkeitsrecht andernfalls verwässert würde, wenn der Verwerter nicht umgehend gegen unberechtigte Verwertungen vorgehen könnte. Oftmals hat nämlich vor allem der Verwerter Überblick über den Werbemarkt und sieht unberechtigte Verwertung eher als der Persönlichkeitsrechtsträger. Da allein schon zwischen Benachrichtigung und Kommunikation des Vermarkters mit dem Abgebildeten, bei gleichzeitig ungehindert laufender unberechtigter Vermarktung, viel Zeit vergeht, was dazu führt, dass der beworbene Kundenkreis Kenntnis von der unberechtigten Vermarktung nimmt, den Abgebildeten mit dem beworbenen Produkt mithin verbindet, was zu einer fortgesetzten Verwässerung des Persönlichkeitswertes führt, verzögert sich ein Unterlassen der unerlaubten Handlung, ohne dass hierfür ein sachlicher Grund besteht. Einer Neubewertung der Persönlichkeitsrechte entgegen steht auch nicht der Menschenwürdegehalt des allgemeinen Persönlichkeitsrechts. Dieser ist nämlich nur verletzt, wenn durch die kommerzielle Ausbeutung der Persönlichkeit der Achtungsanspruch der Person missachtet wird. Wenn er also durch die Werbung erniedrigt,[43] d. h. durch die Werbung in seiner Ehre und seinem Ansehen beeinträchtigt würde.[44] Ansonsten muss die Vermarktung des kommerziellen Bestandteiles zulässig sein. Denn andernfalls würde man einen harten Paternalismus befürworten, der dem Grundgesetz fremd ist. Insofern war eine Kommerzialisierung des Namens hier zulässig. Werbung mit dem Namen des E für Produkte des Friseurbedarfs ist schließlich allgemein üblich und beleidigt E als Namensträger nicht.

b) Zwischenergebnis. Zusammenfassend muss man daher sagen, dass B somit in den Fällen aktivlegitimiert ist, in denen sie ausschließlich berechtigte Inhaberin solcher vermögenswerten Bestandteile der Persönlichkeit des E geworden ist, die es ihr erlauben, gegen die unberechtigte Verwendung des Namens durch W für sein Wohlfühlshampoo vorzugehen. Dies ist hier der Fall. Mit Vertrag vom 14.05.2007 hatte E dem B „sämtliche ausschließlichen vermögenswerten Bestandteile ihres Namensrechts" zur Werbung für deren Friseur- und friseurnahen Produkte eingeräumt. Ausschließlich dem B war es danach erlaubt, den Namen des E für die Exklusivvermarktung seiner Friseur- und friseurnahen Produkte zu verwenden, um auf diese Weise einen Imagetransfer zwischen E und den von ihr produzierten Friseurprodukten herzustellen. Damit ist die B grundsätzlich ak-

---

[42] So auch BGH NJW 2000, 2195, 2199 – Marlene Dietrich.
[43] BVerfG NJW 2006, 3409 – Marlene Dietrich.
[44] Vgl. dazu BGH GRUR 2008, 1124, 1126 – Zerknitterte Zigarettenschachtel; BGH NJW 2000, 2195, 2197 – Marlene Dietrich.

tivlegitimiert, gegen Verletzungen des Namensrechts vorzugehen, soweit ihre Vermarktungsbefugnisse über den vermögenswerten Teil des Persönlichkeitsrechts durch Dritte beeinträchtigt werden.

2. Eingriff

Es fragt sich daher, ob W in denjenigen vermögenswerten Bestand des Persönlichkeitsrechts des E eingegriffen hat, zu deren Vermarktung ausschließlich B berechtigt gewesen ist. Dies könnte hier der Fall sein, da W in seiner Shampoowerbung den Namen des E zustimmungsfrei benutzt hat. Die ohne Erlaubnis des Lizenznehmers im TV laufende Werbung der W könnte somit einen Namensmissbrauch im Sinne des § 12 BGB darstellen. Hierfür genügt es, wenn im Verkehr unbefugt der irrige Eindruck hervorgerufen wird, der Berechtigte habe dem Benutzer ein Recht zur entsprechenden Verwendung des Namens erteilt.[45]

a) Benutzung eines Vornamens als Namensanmaßung. W müsste hierzu zunächst den Namen des E benutzt haben. Dies könnte hier fraglich sein, da lediglich der Vorname Emil verwandt wurde. Dies reicht jedoch aus. Auch die Verwendung eines Vornamens stellt eine Verwendung i. S. d. § 12 BGB dar. Das Namensrecht und das allgemeine Persönlichkeitsrecht des Namensträgers können nämlich nach der Rechtsprechung des BGH auch dann verletzt sein, wenn schon der alleinige Gebrauch des Vornamens beim angesprochenen Verkehr die Erinnerung an einen bestimmten Träger weckt.[46] Dies ist hier der Fall. Der E ist durch seine Präsenz als „Friseur der Stars" in zahlreichen Medien (TV-, Print- und Onlinemedien) einer überwiegenden Anzahl in der Gesellschaft bekannt. Er selbst benutzt als Wiedererkennungswert ausschließlich seinen Vornamen. Aus diesem Grund wird im Zuge der Berichterstattung oftmals nur sein Vorname genannt. „Emil" steht gleichsam als Synonym für sein Geschäft und seine medial begleitete Prominenz. Dieser Vorname Emil wird nun im Zusammenhang mit einem luxuriösen Friseurgeschäft, verschiedenen Friseurtätigen und einem friseurähnlichen Produkt, nämlich einem Shampoo, in der Werbung benutzt. Ein eindeutiger Bezug zum „bekannten" Emil wird somit hergestellt. Damit hat W den Namen Emil i. S. d. § 12 BGB benutzt.

b) Konkrete Rechtsverletzung. Fraglich ist jedoch, ob W hierdurch die B in ihren Rechten verletzt hat. B wurde mit Vertrag vom 14.05.2007 das Namensrecht für Friseur- und friseurnahe Produkte eingeräumt. B war laut Vertrag ausschließlicher Lizenznehmer des E. Ihr wurde das Recht eingeräumt, wie bei ausschließlichen Nutzungsrechten allgemein üblich,[47] den Namen Emil unter Ausschluss aller anderen Personen auf die ihm erlaubte Art (Produktwerbung für Friseurutensilien) zu nutzen und zudem Nutzungsrechte am Namen Emil einzuräumen. Dies war angesichts der obigen Erläuterungen auch dinglich möglich. Indem W den Namen Emil für ein friseurnahes Produkt verwandt hat, ohne von B eine Erlaubnis einzuholen, hat sie in diese dingliche Rechtssphäre der B eingegriffen.

---

[45] BGH NJW 1993, 918, 920 – Universitätsemblem; Wandtke/*Hildebrandt-Hennig* Medienrecht Teil 2 Kap. 7 Rn. 208, 210.

[46] BGH WRP 2008, 1527, 1528 – „Schau mal Dieter"; BGH GRUR 2008, 1124, 1125 – Zerknitterte Zigarettenschachtel; BGH NJW 2000, 2195, 2220 – Marlene Dietrich.

[47] Vgl. dazu u. a. § 31 III UrhG, dessen Rechtsgedanke entsprechend heranzuziehen ist.

3. Widerrechtlichkeit

Möglicherweise war eine Benutzung des Namens des E aber hier jedoch nicht widerrechtlich. Dies wäre dann der Fall, wenn W ein Rechtfertigungsgrund zustände. Dieser könnte hier aus der Meinungsfreiheit des Art. 5 Abs. 1 GG sowie aus der Kunstfreiheit nach Art. 5 Abs. 3 GG folgen.

a) Beachtung der Meinungsfreiheit. Berührt eine zivilgerichtliche Entscheidung die Meinungsfreiheit, so fordert Art. 5 Abs. 1 GG, dass die Gerichte der Bedeutung dieses Grundrechts bei der Auslegung und Anwendung des Privatrechts Rechnung tragen.[48] Dies könnte hier der Fall sein, schließlich trifft W mit dem Werbespot eine gewisse Aussage, die ihre Meinung über den Nimbus des E als Starfriseur darstellt. Allein aus der Tatsache, dass Gegenstand der Betrachtung Werbung ist, die regelmäßig als Mittel der Gewinnerzielung eingesetzt wird, folgt nichts anderes.[49] Unterhaltungswert und Werbezweck schließen einander nicht grundsätzlich aus. Der satirisch-spöttische Gehalt einer Anzeige und der auf Aufmerksamkeit für das Unternehmen abzielende Aspekt können folglich nebeneinander bestehen, ohne einander zu widersprechen.[50] Art. 5 Abs. 1 GG findet somit grundsätzlich immer auch dann noch Anwendung, wenn die Werbung zusätzlich zu ihrer Werbeaussage einen wertenden und meinungsbildenden Inhalt enthält.[51] Gleiches gilt für die Kunstfreiheit aus Art. 5 Abs. 3 GG. Schließlich kann es sich beim Werbespot immer auch um Kunst handeln. Zu welcher Abwägungsentscheidung man kommt, ist jedoch letztlich stets eine Frage des Einzelfalls. Die Rechtsprechung nimmt einen solchen wertenden und meinungsbildenden Inhalt nicht nur dann an, wenn Werbung sich mit historisch-politischen Entscheidungen auseinandersetzt[52] oder sozialkritisch ist,[53] sondern auch dann, wenn in der Werbung Themen von allgemeinem gesellschaftlichem Interesse behandelt werden.[54] Insofern sei Werbung unter Umständen in der Lage, die öffentliche Diskussion weitgehender anzuregen und hervorzubringen, als dies bloß sachbezogene Informationen könnten.[55] Diese Grundsätze gelten auch im Verhältnis Vermarkter und Dritten fort, denn sie betreffen lediglich den vermögenswerten Teil des Persönlichkeitsrechts, welcher in dem vertraglich vereinbarten Umfang auf den Vermarkter konstitutiv übergegangen ist. Der Vermarkter kann sich jedoch insoweit nicht darauf berufen, dass die Werbung eine Verletzung der Privatsphäre nach Art. 8 EMRK begründet, denn dies betrifft ausschließlich den ideellen Teil der Persönlichkeitsrechte des E, der nicht übertragbar ist.

Da es hier, nach dem oben Gesagten, nicht um den Schutz rein ideeller Interessen geht, kommt dem Namensrecht zudem grundsätzlich kein Vorrang gegenüber Art. 5 Abs. 1

---

[48] BVerfG NJW 2003, 1303 – Benetton II.

[49] Vgl. statt vieler BGH MMR 2007, 106, 107 – kinski-klaus.de m. w. N.

[50] BGH WRP 2008, 1527, 1528 – „Schau mal Dieter"; BGH GRUR 2008, 1124, 1126 – Zerknitterte Zigarettenschachtel.

[51] BGH GRUR 2008, 1124, 1125 – Zerknitterte Zigarettenschachtel; BGH GRUR 2007, 139, 141 – Rücktritt des Finanzministers; umfassend hierzu vgl. bei Wandtke/*Boksanyi* Medienrecht Teil 6 Kap. 2 Rn. 61, 66.

[52] BGH GRUR 2008, 1124, 1125 – Zerknitterte Zigarettenschachtel; BGH GRUR 2007, 139, 142 – Rücktritt des Finanzministers.

[53] BVerfG NJW 2003, 1303 – Benetton II.

[54] BGH WRP 2008, 1527, 1529 – „Schau mal Dieter"; BGH GRUR 2008, 1124, 1125 – Zerknitterte Zigarettenschachtel.

[55] BGH WRP 2008, 1527, 1529 – „Schau mal Dieter"; BGH GRUR 2008, 1124, 1125 – Zerknitterte Zigarettenschachtel.

GG[56] oder aber Art. 5 Abs. 3 GG zu.[57] Unzutreffend ist es jedoch, wenn behauptet wird, dass der Schutz der von der Rechtsprechung entwickelten vermögenswerten Bestandteile der Persönlichkeitsrechte, um den es hier geht, lediglich zivilrechtlich und nicht, wie das ideelle allgemeine Persönlichkeitsrecht, verfassungsrechtlich begründet ist.[58] Denn versteht man den kommerzialisierten Teil des Persönlichkeitsrechts als vermögenswertes Ausschließlichkeitsrecht und damit als Vermögensrecht[59] unterfällt dieser Teil jedenfalls dem Eigentumsschutz aus Art. 14 Abs. 1 GG.[60] Insofern ist im Wege der praktischen Konkordanz[61] genau zu prüfen, ob durch die Werbung in nicht gerechtfertigter Weise in die vermögenswerten, durch Art. 14 Abs. 1 GG geschützten Interessen des B eingegriffen wurde oder ob nicht nach den oben benannten Grundsätzen das Recht der Meinungsfreiheit nach Art. 5 Abs. 1 GG bzw. der Kunstfreiheit nach Art. 5 Abs. 3 GG zu einer anderen Bewertung führt.

b) Abwägungsentscheidung. Das Recht auf Meinungsfreiheit/Kunstfreiheit bricht im Vorliegenden die kommerziellen Interessen des B an der ausschließlichen Nutzung des vermögenswerten Teil des Namens des E für seine Produkte auf.

aa) Öffentliches Interesse von gesellschaftlicher Relevanz. Der Werbespot der W war Meinung i. S. d. Art. 5 Abs. 1 GG und als solche geeignet, eine öffentliche Diskussion in Gang zu setzen. Eine gesellschaftliche Relevanz[62] besteht nämlich insofern, als sie Teil der öffentlichen Auseinandersetzung über den Nimbus Starfriseur ist, über den oft in den Medien und auch im Buch des E berichtet wird. Hierauf aufbauend wird im Werbespot der Name „Emil" in einem satirisch spöttischen Zusammenhang verwendet. Denn indem „Emil" zunächst in seinem überbordenden Salon mit meckernden Kunden gezeigt wird und diese Szene anschließend unter jeglichem Luxusverzicht und mit glücklichen Kunden kontrastiert wird, wird deutlich gemacht, dass auch ein Starfriseur, der in der Vergangenheit häufig mit den hohen Ansprüchen seiner exklusiven, teilweise prominenten Kunden in den Medien und seinem Buch kokettiert, diese mit einfachen Mitteln, hier dem Wohlfühl-Shampoo, glücklich machen kann. Emil erscheint somit in der Werbung der W als eine Art Anti-Held[63]. Ein positiver Imagetransfer zwischen dem Shampoo und E wird nicht hergestellt. Dies hat zur Folge, dass nicht der Werbewert des Starfriseurs und damit der vermögenswerte Bestandteil des Persönlichkeitsrechts, das das Vermögensrecht der B in diesem Zusammenhang darstellt, ausgenutzt werden. Dies wäre nur dann der Fall, wenn W den Namen des E benutzt hätte, ohne ihn satirisch-spöttisch zu überhöhen. Der meinungsbildende Inhalt wurde hier aber, nach dem eben Gesagten, gerade nicht durch den offensichtlichen Werbezweck so überlagert, dass eine Verdrängung der Satire stattfin-

---

[56] BGH WRP 2008, 1527, 1528 – „Schau mal Dieter"; BGH GRUR 2008, 1124, 1126 – Zerknitterte Zigarettenschachtel; BGH GRUR 2007, 139, 142 – Rücktritt des Finanzministers; BGH MMR 2007, 106, 107 – kinski-klaus.de.

[57] OLG Hamburg ZUM 2005, 164, 166.

[58] BVerfG NJW 2006, 3409 – Werbekampagne mit blauem Engel; *Ehmann* AfP 2007, 81, 82; danach wäre der Meinungsfreiheit stets der Vorrang einzuräumen, denn Verfassungsrecht steht über einfachem Recht.

[59] Zum Vermögensrecht allgemein vgl. BVerfG NJW 2006, 1191, 1192 – „Halbteilungsgrundsatz"; Auflistung verschiedener privatrechtlicher Positionen BeckOK/*Axer* GG Art. 14 Rn. 48 ff.

[60] So wohl auch BVerfG ZUM 2009, 479, 480.

[61] BVerfG NJW 2006, 596, 598 – Xavier Naidoo.

[62] Vgl. hierzu im Einzelnen BVerfG NJW 2008,1793 ff. – Caroline von Hannover; BVerfG NJW 2006, 3406 ff. – „Rivalin" von Uschi Glas.

[63] Wandtke/*Boksanyi* Medienrecht 6. Teil Kap. 2 Rn. 71.

det.[64] Mithin fehlt es letztlich sogar am Eingriff in das Vermögensrecht der B und damit in Art. 14 Abs. 1 GG.

bb) Kommerzialisierung der eigenen Person. Hinzu kommt, dass E durch seine eigene Medientätigkeit, (er hat über seine Tätigkeit u. a. in seinem Buch berichtet sowie seinen Namen für die Vermarktung von Friseurprodukten lizenziert), sich selbst dem öffentlichen Interesse ausgesetzt hat und insoweit Eingriffe in sein Persönlichkeitsrecht eher hinnehmen muss, als jemand der seine Persönlichkeit versucht aus den Medien herauszuhalten.[65] Da das Interesse der B als Lizenznehmer bei einer Verletzung der Persönlichkeitsrechte nicht weiter gehen darf, als das des Persönlichkeitsträgers, sind diese Einschränkungen zu Lasten des E auch auf B anzuwenden.

4. Ergebnis

Mangels rechtswidrigem Eingriff in das vermögenswerte Recht der B liegt kein begründeter Unterlassungsanspruch vor.

Lösung Abwandlung

Eine Abgabepflicht der B nach §§ 24, 25 KSVG besteht nicht. Der Abgabetatbestand des § 25 I KSVG knüpft zunächst an die Versicherungspflicht nach § 1 KSVG an. Bereits hieran könnte man bei H als Model zweifeln. Denn als Model ist sie zunächst nicht versicherungspflichtig i. S. d. § 1 KSVG. So ist sie nicht dauerhaft künstlerisch tätig, sondern ihre Mitarbeit ist auf drei Werbespots beschränkt. Dies ist jedoch für die Abgabepflicht nach § 25 KSVG unerheblich. So unterfallen nach allgemeiner Rechtsprechung auch solche Honorare der Abgabepflicht des § 25 KSVG, die an nicht selbst versicherungspflichtige Künstler gezahlt werden.[66]

Entscheidend ist vielmehr, dass der Empfänger des Entgelts überhaupt künstlerisch oder publizistisch tätig war. Dies könnte hier zunächst sogar der Fall sein. So ließe es sich hier durchaus argumentieren, dass die Darstellung in einem Werbespot ein gewisses Mindestmaß an schauspielerischer Arbeit erfüllt. Da der Gesetzgeber das soziale Schutzbedürfnis der Betroffenen in den Vordergrund stellt, und dabei gerade nicht die Qualität der künstlerischen Leistung,[67] mag die Teilnahme an einem Werbespot mithin sogar ausreichen, um den Schutzbereich von § 1 KSVG zu eröffnen.

Letztlich kann eine nähere Beurteilung hierzu jedoch dahingestellt bleiben, da die Abgabepflicht nach § 25 KSVG jedenfalls nur dann entsteht, wenn die künstlerische Darbietung nicht nur einmalig, sondern so nachhaltig ausgeübt wird, dass sie als Wesensmerkmal der Person angesehen wird.[68] Hier jedoch wird jeder Zuschauer die Teilnahme der H beim Werbespot lediglich als Annex zu ihrer Berufsausübung als Model ansehen und gerade nicht etwa als eine Tätigkeit, bei es der H vorrangig darum geht, sich künstlerisch auszudrücken. Insofern geht die Rechtsprechung davon aus, dass in einem solchen Fall

---

[64] So war dies auch bei BGH GRUR 2007, 139, 141 – Rücktritt des Finanzministers; BGH WRP 2008, 1527, 1528 – „Schau mal Dieter"; BGH GRUR 2008, 1124, 1126 – Zerknitterte Zigarettenschachtel der Fall.

[65] So auch BGH WRP 2008, 1527, 1529 – „Schau mal Dieter"; vgl. dazu im Übrigen ausführlich Fall Nr. 37.

[66] BSG ZUM 2008, 721, 722 f. – Profisportler.

[67] BT-Drs. VIII/3172, S. 21; *Berndt* DStR 2008, 203.

[68] BSG ZUM 2008, 721, 723 – Profisportler.

die Werbeauftritte in den Werbspots allein der Vermarktung der Persönlichkeit dienen. Darin liegt jedoch keine künstlerische Tätigkeit.[69] Da als Bemessungsgrundlage der KSA nach § 25 Abs. 1 S. 1 KSVG jedoch nur Entgelte für künstlerische Leistungen herangezogen werden,[70] besteht eine Abgabepflicht hier somit nicht und B kann gegen den Festsetzungsbescheid erfolgreich Widerspruch einlegen.

Fall 36: „Götter in Weiß"

Gegendarstellung/Anzuwendendes Recht/Betroffenheit/Printmedium/Tatsachenbehauptung/notwendige Formalien/prozessuale Durchsetzung

Sachverhalt

In der täglich erscheinenden Zeitung B wird am 16.09.2009 auf der Meinungsseite eine Kolumne unter dem Titel „Götter in Weiß" veröffentlicht. Darin wird die X wie folgt zitiert: „Die Ärzte Conrad A., Wilhelm C. und Dörte D., die zuletzt in zahlreichen Medienberichten als Helden der Medizin gefeiert wurden, haben an mir ohne meine Zustimmung ein neues OP-Verfahren ausprobiert." Auf eine Anfrage der B-Zeitung zu diesem Vorwurf hatten sich weder A, C noch D geäußert. Noch am Tag des Erscheinens der Kolumne in der B rufen in der Praxis von A, C und D zahlreiche Patienten an und streichen unter Berufung auf den Artikel ihre Operationstermine. A wendet sich deswegen an den Rechtsanwalt R. Dieser sendet am 23.09.2009 an den Hamburger Standort des B-Verlages (B wird im Impressum als Herausgeber und Verleger bezeichnet; es existieren zwei Verlagsstandorte) ein von ihm unterzeichnetes und als Gegendarstellungsverlangen betiteltes Schreiben unter Beifügung einer Originalvollmacht. In diesem Schreiben verlangt R unter Berufung auf § 11 HambPresseG, dass B als Verleger wegen der benannten Kolumne eine noch zu übermittelnde Gegendarstellung abdruckt. Am 30.09.2009 übersendet A von seinem eigenen Faxgerät folgende, an den B adressierte und von ihm mit seinem Nachnamen deutlich lesbar unterzeichnete Gegendarstellung: „In der Ausgabe vom 16.09.2009 zitieren sie auf der Meinungsseite unter der Überschrift „Götter in Weiß" Frau X wie folgt „…" Hierzu stelle ich fest: Frau X wurde über die Operationsrisiken von mir ausführlich aufgeklärt. Sie hat sich daraufhin in die Operationsmethode einverstanden erklärt und eine entsprechende Erklärung unterzeichnet." Ein Beweis für seine Behauptung wird nicht mitgesandt.

1) Besteht ein Anspruch des A auf Abdruck der Gegendarstellung?
2) Angenommen, B weigert sich: Wie ist der Anspruch auf Gegendarstellung durchzusetzen?

---

[69] BSG ZUM 2008, 721, 724 – Profisportler; BSG Beck RS 2006 41407 – Künstlergruppe P; kritisch hierzu vgl. Anm. hierzu von *Ruland* JuS 2009, 76 ff.
[70] *Berndt* DStR 2007, 1631, 1634.

Lösung

I. Gegendarstellungsanspruch aus § 11 Abs. 1 HambPresseG

Ein entsprechender Gegendarstellungsanspruch des A könnte sich aus § 11 Abs. 1 HambPresseG ergeben.[71] Da das Pressegesetz nicht bundeseinheitlich geregelt ist, sondern in sechzehn verschiedene Landespressegesetze zerfällt, ist es zunächst erforderlich, das für die Beurteilung des Gegendarstellungsanspruchs des A maßgebliche Landesrecht zu bestimmen. Dieses richtet sich nach allgemeiner Auffassung, die hierfür auf den allgemeinen Rechtsgedanken in § 40 EGBGB zurückgreift, bei Verlagserzeugnissen nach dem Erscheinungsort des Druckerzeugnisses.[72] Als Erscheinungsort gilt regelmäßig der Verlagsort.[73] Fraglich ist somit, wo der Verlagsort der B liegt. Die B hat ihren Verlagsort an zwei verschiedenen Standorten; in Berlin und in Hamburg. Dies hat zur Folge, dass der Verlag an jedem seiner Standorte auf Gegendarstellung in Anspruch genommen werden kann.[74] Im vorliegenden Fall hat A sein Gegendarstellungsverlangen unter Berufung auf das HambPresseG an den Hamburger Standort gerichtet. Insofern ist das Hamburger Landespressegesetz als Beurteilungsmaßstab heranzuziehen.

1. Anspruchsberechtigter (Aktivlegitimation)

Um einen Gegendarstellungsanspruch durchzusetzen, muss man Anspruchsberechtigter i. S. d. § 11 HambPresseG sein. Als Anspruchsberechtigter gilt dabei derjenige, der von der Presseberichterstattung betroffen ist. A müsste also betroffen sein. Betroffen können sowohl juristische als auch lebende[75] natürliche Personen sein.[76] Als betroffen gilt, wer durch die im Pressebericht aufgestellten Behauptungen in seiner eigenen Interessensphäre individuell berührt wird.[77] Die Anforderungen hierfür sind allerdings nicht zu hoch anzusetzen. So wird eine den Gegendarstellungsanspruch auslösende Betroffenheit nicht erst bei dem Vorliegen einer Ehrverletzung angenommen.[78] Fraglich ist, ob A in diesem Sinne individuell berührt wurde. Hier wurde über A berichtet, dass er ein Operationsverfahren ohne Zustimmung der Patientin durchgeführt hat. Eine individuelle Betroffenheit könnte somit gegeben sein, da dem A damit vorgeworfen wird, X als „Versuchskaninchen" für ein neues Operationsverfahren benutzt zu haben. Problematisch könnte jedoch sein, dass über den A lediglich anonymisiert berichtet wurde. Damit könnte es an einer entsprechenden Betroffenheit fehlen, wenn aufgrund der anonymisierten Berichterstattung keine hinreichende Individualität gegeben ist. Diese ist hier gleichwohl gegeben, da A aufgrund der durch die Berichterstattung vermittelten Faktenlage und Zusammenhänge ohne weiteres nach dem Verständnis eines hieran interessierten Lesers als gemeint identifiziert werden

---

[71] Vgl. als maßgebliche Darstellung im Gegendarstellungsrecht Seitz/Schmidt/Schoener: Der Gegendarstellungsanspruch.

[72] OLG Düsseldorf GRUR 1987, 297, 298; *Prinz/Peters* Rn. 455; Götting/Schertz/Seitz/*Seitz* § 48 Rn. 19.

[73] Paschke/Berlit/Meyer/*Meyer* 41. Abschnitt Rn. 2; Wenzel/*Burkhardt* Kap. 11 Rn. 32.

[74] OLG Düsseldorf GRUR 1987, 297, 298; *Prinz/Peters* Rn. 587.

[75] KG ZUM-RD 2007, 232; OLG Stuttgart NJW-RR 1996, 599; Paschke/Berlit/Meyer/*Meyer* 41. Abschnitt Rn. 9; a. A. *Prinz/Peters* Rn. 134.

[76] OLG Thüringen ZUM-RD 2007, 483, 485; Wenzel/*Burkhardt* Kap. 11 Rn. 71.

[77] OLG Thüringen ZUM-RD 2007, 483, 485; LG München ZUM 2006, 81, 82; *Prinz/Peters* Rn. 465; *Seitz/Schmitz/Schoener* Rn. 62; Götting/Schertz/Seitz/*Seitz* § 48 Rn. 19.

[78] BVerfG NJW 1998, 1381, 1383 – Gegendarstellung auf der Titelseite; *Prinz/Peters* Rn. 465.

kann.[79] Wegen des Hinweises auf den „Heldenstatus" des A in der Medizin, war für jeden interessierten Leser deutlich, wer gemeint war. Dies zeigt sich nicht zuletzt auch in den Absagen, die explizit unter Berufung auf den Pressebericht erfolgt sind.

Einer Anspruchsberechtigung des A fehlt es iÜ auch deswegen nicht, weil durch die angegriffene Erstmitteilung nicht allein A, sondern auch C und D betroffen sind. So ist A nicht verpflichtet, den geltend gemachten Gegendarstellungsanspruch ausschließlich zusammen mit C und D zu erheben. Denn es handelt sich beim Gegendarstellungsanspruch um ein höchstpersönliches Recht[80], das auch wegen der möglichen unterschiedlichen Interessenlagen von jedem Betroffenen individuell geltend gemacht werden können muss.[81] A hatte hier zudem ein besonderes eigenes Interesse, den Gegendarstellungsanspruch geltend zu machen, weil er vorbringt die Beratung der X selbst vorgenommen zu haben.

2. Anspruchsverpflichteter (Passivlegitimation)

A hat den Gegendarstellungsanspruch gegenüber B erhoben. Fraglich ist jedoch, ob B zum Abdruck der Gegendarstellung verpflichtet ist. Im Printbereich gelten nach § 11 Abs. 1 HambPresseG gleichrangig[82] der verantwortliche Redakteur sowie der Verleger als anspruchsverpflichtet. Wie sich aus der Anspruchsschrift ausdrücklich ergibt, nimmt A den B in seiner Eigenschaft als Verleger in Anspruch.[83] Fraglich ist somit, ob es sich bei B um den Verleger i. S. d. § 11 HambPresseG handelt. Als Verleger bezeichnet man im presserechtlichen Sinne denjenigen, der ein von ihm selbst oder von anderen hergestelltes Druckwerk erscheinen lässt und seine Verbreitung bewirkt.[84] Ob dies tatsächlich der Fall ist, ist dabei ohne Belang. Die Verlegereigenschaft des B wird nämlich hier durch das Impressum vermutet, da B in diesem als Herausgeber und Verleger bezeichnet wird. Hierdurch wird ein vom Verlag begründeter Rechtsschein gesetzt, an dem sich der Verlag festhalten lassen muss.[85] Der Geltendmachung des Gegendarstellungsanspruchs gegenüber B steht es zudem nicht entgegen, dass es sich bei der angegriffenen Tatsache um ein Zitat der Patienten X handelt.[86] Denn aus Sinn und Zweck des Gegendarstellungsrechts folgert die allgemeine Auffassung, dass eine Abdruckpflicht des Anspruchsverpflichteten nicht nur für eigene, sondern auch für fremde Aussagen besteht, wenn sie von B in einem ihrer Artikel verwandt wurde, ohne dass eine hinreichende Distanzierung von der zitier-

---

[79] BGH NJW 1963, 1155; OLG Brandenburg NJW-RR 2000, 325, 326; *Prinz/Peters* Rn. 467; Wenzel/*Burkhardt* Kap. 11 Rn. 78.

[80] KG ZUM-RD 2007, 232, 233; OLG Koblenz NJW-RR 1998 23, 24; Paschke/Berlit/Meyer/*Meyer* 41. Abschnitt Rn. 32.

[81] OLG Karlsruhe AfP 2006, 372, 373; Paschke/Berlit/Meyer/*Meyer* 41. Abschnitt Rn. 32; *Prinz/Peters* Rn. 464.

[82] *Löffler/Ricker* 25. Kap. Rn. 9.

[83] Diese Vorgehensweise ist zu empfehlen, da aufgrund oftmals nicht gegebener Transparenz nicht eindeutig geklärt werden kann, wer als Redakteur für den Pressebericht verantwortlich i. S. d. § 11 HambPresseG ist; vgl. zu dieser Problematik ausführlich OLG Celle NJW 1996, 1149, 1150; *Prinz/Peters* Rn. 473 ff.

[84] OLG Karlsruhe AfP 1992, 373; *Prinz/Peters* Rn. 471; Paschke/Berlit/Meyer/*Meyer* 41. Abschnitt Rn. 11.

[85] OLG Karlsruhe AfP 1992, 373.

[86] BGH NJW 1997, 1148, 1149 – Chefarzt; BGH NJW 1996, 1131, 1132 – Der Lohnkiller; OLG Brandenburg NJW-RR 2000, 326, 327; OLG Karlsruhe NJW-RR 2000, 323; *Beater* Rn. 1818; *Löffler/Ricker* 25. Kap. Rn. 13; Wenzel/*Burkhardt* Kap. 11 Rn. 46.

ten Aussage erfolgt ist.[87] Denn andernfalls könnte sich der Verleger ohne weiteres seiner Abdruckpflicht durch das Wählen einschränkender Formmerkmale entziehen.[88]

3. Formelle Voraussetzungen

Die Gegendarstellung unterliegt bestimmten formellen Voraussetzungen. So muss A die besonderen Fristen aus § 11 Abs. 2 S. 5 HambPresseG beachten sowie zudem den notwendigen Formalien aus § 11 Abs. 2 S. 4 HambPresseG genügen. Fraglich ist, ob A diese formalen Kriterien eingehalten hat.

a) Frist. A müsste seinen Gegendarstellungsanspruch zunächst gegenüber B nach § 11 Abs. 2 S. 5 HambPressG unverzüglich[89] und unter Beachtung einer dreimonatigen Ausschlussfrist geltend gemacht haben.

aa) Unverzüglich. Unverzüglich i. S. d. § 11 Abs. 2 S. 5 HambPressG meint, unter Heranziehung des allgemeinen Rechtsgedankens aus § 121 Abs. 1 S. 1 BGB, ohne schuldhaftes Zögern.[90] Dies bedeutet allerdings nicht sofort,[91] denn dem Anspruchsberechtigten wird zugestanden, die Auswirkungen der Erstmitteilung abzuwarten und sich hierüber rechtlich beraten zu lassen.[92] Insofern gesteht die h. M. dem Anspruchsberechtigten eine Reaktionsfrist von zumindest zwei Wochen nach Kenntnisnahme der Erstmitteilung zu.[93] Diese Zwei-Wochenfrist wurde von A eingehalten.

bb) Ausschlussfrist. Das überarbeitete Gegendarstellungsverlangen ist dem Anspruchsverpflichteten B zudem innerhalb der von § 11 Abs. 2 S. 5 HambPresseG vorausgesetzten Drei-Monatsfrist zugeleitet worden. Das Anspruchsrecht des A auf Gegendarstellung ist somit nicht wegen Verstreichenlassens dieser Ausschlussfrist erloschen.

b) Zuleitung. Die Gegendarstellung muss zudem zugeleitet worden sein. Dies war durch die Übermittlung der Gegendarstellung an das Fax des Anspruchsverpflichteten der Fall.[94] Zwar wurde die Gegendarstellung nur an den Verlag als solchen adressiert und nicht an eine bestimmte Person. Dies genügt jedoch den notwendigen Zuleitungsformalien aus § 11 Abs. 2 S. 5 HambPressG.[95]

c) Form. Desweiteren bedarf die Gegendarstellung der Schriftform und muss von dem Betroffenen oder seinem gesetzlichen Vertreter unterzeichnet worden sein, § 11 Abs. 2

---

[87] BGH NJW 1997, 1148, 1149 – Chefarzt; BGH NJW 1996, 1131, 1132 – Der Lohnkiller; *Prinz/Peters* Rn. 487.

[88] OLG Frankfurt AfP 1985, 290; *Löffler/Ricker* 25. Kap. Rn. 13; *Prinz/Peters* Rn. 487.

[89] Beachte in Bayern gilt statt des Unverzüglichkeitsgebots eine sogenannte Aktualitätsgrenze. Das OLG München hat hierzu festgestellt, dass einem Gegendarstellungsverlangen die Aktualität fehlt, wenn es bei Tageszeitungen nach Ablauf von vier Wochen, bei Wochenzeitschriften nach Ablauf von sieben Wochen nach deren Erscheinen (!), nicht etwa nach Kenntnisnahme der Erstmitteilung, gegenüber dem Anspruchsverpflichteten geltend gemacht wird (vgl. dazu OLG München NJW-RR 2001, 832; OLG München NJW-RR 2002, 1271; OLG München AfP 1999, 72).

[90] *Götting/Schertz/Seitz/Seitz* § 48 Rn. 29; *Paschke/Berlit/Meyer/Meyer* 41. Abschnitt Rn. 40; *Prinz/Peters* Rn. 567.

[91] OLG Koblenz NJW-RR 1998, 25, 26; *Prinz/Peters* Rn. 567.

[92] *Löffler/Ricker* 25. Kap. Rn. 26; *Prinz/Peters* Rn. 568.

[93] OLG Zweibrücken BeckRS 2009 01749; OLG Dresden ZUM-RD 2007 117, 118; OLG Stuttgart AfP 2006, 252; OLG München NJW-RR OLG Hamburg NJW-RR 2001, 186; LG Dresden AfP 2006, 485; *Löffler/Ricker* 25. Kap. Rn. 26; *Paschke/Berlit/Meyer/Meyer* 41. Abschnitt Rn. 40; *Prinz/Peters* Rn. 568; beachte **a. A.** KG ZUM 2009, 228 (!) hier gilt nur eine 10-Tages-Frist.

[94] Strittig ob die Zuleitung per Fax genügt, vgl. nachfolgend.

[95] *Prinz/Peters* Rn. 565.

S. 4 HambPresseG.[96] Fraglich ist, ob diese Voraussetzungen hier erfüllt sind. Die Gegendarstellung wurde nur mittels Telefax übermittelt. Insofern könnte man an der eigenhändigen Unterzeichnung des A i. S. d. § 126 Abs. 1 BGB zweifeln. Allerdings ist dem Schriftformerfordernis i. S. d. § 11 Abs. 2 S. 4 HambPresseG genüge getan, so lange die Prüfungsmöglichkeit vom Inhalt der Gegendarstellung und das Feststellen der Identität des Anspruchsberechtigten gewährleistet ist.[97] Dies war hier der Fall. An der Identität des A bestand kein Zweifel, die Unterschrift auf dem Telefax war ohne weiteres lesbar. Zudem war das Telefax ohne Zwischenempfänger vom Gerät des A beim Anspruchsverpflichteten eingegangen.[98] Sinn und Zweck des Formerfordernisses des § 11 Abs. 2 HambPresseG ist somit ausreichend gewahrt.

Das A lediglich mit seinem Nachnamen unterzeichnet hat, steht einer wirksamen Gegendarstellung ebenfalls nicht entgegen, weil die Kennzeichnung einer Person zur Unterscheidung von anderen im allgemeinen Sprachgebrauch durch den Familiennamen erfolgt.[99] Der Nachname des A ist hinreichend unterscheidungskräftig und es ist auch wegen der sonstigen Begleitumstände, hinreichend deutlich, wer die zugefaxte Gegendarstellung unterschrieben hat, so dass es einer klarstellenden Ergänzung durch Hinzufügung des Vornamens nicht bedurfte.[100]

d) Abdruckverlangen. Das Zusenden einer bloßen Gegendarstellung, ohne ein zusätzliches, von der Gegendarstellung streng getrenntes Abdruckverlangen genügt allerdings nicht, um eine Verpflichtung der Presse zum Abdruck der Gegendarstellung zu begründen. Vielmehr bedarf es eines zusätzlichen Begleitschreibens, in dem der Anspruchsberechtigte zum Abdruck aufgefordert wird. Ein derartiges Abdruckverlangen könnte in dem Schreiben des Rechtsanwalts R vom 30.09.2009 liegen. Hierin forderte Rechtsanwalt R den B auf, die noch nachzusendende Gegendarstellung abzudrucken. Fraglich ist aber, ob dieses Schreiben als Abdruckverlangen i. S. d. § 11 Abs. 2 S. 5 HambPresseG gewertet werden kann. Dies ist zu bejahen. Einem wirksamen Abdruckverlangen steht es nämlich nicht entgegen, dass dieses zeitlich vor der Gegendarstellung beim Anspruchsberechtigten zugegangen ist.[101] Unerheblich ist zudem, dass die Anspruchsschrift nicht von A selbst, sondern durch seinen Rechtsanwalt R abgeschickt wurde. Denn bei der bloßen Zuleitung des Gegendarstellungsverlangens handelt es sich nicht um eine Willenserklärung, sondern um eine bloße Realhandlung, die unabhängig von etwaigen Problemen im Stellvertretungsrecht auch durch den Beauftragten erfolgen kann.[102] Allerdings könnte problematisch sein, dass der Rechtsanwalt R das Gegendarstellungsverlangen nicht bloß zugeleitet, sondern zugleich im Namen des Anspruchsberechtigten unterzeichnet hat. Dies wäre jedenfalls dann nicht ausreichend, wenn das Gegendarstellungsverlangen ebenfalls den Formvoraussetzungen des § 11 Abs. 2 S. 4 HambPresseG unterfallen würde. Dies ist allerdings, wie sich aus dem Wortlaut des § 11 Abs. 2 S. 5 HambPresseG ergibt nicht der Fall. Allein die

---

[96] **Beachte:** Dies ist in den anderen Landespressegesetzen teilweise anders geregelt!

[97] OLG Dresden ZUM-RD 2007, 117; OLG München ZUM-RD 2000, 428; OLG München NJW-RR 2001, 832; OLG München AfP 1999, 72; KG AfP 1993, 748; OLG Saarbrücken NJW-RR 1992, 730, 731; *Löffler/Ricker* Kap. 25 Rn. 18; *Prinz/Peters* Rn. 517; Wenzel/*Burkhardt* Kap. 11 Rn. 159; a. A. OLG Hamburg NJW 1990, 1613.

[98] OLG München ZUM-RD 2000, 428; OLG München NJW-RR 2001, 832; OLG München AfP 1999, 72; *Löffler/Ricker* Kap. 25 Rn. 18.

[99] BGH NJW 2003, 1120; Paschke/Berlit/Meyer/*Meyer* 41. Abschnitt Rn. 36.

[100] *Prinz/Peters* Rn. 513.

[101] *Löffler/Ricker* Kap. 25 Rn. 25.

[102] *Prinz/Peters* Rn. 563.

Voraussetzungen des § 174 BGB mussten somit durch den R gewahrt werden. Dies hat R durch Beifügung einer von A unterschriebenen Originalvollmacht getan.[103]

4. Materielle Voraussetzungen

Liegen die formellen Voraussetzungen mithin vor, sind zusätzlich jedoch noch eine Reihe materieller Voraussetzungen zu beachten.

a) Periodisches Druckwerk. Die beanstandete Tatsache muss zunächst in einem periodischen Druckwerk veröffentlicht worden sein. Unter einem periodischen Druckwerk versteht man nach der Legaldefinition des § 7 Abs. 4 HambPresseG Zeitungen, Zeitschriften und andere in ständiger, wenn auch unregelmäßiger Folge und im Abstand von nicht mehr als sechs Monaten erscheinende Druckwerke. Bei der B handelt es sich um eine derartig regelmäßig, weil tägliche erscheinende Zeitung, die mittels Druckmaschinen in Massen hergestellt und zur Verbreitung bestimmt ist. Die angegriffene Tatsache wurde auch in einem Artikel dieser Zeitung veröffentlicht und stellt somit eine nach § 11 HambPresseG relevante Erstmitteilung dar.

b) Tatsachenbehauptung. Ein Gegendarstellungsanspruch des A ist weiter davon abhängig, dass es sich bei der hier angegriffenen Aussage um eine Tatsachenbehauptung i. S. d. § 11 HambPresseG handelt. Unter einer Tatsachenbehauptung versteht man eine Äußerung, die dem Beweis offen steht.[104] Dies ist immer dann der Fall, wenn die getroffene Aussage mit den Mitteln des Beweises auf ihre Richtigkeit untersucht werden kann[105] und nicht durch Elemente der Stellungnahme und des Dafürhaltens gekennzeichnet ist. Maßgeblich ist dabei der Inhalt der gemachten Aussage, unerheblich sind hingegen reine Äußerlichkeiten.[106] Insofern ist der Umstand, dass die Behauptung auf der Meinungsseite der B-Zeitung aufgestellt wurde, nicht geeignet, die Äußerung dem Meinungsbereich ohne nähere Überprüfung zuzuordnen und das Vorliegen einer Tatsachenäußerung auszuschließen.[107] Im Gegenteil, die angegriffene Presseaussage kann von einem durchschnittlichen Leser zwingend als nicht anderes als eine Tatsache aufgefasst werden.[108] Denn die getroffene Äußerung ist ohne weiteres etwa durch Zeugenaussagen darauf überprüfbar, ob sie wahr oder unwahr ist.

c) Aufgestellt. Die Tatsachenbehauptung wurde zudem auch durch die Veröffentlichung in der Zeitschrift aufgestellt, d. h. dem angesprochenen Leserkreis mitgeteilt.[109]

d) Berechtigtes Interesse. Der Gegendarstellungsanspruch des A wäre ausgeschlossen, wenn dieser sich nicht auf ein berechtigtes Interesse an der Verbreitung der Gegendarstellung berufen könnte. Zwar benennt das hamburgische Landespressegesetz diese Voraussetzung nicht explizit, gleichwohl wird das Vorliegen eines berechtigten Interesses als allgemeines Rechtsprinzip verstanden, das auch bei Fehlen einer entsprechenden Regelung

---

[103] Götting/Schertz/Seitz/*Seitz* § 48 Rn. 52.
[104] st. Rspr. BVerfG NJW 1999, 483, 484; BGH NJW 1997, 1148 – Chefarzt; OLG Frankfurt/Main BeckRS 2009 06415.
[105] BGH NJW 2002, 1192, 1193 – Dem Autor in die Tasche gefasst; vgl. zu griffigen Prüfungsmerkmalen hierzu bei Götting/Schertz/Seitz/*Seitz* § 48 Rn. 25; *Löffler/Ricker* 25. Kap. Rn. 10.
[106] *Beater* Rn. 1577.
[107] LG Freiburg ZUM-RD 1999, 138; Wenzel/*Burkhardt* Kap. 11 Rn. 47.
[108] BVerfG NJW 2008, 1654; OLG Hamburg AfP 2008, 314; OLG Düsseldorf NJW 2008, 1825.
[109] *Beater* Rn. 1824; *Löffler/Ricker* 25. Kap. Rn. 13.

stets in der Person des A vorliegen muss,[110] wobei die Darlegungs- und Beweislast für das Fehlen eines solchen Interesses beim Abdruckverpflichteten liegt.[111] Fraglich ist daher, ob es an einem derartig berechtigten Interesse fehlt. Bei der Äußerung, dass ein Operationsverfahren ohne vorherige Beratung und Zustimmung der Patientin durchgeführt wurde, handelt es sich nicht lediglich um eine reine Belanglosigkeit,[112] sondern stellt nach dem Verständnis des unbefangenen Lesers[113] eine für das Selbstverständnis des Betroffenen als Arzt, der den hippokratischen Eid geschworen hat, bedeutsame, ein berechtigtes Interesse an der Gegendarstellung rechtfertigende Tatsache dar.[114] Ein berechtigtes Interesse besteht im Übrigen dabei nicht zuletzt auch deswegen, weil A in der Erstmitteilung nicht selbst zu Wort gekommen ist[115]. Etwas anderes folgt dabei auch nicht daraus, dass B vor der Veröffentlichung der Erstmitteilung den A um eine Stellungnahme zu den Vorwürfen gebeten hat. Es muss dem Betroffenen möglich sein, den Pressebericht abzuwarten und darauf entsprechend zu reagieren,[116] andernfalls wäre der effektive Anwendungsbereich des Gegendarstellungsanspruchs gemindert, da sich der Abdruckverpflichtete sonst bereits durch das vorbeugende Verschicken von Aufforderungen zur Stellungnahme allzu leicht seiner Abdruckverpflichtung entziehen könnte.

Da im späteren Verlauf B seine Tatsachenbehauptung nicht von sich aus berichtigt hat, was ein berechtigtes Interesse entfallen lassen würde,[117] besteht ein berechtigtes Interesse des A am Abdruck der Gegendarstellung.

e) Verhältnismäßigkeit. Ein Anspruch auf Abdruck der Gegendarstellung könnte entfallen, wenn diese in ihrem Umfang den beanstandeten Text in unangemessener Weise überschreiten würde, § 10 Abs. 2 S. 1 HambPresseG. Verglichen werden dabei der Umfang der Entgegnung als solcher, ohne Berücksichtigung der in der Gegendarstellung enthaltenen Erstmitteilung,[118] und der Umfang der konkret beanstandeten Tatsachenbehauptung.[119] Hierbei gilt, dass nicht jede Überschreitung bereits ein unangemessenes Verlangen bedeutet.[120] Dem Betroffenen muss es nach Sinn und Zweck des Gegendarstellungsrechts

---

[110] BGH NJW 1965, 1230 – Bamfolin; OLG Naumburg NJOZ 2006, 2270; OLG München NJW-RR 2000, 319, 320; OLG München NJW-RR 1999, 386; *Prinz/Peters* Rn. 490; *Wenzel/Burkhardt* Kap. 11 Rn. 52.

[111] OLG München NJW-RR 2000, 319, 320; OLG München NJW-RR 1999, 386; *Beater* Rn. 1838; *Wenzel/Burkhardt* Kap. 11 Rn. 51; beachte anders in Hessen (!) § 10 Abs. 2 S. 1 HessLPG.

[112] OLG Naumburg NJOZ 2006, 2270, 2271; OLG Hamburg ZUM-RD 2005, 279; *Paschke/Berlit/Meyer/Meyer* 41. Abschnitt Rn. 27; *Wenzel/Burkhardt* Kap. 11 Rn. 53.

[113] *Prinz/Peters* Rn. 490.

[114] Ob diese Tatsache wahr oder unwahr ist, ist dabei unerheblich. Dem Gegendarstellungsanspruch des A steht es somit nicht entgegen, dass dieser es unterlassen hat, einen konkreten Beweis dafür anzubieten, dass die beanstandete Tatsache tatsächlich wahr oder unwahr ist. BVerfG NJW 2002, 356, 357 – Gysi I; BVerfG NJW 1998, 1381 – Titelgegendarstellung; OLG Karlsruhe BeckRS 2009 06336; OLG München NJW-RR 2000, 319, 320.

[115] LG Düsseldorf AfP 1992, 315; *Paschke/Berlit/Meyer/Meyer* 41. Abschnitt Rn. 27.

[116] *Prinz/Peters* Rn. 493.

[117] OLG Köln NJW-RR 2001, 337; LG Berlin AfP 2004, 148; *Paschke/Berlit/Meyer/Meyer* 41. Abschnitt Rn. 27; *Prinz/Peters* Rn. 494.

[118] OLG Karlsruhe BeckRS 2009 06336.

[119] OLG Düsseldorf AfP 1988, 160; LG Düsseldorf BeckRS 2009 05964; *Beater* Rn. 1847; *Götting/Schertz/Seitz/Seitz* § 48 Rn. 36.

[120] OLG Koblenz NJOZ 2006, 1176, 1179; OLG München AfP 1999, 72, 73; *Beater* Rn. 1847; *Paschke/Berlit/Meyer/Meyer* 41. Abschnitt Rn. 34.

vielmehr möglich sein, sein Vorbringen hinreichend deutlich und klar zu artikulieren.[121] Insofern ist anhand einer normativen Feststellung jeder Fall auf seine Besonderheiten einzeln und objektiv zu überprüfen,[122] ohne dass von vornherein ein all zu kleinlicher Maßstab zugrunde gelegt wird.[123] Da die bei B eingereichte Gegendarstellung keine „Geschwätzigkeit"[124] beinhaltet, sondern sich die eigene Darstellung auf die Widerlegung der wesentliche Kernaussage des Artikels konzentriert, fehlt es vorliegend nicht am Merkmal der Angemessenheit i. S. d. § 10 Abs. 2 HambPresseG.

f) Gedanklicher Zusammenhang. Ein berechtigtes Gegendarstellungsverlangen setzt weiter zwingend voraus, dass dieses ausschließlich solche Tatsachen benennt (§ 10 Abs. 2 S. 3 HambPresseG), die in einem direkten gedanklichen Zusammenhang zu der in der Erstmitteilung aufgestellten Tatsachenbehauptung[125] stehen. Dies ist hier der Fall. Die im Gegendarstellungsverlangen gemachten tatsächlichen Angaben nehmen eindeutig auf die in der Erstmitteilung geschilderte OP Bezug. Es werden von der Erstmitteilung abweichende Begleitumstände geschildert. A trägt vor, dass X über die Operationsrisiken von ihm ausführlich aufgeklärt wurde und dass sie sich daraufhin in die Operationsmethode einverstanden erklärt hätte. Zwar trägt A noch zusätzlich vor, dass X sogar eine entsprechende Einwilligungserklärung unterzeichnet hätte, was bislang in der Erstmitteilung nicht angesprochen wurde. Dennoch war dies ohne weiteres noch möglich. Selbst wenn man hierin eine neue Tatsache erblickt, war die Mitteilung berechtigt, da diese geeignet ist die Erstmitteilung zu widerlegen.[126]

g) Zitat. Dem Gegendarstellungsverlangen wäre dann nicht nachzukommen, wenn A nicht deutlich gemacht hätte, dass er sich nicht gegen eine Behauptung des Anspruchsverpflichteten zur Wehr setzt, sondern gegen eine von diesem zitierte Äußerung einer Dritten.[127] Dieser Vorwurf kann A jedoch nicht gemacht werden. Denn durch die ergänzende Erläuterung: „In der Ausgabe vom 16.09.2009 zitieren sie auf der Meinungsseite unter der Überschrift „Götter in Weiß" Frau X wie folgt" hat er hinreichend deutlich gemacht, dass es sich bei der angegriffenen Aussage nicht um eine der B handelt.

II. Ergebnis

Da die Gegendarstellung auch keinen strafbaren Inhalt, § 10 Abs. 2 S. 3 HambPresseG enthält, macht A somit gegenüber B ein berechtigtes Gegendarstellungsverlangen geltend. Die dem B zugesandte Gegendarstellung muss in der nach Empfang der Einsendung nächstfolgenden, für den Druck nicht abgeschlossenen Nummer in dem gleichen Teil des Druckwerks[128] und mit gleicher Schrift wie der beanstandete Text[129] ohne Einschaltungen

---

[121] OLG Koblenz NJOZ 2006, 1176, 1181; Paschke/Berlit/Meyer/*Meyer* 41. Abschnitt Rn. 34.
[122] *Beater* Rn. 1847; Götting/Schertz/Seitz/*Seitz* § 48 Rn. 36.
[123] Paschke/Berlit/Meyer/*Meyer* 41. Abschnitt Rn. 34; *Prinz/Peters* Rn. 547.
[124] OLG Karlsruhe NJOZ 2007, 5189; 5191; LG München I NJW 2004, 606, 607; *Beater* Rn. 1847; *Prinz/Peters* Rn. 548.
[125] *Löffler/Ricker* 25. Kap. Rn. 22 m. w. N.
[126] OLG Karlsruhe BeckRS 2009 06336; OLG Karlsruhe NJW 2008, 775; *Löffler/Ricker* 25. Kap. Rn. 22.
[127] OLG Karlsruhe BeckRS 2009 06336; OLG Karlsruhe NJW-RR 2000, 323.; *Beater* Rn. 1844
[128] BVerfG NJW 1998, 1381 – Titelgegendarstellung; OLG Karlsruhe BeckRS 2009 06336.
[129] KG BeckRS 2009 05451.

und Weglassungen abgedruckt werden, § 11 Abs. 3 S. 1 HambPresseG.[130] Die Kosten hierfür kann B nicht von A ersetzt verlangen, § 11 Abs. 3 S. 3 HambPresseG.

III. Rechtsdurchsetzung

Sollte B dem Gegendarstellungsverlangen nicht nachkommen, ist für die Durchsetzung des Gegendarstellungsanspruchs der ordentliche Rechtsweg und das Verfahren auf Erlass einer einstweiligen Verfügung i. S. d. §§ 935 ff. ZPO gegeben, § 11 Abs. 4 S. 3 HambPresseG. Eine Gefährdung des Anspruchs braucht dabei nicht i. S. d. § 945 ZPO glaubhaft gemacht zu werden, § 11 Abs. 4 S. 4 HambPresseG. Die zwangsrechtliche Vollziehung dieses Anspruchs erfolgt dann nach § 888 ZPO.[131]

Fall 37: Jugendliche Prominente

Fotoberichterstattung über Minderjährige/Kommerzialisierung der Persönlichkeit in den Medien/Begleitpersonen.

Sachverhalt

Die siebzehnjährige Schauspielerin J hat im Jahr 2007 mit dem Fernsehsender F einen Exklusivvertrag über eine sog. Doku-Soap geschlossen. Gezeigt wird darin ihr alltägliches Familienleben. Eine entsprechende Einwilligung der Eltern der J hierfür lag vor. Ihr Bruder K wirkt in der Doku-Soap nicht mit. Der Fernsehsender F präsentiert das Familienleben der J als Vorzeigefamilie. In der Soap äußerte J mehrfach ihr Unverständnis über das bei Jugendlichen so beliebten Flat-Rate-Trinken. Die gesamte Doku-Soap ist von einer umfangreichen Medienberichterstattung begleitet.

Im August 2008 gegen 4 Uhr früh bemerkte ein bekannter Paparazzo die J, wie sie im Kreis diverser Freunde den 16. Geburtstag ihres Bruders K feierte und dabei ein feuchtfröhliches Wodkawetttrinken veranstaltete. Die Partygruppe ist offen und für alle Discobesucher sichtbar. Von J bemerkt, winkte diese ihn heran und posierte mit Wodkaflasche und lässt sich bereitwillig fotografieren. Die Fotos verkaufte der Paparazzo an die Zeitschrift B. Die Zeitschrift B entwickelte hierzu eine Titelstory. Darin bereitete sie noch einmal die heile Welt aus der Doku-Soap auf und setzte diese in Kontrast zur Entwicklung der J. Hierbei behandelt sie in sehr sachlichem Ton und unter Zugrundelegung mehrerer wissenschaftlicher Studien, dass Jugendliche, die bereits frühzeitig mit medialem Druck aufwachsen würden, öfter als ihre übrigen Altersgenossen mit zunehmendem Alter aus dem vorgegeben Rollenmuster ausbrechen und alkoholabhängig würden. Der Beitrag wurde bebildert. mit einem Paparazzo-Foto aus dem Nachtclub, das die J posierend mit der Wodkaflasche zeigt, wie sich an K anlehnt.

J und K wollen jeweils gegen die Veröffentlichung des Fotos vorgehen und die B auf Unterlassung in Anspruch nehmen.

---

[130] Guter Überblick hierzu OLG Karlsruhe BeckRS 2009 06336; *Löffler/Ricker* Kap. 27 Rn. 1 ff.; Paschke/Berlit/Meyer/*Meyer* 41. Abschnitt Rn. 47 ff.

[131] OLG Koblenz AfP 2009, 59; Götting/Schertz/Seitz/*Seitz* § 48 Rn. 79.

Lösung

I. Anspruch der J gegen B aus § 1004 Abs. 1 S. 2 BGB analog

J könnte gegen B ein Unterlassungsanspruch nach § 1004 Abs. 1 S. 2 BGB analog i. V. m. §§ 22, 23 KUG wegen Verwendung des Fotos in ihrer Zeitung zukommen. Dazu müsste B in das allgemeine Persönlichkeitsrecht der J (Art. 2 Abs. 1 i. V. m. 1 Abs. 1 GG), einschließlich ihres Rechts am eigenen Bild nach § 22 KUG eingegriffen haben.

1. Schutzgegenstand

Das Recht am eigenen Bild nach § 22 KUG als Ausprägung des allgemeinen Persönlichkeitsrechts aus Art. 2 Abs. 1 GG[132] gibt dem Einzelnen das Recht, über die Anfertigung und Verwendung von Bildnissen seiner Person auch in Massenmedien zu entscheiden.[133] Die im Artikel abgebildeten Fotografien sind solche Bildnisse i. S. d. § 22 KUG, da sie J in ihrer äußeren Erscheinung in einer für Dritte erkennbaren Weise wiedergeben.[134]

2. Widerrechtlicher Eingriff

Dieses Bildnis wurde über die Zeitung der B der Öffentlichkeit angeboten und in Verkehr gebracht[135], mithin in ein Massenmedium überführt.[136] Hierdurch könnte B in das Selbstbestimmungsrecht der J aus Art. 2 Abs. 1 i. V. m. 1 Abs. 1 GG eingegriffen haben.

Maßgeblich ist in diesem Zusammenhang das abgestufte Schutzkonzept der Rechtsprechung.[137] Danach dürfen Bildnisse aus dem Bereich der Zeitgeschichte nach § 22 KUG nur mit Einwilligung des Abgebildeten verbreitet werden. Liegt diese nicht vor, ist eine Abbildung nur möglich, wenn ein besonderes, aus der Zeitgeschichte folgendes, Informationsinteresse der Allgemeinheit besteht und kein berechtigtes Interesse des Abgebildeten verletzt wird, § 23 Abs. 2 KUG.[138]

a) Fehlende Einwilligung. Eine dem aus § 22 KUG folgenden Selbstbestimmungsrecht genügende Einwilligung fehlt hier. Etwas anderes folgt nicht daraus, dass die J den Paparazzo heran gewunken und sich von ihm bereitwillig fotografieren lassen hat. Zwar wird eine stillschweigende Einwilligung in solchen Fällen, in denen eine Fotografie in Kenntnis und mit Zustimmung der Abgebildeten erfolgt, vermutet. Letztlich kann hier aber dahinstehen, ob die vorliegende Situation hierfür ausreicht, mithin ob ein entsprechender objektiver Erklärungsempfänger das Verhalten der J tatsächlich als Einwilligung auffassen würde.[139] Denn die J war zum Fotografiezeitpunkt noch minderjährig. Es entspricht der h.A., dass bei Minderjährigen, auch wenn diese bereits das siebzehnte Lebensjahr erreicht haben, neben deren Einwilligung zusätzlich noch die Zustimmung ihrer gesetzlichen Vertreter

---

[132] Vgl. dazu ausführlich Fall Nr. 34.
[133] BVerfG NJW 2006, 3406, 3407 – „Rivalin" von Uschi Glas.
[134] BGH NJW 2000, 2195, 2200 – Marlene Dietrich; vgl. iÜ ausführlich zum Bildnisbegriff *Wandtke/Grassmann-Begemann* Medienrecht Teil 6 Kap. 3 Rn. 2 ff.
[135] Vgl. dazu auch *Wandtke/Grassmann-Begemann* Medienrecht Teil 6 Kap. 3 Rn. 17 f.
[136] BVerfG NJW 2008, 1793, 1796 – Caroline von Hannover.
[137] grundlegend dazu vgl. BVerfGE 35, 202, 224 f. – Mephisto; BVerfG NJW 2000, 1021 ff. – Caroline von Monaco; BGH GRUR 2007, 523, 525 ff. – Abgestuftes Schutzkonzept I.
[138] BGH GRUR 2007, 523, 525 – Abgestuftes Schutzkonzept I; BGH GRUR 2007, 899, 900 – Grönemeyer m. w. N.
[139] Vgl. dazu *Wandtke/Bullinger/Fricke* § 22 KUG Rn. 15.

zur Bildveröffentlichung vorliegen muss.[140] Denn beim Bildnisschutz von Minderjährigen ist deren besondere Schutzfähigkeit zu beachten.[141] Eine derartige Einwilligung der Eltern der J lag hier nicht vor. Somit fehlt für die Veröffentlichung der Fotos eine Einwilligung i. S. d. § 22 KUG. J wurde hierdurch in ihrem Selbstbestimmungsrecht verletzt.

b) Besonderes Ereignis der Zeitgeschichte. Fraglich ist jedoch, ob dieser Eingriff in das Persönlichkeitsrecht der J nicht aus anderen Gründen gerechtfertigt war. Der Schutz des Persönlichkeitsrechts unterliegt nämlich dem Gesetzesvorbehalt des Art. 2 Abs. 1 GG. Hierzu zählen auch die in § 23 Abs. 1 Nr. 1 KUG enthaltenen Regelungen über den Umfang der Befugnis zur einwilligungsfreien Veröffentlichung von Personenbildnissen aus dem Bereich der Zeitgeschichte.[142]

aa) Ereignis der Zeitgeschichte. Ausgangspunkt der Beurteilung ist, inwiefern der bebilderte Pressebericht eine Angelegenheit des Zeitgeschehens betrifft,[143] welche die Öffentlichkeit wesentlich berührt[144] und an deren vollständiger Information[145] durch die Presse ein gesellschaftliches Interesse besteht.[146] Die Beurteilung hierfür ist an den Grundsätzen der Pressefreiheit auszurichten.[147] Dieser unterfallen auch unterhaltende Beiträge.[148] Unterhaltung ist ein wesentlicher Bestandteil der Medienbetätigung, der am Schutz der Pressefreiheit in seiner subjektiv-rechtlichen wie objektiv-rechtlichen Dimension teilhat. Dies gilt auch für die Berichterstattung über Prominente.[149] Schließlich bieten prominente Personen Orientierung bei eigenen Lebensentwürfen und erfüllen unter Umständen sogar eine Leitbild- oder Kontrastfunktion für die Allgemeinheit.[150]

bb) Eine betrunkene Jugendliche als zeitgeschichtliches Ereignis. Fraglich ist also zunächst, ob die Bildberichterstattung über die betrunkene J überhaupt ein zeitgeschichtliches Ereignis behandelt. In den Bildern einer feiernden Jugendlichen als solches besteht zunächst kein besonderer Informationswert. Etwas anderes folgt auch nicht bereits daraus, dass die J als Schauspielerin sowie durch die Doku-Soap im Fernsehen und ihrer sonstigen medialen Präsenz eine Prominente ist. Auch Prominente haben das Recht, sich in Momenten der Entspannung „gehenzulassen".[151] Dies gilt insbesondere für jugendliche Prominente, da allgemein anerkannt ist, dass bei Jugendlichen, die sich erst noch zu eigenverantwortlichen Personen entwickeln müssen, zusätzliche Schutzmechanismen zu

---

[140] LG Bielefeld NJW-RR 2008, 715 – Supernanny; Wandtke/Bullinger/*Fricke* § 22 KUG Rn. 14.

[141] OLG Hamburg NJW 2009, 87, 88 – Sohn eines bekannten Sportlers.

[142] BVerfG NJW 2006, 3406, 3407 – „Rivalin" von Uschi Glas.

[143] BGH GRUR 2007, 523, 525 – Abgestuftes Schutzkonzept I; BGH GRUR 2007, 899, 900 – Grönemeyer.

[144] BGH ZUM 2009, 58, 59 – Höllenqualen.

[145] BGH GRUR 2007, 523, 525 – Abgestuftes Schutzkonzept I; BGH GRUR 2007, 899, 900 – Grönemeyer.

[146] BGH GRUR 2007, 902, 903 – Abgestuftes Schutzkonzept II; Wandtke/*Grassmann-Begemann* Medienrecht Teil 6 Kap. 3 Rn. 51.

[147] St. Rspr. – vgl. statt vieler EGMR NJW 2004, 2647, 2649 – Caroline von Hannover; BVerfG NJW 2008, 1793, 1794 – Caroline von Hannover; BGH GRUR 2007, 899, 901 – Grönemeyer.

[148] St. Rspr. – vgl. statt vieler BVerfG NJW 2008, 1793, 1794 – Caroline von Hannover, BGH GRUR 2007, 523, 525 – Abgestuftes Schutzkonzept I.

[149] BGH NJW 2005, 56, 57 – Charlotte Casiraghi II.

[150] BVerfG NJW 2008, 1793, 1796 – Caroline von Hannover; BGH ZUM 2009, 58, 59 – Höllenqualen.

[151] BGH NJW 2009, 757, 760 – Karsten Speck.

Gunsten eines strengeren Persönlichkeitsschutzes greifen.[152] Hintergrund ist, dass die Persönlichkeitsentwicklung noch nicht abgeschlossen ist, und es Jugendlichen an der entsprechenden Reife fehlt, die man bei Erwachsenen voraussetzt.[153]

cc) Berücksichtigung des Veröffentlichungskontextes. Ein besonderer Informationswert könnte sich hier jedoch aus dem Kontext der die Bebilderung begleitenden Wortberichterstattung ergeben,[154] wenn die Berichterstattung nicht ausschließlich darauf beschränkt ist, einen Anlass für die Fotos zu liefern.[155] Wortberichterstattung und Bebilderung müssen vielmehr in einem Wechselverhältnis stehen[156] und den Informationswert eines Bildes prägen.[157] Dies ist hier der Fall. Die Wortberichterstattung setzt sich mit dem öffentlichen Druck auf Jugendliche, die in den Medien als Vorbilder platziert und dargestellt werden, auseinander. An eben diesem Druck würde eine Vielzahl der Jugendlichen kaputt gehen. Sie würden ausbrechen und würden überproportional alkohol- und drogenabhängig. Dieses Problem wurde zulässigerweise am Fallbeispiel der J diskutiert. Angesichts der besonderen Stellung der J als „Vorzeigetochter" und ihrer medialen Präsenz als Sängerin und somit als Vorbild vieler anderer Jugendlicher diente das Schicksal der J auch nicht lediglich dazu, den Artikel aufzupeppen.[158] Denn J gab zum einen als Schauspielerin, zum anderen als Teil einer durch das Fernsehen aufgebauten und vermarkteten Vorzeigefamilie in einer Doku-Soap mehrfach Statements zum Thema Alkohol und Drogen ab und sprach sich deutlich gegen einen entsprechenden Konsum aus. So kommt es, dass sich das Verhalten der J in der Diskothek von der im Fernsehen vorgelebten „Wirklichkeit" grundlegend unterscheidet. Insofern besteht ein Interesse der Gesellschaft zu erfahren, inwiefern hier Realität und Medienimage übereinstimmen oder auseinanderklaffen.[159]

Bei der besprochenen Thematik handelt es sich mithin um ein berichtenswertes Ereignis des derzeitigen Zeitgeschehens, welches auch mit dem kontextnahen Foto bebildert werden konnte, da das Auseinanderklaffen zwischen Realität und Idealbild vor allem durch die Bebilderung offensichtlich wurde.

dd) Berechtigte entgegenstehende Interessen der abgebildeten J. Möglicherweise stehen gemäß § 23 Abs. 2 KUG einer bebilderten Berichterstattung berechtigte Interessen der J entgegen. Dazu müsste die Abwägung zwischen dem Anspruch der J auf Persönlichkeitsrechtsschutz und dem Recht der T auf Pressefreiheit ein Überwiegen des Persönlichkeitsrechts ergeben. Von Bedeutung für die Abwägung bei einer Bildberichterstattung sind nicht nur ihr Anlass sondern auch die Umstände, unter denen die Aufnahme entstanden ist.[160]

(1) Neutrale Erörterung. Die bebilderte Berichterstattung über die J darf nicht lediglich voyeuristisch ausgeschlachtet sein. Dies ist hier zu verneinen, da die Problematik von

---

[152] BVerfG NJW 2008, 39, 41 – Esra; BVerfG NJW 2003, 3262, 3263 – Geburtstagshoroskop; BVerfG NJW 2000, 1021, 1023 – Caroline von Monaco.

[153] BVerfG NJW 2000, 1021, 1023 – Caroline von Monaco.

[154] BGH GRUR 2008, 1017, 1020 – Einkaufsbummel nach Abwahl.

[155] BGH ZUM 2009, 58, 60 – Höllenqualen.

[156] BVerfG NJW 2008, 1793, 1796 – Caroline von Hannover; BGH GRUR 2007, 899, 901 – Grönemeyer; BGH GRUR 2007, 523, 526 – Abgestuftes Schutzkonzept I; BGH GRUR 2007, 902, 903 – Abgestuftes Schutzkonzept II.

[157] Wandtke/*Grassmann-Begemann* MedienrechtTeil 6 Kap. 3 Rn. 52.

[158] Vgl. dazu BGH NJW 2009, 757, 760 – Karsten Speck.

[159] BVerfG NJW 2008, 1793, 1796 – Caroline von Hannover.

[160] BVerfG NJW 2008, 1793, 1796 – Caroline von Hannover.

Jugendlichen im Fokus der Öffentlichkeit und als Prominente am Beispiel der J durch den Beitrag ernsthaft und sachbezogen erörtert wurde.[161] Das kontextnahe Foto war für die Erörterung dabei auch geeignet, da sie die Authentizität des Artikels unterstrichen hat.[162] Zudem wurde hierdurch nicht unverhältnismäßig in das Privatleben der J eingegriffen, da über die Wortberichterstattung hinaus keinerlei Informationen durch die konkrete Aufnahme vermittelt wurde[163] und zudem kein Eingriff in die Privatsphäre erfolgt ist.

(2) Freiwillige Kommerzialisierung der eigenen Person in den Medien. Letztlich hauptsächlich maßgebend für eine Abwägung zugunsten der Pressefreiheit ist jedoch, dass J aufgrund der Kommerzialisierung ihrer Persönlichkeit durch sie selbst die Tür für Berichterstattungen über ihr Leben aufgestoßen hat. Zwar wiegt eine Persönlichkeitsrechtsverletzung schwerer, wenn die visuelle Darstellung durch Ausbreitung von üblicherweise öffentlicher Erörterung entzogenen Einzelheiten des privaten Lebens thematisch die Privatsphäre berührt oder wenn der Betroffene nach den Umständen typischerweise die berechtigte Erwartung haben durfte, nicht in den Medien abgebildet zu werden.[164] Niemand hat jedoch das Recht zur Privatheit solcher Tatsachen, die er selbst der Öffentlichkeit preisgibt.[165] Der Schutz der Privatsphäre vor öffentlicher Kenntnisnahme entfällt, wenn sich jemand selbst damit einverstanden zeigt, dass bestimmte, gewöhnlich als privat geltende Angelegenheiten öffentlich gemacht werden.[166] Der verfassungsrechtliche Privatsphärenschutz aus Art. 2 Abs. 1 i. V. m. Art. 1 Abs. 1 GG ist nicht im Interesse einer Kommerzialisierung der eigenen Person gewährleistet.[167] Niemand ist an einer solchen Öffnung privater Bereiche gehindert. Er kann sich dann aber auch nicht gleichzeitig auf den öffentlichkeitsabgewandten Privatsphärenschutz berufen. Die Erwartung, dass die Umwelt die Angelegenheiten oder Verhaltensweisen in einem Bereich mit Rückzugsfunktion nur begrenzt oder nicht zur Kenntnis nimmt, muss daher situationsübergreifend und konsistent zum Ausdruck gebracht werden.[168] Das gilt auch für den Fall, dass der Entschluss, die Berichterstattung über bestimmte Vorgänge der eigenen Privatsphäre zu gestatten oder hinzunehmen, rückgängig gemacht wird.[169] Dies gilt auch und insbesondere für den Bildnisschutz bei Anwendung der §§ 22, 23 KUG.[170] Eine derartige Kommerzialisierung ist hier erfolgt. Die J hat sich nämlich durch die Doku-Soap sowie durch die von ihr bereitwillig bediente mediale Rundum-Berichterstattung selbst zum Gegenstand der öffentlichen Diskussion gemacht.

---

[161] BGH ZUM 2009, 58, 59 – Höllenqualen.

[162] BVerfG NJW 2008, 1793, 1797 – Caroline von Hannover; BGH NJW 2009, 757, 761 – Karsten Speck.

[163] BGH NJW 2009, 757, 761 – Karsten Speck.

[164] BGH ZUM 2009, 58, 60 – Höllenqualen.

[165] BVerfG NJW 2000, 1021, 1023 – Caroline von Monaco; BVerfG NJW 2006, 3406, 3408 – „Rivalin" von Uschi Glas; BGH ZUM 2009, 58, 60; BGH GRUR 2005, 76, 78 – „Rivalin" von Uschi Glas; BGH NJW 2004, 762, 765 – Luftbildaufnahmen von Feriendomizilen I; BGH NJW 2004, 766, 767 – Luftbildaufnahmen von Feriendomizilen II; BGH ZUM-RD 2009, 429/432 – Kannibale von Rotenburg.

[166] BVerfG NJW 2000, 1021, 1023 – Caroline von Monaco; BGH ZUM 2009, 58,60; BGH GRUR 2005, 76, 78 – „Rivalin" von Uschi Glas.

[167] BVerfG NJW 2000, 1021, 1023 – Caroline von Monaco.

[168] BVerfG NJW 2006, 3406, 3408 – „Rivalin" von Uschi Glas; BVerfG NJW 2000, 1021, 1023 – Caroline von Monaco; BGH ZUM 2009, 58,60 – Höllenqualen; BGH GRUR 2005, 76, 78 – „Rivalin" von Uschi Glas.

[169] BVerfG NJW 2000, 1021, 1023 – Caroline von Monaco.

[170] BGH ZUM 2009, 58, 60 – Höllenqualen.

dd) Minderjährigkeit kein Ausschlusskriterium. Ein besonderer Persönlichkeitsrechtsschutz folgt hier auch nicht aus der Tatsache, dass die J zum Zeitpunkt der Abbildung noch minderjährig ist.[171] So wird zwar allgemein angenommen, dass der Schutzgehalt des allgemeinen Persönlichkeitsrechts durch eine aus Art. 6 Abs. 1, 2 GG folgende Sicherungspflicht des Staates zur Gewährleistung solcher Lebensbedingungen eines Minderjährigen, die ein gesundes Aufwachsen ermöglichen, verstärkt wird.[172] Ob und wenn ja, inwieweit sich eine Verstärkung des Persönlichkeitsschutzes indes durch Art. 6 GG konkret ergibt, ist eine Frage des Einzelfalls.[173] Insbesondere ist der Schutzzweck unter Berücksichtigung der Entwicklungsphase des Minderjährigen zu bestimmen.[174]

So gilt es dann im streitigen Fall zu berücksichtigen, dass diese Verstärkung der Schutzpflicht von der Rechtsprechung zunächst für die sogenannten Begleiterfälle entwickelt wurde. Denn an den Angehörigen von Prominenten besteht in der Regel kein eigenes Informationsinteresse. Im vorliegenden Fall sind jedoch nicht die Eltern, sondern ist ausnahmsweise die Jugendliche J eine Prominente. Zudem kann auch an jugendlichen Prominenten ein den Schutz der Persönlichkeitssphäre überwiegendes Informationsinteresse bestehen,[175] denn jugendliche Prominente nehmen insbesondere im Bewusstsein von Jugendlichen eine besondere Leitbildfunktion ein. Gerade jugendliche Fans, die wie festgestellt, in ihrer Persönlichkeitsentwicklung noch nicht hinreichend gefestigt sind, suchen nach gleichaltrigen Vorbildern, an denen sie sich ausrichten können, und sind im besonderen Maße für deren Entwicklung sensibilisiert und daran interessiert, um in der eigenen Persönlichkeitsentwicklung voranzukommen. Insofern muss die Presse auch in kritischen Zusammenhängen über das Leben von Prominenten berichten dürfen. Dies gilt hier insbesondere deswegen, als die Negativberichterstattung gerade der Kommerzialisierung der eigenen Person und ihre Folge bei Jugendlichen aufgreift und über die von J behauptete, in Wahrheit nicht reelle Wirklichkeit berichtet. Desweiteren können sich Jugendliche auch dann nicht auf eine Verstärkung ihres Persönlichkeitsschutzes berufen, wenn sie ihre Persönlichkeit, wie hier, selbst kommerzialisiert haben. So wird bereits bei der sogenannten Begleiterrechtsprechung ein zusätzliches Schutzbedürfnis verneint, wenn sich prominente Eltern mit ihren Kindern bewusst der Öffentlichkeit zuwenden und die Kinder insoweit selbst den Bedingungen öffentlicher Auftritte ausgeliefert haben.[176] Gilt dies jedoch bereits für die Behandlung von Personen, an denen grundsätzlich kein Informationsinteresse besteht, muss dies erst Recht für Prominente gelten, an denen grundsätzlich ein Informationsinteresse bestehen kann. Denn durch die Kommerzialisierung der eigenen Person lassen sich jugendliche Prominente in der Öffentlichkeit als Leitbilder vermarkten und machen sich somit zum Gegenstand öffentlicher Diskussion. Ist dies der Fall, gibt also der Abgebildete durch sein Verhalten – hier aufgrund der moralisierenden Betrachtungsweisen – selbst Veranlassung zu einer entsprechenden Negativberichterstattung, muss er diese hinnehmen.[177] Den Schutzinteressen der Jugendlichen aus Art. 6 Abs. 1, 2 GG wird dabei insofern ausreichend Rechnung getragen, als es zu der Kommerzialisierung der Abbildung

---

[171] Vgl. hierzu auch BGH NJW 2004, 1795, 1797 – Charlotte Casiraghi I.

[172] BVerfG NJW 2008, 1793, 1794 f. – Caroline von Hannover.

[173] BVerfG NJW 2000, 1021, 1023 – Caroline von Monaco.

[174] BVerfG NJW 2003, 3262, 3263 – Geburtstagshoroskop.

[175] Vgl. dazu die Überlegungen und Subsumtion bei BVerfG NJW 2008, 39, 41 – Esra; BGH NJW 2005, 56, 57 – Charlotte Casiraghi II; BGH NJW 2004, 1795, 1797 – Charlotte Casiraghi I; KG Berlin 10 U 196/06.

[176] BVerfG NJW 2005, 1857, 1858 – Charlotte Casiraghi.

[177] KG Berlin 10 U 196/06.

des Jugendlichen in den Medien zusätzlich zu der Einwilligung der Minderjährigen, stets der Einwilligung der Eltern bedarf.[178] Diese müssen sich aber entscheiden, was sie wollen und müssen sich im Vorfeld im Klaren sein, welche medialen Folgen eine derartige Kommerzialisierung für ihr Kind haben kann. Abschließend gilt es noch darauf zu verweisen, dass die J zum Veröffentlichungszeitpunkt 17 Jahre alt war und ihre jugendliche Entwicklungsphase beinahe abgeschlossen ist, mithin die Berichterstattung auf eine in ihrer Persönlichkeit bereits weitestgehend gefestigte Jugendliche trifft, die noch dazu durch die Kommerzialisierung ihrer Person mediengestärkt ist. So steht sie schließlich auch als Schauspielerin im Fokus der Öffentlichkeit, kennt und benutzt in dieser Eigenschaft die medialen Möglichkeiten als Teil ihres Berufes.

5. Ergebnis

Ein Unterlassungsanspruch der J nach § 1004 Abs. 1 S. 2 BGB analog i. V. m. §§ 22, 23 KUG besteht somit nicht. Die Fotos durften und dürfen in demselben Kontext wider gezeigt werden.

II. Anspruch des K gegen B nach § 1004 Abs. 1 S. 2 BGB analog

K hingegen könnte gegen seine Abbildung in der B-Zeitung auf Foto 4 gem. §§ 1004 Abs. 1 S. 2 BGB i. V. m. 22, 23 KUG vorgehen.

1. Rechtswidriger Eingriff in den Schutzbereich

Das Foto zeigt K in erkennbarer Weise zusammen mit seiner Schwester J bei einer Party in der Nobeldisco X und ist somit Bildnis i. S. d. § 22 KUG. Da weder seine, noch die wegen seiner Minderjährigkeit notwendige[179] Einwilligung seiner Eltern in die Abbildung vorlag, wäre die Veröffentlichung seiner Abbildung auf dem Foto nach dem abgestuften Schutzkonzept der Rechtsprechung[180] nur zulässig, wenn ein besonderes Informationsinteresse der Allgemeinheit an dem Foto bestünde. Dies ist indes nicht der Fall. Zwar kann ein solches Informationsinteresse an unterhaltenden Beiträgen bestehen,[181] hier gilt es jedoch darauf hinzuweisen, dass an der Person des K kein aus dem Zeitgeschehen folgendes Informationsinteresse besteht. Dieser folgt insbesondere nicht aus der verwandtschaftlichen Beziehung des K zu J. Die Rechtsprechung hat in der Vergangenheit vielmehr zu Recht hervorgehoben, dass ein solches Interesse an Begleitern von Prominenten nur dann besteht, wenn diese sich der Öffentlichkeit zuwenden. Dies ist hier nicht der Fall. Das Foto ist nicht bei einem sogenannten öffentlichen Anlass entstanden. Danach kann eine Veröffentlichung von Fotos, die den Abgebildeten in Begleitung seiner prominenten Verwandten zeigen, erfolgen, wenn dieser seinen Verwandten bei öffentlichen Auftritten begleitet und damit gleichsam der Öffentlichkeit präsentiert wird.[182] Eine derart bewusste Hinwendung zur Öffentlichkeit fehlt hier. Zwar findet die Geburtstagsparty nicht in der Privatsphäre sondern in einem öffentlichen Raum statt, allerdings handelt es sich nicht um eine Veranstaltung, bei der die Öffentlichkeit geladen ist. So sind mit einem öffentlichen Auftritt mithin nur solche Veranstaltungen gemeint, bei der der prominente Verwandte in

---

[178] LG Bielefeld NJW-RR 2008, 715 – Supernanny.

[179] Vgl. Wandtke/Bullinger/*Fricke* § 22 KUG Rn. 14.

[180] Vgl. statt vieler BGH GRUR 2007, 523, 525 ff. – Abgestuftes Schutzkonzept I.

[181] BGH NJW 2009, 757, 758 – Kasten Speck; BGH GRUR 2009, 86 – Gesundheitszustand von Prinz Ernst August von Hannover.

[182] BVerfG NJW 2005, 1857, 1858 – Charlotte Casiraghi.

seiner Eigenschaft und Funktion als Prominenter auftritt. Davon kann hier nicht gesprochen werden. Die Geburtstagsparty des Bruders stellt jedenfalls keine solche öffentliche Veranstaltung dar. Etwas anderes wäre es, wenn K seine Schwester auf eine Charityveranstaltung oder eine Filmpremiere begleitet hätte, oder aber die Geburtstagsparty von vornherein als mediales Ereignis konzipiert worden wäre. Schließlich gilt es auch noch zu berücksichtigen, dass der K noch minderjährig ist. So ist es dann allgemein anerkannt, dass Minderjährige eines besonderen Schutzes bedürfen, soll sich ihre Persönlichkeit ungehindert entfalten können.[183] Hinzu kommt, dass sich K von vornherein entschieden hat, nicht als „prominenter" Bruder seiner Schwester aufzutreten, was wiederum zu einer Aufwertung seines Persönlichkeitsrechtsschutzes führen muss.

2. Wiederholungsgefahr

Da wegen der Erstbegehung die Wiederholungsgefahr vermutet wird,[184] besteht hier ein Anspruch des K gegenüber B, den konkreten Abdruck des Fotos in ihrer Zeitung zu unterlassen.

3. Ergebnis

J kann die B nicht wegen auf Unterlassen der konkreten Bildveröffentlichung in Anspruch nehmen. K kann hingegen von der B hinsichtlich der konkreten, durch Veröffentlichung des Fotos begangen Verletzung einen Unterlassungsanspruch gegen B durchsetzen.

Fall 38: Kinderarbeit

Berichtigung/Mitteilung einer Presseagentur/unwahre Tatsachenbehauptung/Eingriff in das Unternehmenspersönlichkeitsrecht/Fortwirkung/Erforderlichkeit

Sachverhalt

Die überregional erscheinende S Zeitung, deren Verleger laut Impressum der B ist, veröffentlicht am 24.05.2008 ohne Änderung einen Pressebericht der Presseagentur R. Darin wird über die A GmbH berichtet, die seit dem Jahr 2002 in ihren Fabriken in China auch Kinder zur Arbeit einsetzen soll. Dieser Vorwurf ist unberechtigt. A beschäftigt keine Kinder in seinen Fabriken, was von A in einem Verfahren bewiesen werden könnte.

Die A lässt zunächst nur eine Gegendarstellung in der S abdrucken. Dennoch reißen die Vorwürfe gegen A nicht ab. In der Presse wird über diesen Bericht lang diskutiert, das Verhalten der A kommentiert. In Folge dessen werden die von A hergestellten und vertriebenen Produkte boykottiert, zudem kommt es zu Demonstrationen vor den Fabriken der A. A geht daraufhin am 04.08.2008 weiter gegen B vor und verlangt von dieser eine Richtigstellung abzudrucken.

1) Besteht ein Anspruch des A auf Abdruck der Berichtigung?
2) Angenommen B weigert sich, wie ist der Anspruch auf Berichtigung durchzusetzen?

---

183 BVerfG NJW 2000, 1021, 1023 – Caroline von Monaco.
184 Vgl. dazu Wandtke/*von Welser* Medienrecht Teil 1 Kap. 4 Rn. 35.

Lösung

I. Berichtigungsanspruch aus §§ 1004, 823, 824 BGB i. V. m. Art. 1 Abs. 1, 2 Abs. 1 GG

Ein entsprechender Berichtigungsanspruch, dessen Rechtsgrundlage in den §§ 1004, 823, 824 BGB i. V. m. Art. 2 Abs. 1 GG begründet ist,[185] setzt neben dem Vorliegen einer erweislich unwahren Tatsachenbehauptung die fortwirkende Beeinträchtigung des Persönlichkeitsrechts des Betroffenen voraus. Fraglich ist, ob diese Voraussetzungen bei A vorliegen.

1. Anspruchsberechtigung (Aktivlegitimation)

Zunächst müsste A aktivlegitimiert sein, den Berichtigungsanspruch gegenüber B durchzusetzen. Als aktivlegitimiert gilt wie im Gegendarstellungsrecht derjenige, der durch die Tatsachenbehauptung individuell betroffen wurde.[186] Eine Betroffenheit wird dabei auch juristischen Personen[187] und somit der A als GmbH zugestanden. Die notwendige individuelle Betroffenheit der A liegt hier vor, da über sie behauptet wurde, sie würde Kinderarbeit in ihren Betrieben in China zulassen, denn hierdurch wird ihre Interessenssphäre an einer von ihr bestimmten unternehmerischen Öffentlichkeitsdarstellung berührt.

2. Anspruchsverpflichteter (Passivlegitimation)

Da es sich bei B dem Impressum nach um den Verleger der Zeitung handelt,[188] bei dem die Pressemitteilung veröffentlicht wurde, könnte sie Störer i. S. d. § 1004 BGB sein und damit als Anspruchsverpflichteter in Betracht kommen. Denn durch den Abdruck hat sie die Störung der Außenkommunikation des A herbeigeführt.[189] Gleichwohl ist im Presserecht allgemein anerkannt, dass auf Berichtigung nur in Anspruch genommen werden kann, wer die Behauptung als eigene aufgestellt hat.[190] Problematisch ist hier, dass es sich bei der getroffenen Aussage um die Meldung einer Presseagentur handelt. Fraglich ist daher, ob es sich um eine eigene Meldung des B handelt. Dies wäre zu bejahen, wenn sich B die fremde Tatsachenbehauptung zu Eigen gemacht hat.[191] Ein zu Eigen machen liegt vor, wenn die Mitteilung einer Presseagentur ohne jegliche Änderung abgedruckt wird, denn aus Sicht des unbefangenen Lesers stellt sich diese Mitteilung, ist sie etwa ohne Distanzierung erfolgt, als eigene dar, denn es entspricht den Realitäten des Lebens, dass eine Zeitung zum „Füllen" ihrer Zeitung auf Pressemitteilungen angewiesen ist.[192] Ein solcher Abdruck lag hier vor. B hat sich die Pressemeldung damit zu Eigen gemacht.

---

[185] BVerfG NJW 1999, 1322, 1324 – Helnwein; BVerfG NJW 1998, 1381, 1383.

[186] Ausführlich dazu Fall 36.

[187] BGH NJW 2008, 2262, 2265 – BKA; Götting/Schertz/Seitz/*Kamps* § 49 Rn. 69; vgl. dazu Fall 36.

[188] Wenzel/*Gamer* Kap. 13 Rn. 52; vgl. iÜ Fall 36.

[189] Wenzel/*Gamer* Kap. 13 Rn. 52.

[190] *Prinz/Peters* Rn. 704; Wenzel/*Gamer* Kap. 13 Rn. 50.

[191] BGH NJW 1976, 1198 – Panorama; OLG Celle AfP 2002, 506; *Prinz/Peters* Rn. 704; Wenzel/*Gamer* Kap. 13 Rn. 51.

[192] *Prinz/Peters* Rn. 704; Im Fall eines erkennbaren Zitats wäre ein Berichtigungsanspruch zwar nicht abzulehnen, dieser wäre allerdings in seiner Reichweite auf die Distanzierung von der zitierten Aussage beschränkt, Götting/Schertz/Seitz/*Kamps* § 49 Rn. 16; *Löffler/Ricker* 44. Kap. Rn. 26;

3. Tatsachenbehauptung

Wie im Gegendarstellungsrecht setzt der Berichtigungsanspruch voraus, dass der Betroffene sich gegen eine Tatsachenbehauptung wendet. Denn aufgrund der in Art. 5 Abs. 1 GG verfassten Meinungsfreiheit kann niemand dazu gezwungen werden, seine eigene Meinung zu widerrufen.[193] Bei der angegriffenen Erstmitteilung muss es sich also um eine Tatsache handeln. Um eine Tatsache handelt es sich, wenn diese mit den Mitteln des Beweises auf ihre Richtigkeit hin überprüft werden kann.[194] Dies ist hier der Fall. Es kann ohne weiteres durch Augenscheinnahme der Betriebsstätten vor Ort oder aufgrund von Zeugenaussagen der Beschäftigten überprüft werden, ob A Kinderarbeit in seinen Fabriken in China zulässt.

4. Unwahrheit

Anders als im Gegendarstellungsrecht muss die Tatsachenmitteilung jedoch unwahr sein, wobei die Unwahrheit vom Anspruchsberechtigten bewiesen werden muss.[195] Dabei gilt, dass bei mehreren möglichen Deutungen derjenigen den Vorzug zu geben ist, die den Betroffenen am wenigsten belastet.[196] Fraglich ist daher, ob die angegriffene Tatsache unwahr ist. Dem Vorwurf dass A in seinen Fabriken Kinderarbeit bewusst zulässt, kann A durch zahlreiche Nachweise entgegentreten[197] und das Gegenteil kann im Prozess positiv festgestellt werden. Die angegriffene Tatsache ist damit ersichtlich unwahr.

5. Rechtswidrigkeit/Verschulden

Dem Berichtigungsanspruch des A steht nicht entgegen, dass B bei der Veröffentlichung der Tatsachenbehauptung selbst nicht rechtswidrig gehandelt hat, da es nur auf die objektive Rechtswidrigkeit des Zustandes ankommt.[198] Ebenso kommt es auf ein Verschulden nicht an.[199]

6. Fortwirkung

Der Berichtigungsanspruch setzt weiter zwingend das Vorliegen einer fortwirkenden Beeinträchtigung der Persönlichkeitssphäre des betroffenen A voraus.[200]

a) Fraglich ist daher zunächst, ob A als ein Unternehmen überhaupt eine Persönlichkeitssphäre besitzt, in der sie betroffen sein kann. Dies ist zu bejahen. Auch Kapitalgesellschaften können sich auf ein sogenanntes Unternehmenspersönlichkeitsrecht berufen. Dieses

---

Paschke/Berlit/*Meyer* 43. Abschnitt Rn. 12; im Falle von Leserbriefen vgl. iÜ OLG Celle AfP 2002, 506.

[193] BGH NJW 2008, 2262, 2263 – BKA; BGH NJW 1974, 1371 – Fiete Schulz; *Soehring* Rn. 31.5

[194] BGH NJW 2008, 2262, 2263 – BKA; Götting/Schertz/Seitz/*Kamps* § 49 Rn. 10; vgl. dazu Fall Nr. 36.

[195] BGH NJW 2008, 2262, 2264 – BKA; BGH NJW 1987, 1400, 1401 – Oberfaschist; BGH NJW 1976, 1198 – Panorama.

[196] BVerfG NJW 2008, 1654 – Daimler Benz Aktien; OLG Dresden AfP 1993, 496 – Hoyerswerda; Götting/Schertz/Seitz/*Kamps* § 49 Rn. 14; *Soehring* Rn. 31.6; anders erfolgt die Auslegung hingegen beim Unterlassungsanspruch vgl. dazu BVerfG AfP 2005, 544.

[197] Die Beweislast für die Unwahrheit der angegriffenen Tatsache liegt regelmäßig beim Kläger. (BGH NJW 2008, 2262, 2264 – BKA)

[198] Götting/Schertz/Seitz/*Kamps* § 49 Rn. 19.

[199] BVerfG NJW 1998, 1381, 1383 – Caroline von Monaco I; BGH NJW 2008, 2262, 2266 – BKA.

[200] BGH NJW 2008, 2262, 2266 – BKA; Götting/Schertz/Seitz/*Kamps* § 49 Rn. 17.

ist in Art. 2 Abs. 1 GG verortet und entspricht dem zivilrechtlichen allgemeinen Persönlichkeitsrechts, so weit dieses korporativ betätigt werden kann.[201] Fraglich ist daher ob A durch die Erstmitteilung in seiner Persönlichkeitssphäre betroffen wurde. Dies wird bei Äußerungen, durch die das Unternehmen in seinem sozialen Geltungsanspruch als Arbeitgeber oder Wirtschaftsunternehmen betroffen ist, jedenfalls angenommen.[202] Derartige Äußerungen sind hier gefallen. Die Tatsache, dass behauptet wird, A beschäftige Kinder in seinen Fabriken, stellt das Ansehen des A als Wirtschaftsunternehmen und Arbeitgeber in Frage und verletzt damit die Persönlichkeitssphäre des A.

b) Dieser Eingriff in die Persönlichkeitssphäre müsste zudem fortwirken. Auch dies ist hier der Fall. Denn bei einer medialen Berichterstattung wird von einer derartigen Fortwirkung wegen der gesteigerten Verbreitungsmöglichkeit der Meldung aufgrund der verstärkten Aussagekraft, die den Medien immanent ist, ausgegangen.[203] Dies gilt hier im Besonderen, da die angegriffene Tatsachenbehauptung wegen ihrer Brisanz zahlreiche Nachberichte in der Presse hervorgebracht hat und A sich zahlreichen Protesten ausgesetzt sieht.

Der fortwirkenden Beeinträchtigung steht auch nicht entgegen, dass B bereits einem Gegendarstellungsverlangen des A nachgekommen ist.[204] Denn bei der Gegendarstellung handelt es sich nicht etwa bereits um eine Distanzierung durch B, sondern um eine von A getroffene Aussage.[205]

Ebenso ist die fortwirkende Beeinträchtigung nicht etwa durch Zeitablauf weggefallen. Zwar sind bereits über zwei Wochen seit der Kenntnisnahme des Erstberichts durch A vergangen, anders als im Gegendarstellungsrecht gibt es bei der Geltendmachung eines Berichtigungsanspruchs jedoch kein Unverzüglichkeitsgebot zu beachten. Die zeitliche Grenze ist iRd Berichtigungsanspruchs nicht statisch zu ziehen. Insbesondere bei Presseerzeugnissen mit hohem Verbreitungsgrad nimmt man einen Aktualitätsbezug noch in einem Zeitraum von sieben Monaten bis zweieinhalb Jahren nach Veröffentlichung des Presseartikels an.[206] Hier jedenfalls ist drei Monate nach Veröffentlichung der Erstmitteilung von hinreichender Aktualität auszugehen, da die Produkte des A nach wie vor aufgrund des Presseberichts boykottiert werden. Der Bericht im Bewusstsein der Öffentlichkeit ist mithin noch aktuell. A konnte seinen Berichtigungsanspruch somit noch gegenüber B geltend machen.

7. Verhältnismäßigkeit

Die Geltendmachung des Berichtigungsanspruchs müsste zudem verhältnismäßig und insbesondere erforderlich sein.[207] Dies ist hier der Fall, dem betroffenen A kann nicht zugemutet werden, dass die unzweifelhaft bestehende Rufschädigung noch weiter aufrechterhalten wird.[208] Zwar stellt es eine Belastung für den Störer dar, einen Pressebericht zu berichten. Hier überwiegt jedoch das Interesse des Verletzten. So ist zunächst zu berück-

---

[201] BGH GRUR 1986, 759, 761 – Bums mal wieder.

[202] BGH GRUR 1986, 759, 761 – Bums mal wieder; OLG Hamburg ZUM 2007, 212, 215 – Contergan.

[203] Götting/Schertz/Seitz/*Kamps* § 49 Rn. 23; *Prinz/Peters* Rn. 683; Wenzel/*Gamer* Rn. 13.44f.

[204] Hasselblatt/*Börger-Wiggenhorn* MAH Gewerblicher Rechtsschutz § 29 Rn. 100.

[205] *Prinz/Peters* Rn. 684.

[206] Vgl. BGH NJW 1995, 861, 863 – Caroline von Monaco.

[207] BVerfGE 1998, 1381, 1383 – Caroline von Monaco I; BGH NJW 1984, 1104 – Aktionärsversammlung; BGH NJW 1977, 1681 – Wohnstättengemeinschaft.

[208] Götting/Schertz/Seitz/*Kamps* § 49 Rn. 36.

sichtigen, dass die geforderte Form der Berichtigung, die Richtigstellung, gegenüber anderen Formen wie z. B. dem Widerruf die weniger einschneidende Maßnahme darstellt.[209] Hinzu kommt, dass unter Berücksichtigung der Umstände des Einzelfalls weder davon auszugehen ist, dass hier die B gedemütigt werden soll,[210] noch dass es dem A einzig um Genugtuung geht.[211] Vielmehr war die Beeinträchtigung der Persönlichkeitssphäre nicht zuletzt bedingt durch die Auflagenstärke der Zeitung[212] so hoch, dass es zu einem massiven Vertrauensverlust in die soziale Verantwortung des Unternehmens und damit seiner seinem sozialen Geltungsanspruch als Unternehmen gekommen ist. Insofern kann es dem Betroffenen nicht zugemutet werden, dass die objektiv verursachte Rufschädigung[213] noch weiter aufrecht erhalten wird.

II. Ergebnis

A kann von B somit zum nächstmöglichen Zeitpunkt[214] Berichtigung verlangen. B hat in einem Nachfolgebericht die angegriffene Äußerung als unwahr zu bezeichnen und richtigzustellen.[215] Wegen des Prinzips der „Waffengleichheit" ist die Berichtigung an gleicher Stelle wie die Erstveröffentlichung vorzunehmen.[216] Die Kosten hierfür trägt B als Anspruchsverpflichteter.[217]

III. Rechtsdurchsetzung

Anders als bei der Durchsetzung der Gegendarstellung ist ein Verfügungsverfahren zur Durchsetzung des Berichtigungsanspruchs regelmäßig nicht zulässig.[218] Dies ist darin begründet, dass ein Berichtigungsanspruch nur gegen eine nachgewiesene unwahre Tatsache durchsetzbar ist.[219] Zudem setzt die besondere Eingriffsmöglichkeit in die Interessen des Verletzers ein rechtskräftiges Urteil voraus.[220] Insofern ist auch eine Vollstreckung des Anspruchs erst nach Rechtskraft möglich.[221] Die Vollstreckung erfolgt dabei nicht nach § 894 ZPO sondern unter den Voraussetzungen des § 888 ZPO.[222]

---

[209] BGH NJW 2008, 2262, 2265 – BKA.
[210] BVerfG NJW 1970, 651, 652 – Korruptionsvorwurf; Götting/Schertz/Seitz/*Kamps* § 49 Rn. 38.
[211] BGH NJW 1984, 1104, 1105 – Aktionärsversammlung; BGH NJW 1977, 1681, 1682 – Wohnstättengemeinschaft.
[212] BGH NJW 2008, 2262, 2266 – BKA.
[213] Götting/Schertz/Seitz/*Kamps* § 49 Rn. 36.
[214] *Soehring* Rn. 13.97.
[215] Hasselblatt/*Börger-Wiggenhorn* MAH Gewerblicher Rechtsschutz § 29 Rn. 102; zu den verschiedenen Arten der Berichtigung incl. Formulierungsvorschlägen vgl. auch umfassend bei *Prinz/Peters.* Rn. 688 ff.
[216] *Prinz/Peters* Rn. 699; *Soehring* Rn. 31.23.
[217] Götting/Schertz/Seitz/*Kamps* § 49 Rn. 10; Wenzel/*Gamel* Kap. 13 Rn. 100.
[218] Zu den Ausnahmen vgl. *Soehring* Rn. 31.20.
[219] Hasselblatt/*Börger-Wiggenhorn* MAH Gewerblicher Rechtsschutz § 29 Rn. 106; Soehring Rn. 31.16, 31.19.
[220] BGH AfP 1992, 361, 363 – Plagiatsvorwurf II; BGH GRUR 1987, 397, 398 – Insiderwissen; Götting/Schertz/Seitz/*Kamps* § 49 Rn. 77; *Prinz/Peters* Rn. 707.
[221] Hasselblatt/*Börger-Wiggenhorn* MAH Gewerblicher Rechtsschutz § 29 Rn. 106; Soehring Rn. 31.18.
[222] BGH NJW 1977, 1288, 1290 – Abgeordnetenbestechung; BGH NJW 1962, 1438 – Ehrver-

Fall 39: Mein Leben gehört mir

Genereller Unterlassungsanspruch/Recht am eigenen Bild/Vermarktungsbereitschaft/
fiktive Lizenzgebühr/Geldentschädigung/Anspruchskonkurrenz.

Sachverhalt

Die Sängerin G lehnt jegliche Berichterstattung in den Medien über ihr Privatleben ab. Sie verarbeitet indes ihre Gefühlswelt und Erlebnisse in ihren Liedern. Nachdem im Januar 2003 die fünfjährige Tochter der G an Leukämie gestorben war, verarbeitete sie dies zwei Jahre später in einem neuen Album. Alle sind sich bewusst, dass die G ihren Verlust- und Trennungsschmerz hierin zum Ausdruck bringt. Anfragen der Presse zu diesem Thema werden jedoch von G ausdrücklich blockiert. Im Januar 2007 brachte G einen Sohn zur Welt. Im Juni 2007 wird die G von einem Paparazzo der F-Zeitung entdeckt, wie sie im Urlaub den Kinderwagen mit ihrem Sohn schiebt. Nachdem die G bemerkt hat, dass der Paparazzo Fotos von ihr gemacht hat, verschickt sie an die F ein Unterlassungsschreiben und erwirkt den Erlass einer einstweiligen Verfügung gegen eine Veröffentlichung der Fotos. Dies lässt die F jedoch kalt. Sie veröffentlicht eines der Fotos in ihrer Zeitung. In dem dazugehörigen Artikel schildert F mit der Headline „Die schöne G kann endlich wieder lachen!" noch einmal das Schicksal der G, berichtet über den Tod der Tochter und die Geburt des Sohnes.

Die Sängerin G möchte nicht, dass Bilder von ihr, vor allem solche, die sie im Urlaub zeigen, in der Zeitung F erscheinen.

G möchte wissen, ob es möglich wäre, eine generelle Berichterstattung über ihr Privatleben durch F verbieten zu lassen. Desweiteren besteht sie auf Zahlung einer fiktiven Lizenzgebühr sowie auf immateriellen Schadensersatz.

Lösung

I. Anspruch auf Unterlassung der konkreten Bildveröffentlichung aus § 1004 Abs. 1 S. 1 BGB analog i. V. m. §§ 22, 23 KUG

Die G kann die F-Zeitung auf Unterlassung der Wiederholung der konkreten Bildveröffentlichung in Anspruch nehmen. Ein entsprechender Anspruch folgt aus § 1004 Abs. 1 S. 1 BGB analog i. V. m. §§ 22, 23 KUG.

1. Schutzgegenstand

Die ohne Zustimmung der G in der B-Zeitung abgedruckten Fotos sind Bildnisse i. S. d. § 22 KUG[223], da sie die G in einer für Dritte erkennbaren Weise wiedergeben.[224] Da nach Art. 2 Abs. 1 GG zunächst dem Abgebildeten das Selbstbestimmungsrecht zukommt über Anfertigung und Verwendung von Bildnissen seiner Person in Massenmedien

---

sprechen; Götting/Schertz/Seitz/*Kamps* § 49 Rn. 84; *Prinz/Peters* Rn. 712; diese Frage hingegen als unerheblich betrachtend *Soehring* Rn. 31.18.

[223] Vgl. dazu umfassend Fall Nr. 34.

[224] BGH NJW 2000, 2195, 2200 – Marlene Dietrich; vgl. iÜ ausführlich zum Bildnisbegriff Wandtke/*Grassmann-Begemann* Medienrecht Teil 6 Kap. 3 Rn. 2 ff.

zu entscheiden,[225] bedarf es, wenn wie hier keine Einwilligung der Abgebildeten vorliegt, nach dem abgestuften Schutzkonzept der Rechtsprechung einer Angelegenheit des Zeitgeschehens, an deren Veröffentlichung ein das Recht auf Privatheit überragendes auf Vollständigkeit basierendes gesellschaftliches Interesse besteht. Zusätzlich dürfen durch die Veröffentlichung nicht die berechtigten Interessen der Abgebildeten verletzt werden.[226]

2. Widerrechtlicher Eingriff

Die F-Zeitung greift in rechtswidriger Weise in das Persönlichkeitsrecht der G ein, wenn sie die G lediglich im privaten Alltagsleben[227] zeigt, ohne dass dabei ein zeitgeschichtlicher Informationswert der Öffentlichkeit an der Abbildung besteht. Ein Interesse der Öffentlichkeit auf bloße Unterhaltung zur Befriedigung der eigenen Neugier wird nämlich nicht geschützt.[228] Zwar ist anerkannt, dass Prominente als Kontrast- oder Leitbildfunktion der Allgemeinheit helfen, ihr Leben entsprechend auszurichten, dies gilt jedoch nur, soweit Prominente die Tür zu ihrem Privatleben öffnen und diese Projektionsfläche für die Allgemeinheit selbst entwickeln. Die Fotos der G besitzen hier keine gesellschaftliche Relevanz. Die G hat keinerlei unmittelbare Informationen über ihr Privatleben an die Öffentlichkeit verbreitet, sich somit der gesellschaftlichen Diskussion über sich selbst als Privatperson entzogen, nimmt somit auch keine Leitbildfunktion ein. Etwas anderes folgt auch nicht daraus, dass sie ihr Privatleben auf dem letzten Album im Rahmen ihrer Songtexte künstlerisch verarbeitet.[229] Hier besteht lediglich eine mittelbare Öffentlichkeitswirkung, die der Kunst nun einmal immanent ist. Denn Kunst lebt oftmals davon, dass in ihr die Gefühlswelten und subjektiven Erlebnisse der Künstler einfließen. Anders zu entscheiden, hieße, solchen Künstlern per se einen Rückzugsbereich in das Private abzuschneiden. Die F-Zeitung hat somit lediglich ihre geschäftlichen Interessen befriedigt, auf ein schutzwürdiges Informationsinteresse der Allgemeinheit kann sie sich nicht berufen

3. Wiederholungsgefahr

Das Vorliegen der für den Unterlassungsanspruch nach § 1004 Abs. 1 S. 1 BGB analog stets notwendigen Wiederholungsgefahr wird durch die begangene Rechtsverletzung vermutet.[230] Da auch keine strafbewerte Unterlassungserklärung abgegeben wurde, ist die Wiederholungsgefahr auch nicht wieder entfallen.[231]

4. Ergebnis

Ein Anspruch auf Unterlassung der konkret angegriffenen besteht daher.

---

[225] BVerfG NJW 2006, 3406, 3407 – „Rivalin" von Uschi Glas.
[226] BGH GRUR 2007, 902, 903 – Abgestuftes Schutzkonzept II; Wandtke/*Grassmann-Begemann* Medienrecht Teil 6 Kap. 3 Rn. 51.
[227] Vgl. dazu Wandtke/*Grassmann-Begemann* Medienrecht Teil 6 Kap. 3 Rn. 53.
[228] EGMR NJW 2004, 2647, 2649 – Caroline von Hannover; BGH ZUM 2009, 58, 59 – Höllenqualen.
[229] Vgl. dazu BGH GRUR 2007, 899, 902 – Grönemeyer.
[230] Vgl. dazu Wandtke/*von Welser* Medienrecht Teil 1 Kap. 4 Rn. 35.
[231] Vgl. dazu Wandtke/*von Welser* Medienrecht Teil 1 Kap. 4 Rn. 36.

II. Anspruch auf generelle Unterlassung von Bildberichterstattung aus dem Privatleben

Die G kann die F jedoch über § 1004 Abs. 1 S. 2 BGB analog nicht auf eine generelle Unterlassung der Verbreitung von Bildern aus ihrem privaten Alltag in Anspruch nehmen.

Vielmehr muss das Unterlassungsgebot an die konkrete Verletzungshandlung anknüpfen.[232] Nicht nur, dass bei einem solch weitreichenden Antrag die Bestimmtheit fraglich erscheint,[233] es fehlt bereits am Merkmal der Wiederholungsgefahr. Diese ist nämlich an eine konkrete Verletzungsform geknüpft. Wie sich die konkrete Verletzungsform bei einem derart generellen und allgemeinen Unterlassungsantrag bestimmen lässt, ist jedoch fraglich. Zwar ist jedem Unterlassungsanspruch auch das Merkmal der Verallgemeinerung immanent[234], allerdings gilt dies nur, soweit darin das Charakteristische des festgestellten konkreten Verletzungstatbestandes zum Ausdruck kommt.[235] Dieses Charakteristikum kann nicht bereits am Kriterium „privater Alltag", den die G geschützt haben will, festgemacht werden. Denn auch der private Alltag Prominenter ist nicht per se geschützt. Bei entsprechendem Informationswert und einem daraus abgeleiteten öffentlichen Interesse der Allgemeinheit können schließlich Aspekte des privaten Alltags der G berichtenswert sein.[236] Zuzugeben ist zwar, dass auch die Privatsphäre Prominenter über Art. 2 Abs. 1 i. V. m. 1 Abs. 1 GG geschützt ist. Ob dieser Schutz greift, kann jedoch nicht abstrakt und generell festgelegt, sondern ausschließlich durch eine konkrete Abwägung mit dem widerstreitenden Grundrecht der Pressefreiheit im einzelnen Fall geklärt werden.[237] Insofern kann eine solche Abwägung nicht bereits in Bezug auf solche Bilder vorgenommen werden, die noch gar nicht bekannt sind oder bei denen unklar ist, in welchem Kontext sie veröffentlicht werden.[238] Dies folgt letztlich aus dem Merkmal der praktischen Konkordanz,[239] wonach den widerstreitenden Interessen weitest mögliche Entfaltungsfreiheit zu gewährleisten ist. Dieses Merkmal wäre jedoch ausgehebelt, würde man dem Persönlichkeitsrechtsschutz der G von vornherein Vorrang vor dem Grundrecht der Pressefreiheit einräumen. Dies würde nämlich zu einer unzulässigen Verkürzung des Grundrechtsschutzes der Pressefreiheit führen.[240]

III. Anspruch auf Unterlassung einer kerngleichen Berichterstattung

Auch ein Antrag nach § 1004 Abs. 1 S. 2 BGB analog, der auf eine Verurteilung zur Unterlassung des Abdrucks von Fotos solcher Art gerichtet ist, wie sie in der F-Zeitung erfolgt sind, wäre nicht erfolgreich durchsetzbar.

---

[232] KG Berlin ZUM 2007, 538, 539 – Zärtliche Freundschaft.

[233] Vgl. dazu BGH GRUR 2008, 446 – „kerngleiche Berichterstattung"; KG Berlin ZUM 2007, 538 f. – Zärtliche Freundschaft.

[234] Wandtke/*von Welser* Medienrecht Teil 1 Kap. 4 Rn. 36.

[235] KG Berlin ZUM 2007, 538, 539 – Zärtliche Freundschaft.

[236] Vgl. dazu BVerfG NJW 2008, 1793, 1796 – Caroline von Hannover; sowie oben.

[237] KG Berlin ZUM 2007, 538, 539 – Zärtliche Freundschaft.

[238] BGH GRUR 2008, 1024 – Shopping mit Putzfrau auf Mallorca; BGH GRUR 2008, 1017, 1020 – Einkaufsbummel nach Abwahl; BGH GRUR 2008, 446, 447 – „kerngleiche" Berichterstattung.

[239] Vgl. dazu BVerfGE 35, 202, 224 f. – Mephisto.

[240] So im Ergebnis auch KG Berlin ZUM 2007, 538 ff. – Zärtliche Freundschaft.

Zwar wurde in der Vergangenheit verschiedentlich versucht, auf die im Wettbewerbs-recht[241] geltende „Kerntheorie" zurückzugreifen. Danach könne ein Betroffener nicht nur eine exakte Wiederholung der Verletzungshandlung verbieten lassen, sondern auch einem künftigen wesensgleichen Eingriff entgegen treten, sofern es sich um im Kern wesens-gleiche Bilder handele.[242] Dies wird jedoch nach mittlerweile gefestigter Rechtsprechung abgelehnt,[243] denn selbst die erneute Veröffentlichung eines bestimmten Bildes kann nicht generell verboten werden, weil die Veröffentlichung sich in einem anderen Kontext als zulässig erweisen könnte.[244] Schließlich wird die Zulässigkeit einer Bildveröffentlichung von einer konkreten Gegenüberstellung des Informationsinteresses der Allgemeinheit an dem streitgegenständlichen Bild und dem Privatsphärenschutz des Abgebildeten abhängig gemacht. Eine generelle Vorwegnahme dieser Interessenabwägung im abstrakten Raum scheitert somit ebenso am Merkmal der praktischen Konkordanz, wie dies ein genereller Unterlassungsanspruch tut. Denn eine letztlich ausschließlich auf Vermutungen gestützte Entscheidung zu Gunsten eines überwiegenden Persönlichkeitsrechtsschutzes würde zu einer unzulässigen Beschränkung des Grundrechts der Pressefreiheit führen,[245] da der Per-sönlichkeitsrechtsschutz unreflektiert und absolut geschützt wäre. Und das, obwohl noch gar nicht bekannt ist, in welchem Kontext die Bilder in der Zukunft veröffentlicht werden und ob nicht dann doch ein besonderes Informationsinteresse an der Veröffentlichung be-steht.[246] Ein solches Informationsinteresse kann nämlich bei Prominenten auch bei Bild-nissen aus dem Alltag bestehen, da Prominente oftmals als Leitbild- oder Kontrastfunkti-on der Allgemeinheit bei der Entwicklung eigener Lebensentwürfe eine gewisse Struktur vorgeben.[247] Im Übrigen kann dieses Informationsinteresse an einem einzelnen Bild nicht schon deshalb aufgrund einer einmalig erfolgten und gegenüber dem zukünftigen Beitrag losgelösten und isolierten Betrachtung des Bildes abgesprochen werden, als bei der Be-wertung des Informationswertes eines Bildes noch zusätzliche Aspekte, wie bspw. die be-gleitende Wortberichterstattung eine Rolle spielen,[248] die das streitgegenständliche Bild in anderen Situationen in einem veränderten Licht erscheinen lassen können und letztlich bei einer erneuten Abwägungsentscheidung gegenüber einer früheren Interessenabwägung zu veränderten Ergebnissen führen können.[249]

---

[241] dazu BGH GRUR 2002, 177 – Jubiläumsschnäppchen.

[242] Vgl. hierzu auch OLG Hamburg NJW 2009, 784, 785.

[243] BGH GRUR 2008, 1024 ff. – Shopping mit Putzfrau auf Mallorca; BGH GRUR 2008, 446 ff. – „kerngleiche" Berichterstattung; offengelassen letztlich KG Berlin ZUM 2007, 538, 540 – Zärtliche Freundschaft.

[244] BGH GRUR 2008, 446, 447 – „kerngleiche" Berichterstattung; BGH NJW 2004, 1795, 1796 – Charlotte Casiraghi.

[245] BGH GRUR 2008, 1024 – Shopping mit Putzfrau auf Mallorca; BGH GRUR 2008, 446, 447 – „kerngleiche" Berichterstattung.

[246] BGH GRUR 2008, 1024 – Shopping mit Putzfrau auf Mallorca; BGH GRUR 2008, 1017, 1020 – Einkaufsbummel nach Abwahl; BGH GRUR 2008, 446, 447 – „kerngleiche" Berichterstat-tung.

[247] Vgl. dazu BVerfG NJW 2008, 1793, 1796 – Caroline von Hannover.

[248] Vgl. hierzu umfassend Fall 37.

[249] BGH GRUR 2008, 1024 – Shopping mit Putzfrau auf Mallorca; BGH GRUR 2008, 446, 447 – „kerngleiche" Berichterstattung; BGH NJW 2004, 1795, 1796 – Charlotte Casiraghi.

IV. Anspruch der G gegen F aus Bereicherungsrecht

Die vermögenswerten Bestandteile des Persönlichkeitsrechts stellen vermögenswerte Ausschließlichkeitsrechte dar, deren Verletzung auch ohne Verschulden Ansprüche aus ungerechtfertigter Bereicherung auslösen können.[250] Der G könnte daher gegen F ein Anspruch auf Zahlung einer fiktiven Lizenzgebühr aus § 812 Abs. 1 S. 1 Alt. 2 BGB aus Eingriffskondiktion zustehen. Dies setzt voraus, dass B auf fremde Kosten durch Eingriff, d. h. durch eigenes bereicherungsrechtliches Handeln, in den Zuweisungsgehalt des vermögenswerten Bestandteils des Persönlichkeitsrechts der F einschließlich ihres Rechts am eigenen Bild eingegriffen und sie hierdurch einen ungerechtfertigten vermögenswerten Vorteil erlangt hat.

1. „Erlangtes Etwas"

F müsste somit zunächst etwas in sonstiger Weise erlangt haben. Worin genau der konkrete Bereicherungsgegenstand im vorliegenden Fall liegt, ist schwierig zu bestimmen, da es sich bei der unberechtigten Nutzung eines Bildnisse um eine sogenannte nicht gegenständliche Bereicherung, d. h. um eine solche Bereicherung handelt, die aufgrund ihrer nicht greifbaren Flüchtigkeit nicht wieder an den Berechtigten zurückgekehrt werden kann.

a) Bereicherungsgegenstand. Teilweise wird als Bereicherungsgegenstand daher ausschließlich die Nutzung des Persönlichkeitsrechts,[251] teilweise die Ersparnis des für die Nutzung normalerweise zu entrichtenden Entgeltes als maßgeblich angesehen.[252]

b) Vermarktungsbereitschaft. Vertritt man die letztere Ansicht, d. h. verlangt man, dass der Kondiktionsschuldner in einem solchen Fall nur insoweit etwas erlangt haben kann, als er auch Aufwendungen gespart habe, könnten hier an einer Bereicherung Zweifel bestehen, da G grundsätzlich nicht bereit gewesen ist, ihr Recht am eigenen Bild zu kommerzialisieren, mithin für die Benutzung des Bildnisses der G kein Gegenwert innezuwohnen scheint. Hat etwas keinen Wert, müssen dafür auch keine Aufwendungen getätigt werden und ein Bereicherungsanspruch der G entfiele.[253] Diese Haltung überzeugt jedoch nicht. Denn im Zuge der zunehmenden Kommerzialisierung von Persönlichkeitsrechten, bei der Persönlichkeitsrechte mehr und mehr zur Ware im Wirtschaftskreislauf werden, ruht in jedem Persönlichkeitsrecht ein Wert, dessen Bezifferung letztlich wie bei jedem anderen Wert von der Verkehrsanschauung und somit vom freien Markt bestimmt wird.[254] So kommt einzelnen Merkmalen der Persönlichkeit ein beträchtlicher wirtschaftlicher Wert zu, der allein aus der Bekanntheit und dem Ansehen der Person in der Öffentlichkeit herrührt,[255] unabhängig davon, ob dieses Merkmal tatsächlich kommerzialisiert wird. Dies zeigt sich letztlich auch dadurch, dass das Persönlichkeitsmerkmal durch den Verletzer überhaupt für kommerzielle Zwecke ausgenutzt wird. Darin zeigt der Verlet-

---

[250] LG München I 21 O 21704/04.

[251] BGH GRUR 2007, 139, 140 – Rücktritt des Finanzministers; OLG München WRP 1995, 744, 747.

[252] BGH NJW 1956, 1554, 1555 – Paul Dahlke; BGH NJW 1979, 2205, 2206 – Fußballtorwart; offen gelassen OLG Hamburg ZUM 2005, 164, 167.

[253] Eine Konsequenz hieraus wäre, dass der Inhaber des Persönlichkeitsrechts gegen den Verletzer nur im Wege der unerlaubten Handlung vorgehen könnte, was wiederum Verschulden des Verletzers voraussetzen würde.

[254] Wandtke/*Boksanyi* Medienrecht Teil 6 Kap. 2 Rn. 28.

[255] BGH NJW 2000, 2195, 2197 – Marlene Dietrich.

zer nämlich, dass er diesem Merkmal einen wirtschaftlichen Wert beimisst.[256] Insofern hat der BGH, in Abkehr von seiner bisherigen Rechtsprechung,[257] 2007 daher völlig zu Recht in aller Klarheit deutlich gemacht, dass ein Schadens- oder Bereicherungsausgleich auf der Grundlage einer angemessenen Lizenzgebühr kein grundsätzliches Einverständnis des Abgebildeten mit der Vermarktung seines Rechts am eigenen Bild voraussetzt.[258] Dem entgegen steht auch nicht, dass der eine Kommerzialisierung seiner Persönlichkeit ablehnende Berechtigte nach § 22 KUG so zu widersprüchlichem Verhalten gezwungen werde,[259] denn der Zahlungsanspruch nach § 812 Abs. 1 S. 1 Alt. 2 BGB fingiert nicht eine Zustimmung des Berechtigten zur Kommerzialisierung, sondern stellt einen Ausgleich für den rechtswidrigen Eingriff dar.[260] Diese Wertung ist letztlich die Konsequenz der dogmatischen Grundlage des Bereicherungsrechts, wonach ein rechtsgrundloser Vermögenszuwachs beim Kondiktionsschuldner abgeschöpft und nicht etwa ein Ausgleich einer Vermögensminderung hergestellt werden soll.[261]

2. Eingriff auf Kosten der G

Durch die unbefugte kommerzielle Nutzung des Bildnisses der G wird in den vermögensrechtlichen Zuweisungsgehalt des Rechts am eigenen Bild wie auch des allgemeinen Persönlichkeitsrechts eingegriffen, da das aus dem Bildnisrecht folgende Selbstbestimmungsrecht der G, über die Verwertung ihres Bildnisses alleine zu entscheiden,[262] missachtet wird.

3. Bereicherungsausgleich (Ergebnis)

Der G kommt somit gegen F ein Anspruch aus Eingriffskondiktion auf Zahlung der üblichen (fiktiven) Lizenzgebühr zu, wobei sich die konkrete Höhe danach richtet, welches Entgelt vernünftige Vertragspartner im Einzelfall als angemessenes Honorar vereinbart hätten. Maßstab hierfür sind insbesondere bereits bestehende Vermarktungsverträge die der Persönlichkeitsrechtsträger in der Vergangenheit geschlossen hat, da diese eine Einschätzung geben, was der Markt tatsächlich zu bezahlen bereit ist.[263] Zu fragen ist deswegen, was der Markt bereit wäre für die Veröffentlichung eines derartigen Fotos zu zahlen. Unerheblich ist, ob und in welcher Höhe der Verletzer üblicherweise Honorare für die Bildrechte zahlt.[264]

---

[256] BGH GRUR 2007, 139, 141 – Rücktritt des Finanzministers.

[257] Vgl. BGH GRUR 1958, 408 – Herrenreiter; BGH GRUR 1959, 430, 433 – Caterina Valente; BGH NJW 1979, 2205, 2206 – Fußballtorwart.

[258] BGH GRUR 2007, 139, 141 – Rücktritt des Finanzministers; zustimmend Wandtke/*Boksanyi* Medienrecht Teil 6 Kap. 2 Rn. 28; Wandtke/Bullinger/*Fricke* § 22 KUG Rn. 26; a. A. insbesondere *Helle* JZ 2007, 444, 450, aber wohl auch *Schack* Rn. 51a.

[259] *Helle* JZ 2007, 444, 450.

[260] BGH GRUR 2007, 139, 141 – Rücktritt des Finanzministers.

[261] BGH NJW 1956, 1554, 1556 – Paul Dahlke; Wandtke/*Boksanyi* Medienrecht Teil 6 Kap. 2 Rn. 28; Wandtke/Bullinger/*Fricke* § 22 KUG Rn. 26 m. w. N.

[262] BGH NJW 1979, 2205, 2206 – Fußballtorwart.

[263] Wandtke/Bullinger/*Fricke* § 22 KUG Rn. 27 m. w. N. zu bisher entschiedenen Fällen; beachte in diesem Zusammenhang vor allem zuletzt auch LG München I AfP 2006, 382, 385, das Boris Becker 1,2 Mio. Euro zugesprochen hatte. Zwar hat das OLG München die konkrete Entscheidung über die Höhe aufgehoben und an das LG München I zur erneuten Überprüfung zurückgewiesen AfP 2007, 237, 241., allerdings ist hier eine neue Qualität von fiktiven Lizenzgebühren erreicht.

[264] Vgl. BGH NJW 1956, 1554, 1555 – Paul Dahlke; OLG Hamburg ZUM 2005, 164, 167.

V. Anspruch auf materiellen Schadensersatz

Wegen der unbefugten Veröffentlichung des Bildnisses der G in der F-Zeitung könnte die G einen Anspruch auf Zahlung einer fiktiven Lizenzgebühr aus § 823 I BGB i. V. mit § 22 KUG haben.

1. Eingriff in das Bildnissschutzrecht der G

Indem F hier das Bildnis der G zustimmungsfrei verwandt hat, hat sie in deren allgemeines Persönlichkeitsrecht (Art. 2 Abs. 1 i. V. m. Art. 1 Abs. 1 GG) sowie in dessen konkrete Ausprägung des Rechts am eigenen Bild eingegriffen und sie in ihrem Selbstbestimmungsrecht, das es ihr erlaubt, selbst darüber zu entscheiden, ob und wenn ja wie ihr Bildnis verwertet werden darf, verletzt.[265] Es kommt nämlich allein der G als der Abgebildeten zu, darüber zu bestimmen, ob und in welcher Weise sie ihr Bild den Geschäftsinteressen Dritter dienstbar machen will.[266]

Die Feststellung der materiellen Schadensersatzpflicht setzt anders als bei der Verletzung ideeller Interessen keine besondere Eingriffsintensität der Rechtsverletzung voraus. Es wäre nämlich angesichts der oben ausgeführten Angleichung der vermögenswerten Bestandteile des Persönlichkeitsrechts gegenüber anderen vermögenswerten Ausschließlichkeitsrechten[267] nicht gerechtfertigt, wenn der Schädiger nicht ebenso wie bei der Verletzung dieser anderen vermögenswerten Ausschließlichkeitsrechte für den eingetretenen Schaden haften würde.[268]

2. Widerrechtlicher Eingriff

In den durch Art. 2 Abs. 1 i. V. m. Art. 1 Abs. 1 GG erfassten Schutzbereich wurde durch die Benutzung des Bildnisse durch F in ihrer Zeitung in widerrechtlicher Weise eingegriffen. Denn durch die unberechtigte Benutzung hat F wie vorstehend ausgeführt in das Selbstbestimmungsrecht der G eingegriffen. Denn gegen ihren Willen wurde ihr Persönlichkeitsrecht zwangskommerzialisiert, d. h. zum Gegenstand öffentlicher Berichterstattung, ohne dass hierfür die Voraussetzungen nach den Grundsätzen des abgestuften Schutzkonzepts der Rechtsprechung vorlagen.

3. Schuld

F hat nicht nur rechtswidrig, sondern auch schuldhaft gehandelt. Es war ihr bekannt, dass die G jegliche Berichterstattung über ihr Privatleben ablehnt, von einer stillschweigenden Einwilligung konnte sie nicht ausgehen. Wer das Bildnis einer anderen Person eigennützig als Presseveröffentlichungen nutzen will, hat die entsprechende publizistische Sorgfalt zu beachten. Dazu gehört nach ständiger Rechtsprechung, dass der Verwender gründlich prüfen muss, ob und wieweit er zu einer Bildnisveröffentlichung befugt ist. Dabei gilt, dass in Zweifelsfällen eine Einwilligung eingeholt werden muss.[269] Hier hatten die Maßnahmen der G (Anschreiben an F sowie die Erwirkung einer einstweiligen Verfügung) der F unzweifelhaft gezeigt, dass eine Zustimmung der G nicht vorlag und somit ihr Bildnis nicht hätte verwendet werden dürfen.

---

[265] BGH NJW 1979, 2205, 2206 – Fußballtorwart.
[266] *BGH* NJW 1979, 2205, 2206 – Fußballtorwart.
[267] Vgl. dazu auch Fall 40.
[268] BGH NJW 2000, 2195, 22201 – Marlene Dietrich.
[269] Dazu Wandtke/Bullinger/*Fricke* § 22 KUG Rn. 29.

4. Schaden

Ein Schaden besteht hier schon deswegen, weil das allgemeine Persönlichkeitsrecht und seine besonderen Ausprägungen, wie etwa das Recht am eigenen Bild, die vermögenswerten Interessen des Berechtigten schützen. Hierzu zählt, dass bekannte Persönlichkeiten ihre Popularität und ein damit verbundenes Image dadurch wirtschaftlich verwerten, dass sie Dritten gegen Entgelt gestatten, einzelne Merkmale ihrer Persönlichkeit, bspw. zur Auflagensteigerung entsprechend einzusetzen.[270] Der Schaden besteht daher in der nicht bezahlten Lizenzgebühr.[271]

a) Mangelnde Vermarktungsbereitschaft. Indem F das Bildnis der G unerlaubt für ihre Zeitung verwandt hatte, sind diese kommerziellen Interessen der G beeinträchtigt. Denn F hat eine derartige Lizenzgebühr nicht bezahlt. Nun lehnt G zwar eine Kommerzialisierung ihrer Persönlichkeitsmerkmale ab, dies schließt jedoch einen materiellen Schadensersatzanspruch nicht aus, denn wie der BGH in seiner Entscheidung „Rücktritt des Finanzministers" deutlich gemacht hat, kommt es für einen Anspruch auf Zahlung einer fiktiven Lizenzgebühr nicht auf einen Kommerzialisierungswillen des Geschädigten an.[272]

b) Fiktive Lizenzgebühr. Als Schadensersatz kann G eine fiktive Lizenzgebühr für den Abdruck der Bilder berechnen.[273] Entscheidet sich G für diese Schadensberechnungsmethode, hat F das Honorar zu ersetzen, das der Abgebildete üblicherweise für die Zustimmung zur Verwendung ihres Bildnisses zustehen würde. Maßgeblich ist insoweit, was der Markt bereit wäre für ein derartiges Foto zu zahlen. Dass G eine Vermarktung ihrer Persönlichkeit grundsätzlich ablehnt, steht dem nicht entgegen, da ein Kommerzialisierungswille nach ausdrücklicher Rechtsprechung des BGH nicht mehr notwendig Voraussetzung ist.[274]

5. Ergebnis

Ein Anspruch auf Ersatz des materiellen Schadens insbesondere in Form der fiktiven Lizenzgebühr besteht.

VI. Anspruch der G auf Ersatz des immateriellen Schadens (sog. Geldentschädigung)

Ob G ein Anspruch auf Geldentschädigung wegen immaterieller Verletzung zukommt, hängt davon ab, ob die Umstände der Veröffentlichungen des Bildnisses in der B-Zeitung eine besonders schwerwiegende Persönlichkeitsrechtsverletzung nach sich ziehen.[275]

1. Anspruchsgrundlage

Die Anspruchsgrundlage für eine Entschädigung der G in Bezug auf ihren immateriellen Schaden wegen der Verletzung des allgemeinen Persönlichkeitsrechts, insbesondere hier des Rechts am eigenen Bild, ist nicht in einer analogen Anwendung von § 253

---

[270] Vgl. dazu ganz generell BGH NJW 2000, 2195, 2196 f. – Marlene Dietrich; sowie im Einzelnen auch Wandtke/*Boksanyi* Medienrecht Teil 6 Kap. 2 Rn. 12 ff.

[271] Wandtke/Bullinger/*Fricke* § 22 Rn. 28.

[272] BGH GRUR 2007, 139, 141 – Rücktritt des Finanzministers.

[273] BGH NJW 2000, 2195, 2201 – Marlene Dietrich.

[274] Um die für ihn günstigste Art der Schadensberechnung wählen und den Schaden berechnen zu können, hat E zusätzlich einen Anspruch auf Auskunftserteilung, diesen kann er als vor gelagerten Anspruch im Wege der Stufenfeststellungsklage nach § 254 ZPO geltend machen.

[275] Dazu vgl. auch Fall 34.

Abs. 2 BGB zu finden. Eine derartige entsprechende Anwendung des § 253 Abs. 2 BGB scheitert bereits am eindeutigen Wortlaut des § 253 Abs. 1 BGB, [276] der deutlich macht, dass der Aufzählung in § 253 Abs. 2 BGB abschließender Charakter zukommt. Aus diesem Grund ist kein Raum für eine Erweiterung des Anwendungsbereichs des § 253 Abs. 2 BGB. Da dann jedoch Verletzungen der Würde und Ehre des Menschen häufig ohne Sanktion bleiben würden, mit der Folge, dass der Rechtsschutz der Persönlichkeit verkümmern würde, [277] folgt nach ständiger Rechtsprechung die Zubilligung einer Geldentschädigung bei Verletzung eines Persönlichkeitsrechts unmittelbar aus dem Schutzauftrag von Art. 2 Abs. 1 i. V. m. Art. 1 Abs. 1 GG. [278]

2. Widerrechtlicher und schuldhafter Eingriff

Im Vorliegenden hat die F-Zeitung nach dem oben Gesagten schuldhaft in widerrechtlicher Weise in das das Selbstbestimmungsrecht der G eingegriffen.

3. Besondere Eingriffsqualität

Fraglich ist, ob dieser Eingriff aber so schwerwiegend ist, dass hierdurch ein Anspruch auf Geldentschädigung aus Art. 2 Abs. 1 i. V. m. Art. 1 Abs. 1 GG ausgelöst wird. Denn nach ständiger Rechtsprechung setzt ein solcher Anspruch voraus, dass es sich dabei um einen schwerwiegenden Eingriff in das Persönlichkeitsrecht handeln muss, wobei die Beeinträchtigung nicht in anderer Weise befriedigend ausgeglichen werden kann. [279]

Inwiefern eine Verletzung des Persönlichkeitsrechts schwerwiegend ist, hängt von der Bedeutung und Tragweite des Eingriffs ab, etwa von dem Ausmaß der Verbreitung verletzender Aussagen, von der Nachhaltigkeit der Fortdauer der Interessen- und Rufschädigung, ferner von Anlass und Beweggrund des Handelnden sowie vom Grad seines Verschuldens ab. [280] Ein nach diesen Grundsätzen schwerwiegender Eingriff liegt hier vor.

Problematisch ist hier, dass das Foto nur einmal in der F-Zeitung veröffentlicht wurde. Eine einmalige Verletzung allein rechtfertigt jedoch noch keine Geldentschädigung. Denn nach ständiger Rechtsprechung bedarf es dazu einer wiederholten und besonders hartnäckigen einwilligungslosen Veröffentlichung von Bildnissen. [281] Diese wird auch nicht dadurch erreicht, dass es sich zusätzlich noch bei der das Bildnis ergänzenden Wortberichterstattung um eine Persönlichkeitsrechtsverletzung handelt. Die Hartnäckigkeit der Persönlichkeitsrechtsverletzung muss sich auf gleichartige Verletzungshandlungen beziehen. [282] Es bedarf demnach mehrerer rechtswidriger Bildveröffentlichungen. Allerdings gilt es hier zusätzlich noch die weiteren Begleitumstände zu berücksichtigen. Der von F vorsätzlich begangene Rechtsbruch wurde nicht nur als Mittel zur Umsatzsteigerung eingesetzt, sondern es wurde zugleich eine rücksichtslose Zwangskommerzialisie-

---

[276] Vgl. dazu ausführlich auch OLG München ZUM 2008, 984, 987.

[277] BGH NJW 2005, 215, 216; BGH GRUR 1995, 224, 229 – Caroline von Monaco I.

[278] vgl. BVerfG NJW 1973, 1221, 1226 – Soraya; BGH NJW 2005, 215, 216; BGH NJW 2000, 2195, 2197 – Marlene Dietrich; BGH GRUR 1995, 224, 228 – Caroline von Monaco I.

[279] BVerfG NJW 2004, 591, 592; BGH NJW 2005, 215, 217; BGH NJW 2000, 2195, 2197 – Marlene Dietrich; BGH NJW 1996, 1131, 1134 – Buchpassage; BGH GRUR 1995, 224, 228 – Caroline von Monaco I.

[280] BVerfG NJW 2004, 591, 592; BGH GRUR 2006, 252, 254 – Postmortaler Persönlichkeitsschutz; BGH NJW 2005, 215, 217; BGH NJW 1996, 1131, 1134 – Buchpassage; BGH GRUR 1995, 224, 229 – Caroline von Monaco I.

[281] Vgl. dazu Fall 34, 37.

[282] Wandtke/Bullinger/*Fricke* § 22 KUG Rn. 32.

rung[283] des Bildnisses der G betrieben. Obwohl G von Anfang an gegenüber F deutlich gemacht hat, dass sie eine Berichterstattung über ihr Privatleben nicht wünsche, die F bei Bekanntwerden des streitigen Umstands zeitnah abgemahnt hatte sowie eine Untersagungsverfügung gegen F erwirkt hat, hatte die F ihre Verletzungshandlung vorgenommen.[284] Insofern liegt ein zu entschädigender Verstoß gegen die ideellen Interessen der G vor.

4. Entschädigung

Hat der Verletzer, wie hier, den Eingriff in das Persönlichkeitsrechts des betroffenen Berechtigten als Mittel zur Verfolgung eigener kommerzieller Interessen eingesetzt, ist die Erzielung von Gewinnen aus der Rechtsverletzung als Bemessungsfaktor in die Entscheidung über die Höhe der Geldentschädigung mit einzubeziehen. In solchen Fällen muss von der Höhe der Geldentschädigung ein echter Hemmungseffekt ausgehen.[285]

5. Ergebnis

Wegen der besonderen Schwere der Persönlichkeitsrechtsverletzung besteht damit auch ein Anspruch auf immateriellen Schadensersatz.

VI. Anspruchskonkurrenz

Die Ansprüche, Geldentschädigung wegen Verletzung des ideellen auf der einen und Bereicherungsausgleich bzw. Schadensersatz wegen Verletzung des kommerziellen Interesses auf der anderen Seite können selbständig nebeneinander geltend gemacht werden.[286] Inwiefern die Geltendmachung beider Ansprüche zu einer Kumulierung der Anspruchshöhe führen darf, ist umstritten. Während teilweise die Auffassung vertreten wird, dass der Verletzer, wenn er zugleich das fremde Persönlichkeitsrecht in schwerwiegendem Maße verletzt hat, zusätzlich noch zur Zahlung eines angemessenen Schmerzens- und Genugtuungsgeldes verpflichtet ist,[287] lehnen andere einen solche Strafzuschlag ab.[288] Danach soll der Betroffene nicht mehr erhalten, als er bei ordnungsgemäßem Vorgehen des Eingreifenden erhalten hätte.[289] Dies ist jedoch fragwürdig, denn die Geldentschädigung nach Art. 2 Abs. 1 i. V. m. Art. 1 Abs. 1 GG unterliegt einem zusätzlichen, besonders strengen Beurteilungsmaßstab (schwerwiegende Beeinträchtigung des Persönlichkeitsrechts), der nicht bereits bei jeder Verletzung erfüllt ist. Dieser strenge Maßstab, der im Rahmen der Prüfung zur Geldentschädigung angelegt wird, wäre jedoch obsolet, würde ein Mehr an Verletzung, hier der ideellen Interessen, nicht zu einem Mehr hinsichtlich der Anspruchshöhe führen.[290] Die Stimmen, die gegen einen Strafzuschlag sind, verkennen bei ihrer Argumentation zudem, dass derjenige, der Geldentschädigung und z. B. eine fiktive Lizenzgebühr geltend macht, hierbei nicht schon seine Persönlichkeit im Sinne einer Kommerzialisierung vermarktet.[291] Wie der BGH zu Recht festgestellt hat, bedarf es für

---

[283] Vgl. dazu im Einzelnen BGH GRUR 1995, 224, 229 – Caroline von Monaco.
[284] Vgl. dazu im Einzelnen BGH NJW 2005, 215, 218.
[285] BGH NJW 2005, 215, 218.
[286] BGH GRUR 1959, 430, 434 – Caterina Valente; Wandtke/*Boksanyi* Medienrecht Teil 6 Kap. 2 Rn. 6.
[287] OLG Hamm NJW-RR 1996, 538, 540 f.; *Beuthien* NJW 2003, 1220, 1222.
[288] Unschlüssig Wandtke/*Boksanyi* Medienrecht Teil Kap. 2 Rn. 6; wobei eine abschließende Entscheidung in dieser Frage allerdings auch noch aussteht.
[289] OLG München GRUR-RR 2003, 194 2. Ls – Blauer Engel; *Ehmann* AfP 2007, 81, 85.
[290] So auch OLG Hamm NJW-RR 1996, 538, 541.
[291] So aber *Ehmann* AfP 2007, 81, 85.

die Geltendmachung der fiktiven Lizenzgebühr keines Vermarktungswillen des Verletzten mehr. Eine Schizophrenie desjenigen, der beides geltend macht, liegt somit schon nicht vor. Im Übrigen trifft denjenigen, der sogar eine schwerwiegende Persönlichkeitsverletzung begeht, nur dann eine spürbare Sanktion, die bewirkt, dass er in Zukunft zweimal überlegt, ob er eine derartige Verletzung tatsächlich begehen will,[292] wenn sie sich nicht nur in einer einfachen Lizenzgebühr beschränkt. Denn hierdurch wird nicht solch ein Hemmungseffekt aufgebaut, der dem Verletzer den für ihn nach Zahlung der Lizenzgebühr verbleibenden Mehrgewinn entzieht. Dies entspricht letztlich dem Gedanken der Geldentschädigung, die vor allem auch der Prävention dienen soll.[293]

Fall 40: Postmortales Persönlichkeitsrecht

Postmortales Persönlichkeitsrecht/Fotos aus der Zeit vor der Kommerzialisierung der eigenen Person in den Medien/Frist nach dem Tod.

Sachverhalt

Die G war eine bekannte Sängerin, die schon zu Beginn ihrer Karriere als zwanzigjährige ihr Leben sehr breit vermarktet hat. Infolge eines alkoholbedingten Autounfalls verstarb die G. Sie hinterließ ihre beiden überlebenden Eltern sowie ihre Schwester S. Letzterer vererbte sie sämtliche kommerziellen Bestandteile ihrer Persönlichkeit, da die Schwester zuvor bereits als Managerin für die G gearbeitet hatte. Fünfzehn Jahre nach dem Tod der G fasst die F-Zeitung noch einmal das Unfallgeschehnis zusammen. Die Eltern und die S werden jedoch nicht erwähnt. F bebildert ihren Artikel mit einer Reihe von Fotos. Eines der Fotos zeigt die neunjährige G beim Gottesdienst. Dieses Foto wurde von der Familie nicht frei gegeben und die F-Zeitung ist sich nicht mehr sicher, woher sie das Foto hat und ob sie berechtigt ist, dieses Foto zu zeigen. Nachdem der Artikel erschienen ist, wollen sowohl die Schwester als auch die Mutter der G gegen die Veröffentlichung dieses Fotos vorgehen. Der Vater der G möchte an den Tod der G jedoch nicht mehr erinnert werden und will mit der ganzen Angelegenheit nichts zu tun haben.

I. Kann die S von F Unterlassung der Veröffentlichung des Bildes, Schadensersatz sowie Geldentschädigung verlangen?

II. Steht der Mutter der G gegen F ein Anspruch auf Geldentschädigung und Unterlassung wegen des veröffentlichten Bildes zu?

---

[292] Ähnlich *Beuthien* NJW 2003, 1220, 1221.

[293] BGH GRUR 1995, 224, 229 – Caroline von Monaco I; Wandtke/Bullinger/*Fricke* § 22 KUG Rn. 30.

Lösung

I. Ansprüche der S

1. Anspruch aus eigenem Recht

Ansprüche der S aus eigenem Recht am eigenen Bild scheitern, denn das Bildnis zeigt nicht die S, sondern die G.

2. Anspruch wegen Verletzung des postmortalen Persönlichkeitsrechts

a) Anspruch der S gegen F auf Schadensersatz aus § 823 Abs. 1 BGB i. V. m. §§ 22, 23 KUG. Der S könnte jedoch gegen F ein Anspruch auf Schadensersatz wegen Verletzung des sogenannten postmortalen Persönlichkeitsrechts der G und seiner besonderen Erscheinungsformen zustehen. Ein entsprechender Anspruch könnte im vorliegenden Fall aus § 823 Abs. 1 BGB i. V. m. §§ 22, 23 KUG folgen. Voraussetzung hierfür ist, dass F das Bildnis der G widerrechtlich in dem Massenmedium Zeitung abgedruckt hat.

aa) Schutzgegenstand. Das Recht am eigenen Bild nach § 22 KUG als besondere Ausprägung des allgemeinen Persönlichkeitsrechts aus Art. 2 Abs. 1 GG[294] gibt dem Einzelnen das Recht, über die Anfertigung und Verwendung von Bildnissen seiner Person auch in Massenmedien zu entscheiden.[295] Die im Artikel abgebildeten Fotografien sind solche Bildnisse i. S. d. § 22 KUG, da sie G in ihrer äußeren Erscheinung in einer für Dritte erkennbaren Weise wiedergeben.[296]

bb) Aktivlegitimation. Problematisch ist jedoch, dass nicht die G als Abgebildete klagt, sondern die S als Erbin nach § 1922 BGB. Fraglich ist daher, ob die S als Erbin der verstorbenen G überhaupt aktivlegitimiert ist, die F auf Schadensersatz wegen Verletzung des allgemeinen Persönlichkeitsrechts sowie seiner besonderen Erscheinungsform des Rechts am eigenen Bild der G in Anspruch zu nehmen.

Es ist allgemein anerkannt, dass die Persönlichkeit des Menschen über den Tod hinaus geschützt wird.[297] Dies gilt auch für die vermögenswerten Bestandteile des allgemeinen Persönlichkeitsrechts und seiner besonderen Erscheinungsformen. Diese werden auch noch nach dem Tod des Persönlichkeitsträgers als sogenanntes zivilrechtliches postmortales Persönlichkeitsrecht weiter geschützt.[298] Danach gehen die vermögenswerten Bestandteile des Persönlichkeitsrechts auf den Erben über. Hintergrund war die Erkenntnis, dass das Persönlichkeitsrecht nicht mehr nur allein ideellen Interessen dient, sondern im Zuge zunehmender Kommerzialisierung mehr und mehr zum vermögenswerten Ausschließlichkeitsrecht wird, mit dem finanzielle Interessen verfolgt werden.[299] Angesichts dessen sei es nicht einzusehen, dass dieser im Persönlichkeitsrecht liegende Vermögenswert mit dem Tod des Persönlichkeitsrechtsträgers dem Zugriff eines jeden beliebigen

---

[294] Vgl. dazu ausführlich Fall Nr. 34.

[295] BVerfG NJW 2006, 3406, 3407 – „Rivalin" von Uschi Glas.

[296] BGH NJW 2000, 2195, 2200 – Marlene Dietrich; vgl. iÜ ausführlich zum Bildnisbegriff *Wandtke/Grassmann-Begemann* Medienrecht Teil 6 Kap. 3 Rn. 2 ff.

[297] BVerfG NJW 2006, 3409 – Marlene Dietrich; BGH GRUR 2006, 252, 253 – Postmortales Persönlichkeitsrecht.

[298] Vgl. dazu BVerfG NJW 2006, 3409 ff. – Marlene Dietrich; BGH MMR 2007, 106, 107 – kinski-klaus.de; BGH GRUR 2006, 252 ff. – Postmortaler Persönlichkeitsschutz; BGH NJW 2000, 2195 ff. – Marlene Dietrich.

[299] Grundlegend BGH NJW 2000, 2195 ff. – Marlene Dietrich; vgl. ausführlich zur Kommerzialisierung von Persönlichkeitsrechten auch Fall Nr. 35.

Dritten preisgegeben werde, ohne dass es der Persönlichkeitsträger in der Hand habe, diesen Vermögenswert denjenigen Personen zukommen zu lassen, die ihm zu Lebzeiten nahegestanden haben.[300] Ein wirksamer postmortaler Persönlichkeitsrechtsschutz erfordere deswegen einen Übergang der vermögenswerten Bestandteile auf den Erben.[301] Dem stehe insbesondere auch nicht § 22 S. 3 KUG entgegen. Denn diese Norm sei wegen ihrer gesetzgeberischen Vergangenheit auf den Schutz ideeller Interessen ausgerichtet und gebe keine abschließende Auskunft darüber, wer einen Vermögenswert geltend mache dürfe.[302] Dieser Rechtsprechung ist beizupflichten, denn es kann nicht sein, dass andere vermögenswerte Ausschließlichkeitsrechte, wie etwa das Urheberrecht, ohne weiteres vererbbar sind, das durch eigene Leistung erworbene Vermögensgut Persönlichkeitsrecht hingegen nicht. Dies widerspricht dem verfassungsrechtlichen Schutzgedanken der Eigentumsgarantie aus Art. 14 Abs. 1 GG. Danach werden Vermögensrechten deswegen von der Eigentumsgarantie erfasst, weil sie das Ergebnis eigener Leistung sind.[303] Eine derartige Leistung wird auch erbracht, wenn Persönlichkeitsrechte kommerzialisiert werden, denn der Markt gesteht einem Persönlichkeitsrecht oftmals nur dann einen wirtschaftlichen Wert zu, wenn der Persönlichkeitsträger diesen sich kraft eigener Leistung, etwa durch seine Tätigkeit oder sonstige Lebensleistungen, „erarbeitet" hat.[304]

cc) Widerrechtlicher Eingriff. Wird nun dieses postmortale Persönlichkeitsrecht der Verstorbenen durch Veröffentlichung von Fotos in Zeitschriften zum Zwecke der Auflagensteigerung ausschließlich kommerziell ausgenutzt, greift der Verwender der Fotos in unzulässiger Weise in die vermögenswerten Interessen der Erben ein. Dabei gilt, dass wenn feststeht, dass durch den Abdruck der Fotos in den Schutzbereich des postmortalen Persönlichkeitsrechts eingegriffen wurde, zugleich die Rechtswidrigkeit geklärt ist.[305] Ob eine Abbildung als Teil der Berichterstattung in einer Zeitung einen Eingriff in das postmortale Persönlichkeitsrecht darstellt, richtet sich nach dem abgestuften Schutzkonzept der Rechtsprechung.[306] Danach hätte es zunächst der Einwilligung des Berechtigten, hier der Erbin S, bedurft. Diese liegt nicht vor. Das Foto ist ohne Zustimmung der Erbin oder der Angehörigen der J in die Hände der Zeitung gelangt. In diesen Fällen bestimmt das abgestufte Schutzkonzept, dass Bildnisse einer Person ausschließlich dann noch einwilligungsfrei verbreitet werden dürfen, wenn an diesen ein besonderes Informationsinteresse der Allgemeinheit besteht und hierdurch keine berechtigten Interessen der Abgebildeten verletzt werden, § 23 Abs. 2 KUG.[307] Entscheidend dafür ist ein besonderer zeitgeschichtlicher Informationswert der Öffentlichkeit an der Abbildung. Dies ist hinsichtlich des streitgegenständlichen Fotos fraglich. Das in der F-Zeitung abgedruckte Foto zeigt die G als Neunjährige beim Gottesdienst. An dem Foto besteht kein aus dem Zeitgeschehen

---

[300] BGH GRUR 2006, 252, 254 – Postmortaler Persönlichkeitsschutz, BGH NJW 2000, 2195 ff. – Marlene Dietrich.

[301] BGH GRUR 2006, 252, 254 – Postmortaler Persönlichkeitsschutz.

[302] BVerfG NJW 2006, 3409, 3410 – Marlene Dietrich.

[303] BVerfG 1, 264, 277 f.,

[304] So auch BGH GRUR 2006, 252 ff. – Postmortaler Persönlichkeitsschutz; BGH NJW 2000, 2195 ff. – Marlene Dietrich.

[305] BVerfG NJW 2006, 3409 – Marlene Dietrich.

[306] grundlegend dazu vgl. BVerfGE 35, 202, 224 f. – Mephisto; BVerfG NJW 2000, 1021 ff. – Caroline von Monaco; BGH GRUR 2007, 523, 525 ff. – Abgestuftes Schutzkonzept I; Überblick hierzu auch bei Wandtke/Bullinger/*Fricke* § 22 KUG Rn. 2.

[307] Vgl. dazu ausführlich Fall 37.

folgender Informationswert,[308] da das Foto lediglich eine Szene des privaten Alltags der G wiedergibt. Ein bloß allgemeines Informationsinteresse am Privatleben Prominenter gibt es jedoch nicht.[309] Auch Prominente haben das Recht auf beobachtungsfreien Alltag.[310] Dem steht auch nicht entgegen, dass die G ihr Privatleben bereits frühzeitig in aller Öffentlichkeit ausgebreitet hat. Zwar entfällt der Schutz der Privatsphäre vor öffentlicher Kenntnisnahme, wenn der Persönlichkeitsträger selbst bestimmte, gewöhnlich als privat geltende Angelegenheiten öffentlich gemacht hat.[311] Der verfassungsrechtliche Privatsphärenschutz aus Art. 2 Abs. 1 i. V. m. Art. 1 Abs. 1 GG ist nun einmal nicht im Interesse einer Kommerzialisierung der eigenen Person gewährleistet.[312] Hier gilt es aber zu berücksichtigen, dass das streitgegenständliche Foto aus einer Zeit stammt, als die G der Öffentlichkeit noch unbekannt war. Die Veröffentlichung von aus der Privatsphäre einer Prominenten stammenden Fotos aus Zeiten, in denen der Prominente sein Privatleben noch nicht preisgegeben hatte, ist dann unzulässig, wenn die Veröffentlichung zu dieser Zeit mangels eines berechtigten Informationsinteresses als rechtswidrig anzusehen gewesen wäre.[313] Dies war hier der Fall. An Szenen aus dem Alltag der neunjährigen G bestand zu dieser Zeit kein Informationsinteresse, da diese nicht in der Lage waren, eine gesellschaftliche Diskussion in Gang zu bringen. Etwas anderes folgt auch nicht aus der später erfolgten Kommerzialisierung und dem damit verbundenen öffentlichen Interesse an der Person G. Diesem Interesse der Öffentlichkeit wird bereits dadurch ausreichend Rechnung getragen, dass die Veröffentlichung von Bildmaterial aus der Zeit ab der Kommerzialisierung der eigenen Person zulässig gewesen ist.[314] Eine das Informationsinteresse befriedigende Berichterstattung war daher ohne weiteres möglich. Denn hierfür bestand genug Material, mit dem die gewünschte Berichterstattung bebildert werden konnte.

Insofern greift die F-Zeitung in rechtswidriger Weise in das Persönlichkeitsrecht der G ein, wenn sie ein Foto abdruckt, das die neunjährige G lediglich im privaten Alltagsleben[315] zeigt.

dd) Schuld. Unter Anwendung der entsprechenden publizistischen Sorgfalt hätte die F-Zeitung besonders gründlich prüfen müssen, ob sie zur Veröffentlichung des Fotos berechtigt war. Da sie nicht mehr genau wusste, aus welchem Fundus das Foto stammte, hätte sie sich vergewissern müssen, dass entweder eine Einwilligung der Erbin S bzw. eine rechtliche Ausnahme i. S. d. § 23 Abs. 1 KUG vorlag. Hätte sie dies getan, hätte sie ohne weiteres erkennen können, dass dies nicht der Fall war. Die G war auf dem Foto offensichtlich erst neun Jahr alt und an dem Foto bestand angesichts der oben beschrieben Alltagsabbildung kein relevantes Veröffentlichungsinteresse der Allgemeinheit.[316] Insofern handelte die F-Zeitung zumindest fahrlässig i. S. d. § 276 I BGB.

---

[308] Vgl. dazu ausführlich Fall 37.

[309] EGMR NJW 2004, 2647, 2649 – Caroline von Hannover; BGH GRUR 2007, 523, 525 ff. – Abgestuftes Schutzkonzept I; BGH GRUR 2007, 902, 903 – Abgestuftes Schutzkonzept II.

[310] BGH NJW 2009, 757, 760 – Karsten Speck.

[311] BVerfG NJW 2000, 1021, 1023 – Caroline von Monaco; BGH ZUM-RD 2009, 429, 432 – Kannibale von Rotenburg; BGH GRUR 2005, 76, 78 – „Rivalin" von Uschi Glas.

[312] BVerfG NJW 2000, 1021, 1023– Caroline von Monaco.

[313] BGH GRUR 2009, 86, 88 – Gesundheitszustand von Prinz Ernst August von Hannover; BGH ZUM 2009, 58, 60 – Höllenqualen; BGH GRUR 2005, 76, 77 – „Rivalin" von Uschi Glas.

[314] BGH ZUM 2009, 58, 60 – Höllenqualen; BGH GRUR 2005, 76, 77 – „Rivalin" von Uschi Glas.

[315] Vgl. dazu Wandtke/*Grassmann-Begemann* Medienrecht Teil 6 Kap. 3 Rn. 53.

[316] Vgl. dazu umfassend Wandtke/*Grassmann-Begemann* Medienrecht Teil 6 Kap. 3 Rn. 33.

ee) Schutzdauer. Möglicherweise besteht ein Schadensersatzanspruch der Erbin S jedoch fünfzehn Jahre nach dem Tod der G nicht mehr.

(1) Recht am eigenen Bild. Die Schutzdauer für das Recht am eigenen Bild erlischt gemäß § 22 S. 3 KUG zehn Jahre nach dem Tod des Abgebildeten. Insofern kann ein Schadensersatzanspruch nicht mehr unter dem Gesichtspunkt der Verletzung des Rechts am eigenen Bild nach § 22 KUG geltend gemacht werden.

(2) Postmortales Persönlichkeitsrecht. Dies bedeutet jedoch nicht automatisch das Ende eines Schutzanspruches der Erbin S. Ihre vermögenswerten Interessen werden insoweit durch das von § 823 Abs. 1 BGB geschützte postmortale Persönlichkeitsrecht geschützt. Hierbei handelt es sich um ein Auffanggrundrecht, das von der Rechtsprechung geschaffen wurde, und das eingreift, wenn ein Schutz der besonderen Erscheinungsformen des Persönlichkeitsrechts, hier das Recht am eigenen Bild nach § 22 KUG nicht greift. Hierdurch sollen Schutzlücken vermieden werden.[317] Doch auch dieser Schutz gilt zeitlich nicht unbeschränkt. Wie lange der Schutz von vermögenswerten Bestandteilen des postmortalen allgemeinen Persönlichkeitsrechts nach dem Tod des Persönlichkeitsträgers noch fortbesteht, ist höchst umstritten.[318] Der BGH zieht in dieser Frage mittlerweile die gesetzliche Frist aus § 22 S. 3 KUG entsprechend heran.[319] Er argumentiert, dass mit fortlaufender Zeit das Schutzbedürfnis des Verstorbenen abnehme, während gleichzeitig das Bedürfnis der Allgemeinheit, sich mit dem Verstorbenen auseinanderzusetzen, wachsen würde. Insofern müsse das lediglich wirtschaftliche Interesse der Erben zurücktreten. Aus Gründen der Rechtssicherheit sei zudem eine deutliche Grenze zu ziehen. Diese sei bei zehn Jahren zu veranschlagen, da man sich sonst in Wertungswiderspruch zur gesetzlichen Regelung des KUG setze.[320] Angesichts dessen ist der wegen Verletzung der vermögenswerten Interessen der G bestehende Anspruch auf Schadensersatz unter der Rechtsprechung des BGH verjährt, da die G bereits vor fünfzehn Jahren verstorben ist. Diese äußerst knapp bemessene Schutzdauer überzeugt nicht und wurde zu Recht von der Literatur vielfach angegriffen.[321] Der BGH verkennt, dass dem berechtigten Informationsinteresse der Öffentlichkeit bereits durch das abgestufte Schutzkonzept genüge getan wird. Soweit tatsächlich ein besonderes Informationsinteresse der Allgemeinheit an dem Leben der Verstorbenen besteht, ist eine Auseinandersetzung mit ihr ohne Einwilligung der Erben möglich. Dabei ist die Presseberichterstattung sowohl frei, den Bericht zu bebildern, als auch darin offen, welchen Inhalt sie dem Pressebericht geben möchte, mit der Folge, dass unterhaltende Beiträge unter dem verfassungsrechtlichen Schutz der Pressefreiheit (Art. 5 Abs. 1 GG) eine Auseinandersetzung mit der Verstorbenen liefern können. Diese Pressefreiheit greift zwar dann nicht, wenn ein bloß wirtschaftliches Interesse des Berichtenden an der Veröffentlichung der Fotos besteht. In diesen Fällen wird jedoch keine tatsächliche und vom BGH angemahnte Auseinandersetzung mit der Verstorbenen vorgenommen.[322] Desweiteren überzeugt nicht, wenn der BGH auf § 22 S. 3 KUG rekurriert. Hierbei setzt

---

[317] BGH MMR 2007, 106 – kinski-klaus.de; OLG Hamm NJW 2002, 609, 610 – Fritz Winter.

[318] So werden Schutzdauern von 30 (vgl. statt vieler Wenzel/*Burkhardt* Kap. 5 Rn. 124), bis zu 70 Jahren (Schricker/*Schricker* Anh § 60 UrhG § 22 KUG Rn. 63 m. w. N.) vorgeschlagen.

[319] BGH MMR 2007, 106, 107 – kinski-klaus.de.

[320] BGH MMR 2007, 106, 107 f. – kinski-klaus.de

[321] U. a. etwa von *Reber* GRURInt. 2007, 492; *Götting* GRUR 2007, 170; Wandtke/*Boksany* Medienrecht Teil 6 Kap. 2 Rn. 33 ff.

[322] Kritisch hierzu auch Wandtke/*Boksanyi* Teil 6 Kap. 2 Rn. 33; sowie *Stieper* MMR 2007, 108, 109, der allerdings im Ergebnis der BGH-Entscheidung zustimmt.

er sich nämlich in Widerspruch zur berechtigten Auffassung des BVerfG, wonach § 22 KUG nicht als abschließende Regelung verstanden werden dürfe, da damit ein vom vermögenswerten Bestandteil des Persönlichkeitsrecht völlig losgelöster ideeller Bestandteil verfolgt werde, der deswegen eine unterschiedliche Behandlung rechtfertige[323]. Es ist nicht einzusehen, wieso eine entsprechende Anwendung des § 22 KUG in der Frage der Berechtigung und Vererbbarkeit abgelehnt wird, gleichzeitig derselbe § 22 KUG in der Frage der Schutzfrist zwingenden Charakter haben soll.[324] Dies lässt sich auch nicht mit dem Argument der Rechtssicherheit begründen, denn rechtssicher wäre auch ein längerer Schutz.

ff) Schaden. Der Schaden der Erbin G besteht darin, dass der Wert ihres Vermögens geringer ist, als er ohne den Abdruck der Fotos wäre.[325] So hätte G beispielsweise für den Abdruck des Fotos eine Lizenzgebühr verlangen können. Als Schadensersatz wird insoweit die Festsetzung einer fiktiven Lizenzgebühr als am zweckmäßigsten angesehen.[326] Deren Höhe bestimmt sich danach was üblicherweise auf dem Markt für die Veröffentlichung des Fotos gezahlt worden wäre.[327] Maßgeblich ist insoweit eine Tatsachenfeststellung im Einzelfall. Hierzu ist vor allem auf bereits erfolgte Kommerzialisierungsvorgänge der Abgebildeten und die dafür bezahlten Lizenzgebühren zurückzugreifen.[328] Unerheblich ist daher insbesondere auch, was der Verletzer üblicherweise zu zahlen bereit ist.[329]

gg) Ergebnis. Nach Auffassung des BGH jedenfalls bestünde wegen Verstreichens der Schutzdauerfrist analog § 22 S. 3 KUG kein Schadensersatzanspruch.

b) Anspruch der S gegen F auf Geldentschädigung. Ein Anspruch der S gegen F auf Geldentschädigung aus Art. 2 Abs. 1 i. V. m. Art. 1 Abs. 1 GG wegen einer möglichen Verletzung ideeller Interessen besteht nicht. Unabhängig davon ob der Abdruck des Fotos der neunjährigen G in der F-Zeitung bereits ausreicht, um eine ideelle Betroffenheit anzunehmen, entspricht es der überwiegenden Auffassung in Literatur und Rechtsprechung, dass der ideelle Teil des Persönlichkeitsrechts unauflöslich an die Person ihres Trägers gebunden ist und insofern als höchstpersönliches Recht nicht vererbbar ist, sondern mit dem Tod des Trägers untergeht.[330] Hintergrund ist, dass die mit der Geldentschädigung bezweckte Genugtuung des Opfers nicht erreicht wird, da dieses verstorben ist.[331]

c) Anspruch der S gegen F auf Unterlassung. Nach dem vorgesagten kann die S die F-Zeitung wegen der rechtswidrig erfolgten Bildveröffentlichung auf Unterlassung in Anspruch nehmen. Ein entsprechender Anspruch folgt hier aus § 1004 Abs. 1 S. 1 BGB

---

[323] BVerfG NJW 2006, 3409, 3410 – Marlene Dietrich.

[324] Wandtke/*Boksanyi* Teil 6 Kap. 2 Rn. 35f.

[325] Wandtke/Bullinger/*Fricke* § 22 KUG Rn. 28.

[326] BGH NJW 1956, 1554, 1555 – Paul Dahlke; neben der Geltendmachung einer fiktiven Lizenzgebühr sind auch noch Ersatz des konkreten Schadens und die Herausgabe des Verletzergewinns denkbar (vgl. dazu im Einzelnen auch *Beuthien* NJW 2003, 1220 ff.).

[327] BGH GRUR 1979, 732, 734 – Fußballtorwart.

[328] Dafür auch *Wankel* NJW 2006, 3411.

[329] Vgl. BGH NJW 1956, 1554, 1555 – Paul Dahlke; OLG Hamburg ZUM 2005, 164, 167.

[330] BGH MMR 2007, 106, 107 – kinski-klaus.de; BGH GRUR 2006, 252, 253 f. – Postmortales Persönlichkeitsrecht; BGH NJW 2000, 2195, 2197 – Marlene Dietrich; Wandtke/*Boksanyi* Medienrecht Teil 6 Kap. 2 Rn. 2; Wandtke/Bullinger/*Fricke* § 22 KUG Rn. 30 m. w. N.; a. A. *Beuthin* ZUM 2003, 261, 262.

[331] BGH GRUR 2006, 252, 253 – Postmortales Persönlichkeitsrecht; BGH GRUR 1974, 797, 800 – Fiete Schulz; Wandtke/Bullinger/*Fricke* § 22 KUG Rn. 30.

analog i. V. m. dem postmortalen allgemeinen Persönlichkeitsrecht, wie es durch § 823 Abs. 1 BGB geschützt wird. Durch die begangene Rechtsverletzung wird die Wiederholungsgefahr vermutet.[332] Da auch keine strafbewerte Unterlassungserklärung abgegeben wurde, ist die Wiederholungsgefahr auch nicht wieder entfallen.[333]

II. Ansprüche der M

1. Anspruch M gegen F auf Unterlassung

M könnte möglicherweise F auf Unterlassung nach § 1004 Abs. 1 S. 1 BGB analog wegen Verletzung der ideellen Interessen des postmortalen Persönlichkeitsrechts in Anspruch nehmen.

a) Aktivlegitimation. Nachdem G verstorben war, wandelte sich dieses allgemeine Persönlichkeitsrecht in das postmortale Persönlichkeitsrecht. Soweit in den ideellen Bestandteil des postmortalen Persönlichkeitsrechts eingegriffen wurde, steht es den Angehörigen nach einhelliger Auffassung in Literatur und Rechtsprechung zu, Abwehransprüche gegen die unberechtigte Verwendung von Bildnissen i. S. d. § 22 KUG geltend zu machen. Wer Angehöriger ist bestimmt sich entsprechend § 22 S. 4 KUG. Danach definiert man als Angehörige in erster Linie die überlebenden Ehegatten oder Lebenspartner und die Kinder des Abgebildeten. Nur wenn keiner dieser genannten Personen vorhanden sind, gelten die Eltern als wahrnehmungsberechtigt. Dies ist hier jedenfalls der Fall, da die M die Mutter der G ist und die G weder Ehe-/Lebenspartner noch Kinder hatte. Einer Aktivlegitimation steht desweiteren nicht entgegen, dass die M nicht der einzige überlebende Elternteil der G war und der Vater der G gegen die unberechtige Verwendung der Fotos nicht vorgehen möchte. Denn aus dem Umkehrschluss, dass es der Zustimmung aller lebenden Angehörigen zur Veröffentlichung eines Fotos bedarf, wird geschlossen, dass jeder einzelne aktivlegitimiert ist und gegen Verletzungshandlungen vorgehen kann.[334]

b) Schutzdauer. Die Schutzdauer des Unterlassungsanspruch bei Verletzung ideeller Interessen ist nicht, wie bei der Geltendmachung des vermögenswerten Rechts des allgemeinen Persönlichkeitsrechts unter analoger Anwendung des § 22 S. 3 KUG, beschränkt. Sowohl Literatur als auch Rechtsprechung sind sich an dieser Stelle einig, dass die Schutzdauer individuell bestimmt werden muss und auch noch über zehn Jahre nach dem Tod des Persönlichkeitsrechtsträgers Bestand haben kann.[335] Maßgeblich ist insofern in wie weit das Persönlichkeitsbild des Verstorbenen im Bewusstsein der Allgemeinheit verblasst ist.[336] Inwiefern dies hier der Fall ist, kann in diesem Zusammenhang jedoch dahinstehen.

c) Widerrechtlicher Eingriff in das postmortale Persönlichkeitsrecht. Durch die zustimmungslose Verwendung des Bildnisses der G in der Zeitung, griff F nach zwar dem vorgesagten in das postmortale Persönlichkeitsrecht der G ein. Fraglich ist jedoch ob dies ausreicht, um Widerrechtlichkeit zu bejahen. Denn der Unterlassungsanspruch nach § 1004 Abs. 1 S. 1 BGB analog wegen Verletzung des postmortalen Persönlichkeitsrechts setzt eine höhere Eingriffsqualität voraus und unterliegt somit strengeren Voraussetzungen als bei einer Verletzung des allgemeinen Persönlichkeitsrechts. Der ideelle Schutz des

---

[332] Vgl. dazu Wandtke/*von Welser* Medienrecht Teil 1 Kap. 4 Rn. 35.

[333] Vgl. dazu Wandtke/*von Welser* Medienrecht Teil 1 Kap. 4 Rn. 36.

[334] Wandtke/Bullinger/*Fricke* § 22 KUG Rn. 12; *Wankel* NJW 2006, 3411.

[335] BGH MMR 2007, 106, 108 – kinski-klaus.de; Wandtke/Bullinger/*Fricke* § 22 KUG Rn. 11.

[336] Wandtke/*Boksanyi* Medienrecht Teil 6 Kap. 2 Rn. 34.

postmortalen Persönlichkeitsrechts dient in erster Linie dem Schutz des Wert- und Achtungsanspruchs.[337] Ein gleichwertiger Schutzes des postmortalen Persönlichkeitsrechts ähnlich dem allgemeinen Persönlichkeitsrecht ist nach der gesetzlichen Konzeption nicht vorgesehen. Zum einen findet Art. 2 Abs. 1 GG auf das postmortale Persönlichkeitsrecht keine Anwendung, denn ein Verstorbener kann sich denklogisch schon nicht mehr in seiner Persönlichkeit frei entfalten.[338] Insofern wird nur noch die postmortale Menschenwürde nach Art. 1 Abs. 1 GG geschützt. Zum anderen wird die Reichweite der strafrechtlichen Ehrschutzvorschriften mit dem Tod eines Menschen auf den in § 189 StGB genannten Schutz beschränkt.[339] Allerdings wäre es sicherlich zu eng gefasst, würde man nun nur noch ausschließlich grobe Entstellungen des Lebensbildes oder verfälschende Tatsachenbehauptungen als Verletzungtatbestände akzeptieren. Besser ist es, Anleihen beim Tatbestandsmerkmal des besonders schwerwiegenden Eingriffs zu nehmen. Dies erscheint bereits deswegen sachgerecht, als dessen Grundsätze für den Geldentschädigungsanspruch entwickelt wurden, der ebenfalls als Schutzmechanismus gegen die Verletzung der ideellen Interessen entwickelt wurde. Insofern bedarf es auch für die Bejahung eines Unterlassungsanspruchs wegen Verletzung des postmortalen Persönlichkeitsrechts eines solchen Eingriffs in das ideelle Interesse des Verstorbenen, der nach Art, Ausmaß, Nachhaltigkeit, Anlass, Beweggrund und sonstiger mit der Bildveröffentlichung einhergehender Umstände als besonders schwerwiegend anzusehen ist. Entscheidend ist hierfür eine rücksichtslose Zwangskommerzialisierung des Bildnisses der G. Diese liegt hier nicht vor. Die bloß einmalige Verletzungshandlung der F-Zeitung genügt hierfür bereits nicht.[340] Weitere Umstände sind jedoch nicht ersichtlich. Insbesondere aus dem Verschulden der F folgt nichts anderes, da man andernfalls bei jedem Verschulden schon einen derartigen besonders groben Eingriff annehmen müsste und es einer Betonung der besonderen Eingriffsqualität bei Verletzung ideeller Interessen nicht bedürfte.

d) Ergebnis. Mangels widerrechtlichem Eingriff in das postmortale Persönlichkeitsrecht besteht der Unterlassungsanspruch nicht.

2. Anspruch M gegen F auf Geldentschädigung wegen schwerwiegender Verletzung des postmortalen Persönlichkeitsrechts der G

Dem lebenden Träger des allgemeinen Persönlichkeitsrechts kann zwar bei schwerwiegender ideeller Verletzung ein Anspruch auf Ersatz der daraus entstehenden immateriellen Schäden zustehen.[341] Die postmortale Geltendmachung eines solchen Geldentschädigungsanspruchs nach Art. 1 Abs. 1 i. V. m. Art. 2 Abs. 1 GG durch einen Angehörigen i. S. d. § 22 S. 4 KUG ist jedoch schon mangels Aktivlegitimation nicht möglich.[342] Insofern gilt wie beim Erben auch, dass der Genugtuungszweck der Geldentschädigung zugunsten des Angehörigen den Verstorbenen nicht mehr erreicht, da dieser nicht mehr existiert. Einer Genugtuung des Angehörigen über Art. 2 Abs. 1 i. V. m. Art. 1 Abs. 1 GG im Wege der Geldentschädigung bedarf es jedoch nicht, da dieser allein aufgrund unmittelbarer Verletzung des allgemeinen Persönlichkeitsrechts des Verstorbenen grundsätzlich

---

337 OLG Hamm NJW 2002, 609, 610 – Fritz Winter.
338 BGH GRUR 2006, 252, 253 – Postmortales Persönlichkeitsrecht.
339 OLG Hamm NJW 2002, 609, 610 – Fritz Winter.
340 Vgl. dazu im Einzelnen Fall 34, 39.
341 Vgl. dazu ausführlich Fall 39.
342 Vgl. statt vieler Wandtke/Bullinger/*Fricke* § 22 KUG Rn. 30 m. w. N.

nicht selbst verletzt ist.[343] Denn das allgemeine Persönlichkeitsrecht steht und fällt wegen seines höchstpersönlichen Charakters mit dem Leben und Sterben seines Trägers.

3. Anspruch M gegen F auf Ersatz des immateriellen Schadens aus eigenem Recht

Gleichwohl könnte die M als Angehörige der G durch den Bildbericht in eigenen Rechten verletzt sein. Jedoch dürfte die M nach dem oben Gesagt nicht nur mittelbar, sondern müsste durch den Bericht unmittelbar in ihrem eigenen Persönlichkeitsrecht verletzt worden sein.[344] Allein die Abbildung der Verstorbenen G reicht hierfür nicht aus, so lässt die Rechtsprechung nicht einmal eine spezifische Kränkung der Familie genügen.[345] Hingegen wird eine unmittelbare Persönlichkeitsrechtsverletzung angenommen, wenn durch den Bericht samt seiner ungenehmigten Bebilderung suggeriert wird, für die Tragödie sei elterliches Versagen verantwortlich.[346] Dies ist hier jedoch ebenfalls nicht der Fall gewesen. Der Artikel und die Bebilderung lassen nicht den Schluss zu, dass die alkoholbedingte Fahrt und der daran sich anschließende Tod auf ein, in der Erziehung der Eltern liegendes, Versagen der Eltern zurückzuführen sei.

---

[343] Vgl. dazu auch Wandtke/*Grassmann-Begemann* Teil 6 Kap. 3 Rn. 98.

[344] BGH GRUR 2006, 252, 255 – Postmortales Persönlichkeitsrecht; BGH GRUR 1974, 797, 800 – Fiete Schulz; Wandtke/Bullinger/*Fricke* § 22 KUG Rn. 30.

[345] BGH GRUR 1974, 794.

[346] BGH GRUR 2006, 252, 255 – Postmortales Persönlichkeitsrecht; BGH VersR 1974, 1080.

IX. Teil. Rundfunkrecht

Fall 41: Schleichwerbung in der Daily Soap

Sachverhalt

U ist Unternehmensberater. Zu seinem Spezialgebiet, der themenbezogenen Medienkommunikation, gehört auch die Ausarbeitung von Konzepten für die Einbindung von Requisiten in Film- und Fernsehproduktionen durch die von ihm betreuten Unternehmen.

Der Journalist J recherchiert seit vielen Jahren auf dem Gebiet der unerlaubten Schleichwerbung im Fernsehen. Da J den U verdächtigt, für Werbekunden die Erstellung und Vermittlung von Schleichwerbung im Fernsehen anzubieten, kontaktiert er diesen mit der Behauptung, er sei selber Unternehmensberater und suche für einen Großkunden aus der Sportartikel- und Modeindustrie nach Möglichkeiten, dessen Sportschuh-Marke in den Köpfen eines jungen kaufkräftigen Publikums zu verankern. Weiterhin erzählt J dem U, sein Kunde wolle nicht offen werben, sondern den neuen Sportschuh lieber in einer bestimmten Vorabendserie im öffentlich-rechtlichen Rundfunk unterbringen, die im urbanen Milieu Berlins spielt.

Erfreut über den neu anstehenden Auftrag verabredet U mit J einen Termin, wobei er den J darauf hinweist, dass alles Besprochene vertraulich zu behandeln sei. J sagt, dies sei selbstverständlich. Während des Termins zeigte U dem J einige Beispiele, wie Produkte oder Themen als natürliche wirkende Requisiten in Film- und Fernsehsendungen eingebunden werden könnten. U berichtet, er habe gute Beziehungen zu dem für die Serie verantwortlichen Produktionsunternehmen. U schlägt vor, dass man einen weiteren Protagonisten in die Serie einfügen und diesen dann in verschiedenen Situationen zeigen könne. Die neuen Folgen sollten im Oktober 2009 gedreht werden. Denkbar wäre beispielsweise, eine Figur X zu schaffen, die nach Berlin zieht, um dort ein Praktikum in einer Kommunikationsagentur anzutreten. In seiner Feizeit könne X beispielsweise Basketball spielen und als Discjockey in einem angesagten Club auflegen. In all diesen Situationen werde er gut sichtbar den neuen Schuh tragen. Dadurch werde die Botschaft transportiert, dass es sich um einen Allroundschuh für jede Gelegenheit handele. U meint, die Serie könnte ohne Schwierigkeiten etwas umgeschrieben werden, um den Schuh noch mehr in den Vordergrund zu rücken. Das habe man schon oft so gemacht. Bezüglich der Kosten bietet U dem J an, dass der Kunde eine bestimmte Summe für jede Folge der Serie zahlen solle, in der der Schuh gezeigt werde, wobei dieser jeweils insgesamt für mindestens zehn Sekunden deutlich im Bild zu sehen sein solle. Vor der Sendung könne der Kunde auch eine Kopie zur Freigabe der Szenen bekommen. Auch die ausdrückliche Nennung der Marke des Herstellers oder des Schuhmodells sei möglich; hierfür fielen aber extra Kosten an. Während der Besprechung skizziert U handschriftlich die Kosten, die auf den Kunden pro Folge zukommen würden. Zudem druckt U für J ein paar Screenshots aus, auf denen – angeblich von U arrangiert – Markenprodukte in Fernsehfilmen zu sehen sind. Diese Unterlagen nimmt J am Ende des Treffens mit.

Wenige Tage später erfährt U, dass J dem Zeitungsverleger Z eine aufsehenerregende Story über die skandalösen Praktiken der Schleichwerbung angeboten hat. U möchte nicht nur die Nennung seines Namens, sondern die Veröffentlichung sämtlicher Informationen, die er dem J gegeben hat, verhindern.

U meint, zwischen den Parteien bestehe ein Wettbewerbsverhältnis, da J nach eigenen Angaben ebenfalls Unternehmensberater sei. Jedenfalls sei er als solcher aufgetreten und müsse sich deshalb daran festhalten lassen. Bei Verschaffung der Unterlagen sowie bei deren Anbieten gegenüber Dritten habe der J im geschäftlichen Verkehr zu Zwecken des Wettbewerbs gehandelt. Dem J sei es dabei darauf angekommen, sowohl eigenen als auch fremden Wettbewerb zu fördern. Außerdem behindere J den U in seiner Geschäftstätigkeit. Schließlich liege auch eine Verletzung der Geheimhaltungsvereinbarung und zugleich ein Eingriff in den Gewerbebetrieb vor.

Hat U einen Unterlassungsanspruch gegen J?

Lösung

I. Vertraglicher Unterlassungsanspruch aus Vertraulichkeitsvereinbarung

In Betracht kommt zunächst ein vertraglicher Unterlassungsanspruch aus der Vertraulichkeitsvereinbarung. U hatte J auf die Vertraulichkeit hingewiesen und J hatte zugestimmt. Damit ist eine entsprechende Vereinbarung zustande gekommen. Allerdings wäre ein solcher Anspruch ausgeschlossen, wenn diese Vereinbarung unwirksam wäre.[1] Die Nichtigkeit könnte sich hier daraus ergeben, dass die Vereinbarung dazu dienen sollte, das Platzieren von Schleichwerbung unentdeckt zu lassen.[2]

1. Abgrenzung zwischen §§ 134 und 138 BGB

In Betracht kommt hier sowohl ein Verstoß gegen § 134 BGB als auch gegen § 138 BGB. § 134 BGB hat grundsätzlich Vorrang vor § 138 BGB.[3] Verträge die beispielsweise zu einem unlauteren Handeln verpflichten, sind nach § 134 BGB nichtig, sofern der rechtsgeschäftlichen Verpflichtung selbst die Wettbewerbswidrigkeit innewohnt. Aus diesem Grund hat die Rechtsprechung beispielsweise einen Product Placement-Vertrag für nichtig erklärt.[4] Hier diente die Vereinbarung der Vertraulichkeit – aus Sicht des U – nur mittelbar dem Zweck, das Produkt in der Sendung zu platzieren. In Fallkonstellationen, in denen eine Gesetzesverletzung und das zu beurteilende Rechtsgeschäft nur in einem lockeren Zusammenhang stehen, greift § 138 BGB. Sofern das geplante Vorhaben selbst rechtswidrig ist, kann die darauf bezogene Vertraulichkeitsvereinbarung als sittenwidrig beurteilt werden.[5]

---

[1] Vgl. OLG München GRUR-RR 2004, 145 – Themenplacement.

[2] Vgl. zur getarnten Werbung BGH GRUR 1990, 611 – Boro; BGH GRUR 1992, 518 – Agfa; BGH GRUR 1995, 744 – Feuer, Eis & Dynamit I; BGH GRUR 1995, 750 – Feuer, Eis & Dynamit II; *Henning-Bodewig* GRUR 1996, 321.

[3] MüKo/*Armbrüster* § 134 BGB Rn. 4.

[4] OLG München GRUR 2006, 603 – Getarnte Werbung; MüKo/*Armbrüster* § 134 BGB Rn. 67.

[5] OLG München GRUR-RR 2004, 145 – Themenplacement; OLG München ZUM 2005, 399, 404.

2. Verstoß gegen den Rundfunkstaatsvertrag

a) Verbot der Schleichwerbung. Nach § 7 Abs. 6 Satz 1 RStV sind Schleichwerbung und entsprechende Praktiken unzulässig. Das Schleichwerbeverbot schützt einerseits den Zuschauer vor Irreführung, andererseits sichert es die Programmautonomie.[6] § 2 Abs. 2 Nr. 6 RStV definiert Schleichwerbung als Erwähnung oder Darstellung von Waren, Dienstleistungen, Namen, Marken oder Tätigkeiten eines Herstellers von Waren oder eines Erbringers von Dienstleistungen in Programmen, wenn sie vom Veranstalter absichtlich zu Werbezwecken vorgesehen ist und die Allgemeinheit hinsichtlich des eigentlichen Zwecks dieser Erwähnung oder Darstellung irreführen kann. Eine Erwähnung oder Darstellung gilt insbesondere dann als zu Werbezwecken beabsichtigt, wenn sie gegen Entgelt oder eine ähnliche Gegenleistung erfolgt.[7]

aa) Werbeabsicht. Die Werbeabsicht ist ein gesetzliches Tatbestandsmerkmal und muss im Einzelfall positiv festgestellt werden.[8] Als Indiz für eine unzulässige Schleichwerbung gilt beispielsweise, wenn die Verwendung eines bestimmten Produktes nicht lediglich der Darstellung der Lebenswirklichkeit dient. Ob die Indizien es rechtfertigen, davon auszugehen, dass die Erwähnung oder Darstellung von Waren und Dienstleistungen absichtlich zu Werbezwecken vorgesehen ist, ist unter Wahrung der verfassungsrechtlich geschützten Rundfunkfreiheit jeweils einzelfallbezogen zu entscheiden.[9] Ein Indiz für die Werbeabsicht liegt vor, wenn die Intensität einer bestimmten Produktpräsentation dramaturgisch oder redaktionell nicht zu rechtfertigen ist.[10] Gebräuchlich ist auch der auf die EU-Kommission zurückgehende Begriff der „undue prominence". Auch die Entgeltlichkeit nach § 2 Abs. 2 Nr. 6 RStV ist ein Indiz.[11]

bb) Irreführungseignung. Teilweise wird angenommen, eine Eignung zur Irreführung scheide aus, wenn die Werbeabsicht nicht verheimlicht würde.[12] Diese hat zur Folge, dass keine Schleichwerbung vorliegt, wenn sie besonders auffällig gemacht wird. Daher darf die Heimlichkeit nicht zum entscheidenden Kriterium erklärt werden.[13] Für eine Irreführung genügt vielmehr die Verwischung der Grenze zwischen Werbung und Programminhalt.[14] Mit einer solchen Verwischung wird der Fernsehzuschauer vor dem Hintergrund des allgemein gültigen und allgemein erfahrbaren Grundsatzes der Trennung von Werbung und Programm im Fernsehen nicht rechnen. Der Fernsehzuschauer wird daher einer im Programm präsentierten Werbung unkritischer begegnen als üblichen Werbespots.

---

[6] *Ladeur* AfP 2003, 385; *Platho* MMR 2008, 582, 583.

[7] Für eine Abgrenzung von zulässiger und unzulässiger medialer Werbung nach dem Inhaltebezug der Produktdarstellung *Platho* MMR, 582, 584.

[8] OVG Rheinland-Pfalz ZUM 2009, 507, 510 – Promi-Oster-Show; OVG Lüneburg ZUM 1999, 347 – Barbie; OVG Berlin-Brandenburg ZUM 2007, 765 – Die Heimwerker.

[9] OVG Lüneburg NJW 2000, 96 – ADAC.

[10] OVG Niedersachsen ZUM 1999, 347 – Barbie; VG Hannover ZUM-RD 1997, 45 – Barbie; VG Hannover ZUM-RD 1998, 412 – Eltern; *Castendyk* Rundfunkwerberecht, in Wandtke, Praxishandbuch Medienrecht, S. 1224 f.

[11] Hahn/Vesting/*Schulz* § 2 RStV Rn. 81; *Zahrnt*, Verfassungs- und Verwaltungsrecht Rn. 344, in: Büscher/Dittmer/Schiwy.

[12] VG Berlin MMR 1999, 178 – Feuer, Eis und Dynamit III; *Castendyk* Rundfunkwerberecht, in Wandtke, Praxishandbuch Medienrecht, S. 1228.

[13] Kritisch hierzu *Platho* MMR 2008, 582, 585.

[14] OVG Rheinland-Pfalz ZUM 2009, 507, 512 – Promi-Oster-Show; VG Berlin ZUM-RD 2009, 292, 300 – WOK-WM.

cc) Berücksichtigung der Richtlinie zu audiovisuellen Mediendiensten. Das geplante Product Placement ist auch nicht im Hinblick auf die Richtlinie zu audiovisuellen Mediendiensten (AVMD-RL)[15] als zulässig anzusehen. Nach der AVMD-RL soll Produktplatzierung in bestimmtem Umfang erlaubt werden.[16] Die Richtlinie ist am 19. Dezember 2007 in Kraft getreten und soll ab dem 19. Dezember 2009 umgesetzt werden. Artikel 3 g Abs. 1 AVMD-RL enthält ein grundsätzliches Verbot der Produktplatzierung. Sofern die Mitgliedstaaten nichts anderes beschließen, ist Produktplatzierung allerdings abweichend davon in bestimmtem Umfang zulässig. Nach Artikel 3 g Abs. 2c) AVMD-RL dürfen Sendungen, die Produktplatzierung enthalten, das betreffende Produkt nicht zu stark herausstellen (Verbot der undue prominence). Nach Artikel 3 g Abs. 2d) AVMD-RL müssen die Zuschauer eindeutig auf den Umstand, dass eine Produktplatzierung vorgenommen wurde, hingewiesen werden. Diese Bestimmungen gelten nach Artikel 3 g Abs. 4 AVMD-RL nur für Sendungen, die nach dem 19. Dezember 2009 produziert werden.

Die Bestimmungen sollen durch einen 13. Rundfunkänderungsstaatsvertrag in deutsches Recht umgesetzt werden.[17] Die Rundfunkkommission der Länder hat auf der Internetseite der Staatskanzlei Rheinland-Pfalz einen Entwurf zum 13. Rundfunkänderungsstaatsvertrag (RÄStV-E) veröffentlicht.[18]

---

[15] Richtlinie 2007/65/EG des Europäischen Parlaments und des Rates vom 11. Dezember 2007 zur Änderung der Richtlinie 89/552/EWG des Rates zur Koordinierung bestimmter Rechts- und Verwaltungsvorschriften der Mitgliedstaaten über die Ausübung der Fernsehtätigkeit; eingehend hierzu *Platho* MMR 2008, 582.

[16] Vgl. *Schulz* EuZW 2008, 107; *Castendyk/Böttcher* MMR 2008, 13; *Scheuer* Audiovisuelle kommerzielle Kommunikation, in: Kleist/Roßnagel/Scheuer (Hrsg.), Der Rechtsrahmen für die neue Medienlandschaft, 2008, S. 45, 49; *Schmidt* Liberalisierung des Fernsehwerberechts, in: Kleist/Roßnagel/Scheuer (Hrsg.), Der Rechtsrahmen für die neue Medienlandschaft, 2008, S. 93, 96.

[17] Arbeitsentwurf zur Umsetzung der Richtlinie 2007/65/EG des Europäischen Parlaments und des Rates vom 11. Dezember 2007 zur Änderung der Richtlinie 89/552/EWG des Rates zur Koordinierung bestimmter Rechts- und Verwaltungsvorschriften der Mitgliedstaaten über die Ausübung der Fernsehtätigkeit, Stand: 17. April 2009, abgerufen am 3. April 2009 unter http://www.rlp.de/fileadmin/staatskanzlei/rlp.de/downloads/medien/entwurf_13_rundfunkaenderungsstaatsvertrag.pdf.

[18] RÄStV-E definiert Produktplatzierung als die gekennzeichnete Erwähnung oder Darstellung von Waren, Dienstleistungen, Namen, Marken, Tätigkeiten eines Herstellers von Waren oder eines Erbringers von Dienstleistungen in Sendungen gegen Entgelt oder eine ähnliche Gegenleistung mit dem Ziel der Absatzförderung. Die kostenlose Bereitstellung von Waren oder Dienstleistungen ist Produktplatzierung, sofern die betreffende Ware oder Dienstleistung von bedeutendem Wert ist. Regelungen, die sowohl den öffentlich-rechtlichen als auch den privaten Rundfunk betreffen, zieht RÄStV-E vor die Klammer. Nach diesen allgemeinen Bestimmungen muss die ausnahmsweise zugelassene Produktplatzierung bestimmte Voraussetzungen erfüllen. Dazu gehört, dass die redaktionelle Verantwortung und Unabhängigkeit hinsichtlich Inhalt und Sendeplatz unbeeinträchtigt bleiben. Auf eine Produktplatzierung ist eindeutig hinzuweisen. Sie ist zu Beginn und zum Ende einer Sendung sowie bei deren Fortsetzung nach einer Werbeunterbrechung angemessen zu kennzeichnen, mit Ausnahme von Sendungen, die nicht vom Veranstalter selbst oder von einem mit dem Veranstalter verbundenen Unternehmen produziert oder in Auftrag gegeben worden sind. Produktplatzierung in privaten Sendern soll nach RÄStV-E in Kinofilmen, Filmen und Serien, Sportsendungen und Sendungen der leichten Unterhaltung zulässig sein, wenn es sich dabei nicht um Sendungen für Kindern handelt. Bei öffentlich-rechtlichen Sendern soll es darüber hinaus darauf ankommen, ob die Sendung vom Veranstalter selbst oder von einem mit dem Veranstalter verbundenen Unternehmen produziert oder in Auftrag gegeben wurde.

Unter Product Placement wird die Integration eines Markenartikels in der Handlung eines Spielfilms oder einer sonstigen Sendung verstanden.[19] Typischerweise wird das Produkt dabei als Requisite verwendet. Schleichwerbung und Product-Placement sind nicht identisch.[20] Das Verhältnis entspricht zwei sich teilweise überschneidenden Kreisen. Das wesentliche Charakteristikum der Schleichwerbung ist, dass sie den Zuschauer über die werbende Absicht im Unklaren lässt und in die Irre führt.[21] Auf die Bewertung des von U vorgeschlagenen Vorgehens kann die AVMD-RL schon keinen Einfluss haben, da die Folgen der Fernsehserie vor dem Inkrafttreten der AVMD-RL gedreht werde sollten.

b) Verstoß gegen das Prinzip der Trennung von Werbung und Programm. Nach § 7 Abs. 3 Satz 1 RStV (Rundfunkstaatsvertrag)[22] muss Werbung als solche klar erkennbar sein. Sie muss im Fernsehen durch optische Mittel eindeutig von anderen Programmteilen getrennt sein. Nach § 7 Abs. 3 Satz 3 RStV dürfen in der Werbung keine unterschwelligen Techniken eingesetzt werden.

Es ist nicht von Relevanz, inwieweit der Sender oder Produzenten tatsächlich dem Ansinnen der U folgend, eine entsprechende Schleichwerbung vornehmen würden. Maßgeblich ist allein der Umstand, dass U Schleichwerbung anbietet. Gerade dies stellt den sittenwidrigen Charakter seiner Handlung dar. Auf die Rechtsbeziehungen der U zu den Kunden bzw. den Sendeanstalten oder Produktionsunternehmen kommt es hingegen nicht an.

c) Ergebnis. Eine Geheimhaltungsvereinbarung, die sich auf ein sittenwidriges Angebot bezieht, kann keinen Bestand haben, denn sie verlangt, dass ein Verhalten geschützt werden soll, das nach den rechtlichen Bestimmungen keinen Schutz für sich beanspruchen kann. Die von U geplante Werbung verstößt gegen den Rundfunkstaatsvertrag.

3. Verstoß gegen das Europäische Übereinkommen über grenzüberschreitendes Fernsehen

Zudem liegt ein Verstoß gegen das Europäische Übereinkommen über grenzüberschreitendes Fernsehen vom 5. Mai 1989 (FÜ) vor.[23] Dieses Übereinkommen wurde von den Mitgliedstaaten des Europarates geschlossen.[24] Art. 13 FÜ enthält das Gebot der Trennung von Werbung und Programm.[25]

4. Verstoß gegen das Wettbewerbsrecht

a) Verstoß gegen § 3 Abs. 3 UWG in Verbindung mit Anhang Nr. 11. Zudem könnte ein Verstoß gegen § 3 Abs. 3 UWG in Verbindung mit Anhang Nr. 11 vorliegen. Nach § 3 Abs. 3 UWG sind die im Anhang aufgeführten geschäftlichen Handlungen gegenüber Verbrauchern stets unzulässig. Bei diesen Tatbeständen handelt es sich um Verbote ohne Wertungsvorbehalt.[26] Unzulässige geschäftliche Handlungen im Sinne des § 3 Abs. 3 UWG sind der vom Unternehmer finanzierte Einsatz redaktioneller Inhalte zu Zwecken

---

[19] Vgl. Hahn/Vesting/*Ladeur* § 7 RStV Rn. 53; *Hesse* Kapitel 3 Rn. 63.
[20] *Castendyk* Rundfunkwerberecht, in Wandtke, Praxishandbuch Medienrecht, S. 1223 ff.
[21] Fink/Cole/Keber/*Fink* Rn. 277.
[22] Staatsvertrag für Rundfunk und Telemedien vom 31.08.1991, in der Fassung von Artikel 1 des Zwölften Staatsvertrages zur Änderung rundfunkrechtlicher Staatsverträge vom 18.12.2008, in Kraft getreten am 01.06.2009.
[23] Das Übereinkommen gehören derzeit 32 Staaten an (Fink/Cole/Keber/*Fink* Rn. 270).
[24] *Castendyk* Medien im Völker und Europarecht, in Wandtke, Praxishandbuch Medienrecht, S. 120 ff.
[25] Fink/Cole/Keber/*Fink* Rn. 277.
[26] Vgl. *Schöttle* WRP 2009, 673.

der Verkaufsförderung, ohne dass sich dieser Zusammenhang aus dem Inhalt oder aus der Art der optischen oder akustischen Darstellung eindeutig ergibt.

Zu Verkaufsförderung zählt auch eine bloße Aufmerksamkeitswerbung, wie etwa die Erwähnung des Namens eines Unternehmens oder Produkts oder das Product Placement.[27] Nr. 11 des Anhangs zu § 3 Abs. 3 UWG erfasst sämtliche Medien und tritt neben das Regelbeispiel für Unterlauterkeit aus § 4 Nr. 3 UWG, ist allerdings enger als das Regelbeispiel, da es sich nur auf redaktionelle Inhalte und finanzierte Schleichwerbung bezieht. Auch die kostenlose Überlassung von Requisiten fällt in den Anwendungsbereich der Norm, wenn dafür üblicherweise ein Entgelt entrichtet wird.

Fraglich ist allerdings, ob die Werbung hier als Information getarnt werden sollte. Nach einer Auffassung soll der Begriff „Information" nicht nur auf Sachangaben beschränkt werden, sondern auch Meinungsäußerungen und Unterhaltung erfassen.[28] Hier handelt es sich um eine Fernsehserie mit fiktionalem Charakter. Es ist zweifelhaft, ob der Wortlaut des Anhang Nr. 11 dies erfasst. Redaktionelle Inhalte und Sendungen mit fiktionalem Inhalt sind – jedenfalls in der Regel – zu unterscheiden. Gegen eine weite Auslegung spricht neben dem Wortlaut aber auch der Regelungszweck. Schleichwerbung, die im redaktionellen Teil einer Informationssendung enthalten ist, ist besonders perfide, da der Zuschauer hier am wenigsten mit Werbung rechnet. Es spricht somit einiges dafür, Anhang Nr. 11 hier als nicht einschlägig zu erachten.

b) Verstoß gegen § 4 Nr. 3 UWG. Darüber hinaus könnte die geplante Werbung einen Verstoß gegen § 4 Nr. 3 UWG darstellen.[29] Nach § 4 Nr. 3 UWG handelt unlauter, wer den Werbecharakter von geschäftlichen Handlungen verschleiert. Die Vorschrift ist neben dem Rundfunkstaatsvertrag anwendbar.[30] Es ist wettbewerbswidrig, wenn ein Spielfilm, in dem in nicht unerheblichem Umfang bezahlte Werbung betrieben wird, ohne Aufklärung über diesen Umstand gezeigt wird.[31] Bei Rundfunksendungen gehen die angesprochenen Verkehrskreise davon aus, dass Werbung und Programm voneinander getrennt sind. Ist dies nicht der Fall, so liegt ein Täuschung vor.[32]

Die auf eine Täuschung angelegte Tarnung einer Werbemaßnahme wird regelmäßig weder dem Wahrheitsgrundsatz noch dem Gebot der Achtung der Persönlichkeit der Zuschauer gerecht. Bei der Tätigkeit des U handelt es sich um das Erbieten, die Schuhe zielgerichtet und bewusst in eine Handlung zu integrieren, wobei die Schuhe selbst zu einem Bestandteil der Handlung gemacht werden sollen, um damit beim Zuschauer Aufmerksamkeit hervorzurufen. Die Integration der Schuhe soll ein Präsentationsumfeld bieten, mit dem Zuschauergruppen angesprochen werden. U hat angekündigt, dass im Rahmen der Beratung gewährleistet wird, dass die Marke handlungsbezogen in dem Drehbuch des Projekts verankert wird.

---

[27] Hefermehl/Köhler/Bornkamm/*Köhler* Anh. zu § 3 UWG Abs. 3 Rn. 11.3; Begründung Regierungsentwurf UWG 2008 zu Nr. 11; BR-Drucks 345/08.

[28] *Scherer* NJW 2009, 324, 327; Harte/Henning/*Frank* Anhang 11 zu § 3 Abs. 3 UWG Rn. 16.

[29] Vgl. BGH GRUR 1990, 611 – Werbung im Programm; KG GRUR-RR 2005, 320 – Schleichwerbung im Rundfunk.

[30] Hefermehl/Köhler/Bornkamm/*Köhler* § 4 UWG Rn. 3.7.

[31] BGH GRUR 1995, 744, 747 – Feuer, Eis & Dynamit I; OLG München GRUR 2006, 603 – Getarnte Werbung.

[32] Hefermehl/Köhler/Bornkamm/*Köhler* § 4 UWG Rn. 3.39.

5. Ergebnis

Eine Anspruch aus der Vertraulichkeitsvereinbarung besteht nicht, da diese sittenwidrig ist.

II. Unterlassungsanspruch aus §§ 8, 3, § 4 Nr. 10 UWG

Unlauter handelt nach § 4 Nr. 10, wer Mitbewerber gezielt behindert. Ein Unterlassungsanspruch aus §§ 8, 3, 4 Nr. 10 UWG setzt voraus, dass J zu Zwecken des Wettbewerbs gehandelt hat. Erforderlich ist eine Wettbewerbsabsicht.

1. Förderung eigenen Wettbewerbs

J war nicht tatsächlich als Unternehmensberater tätig, sondern hat diese Legende nur verwendet, um an Informationen zu gelangen. Im Rahmen der Tätigkeit als Journalist steht J zu U in keinem Wettbewerbsverhältnis. Eine Wettbewerbsabsicht des J kann auch nicht damit begründet werden, dass J Fälle recherchieren muss, um seine eigene journalistische Tätigkeit zu fördern. Anderenfalls würde jegliche journalistische Tätigkeit den wettbewerbsrechtlichen Regelungen unterliegen. Jedenfalls in dem geschützten Bereich der Meinungsbildung und Information kann ein wettbewerbliches Handeln nicht angenommen werden.[33]

2. Förderung fremden Wettbewerbs

J hat sich aufgrund seines journalistischen Interesses dem U gegenüber als Unternehmensberater ausgegeben. Sein Handeln war ersichtlich von dem Willen getragen, dem Verdacht, U unterstütze die Platzierung von Schleichwerbung in Fernsehsendungen, nachzugehen. J konnte eine Klärung nur mit einer verdeckten Recherche herbeiführen.

3. Ergebnis

Ein Unterlassungsanspruch aus §§ 8, 3 UWG kommt nicht in Betracht.

III. Anspruch aus §§ 823 Abs. 1, 1004 BGB

In Betracht kommt ein Anspruch des U aus §§ 823 Abs. 1, 1004 BGB wegen Eingriffs in das Recht am eingerichteten und ausgeübten Gewerbebetrieb.

1. Eingriff in das Recht am eingerichteten und ausgeübten Gewerbebetrieb

Das Recht am eingerichteten und ausgeübten Gewerbebetrieb ist ein offener Tatbestand. Die Rechtswidrigkeit wird nicht durch die Tatbestandsmäßigkeit indiziert, sondern muss in einer umfassenden Güter- und Interessenabwägung festgestellt werden.[34] Die Vorschriften der §§ 823 BGB i. V. m. 1004 BGB sind allgemeine Gesetze im Sinne des Art. 5 Abs. 2 GG. Sie müssen damit im Lichte des Art. 5 Abs. 1 GG ausgelegt und angewandt werden.[35] Im Rahmen der dabei vorzunehmenden Abwägung der sich gegenüberstehenden widerstreitenden Interessen fällt das Abwägungsergebnis zu Lasten der U aus.

---

[33] *Damm/Rehbock* Widerruf, Unterlassung und Schadensersatz in den Medien, 3. Auflage, 2008, Rn. 501; Harte/Henning/*Keller* § 2 Nr. 1 UWG Rn. 43.

[34] *Damm/Rehbock* Widerruf, Unterlassung und Schadensersatz in den Medien, 3. Auflage, 2008, Rn. 447.

[35] OLG München GRUR-RR 2005, 145, 146 – Themenplacement; OLG München ZUM 2005, 399, 405 – Schleichwerbung.

2. Einfluss der Pressefreiheit

Die Handlungsweisen im Zusammenhang mit der Weitergabe von Unterlagen des U unterliegen dem Schutz der Meinungs- und Pressefreiheit nach Art. 5 Abs. 1 GG. J war im Rahmen einer journalistischen Recherche tätig und kann sich damit auf den Schutz des Art. 5 Abs. 1 GG berufen. Auch wenn sich J im vorliegenden Fall die Informationen von U gegebenenfalls durch Täuschung beschafft hat, indem er als Unternehmensberater aufgetreten ist und einen fiktiven Kunden genannt hat, führt dies nicht zu einer Einschränkung seines Schutzes, denn auch die Publikation rechtswidrig recherchierter Informationen fällt in den Schutzbereich des Art. 5 Abs. 1 GG.

Hierfür sprechen – ungeachtet des unverbindlichen Charakter – auch die Richtlinien zum Pressekodex. Nach der Richtlinie 4.1 Abs. 1 zum Pressekodex ist eine verdeckte Recherche im Einzelfall gerechtfertigt, wenn damit Informationen von besonderem öffentlichen Interesse beschafft werden, die auf andere Weise nicht zugänglich sind.[36] Der vom Deutschen Presserat erarbeitete Pressekodex hat den Charakter einer freiwilligen Selbstverpflichtung.[37]

Für die Zulässigkeit der Verwertung der Unterlagen durch J spricht hier die Pressefreiheit. Bei den Geschäftspraktiken im Bereich getarnter Werbung, insbesondere im öffentlich-rechtlichen Fernsehen, geht es um verbotene Verhaltensweisen. Hinzu kommt, dass die genannten Geschäftspraktiken anders als durch eine verdeckte Recherche, die nach presseethischen Standards ausnahmsweise zulässig sein kann, nicht aufgedeckt werden können. J hat im vorliegenden Fall keine andere Möglichkeit, als sich einer verdeckten Recherche zu bedienen, um an die Informationen zu gelangen, die ihn überhaupt erst in die Lage versetzen, den Schleichwerbungsvorwurf gegenüber U journalistisch relevant und gefestigt zu verifizieren. Unter diesen Umständen muss im konkreten Fall die Täuschung des J gegenüber U auch vor dem Hintergrund, dass sich die Recherche des J gegebenenfalls nachteilig auf das Unternehmen des U auswirken kann, als rechtmäßig erachtet werden. Es besteht kein schützenswertes Interesse des U, welches die Interessen des J an der Aufklärung von Missständen im Zusammenhang mit dem Angebot von Schleichwerbung überwiegen könnte.

Da J nicht zu Zwecken des Wettbewerbs gehandelt hat, sondern zu journalistischen Zwecken, besteht für eine Verwendung oder Weitergabe der Unterlagen zu anderen Zwecken als der pressemäßigen Verwertung im Rahmen einer Kritik der Geschäftspraktiken des U im Bereich der Schleichwerbung weder eine Wiederholungs- noch eine Erstbegehungsgefahr. Ansprüche ergeben sich hier nicht aus §§ 823 Abs. 1, 1004 BGB.

IV. Ergebnis

U hat keinen Anspruch gegen J.

---

[36] Abgerufen am 07.07.2009 unter: http://www.presserat.info/uploads/media/Pressekodex.pdf.

[37] Trägerorganisationen des Presserates sind Verleger- und Journalistenverbände. Der Presserat unterliegt keiner staatlichen Aufsicht. Über mögliche Verletzungen des Pressekodexes, entscheidet der Beschwerdeausschuss, der wiederum aus ehrenamtlichen Mitgliedern besteht, die von den Vertretern der Trägerorganisationen bestimmt werden. Wird eine Beschwerde für begründet erklärt, kann nach der Beschwerdeordnung ein Hinweis, eine Missbilligung oder eine Rüge ausgesprochen werden, wobei Rügen in der Regel vom betroffenen Publikationsorgan abgedruckt werden müssen (vgl. *Dietrich* Der Deutsche Presserat, 2002, S. 10 ff.).

Fall 42: Onlineauftritt der Rundfunkanstalt

Sachverhalt

Um Publikum auf ihre Internetseite zu locken, bietet die Landesrundfunkanstalt L dort einen kostenlosen Routenplaner an. Dieser ermöglicht es den Nutzern, den kürzesten Weg zwischen einem Start- und einem Zielort in Europa herauszufinden. Der Fachverlag V, der für seine Stadtpläne und Landkarten bekannt ist, bietet ebenfalls Online-Routenplaner an. Das Aufrufen seiner Internetseite ist für den Nutzer kostenlos. Auf der Startseite (Homepage) seines Online-Routenplaners vermietet V Flächen für Werbebanner. V fürchtet um seine Werbeeinnahmen und fragt, was er gegen L unternehmen kann.

Abwandlung

L möchte auf ihrer Website ein Portal zum Thema 20 Jahre Mauerfall anbieten. Dort sollen neben Filmaufnahmen verschiedene Dokumente gezeigt werden, die den Weg vom Mauerfall bis zur Wiedervereinigung darstellen. Angedacht ist auch, das ein von L in Auftrag gegebener mit Starbesetzung gedrehter, mehrteiliger Fernsehfilm, der das Schicksal einer deutsche Familie vom 13. August 1961 bis zum 9. November 1989 portraitiert, nach seiner Ausstrahlung kostenlos zum Download bereit gehalten werden soll. Welches Verfahren muss L hierbei beachten?

Lösung

Ausgangsfall

I. Anspruch des V gegen L aus §§ 8, 3, 4 Nr. 11 UWG i. V. m. § 11d Abs. 5 Rundfunkstaatsvertrag

V könnte gegen L einen Anspruch aus §§ 8, 3, 4 Nr. 11 UWG i. V. m. § 11d Abs. 5 Rundfunkstaatsvertrag[38] haben.

1. Wettbewerbsverhältnis

Zu prüfen ist, ob zwischen L und V überhaupt ein Wettbewerbsverhältnis besteht. Ein Wettbewerbsverhältnis wird beispielsweise zwischen öffentlich-rechtlichem und privatem Rundfunk angenommen.[39] Zwar ist V kein privater Rundfunkanbieter, sondern ein Verlag. Das Vorliegen eines Wettbewerbsverhältnisses ist hier allerdings schon deshalb zu bejahen, weil die beanstandete Handlung geeignet ist, den V im geschäftlichen Bereich

---

[38] Staatsvertrag für Rundfunk und Telemedien vom 31.08.1991, in der Fassung von Artikel 1 des Zwölften Staatsvertrages zur Änderung rundfunkrechtlicher Staatsverträge vom 18.12.2008, in Kraft getreten am 01.06.2009, abgerufen am 01.07.2009 unter http://www.alm.de/fileadmin/Download/Gesetze/RStV_aktuell.pdf. Rundfunk ist nach der Kompetenzordnung des Grundgesetzes Angelegenheit der Länder. Da Rundfunk länderübergreifend ist, wird er durch Staatsverträge geregelt.

[39] Vgl. OLG Dresden MMR 1998, 213, 214 – MDR-Sputnik; hierzu *Degenhart* ZUM 2000, 356, 363; OLG Koblenz ZUM 2001, 800 – ZDF-Medienpark; LG Mainz MMR 2000, 765 – ZDF-Medienpark; hierzu *Mand* MMR 2000, 769; *Degenhart* ZUM 2001, 357, 366 ff.; *v. Wallenberg* ZUM 2004, 875, 881.

zu beeinträchtigen.[40] Im Interesse eines wirksamen wettbewerbsrechtlichen Individual-schutzes sind an das Bestehen eines Wettbewerbsverhältnisses keine hohen Anforderungen zu stellen. Branchengleichheit ist nicht erforderlich. Da es für die wettbewerbsrechtliche Beurteilung regelmäßig nur um die konkret beanstandete Wettbewerbshandlung geht, genügt es, dass die Parteien durch eine Handlung miteinander in Wettbewerb getreten sind, auch wenn ihre Unternehmen unterschiedlichen Branchen angehören.[41]

2. §§ 3, 4 Nr. 11 UWG

Unlauter handelt nach § 4 Nr. 11 UWG insbesondere, wer einer gesetzlichen Vorschrift zuwiderhandelt, die auch dazu bestimmt ist, im Interesse der Marktteilnehmer das Markt-verhalten zu regeln. Teilweise wird vertreten, den Schutzzweck des Wettbewerbsrechts würden Verstöße gegen das Rundfunkrechts allenfalls dann tangieren, wenn die missach-tete Vorschrift für alle Marktteilnehmer gilt.[42] Auch wenn eine bestimmte Vorschrift im Rundfunkstaatsvertrag nur die öffentlich-rechtlichen Rundfunkanstalten bindet, so folgt daraus keineswegs zwingend, dass ein Verstoß nicht von § 4 Nr. 11 UWG erfasst werden kann. So wurden von der Rechtsprechung beispielsweise Vorschriften des Rundfunk-staatsvertrages zum Werberecht als Marktverhaltensregelungen i. S. d. § 4 Nr. 11 UWG – bzw. des § 1 UWG alter Fassung – qualifiziert.[43]

Nach Auffassung des BGH dienen etwa die staatsvertraglichen Regelungen über den Ausschluss kommerzieller Werbung im Programm neben dem im Allgemeininteresse lie-genden Schutz des Rundfunks vor sachfremden Einflüssen auf die Programmgestaltung auch den Interessen des Marktes und der betroffenen Wettbewerber an der Gleichheit der wettbewerblichen Ausgangsbedingungen und schützen somit auch den Wettbewerb als solchen vor Eingriffen einzelner mittels Verstößen gegen das Verbot der Trennung von Werbung und Programm im Rundfunk.[44] Es handelt sich somit um wettbewerbsbezogene Normen.

Teilweise wird die Auffassung vertreten, das Lauterkeitsrecht treffe keine Aussage über das „Ob" der Wirtschaftätigkeit der öffentlichen Hand, sondern nur über das „Wie" der Teilnahme am Wettbewerb, da es nicht Aufgabe der ordentlichen Gerichte sei, im Rah-men von Wettbewerbsprozessen darüber zu entscheiden, welche Grenzen der erwerbs-wirtschaftlichen Betätigung der öffentlichen Hand zu setzen seien.[45] Nach vordringender Ansicht ist auch die Frage des „Ob" der Betätigung der öffentlichen Hand wettbewerbs-relevant.[46] Eine Aufgabenüberschreitung könnte danach zugleich als Wettbewerbsverstoß gewertet werden. Nur Vorschriften, die allein für den Innenbereich der öffentlichen Hand

---

[40] Hefermehl/Köhler/Bornkamm/*Köhler* § 2 UWG Rn. 94.

[41] BGH GRUR 2004, 877, 878 – Werbeblocker; BGH NJW 1990, 3199, 3200 – Boro.

[42] *Mand* 2001, 816, 818.

[43] Vgl. BGH GRUR 1992, 518, 521 – Ereignis-Sponsorenwerbung; KG ZUM 2005, 746, 747 – Schleichwerbung; OLG Köln ZUM 1999, 160.

[44] BGH NJW 1990, 3199, 3202 – Boro; hierzu Hefermehl/Köhler/Bornkamm/*Köhler* § 4 UWG Rn. 13.57; Harte/Henning/*v. Jagow* § 4 Nr. 11 UWG Rn. 126; *Blank* Wettbewerbsrecht, in Wandtke (Hrsg.), Praxishandbuch Medienrecht S. 1047.

[45] *Mand* MMR 2000, 769.

[46] OLG Koblenz ZUM 2001, 800, 802 – ZDF-Medienpark; *Degenhart* ZUM 2001, 357, 367.

gelten, fallen von vornherein aus dem Anwendungsbereich des UWG heraus. Damit ist der Anwendungsbereich des § 4 Nr. 11 UWG eröffnet.[47]

3. Grundsätzliche Zulässigkeit von öffentlich-rechtlichen Telemedien-angeboten

Inwieweit öffentlich-rechtliche Rundfunkanstalten Online-Angebote im Internet bereitstellen dürfen, ist seit langer Zeit umstritten.[48] Während einerseits nicht nur privaten Rundfunkanbieter, sondern beispielsweise auch Vertreter von klassischen Presseunternehmen, die im Internet präsent sind, davor warnen, dass der gebührenfinanzierte öffentlich-rechtliche Rundfunk auch im Internet aktiv wird, wird vor allem von Seiten der öffentlich-rechtlichen Rundfunkanbieter vorgetragen, dass dieser auch im Internet aktiv sein dürfe. Dies folge bereits aus der Programmautonomie.[49] Das Bundesverfassungsgericht billigt den öffentlich-rechtlichen Rundfunkanstalten neben der Bestandsgarantie auch eine Entwicklungsgarantie zu.[50] In ihrer Entscheidung mit der die EU-Kommission ihr beihilfenkontrollrechtliches Verfahren zur deutschen Rundfunkgebühr einstellte, erklärte die EU-Kommission Online-Auftritte öffentlich-rechtlicher Rundfunkanstalten für grundsätzlich zulässig, forderte aber zugleich eine intensive Kontrolle.[51] In ihrer am 2. Juli 2009 veröffentlichten Rundfunkmitteilung weist die EU-Kommission auf die Bedeutung des öffentlich-rechtlichen Rundfunks im Bereich der neuen Medien hin.[52]

a) Auftrag. Nach § 11 Abs. 1 Satz 1 RStV ist Auftrag der öffentlich-rechtlichen Rundfunkanstalten, durch die Herstellung und Verbreitung ihrer Angebote als Medium und Faktor des Prozesses freier individueller und öffentlicher Meinungsbildung zu wirken und dadurch die demokratischen, sozialen und kulturellen Bedürfnisse der Gesellschaft zu erfüllen. Zu den Angeboten des öffentlich-rechtlichen Rundfunks gehören nach § 11a Abs. 1 Satz 1 RStV Rundfunkprogramme (Hörfunk- und Fernsehprogramme) und Telemedien.

b) Systematik der Regelungen für Telemedien. Für Online-Angebote enthält § 11d RStV eine eigene Regelung. Nach § 11d Abs. 1 RStV bieten die in der ARD zusammengeschlossenen Landesrundfunkanstalten, das ZDF und das Deutschlandradio Telemedien an, die journalistisch-redaktionell veranlasst und journalistisch-redaktionell gestaltet sind. Konkretisiert wird dieser Auftrag in § 11d Abs. 2 RStV.

Die Systematisierung erfolgt anhand der Zeitdauer und über den Sendungsbezug. Nach § 11d Abs. 2 Nr. 1 RStV umfasst der Auftrag unter anderem das Angebot von Sendungen ihrer Programme auf Abruf bis zu sieben Tage nach deren Ausstrahlung. Gleiches gilt nach § 11d Abs. 2 Nr. 2 RStV für inhaltlich und zeitlich bis zu sieben Tage danach auf eine

---

[47] Die Gegenansicht ist vertretbar, gegebenenfalls müsste hilfsgutachterlich weitergeprüft werden.

[48] Vgl. hierzu auch BVerfG ZUM 2007, 712.

[49] Vgl. *Pieper/Wiechmann* ZUM 1995, 82, 91 ff.; *Hesse* ZUM 2000, 183, 191 ff.; *Michel* MMR 2005, 284 ff.; *Wiedemann* ZUM 2007, 800 ff.

[50] BVerfGE 83, 238, 299.

[51] EU-Kommission, Entscheidung vom 24.04.2007, KOM 2007, 1761; abgerufen am 21.06.2009 unter http://ec.europa.eu/community_law/state_aids/comp-2005/e003-05.pdf; vgl. hierzu *Krausnick* ZUM 2007, 806; *Meyer* EWS 2007, 341; *Wiedemann* ZUM 2007, 800, 804.

[52] Mitteilung der Kommission über die Anwendung der Vorschriften über staatliche Beihilfen auf den öffentlichrechtlichen Rundfunk vom 2. Juli 2009, Rn. 14 ff.; abgerufen am 29. Juli 2009 unter http://ec.europa.eu/competition/state_aid/legislation/broadcasting_communication_de.pdf.

konkrete Sendung bezogenen Telemedien soweit auf für die jeweilige Sendung genutzte Materialien und Quellen zurückgegriffen wird.[53]

Nach Ablauf dieser Fristen können Sendungen nur nach Maßgabe eines nach § 11 f. RStV durchzuführenden Verfahrens angeboten werden.[54] Insbesondere für nichtsendungsbezogene Telemedien ist ein solches Verfahren vorgesehen. Nichtsendungsbezogene presseähnliche Angebote sind nach § 11d Abs. 2 Nr. 3 RStV per se unzulässig. Nach § 2 Abs. 2 Nr. 19 RStV sind presseähnliche Angebote nicht nur elektronische Ausgaben von Printmedien, sondern alle journalistisch-redaktionell gestalteten Angebote, die nach Gestaltung und Inhalt Zeitungen oder Zeitschriften entsprechen.[55]

c) Negativkatalog. Generell verboten sind nach § 11d Abs. 5 RStV unter anderem jegliche Form der Werbung sowie die in der Anlage zum RStV aufgeführten Angebotsformen. Die in der entsprechenden Anlage enthaltene Negativliste nennt unter anderem Anzeigenportale, Anzeigen oder Kleinanzeigen (1.), Branchenregister und -verzeichnisse (2.), Bewertungsportale für Dienstleistungen, Einrichtungen und Produkte (4.), Partner-, Kontakt-, Stellen-, Tauschbörsen (5.), Ratgeberportale ohne Sendungsbezug (6.) Routenplaner (11.), Spieleangebote ohne Sendungsbezug (14.).

aa) Prinzip freier Meinungsbildung. In der amtlichen Begründung fehlen Erläuterungen zu den einzelnen Tatbeständen dieser Negativliste.[56] Die amtliche Begründung verweist lediglich darauf, dass die dem Staatsvertrag als Anlage beigefügte sogenannte „Negativliste", insbesondere solche Angebote enthält, die für Erwerbszwecke kommerzieller Anbieter relevant sind. Hinsichtlich dieser Negativliste bestehen verfassungsrechtliche Bedenken.[57]

Nach der Rechtsprechung des Bundesverfassungsgerichts ist dies allein jedoch kein zulässiges Motiv für eine Begrenzung des Auftrags der Rundfunkanstalten.[58] Maßstab darf allein die Sicherung der Meinungsvielfalt sein. Eine Negativliste, deren alleiniger Zweck die Untersagung öffentlich-rechtlicher Programmangebote mit dem Ziel ist, private Anbieter entsprechender Dienstleistungen vor Konkurrenz durch kostenlose öffentlich-

---

[53] Auch ein Sendungsbezug rechtfertigt demnach nur eine Zweitverwertung von Materialien in engen Grenzen (kritisch hierzu unter Hinweis auf eine mögliche Kollision mit dem Gebot des Quellenschutzes: *Schmidt/Eicher* Drei-Stufen-Test für Fortgeschrittene, epd medien Nr. 45/46, 2009).

[54] Die ungleiche Behandlung von Angeboten, die an den Ablauf der Sieben-Tages-Frist anknüpft ist inhaltlich durchaus zweifelhaft, insbesondere im Bereich der Hintergrundberichterstattung zu aktuellen Themen. Eine solche zeitliche Begrenzung widerspricht dem Wesen des Internet als Wissens- und Informationsspeicher (vgl. *Schmidt/Eicher* Drei-Stufen-Test für Fortgeschrittene, epd medien Nr. 45/46, 2009).

[55] Für die Beurteilung der Presseähnlichkeit kommt es nicht entscheidend auf die Gestaltung oder den Inhalt eines einzelnen Beitrags an, sondern auf die Ähnlichkeit des Gesamtangebots. Die Presseähnlichkeit eines einzelnen Beitrages führt nicht zur Anwendung des § 11d Abs. 2 Nr. 3 RStV (*Schmidt/Eicher* Drei-Stufen-Test für Fortgeschrittene, epd medien Nr. 45/46, 2009; vgl. auch *Gersdorf* Legitimation und Limitierung von Onlineangeboten des öffentlich-rechtlichen Rundfunks, 2009).

[56] Vgl. Begründung zum Zwölften Staatsvertrag zur Änderung rundfunkrechtlicher Staatsverträge, S. 19; abgerufen am 28. Juli 2009 unter http://www.rlp.de/fileadmin/staatskanzlei/rlp.de/downloads/medien/begruendung_12_rundfunkaenderungsstaatsvertrag.pdf.

[57] *Hahn* ZRP 2008, 217, 220; *Kops/Sokoll/Bensinger* Rahmenbedingungen für die Durchführung des Drei-Stufen-Tests, 2009, S. 133; abgerufen am 01.07.1009 unter http://www.rundfunk-institut.uni-koeln.de/institut/pdfs/25209.pdf

[58] BVerfG 1987, 2987 – Landesmediengesetz Baden-Württemberg.

rechtliche Angebote zu schützen, wäre verfassungswidrig. Betroffen ist hier das Grundprinzip freier Meinungsbildung.

Dem grundgesetzlich garantierten Nebeneinander von öffentlichrechtlichem und privatem Rundfunk liegt nach Auffassung des Bundesverfassungsgerichts der Gedanke zugrunde, dass der publizistische Wettbewerb zwischen beiden sich anregend und belebend auswirkt und Meinungsvielfalt auf diese Weise gestärkt und erweitert werde.[59] Mit dem Ziel, der Stärkung der Meinungsvielfalt ist es unvereinbar, dem privaten Rundfunk zwar die Aufgabe einer publizistischen Konkurrenz gegenüber dem öffentlichrechtlichen Rundfunk zuzumessen, dem öffentlichrechtlichen Rundfunk aber eine solche Konkurrenz gegenüber dem privaten zu versagen. Verbote von Beiträgen zur geistigen Auseinandersetzung können Meinungsfreiheiten nicht sichern, geschweige denn fördern.[60] Zwar gehört es zu den Aufgaben des Gesetzgebers, die Rundfunkfreiheit auszugestalten. Eine solche Ausgestaltung darf allein der Sicherung der Rundfunkfreiheit dienen.[61] Schließlich ist auch zweifelhaft, ob die Regelung in § 11d Abs. 5 RStV den Anforderungen des Art. 5 Abs. 2 GG genügt. Ein Verbot, das sich gezielt gegen die Landesrundfunkanstalten richtet, dürfte kaum als allgemeines Gesetz im Sinne des Art. 5 Abs. 2 GG einzuordnen sein. Gesetzliche Einschränkungen sind aber im Lichte des eingeschränkten Grundrechts zu beurteilen. Ein Grundrecht, das der Sicherung der Meinungsvielfalt dient, darf nicht durch Gesetze eingeschränkt werden, die gerade die Meinungsvielfalt zugunsten der Wettbewerbsfähigkeit privater Anbieter einschränken wollen. Private Angebote müssten sich vielmehr im publizistischen Wettbewerb bewähren. Es besteht keine Veranlassung, sie generell vor öffentlich-rechtlicher Konkurrenz zu schützen.

bb) Publizistischer Nutzen. Allerdings ist zu Bedenken, dass Routenplaner ohnehin nur einen eher geringen publizistische Nutzen haben.[62] Anders als beispielsweise journalistisch-redaktionell betreute Internet-Foren und Weblogs tragen Routenplaner wenig zur freien Meinungsbildung bei. Insofern gebietet Art. 5 GG keine vom Wortlaut des Negativkatalogs abweichende Auslegung.

II. Ergebnis

Der geplante Routenplaner fällt in den Negativkatalog. Auch eine verfassungskonforme Auslegung führt nicht dazu, Routenplaner von der Negativliste auszuschließen. V hat einen entsprechenden Unterlassungsanspruch. [63]

Abwandlung

I. Verfahren der Zulässigkeitsprüfung des Vorhabens

1. Angebot

Bei geplanten neuen oder veränderten Angeboten stellt § 11 f. Abs. 4 Satz 1 RStV gewisse verfahrensmäßige Anforderungen. Nach § 11d Abs. 4 bieten die in der ARD zu-

---

[59] BVerfG 1987, 2987, 2989 – Landesmediengesetz Baden-Württemberg.

[60] BVerfG 1987, 2987, 2989 – Landesmediengesetz Baden-Württemberg.

[61] Vgl. BVerfG NJW 1987, 239 ff. – Niedersächsisches Landesrundfunkgesetz.

[62] Vgl. *Kops/Sokoll/Bensinger* Rahmenbedingungen für die Durchführung des Drei-Stufen-Tests, 2009, S. 152.

[63] Eine andere Auffassung ist im Hinblick auf die Rechtsprechung des Bundesverfassungsgerichts gut vertretbar.

sammengeschlossenen Landesrundfunkanstalten, das ZDF und das Deutschlandradio ihre Angebote in elektronischen Portalen an und fassen ihre Programme unter elektronischen Programmführern zusammen. Zu den Angeboten im Bereich Telemedien fällt also zumindest all das, was die Landesrundfunkanstalten auf ihren elektronischen Portalen anbieten.[64]

2. Anwendungsbereich des Dreistufentests

Das geplante Angebot fällt nicht in den Negativkatalog. § 11d Abs. 5 Satz 2 RStV verbietet zwar das Angebot auf Abruf von angekauften Spielfilmen und angekauften Folgen von Fernsehserien, die keine Auftragsproduktionen sind. Hier handelt es sich allerdings um eine Auftragsproduktion. Daher kommt es darauf an, ob das Angebot den Anforderungen des Drei-Stufen-Tests[65] genügt. Nach § 11 f. Abs. 1 RStV konkretisieren die in der ARD zusammengeschlossenen Landesrundfunkanstalten, das ZDF und das Deutschlandradio die inhaltliche Ausrichtung ihrer Telemedien nach § 11d Abs. 2 Satz 1 Nr. 3 und 4 jeweils in Telemedienkonzepten, die Zielgruppe, Inhalt, Ausrichtung und Verweildauer der geplanten Angebote näher beschreiben. Die Beschreibung aller Telemedien muss einer Nachprüfung des Finanzbedarfs durch die Kommission zur Ermittlung des Finanzbedarfs der Rundfunkanstalten (KEF) ermöglichen.

II. Kriterien des Dreistufentests

Bei geplanten neuen oder veränderten Angeboten hat die Rundfunkanstalt nach § 11 f. Abs. 4 Satz 1 RStV gegenüber dem zuständigen Gremium darzulegen, dass das geplante, neue oder veränderte, Angebot vom Auftrag umfasst ist. § 11 f. Abs. 4 Satz 2 RStV enthält die Prüfkriterien des sogenannten Drei-Stufen-Test.[66] Danach sind Aussagen darüber zu treffen, inwieweit das Angebot den demokratischen, sozialen und kulturellen Bedürfnissen der Gesellschaft entspricht (1.), in welchem Umfang durch das Angebot in qualitativer Hinsicht zum publizistischen Wettbewerb beigetragen wird (2.) und welcher finanzielle Aufwand für das Angebot erforderlich ist (3.).[67]

1. Demokratische, soziale und kulturelle Bedürfnisse der Gesellschaft

Auf der ersten Stufe geht es um die Feststellung des Wertes für die Öffentlichkeit (Public Value).

2. Beitrag in qualitativer Hinsicht zum publizistischen Wettbewerb

Die Frage, ob das Angebot in qualitativer Hinsicht zum publizistischen Wettbewerb beiträgt, steht im Zentrum der Prüfung.[68] Auf der zweiten Stufe sind die vergleichbaren bestehenden öffentlichen Angebote und die Marktauswirkungen auf kommerzielle Anbie-

---

[64] Vgl. *Schmidt/Eicher* Drei-Stufen-Test für Fortgeschrittene, epd medien Nr. 45/46, 2009.

[65] Hierzu *Ungerer* Die EU und der Amsterdam Test – Grundbedingungen und nationaler Spielraum, abgerufen am 01.07.2009 unter http://ec.europa.eu/competition/speeches/text/sp2009_06_de.pdf; *Schmidt/Eicher* Drei-Stufen-Test für Fortgeschrittene, epd medien Nr. 45/46 2009; *Peters* K&R 2009, 26; *Kops/Sokoll/Bensinger* Rahmenbedingungen für die Durchführung des Drei-Stufen-Tests, 2009; *Rossen-Stadtfeld* Anforderungen des Dreistufentests an die Gremien, abgerufen am 01.07.2009 unter http://www.rundfunk-institut.uni-koeln.de/institut/pdfs/25309.pdf; *Dörr* Dreistufentest in: Lilienthal, Professionalisierung der Medienaufsicht, 2009, S. 161 ff; *Wimmer* ZUM 2009, 601.

[66] Dieser wird auch als Amsterdam-Test oder Public-Value-Test bezeichnet.

[67] Vgl. *Ungerer* Die EU und der Amsterdam Test, 2009, S. 5-6.

[68] *Sokoll* NJW 2009, 885, 888.

ter zu berücksichtigen (Market Impact). Dabei sind Quantität und Qualität der vorhandenen frei zugänglichen Angebote, die marktlichen Auswirkungen des geplanten Angebots sowie dessen meinungsbildende Funktion angesichts bereits vorhandener vergleichbarer Angebote, auch des öffentlich-rechtlichen Rundfunks, zu berücksichtigen. Für die Beurteilung ist nach § 11 f. Abs. 5 RStV eine gutachterliche Beratung hinzuzuziehen.

3. Erforderlichkeit des finanziellen Aufwandes

Schließlich ist auf der dritten Stufe zu prüfen, ob der Finanzbedarf im Budget der Rundfunkanstalten vorgesehen ist (Financial Impact).

III. Verfahren des Dreistufentests

1. Zuständige Gremien

Die Prüfung beginnt mit einer Vorlage der Intendanz.[69] Der Drei-Stufen-Test folgt der Binnenlösung, d. h. die Prüfung erfolgt durch die zuständigen Gremien, nämlich die ARD Rundfunkräte und den ZDF Fernsehrat. Die EU-Kommission stand dieser Binnenlösung kritisch gegenüber. Von zentraler Bedeutung ist daher, dass die Rundfunkräte tatsächlich unabhängig in ihrer Beurteilung sind. Dies erfordert, dass die Gremien gegenüber der Intendanz weisungsfrei sind.[70]

2. Einbeziehung Dritter

Nach § 11 f. Abs. 5 RStV ist vor Aufnahme eines neuen oder veränderten Angebots durch das zuständige Gremium Dritten in geeigneter Weise, insbesondere im Internet, Gelegenheit zur Stellungnahme zu geben. Die Gelegenheit zur Stellungnahme besteht innerhalb einer Frist von mindestens sechs Wochen nach Veröffentlichung des Vorhabens. Das zuständige Gremium der Rundfunkanstalt hat die eingegangenen Stellungnahmen zu prüfen. Das zuständige Gremium kann zur Entscheidungsbildung gutachterliche Beratung durch unabhängige Sachverständige auf Kosten der jeweiligen Rundfunkanstalt in Auftrag geben; zu den marktlichen Auswirkungen ist gutachterliche Beratung hinzuzuziehen. Der Name des Gutachters ist bekanntzugeben. Der Gutachter kann weitere Auskünfte und Stellungnahmen einholen; ihm können Stellungnahmen unmittelbar übersandt werden.

3. Anforderungen an die Entscheidung

Nach § 11 f. Abs. 6 RStV bedarf die Entscheidung, ob die Aufnahme eines neuen oder veränderten Angebots den Voraussetzungen des Drei-Stufen-Tests entspricht, der Mehrheit von zwei Dritteln der anwesenden Mitglieder, mindestens der Mehrheit der gesetzlichen Mitglieder des zuständigen Gremiums. Die Entscheidung ist zu begründen. In den Entscheidungsgründen muss unter Berücksichtigung der eingegangenen Stellungnahmen und eingeholten Gutachten dargelegt werden, ob das neue oder veränderte Angebot vom Auftrag umfasst ist. Die jeweilige Rundfunkanstalt hat das Ergebnis ihrer Prüfung einschließlich der eingeholten Gutachten unter Wahrung von Geschäftsgeheimnissen in gleicher Weise wie die Veröffentlichung des Vorhabens bekannt zu machen.

Nach § 11 f. Abs. 7 RStV sind der für die Rechtsaufsicht zuständige Behörde vor der Veröffentlichung alle für eine rechtsaufsichtliche Prüfung notwendigen Auskünfte zu erteilen und Unterlagen zu übermitteln. Nach Abschluss des Verfahrens und nach Prüfung

---

[69] *Sokoll* NJW 2009, 885, 887.
[70] *Ungerer* Die EU und der Amsterdam Test, 2009, S. 7.

durch die für die Rechtsaufsicht zuständige Behörde ist die Beschreibung des neuen oder veränderten Angebots in den amtlichen Verkündungsblättern der betroffenen Länder zu veröffentlichen.

II. Zusammenfassung

Um das Vorhaben zu verwirklichen, muss der sogenannte Drei-Stufen-Test durchgeführt werden, bei dem die demokratischen, sozialen und kulturellen Bedürfnissen der Gesellschaft, der Beitrag zum publizistischen Wettbewerb und der finanzielle Aufwand geprüft werden.

Fall 43: Verweigerte Gebührenzahlung

Sachverhalt

Die Gebühreneinzugszentrale (GEZ) fordert A zur Zahlung von Rundfunkgebühren für seinen Fernseher auf. A verweigert die Zahlung mit der Begründung, die öffentlich-rechtlichen Rundfunkangebote träfen nicht seinen Geschmack und er nutze nur private Anbieter. Der Tagespresse habe er entnommen, dass das deutsche Modell der Rundfunkfinanzierung gegen das europäische Beihilfenkontrollrecht verstoße. Da die öffentlich-rechtlichen Anstalten zusätzlich zur Gebührenfinanzierung auch auf dem Werbemarkt aktiv seien, würden sie den privaten Sendern finanziell das Wasser abgraben, wodurch Arbeitsplätze gefährdet würden. Ihm könne nicht zugemutet werden, diese europarechtswidrige Wettbewerbsverzerrung zu fördern.

Die Rundfunkgebühren werden in einem dreistufigen Verfahren festgesetzt, das im RFinStV geregelt ist. Als ersten Schritt melden die Rundfunkanstalten auf der Grundlage ihrer Programmentscheidungen ihren Finanzbedarf nach § 1 Abs. 1 RFinStV im Abstand von zwei Jahren der unabhängigen Kommission zur Überprüfung und Ermittlung des Finanzbedarfs der Rundfunkanstalten (KEF). Auf der zweiten Stufe prüft die KEF, die gemäß § 4 Abs. 1 RFinStV aus 16 unabhängigen Sachverständigen zusammengesetzt ist, ob sich die Programmentscheidungen im Rahmen des Rundfunkauftrags halten und ob der daraus abgeleitete Finanzbedarf im Einklang mit den Grundsätzen der Wirtschaftlichkeit und Sparsamkeit ermittelt worden ist (§ 3 Abs. 1 RFinStV). Die KEF erstattet den Landesregierungen einen Bericht, in welchem sie die Finanzlage der Rundfunkanstalten darlegt und dazu Stellung nimmt, ob, wann und in welcher Höhe die Rundfunkgebühr neu festgesetzt werden sollte. Auf der dritten Stufe setzen die Länder die Gebühren fest. Darf A die Zahlung verweigern?

Abwandlung

A betreibt einen Gemischtwarenladen, in dem er unter anderem auch originalverpackte Radiogeräte ohne Prüfung oder Vorführung anbietet. In seinem Laden kommen diese allerdings nicht zu Einsatz. Die GEZ fordert den A zur Zahlung von Rundfunkgebühren für ein Radiogerät auf. A verweigert die Zahlung mit der Begründung, er halte die Geräte nicht zum Empfang, sondern zum Verkauf bereit. Darf A die Zahlung verweigern?

Lösung

Ausgangsfall

I. Pflicht des A zur Zahlung der Gebühren

Nach § 13 Abs. 1 Satz 1 Rundfunkstaatsvertrag (RStV)[71] finanziert sich der öffentlich-rechtliche Rundfunk durch Rundfunkgebühren. Die Gebührenfestsetzung erfolgt gemäß § 14 Abs. 5 RStV durch Staatsvertrag, nämlich den Rundfunkfinanzierungsstaatsvertrag (RFinStV).[72] Nach §§ 2 Abs. 2, 4 Abs. 1 Rundfunkgebührenstaatsvertrag (RGebStV) ist die Rundfunkgebühr zu entrichten, wenn ein Empfangsgerät bereitgehalten wird. A wendet hier ein, das Gebührensystem sei insgesamt wegen Verstoßes gegen höherrangiges Recht nicht anwendbar.[73]

1. Vereinbarkeit mit dem Beihilfenkontrollrecht

Zwischen dem deutschen System der Rundfunkfinanzierung und dem europäischen Beihilfenkontrollrecht besteht ein Spannungsverhältnis. Die EU-Kommission betrachtet die deutschen Rundfunkgebühren als Beihilfen. Die Situation wurde zwar durch den sogenannten Beihilfenkompromiss, der zur Einstellung des Vorverfahrens am 24. April 2007 führte, vorerst entschärft.[74] Das Beihilfenkontrollrecht bleibt aber sowohl für das Verständnis der nationalen Bestimmungen als auch im Rahmen von Reformüberlegungen relevant.[75] Zudem bestehen hinsichtlich der Beurteilung der rechtlichen Ausgangssituation deutliche konzeptionelle Unterschiede. Während die EU-Kommission eine möglichst genaue gesetzliche Regelung befürwortet, verbietet der Grundsatz der Staatsferne aus deutscher rundfunkverfassungsrechtlicher Sicht eine solche Ausgestaltung.[76]

In seiner Lissabon-Entscheidung hat das Bundesverfassungsgericht noch einmal betont, dass den Mitgliedstaaten ausreichend Raum zur politischen Gestaltung der wirtschaftlichen, kulturellen und sozialen Lebensverhältnisse bleiben muss.[77] Das Bundesverfassungsgericht weist in diesem Zusammenhang insbesondere auf den von den Grundrechten geschützten privaten Raum der Eigenverantwortung hin. Zu diesen bedeutsamen Berei-

---

[71] Staatsvertrag für Rundfunk und Telemedien vom 31.08.1991, in der Fassung von Artikel 1 des Zwölften Staatsvertrages zur Änderung rundfunkrechtlicher Staatsverträge vom 18.12.2008, in Kraft getreten am 01.06.2009.

[72] Rundfunkfinanzierungsstaatsvertrag vom 31. 8. 1991, zuletzt geändert durch den Elften Rundfunkänderungsstaatsvertrag vom 12. Juni 2008.

[73] Da das Nichtvorliegen des Gebührentatbestands hier naheliegt, empfiehlt es sich in der Klausur die beihilfenrechtlichen Aspekte zuerst zu prüfen, um diese nicht hilfsgutachterlich behandeln zu müssen.

[74] EU-Kommission, Entscheidung vom 24.04.2007, KOM 2007, 1761; abgerufen am 29.07.2009 unter http://ec.europa.eu/community_law/state_aids/comp-2005/e003-05.pdf; vgl. hierzu auch *Hahn* ZRP 2008, 217; *Ory* Rundfunkrecht, in: Wandtke, Praxishandbuch Medienrecht, S. 1306 f.; *Kops/Sokoll/Bensinger* Rahmenbedingungen für die Durchführung des Drei-Stufen-Tests, 2009, S. 58 f.; abgerufen am 01.07.1009 unter http://www.rundfunk-institut.uni-koeln.de/institut/pdfs/25209.pdf; *Krausnick* ZUM 2007, 806.

[75] Vgl. *Degenhart* ZUM 2009, 374, 381; die Kommission beabsichtigt, im Lauf des Jahres 2009 eine aktualisierte Rundfunkmitteilung vorzulegen und hat führt entsprechende Konsultationen durch, vgl. http://ec.europa.eu/competition/consultations/2009_broadcasting_review/index.html

[76] *Grzeszick* NVwZ 2008, 608, 609.

[77] BVerfG NJW 2009, 2267, 2273 Tz. 249 – Vertrag von Lissabon.

chen zählt das Bundesverfassungsgericht ausdrücklich auch kulturelle Fragen wie die Ordnung der Meinungs- und Pressefreiheit.[78]

Die Frage nach der Vereinbarkeit des deutschen Modells der Rundfunkfinanzierung kann nicht unbesehen anhand der Kommissionsentscheidung vom 24. April 2007 beantwortet werden. Zum einen wurde der Rundfunkstaatsvertrag seitdem in wesentlichen Punkten überarbeitet. Die Kommissionsentscheidung hatte also nicht dessen aktuelle Version zum Gegenstand. Zum anderen sind in der Zwischenzeit mehrere Urteile des EuG ergangen, welche die Vereinbarkeit von Rundfunkfinanzierung unter anderem in Portugal[79], Dänemark[80] und Frankreich[81] mit dem Beihilfenkontrollrecht zum Gegenstand hatten. Hierdurch wurde das Beihilfenkontrollrecht konkretisiert und fortentwickelt. Im Juli 2009 hat die EU-Kommission eine neue Rundfunkmitteilung veröffentlicht.[82]

Eine Maßnahme ist dann eine staatliche Beihilfe, wenn es sich um eine staatliche Maßnahme oder um eine Maßnahme unter Inanspruchnahme staatlicher Mittel handelt (1.), die Maßnahme geeignet ist, den Handel zwischen den Mitgliedstaaten zu beeinträchtigen (2.), den Begünstigten einen Vorteil gewährt (3.) und den Wettbewerb verfälscht oder zu verfälschen droht (4.).

a) Anwendbarkeit des europäischen Beihilfenkontrollrechts. Die Anwendbarkeit des europäischen Beihilfenkontrollrechts ist nicht durch das Amsterdamer Protokoll ausgeschlossen.[83] Dieses, dem Amsterdamer Vertrag beigefügte Dokument ist nach Art. 311 EG Teil des EG-Vertrages und bei seiner Auslegung heranzuziehen. Das Amsterdamer Protokoll billigt den Mitgliedstaaten lediglich ein bestimmtes Maß an Kompetenz im Rundfunkbereich zu, ohne allerdings die Art. 87 ff. EG auszuschließen.[84] Bei der Anwendung

---

[78] BVerfG NJW 2009, 2267, 2274 Tz. 249 – Vertrag von Lissabon.

[79] EuG ZUM 2008, 766 – RTP; hierzu *Gundel* ZUM 2008, 758.

[80] EuG ZUM 2009, 208 – Danmark TV2; hierzu *Döpkens* ZUM 2009, 214.

[81] EuG Urteil vom 11. März 2009, T-354/05 – TF1; Überblick in EuZW 2009, 235.

[82] Mitteilung der Kommission über die Anwendung der Vorschriften über staatliche Beihilfen auf den öffentlichrechtlichen Rundfunk vom 2. Juli 2009; abgerufen am 29. Juli 2009 unter http://ec.europa.eu/competition/state_aid/legislation/broadcasting_communication_de.pdf.

[83] Das Amsterdamer Protokoll hat folgenden Wortlaut: „Vertrag von Amsterdam zur Änderung des Vertrags über die Europäische Union, der Verträge zur Gründung der Europäischen Gemeinschaften sowie einiger damit zusammenhängender Rechtsakte – Protokolle – Protokoll zum Vertrag zur Gründung der Europäische Gemeinschaft – Protokoll über den öffentlich-rechtlichen Rundfunk in den Mitgliedstaaten

DIE HOHEN VERTRAGSPARTEIEN -

IN DER ERWAEGUNG, daß der öffentlich-rechtliche Rundfunk in den Mitgliedstaaten unmittelbar mit den demokratischen, sozialen und kulturellen Bedürfnissen jeder Gesellschaft sowie mit dem Erfordernis verknüpft ist, den Pluralismus in den Medien zu wahren -

SIND über folgende auslegende Bestimmung ÜBEREINGEKOMMEN, die dem Vertrag zur Gründung der Europäischen Gemeinschaft beigefügt ist:

Die Bestimmungen des Vertrags zur Gründung der Europäischen Gemeinschaft berühren nicht die Befugnis der Mitgliedstaaten, dem öffentlich-rechtlichen Rundfunk zu finanzieren, sofern die Finanzierung der Rundfunkanstalten dem öffentlich-rechtlichen Auftrag, wie er von den Mitgliedstaaten den Anstalten übertragen, festgelegt und ausgestaltet wird, dient und die Handels- und Wettbewerbsbedingungen in der Gemeinschaft nicht in einem Ausmaß beeinträchtigt, das dem gemeinsamen Interesse zuwiderläuft, wobei den Erfordernissen der Erfüllung des öffentlich-rechtlichen Auftrags Rechnung zu tragen ist." (Amtsblatt Nr. C 340 vom 10/11/1997 S. 109).

[84] Vgl. EuG ZUM 2008, 766, 769 – SIC; *Gundel* ZUM 2008, 758, 764; für eine solche Bereichsausnahme *Goerlich/Meier* ZUM 2007, 889, 895; *Fink/Cole/Keber*, Europäisches und Internationales Medienrecht, Rn. 56.

des Beihilfenkontrollrechts ist allerdings den Besonderheiten des Rundfunks Rechnung zu tragen. Zum einen ist der Rundfunk mehr als andere Medien durch seine Breitenwirkung, Aktualität und seine Suggestivkraft geprägt.[85] Eine positive Ausgestaltung der Rundfunkordnung ist nach der Rechtsprechung des Bundesverfassungsgerichts erforderlich, da der Markt die wünschenswerte Vielfalt und Qualität nicht sicherstellen kann.[86]

b) Beihilfeverbot gemäß Art. 87 Abs. 1 EG. Art. 87 Abs. 1 EG verbietet Beihilfen, die durch die Begünstigung bestimmter Unternehmen oder Produktionszweige den Wettbewerb verfälschen oder zu verfälschen drohen, soweit sie den Handel zwischen den Mitgliedstaaten beeinträchtigen. Vom grundsätzlichen Verbot ausgenommen sind unter anderem solche Beihilfen, die den Tatbestand einer Bereichsausnahme – beispielsweise der Daseinsvorsorge nach Art. 86 Abs. 2 EG – oder einer Gruppenfreistellung erfüllen oder die im Einzelfall nach Art. 87 Abs. 3 EG befreit sind.[87] Beihilfen sind staatliche Maßnahmen, die in verschiedener Form die Belastung mindern, die ein Unternehmen normalerweise zu tragen hätte.[88]

aa) Staatliche Mittel. Staatliche Mittel liegen nach der Rechtsprechung des EuGH in dem Fall „Preussen Elektra" dann nicht vor, wenn die Mittel nicht aus dem Haushalt des Staates stammen.[89] Dies hat der EuGH beispielsweise, bei der gesetzlichen Verpflichtung privater Energieversorger, Strom aus erneuerbaren Energiequellen zu festgelegten Mindestpreisen abzunehmen, angenommen.[90] In der Literatur wird das Vorliegen staatlicher Mittel unter Hinweis auf die staatsferne Festsetzung der Gebührenhöhe in Frage gestellt.[91] In einem vergaberechtlichen Fall vertrat der EuGH im Hinblick auf die für die Anwendung der vergaberechtlichen Voraussetzung einer „überwiegenden Finanzierung durch den Staat" die Auffassung, dass es nicht darauf ankomme, dass die Mittel den öffentlichen Haushalt durchlaufen.[92] Der Umstand, dass die Gebühren von denjenigen entrichtet werden, die ein Empfangsgerät bereithalten, ändert daran ebensowenig wie das vom Bundesverfassungsgericht aus Art. 5 Abs. 1 Satz 2 GG gefolgerte Verbot staatlicher Einflussnahme auf die Rundfunkanstalten. Entscheidend ist, dass die Gebühr ihren Ursprung in einem staatlichen Akt – dem Rundfunkstaatsvertrag – hat, die Gebührenhöhe durch förmliche Entscheidung der Landesparlamente auf der Grundlage des Berichts der KEF festgelegt wird und die Erhebung mittels Bescheid, also durch hoheitliches Handeln erfolgt. Entsprechend der Situation im Vergaberecht sind die Rundfunkgebühren auch im Beihilfenkontrollrecht als staatliche Mittel anzusehen.[93]

---

[85] Vgl. BVerfG MMR 2008, 770, 771; BVerfG MMR 2006, 97, 90; BVerfG NJW 2001, 1633, 1638; *Grzeszick* NVwZ 2008, 608, 609; *Gounalakis/Wege* NJW 2008, 800, 803; *Faßbender* NVwZ 2007, 1265, 1267; *Jungheim* ZUM 2008, 493; *Ory* Rundfunkrecht, in: Wandtke, Praxishandbuch Medienrecht, S. 1283 f.

[86] BVerfG ZUM 2007, 712; hierzu *Wiedemann* ZUM 2007, 800, 802.

[87] *von Welser* JA 2002, 240, 242.

[88] Vgl. EuG MMR 2002, 98 – SIC; *Fink/Cole/Keber*, Europäisches und Internationales Medienrecht, Rn. 176; *von Welser* JA 2002, 240, 241.

[89] Vgl. *Schwendinger* Gemeinschaftsrechtliche Grenzen öffentlicher Rundfunkfinanzierung, 2007, S. 331 ff.

[90] EuGH EuZW 2001, 242 – Preußen Elektra.

[91] Vgl. *Gersdorf* Grundzüge des Rundfunkrechts Rn. 565 f.; *Krausnick* ZUM 2007, 806, 809.

[92] EuGH EuZW 2008, 80, 82 ff. – Bayerischer Rundfunk u. a./.GEWA.

[93] Vgl. *Degenhart* ZUM 2009, 374, 375; *Antweiler* EuZW 2008, 85, 86; *Thum* NVwZ 2007, 521, 526; *Fink/Cole/Keber*, Europäisches und Internationales Medienrecht, Rn. 176.

Nach Auffassung der EU-Kommission kommt es bei der Einordnung von Rundfunkgebühren als Beihilfe allerdings nicht darauf an, ob die Finanzmittel durch staatliche Hände gegangen sind. Die Rundfunkgebühr sei eine Zwangsabgabe, die wie Steuern eingezogen werde.[94] Den Unterschied zu der Preussen-Elektra-Entscheidung sieht die Kommission in dem Umstand, dass bei der Rundfunkfinanzierung kein privatrechtliches Verhältnis zwischen dem Begünstigten und Dritten besteht.[95] Die Verpflichtung zur Gebührenzahlung bestehe unabhängig davon, ob der Besitzer des Fernsehgeräts tatsächlich von der Möglichkeit, Programme der öffentlichen Sender anzusehen, Gebrauch macht, so dass die Gebühr nicht als Entgelt für eine Leistung angesehen werden kann, die den Gebührenpflichtigen gegenüber erbracht werde. Allerdings hatte der EuGH das Vorliegen eines privatrechtlichen Verhältnisses nicht zum zwingenden Abgrenzungskriterium erhoben.[96] Gleichwohl ist es vertretbar, die Rundfunkgebühren als staatliche Mittel zu qualifizieren. Argument hierfür ist die staatliche Kontrolle über die Mittel.[97] Zudem kann der Umstand, dass sich die Autonomie der Rundfunkanstalten auf ihre Eigenschaft als Grundrechtsträger stützt, einer Qualifizierung der Gebühren als staatliche Mittel nicht entgegenstehen. Anderenfalls könnte das europäische Primärrecht durch nationales Verfassungsrecht ausgehebelt werden.[98]

bb) Begünstigung. Entscheidendes Merkmal der Begünstigung ist das Fehlen einer marktgerechten Gegenleistung. Die Gegenleistung ist nach allgemeinen beihilfenkontrollrechtlichen Grundsätzen nur dann marktgerecht, wenn ein hypothetischer privater Investor den Vorteil ebenso gewährt hätte (Private Investor Test).[99] Bei der Beurteilung von Dienstleistungen von allgemeinem wirtschaftlichem Interesse legt der EuGH allerdings besondere Maßstäbe an.[100] In der Entscheidung „Altmark Trans" hat der EuGH klargestellt, dass eine staatliche Maßnahme nicht unter den Beihilfetatbestand fällt, soweit sie den Ausgleich für Leistungen bildet, die von den Unternehmen, welches die Mittel erhält, zur Erfüllung gemeinwirtschaftlicher Verpflichtungen erbracht werden. Der EuGH stellt vier Voraussetzungen auf, die kumulativ erfüllt sein müssen, um einen derartigen Ausgleich im konkreten Fall nicht als staatliche Beihilfe zu qualifizieren. Danach liegt bereits tatbestandlich keine Beihilfe vor, wenn eine tatsächliche Betrauung des begünstigten Unternehmens mit der Erfüllung klar definierter gemeinwirtschaftlicher Verpflichtungen vorliegt (1.), die Parameter, anhand derer der Ausgleich berechnet wird, vorab objektiv und transparent festgelegt werden (2.), der Ausgleich die zur Erfüllung des Auftrags erforderlichen Kosten nicht übersteigt (3.) und die Höhe des Ausgleichs sich an den Kosten eines durchschnittlichen, gut geführten Unternehmens orientiert, sofern das betraute Unternehmen nicht im Weg der öffentlichen Ausschreibung bestimmt wurde (4.).

Eine staatliche Maßnahme fällt somit nicht unter Art. 87 EG, soweit sie als Ausgleich anzusehen ist, der die Gegenleistung für Leistungen bildet, die von den Unternehmen, denen sie zugute kommen, zur Erfüllung gemeinwirtschaftlicher Verpflichtungen erbracht werden, so dass die staatliche Maßnahme letztlich nicht bewirke, dass das Unternehmen

---

[94] Kommission, 24.04.2007, C(2007)1761 Rn. 145.

[95] Kommission, 24.04.2007, C(2007)1761 Rn. 151.

[96] Vgl. *Krausnick* ZUM 2007, 806, 810.

[97] EuG ZUM 2009, 208, 211 Rn. 159 – TV2/Danmark; zustimmend *Döpkens* ZUM 2009, 214, 215.

[98] *Grzeszick* NVwZ 2008, 608, 612.

[99] *Fink/Cole/Keber*, Europäisches und Internationales Medienrecht, Rn. 176; *von Welser* JA 2002, 240, 241.

[100] EuGH EuZW 2003, 496 – Altmark Trans; hierzu *König/Haratsch* ZUM 2003, 804.

eine bessere Stellung gegenüber seinen Wettbewerbern erhalte. Erst wenn diese nach der Leitentscheidung „Altmark Trans" benannten Altmark-Trans-Kriterien erfüllt sind, ist in einem weiteren Schritt die Rechtfertigung nach Art. 86 Abs. 2 EG zu prüfen.[101]

(1) Auftrag. In ihrer Entscheidung vom 24. April 2007 stellte die EU-Kommission fest, dass die damals geltenden rechtlichen Rahmenbedingungen den öffentlich-rechtlichen Auftrag in Teilbereichen nicht ausreichend klar und präzise definierten.[102] Die zwischenzeitlich erfolgte Änderung durch den 12. Rundfunkänderungsstaatsvertrag hat dieser Kritik Rechnung getragen. Durch die Änderungen wurde unter anderem der sogenannte Drei-Stufen-Tests zur Überprüfung der der Online-Aktivitäten der öffentlich-rechtlichen Sender eingeführt.[103] Diese ex ante Prüfung in Deutschland soll eine ex post Intervention aus Brüssel überflüssig machen.[104]

(2) Objektive und transparente Parameter. Zudem bezweifelte die EU-Kommission in ihrer Entscheidung vom 24. April 2007, dass der den öffentlich-rechtlichen Rundfunkanstalten gewährte Ausgleich anhand von Parametern im Sinne der Vorgaben des EuGH bestimmt werde, da die Höhe der Rundfunkgebühr nicht von der KEF, sondern von den Ländern festgesetzt werde.[105] Aus der Staatsferne des öffentlich-rechtlichen Rundfunks folgt, dass die Gebührenfestsetzung weder direkt noch indirekt zu Zwecken der Programmlenkung oder -gestaltung benutzt werden darf. Die Ermittlung obliegt einem sachverständigen Gremium dessen Aufgabe, Zusammensetzung und Verfahren gesetzlich geregelt und die Unabhängigkeit seiner Mitglieder gesetzlich zugesichert ist. Die Kommission zur Überprüfung und Ermittlung des Finanzbedarfs der Rundfunkanstalten (KEF) setzt sich aus unabhängigen Sachverständigen zusammen.[106] § 14 Abs. 2 RStV legt fest welche Parameter bei der Überprüfung und Ermittlung des Finanzbedarfs zugrunde zu legen sind. Dazu zählt § 14 Abs. 2 RStV unter anderem den bestandsbezogenen Bedarf und den Entwicklungsbedarf. Der Sachverhalt ergibt keine Anhaltspunkte dafür, dass es den Parametern an der hinreichenden Objektivität oder Transparenz mangelt.[107]

(3) Keine Überkompensation. Nach Meinung der EU-Kommission bot das damalige System keine hinreichende Gewähr, dass der den öffentlich-rechtlichen Rundfunkanstalten gewährte Ausgleich die Kosten der Erfüllung des öffentlich-rechtlichen Auftrags nicht übersteigt.[108] Die vorgeschriebene Prüfung durch die unabhängigen Sachverständigen der KEF anhand der Kriterien der Wirtschaftlichkeit und Sparsamkeit dient indes gerade dazu, eine Überkompensation zu verhindern.

(4) Orientierung an gut geführten Unternehmen. Die EU-Kommission tendierte in ihrer bisherigen Praxis bei der Beurteilung mitgliedstaatlicher Systeme der Rund-

---

[101] Vgl. *Döpkens* ZUM 2009, 214, 215; *Gundel* ZUM 2008, 758, 760.

[102] Kommission, 24.04.2007, C(2007)1761 Rn. 163.

[103] Vgl. *Klickermann* MMR, 2008, 793; *Hahn* ZRP 2008, 217; *Peters* K&R 2009, 26; *Sokoll* NJW 2009, 885; *Kops/Sokoll/Bensinger* Rahmenbedingungen für die Durchführung des Drei-Stufen-Tests, abgerufen am 01.07.1009 unter http://www.rundfunk-institut.uni-koeln.de/institut/pdfs/25209.pdf; aus Sicht der EU-Kommission *Ungerer* Die EU und der Amsterdam Test, 2009, abgerufen am 01.07.2009 unter http://ec.europa.eu/competition/speeches/text/sp2009_06_de.pdf; *Wimmer* ZUM 2009, 601.

[104] Vgl. *Ungerer* Die EU und der Amsterdam Test, 2009, S. 4.

[105] Kommission, 24.04.2007, C(2007)1761 Rn. 164.

[106] Vgl. *König/Haratsch* ZUM 2003, 804, 808.

[107] Zu den Prüfungsanforderungen EuG ZUM 2009, 208, 212 Rn. 201 – TV 2 Dänemark.

[108] Kommission, 24.04.2007, C(2007)1761 Rn. 165.

funkfinanzierung dazu, das Vorliegen der Altmark-Trans-Kriterien zu verneinen und die Beihilfe anschließend anhand der Regelung des Art. 86 EG zu prüfen. So zweifelte die EU-Kommission bei der Beurteilung der deutschen Rundfunkfinanzierung daran, dass sich der Ausgleich auf die Kosten eines durchschnittlichen, gut geführten Unternehmens beschränkt. Überzeugend ist die Auffassung der Kommission nicht. Marktvergleiche sind nur möglich, wenn es ein vergleichbares Unternehmen gibt. Daran fehlt es. Insbesondere sind private Rundfunkveranstalter insoweit nicht vergleichbar, als diese keinen Grundversorgungsauftrag haben.[109] Nach dem Verständnis des Bundesverfassungsgerichts erfordert die grundgesetzlich garantierte Rundfunkfreiheit, dass für die Gesamtheit der Bevölkerung Programme geboten werden, welche umfassend und in der vollen Breite informieren, und dass Meinungsvielfalt in der verfassungsrechtlich gebotenen Weise gesichert ist.[110] Hinzu kommt, dass die Rundfunkfreiheit zu den zentralen und für die Demokratie unverzichtbaren Grundrechten zählt. Das duale Rundfunksystem dient der Sicherung der Meinungsfreiheit.[111] Aus der Lissabon-Entscheidung des Bundesverfassungsgerichts lässt sich durchaus ableiten, dass die Ausgestaltung der Rundfunkfreiheit zu den Bereichen gehört, die der politischen Gestaltung der Mitgliedstaaten vorbehalten bleiben muss.[112]

(5) Zwischenergebnis. Es spricht einiges dafür, das Vorliegen der Altmark-Trans-Kriterien zu bejahen und damit das Vorliegen einer Begünstigung zu verneinen.

Hilfsgutachten

c) Ausnahmen und Befreiungsmöglichkeiten. Vom grundsätzlichen Verbot ausgenommen sind unter anderem solche Beihilfen, die den Tatbestand einer Bereichsausnahme oder einer Gruppenfreistellung erfüllen oder die im Einzelfall nach Art. 87 Abs. 3 EG befreit sind.[113]

aa) Kulturförderung gemäß Art. 87 Abs. 3 d) EG. Die auf den ersten Blick einschlägig erscheinende Regelung in Art. 87 Abs. 3 d) EG, die Beihilfen zur Förderung der Kultur erfasst, wird von der EU-Kommission restriktiv ausgelegt.[114] Lediglich dann, wenn der Programmauftrag ausschließlich der Kultur und nicht zugleich beispielsweise informatorischen oder pädagogischen Zwecken dient, ist Art. 87 Abs. 3 d) EG anwendbar. Daher lehnt die Kommission die Anwendung des Art. 87 Abs. 3 d) EG auch bei reinen Nachrichtensendern ab.[115]

bb) Daseinsvorsorge nach Art. 86 Abs. 2 EG. Die hier relevante Bereichsausnahme betrifft Unternehmen der Daseinsvorsorge nach Art. 86 Abs. 2 EG. Nach Art. 86 Abs. 2 EG gelten die Vorschriften des EG-Vertrags, insbesondere die Wettbewerbsregeln, für Unternehmen, die mit Dienstleistungen von allgemeinem wirtschaftlichem Interesse betraut sind, soweit die Anwendung dieser Vorschriften nicht die Erfüllung der ihnen übertragenen besonderen Aufgabe rechtlich oder tatsächlich verhindert. Nach bisheriger Praxis der EU-Kommission bei der Überprüfung der mitgliedstaatlichen Rundfunkfinanzierung

---

[109] *Krausnick* ZUM 2007, 806, 811 f.

[110] BVerfG NJW 1987, 239 – Niedersächsisches Landesrundfunkgesetz.

[111] BVerfG NJW 1987, 2987 – Landesmediengesetz Baden-Württemberg.

[112] Vgl. BVerfG NJW 2009, 2267, 2273 Tz. 244 ff. – Vertrag von Lissabon.

[113] *von Welser* JA 2002, 240, 242 ff.

[114] Vgl. *Koenig/Kühling* EuZW 2000, 197.

[115] Kommission, Entscheidung vom 24.02.1999, Abl. EG 1999, C 238, 3 – Kinderkanal/Phoenix.

kam Art. 86 Abs. 2 EG entscheidende Bedeutung zu.[116] Dies war Folge aus dem Prüfungs-
ansatz der Kommission, die Altmark-Trans-Kriterien restriktiv zu handhaben.[117] Voraussetzung für die Anwendung des Art. 86 Abs. 2 EG sind nach der Praxis der EU-Kommission, das Vorliegen eines hinreichend präzisen öffentlichen Auftrags (1.), die Betrauung
des Veranstalters mit der Aufgabe und die Kontrolle ihrer Durchführung (2.) sowie die
Verhältnismäßigkeit des Ausgleichs (3.).[118] Der Prüfungskatalog entspricht teilweise den
Altmark-Trans-Kriterien.[119] Auch der EuGH verlangt in der Altmark Trans-Entscheidung
eine klare Definition der gemeinwirtschaftlichen Verpflichtungen und einen entsprechenden Betrauungsakt. Allerdings modifiziert die EU-Kommission diesen Prüfungsmaßstab
im Rahmen von Art. 86 Abs. 2 EG, indem sie ausdrücklich verlangt, dass die tatsächliche
Erbringung der allgemeinwirtschaftlichen Verpflichtung im Einklang mit dem Betrauungsakt durch eine unabhängige Stelle überwacht wird.[120]

(1) Vorliegen eines hinreichend präzisen öffentlichen Auftrags. Bei der Definition
des Auftrags verfügen die Mitgliedstaaten über ein weites Ermessen.[121] Angesichts des besonderen Charakters der Rundfunkbranche ist eine breit gefasste Definition der besonderen Aufgabe zulässig. Denn der öffentlich-rechtliche Rundfunk ist unmittelbar mit den
demokratischen, sozialen und kulturellen Bedürfnissen der Gesellschaft verknüpft.[122]

**(2) Betrauung des Veranstalters mit der Aufgabe und die Kontrolle ihrer Durch-
führung.** Als Kompensation zu dem weiten Spielraum der Mitgliedstaaten ist eine
Kontrollinstanz vorzusehen. Diese umfassen wohl eine Qualitäts- als auch eine Finanz-
kontrolle.[123] Allerdings obliegt die Überprüfung der Qualitätsanforderungen allein den
Mitgliedstaaten.[124]

(3) Verhältnismäßigkeit des Ausgleichs. Schließlich muss der Ausgleich verhältnismäßig sein. Die KEF-Prüfung anhand der Kriterien der Wirtschaftlichkeit und Sparsamkeit dient diesem Erfordernis.

cc) Zwischenergebnis. Sofern das Vorliegen einer Beihilfe bejaht wurde, ist diese nicht
als rechtswidrig anzusehen, da der Tatbestand des Art. 86 Abs. 2 EG erfüllt ist.

Hilfsgutachten Ende

II. Ergebnis

Nach dem Sachverhalt ergeben sich keine Anhaltspunkte dafür, die deutsche Rundfunkfinanzierung als unzulässige Beihilfe anzusehen. Die Vereinbarkeit der Rundfunk-

---

[116] Vgl. *Döpkens* ZUM 2009, 214, 216.

[117] EU-Kommission, Entscheidung vom 01.10.2003, C(2003)3371 – BBC Digital Curriculum;
EU-Kommission Entscheidung vom 15.10.2003,C (2003) 3528 – RAI.

[118] Vgl. EU-Kommission, Entscheidung vom 01.10.2003, C(2003)3371 – BBC Digital Curriculum; EU-Kommission Entscheidung vom 15.10.2003,C (2003) 3528 – RAI; *Gundel* ZUM 2008,
758, 761; *König/Haratsch* ZUM 2004, 122, 123.

[119] Immenga/Mestmäcker/*Mestmäcker/Schweitzer* EG-Wettbewerbsrecht, Art. 86 Abs. 2 EG
Rn. 104; *Bauer* EuZW 2006, 7, 9; *Degenhart* AfP 2005, 493, 497.

[120] Vgl. *König/Haratsch* ZUM 2004, 122, 123.

[121] EuG ZUM 2008, 766, 770 Rn. 204 – RTP.

[122] Immenga/Mestmäcker/*Mestmäcker/Schweitzer* EG-Wettbewerbsrecht, Art. 86 Abs. 2 EG
Rn. 57.

[123] EuG ZUM 2008, 766, 770 Rn. 209 ff. – RTP.

[124] EuG ZUM 2008, 766, 770 Rn. 212 – RTP.

finanzierung mit dem Beihilfenkontrollrecht kann im vorliegenden Fall letztlich offen bleiben, da A zur Verweigerung der Zahlung ohnehin nicht befugt ist.

Es handelt sich um hier eine bestehende Beihilfe (Altbeihilfe) im Sinne des Art. 88 Abs. 1 EG.[125] Das Verwerfungsmonopol für bestehende Beihilfen liegt bei der EU-Kommission.[126] Solange die EU-Kommission nicht festgestellt hat, dass eine bestehende Beihilfe mit dem gemeinsamen Markt unvereinbar ist, besteht kein Durchführungsverbot.[127] Insofern kann A seine Zahlungsverweigerung nicht erfolgreich mit einer möglichen Beihilfenwidrigkeit begründen.

Abwandlung

I. Gebührentatbestand

Fraglich ist, ob auch für solche Geräte, die in einem Geschäft originalverpackt zum Verkauf bereit liegen, Rundfunkgebühren zu entrichten sind. Diese Rechtsansicht wurde nicht nur von der GEZ, sondern vereinzelt auch von Gerichten vertreten.[128] Gemäß § 2 Abs. 2 Satz 1 RGebStV (Rundfunkgebührenstaatsvertrag)[129] hat jeder Rundfunkteilnehmer vorbehaltlich der Regelungen der §§ 5, 6 RGebStV für jedes von ihm zum Empfang bereitgehaltene Rundfunkempfangsgerät eine Grundgebühr zu entrichten. Rundfunkteilnehmer ist nach § 1 Abs. 2 Satz 1 RGebStV, wer ein Rundfunkempfangsgerät zum Empfang bereithält. Ein Rundfunkempfangsgerät wird nach § 1 Abs. 2 Satz 2 RGebStV zum Empfang bereitgehalten, wenn damit ohne besonderen zusätzlichen technischen Aufwand Rundfunkdarbietungen, unabhängig von Art, Umfang und Anzahl der empfangbaren Programme, unverschlüsselt oder verschlüsselt empfangen werden können. Rundfunkteilnehmer ist demnach, wer die rechtlich gesicherte tatsächliche Verfügungsmacht über das Rundfunkempfangsgerät besitzt und damit die Möglichkeit hat, das Gerät zu nutzen.[130] Der Begriff des Bereithaltens setzt die mögliche Nutzung des Rundfunkempfangs voraus. Die Rundfunkgebühr ist keine bloße „Gerätebesitzabgabe". Sie ist nur von demjenigen zu zahlen, der sich durch das Bereithalten eines Rundfunkempfangsgeräts die Nutzungsmöglichkeit verschafft hat. Die Rundfunkgebührenpflicht ist einem Beitrag bzw. einer Gebühr mit Beitragselementen vergleichbar. Voraussetzung für die Entstehung der Rundfunkgebühr ist eine Sonderverbindung zu der Landesrundfunkanstalt, die den Einzelnen zum Rundfunkteilnehmer macht. Sie beginnt nach § 1 Abs. 2 Satz 1 RGebStV, sobald ein Rundfunkteilnehmer ein Rundfunkempfangsgerät zum Empfang bereithält. Dabei ist nicht entscheidend, ob ein Rundfunkteilnehmer tatsächlich Rundfunkleistungen in Anspruch nimmt bzw. welche Programme er empfangen will oder tatsächlich nutzt.

---

[125] Vgl. VGH Mannheim, Urteil vom 8. Mai 2008, Aktenzeichen: 2 S 2163/06, BeckRS 2008 35738; Grabitz/Hilf/*v. Wallenberg* Art. 88 EG Rn. 110; zum unterschiedlichen Verfahren bei Alt- und Neubeihilfen *Gundel* ZUM 2008, 758, 762; *v. Welser* JA 2000, 240, 243.

[126] EuGH NJW 1977, 1005 – Steinike.

[127] Vgl. VGH Mannheim, Urteil vom 8. Mai 2008, Aktenzeichen: 2 S 2163/06, BeckRS 2008 35738; Grabitz/Hilf/*v. Wallenberg* Art. 88 EG Rn. 122.

[128] Vgl. VGH Mannheim MMR 2003, 544; dagegen OVG Koblenz MMR 2005, 338; OVG Koblenz MMR 2006, 159, 160; OVG Hamburg NVwZ 2009, 668; inzwischen auch VGH Mannheim DÖV 2008, 829.

[129] Artikel 4 des Staatsvertrags über den Rundfunk im vereinten Deutschland vom 31. August 1991 in der Fassung des Zehnten Rundfunkänderungsstaatsvertrags vom 19. Dezember 2007.

[130] OVG Hamburg NVwZ 2009, 668, 669.

Dennoch stellt die tatsächliche Nutzung die stärkste Form der Teilnahme am Rundfunk dar und ist daher der ursprüngliche und typische Anknüpfungspunkt für die Rundfunkgebührenpflicht.[131]

Diese Auslegung wird auch durch § 5 Abs. 4 RGebStV bestätig.[132] Gemäß § 5 Abs. 4 RGebStV sind Unternehmen, die sich gewerbsmäßig mit der Herstellung, dem Verkauf, dem Einbau oder der Reparatur von Rundfunkempfangsgeräten befassen, berechtigt, bei Zahlung der Rundfunkgebühren für ein Rundfunkempfangsgerät weitere entsprechende Geräte für Prüf- und Vorführzwecke auf ein und demselben Grundstück oder zusammenhängenden Grundstücken gebührenfrei zum Empfang bereitzuhalten. Daraus folgt im Umkehrschluss, dass Geräte, die unter keine der genannten Kategorien fallen, von vornherein nicht gebührenpflichtig sind. Dies entspricht mittlerweile der herrschenden Rechtsprechung.[133]

II. Ergebnis

A darf die Zahlung verweigern.

Fall 44: Amateurkicker

Sachverhalt

Dem Fußballverband V e.V. gehört eine Vielzahl von Fußballvereinen an. Zu seinen satzungsmäßigen Aufgaben gehört unter anderem die Ausrichtung und Durchführung von Amateur-Fußballspielen. Nach der Satzung ist V berechtigt, über Übertragungen von Fußballspielen Verträge zu schließen und die Einnahmen aus solchen Verträgen an die Vereine zu verteilen. Dies gilt sowohl für die Übertragung im Rundfunk als auch die Übertragung über das Internet und andere Onlinedienste.

Der jeweilige Heimverein leistet die organisatorische Arbeit vor Ort, indem er das Stadion bereitstellt, den Kartenverkauf und die Werbung hierfür durchführt, sowie organisatorisch bei der An- und Abreise der Zuschauer in Absprache mit der Polizei und den örtlichen Verkehrsunternehmen mitwirkt. V schafft als Verband den organisatorischen Rahmen für die Spiele, indem er beispielsweise Regelwerk, Spielpläne und Schiedsrichter bereitstellt. Bei den von den Vereinen durchgeführten Spielen herrscht kein generelles Fotografier- oder Filmverbot.

B ist leidenschaftlicher Fußballfan und hat sein Hobby zum Beruf gemacht. Er betreibt ein werbefinanziertes Internetportal, in das andere Personen nach vorheriger Anmeldung Filmaufnahmen und Fotos von Fußballspielen einstellen können. Diese Dateien können anschließend von jedem Internetnutzer über das Portal kostenlos abgerufen und angesehen werden. Die zum Teil mit Handykamera in schlechter Qualität aufgenommenen Filme, mit teils spektakulären Filmszenen dauern in der Regel nur wenige Sekunden, einige bis zu 3 Minuten. Die Nutzungsbedingungen des Portals enthalten unter der Überschrift „Nutzungsrechte" eine Regelung, durch die jeder Nutzer dem B „ein einfaches, sachlich,

---

[131] OVG Koblenz MMR 2005, 338.
[132] Vgl. OVG Koblenz MMR 2005, 338, 339.
[133] VGH Mannheim DÖV 2008, 829.

räumlich und zeitlich unbegrenztes Recht einräumt, die Filmbeiträge zu nutzen und zu verwerten." Dazu gehört auch das Recht, die Beiträge online zur Verfügung zu stellen und in beliebiger Form zu verwerten.

V meint, dass ihm die ausschließlichen Rechte an der gewerblichen Verwertung der von ihm veranstalteten Fußballspiele zustehen. Er sieht sich durch B in dieser Verwertung behindert, da er ein eigenes Internetportal plant. Als Veranstalter der Fußballspiele stünde ihm gegen die Vermarktung der Spiele durch die B ein Abwehrrecht zu.

Hat V einen Anspruch auf Unterlassung der Wiedergabe der von ihm veranstalteten Fußballspiele auf dem Internetportal des B?

Lösung

I. Unterlassungsanspruch aus §§ 97 Abs. 1, 81 UrhG

In Betracht kommt ein Anspruch aus §§ 97 Abs. 1, 81 UrhG. Wird die Darbietung des ausübenden Künstlers von einem Unternehmen veranstaltet, so steht diesem unter anderem das Recht aus § 78 Abs. 1 zu. Zu den Rechten aus § 78 Abs. 1 UrhG zählt auch das Recht, die Darbietung öffentlich zugänglich zu machen. Der Veranstalter eines Fußballspiels erwirbt allerdings kein Leistungsschutzrecht aus § 81 UrhG an dieser Veranstaltung.[134] Eine sportliche Leistung als solche ist kein Werk im Sinne des § 2 UrhG. Die Gestattung zur Vermarktung eines Fußballspiels in Form von Rundfunkübertragungen beruht in der Regel auf dem Hausrecht des Veranstalters und stellt einen schuldrechtlichen Vertrag dar. Dass derartige Vermarktungsrechte in der Praxis wie absolute Rechte gehandelt werden, ändert an dieser rechtlichen Bewertung nichts.

II. Unterlassungsanspruch aus §§ 8, 3, 4 Nr. 9 UWG

In Betracht kommt ein Unterlassungsanspruch aus §§ 8, 3, 4 Nr. 9 UWG. Nach § 8 UWG kann derjenige auf Unterlassung in Anspruch genommen werden, der eine nach § 3 UWG unzulässige geschäftliche Handlung vornimmt. § 3 UWG verbietet unlautere geschäftliche Handlungen, die geeignet sind, die Interessen von Mitbewerbern, Verbrauchern oder sonstigen Marktteilnehmern spürbar zu beeinträchtigen. Nach § 4 Nr. 9b UWG handelt beispielsweise unlauter, wer Waren oder Dienstleistungen anbietet, die eine Nachahmung der Waren oder Dienstleistungen eines Mitbewerbers sind, wenn er die Wertschätzung der nachgeahmten Ware oder Dienstleistung unangemessen ausnutzt oder beeinträchtigt.

1. Geschäftliche Handlung

Geschäftliche Handlung ist nach § 2 Abs. 1 Nr. 1 UWG jedes Verhalten einer Person zugunsten des eigenen oder eines fremden Unternehmens, das mit der Förderung des Absatzes oder des Bezugs von Waren oder Dienstleistungen oder mit dem Abschluss oder

---

[134] Vgl. BGH GRUR 2006, 249 – Hörfunkrechte; OLG Hamburg GRUR-RR 2007, 181, 184 – Slowakischer Fußball; OLG München NJW-RR 1997, 1405, 1406; Schricker/*Vogel* § 81 UrhG Rn. 16; *Schack* Rn. 667; *Peukert* Güterzuordnung als Rechtsprinzip, 2008, S. 145; *Laier* Die Berichterstattung über Sportereignisse, 2007, S. 154; *Lochmann* Die Einräumung von Fernsehübertragungsrechten an Sportveranstaltungen, 2005, S. 116 ff.; *Haas/Reimann* SpuRt 1999, 186 ff.; *Hoeren/Schröder* MMR 2008, 553; *Bullinger/Jani* ZUM 2008, 897, 898; *Mailänder* ZUM 2003, 820, 823; *Brinkmann* ZUM 2006, 802, 803; *Maume* MMR 2008, 797.

der Durchführung eines Vertrags über Waren oder Dienstleistungen objektiv zusammenhängt. Zweifel an der Wettbewerbsabsicht können sich ergeben, wenn das Handeln allein publizistischen Zwecken dient.[135] Hier liegt eine geschäftliche Handlung vor. B stellt Aufnahmen von Teilen von Fußballspielen online zur Verfügung, um Werbeeinnahmen zu generieren. Damit fördert er den eigenen Wettbewerb.[136]

2. Wettbewerbsverhältnis

Zwischen den Parteien besteht auch ein Wettbewerbsverhältnis. Mitbewerber im Sinne des § 2 Abs. 1 Nr. 3 kann auch derjenige sein, der sich erst anschickt, künftig auf einem bestimmten Markt tätig zu werden. Ausreichend ist die konkrete Wahrscheinlichkeit eines Marktzutritts.[137] Der Umstand, dass V noch kein eigenes Online-Portal mit kurzen Filmsequenzen betreibt, hindert nicht die Feststellung eines Wettbewerbsverhältnisses.

3. Aktivlegitimation des V

Die austragenden Vereine, welche die Spieler stellen, erbringen die wesentlichen Leistungen für die Vermarktung der Übertragungsrechte. Die Vermarktung von Fußballspielen erfolgt nicht nur durch den Kartenverkauf, die Veräußerung von Fan-Artikeln, Speisen und Getränken im Stadion sowie für die Vermietung von Werbeflächen, sondern ebenso durch für die Gestattung von Film- oder Fernsehaufnahmen. Nach Ansicht des OLG Stuttgart besteht lauterkeitsrechtlich kein Unterschied zwischen Amateurspielen und Profispielen.[138] Zwar sind im Profibereich die zu treffenden Vorkehrungen für die Durchführung von Spielen umfangreicher als im Amateurbereich. Es handelt sich aber in weiten Bereichen um dieselben Arten von Leistungen, die auch rund um ein Amateurspiel zu erbringen sind, so dass die Unterschiede trotz der weit höheren bewegten Geldbeträge nicht prinzipieller Natur, sondern lediglich gradueller sind. Da V als Verband den organisatorischen Rahmen für die Spiele schafft, ist es gerechtfertigt V als Mitveranstalter und somit als aktivlegitimiert zu qualifizieren. V ist als Mitveranstalter der streitgegenständlichen Spiele aktivlegitimiert.

4. Gegenstand der Übernahme

Der lauterkeitsrechtliche Nachahmungsschutz bezieht sich nach dem Wortlaut des § 4 Nr. 9 UWG nur auf Waren und Dienstleistungen. Diese Begriffe sind allerdings weit auszulegen. In Betracht kommen daher Leistungs- und Arbeitsergebnisse aller Art.[139] So können etwa Aufführungen geschützt werden.[140] Daher spricht zunächst nichts dagegen, auch Fußballspiele in den Schutzbereich mit einzubeziehen. In der Literatur wird ein Schutz wettbewerbsrechtlicher Schutz von Sportveranstaltungen teilweise bejaht.[141] Allerdings handelt es sich bei den Rechten an Fußballspielen nicht um Ausschließlichkeitsrechte.[142]

---

[135] Vgl. *Wenzel* GRUR 1971, 47; Hefermehl/Köhler/Bornkamm/*Köhler* § 2 UWG Rn. 64.

[136] OLG Stuttgart MMR 2009, 395 – hartplatzhelden.de; LG Stuttgart MMR 2008, 551; zustimmend *Koch* DFB-Journal 2008, 38 f.; *Ehmann* GRUR Int. 2009, 659.

[137] Hefermehl/Köhler/Bornkamm/*Köhler*, § 2 UWG Rn. 109.

[138] OLG Stuttgart MMR 2009, 395, 396 – hartplatzhelden.de.

[139] Hefermehl/Köhler/Bornkamm/*Köhler*, § 4 UWG Rn. 9.21.

[140] BGH GRUR 1960, 614 – Figaros Hochzeit; BGH GRUR 2003, 876, 878 – Sendeformat.

[141] *Lochmann* Die Einräumung von Fernsehübertragungsrechten an Sportveranstaltungen, 2005, S. 269; *Günther* Aufnahmerechte an Sportveranstaltungen, 2003, S. 61 ff.

[142] BGH GRUR 2006, 249, 251 Tz 24 – Hörfunkrechte; eingehend *Laier* Die Berichterstattung über Sportereignisse, 2007, S. 163.

In zwei kartellrechtlichen Entscheidungen hat der BGH die Anwendbarkeit des Lauterkeitsrechts unter Hinweis auf „Vermarktungsrechte" des Veranstalters bejaht.[143] Die Rechtsprechung verweist auf den wirtschaftlichen Wert der Möglichkeit, die Wahrnehmung des Spiels in Bild und Ton durch ein sportinteressiertes Publikum zu verwerten. Müsste der Veranstalter unentgeltliche Berichterstattungen dulden, wäre ihm die Möglichkeit der wirtschaftlichen Verwertung insoweit genommen.[144] Die Literatur steht der Begründung von Rechten an Sportereignissen durch das UWG teilweise eher skeptisch gegenüber.[145]

5. Nachahmung

aa) Übernahme. Zu prüfen ist ob eine Übernahme vorliegt. Herkömmlich wird zwischen der unmittelbaren Leistungsübernahme, der fast identischen Leistungsübernahme und der nachschaffenden Leistungsübernahme unterschieden.[146] Da die Szenen unmittelbar der Lebenswirklichkeit entnommen sind, könnte man an eine unmittelbare Leistungsübernahme denken. Allerdings lassen sich hier zwei Leistungen unterscheiden. Einerseits die Ausrichtung der Fußballspiele, die unter anderem durch Verkauf von Tickets einer Verwertung zugänglich sind, andererseits die Auswertung durch Übertragung im Rundfunk oder Internet. Letztere setzt wiederum die Aufnahme einer Spielsequenz voraus, was zum Entstehen des Leistungsschutzrechts aus § 95 UrhG[147] bzw. des Filmwerkschutzes aus § 2 UrhG führt. Die Übertragung knüpft zwar an eine fremde Leistung an und wäre ohne sie nicht möglich, stellt aber eine völlig eigenständige Leistung dar. Diese äußert sich beispielsweise in dem Blickwinkel, den Naheinstellungen oder möglichen Wiederholungen. Insofern könnte man bereits am Vorliegen einer Übernahme zweifeln.[148]

bb) Anbieten als eigene Leistung. In der Literatur wird teilweise argumentiert, dass die ungenehmigten Rundfunkübertragung von Sportveranstaltungen keine Nachahmung sei.[149] Voraussetzung hierfür sei nämlich, dass die fremde Leistung als eigene angeboten werde.[150] Dies ist hier nicht der Fall. Da das Anbieten als eigene Leistung dem Wortlaut des § 4 Nr. 9 UWG nicht zu entnehmen ist, ist eine etwas großzügigere Auslegung vorzugswürdig, da nur diese es erlaubt, im Rahmen des Kriteriums der Unlauterkeit eine interessengerechte Lösung zu suchen.

6. Ausnutzung oder Beeinträchtigung der Wertschätzung nach § 4 Nr. 9 b UWG

Eine Beeinträchtigung liegt nicht vor, wenn auf Grund eines hinreichenden Abstands nicht nur bei den Kaufinteressenten, sondern auch beim allgemeinen Publikum, das die

---

[143] BGH NJW 1990, 2815 – Sportübertragungen; BGH NJW 1998, 756 – Europapokalheimspiele.

[144] OLG Stuttgart MMR 2009, 395, 396 – hartplatzhelden.de.

[145] *Hilty/Henning-Bodewig* Rechtsgutachten „Leistungsschutzrecht für Sportveranstalter?", http://www.berlin.de/imperia/md/content/rbm-skzl/bund/leistungsschutzrecht_fuer_sportveranstalter.pdf, S. 44 ff.; vgl. dagegen Fritzweiler/Pfister/*Summerer* Praxishandbuch Sportrecht, 2. Aufl. 2007, S. 357.

[146] Hefermehl/Köhler/Bornkamm/*Köhler*, 27. Auflage, 2009, § 4 UWG Rn. 9.34.

[147] Vgl. OLG München NJW-RR 1997, 1405, 1406 – Boxveranstaltung.

[148] Für das Vorliegen einer Übernahme *Maume* MMR 2008, 797, 799; *Lochmann* Die Einräumung von Fernsehübertragungsrechten an Sportveranstaltungen, 2005, S. 116 ff.

[149] Hefermehl/Köhler/Bornkamm/*Köhler* 27. Auflage, 2009, § 4 UWG Rn. 9.38.

[150] OLG Köln GRUR-RR 2005, 228, 229 – Set-Top-Box.

Produkte bei Dritten sieht, keine Gefahr einer Herkunftstäuschung besteht.[151] Die Wertschätzung wird hier nicht beeinträchtigt.

Eine rufausbeutende Nachahmung fremder Leistungen wurde von der älteren Rechtsprechung auch in Fallkonstellationen angenommen, wenn das zwangsläufige Nebengeschäft eines Mitbewerbers unautorisiert übernommen wird. So wurde etwa die Herausgabe und der Vertrieb von Programmheften zu gewerblichen Boxkämpfen durch Dritte als unlauter angesehen, da dieses Angebot seiner Natur nach zum geschäftlichen Tätigkeitskreis des Veranstalters gehört.[152] So liegt der Fall hier allerdings nicht. Denn es gehört keineswegs zum zwangsläufigen Nebengeschäft, einzelne, willkürlich ausgewählte Aufnahmen von Spielen im Internet zugänglich zu machen.

7. Behinderung

Nach der Rechtsprechung kann das Nachahmen eines fremden Produkts auch nach den Grundsätzen des ergänzenden wettbewerbsrechtlichen Leistungsschutzes dann unlauter im Sinne von § 3 UWG sein, wenn keine Fallgruppe des § 4 Nr. 9 a–c UWG vorliegt, aber der Mitbewerber durch die Nachahmung wettbewerbswidrig behindert wird.[153] Die Aufzählung der Fallgruppen in § 4 Nr. 9 UWG ist also nicht abschließend.[154] Das Vorliegen einer Behinderung ist hier zweifelhaft und entgegen der Rechtsprechung des OLG Stuttgart im Ergebnis wohl zu verneinen.

8. Unlauterkeit

Zwischen dem Grad der wettbewerblichen Eigenart, der Art und Weise und der Intensität der Übernahme sowie den besonderen wettbewerblichen Umständen besteht eine Wechselwirkung. Je größer die wettbewerbliche Eigenart und je höher der Grad der Übernahme sind, desto geringere Anforderungen sind an die besonderen Umstände zu stellen, die die Wettbewerbswidrigkeit der Nachahmung begründen.[155] Allein die Feststellung, dass eine Übernahme vorliegt, begründet noch nicht die Unlauterkeit.[156] In einem älteren Urteil (vor Einführung des Veranstalterrechts in § 81 UrhG) hatte der BGH beispielsweise Tonbandaufzeichnungen von Vorträgen als wettbewerbsrechtlich unzulässig angesehen, sofern keine entsprechende Erlaubnis vorliegt.[157] Diese Rechtsprechung ist allerdings entgegen der Meinung des OLG Stuttgart überholt.[158] Das Bedürfnis nach einem wettbewerbsrechtlichen Schutz ist durch die Einführung des § 81 UrhG geringer geworden. Zudem würde die gesetzgeberische Entscheidung, den Veranstalterschutz von der Darbietung eines urheberrechtlich geschützten Werkes abhängig zu machen, unterlaufen, wenn derselbe Schutz – auch ohne das Vorliegen besonderer unlauterer Umstände – immer auch zugleich aus dem UWG folgen würde. Zudem entfällt die Unlauterkeit, wenn die Leistungsüber-

---

[151] BGH GRUR 2007, 795, 797 Tz. 48 – Handtaschen; BGH GRUR 1998, 830 – Les-Paul-Gitarren.
[152] BGH GRUR 1958, 549, 552 – Box-Programmheft; hierzu *Laier* Die Berichterstattung über Sportereignisse, 2007, S. 221 ff.
[153] BGH GRUR 2007, 795, 797 Tz. 50 – Handtaschen.
[154] BGH GRUR 2004, 941, 943 – Metallbett; Hefermehl/Köhler/Bornkamm/*Köhler* § 4 UWG Rn. 9.63; MüKo/*Wiebe* § 4 Nr. 9 UWG Rn. 210; Fezer/*Götting* § 4 Nr. 9 UWG Rn. 64; Harte/Henning/*Sambuc* § 4 Nr. 9 UWG Rn. 34.
[155] BGH GRUR 2007, 795, 797 Tz. 22 – Handtaschen.
[156] Hefermehl/Köhler/Bornkamm/*Köhler* § 4 UWG Rn. 9.40.
[157] BGH GRUR 1963, 575, 576 – Vortragsabend.
[158] Vgl. OLG Stuttgart MMR 2009, 395, 397 – hartplatzhelden.de.

nahme mit einer nicht unerheblichen eigenen Leistung des Übernehmenden verknüpft ist.[159] Hier ist zu berücksichtigen, dass die Zuschauer, welche die Filmaufnahmen machen, eigene Rechte daran erwerben, die sie dann auf B übertragen.

Bei Profifußballspielen wird die Unlauterkeit angenommen, wenn ein Spiel zeitgleich oder zeitnah mit der Erstverwertung wiedergegeben wird.[160] Eine zeitlich spätere Verwertung wird hingegen nicht generell erfasst.[161] Die sachliche Rechtfertigung liegt im Profibereich darin begründet, dass eine zeitnahe Ausstrahlung durch Dritte faktisch die Verwertung des Fußballspiels durch Verträge mit Fernsehsendern deutlich erschweren würde. Das Entfallen der Exklusivität hätte eine Entwertung des Fußballspiels als vermarktungsfähiges Produkt zu Folge. Die mit der Organisation eines Profispiels verbundenen Ausgaben könnten nicht amortisiert werden, was dem Profisport spürbar Schaden zufügen würde.[162]

Hier spricht gegen die Unlauterkeit, dass die Filmsequenzen die Spiele nur in kurzen Ausschnitten wiedergeben. Zudem fehlt es für die Übertragung der Rechtsprechung zum Profisport auf den Amateurbereich an einer sachlichen Rechtfertigung. Live-Übertragungen von Amateurspielen im Rundfunk sind nicht die Regel, sondern die Ausnahme. Zwar lässt sich nicht von der Hand weisen, dass das von B etablierte Geschäftsmodell durchaus zu Einnahmen führt, an denen V verständlicherweise ein Interesse hat. Diese Einnahmen sind aber nicht ursächlich für entsprechende finanzielle Einbußen bei V. Anders als im Profibereich basiert die Funktionsfähigkeit nicht auf der exklusiven Vermarktbarkeit von Spielen. Weder der Spielbetrieb noch die Vermarktung wird durch die Website des B negativ beeinträchtigt.

9. Ergebnis

Ein Unterlassungsanspruch aus §§ 8, 3, 4 Nr. 9 UWG besteht nicht. Schon das Vorliegen einer Nachahmung ist zweifelhaft. Zumindest fehlt es aber an der Unlauterkeit.

II. Unterlassungsanspruch aus §§ 3, 4 Nr. 10 UWG

Durch die Existenz der Bilder auf dem Portal werden die Verwertungsmöglichkeiten des V möglicherweise berührt. Die Behinderung gemäß § 4 Nr. 10 UWG setzt indes eine Zielgerichtetheit voraus. „Gezielt" ist eine Behinderung erst dann, wenn die Maßnahme bei objektiver Würdigung in erster Linie nicht auf die Förderung der eigenen wettbewerblichen Entfaltung, sondern auf die Beeinträchtigung der wettbewerblichen Entfaltung des Mitbewerbers gerichtet ist.[163] Bei dem Zugänglichmachen von kurzen Filmsequenzen aus Amateurfußballspielen wird man diese Zielrichtung nicht unterstellen können.[164] Eine gezielte Behinderung liegt hier nicht vor.

---

[159] Vgl. *Winter* ZUM 2003, 531, 536; Mailänder ZUM 2003, 820, 823; *Ehmann* GRUR Int. 2009, 659, 664.

[160] *Maume* MMR 2008, 797, 800.

[161] Vgl. BGH GRUR 1971, 46 – Bubi Scholz.

[162] Vgl. *Maume* MMR 2008, 797, 800.

[163] BGH GRUR 2008, 621 Tz 32 – Akademiks; KG GRUR-RR 2008, 171 – Mediaboxen; Hefermehl/Köhler/Bornkamm/*Köhler*, 27. Auflage, 2009, § 4 UWG Rn. 10.7.

[164] *Hoeren/Schröder* MMR 2008, 553, 554; *Feldmann/Höppner* K&R 2008, 421; *Maume* MMR 2008, 797, 798; gegen LG Stuttgart MMR 2008, 551, 553 – hartplatzhelden.de; offengelassen von OLG Stuttgart MMR 2009, 395 – hartplatzhelden.de.

III. Unterlassungsanspruch aus §§ 1004, 823 BGB

In Betracht kommt schließlich ein Unterlassungsanspruch aus §§ 1004, 823 BGB wegen Eingriffs in den eingerichteten und ausgeübten Gewerbebetrieb. Der Gewerbebetrieb ist nicht nur in seinem eigentlichen Bestand, sondern auch in seinen einzelnen Erscheinungsformen geschützt. Ein Eingriff in den Gewerbebetrieb liegt nur dann vor, wenn er betriebsbezogen ist, also den Gewerbebetrieb unmittelbar beeinträchtigt und nicht Rechtsgüter betrifft, die vom Gewerbebetrieb ohne weiteres ablösbar sind. Für zeitlich mehrere Jahre zurückliegende Sportveranstaltungen hatte der BGH in einer älteren Entscheidung einen Eingriff in den Gewerbebetrieb des Veranstalters verneint.[165] Die neuere Rechtsprechung geht teilweise davon aus, dass solche „Nachverwertungsrechte" dem Veranstalter zustehen.[166] Nach Auffassung des OLG Stuttgart greift eine Verwertung ohne Einwilligung des Berechtigten in dessen Gewerbebetrieb, da der Veranstalter die Übertragung aufgrund einer absoluten Rechtsposition verbieten könnte und diese Rechtsposition einen rechtlichen Zuweisungsbereich aufweise.[167] Diese Argumentation verkennt, dass das Recht zur Übertragung eines Fußballspiels von der Rechtsordnung gerade nicht als absolute Rechtsposition ausgestaltet wurde.[168] Außerdem spricht gegen die Ansprüche aus §§ 823 Abs. 1, 1004 BGB, dass das Filmen laut Sachverhalt nicht verboten war und die Aufnahmen von den jeweiligen Inhabern der Rechte an den Laufbildern gemäß § 95 UrhG auf die Website hochgeladen wurden.

---

[165] BGH GRUR 1971, 46, 47 – Bubi Scholz.
[166] OLG München NJW-RR 1997, 1405, 1406 – Boxveranstaltung; zustimmend *Laier* Die Berichterstattung über Sportereignisse, 2007, S. 217 ff.
[167] OLG Stuttgart MMR 2009, 395, 397 – hartplatzhelden.de.
[168] Zutreffend *Maume* MMR 2009, 398, 399.

X. Teil. Telemedienrecht

Fall 45: Online-Apotheke

Sachverhalt

A betreibt eine Apotheke in München. V betreibt von den Niederlanden aus einen Versandhandel mit Medikamenten über das Internet. Sie erzielt einen Großteil ihres Umsatzes mit Lieferungen von apotheken- und verschreibungspflichtigen Arzneimitteln nach Deutschland. Dabei vereinbart V mit deutschen Kunden die Geltung niederländischen Rechts. Bei verschreibungspflichtigen Medikamenten verlangt V die Zusendung des Original-Rezepts per Post. Zum Ärger der A bietet V auch bei Bestellungen aus Deutschland Preise an, die zwar dem niederländischen Preisniveau entsprechen, aber deutlich günstiger sind als die Preise, welche die deutsche Arzneimittelpreisverordnung (AMPreisV) als Abgabepreise für verschreibungspflichtige Produkte vorsieht. A meint V, verstoße damit auch gegen das UWG. V vertritt demgegenüber die Ansicht, ihre Tätigkeit unterliege ausschließlich niederländischem Recht und das UWG sei überhaupt nicht anwendbar.

§ 78 Abs. 2 Satz 2 Arzneimittelgesetz (AMG) hat folgenden Wortlaut: „Ein einheitlicher Apothekenabgabepreis für Arzneimittel, die vom Verkehr außerhalb der Apotheken ausgeschlossen sind, ist zu gewährleisten." § 78 Abs. 2 Satz 3 AMG besagt: „Satz 2 gilt nicht für verschreibungspflichtige Arzneimittel, die nicht zulasten der gesetzlichen Krankenversicherung abgegeben werden." § 78 Abs. 1 AMG enthält eine Ermächtigung, durch Rechtsverordnung Preisspannen für Arzneimittel festzusetzen, die im Großhandel oder in Apotheken im Wiederverkauf abgegeben werden. Hiervon wurde mit der AMPreisV Gebrauch gemacht, die für bestimmte – der Abgabe durch Apotheken vorbehaltene – Fertigarzneimittel die Preisspannen sowie die Preise für besondere Leistungen der Apotheken bei der Abgabe im Wiederverkauf festlegt.[1] Da die Herstellerabgabepreise aufgrund der Struktur des deutschen Arzneimittelmarktes ebenfalls einheitlich sind, führt die Festsetzung der Preisspannen zu einheitlichen Abgabepreisen gegenüber Endverbrauchern.[2]

Eine Bestimmung zum Versandhandel enthält § 73 Abs. 1 Nr. 1 a) AMG. Zulässigkeitsvoraussetzung für die Verbringung von zugelassenen Arzneimitteln im Versandwege an Verbraucher in Deutschland ist nach § 73 Abs. 1 Satz 1 Nr. 1a AMG, dass ausländische Apotheken eines EU-Mitgliedstaats für den Versandhandel nach ihrem nationalen Recht, soweit es dem deutschen Apothekenrecht im Hinblick auf die Vorschriften zum Versandhandel entspricht, oder nach dem deutschen Apothekengesetz befugt sind. Der Versand muss zudem den deutschen Vorschriften zum Versandhandel oder zum elektronischen Handel entsprechen.

Hat A einen Unterlassungsanspruch gegen V?

---

[1] Die Arzneimittelpreisverordnung (AMPreisV) gilt im Wesentlichen nur für solche apothekenpflichtigen Arzneimittel, die der ärztlichen Verschreibungspflicht unterliegen. Sonstige apothekenpflichtige Arzneimittel (beispielsweise Aspirin) fällt grundsätzlich nicht unter die AMPreisV.

[2] Vgl. *Mand* GRUR Int. 2005, 637, 638.

Lösung

I. Anspruch aus §§ 8, 3, 4 Nr. 11 UWG i. V. m. § 78 Abs. 2 Satz 2 AMG

In Betracht kommt ein Unterlassungsanspruch aus § 8 Abs. 1 UWG i. V. m. §§ 3, 4 Nr. 11 UWG. Unlauter handelt nach § 4 Nr. 11 UWG, wer einer gesetzlichen Vorschrift zuwiderhandelt, die auch dazu bestimmt ist, im Interesse der Marktteilnehmer das Marktverhalten zu regeln. Fraglich ist hier allerdings, ob deutsches Wettbewerbsrecht überhaupt anwendbar ist.

1. Anwendbarkeit deutschen Wettbewerbsrechts

Das Wettbewerbskollisionsrecht regelt die internationalprivatrechtliche Anknüpfung lauterkeitsrechtlicher Sachverhalte mit Auslandsbezug. Es dient der Ermittlung des Wettbewerbsstatuts, also des auf den Sachverhalt anwendbaren nationalen Wettbewerbsrechts.[3]

a) Marktortprinzip. Nach Art. 6 Abs. 1 Rom II-VO ist auf außervertragliche Schuldverhältnisse aus unlauterem Wettbewerbsverhalten das Recht des Staates anzuwenden, in dessen Gebiet die Wettbewerbsbeziehungen oder die kollektiven Interessen der Verbraucher beeinträchtigt wurden oder voraussichtlich beeinträchtigt werden.[4] Maßgebend ist der Ort, an dem die unlautere Einwirkung auf die Mitbewerber oder die Marktgegenseite stattfindet. Teilweise wird dieser Ort als Marktort[5] bezeichnet, teilweise als Einwirkungsort[6].

b) Herkunftslandprinzip. Dieses Markt- bzw. Einwirkungsortprinzip wird allerdings teilweise durch das Herkunftslandprinzip verdrängt. Das Herkunftslandprinzip ist in Art. 3 E-Commerce-Richtlinie[7] geregelt und wird durch § 3 TMG in deutsches Recht umgesetzt.[8] Das gemeinschaftsrechtliche Herkunftslandprinzip betraf ursprünglich verwaltungsrechtliche Kontrollen.[9] Eine im Herkunftsland durchgeführte Prüfung sollte auch in den anderen Staaten als verbindlich anerkannt werden. Das Herkunftslandprinzip wurde durch das Sendelandprinzip der Fernsehrichtlinie[10], nach dem grundsätzlich nur im Sendestaat eine Kontrolle der Programme stattfinden darf, auf zivilrechtliche Sachverhalte ausgedehnt.[11] Das Herkunftslandprinzip soll sicherstellen, dass die Zulässigkeit von grenzüberschreitender kommerzieller Kommunikation in der EU nicht an dem – im Verhältnis zum Herkunftsstaat – strengerem Recht des Empfangsstaats scheitert.[12] Nach

---

[3] Hefermehl/Köhler/Bornkamm/*Köhler* Einleitung Rn. 5.1; *Lindacher* GRUR Int. 2008, 453.

[4] Zur Situation vor dem zeitlichen Anwendungsbereich der Rom-II-Verordnung vgl. LG München NJOZ 2008, 4133, 4135 – Geld verdienen auf Rezept II (Leitsätze in GRUR-RR 2008, 447).

[5] *Handig* GRUR Int 2008, 24; *Sack* WRP 2008, 845.

[6] Vgl. Hefermehl/Köhler/Bornkamm/*Köhler* Einleitung Rn. 5.33.

[7] Richtlinie 2000/31/EG des Europäischen Parlaments und des Rates vom 8. Juni 2000 über bestimmte rechtliche Aspekte der Dienste der Informationsgesellschaft, insbesondere des elektronischen Geschäftsverkehrs, im Binnenmarkt.

[8] Vgl. *Stauber* Privates europäisches Medienrecht, in Wandtke: Praxishandbuch Medienrecht S. 146 f.; *Roßnagel* NVwZ 2007, 743, 746; *Bender/Kahlen* MMR 2006, 590, 592.

[9] *Ohly* GRUR Int. 2001, 899.

[10] Richtlinie 89/552/EWG des Rates zur Koordinierung bestimmter Rechts- und Verwaltungsvorschriften der Mitgliedstaaten über die Ausübung der Fernsehtätigkeit.

[11] Vgl. *Castendyk* Öffentliches europäisches Medienrecht, in Wandtke: Praxishandbuch Medienrecht S. 130 f.

[12] *Henning-Bodewig* GRUR 2004, 822, 823.

§ 3 Abs. 2 TMG wird der freie Dienstleistungsverkehr von Telemedien, die in Deutschland von Diensteanbietern geschäftsmäßig angeboten oder erbracht werden, die in einem anderen Staat innerhalb des Geltungsbereichs der E-Commerce-Richtlinie niedergelassen sind, nicht eingeschränkt.

Umstritten ist, ob das Herkunftslandprinzip als Sachnormverweisung oder als Gesamtverweisung zu verstehen ist.[13] Richtigerweise ist das in der E-Commerce-Richtlinie kodifizierte Herkunftslandprinzip indes materiellrechtlicher und nicht kollisionsrechtlicher Natur.[14] Das Herkunftslandprinzip regelt, wann Vorschriften, die beispielsweise aufgrund des Wettbewerbsstatuts an sich anwendbar wären, nicht auf ein Angebot aus einem anderen Mitgliedstaat angewendet werden dürfen. Die Einordnung des Herkunftslandprinzips kann allerdings offen bleiben, wenn es ohnehin nicht greift, mit der Folge, dass es beim Marktortprinzip bleibt. Nach § 3 Abs. 5 TMG unterliegen das Angebot und die Erbringung von Telemedien durch einen Diensteanbieter, der in einem anderen EU-Mitgliedstaat niedergelassen ist, abweichend von § 3 Abs. 2 TMG den Einschränkungen des innerstaatlichen Rechts, soweit dieses dem Schutz der öffentlichen Gesundheit vor Beeinträchtigungen oder ernsthaften und schwerwiegenden Gefahren dient und die auf der Grundlage des innerstaatlichen Rechts in Betracht kommenden Maßnahmen in einem angemessenen Verhältnis zu diesen Schutzzielen stehen. Die Vorschriften der AMPreisV sollen den Preiswettbewerb unterbinden.[15] Als mittelbares Ziel soll die Versorgung der Bevölkerung mit Arzneimitteln sichergestellt werden.

Auch bei der Offline-Lieferung von Produkten ist das TMG nicht einschlägig.[16] Die erforderliche Zusendung des Original-Rezepts per Post verhindert eine unmittelbare Bestellmöglichkeit und führt letztlich aus dem Anwendungsbereich des TMG hinaus.[17] Es bleibt somit beim Recht des Staates, in dessen Gebiet die Wettbewerbsbeziehungen oder die kollektiven Interessen der Verbraucher möglicherweise beeinträchtigt werden. Dies ist hier deutsches Recht.

2. Marktverhaltensbezug des § 78 Abs. 2 Satz 2 AMG und der AMPreisV

Als ein Verstoß gegen § 4 Nr. 11 UWG reicht nicht jede Gesetzesverletzung aus. Bei der verletzten Vorschrift muss es sich um eine Marktverhaltensregelung handeln. Marktverhalten ist jede Tätigkeit, durch die ein Unternehmer auf die Mitbewerber, Verbraucher oder sonstige Marktteilnehmer einwirkt. Dazu gehören nicht nur das Angebot und die Nachfrage von Waren oder Dienstleistungen, sondern auch die Werbung. Den Gegensatz bilden Tätigkeiten, die keine Außenwirkung auf einem Markt für Waren oder Dienstleistungen haben. Das ist beispielsweise bei der Forschung und Entwicklung und bei der Produktion der Fall.[18] Die AMPreisV regelt das Marktverhalten. Die Vorschriften sind nach ihrem Zweck zumindest auch dazu bestimmt, den Wettbewerb unter den Apothekern zu

---

[13] Vgl. BGH GRUR 2006, 513 Tz 29 – Arzneimittelwerbung im Internet; Sack WRP 2008, 845, 855; *Spindler* NJW 2002, 921, 925; *Buchner* GRUR Int. 2005, 1004, 1010; *Piekenbrock* GRUR Int. 2005, 997, 1002.

[14] *Schack* MMR 2000, 59, 62 f.; *Ohly* GRUR Int. 899, 902.

[15] BVerfG NJW 2002, 3693, 3694.

[16] *Hartmann* Telemedienrecht, in Wandtke: Praxishandbuch Medienrecht S. 1406.

[17] OLG Frankfurt GRUR-RR 2008, 306, 307 – Internetapotheke; *Mand* GRUR Int. 2005, 637, 643.

[18] Vgl. Hefermehl/Köhler/Bornkamm/*Köhler* § 4 UWG Rn. 11.34.

regeln.[19] § 78 Abs. 2 Satz 2 AMG und die Vorschriften der AMPreisV sollen verhindern, dass unter Apothekern ein Preiswettbewerb einsetzt, der zu einem Verdrängungswettbewerb führt und die flächendeckende Versorgung der Bevölkerung mit den erforderlichen Arzneimitteln gefährdet. Auch Normen, die negativ den Wettbewerb beeinflussen, indem sie ihn auf dem Gebiet des Preises unterbinden, haben Wettbewerbsbezug.

3. Anwendbarkeit von § 78 Abs. 2 Satz 2 AMG

Voraussetzung für einen Verstoß gegen die wettbewerbsbezogenen Normen der AMPreisV ist es, dass V die AMPreisV überhaupt beachten muss. Durch die AMPreisV sollen die wirtschaftlichen Vorteile, die ein Patient dadurch erzielen könnte, dass er ein Rezept bei einer bestimmten Apotheke einlöst, vermieden werden.

aa) Vertragsstatut. Durch Rechtswahl vereinbart V mit ihren Kunden niederländisches Recht. Eine solche Rechtswahl ist nach Art. 28 Abs. 1 EGBGB möglich. Dies spricht zunächst dafür, die deutschen Vorschriften, welche sich auf die Preisgestaltung beziehen, nicht anzuwenden.

bb) Einschränkung der Rechtswahl nach Art. 27 Abs. 3 EGBGB. Bei § 78 Abs. 2 Satz 2 AMG und den Vorschriften der AMPreisV handelt es sich um zwingende Bestimmungen im Sinne des Art. 27 Abs. 3 EGBGB. Zwingende Bestimmungen eines Landes werden durch die Wahl des Rechts eines anderen Landes nicht berührt, sofern der Sachverhalt zum Zeitpunkt der Rechtswahl ausschließlich mit dem ersten Staat verbunden war. Diese Konstellation liegt hier allerdings nicht vor, da aufgrund der grenzüberschreitenden Tätigkeit eine Verbindung zu zwei Staaten – namentlich den Niederlanden und Deutschland – vorliegt.

cc) Sonderanknüpfung nach Art. 34 EGBGB. Da V mit den deutschen Kunden die Geltung niederländischen Rechts vereinbart, sind § 78 Abs. 2 Satz 2 AMG und die Vorschriften der AMPreisV nur dann anwendbar, wenn es sich dabei um Eingriffsnormen handelt, die ohne Rücksicht auf das für den Vertrag maßgebliche Recht zwingend die Preise bestimmen würden.

(1) Anforderungen an Eingriffsnormen. Nach Art. 34 EGBGB berühren die Art. 27-37 EGBGB nicht die Anwendung der Bestimmungen des deutschen Rechts, die ohne Rücksicht auf das auf den Vertrag anzuwendende Recht den Sachverhalt zwingend regeln.[20] Art. 34 EGBGB erfasst solche zwingenden Bestimmungen, die sich ohne Rücksicht auf das Wirkungsstatut der von ihnen berührten zivilrechtlichen Rechtsverhältnisse, also auch gegen eine Rechtswahl, durchsetzen.[21] Voraussetzung für die zwingende Geltung der Preisregelungen wäre aber, dass diese inländischen Bestimmungen entweder ausdrücklich oder nach ihrem Sinn und Zweck auch für diesen Konfliktfall des grenzüberschreitenden Versandhandels gelten sollten. Die Vorschrift muss den Sachverhalt un-

---

[19] OLG Karlsruhe GRUR-RR 2009, 176, 177 – Douglastaler; KG GRUR-RR 2008, 450, 451 – Apothekenbonussystem; OLG Hamburg GRUR-RR 2007, 403 – Saartaler; OLG Köln GRUR 2006, 88 – Gutschein bei Arzneimittelkauf; OLG Frankfurt GRUR-RR 2006, 233 – Family Taler; OLG Frankfurt WRP 2008, 969; OLG Hamm MMR 2005, 101, 102 – Internetapotheke; Baumbach//Köhler/Bornkamm/*Köhler* § 4 UWG Rn. 11.138; *Kappes* WRP 2009, 250, 251.

[20] Eine Definition zu Eingriffsnormen enthält auch Art. 9 Rom I-Verordnung, die nach Art. 29 Rom I-Verordnung ab 17. 12. 2009 gilt (Verordnung (EG) Nr. 593/2008 des Europäischen Parlaments und des Rates vom 17. Juni 2008 über das auf vertragliche Schuldverhältnisse anzuwendende Recht (Rom I); vgl. hierzu *Pfeiffer* EuZW 2008, 622, 627).

[21] MüKo/*Martiny* Art. 34 EGBGB Rn. 8.

abhängig von dem nach den allgemeinen Regeln auf den Vertrag anzuwendenden Recht zwingend regeln wollen.[22] Dabei darf ein international zwingender Charakter nicht ohne weiteres unterstellt werden.[23]

Eine ausdrückliche Regelung, dass § 78 Abs. 2 Satz 2 AMG nicht nur national, sondern auch international zwingend ist, liegt nicht vor. Bei fehlender ausdrücklicher Regelung ist nach dem Zweck des Gesetzes zu ermitteln, ob Sachverhalte entgegen dem Vertragsstatut erfasst werden sollen.[24] Vorschriften, die lediglich dem Ausgleich privater Interessen dienen, werden eher nicht als Eingriffsnormen einzuordnen sein. Dient eine Vorschrift hingegen Gemeinwohlbelangen oder ist eine Vorschrift strafbewehrt, so kann dies eher für einen Zwang sprechen. Eingriffsnormen sind nationale Vorschriften, deren Einhaltung als so entscheidend für die Wahrung der politischen, sozialen oder wirtschaftlichen Organisation des betreffenden Staates angesehen werden, dass ihre Beachtung für alle Personen, die sich im nationalen Hoheitsgebiet dieses Mitgliedstaats befinden, und für jedes dort lokalisierte Rechtsverhältnis vorgeschrieben ist.[25] Ausdrücklich ist eine Erstreckung der Preisbindung nicht vorgesehen.

(2) Zweck der Preisregelungen. Durch die Vorschriften soll ein Preiswettbewerb zwischen Apotheken verhindert werden. Für Kunden besteht wegen der einheitlichen Preise kein Anlass, aus Preisgründen eine weiter entfernt liegende Apotheke aufzusuchen. Die dadurch bedingte wirtschaftliche Sicherung der Apotheken soll eine flächendeckende Versorgung der Bevölkerung mit Arzneimitteln gewährleisten und dient damit einem gesundheitspolitischen Ziel.[26] Weder aus den Umständen noch aus Zweck der Preisregelungen lässt sich entnehmen, dass die AMPreisV für den grenzüberschreitenden Versandhandel ihre Geltung beanspruchte.

Voraussetzung für die Verbringung von zugelassenen Arzneimitteln im Versandwege nach Deutschland ist nach § 73 Abs. 1 Satz 1 Nr. 1a AMG zunächst, dass die ausländischen Apotheken eines Mitgliedstaats der EU für den Versandhandel nach ihrem nationalen Recht, soweit es dem deutschen Apothekenrecht im Hinblick auf die Vorschriften zum Versandhandel entspricht, oder nach dem deutschen Apothekenrecht befugt sein müssen.[27] Ferner muss der Versand entsprechend den deutschen Vorschriften zum Versandhandel oder zum elektronischen Handel erfolgen. Zu den Preisen der versandten Medikamente wird in diesen Vorschriften nichts gesagt.[28]

---

[22] Die Möglichkeit einer Sonderanknüpfung besteht allerdings nicht nur im internationalen Vertragsrecht (Bamberger/Roth/*Spickhoff* Art. 34 EGBGB Rn. 5). Nach Art. 16 Rom II-Verordnung berührt diese beispielsweise nicht die Anwendung der nach dem Recht des Staates des angerufenen Gerichts geltenden Vorschriften, die ohne Rücksicht auf das für das außervertragliche Schuldverhältnis maßgebende Recht den Sachverhalt zwingend regeln.

[23] Vgl. zur Diskussion um den international zwingenden Charakter der urhebervertragsrechtlichen Vorschriften *Schack* FS Heldrich 997; *v. Welser* IPRax 2002, 364.

[24] MüKo/*Martiny* Art. 34 EGBGB Rn. 9.

[25] EuGH EuZW 2000, 88 – Arblade.

[26] BSG Urteil vom 28.07.2008, Aktenzeichen B 1 KR 4/08 R, Tz. 18, BeckRS 2008 56684 (abgedruckt in NJOZ 2009, 880; PharmR 2008, 595); hierzu *Mand* PharmR 2008, 582.

[27] Vgl. hierzu BGH GRUR 2008, 275, 276 Tz. 23-28 – Versandhandel mit Arzneimitteln.

[28] Gegen die Einordnung des § 78 Abs. 2 Satz 2 AMG als Eingriffsnorm spricht nach Auffassung des OLG Hamm (MMR 2005, 101 dagegen *Mand* MMR 2004, 155) auch die DocMorris-Entscheidung des EuGH (MMR 2004, 149). Dort hatte der klagende Apothekerverband das begehrte Verbot des grenzüberschreitenden Versandhandels gerade mit der Gefahr der Umgehung der Festpreisregelung begründet und ging somit implizit davon aus, dass diese Regelung auf den grenzüberschrei-

Nach der überwiegenden Meinung, insbesondere der Rechtsprechung des Bundessozialgerichts und einiger Oberlandesgerichte, sind § 78 Abs. 2 Satz 2 AMG und die Vorschriften des AMPreisV daher keine Eingriffsnormen.[29] Für dieses Ergebnis spricht insbesondere der Wortlaut des § 78 Abs. 2 Satz 2 AMG, der nicht erkennen lässt, dass diese Norm international zwingend sein soll.[30]

Nach der Rechtsprechung des Bundessozialgerichts sind die Preisvorschriften des AMG nicht auf Arzneimittel anwendbar, die nach Deutschland importiert werden. Das Bundessozialgericht begründet dies mit dem völkerrechtlichen Territorialitätsprinzips, nach dem die Wirkung von Staatshoheitsakten an den Gebietsgrenzen der tätig werdenden Staatsgewalt endet.[31] Folge hiervon sei, dass nicht nur Hersteller im Ausland, sondern auch Importeure von Arzneimitteln ihre Abgabepreise frei bestimmen dürfen. Die Entscheidung des Bundessozialgerichts ist zwar in der Begründung fragwürdig, im Ergebnis aber nachvollziehbar. Das Territorialitätsprinzip hindert nicht daran, auf grenzüberschreitende oder ausländische Sachverhalte deutsches Recht anzuwenden.[32] Zutreffend weist das Bundessozialgericht allerdings darauf hin, dass sich auch sonst keinerlei Anhaltpunkte dafür finden, dass das AMG oder die AMPreisV sich Geltungskraft außerhalb Deutschlands beimessen.[33] Bei Importarzneimitteln besteht zudem die – durchaus wünschenswerte – Möglichkeit der Kostenersparnis.[34] Insofern sprechen nach Auffassung einiger Gerichte die Gemeinwohlbelange – namentlich das Ziel der Kostendämpfung im Gesundheitswesen – eher für als gegen die Zulassung eines Preiswettbewerbs.[35] Ob die Kosten im Gesundheitswesen hierdurch tatsächlich verringert werden können, mag dahinstehen. Zumindest wird man angesichts der nicht eindeutigen Vorteile fordern können, dass der Gesetzgeber

---

tenden Versandhandel nicht anwendbar ist (EuGH MMR 2004, 149, 153 Tz. 120 – DocMorris). Da allerdings weder der Apothekerverband noch die Mitgliedstaaten, die Erklärungen beim EuGH eingereicht haben (unter anderem Deutschland, Österreich, Frankreich), Argumente für die Erforderlichkeit der Festpreisregelung vorgetragen haben, ließ sich nach Auffassung des EuGH nicht die Feststellung treffen, dass das Verbot des Versandhandels mit Arzneimitteln in Deutschland durch Gründe des finanziellen Gleichgewichts des Systems der sozialen Sicherheit oder des Funktionierens des nationalen Gesundheitswesens gerechtfertigt werden könne (EuGH MMR 2004, 149, 153 Tz. 123 – DocMorris). Der EuGH hielt das damalige Verbot des grenzüberschreitenden Versandhandels gleichwohl für gerechtfertigt, da die Gefahr bestehe, dass die Verschreibung nicht ordnungsgemäß überprüft werde und dass das Arzneimittel in einer für den Kunden unverständlichen Sprache etikettiert sei (EuGH MMR 2004, 149, 153 Tz. 119 – DocMorris).

[29] BSG PharmR 2008, 595 ff. Tz. 23; OLG Köln Urteil vom 08.05.2009 – 6 U 213/08 BeckRS 2009 13472; OLG Hamm MMR 2005, 101, 102 – Internetapotheke.

[30] Eine andere Auffassung ist vertretbar. Wird § 78 Abs. 2 Satz 2 AMG als international zwingend angesehen, so ist anschließend die Vereinbarkeit mit der europäischen Warenverkehrsfreiheit zu prüfen (hierzu einerseits OLG Hamm MMR 2005, 101, 104 ff.; andererseits OLG Frankfurt GRUR-RR, 306, 307 – Internetapotheke; LG München NJOZ 2008, 4133, 4138 ff. – Geld verdienen auf Rezept II).

[31] BSG PharmR 2008, 595 ff. Tz. 23; ebenso OLG Köln Urteil vom 08.05.2009 – 6 U 213/08 BeckRS 2009 13472.

[32] Vgl. zum Territorialitätsprinzip im Immaterialgüterrecht *Schack* Rn. 799; Wandtke/Bullinger/*v. Welser* Vor §§ 120 UrhG ff. Rn. 5.

[33] BSG PharmR 2008, 595 ff. Tz. 23.

[34] Vgl. BGH GRUR 1995, 618, 621 – Importarzneimittel.

[35] OLG Köln Urteil vom 08.05.2009 – 6 U 213/08 BeckRS 2009 13472.

klarer regelt, ob die Vorschrift international zwingend sein soll. [36] § 78 Abs. 2 Satz 2 AMG ist daher nicht auf den grenzüberschreitenden Versandhandel anwendbar. [37]

II. Ergebnis

Es besteht kein Anspruch aus §§ 8, 3, 4 Nr. 11 UWG i. V. m. § 78 Abs. 2 Satz 2 AMG.

Fall 46: Fotos im Netz

Sachverhalt

Der Fotograf F hat auf seiner Website mehrere von ihm selbst aufgenommene Fotos zur Ansicht bereit gestellt. Unter anderem findet sich dort ein Foto, welches er bei einem Konzert der Musikband X gemacht hat. B ist ein leidenschaftlicher Fan von X und betreibt ein beliebtes Internetforum, welches sich nahezu ausschließlich mit der Musik von X und dem Leben der Bandmitglieder beschäftigt. Wer in dieses Forum Beiträge einstellen will, muss sich mit einem Benutzernamen, einer E-Mail-Adresse und einem Passwort registrieren lassen, braucht jedoch seine persönlichen Daten, insbesondere den Namen und die Anschrift, nicht offen zu legen. Zudem können Nutzer auch Bilder oder Links zu Bildern auf anderen Internetseiten in ihre Beiträge einstellen. Die Nutzung der Foren ist für die Teilnehmer unentgeltlich. B hat Nutzungsregeln aufgestellt, die auf den genannten Internetseiten veröffentlicht sind. Am 1. Juni 2009 wurde in dem Forum des B in einem, von dem Nutzer N eingestellten Beitrag neben einem Text auch ein von F geschaffenes Lichtbildwerk angezeigt. F hat B zunächst am 4. Juni 2009 abgemahnt, woraufhin dieser das Foto noch am selben Tag, innerhalb weniger Stunden von seiner Webseite entfernte, die Abgabe einer strafbewehrten Unterlassungserklärung jedoch ablehnte. B verwies darauf, dass er keine Kenntnis von dem Foto gehabt hatte. Bislang war es in den Foren des B noch zu keiner rechtsverletzenden Veröffentlichung von Bildern gekommen.

B meint, er sei nicht verpflichtet gewesen, jegliche Einbindung von Bildern in den Forenbeiträgen zu verhindern. F meint, B habe sich sein Foto zu eigen gemacht. Durch die Vorgabe der Seitenstruktur und die Aufstellung von Verhaltensregeln bestimme B Form und Inhalt der Webseite. Zudem verschiebe und lösche er eigenständig Beiträge. Die Webseite werde von B auch geschäftlich genutzt, wie sich aus der Bannerwerbung ergebe. Im Übrigen müsse B darlegen und beweisen, dass er das Foto nicht selber eingestellt habe.

Lösung

I. Anspruch des F auf Unterlassung aus § 97 Abs. 1 Satz 1 UrhG

Wer das Urheberrecht widerrechtlich verletzt, kann von dem Verletzten nach § 97 Abs. 1 Satz 1 UrhG auf Beseitigung der Beeinträchtigung, bei Wiederholungsgefahr auf Unterlassung in Anspruch genommen werden.

---

[36] Die Frage wird von den Gerichten unterschiedlich beantwortet. Eine Entscheidung des BGH liegt noch nicht vor. In der Klausur sind mit entsprechender Begründung beide Ansichten vertretbar.

[37] Eingehend BSG PharmR 2008, 595 ff.

1. Aktivlegitimation des F

F ist als Fotograf nach § 7 UrhG aktivlegitimiert.

2. Verletzung

Die Veröffentlichung des Lichtbildwerkes in einem der von B betriebenen Foren verletzt den F nach §§ 2 Abs. 1 Nr. 5, 19a UrhG in seinen Rechten. Betroffen sind sowohl das Vervielfältigungsrecht aus § 16 UrhG, als auch das Recht der öffentlichen Zugänglichmachung aus § 19a UrhG.

3. Passivlegitimation des B

Fraglich ist allerdings, ob B für diese Rechtsverletzung haftet. B hat das Foto nicht selbst auf die Seite gestellt, sondern lediglich die Plattform hierfür bereitgestellt.

a) Haftungsprivilegierung aus § 10 TMG. Die Passivlegitimation wird nicht bereits durch § 10 TMG ausgeschlossen. Nach § 10 Satz 1 TMG sind Diensteanbieter für fremde Informationen, die sie für einen Nutzer speichern, nicht verantwortlich, sofern sie keine Kenntnis von der rechtswidrigen Handlung oder der Information haben und ihnen im Falle von Schadensersatzansprüchen auch keine Tatsachen oder Umstände bekannt sind, aus denen die rechtswidrige Handlung oder die Information offensichtlich wird (1.) oder sie unverzüglich tätig geworden sind, um die Information zu entfernen oder den Zugang zu ihr zu sperren, sobald sie diese Kenntnis erlangt haben (2.). §§ 7–10 TMG, welche die Verantwortlichkeit von Providern regeln, gelten auch für das Urheberrecht.[38] Nach Auffassung der Rechtsprechung gilt die Haftungsprivilegierung in § 10 TMG nur für die strafrechtliche Verantwortlichkeit und die Schadensersatzhaftung.[39] Zur Begründung verweist die Rechtsprechung auf den Wortlaut des § 10 TMG, nach dem der Diensteanbieter grundsätzlich nur bei positiver Kenntnis, im Falle von Schadensersatzansprüchen allerdings auch bei fahrlässiger Unkenntnis haftet. Wären Unterlassungsansprüche nicht aus dem Anwendungsbereich des § 10 TMG ausgenommen, würden an Unterlassungsansprüche höhere Anforderungen als an Schadensersatzansprüche gestellt.

b) Haftung als vorsätzlich handelnder Täter. B hat das Foto nicht selbst auf die Internetseite gestellt. Den Anspruchsteller trifft insoweit die Darlegungs- und Beweislast. Ihm können zwar nach der Rechtsprechung Darlegungs- und Beweiserleichterungen zugute kommen, soweit es sich um Umstände handelt, die sich in der Sphäre des Anspruchgegners abspielen. B hat von der Einstellung des Bildes erst durch die Abmahnung des F erfahren. B kann daher nicht als vorsätzlich handelnder Täter gemäß § 97 Abs. 1 UrhG auf Unterlassung in Anspruch genommen werden.

c) Haftung als Teilnehmer. Für eine Haftung als Teilnehmer, also als Anstifter oder Gehilfe der Rechtsverletzung ist nach der Rechtsprechung ein zumindest bedingt vorsätzlich geleisteter Tatbeitrag erforderlich.[40] Ein bedingter Vorsatz kann nach der Rechtsprechung etwa dann angenommen werden, wenn der Betreiber der Internetseite bereits auf eine Vielzahl von ähnlichen Verstößen hingewiesen wurde und keine Vorkehrungen gegen

---

[38] Vgl. OLG Frankfurt GRUR-RR 2008, 385 – Cartoons; OLG Hamburg ZUM-RD 2008, 527 – Rapidshare (Leitsätze in GRUR-RR 2009, 95); OLG Düsseldorf ZUM 2008, 332 – Usenet; Schack Rn. 684a.

[39] BGH GRUR 2007, 724, 725 Tz. 7 – Meinungsforum; BGH GRUR 2007, 708, 710 Tz. 19 – Internet-Versteigerung II; OLG Hamburg ZUM-RD 2009, 246, 253 – Spring nicht (Usenet I).

[40] BGH GRUR 2004, 860, 863 – Internetversteigerung I.

neue Verstöße trifft.[41] Dafür ist hier nichts ersichtlich. B haftet daher nicht als Teilnehmer der Rechtsverletzung.

d) Haftung als fahrlässig handelnder Täter. In Betracht könnte eine Haftung als fahrlässig handelnder Täter kommen. Als Betreiber eines Diskussionsforums im Internet speichert B fremde Inhalte. Die Nutzer von solchen Seiten gehen davon aus, dass die Forumsbeiträge nicht unbedingt die Meinung des Betreibers wiedergeben.[42] Eine andere Beurteilung kann allenfalls dann gerechtfertigt sein, wenn der Betreiber stärkeren Einfluss auf die Seite nimmt.[43] So hat die Rechtsprechung in einigen Konstellationen angenommen, dass sich der Seitenbetreiber von Dritten hochgeladene Fotos zu eigen macht. In mehreren Entscheidungen hatte das OLG Hamburg angenommen, dass Betreiber von Internetseiten als fahrlässig handelnden Täter von Urheberrechtsverletzungen auf Unterlassung in Anspruch genommen werden können, weil sie eigene Inhalte im Sinne von § 7 Abs. 1 TMG zur Nutzung bereit halten. Diese Wertungen beruhten jedoch jeweils auf den Besonderheiten der Internetseiten. In einem Fall war die Kochrezepte betreffende Internetseite als Themenportal gestaltet, wobei der Betreiber Rezepte mit Kochmützen kennzeichnete und auf der Seite damit warb, dass die Rezepte vor der Freischaltung von ihm selbst überprüft würden.[44] In einem anderem Fall bestand die Möglichkeit, bei dem Seitenbetreiber Ausdrucke von Fotografien zu bestellen, die Dritte auf der Seite hochgeladen hatten.[45] Eine derartige Konstellation liegt hier nicht vor.

Allein der Umstand, dass B die Themengruppen und Struktur der Diskussionsmöglichkeiten vorgegeben hat, besagt nicht, dass er sich hiermit auch die Inhalte zu eigen machen wollte. Eine gewisse Vereinheitlichung durch den Forenbetreiber ist nicht unüblich und soll einer unstrukturierten Gestaltung entgegenwirken. Sie ist ohne Aussagekraft für die Frage einer inhaltlichen Übernahme bzw. Identifikation mit den veröffentlichten Beiträgen.[46]

Auch der Umstand, dass B das Internetforum geschäftlich betreibt, führt nicht dazu, dass dadurch Fremdinhalte zu eigenen Inhalten im Sinne des § 7 Abs. 1 TMG werden. Werden beispielsweise durch die Einnahmen aus den Werbebannern die Kosten eines Forums gedeckt, so ist schon die Gewinnerzielungsabsicht fraglich.[47] Nach Auffassung einiger Oberlandesgerichte kann sogar aus dem Umstand, dass ein Forenbetreiber über kostenpflichtigen Mitgliedschaften an dem Einstellen von Fotos profitiert, noch nicht geschlossen werden, dieser mache sich die von Dritten eingestellten Fotos damit zu eigen.[48]

e) Haftung als Störer. Schließlich kommt eine Haftung des B als Störer in Betracht.[49] Nach bisheriger Rechtsprechung des BGH kann derjenige als Störer bei der Verletzung

---

[41] OLG Hamburg WRP 2008, 1569, 1589 – Kinderstühle.

[42] BGH GRUR 2007, 724, 725 – Forum; OLG Hamburg MMR 2006, 744 – heise.de; LG Berlin MMR 2009, 62 – Übernahme einer ehrverletzenden Pressemeldung in private Website; LG Hamburg MMR 2008, 265 – Haftung für Äußerungen im Weblog.

[43] OLG Hamburg GRUR-RR 2008, 230 – Chefkoch.de.

[44] OLG Hamburg GRUR-RR 2008, 230, 231 – Chefkoch.de.

[45] OLG Hamburg, Urteil vom 10. Dezember 2008, Az.: 5 U 224/06 – Pixum.

[46] OLG Hamburg, Urteil vom 04. Februar 2009, Az: 5 U 167/07 (ZUM-RD 2009, 317) – Mettenden.

[47] OLG Hamburg ZUM 2009, 417, 418 – Long Island Ice Tea (Leitsatz in GRUR-RR 2009, 218).

[48] OLG Zweibrücken Urteil vom 14.05.2009 – 4 U 139/08 BeckRS 2009 12896.

[49] Zur Störerhaftung *Ott* ZUM 2008, 556, 560; *Wilmer* NJW 2008, 1845; *Fürst* WRP 2009, 378; *Klatt* ZUM 2009, 265, 266; *v. Welser* Ansprüche im Bereich des geistigen Eigentums, in: Wandtke,

absoluter Rechte auf Unterlassung in Anspruch genommen werden, wer – ohne Täter oder Teilnehmer zu sein – in irgendeiner Weise willentlich und adäquat kausal zur Verletzung des absoluten Rechts beiträgt.[50] Da die Störerhaftung nicht über Gebühr auf Dritte erstreckt werden soll, die nicht selbst die rechtswidrige Handlung vorgenommen haben, setzt die Haftung des Störers die Verletzung von Prüfpflichten voraus. Der Umfang dieser Prüfungspflichten bestimmt sich danach, ob und inwieweit dem als Störer in Anspruch Genommenen nach den Umständen eine Prüfung zuzumuten ist. Trägt ein Angebot zur Erfüllung des allgemeinen Informationsinteresses bei, dürfen die Prüfungspflichten im Hinblick auf den in Art. 5 GG verankerten Grundrechtsschutz nicht überspannt werden.[51]

So wird auch in der Rechtsprechung vertreten, dass gegen den Betreiber eines Internetportals kein Unterlassungsanspruch aus § 97 Abs. 1 Satz 1 UrhG besteht, wenn dieser nach Kenntniserlangung einer ungenehmigten Vervielfältigung eines urheberrechtlich geschützten Werkes durch einen Nutzer seines Portals unverzüglich tätig wird, um die Information zu entfernen und den Zugang zu ihr zu sperren.[52] Wird in ein Internet-Forum von einem Nutzer ein Beitrag mit einem Foto eingestellt, durch dessen Veröffentlichung die Rechte eines Dritten verletzt werden, und entfernt der Forenbetreiber dieses Foto unverzüglich nach einem entsprechenden Hinweis des Rechteinhabers, so haftet der Forenbetreiber jedenfalls dann nicht weitergehend auf Unterlassung, wenn es sich um eine erstmalige rechtsverletzende Bildveröffentlichung handelt und es anschließend zu keiner weiteren Rechtsverletzung mehr gekommen ist. Der Forenbetreiber ist insbesondere nicht dazu verpflichtet, von vornherein durch entsprechende technische Vorkehrungen die Möglichkeit zu unterbinden, Bilder in die Forenbeiträge einzustellen, oder dies nach einer einmaligen Rechtsverletzung zu tun. Zwar hat B durch die für ihn bestehende Möglichkeit, Bilder in die Forumsbeiträge einzustellen, willentlich einen adäquat-kausalen Beitrag zu der Rechtsverletzung geleistet. Die Haftung als Störer setzt jedoch eine Verletzung von Prüfungspflichten voraus. Daran fehlt es hier. B hat nicht schon dadurch Prüfungspflichten verletzt, dass er nicht jeden Nutzerbeitrag vor der Veröffentlichung auf etwaige Rechtsverletzungen geprüft hat. Der Betreiber eines zulässigen Geschäftsmodells im Internet ist nicht zur vorsorglichen Überprüfung sämtlicher Inhalte auf etwaige Rechtsverletzungen verpflichtet. Zu solchen von der Rechtsprechung ausdrücklich als zulässig erachteten Geschäftsmodellen gehören Meinungsforen ebenso wie Internetauktionshäuser.[53]

Eine Pflicht eines Forenbetreibers zur vorbeugenden Überprüfung sämtlicher Beiträge auf mögliche Rechtsverletzungen besteht nicht. Dabei spielt insbesondere eine Rolle, dass Foren im Internet einen nicht unerheblichen Beitrag zum freien Meinungsaustausch leisten. Eine Pflicht zur vorbeugenden Prüfung aller Beiträge würde die Überwachungs-

---

Medienrecht Praxishandbuch, S. 194 ff.; zur Abgrenzung der Störerhaftung zur täterschaftlichen Haftung vgl. auch BGH GRUR 2007, 890 – Jugendgefährdende Medien bei eBay; BGH GRUR 2009, 597 Tz. 16 – Halzband; OLG Hamburg WRP 2008, 1569 – Kinderstühle; OLG Zweibrücken, Urteil vom 14.05.2009 – 4 U 139/08 BeckRS 2009 12896; *Köhler* GRUR 2008, 1, 2.

[50] BGH GRUR 2008, 702, 706 Tz. 50 – Internet-Versteigerung III; BGH GRUR 2002, 618, 619 – Meißner Dekor; BGH GRUR 2004, 693 – Schöner Wetten.

[51] BGH GRUR 1997, 313, 315 – Architektenwettbewerb; BGH GRUR 1999, 418, 419 – Möbelklassiker; BGH GRUR 2006, 875, 877 Tz. 32 – Rechtsanwalts-Ranglisten.

[52] OLG Saarbrücken ZUM-RD 2008, 234 – Gedicht.

[53] Vgl. BGH GRUR 2004, 860. 864 – Internetversteigerung I; BGH GRUR 2007, 708 – Internet-Versteigerung II; OLG Hamburg ZUM 2009, 417, 418 – Long Island Ice Tea; OLG Düsseldorf MMR 2009, 402 – Rolex.

pflichten des Betreibers überspannen und die Presse- und Meinungsäußerungsfreiheit, unter deren Schutz Internetforen stehen, verletzen.[54] Die Meinungsäußerungsfreiheit umfasst nach Art. 5 Abs. 1 GG auch die Meinungsäußerung in Form von Bildern, so dass nichts anderes für einen Forenbeitrag aus Text und Bild gelten kann.[55] Im vorliegenden Fall handelt es sich um stark frequentierte Foren. Wollte man eine generelle vorbeugende Überwachungspflicht fordern, käme bei Bildern noch das Problem hinzu, dass ihnen in aller Regel noch weniger als Textbeiträgen anzusehen sein wird, ob durch ihre Veröffentlichung Rechte verletzt werden. Man müsste dem B also abverlangen, mit jedem Nutzer darüber zu korrespondieren, ob er die erforderlichen Rechte an dem Bild hat. Selbst wenn der B überhaupt entsprechende Auskünfte erhielte, wäre keinesfalls sicher, ob diese zuträfen. Auch hieraus folgt, dass eine vorbeugende Kontrolle dem B nicht zuzumuten ist und den Betrieb des Forums faktisch unmöglich machen würde.

4. Ergebnis

F hat keinen Anspruch gegen B aus § 97 Abs. 1 Satz 1 UrhG.

II. Anspruch des F auf Unterlassung aus § 97 Abs. 1 Satz 2 UrhG

Nach § 97 Abs. 1 Satz 2 UrhG besteht der Anspruch auf Unterlassung auch dann, wenn eine Zuwiderhandlung erstmalig droht. Ansprüche auf Unterlassung wegen Erstbegehungsgefahr und wegen Wiederholungsgefahr stellen prozessual unterschiedliche Streitgegenstände dar.[56]

1. Voraussetzung der Erstbegehungsgefahr

Erstbegehungsgefahr liegt vor, wenn der potenzielle Verletzer im Begriffe ist, die Rechtsverletzung zu begehen. Dies kann bei vorbereitenden Maßnahmen, die einen künftigen Eingriff nahe legen, angenommen werden.[57] B haftet auch nicht deshalb auf Unterlassung, weil er nach der Abmahnung und Kenntniserlangung von der Rechtsverletzung keine ausreichenden Anstrengungen unternommen hat, zukünftige Rechtsverletzungen zu vermeiden. Grundsätzlich kann ein vorbeugender Unterlassungsanspruch auch gegen einen Störer gegeben sein, wenn er nach Kenntnisnahme von einer Rechtsverletzung keine ausreichenden Maßnahmen trifft, um zukünftige Rechtsverletzungen zu vermeiden.[58] Dies folgt bereits aus dem Wesen des vorbeugenden Unterlassungsanspruchs, wonach bei einer drohenden Gefährdung nicht erst abgewartet zu werden braucht, bis der erste Eingriff in ein Rechtsgut erfolgt ist. Allerdings ergibt sich im vorliegenden Fall auch unter

---

[54] OLG Hamburg ZUM 2009, 417, 418 – Long Island Ice Tea; OLG Düsseldorf MMR 2006, 618, 619.

[55] Vgl. Jarass/Pieroth/*Jarass*, 10. Auflage, 2009, Art. 5 GG Rn. 5.

[56] Wird ein Unterlassungsanspruch zum einen auf Wiederholungsgefahr wegen einer bereits begangenen Verletzungshandlung gestützt und zum anderen auf Erstbegehungsgefahr z. B. wegen Erklärungen, die der auf Unterlassung gerichtlich in Anspruch Genommene zur Rechtsverteidigung im Verfahren abgibt, so handelt es sich bei dem Verletzungsunterlassungsanspruch wegen Wiederholungsgefahr und dem vorbeugenden Unterlassungsanspruch wegen Erstbegehungsgefahr um verschiedene prozessuale Ansprüche. Denn die einheitliche Rechtsfolge wird aus unterschiedlichen Lebenssachverhalten hergeleitet (BGH GRUR 2006, 429, 431 – Schlank-Kapseln; *Götz* GRUR 2008, 401, 404; Fezer/*Büscher* § 8 UWG Rn. 77; *Teplitzky* Kap. 10 Rn. 12).

[57] Wandtke/Bullinger/*v. Wolff* § 97 UrhG Rn. 41.

[58] BGH GRUR 2007, 708, 711 Tz. 41 – Internet-Versteigerung II; *Fürst* WRP 2009, 378, 379; *Klatt* ZUM 2009, 265, 270.

dem Gesichtspunkt der Erstbegehungsgefahr keine andere Beurteilung. B war nach §§ 7 Abs. 2 S. 2, 10 Abs. 1 Nr. 2 TMG ab Kenntniserlangung verpflichtet, die Rechtsverletzung zu beseitigen. Diese Verpflichtung hat er erfüllt, indem er das Foto innerhalb weniger Stunden nach der Abmahnung beseitigt hat.

Auch unter dem Gesichtspunkt des vorbeugenden Unterlassungsanspruchs ist B nach einer einmaligen Rechtsverletzung nicht dazu verpflichtet, generell die Möglichkeit für die Foren-Nutzer zu beseitigen, auch Bilder in ihre Beiträge einzustellen.[59] Weitergehende Maßnahmen, als sie B nach Kenntniserlangung getroffen hat, können ihm nicht abverlangt werden. Denn ein vorbeugender Unterlassungsanspruch wegen Erstbegehungsgefahr setzt voraus, dass eine Rechtsverletzung ernstlich droht. Die rein theoretische Möglichkeit des Hochladens weiterer Fotos des F genügt hierfür nicht.

2. Ergebnis

F hat keinen Anspruch gegen B aus § 97 Abs. 1 Satz 2 UrhG.

---

[59] OLG Hamburg ZUM 2009, 417, 418 – Long Island Ice Tea; OLG Zweibrücken Urteil vom 14.05.2009 – 4 U 139/08 BeckRS 2009 12896.

XI. Teil. Verfahrensrecht

Fall 47: Vermeintlicher Nachbau

Sachverhalt

Architekt A sieht bei einem Stadtrundgang in Berlin ein Bauplakat auf dem das Modell eines Hochhauses zu sehen ist. Als Bauherr wird dort die B, als zuständiger Architekt C genannt. A meint auf dem Plakat eine identische Umsetzung eines Modells wiederzuerkennen, welches er vor vielen Jahren bei einem Wettbewerb in Kanada eingereicht hat. Verärgert verfasst er ein – mit dem Betreff „Berechtigungsanfrage" versehenes – Schreiben an B, in dem er darauf hinweist, dass er die ausschließlichen Rechte an dem Gebäudeentwurf habe. Nach einem kurzen Hinweis darauf, dass ihm das Urheberrecht an dem Gebäude zustehe, fordert er B auf, ihm innerhalb einer Woche nach Erhalt des Schreibens mitzuteilen, aus welchem Grund B sich berechtigt fühle, seine Urheberrechte zu nutzen. Abschließend weist er darauf hin, dass für den Fall, dass B keine entsprechenden Gründe vorbringen könne, eine Urheberrechtsverletzung vorliege, weshalb B zur Meidung gerichtlicher Schritte eine strafbewehrte Unterlassungserklärung abgeben müsse. B leitet den Brief an C weiter. C hatte das Gebäude, das mit dem Modell des A tatsächlich gewisse Übereinstimmungen aufweist, unabhängig und ohne Kenntnis des Modells erstellt. Dessen Schreiben hält C für geschäftsschädigend und fragt, was er unternehmen kann. A meint, das Versenden einer Berechtigungsanfrage könne keine Gegenansprüche auslösen.

Lösung

I. Anspruch des C gegen A auf Unterlassung aus §§ 1004, 823 Abs. 1 BGB wegen Eingriffs in den eingerichteten und ausgeübten Gewerbebetrieb

C könnte einen Unterlassungsanspruch aus §§ 1004, 823 Abs. 1 BGB wegen Eingriffs in den eingerichteten und ausgeübten Gewerbebetrieb gegen A haben. Dieser Anspruch ist nach überwiegender Meinung nicht subsidiär zu möglichen wettbewerbsrechtlichen Ansprüchen.[1]

1. Eingriff in den eingerichteten und ausgeübten Gewerbebetrieb

Die Inanspruchnahme gerichtlicher Hilfe zur Durchsetzung vermeintlicher Rechte kann nicht als unerlaubte Handlung im Sinne der §§ 823 ff. BGB untersagt werden.[2] Dies begründet die Rechtsprechung damit, dass anderenfalls der freie Zugang zu gerichtlichen Verfahren in verfassungsrechtlich unzulässiger Weise eingeschränkt würde. Auch bei der außergerichtlichen Geltendmachung nicht bestehender Forderungen gilt als Aus-

---

[1] Harte/Henning/*Omsels* § 4 Nr. 20 UWG Rn. 207; Hefermehl/Köhler/Bornkamm/*Köhler* § 4 UWG Rn. 10.176a; dagegen Sack NJW 2009, 1642, 1643, dagegen *Sack* Unbegründete Schutzrechtsverwarnungen, 2006, S. 197 ff.

[2] BGH NJW 2009, 1262 Tz. 12; BGH GRUR 2005, 882; BGH NJW 2008, 1147.

gangspunkt der Grundsatz, dass hierdurch keine Schadensersatzforderungen desjenigen entstehen, der zu Unrecht in Anspruch genommen wurde. Es gehört zum allgemeinen Lebensrisiko, mit unberechtigten Ansprüchen konfrontiert zu werden.[3] Von diesem Grundsatz lässt die Rechtsprechung allerdings mehrere Ausnahmen zu.[4]

Nach der Rechtsprechung des Bundesgerichtshofes greift eine unberechtigte Schutzrechtsverwarnung rechtswidrig in das Recht am eingerichteten und ausgeübten Gewerbebetrieb ein.[5] Eingegriffen wird nicht nur in das Recht am eingerichteten und ausgeübten Gewerbebetrieb des Verwarnten, sondern auch des Gewerbetreibenden, dessen Kundenbeziehungen durch die unberechtigte Geltendmachung eines Ausschließlichkeitsrechts gegenüber einem verwarnten Abnehmer beeinträchtigt wurden.[6] Bei der Verwarnung von Abnehmern macht der Schutzrechtsinhaber sein vermeintlich verletztes Recht nicht gegenüber dem Mitbewerber, sondern gegenüber dessen Abnehmern geltend. Das Interesse der Abnehmer, sich sachlich mit dem Schutzrechtsinhaber auseinanderzusetzen, ist in aller Regel erheblich geringer als das Interesse des mit dem Schutzrechtsinhaber konkurrierenden Herstellers. Betroffen ist in dieser Situation nicht nur der verwarnte Abnehmer, sondern der ihn beliefernde Hersteller. Diese einschneidenden Folgen rechtfertigen einen entsprechenden Unterlassungsanspruch desjenigen, der für die vermeintliche Schutzrechtsverletzung verantwortlich ist. Aus dem Eingriff in den Gewerbebetrieb folgt nicht nur ein Schadensersatzanspruch, sondern auch ein Unterlassungsanspruch. Anders als die gerichtliche Geltendmachung von Ansprüchen kann deren außergerichtliche Geltendmachung somit unterbunden werden.[7] Diese Rechtsprechung zu unberechtigten Schutzrechtsverwarnungen gilt auch im Urheberrecht.[8] Daher kommt es entscheidend darauf an, ob das Modell des C, das Urheberrecht des A verletzt und – sofern dies nicht der Fall ist – ob das Schreiben des A als Abmahnung zu verstehen ist.

2. Vorliegen einer Doppelschöpfung

Anders als bei den gewerblichen Schutzrechten gilt im Urheberrecht nicht das Prioritätsprinzip.[9] Grund für die Schutzgewährung ist die persönliche Schöpfung, nicht die

---

[3] BGH NJW 2007, 1458, 1459 Tz. 14; *Deckenbrock* NJW 2009, 1247, 1248.

[4] Für eine generelle Ausnahme bei bestehenden Schuldverhältnissen BGH NJW 2009, 1262, 1263 Tz. 15-17; *Deckenbrock* NJW 2009, 1247, 1248.

[5] BGH GRUR 2006, 433, 434 Tz. 17 – Unbegründete Abnehmerverwarnung; BGH NJW 2009, 1262, 1263 Tz. 14; BGH GRUR 2007, 313, 314 Tz. 11 – Funkuhr II: BGH NJW 1954, 1931 – Farina Belgien; *v. Welser* Durchsetzung von Ansprüchen im Bereich des geistigen Eigentums, in: Wandtke, Medienrecht Praxishandbuch, S. 241 f.; Wandtke/Bullinger/*Kefferpütz* § 97a UrhG Rn. 27; eingehend *Zimmermann* Die unberechtigte Schutzrechtsverwarnung, 2008.

[6] BGH GRUR 2005, 882 – Unberechtigte Schutzrechtsverwarnung; BGH GRUR 1976, 715, 716 – Spritzgießmaschine; BGH GRUR 1979, 332, 333 – Brombeerleuchte; BGH GRUR 1995, 424, 425 – Abnehmerverwarnung; BGH GRUR 2001, 54, 55 – Subway/Subwear; OLG Karlsruhe GRUR 1984, 143 – Berechtigungsanfrage; *Deutsch* GRUR 2006, 374.

[7] BGH GRUR 2005, 882, 885 – Unberechtigte Schutzrechtsverwarnung; MüKo/*Wagner* § 823 BGB Rn. 204.

[8] LG München GRUR-RR 2008, 44 – Eine Freundin für Pumuckl II; Wandtke/Bullinger/*Kefferpütz* § 97a UrhG Rn. 24; *v. Welser*, Durchsetzung von Ansprüchen im Bereich des Geistigen Eigentums, in: Wandtke, Praxishandbuch Medienrecht, S. 241 f.

[9] Im gewerblichen Rechtsschutz regelt das Prioritätsprinzip das Verhältnis zwischen Rechten mit unterschiedlichen Entstehungszeitpunkten; *Jani* Urheberrecht, in: Wandtke, Medienrecht Praxishandbuch, S. 299; vgl. zum wettbewerbsrechtlichen Leistungsschutz BGH GRUR 2008, 1115 – ICON.

Neuheit des Werkes.[10] Das ältere Werk entfaltet also grundsätzlich keine Sperrwirkung. Bestehen zwischen zwei Werken allerdings hochgradige Übereinstimmungen, so spricht zwar der erste Anschein dafür, dass es sich nicht um eine zufällige Doppelschöpfung handelt, sondern um eine Übernahme, die entweder als Vervielfältigung gemäß § 16 UrhG oder als Bearbeitung gemäß § 23 UrhG eingeordnet werden kann.[11] Für das Vorliegen einer zufälligen Doppelschöpfung ist daher im Ergebnis derjenige beweispflichtig, der sich darauf beruft.[12]

Für die Beurteilung der Frage, ob Übereinstimmungen zwischen zwei Werken auf Zufall oder darauf beruhen, dass das ältere Werk dem Urheber des neuen Werkes als Vorbild gedient hat, ist davon auszugehen, dass angesichts der Vielfalt der individuellen Schaffensmöglichkeiten auf künstlerischem Gebiet eine weitgehende Übereinstimmung von Werken, die auf selbstständigem Schaffen beruhen, nach menschlicher Erfahrung nahezu ausgeschlossen erscheint.[13] Weitgehende Übereinstimmungen legen daher in der Regel die Annahme nahe, dass der Urheber des jüngeren Werkes das ältere Werk benutzt hat. Im Ähnlichkeitsbereich liegende Gestaltungen sind als Doppelschöpfung durchaus denkbar, insbesondere wenn der Spielraum für individuelles Schaffen begrenzt ist. In der Praxis finden sich solche Fälle typischerweise im Bereich der sogenannten „kleinen Münze".[14] Laut Sachverhalt kannte C das Werk des A nicht, so dass von einer Doppelschöpfung auszugehen ist.

3. Vorliegen einer Abmahnung

Das Schreiben des A ist als Abmahnung zu qualifizieren und nicht lediglich als eine Berechtigungsanfrage, also eine Aufforderung zu einem bloßen Meinungsaustausch über die Schutzrechtslage.[15] Bei einer Berechtigungsanfrage liegt kein betriebsbezogener Eingriff gemäß § 823 Abs. 1 BGB vor. Voraussetzung für eine Schutzrechtsverwarnung ist, dass ein ernsthaftes und endgültiges Unterlassungsbegehren ausgesprochen wird.[16] Keine Schutzrechtsverwarnung stellt dagegen die Aufforderung zu einem bloß vorbereitenden Meinungsaustausch über die Schutzrechtslage dar.

Für die Abgrenzung kommt es darauf an, ob der Empfänger das Anliegen als ernsthafte und endgültige Forderung verstehen muss, ein bestimmtes Verhalten sofort einzustellen oder nur als Aufforderung, sich mit einem Schutzrecht auseinander zu setzen und sich gegebenenfalls zu einer möglichen Schutzrechtsverletzung zu äußern.[17] Bei Schreiben, die an Abnehmer gerichtet sind, ist zu berücksichtigen, dass diese zu einem Meinungsaustausch über die Schutzrechtslage in aller Regel kaum etwas beitragen können. Zudem ist

---

[10] Wandtke/Bullinger/*Bullinger* § 23 UrhG Rn. 20.

[11] BGH NJW-RR 1991, 812, 814 – Brown Girl II; BGH GRUR 1988, 810, 811 – Fantasy; GRUR 1981, 267, 269 – Dirlada; OLG Hamburg GRUR 2002, 419 – Move; LG München ZUM-RD 2008, 158, 164 – Fassadengestaltung.

[12] LG München ZUM-RD 2009, 101, 114 – Still got the Blues; Dreier/Schulze/*Schulze* § 23 Rn. 29.

[13] BGH GRUR 1969, 90 – Rüschenhaube; ZUM 1988, 571 – Ein bisschen Frieden; LG Mannheim ZUM 2006, 886, 887 – Karlssteg mit Münster.

[14] Vgl. KG ZUM 2001, 503, 505 – East-Side-Gallery; Schricker/*Loewenheim* § 23 UrhG Rn. 27.

[15] Vgl. zur Berechtigungsanfrage *Ullmann* GRUR 2001, 1027; *v. Welser*, Durchsetzung von Ansprüchen im Bereich des Geistigen Eigentums, in: Wandtke, Praxishandbuch Medienrecht, S. 228 f.

[16] BGH GRUR 1997, 896 – Mecki-Igel III; LG Mannheim NJOZ 2007, 2707 – Wasserinjektionsanlage.

[17] LG Frankfurt GRUR-RR 2007, 377 – EU-Parallelimport.

ein Schreiben an die Kunden geeignet, in die Beziehung des Herstellers zum verwarnten Kunden in schwerwiegender Weise einzugreifen. Daraus folgt indes nicht, dass es einem Schutzrechtsinhaber, der sein Recht als verletzt erachtet, verwehrt ist, einen Abnehmer des von ihm als Verletzer betrachteten Herstellers über die laufende oder bevorstehende Auseinandersetzung hinsichtlich der Schutzrechtslage zu informieren. Es kann durchaus auch im Interesse des Abnehmers liegen, rechtzeitig und in deutlicher Form über mögliche Zweifelsfragen unterrichtet zu werden. Es müssen daher Mitteilungen des Schutzrechtsinhabers an den Kunden eines Herstellers für zulässig erachtet werden, die sich weder der Form noch dem sachlichen Inhalt nach als unberechtigte Abnehmerverwarnungen darstellen.[18]

Die Forderung einer strafbewehrten Unterlassungserklärung und die Androhung gerichtlicher Schritte sind für eine Schutzrechtsverwarnung zwar hinreichende, aber nicht notwendige Bestandteile.[19] Die ernsthafte und endgültige Unterlassungsforderung kann sich auch aus anderen Umständen ergeben.[20] Hier musste B das Schreiben als Abmahnung verstehen. Die Überschreibung mit dem Wort „Berechtigungsanfrage" ändert daran ebenso wenig wie die Frage, aus welchem Grund B sich berechtigt fühle, seine Urheberrechte zu nutzen. Denn diese als Aufforderung zum Meinungsaustausch zu verstehende Formulierung wird durch die nachfolgende Aufforderung zur Abgabe einer Unterlassungserklärung konterkariert. Dies gilt umso mehr, als nicht zu erwarten war, dass B in seiner Rolle als Kunde des C irgendetwas sachdienliches zur Klärung der Schutzrechtslage würde beitragen können. Das Schreiben war vielmehr geeignet den Entscheidungsspielraum des B einzuschränken und die Beziehung zu C zu beeinträchtigen.

4. Ergebnis

Ein Eingriff in den Gewerbebetrieb des C liegt vor.[21] Dieser begründet einen entsprechenden Unterlassungsanspruch.

II. Anspruch des C gegen A auf Unterlassung aus §§ 1004, 823 Abs. 1 BGB wegen Eingriffs in das allgemeine Persönlichkeitsrecht

Zudem könnte der Anspruch auf eine Verletzung des allgemeinen Persönlichkeitsrechts begründet sein. Nach Auffassung des BGH ist dies zwar nicht regelmäßig der Fall.[22] Generell ausgeschlossen ist ein solcher Anspruch indes nicht. So wurde beispielsweise in der unbegründeten Erhebung und Aufrechterhaltung des strafrechtlich relevanten Vorwurfs, eine Urheberrechtsverletzung begangen zu haben, ein Eingriff in das allgemeine Persönlichkeitsrecht gesehen.[23]

Nach der Rechtsprechung kommt etwa eine Verletzung des allgemeinen Persönlichkeitsrechts in Betracht, wenn jemand trotz entsprechender Beschilderung seines Briefkastens mit Werbe-Handzetteln belästigt wird.[24] Hartnäckige Belästigung mit Werbung greift

---

[18] OLG Karlsruhe GRUR 1984, 143 – Berechtigungsanfrage.
[19] OLG Frankfurt, Urteil vom 06.12.2005, Az.: 11 U 28/05, BeckRS 2006 02860.
[20] OLG Frankfurt, Urteil vom 06.12.2005, Az.: 11 U 28/05, BeckRS 2006 02860.
[21] Eine unberechtigte Schutzrechtsverwarnung begründet auch einen Anspruch des Abgemahnten auf Ersatz seiner eigenen Anwaltskosten (LG Düsseldorf GRUR-RR 2008, 340 – restposten.de; OLG Braunschweig NJWE-WettbR 1997, 232).
[22] BGH NJW 2007, 1458, 1459 Tz. 17; gegen AG Bad Homburg, MDR 1986, 1028.
[23] Vgl. etwa AG Hamburg-Altona MMR 2008, 199, 200.
[24] BGH GRUR 1989, 225, 226 – Handzettel-Wurfsendung.

in das personale Selbstbestimmungsrecht ein. Ein entsprechender Abwehranspruch kommt grundsätzlich auch bei Schutzrechtsverwarnungen in Betracht. Dies kann insbesondere der Fall sein, wenn – wie dies vor allem bei Serienabmahnungen zuweilen vorkommt – von unbegründeten Ansprüchen nicht nach entsprechenden Hinweisen des Abgemahnten Abstand genommen wird, sondern stattdessen textbausteinartige Folgeschreiben versandt werden. Im hier vorliegenden Fall dürfte die Grenze zum Eingriff in das Persönlichkeitsrecht indes noch nicht überschritten sein.

III. Anspruch des C gegen A auf Unterlassung aus §§ 97 Abs. 1 Satz 1, 13 Satz 1 UrhG

Durch die der B gegenüber aufgestellte Behauptung, er sei Inhaber der ausschließlichen Rechte an dem Gebäudeentwurf hat A dem C die Urheberschaft an dem Werk abgesprochen. § 13 Abs. 1 UrhG schützt den Urheber vor fremden Angriffen auf seine Urheberschaft, wozu neben dem Bestreiten der Urheberschaft auch die Anmaßung eigener Urheberschaft zählt.[25] Der Unterlassungsanspruch besteht.

IV. Anspruch des M gegen X auf Unterlassung aus §§ 8 Abs. 1, 3 UWG

Zudem kommt ein Anspruch aus §§ 8 Abs. 1, 3 UWG in Betracht. Wer eine unzulässige geschäftliche Handlung vornimmt, kann nach § 8 Abs. 1 UWG auf Beseitigung und bei Wiederholungsgefahr auf Unterlassung in Anspruch genommen werden. Nach § 3 Abs. 1 UWG sind unlautere geschäftliche Handlungen unzulässig, wenn sie geeignet sind, die Interessen von Mitbewerbern, Verbrauchern oder sonstigen Marktteilnehmern spürbar zu beeinträchtigen.

1. Geschäftliche Handlung

§ 2 Abs. 1 Nr. 1 UWG definiert geschäftliche Handlung als Verhalten einer Person zugunsten des eigenen oder eines fremden Unternehmens, das mit der Förderung des Absatzes oder des Bezugs von Waren oder Dienstleistungen oder mit dem Abschluss oder der Durchführung eines Vertrags über Waren oder Dienstleistungen objektiv zusammenhängt. Eine Schutzrechtverwarnung ist eine geschäftliche Handlung.[26]

2. Unlauterkeit

a) Gezielte Behinderung nach § 4 Nr. 10 UWG. § 4 Nr. 10 UWG erklärt die gezielte Behinderung von Mitbewerbern für unlauter. Die Einordnung einer unberechtigten Abmahnung als Behinderung nach § 4 Nr. 10 UWG kommt allerdings nur dann in Betracht, wenn zu der mangelnden sachlichen oder rechtlichen Begründetheit der Abmahnung zusätzliche unlautere Umstände hinzutreten, zum Beispiel, wenn der Abmahnende Kenntnis von der mangelnden Berechtigung hat oder die Abmahnung irreführende Angaben enthält.[27] Das bloße Fehlen greifbarer Anhaltspunkte für eine Abmahnung reicht nicht aus. Es ist dem Abmahnenden, der möglicherweise die näheren Umstände der möglichen Verletzungshandlung nicht kennt, nicht zuzumuten, lediglich auf Grund rechtlicher Zweifel eine Abmahnung zu unterlassen. Fahrlässig unbegründete Abnehmerverwarnungen ent-

---

[25] Schricker/*Dietz* § 13 UrhG Rn. 8; Wandtke/Bullinger/*Bullinger* § 13 UrhG Rn. 2.
[26] *Sack* NJW 2009, 1642, 1643.
[27] OLG Frankfurt Urteil vom 06.12.2005, Az.: 11 U 28/05, BeckRS 2006 02860.

halten in aller Regel keine gezielte Behinderung, so dass auch § 4 Nr. 10 UWG insoweit nicht anwendbar ist.[28] Hier liegt keine gezielte Behinderung nach § 4 Nr. 10 UWG vor.

b) Herabsetzung nach § 4 Nr. 7 UWG. Nach § 4 Nr. 7 UWG handelt unlauter, wer die Kennzeichen, Waren, Dienstleistungen, Tätigkeiten oder persönlichen oder geschäftlichen Verhältnisse eines Mitbewerbers herabsetzt oder verunglimpft. Im Gegensatz zu § 4 Nr. 8 UWG, der Tatsachenbehauptungen erfasst, fallen in den Anwendungsbereich des § 4 Nr. 7 UWG nur Werturteile.[29] Sieht man § 4 Nr. 7 UWG als Unterfall des § 4 Nr. 10 UWG[30], so entfällt auch dieser Tatbestand, da A lediglich fahrlässig gehandelt hat und es insofern an der Zielgerichtetheit mangelt.

c) Anschwärzung nach § 4 Nr. 8 UWG. Nach § 4 Nr. 8 UWG handelt unlauter, wer über die Waren, Dienstleistungen oder das Unternehmen eines Mitbewerbers oder über den Unternehmer oder ein Mitglied der Unternehmensleitung Tatsachen behauptet oder verbreitet, die geeignet sind, den Betrieb des Unternehmens oder den Kredit des Unternehmers zu schädigen, sofern die Tatsachen nicht erweislich wahr sind. Eine unrichtige Tatsachenbehauptung liegt vor, wenn der Sachverhalt unrichtig dargestellt wird. Wurde hingegen der Sachverhalt zwar richtig wiedergegeben und ist lediglich die rechtliche Bewertung unzutreffend, liegt ein bloßes Werturteil vor.[31] A hat hier behauptet, ihm stünde das Urheberrecht an dem Gebäude zu. Diese Behauptung ist unrichtig. Somit liegt eine Anschwärzung vor.

d) Irreführung nach 5 UWG. § 5 Abs. 1 Satz 1 UWG verbietet irreführende geschäftliche Handlungen als unlauter im Sinne des § 3 UWG. Auch eine Abmahnung kann irreführend sein.[32] Eine geschäftliche Handlung ist nach § 5 Abs. 1 Satz 2 Nr. 2 UWG beispielsweise dann irreführend, wenn sie unwahre oder sonstige zur Täuschung geeignete Angaben enthält. Angaben sind Aussagen, die sich auf Tatsachen beziehen.[33] Hier ist lediglich die rechtliche Bewertung des A unrichtig. Eine als Meinungsäußerung formulierte Abnehmerverwarnung fällt nicht in den Anwendungsbereich des § 5 UWG.[34] Eine Irreführung liegt nicht vor.

3. Spürbare Beeinträchtigung der Interessen von Mitbewerbern

Die Interessen des C werden spürbar beeinträchtigt. Die Spürbarkeit der Interessenbeeinträchtigung ist bereits im Tatbestand des § 4 Nr. 8 UWG selbst vorausgesetzt.[35] Insoweit bedarf es gar keiner zusätzlichen Spürbarkeitsprüfung nach § 3 Abs. 1 UWG mehr.

---

[28] Sack NJW 2009, 1642, 1644; Harte/Henning/*Omsels* § 4 Nr. 20 UWG Rn. 190.

[29] OLG Hamm GRUR-RR 2007, 282, 283 – Google-Spamfilter; *Klute* NJW 2008, 2965, 2967.

[30] So Hefermehl/Köhler/Bornkamm/*Köhler* § 4 UWG Rn. 7.6.

[31] *Ullmann* GRUR 2001, 1027, 1030; Harte/Henning/*Omsels* § 4 Nr. 20 UWG Rn. 192; Hefermehl/Köhler/Bornkamm/*Köhler* § 4 UWG Rn. 10.178; dagegen Sack NJW 2009, 1642, 1644.

[32] Nach Auffassung der Rechtsprechung kann sogar eine an den Abnehmer eines Konkurrenten gerichtete Berechtigungsanfrage als irreführende Werbung untersagt werden, wenn sie zwar detaillierte Angaben zur Anmeldung, Veröffentlichung und Erteilung des Schutzrechts sowie den Hinweis enthält, dieses befinde sich in Kraft, jedoch nicht erwähnt wird, dass gegen die Erteilung des Patents Einspruch eingelegt wurde (OLG Karlsruhe GRUR-RR 2008, 197 – Irreführende Berechtigungsanfrage).

[33] Hefermehl/Köhler/Bornkamm/*Bornkamm* § 5 UWG Rn. 2.37.

[34] Hefermehl/Köhler/Bornkamm/*Bornkamm* § 5 UWG Rn. 5.131.

[35] Hefermehl/Köhler/Bornkamm/*Bornkamm* § 3 UWG Rn. 119.

4. Ergebnis

C hat einen Unterlassungsanspruch gegen A aus §§ 8, 3, 4 Nr. 8 UWG

Sachverzeichnis

Zahlen = Seiten

Sachverzeichnis

Sachverzeichnis

Sachverzeichnis